ein Ullstein Buch

ÜBER DAS BUCH:

Der dritte Sammelband (nach UB 20973 und 22016) umfaßt die erregendste Epoche im abenteuerlichen Leben des Seehelden Bolitho und vereint die beiden Romane *Bruderkampf* und *Der Piratenfürst*.
1. 1782, Antigua: Zur Unterstützung der westindischen Flotte wird die Fregatte *Phalarope* unter ihrem neuen Kommandanten Richard Bolitho in die Karibik beordert. Doch sie ist ein Unglücksschiff: Die Mannschaft steht kurz vor der Meuterei, ihre Offiziere scheuen den Kampf, und ihr Kommandant erlebt seine bitterste Nacht, als er von seinem eigenen rebellischen Bruder gefangengenommen wird. Das Heft wendet sich erst nach der historisch bedeutsamen Schlacht bei den Saintes, in der *Phalarope* eine wichtige Rolle spielt.
2. 1784, in der Straße von Malakka: England faßt in Indonesien Fuß. Die entscheidende Aufgabe dabei kommt seiner Majestät Fregatte *Undine* zu, die von Richard Bolitho kommandiert wird. Mit intriganten Hofbeamten und einer verführerischen Frau an Bord wird aus Bolithos Geheimauftrag bald ein erbitterter Kampf: gegen Rebellen, Piraten und Saboteure, gegen Dschungel, Monsun und französische Kanonen. Vor allem aber gegen seine unbezähmbare Leidenschaft für die Frau eines anderen.

ÜBER DEN AUTOR:

Alexander Kent kämpfte im Zweiten Weltkrieg als Marineoffizier im Atlantik und im Mittelmeer und erwarb sich danach einen weltweiten Ruf als Verfasser spannender Seekriegsromane. Seine marinehistorische Romanserie um Richard Bolitho machte ihn zum meistgelesenen Autor dieses Genres nach C. S. Forester. Seit 1958 sein erstes Buch erschien (*Schnellbootpatrouille,* UB 20798), hat er über dreißig Titel veröffentlicht, von denen die meisten bei Ullstein vorliegen oder vorbereitet werden. Sie erreichten eine Gesamtauflage von 15 Millionen und wurden bisher in 14 Sprachen übersetzt. – Alexander Kent, dessen wirklicher Name Douglas Reeman lautet, ist aktiver Segler, Mitglied der Royal Navy Sailing Association und Governor der Fregatte *Foudroyant* in Portsmouth, des ältesten noch schwimmenden britischen Kriegsschiffes.

Alexander Kent

Fregattenkapitän Bolitho

Bruderkampf / Der Piratenfürst

Zwei Romane in einem Band

ein Ullstein Buch

ein Ullstein Buch/maritim
Nr. 22097
Herausgegeben von J. Wannenmacher
im Verlag Ullstein GmbH,
Frankfurt/M – Berlin
Titel der Originalausgaben:
To Glory We Steer und
Command a King's Ship
Neuauflage der Ullstein Bücher 3452
und 3463

Sonderausgabe

Umschlagentwurf:
Hansbernd Lindemann
unter Verwendung einer
Farbillustration von Chris Mayger

Printed in Germany 1989
Druck und Verarbeitung:
Ebner Ulm
ISBN 3 548 22097 5

April 1989

Vom selben Autor
in der Reihe der
Ullstein Bücher (Bolithoserie):

Die Feuertaufe (3363)
Klar Schiff zum Gefecht (3376)
Die Entscheidung (3402)
Zerfetzte Flaggen (3441)
Bruderkampf (3452)
Der Piratenfürst (3463)
Strandwölfe (3495)
Fieber an Bord (3522)
Nahkampf der Giganten (3558)
Feind in Sicht (20006)
Der Stolz der Flotte (20014)
Eine letzte Breitseite (20022)
Galeeren in der Ostsee (20072)
Kanonenfutter (20144)
Admiral Bolithos Erbe (20485)
Der Brander (20591)
Donner unter der Kimm (20973)
Der junge Bolitho (drei Romane in einem Band: Die Feuertaufe, Kanonenfutter, Strandwölfe, 20913)
Bolitho wird Kapitän (drei Romane in einem Band: Zerfetzte Flaggen, Klar Schiff zum Gefecht, Die Entscheidung, 22016)

Außerdem: 18 moderne
Seekriegsromane

Kent/Mayger:
Bolitho-Bildmappe (20187)

CIP-Titelaufnahme
der Deutschen Bibliothek

Kent, Alexander:
Fregattenkapitän Bolitho: 2 Romane in
1 Bd. / Alexander Kent. – Sonderausg. –
Frankfurt/M; Berlin: Ullstein, 1989
(Ullstein-Buch; Nr. 22097: Maritim)
ISBN 3-548-22097-5
NE: GT
Vw: Reeman, Douglas [Wirkl. Name]
→ Kent, Alexander

Alexander Kent

Bruderkampf

Richard Bolitho – Kapitän in Ketten

Roman

Deutsch von Olga und Erich Fetter

ein Ullstein Buch

»Gewiß, die Früchte der Erde
werde ich nicht ernten.
Doch sammle ich dafür
den Blumenflor der See.«

Admiral Boscawen 1756

Inhalt

I Die *Phalarope*

Das Jahr 1782 war erst drei Tage alt. Stetiger Nieselregen, von auffrischendem südlichem Wind getrieben, fegte durch die engen Straßen von Portsmouth Point und ließ die dicken Mauern der alten Festungsanlagen wie poliertes Metall glänzen. Eine dichte, bleifarbene Wolkendecke zog drohend über die zusammengedrängten Gebäude, so daß das Licht, obwohl es erst gegen Mittag war, fahl und bedrückend wirkte.

Wirklich lebendig war nur die See. Der Meeresarm des Solent wurde von heftigen Böen aufgewühlt; im Gegensatz zu dem stumpfen Grau der Höhenzüge der Insel Wight und des regenverschleierten Kanals zeigten die Wellenkämme in dem entstellenden Licht eine sonderbar gelbe Tönung.

Kapitän Richard Bolitho stieß die Tür des *King George Inn* auf, und während er noch einige Augenblicke stehenblieb, umhüllte ihn die einschläfernde Hitze wie eine Decke. Er reichte einem Diener wortlos den Mantel und klemmte seinen Dreispitz unter den Arm. Durch eine Tür zur Rechten sah er ein einladendes Kaminfeuer, vor dem es sich laut redende Marineoffiziere bequem machten. Ihre dienstlichen Sorgen und Pflichten hatten sie draußen vor den niedrigen, vom Regen gepeitschten Fenstern gelassen.

In einem anderen Zimmer saßen Offiziere schweigend um mehrere kleine Tische und studierten ihre Spielkarten und die Gesichter ihrer Gegner. Nur wenige sahen auf, als Bolitho eintrat. Nach all den Jahren des Krieges und der Unruhe hätte in Portsmouth höchstens ein Mann in Zivil Aufmerksamkeit erregt.

Bolitho seufzte und betrachtete sich flüchtig im Wandspiegel. Er war groß, und der blaue Rock mit den Goldtressen kleidete ihn gut. Das weiße Hemd und die weiße Weste unterstrichen die ungewöhnliche Bräune seines Gesichtes. Obwohl die Rückreise von Westindien lange gedauert hatte, war sein Körper noch immer nicht auf den englischen Winter eingestellt. Deshalb blieb er noch ein wenig länger stehen, um sich aufzuwärmen.

Ein Diener hüstelte höflich neben ihm. »Verzeihung, Sir, aber der Admiral erwartet Sie in seinem Zimmer.« Mit kaum angedeuteter Geste wies er auf die Treppe.

»Danke.« Bolitho warf einen letzten Blick in den Spiegel. Doch der Blick verriet weder Eitelkeit noch persönliches Interesse. Eher lag etwas von der kalten Prüfung darin, mit der Bolitho einen Untergebenen gemustert hätte.

Bolitho war sechsundzwanzig Jahre alt, aber seine unbewegten Züge und die tiefen Falten im Gesicht ließen ihn älter erscheinen. Fast heftig schob er das schwarze Haar aus der Stirn.

Knapp einen Zoll über dem Auge begann eine häßliche Narbe, die sich bis tief in den Haaransatz hinaufzog. Er berührte sie kurz wie jemand, der lange Zurückliegendes durchdenkt. Danach stieg er schnell die Treppe hinauf.

Vizeadmiral Sir Henry Langford stand, die Füße leicht gespreizt, dicht vor dem höchsten Holzfeuer, das Bolitho je gesehen hatte. Seine betreßte Uniform glitzerte im Schein der tanzenden Flammen, und sein mächtiger Schatten fiel quer durch das geräumige Zimmer.

Die beiden Männer betrachteten sich einige Sekunden: der Admiral, ein Mann in den Sechzigern, dessen schweres Gesicht von einer großen, hakenförmigen Nase beherrscht wurde, über der die scharfen blauen Augen wie geschliffene Steine blitzten, und der schlanke, gebräunte Kapitän.

Dann trat der Admiral vom Kamin weg und streckte die Hand aus. »Ich freue mich, Sie zu sehen, Bolitho!« Die dröhnende Stimme füllte den Raum, fegte die Jahre beiseite und ersetzte das Bild des beleibten alten Admirals durch die Erscheinung des Mannes, der Bolithos erster Kapitän gewesen war.

Als könne er Bolithos Gedanken lesen, setzte der Admiral wehmütig hinzu: »Vierzehn Jahre, wie? Mein Gott, scheint kaum möglich!« Er trat zurück und musterte Bolitho kritisch. »Sie waren ein magerer Kadett, zwölf Jahre alt, wenn ich mich recht erinnere. Kaum ein Pfund Fleisch auf den Knochen. Ich nahm Sie nur Ihres Vaters wegen an Bord.« Er lächelte. »Sie sehen noch immer so aus, als könnte Ihnen eine gute Mahlzeit nicht schaden.«

Bolitho wartete geduldig. Das eine hatten ihn seine vierzehn Dienstjahre zumindest gelehrt: ältere Vorgesetzte hatten ihre eigene Art, zur Sache zu kommen. Und gewöhnlich dauerte es eine Weile.

Der Admiral ging schwerfällig zum Tisch und schenkte zwei große Gläser Branntwein ein. »Seit fast die ganze Welt gegen uns steht, ist Branntwein so etwas wie Luxus geworden.« Er zuckte mit den Schultern. »Da mir Rheumatismus jedoch mehr zusetzt als Gicht, betrachte ich ihn als letzte Annehmlichkeit, die mir geblieben ist.«

Bolitho trank vorsichtig, wobei er seinen Vorgesetzten über den Rand des Glases hinweg studierte. Er war erst vor drei Tagen, gerade zum Jahreswechsel, aus Westindien zurückgekehrt. Sein Schiff, seine geliebte *Sparrow*, war zur Überholung auf die Werft gekommen, während ihre weniger glückliche Besatzung über die ewig hungrige Flotte verteilt worden war, um die klaffenden Lücken aufzufüllen, die Tod oder Verstümmelung gerissen hatten. Die meisten Leute der Korvette waren seit sechs Jahren nicht mehr in der Heimat gewesen. Sie hatten gehofft, mit ihrem kleinen, aber wohlverdienten Prisengeld ihre Angehörigen besuchen zu können. Es war nicht dazu gekommen, aber Bolitho wußte, daß alle Mitleidsgefühle nutzlos waren.

Die blassen Augen hefteten sich plötzlich auf Bolithos Gesicht. »Ich gebe Ihnen die *Phalarope*, Bolitho.« Der Admiral beobachtete, wie es in dem Gesicht des jungen Kapitäns arbeitete. »Sie liegt draußen vor Spithead, bereit zum Auslaufen. Eine schönere Fregatte hat es nie gegeben.«

Bolitho stellte das Glas langsam auf den Tisch, um Zeit zu gewinnen. Die *Phalarope* war eine mit zweiunddreißig Kanonen bestückte Fregatte und noch keine sechs Jahre alt. Er hatte sie durch sein Fernglas gesehen, als er Spit Sand vor drei Tagen rundete. Sie war tatsächlich ein schönes Schiff und alles, was er nur erhoffen konnte. Nein, mehr, als er je zu träumen gewagt hätte.

Ruhig sagte er: »Sie erweisen mir eine große Ehre, Sir.«

»Unsinn, Sie haben es mehr als verdient.« Der Admiral schien sonderbar erleichtert und sprach, als hätte er seine kleine Rede vorher geprobt. »Ich habe Ihre Laufbahn verfolgt, Bolitho. Sie machen der Marine und dem Lande alle Ehre.«

»Ich hatte einen ausgezeichneten Lehrer, Sir.«

Der Admiral nickte. »Ja, das waren große Tage, wie? Große Tage.« Er schüttelte sich und goß sich noch einen Branntwein ein. »Die gute Nachricht haben Sie gehört. Nun folgt der andere Teil.« Er sah Bolitho nachdenklich an. »Die *Phalarope* hat bisher in der Kanalflotte Dienst getan, meist als Blockadeschiff vor Brest.«

Bolitho spitzte die Ohren. Blockadedienst, das war nichts Neues. Bei dem Bemühen, französische Schiffe am Auslaufen aus den Kanalhäfen zu hindern, wurden die Fregatten gebraucht wie das liebe Brot. Fregatten waren Mädchen für alles. Sie besaßen genügend Feuerkraft, um es im offenen Kampf mit jedem Schiff aufzunehmen, außer mit Linienschiffen. Und sie waren schnell genug, ein Linienschiff auszumanövrieren. Daher waren sie ständig gefragt. Was die Aufmerksamkeit Bolithos sogleich erregte, war die Betonung, die der Admiral auf »bisher« legte. Also lagen neue Befehle vor. Vielleicht sollte das Schiff nach Süden, um die belagerte Festung Gibraltar zu entlasten.

Der Admiral fuhr rauh fort: »Die meisten Schiffe verfaulen von außen. Wind und See sind grausame Herren, sie spielen selbst dem besten Holz übel mit.« Sein Blick haftete an den Fenstern, gegen die der Regen schlug. »Aber die *Phalarope* verfaulte von innen!« Er ging zornerfüllt hin und her, sein Schatten glitt wie ein Gespenst durch den Raum. »Vor einem Monat kam es beinahe zu einer Meuterei. Und als das Geschwader mit einigen Blockadebrechern im Gefecht stand, griff die *Phalarope* nicht ein.«

Bolitho biß sich auf die Lippen. Meuterei drohte stets. Die Besatzung bestand zumeist aus Männern, die man an Land aufgegriffen und zum Dienst gepreßt hatte. Ein paar Unruhestifter konnten ein gut gedrilltes Schiff in eine Hölle verwandeln. Aber im Verband mit anderen Schiffen geschah das selten. Gewöhnlich brach diese Raserei auf einem Schiff aus, das für sich allein unter unbarmherziger tropischer Sonne in einer Flaute lag.

Sir Henry Langford fügte scharf hinzu: »Selbstverständlich habe ich den Kapitän seines Kommandos enthoben.«

Bolitho empfand eine sonderbare Zuneigung zu dem müden, gereizten alten Mann, dessen Flaggschiff, ein mächtiger Dreidecker, im Hafen Vorräte übernahm und sich vorbereitete, den Admiral wieder zu seinem Geschwader vor der feindlichen Küste Frankreichs zu bringen. »Selbstverständlich«, hatte der Admiral gesagt. Doch Bolitho wußte, daß viele Admiräle ihre Kapitäne gedeckt hätten, auch wenn sie wußten, daß sie schuldig oder unfähig waren.

Der Admiral lächelte ein wenig. »Ich fürchte, die Ehre, die *Phalarope* zu übernehmen, hat zwei Seiten. Ein Unglücksschiff ist nie leicht zu führen, vor allem nicht in Kriegszeiten.« Er deutete auf einen versiegelten Umschlag, der auf dem Tisch lag. Die Siegel glänzten im Licht des Kaminfeuers wie frisches Blut. »Ihre Befehle. Sie enthalten die Order, das Schiff sofort zu übernehmen und in See zu gehen.« Der Admiral wog seine Worte sorgfältig ab. »Sie werden zu Sir Samuel Hoods Geschwader stoßen und sich ihm zur Verfügung stellen.«

Bolitho war wie betäubt. Hood stand in Westindien, von wo er selber eben zurückgekehrt war. Im Geiste sah er die abertausend Meilen leerer See vor sich – und sich als Kommandanten eines fremden Schiffes, mit einer Mannschaft, unter der es vor Unzufriedenheit nur so brodelte.

»Wie Sie sehen, Bolitho, bin ich noch immer ein harter Lehrmeister.« Der Admiral schauderte, als ein Windstoß das Fenster traf. »Ich fürchte, Sie haben fast hundert Mann zuwenig an Bord. Ich mußte viele Unruhestifter vom Schiff entfernen, und Ersatz ist schwer aufzutreiben. Einige werde ich hängen lassen müssen, sobald ein Kriegsgericht einberufen werden kann. Sie haben also kaum genug Männer, das Schiff zu segeln, von kämpfen ganz zu schweigen.« Er rieb sich das Kinn, seine Augen funkelten. »Ich schlage vor, Sie laufen unverzüglich aus, und zwar erst zur Westküste. Nach meiner Information liegen die meisten Fischereiflotten im Augenblick in den Häfen von Devon und Cornwall. Das Wetter scheint nicht nach ihrem Geschmack zu sein.« Er lächelte jetzt stärker. »Nichts spräche dagegen, daß Sie Ihrer Heimat Falmouth einen Besuch abstatten, Bolitho. Während Ihre Offiziere einige dieser Fischer für den König zwangsausheben, finden Sie womöglich Zeit, Ihren Vater aufzusuchen. Sie werden ihm hoffentlich meine besten Grüße ausrichten.«

Bolitho nickte. »Danke, Sir. Das werde ich gern tun.«

Er wünschte sich plötzlich fort aus diesem Zimmer. Es gab so viel zu tun. Für die lange Reise mußten die Magazine und die Takelage überprüft werden, es galt, sich um Proviant und Vorräte zu kümmern.

Der Admiral nahm den Segeltuchumschlag und wog ihn in den Händen. »Ich will Ihnen keinen Rat geben, Bolitho. Sie sind jung, aber erprobt und mehr als das. Erinnern Sie sich nur an eins. Es gibt schlechte Leute auf Ihrem Schiff und gute. Seien Sie fest, aber nicht zu hart. Betrachten Sie Mangel an Erfahrung nicht als Insubordination, wie Ihr Vorgänger das tat.« Sein Ton wurde scharf. »Wenn es Ihnen schwerfällt, sich daran zu erinnern, dann versuchen Sie daran zu denken, wie Sie als Midshipman* auf mein Schiff kamen.« Er lächelte nicht mehr. »Sie können der *Phalarope* wieder den ihr gebührenden Platz zurückerobern, indem Sie ihr den Stolz zurückgeben. Wenn Sie es nicht schaffen, kann nicht einmal ich Ihnen helfen.«

»Das würde ich auch nicht erwarten, Sir.« Bolithos Augen waren jetzt so kalt und grau wie die See jenseits des Hafens.

»Ich weiß. Darum habe ich das Kommando auch für Sie freigehalten.« Vor der Tür hörte man Stimmengemurmel, und Bolitho wußte, daß die Unterredung kurz vor ihrem Abschluß stand. Doch der Ad-

* Seekadett bzw. Fähnrich zur See

miral schickte noch etwas nach. »Ein Neffe von mir fährt auf der *Phalarope*«, sagte er. »Einer Ihrer jungen Midshipmen. Sein Name ist Charles Farquhar, und er könnte ein guter Offizier werden. Aber begünstigen Sie ihn nicht um meinetwegen, Bolitho.« Er seufzte und reichte dem Kapitän den Umschlag. »Das Schiff ist segelfertig, also nutzen Sie den günstigen Südwind.« Er drückte Bolitho die Hand.

Bolitho hob den Degen an und klemmte den Dreispitz wieder unter den Arm. »Dann möchte ich mich verabschieden, Sir.« Es gab nichts weiter zu sagen.

Fast ohne etwas wahrzunehmen, ging er hinaus und an der kleinen Gruppe flüsternder Offiziere vorbei, die darauf warteten, vom Admiral empfangen zu werden.

Ein Offizier stand etwas abseits, ein Kapitän etwa seines eigenen Alters. Das war aber auch die einzige Ähnlichkeit. Er hatte blasse, vorstehende Augen und einen kleinen, verkniffenen Mund. Er befingerte seinen Degen und starrte auf die Tür. Bolitho vermutete in ihm den bisherigen Kommandanten der *Phalarope*. Doch der Mann schien weniger besorgt als gereizt. Wahrscheinlich verfügt er über Einfluß am Hof oder im Parlament, dachte Bolitho grimmig. Aber selbst das würde nicht ausreichen, um Sir Henry mit Erfolg entgegenzutreten.

Vor dem Gasthaus umheulte ihn der Wind, als er langsam zum Sally Port hinunterging, doch er merkte es nicht.

Im Hafen sah er, daß die kurzen, zischenden Wellen die Hochwassergirlande aus Schlamm und Algen schon beinahe bedeckten. Das sagte ihm, daß das Hochwasser bald erreicht sein würde. Mit etwas Glück würde er sein neues Schiff noch mit ablaufendem Wasser aus dem Hafen bekommen.

Als er aus dem Windschatten der letzten Gebäudereihe trat, bemerkte er ein Boot. Es wartete darauf, ihn zum Schiff hinüberzubringen. Das kleine Fahrzeug dümpelte heftig in der Dünung, und die zum Salut erhobenen Riemen schwankten wie eine Zwillingsreihe nackter Bäume. Er vermutete, daß jeder Mann im Boot sein langsames Näherkommen beobachtete. An der Spitze der steinernen Mole zeichnete sich der vertraute, massige Umriß Stockdales, seines persönlichen Bootsführers, gegen die Wellen ab. *Einen* Freund zumindest würde er auf der *Phalarope* haben, überlegte Bolitho grimmig.

Stockdale war ihm von einem Schiff zum anderen gefolgt, fast wie ein treu ergebener Hund. Bolitho fragte sich oft, was sie zusammenhielt; es war eine Bindung, die sich mit Worten nicht erklären ließ.

Als frischgebackener Leutnant zur See war Bolitho einst mit einem Preßkommando an Land geschickt worden, damals während des unruhigen Friedens, als er sich für einen Glückspilz hielt, weil ihm das Ungemach so vieler erspart geblieben war, bei halbem Sold an Land gesetzt zu sein. Er hatte nur wenige Leute auftreiben können, doch als er gerade zum Schiff zurückkehren wollte, um sich dem Zorn seines Kapitäns zu stellen, war ihm Stockdale aufgefallen, der nackt bis zur Hüfte elend vor einer Kneipe stand. Sein robuster, vor Muskeln und Kraft strotzender Oberkörper beeindruckte Bolitho. Neben dem Mann verkündete ein Ausrufer lauthals, daß Stockdale ein berühmter Faustkämpfer sei. Jeder aus Bolithos Truppe, der ihn werfen würde, bekäme eine goldene Guinea, Auszahlung sofort. Bolitho war müde. Der Gedanke an einen kühlen Schluck, während seine Leute ihr Glück versuchten, besiegte seine inneren Einwände gegen dieses entwürdigende Spektakel.

Zufällig gehörte zu seiner Truppe ein Stückmeister, der nicht nur ein sehr geübter Faustkämpfer war, sondern ein Mann, der sich daran gewöhnt hatte, mit den Fäusten oder auf jede ihm sonst geeignet erscheinende Art die Disziplin aufrechtzuerhalten. Der Stückmeister zog seinen Rock aus und ging, von den anderen Seeleuten angefeuert, zum Angriff über.

Bolitho war sich nie genau darüber klargeworden, was sich als nächstes ereignet hatte. Es hieß, einer der Matrosen hätte Stockdale ein Bein gestellt. Das schien Bolitho wahrscheinlich, denn danach hatte er nicht wieder erlebt, daß Stockdale besiegt worden wäre. Aber an jenem Tag hatte Bolitho kaum nach seinem Bier gegriffen, als der Ausrufer auch schon wütend aufschrie, und die Matrosen gellend lachten.

Bolitho sah, wie der Stückmeister seine Goldmünze wegsteckte, während der wutschäumende Ausrufer unter Drohungen und Flüchen Stockdale mit einer Kette prügelte.

In diesem Augenblick begriff Bolitho, daß für Stockdale Treue wie eine Fessel war. Er wich den ungerechtfertigten Schlägen nicht aus, obwohl er seinen Peiniger mit einem Hieb hätte töten können.

Mitleid oder Abscheu veranlaßten Bolitho einzuschreiten. Doch Stockdales stumpfer Dankesblick machte die Sache nur schlimmer. Während die grinsenden Matrosen und der Ausrufer mit den harten Augen ihn gespannt beobachteten, forderte er Stockdale auf, in den

Dienst des Königs zu treten. Der Ausrufer erhob brüllend Protest, als er merkte, daß ihm seine Erwerbsquelle für alle Zeit genommen werden sollte.

Doch Stockdale nickte nur kurz und griff wortlos nach seinem Hemd. Selbst jetzt sprach er selten. Seine Stimmbänder hatten bei den Kämpfen, die er über Jahre in einer Stadt nach der anderen austragen mußte, gelitten.

Bolitho hatte sich eingebildet, daß der Fall mit seinem Eingreifen erledigt war. Aber es kam anders. Stockdale fügte sich in den Rhythmus an Bord, als habe er jahrelang auf einem Schiff gelebt. Trotz seiner Körperkraft war er sanft und geduldig, und nur etwas brachte ihn dazu, seine ruhige Lebensweise zu durchbrechen: Sobald Bolitho das Schiff wechselte, folgte er ihm.

Anfänglich entschloß sich Bolitho, diese Tatsache zu ignorieren. Als er jedoch nach einiger Zeit ein eigenes Kommando erhielt und einen persönlichen Bootsführer brauchte, war Stockdale da und bereit. Genau wie jetzt.

Stockdale starrte mit leerem Blick regungslos über das Wasser. Jetzt drehte er sich zu Bolitho um, runzelte die Stirn und sah seinem Kapitän aus besorgten, dunkelbraunen Augen wortlos entgegen.

Bolitho lächelte undurchsichtig. »Alles klar, Stockdale?«

Der Mann nickte langsam. »Ihre Seekisten sind im Boot verstaut, Sir.« Er sah zu der wartenden Bootsmannschaft hinüber. »Ich habe mit den Burschen ein paar Worte geredet und ihnen gesagt, wie von nun an alles zu geschehen hat.«

Bolitho stieg in das Boot und zog den Mantel enger um sich. Stockdale knurrte einen Befehl, und das Boot legte ab.

»Riemen bei! Ruder an!« Stockdale legte das Ruder an und behielt dabei gleichzeitig die Mannschaft im Auge, als das Boot herumschwang und in die erste Welle stieß.

Bolitho musterte die Leute an den Riemen aus zusammengekniffenen Augen. Alle mieden sorgsam seinen prüfenden Blick. Der neue Kapitän – jeder Kapitän – kam gleich nach Gott. Er konnte einen Mann befördern oder züchtigen, belohnen oder an eine Rah hängen. Und segelte ein Schiff außerhalb eines Geschwaders auf hoher See, wurde diese Macht dem Temperament des jeweiligen Kapitäns entsprechend ausgeübt, wie Bolitho nur zu gut wußte.

Das Boot schoß in das offene Wasser hinaus. Bolitho dachte nicht länger an die schwer pullenden Seeleute, sondern richtete alle Aufmerksamkeit auf die Fregatte. Jetzt, da sie näher kamen, konnte er das stetige Auf und Ab des anmutigen Schiffes sehen, das in dem auffrischenden Wind an der steifen Ankerkette zerrte. Er sah sogar, wie das Kupfer hell aufglänzte, als die Fregatte ihr Unterwasserschiff zeigte. Und als sie leicht überholte, konnte er die Geschäftigkeit auf dem Hauptdeck erkennen. Achtern, beim Fallreep, bemerkte er das säuberlich ausgerichtete rote Karree der Marinesoldaten, die bereits zu seiner Begrüßung aufgezogen waren. Und für einen Augenblick trug der Wind den Klang schrillender Pfeifen und heiserer Befehle zu ihm herüber.

Die *Phalarope* ist ein schönes Schiff, dachte Bolitho, hundertundvierzig Fuß Kraft und Anmut. Von der vergoldeten Galionsfigur, einem seltsamen Vogel auf dem Rücken eines Delphins, bis zum schnitzereiverzierten Heck mit der wehenden Flagge darüber, war sie der lebendige Beweis für die Kunst ihres Erbauers.

Nun erkannte Bolitho auch die Offiziere, die auf dem Achterdeck warteten. Mehr als einer hielt sein Fernglas auf das Boot gerichtet. Er zwang sein Gesicht zu einer gelassenen Maske, unterdrückte gewaltsam jede Erregung und dachte nicht an die Herausforderung, die von dem Schiff ausging.

»Boot ahoi!« Der Wind fing den Ruf und schleuderte ihn zu den kreischenden Möwen hinauf.

Stockdale legte die Hände trichterförmig um den Mund und rief: »*Phalarope*!« Für die wartenden Offiziere gab es keinen Zweifel mehr, daß sich ihr neuer Gebieter näherte.

Bolitho knöpfte den Mantel auf und schob ihn über die Schultern zurück. Die goldenen Litzen und das Gehänge seines Degens schimmerten in dem verwaschenen Licht. Die Fregatte wurde größer und größer, bis sie zuletzt über dem Boot aufragte und alles andere auslöschte.

Während die Leute das Boot zum Fallreep manövrierten, ließ Bolitho die Augen langsam über die Masten, die Rahen und das laufende Gut wandern. Kein Zeichen von Nachlässigkeit. Alles war, wie es sein sollte. Der Rumpf war ordentlich gestrichen, und sowohl das dicke Blattgold der Galionsfigur als auch das Gold am breitfenstrigen Heck zeigte, daß der vorige Kapitän einen guten Teil seines eigenen Geldes an das Schiff gewandt hatte.

Der Gedanke an gut angelegtes Geld erinnerte Bolitho an seine Seekisten in der Achterplicht. Über tausend Pfund an Prisengeld hatte er von Westindien zurückgebracht. Doch bis auf die neuen Uniformen und einige wenige Annehmlichkeiten konnte er wenig dafür vorweisen. Und nun sollte er wieder auf die See hinaus, wo das Messer eines Meuterers seinem Leben ebenso schnell ein Ende bereiten konnte wie eine französische Kanonenkugel, wenn er nicht ständig auf der Hut war. Er entsann sich auch der Warnung des Admirals: »Wenn Sie es nicht schaffen, kann nicht einmal ich Ihnen helfen!«

Das Boot ging längsseits, und sein Rollen hätte ihm beinahe die Füße unter dem Leib weggezogen, als er vom Dollbord absprang und die gischtübersprühte Bordwand hinaufkletterte.

Er versuchte, sich gegen den Lärm zu verschließen, der ihn begrüßte, gegen die schrillen Pfeifen der Bootsleute und das Knallen der Gewehrkolben, als die Seesoldaten präsentierten. Es war zu leichtsinnig und zu gefährlich, die Wachsamkeit auch nur eine Sekunde zu vergessen. Zu gefährlich sogar, diesen Augenblick, auf den er so lange gewartet hatte, bis ins Letzte zu genießen.

Ein großer, kräftig gebauter Leutnant trat vor und zog den Hut. »Leutnant Vibart, Sir. Ich bin der Rangälteste.« Seine Stimme klang belegt und kratzend. Sein Gesicht blieb unbewegt.

»Danke, Mr. Vibart.« Bolithos Augen glitten an Vibart vorbei über die ganze Länge des Schiffs. Auf den Planken, die die Back mit dem Achterdeck verbanden, drängten sich schweigend die Leute. Andere waren in die Wanten geklettert, um ihren Kapitän besser sehen zu können. Bolithos Blicke wanderten über die gut ausgerichteten Reihen der Geschütze, die hinter den geschlossenen Pforten festgezurrt waren. Ein guter Mann, dieser Erste Leutnant, was Geschick und äußere Erscheinung anlangte, dachte Bolitho.

Vibart sagte mürrisch: »Mr. Okes und Mr. Herrick, der Zweite und der Dritte Leutnant, Sir.«

Bolitho nickte, sein Ausdruck blieb unverbindlich. Zwei junge Offiziere, mehr nahm er nicht wahr. Die Menschen hinter den fremden Gesichtern würden später auftauchen. Jetzt war es wichtiger, daß sie von ihm einen klaren Eindruck gewannen.

»Lassen Sie alle Mann achtern antreten, Mr. Vibart.« Bolitho zog seine Ernennungsurkunde aus der Innentasche des Mantels und entrollte sie, als die Leute vor ihm standen. Sie sahen gesund aus, aber ihre Kleidungsstücke glichen Lumpen. Einige steckten offenbar noch in den jetzt völlig zerfetzten Sachen, die sie getragen hatten, als sie zum Dienst gepreßt wurden. Er biß sich auf die Lippen. Das mußte geändert werden, und zwar sofort. Einheitliche Kleidung war überaus wichtig. Uniformität unterband den Neid unter den Leuten, und wenn auch nur den Neid auf ein paar armselige alte Fetzen.

Bolitho begann zu lesen. Seine Stimme klang fest durch das Pfeifen des Windes und das stete Sirren der Takelage.

Das Schriftstück war an Richard Bolitho, Esquire, gerichtet und forderte ihn auf, sich unverzüglich an Bord der Fregatte Seiner Britischen Majestät *Phalarope* zu begeben und als Kapitän die Verantwortung und die Befehlsgewalt zu übernehmen. Bolitho beendete die Verlesung, rollte das Pergament zusammen und blickte zu den Männern hinunter. Was dachten sie, was hofften sie in diesem Augenblick?

»Ich werde den Leuten gleich noch mehr sagen, Mr. Vibart.« Funkelte in den tiefliegenden Augen des Leutnants etwas wie Ärger auf? Bolitho ignorierte es. Vibart schien alt für seinen Rang, mochte gut sieben oder acht Jahre älter sein als er. Die Aussicht auf ein eigenes Kommando durch die plötzliche Ankunft eines anderen zerschlagen zu sehen, war sicher nicht angenehm. »Sind Sie in jeder Hinsicht klar zum Ankerlichten?«

Vibart nickte. »Ja, Sir.« Es klang, als wollte er sagen: *»Natürlich!«* »Wir haben vor einer Woche hierher verholt. Ein Leichter hat heute vormittag Frischwasser gebracht. Entsprechend den Befehlen des Admirals sind wir mit allem voll ausgerüstet.«

»Sehr gut.« Bolitho wandte sich wieder der Mannschaft zu. Sir Henry Langford hat dem Zufall keine Chance eingeräumt, dachte er trocken. Indem er das Schiff mit allem Notwendigen ausrüstete und in einiger Entfernung von Land vor Anker gehen ließ, unterband er jede Möglichkeit, daß der Ungeist des Schiffs die Flotte vergiftete. Bolitho sehnte sich nach einigen Minuten des Alleinseins, um seine Order in Ruhe zu lesen. Sicher würde sie ihm einen weiteren Schlüssel für die Lösung des Rätsels geben.

Er räusperte sich. »Nun, Leute, will ich euch etwas über unsere Bestimmung sagen.« Ihnen würde klar sein, daß er noch keine Zeit gehabt hatte, seine Offiziere vorher zu informieren, und dieser Beweis des Vertrauens konnte helfen, die Kluft zwischen Achterdeck und Back zu überbrücken.

»England kämpft um sein Weiterbestehen. Während wir hier untätig vor Anker liegen, befindet sich unser Land im Krieg mit Frankreich und Spanien, mit den Holländern und den rebellierenden Kolonialisten in Amerika. Jedes einzelne Schiff wird für den Sieg benötigt. Jeder von euch ist wichtig für unsere gerechte Sache.« Bolitho hielt einige Sekunden inne. Seine Leute auf der *Sparrow* hätten jetzt

Hurra gerufen und Beteiligung gezeigt. Bolithos Blicke glitten über die dichtgedrängten, ausdruckslosen Gesichter, und er fühlte sich plötzlich einsam und empfand Sehnsucht nach seiner kleinen Korvette.

Er gab seiner Stimme einen härteren Klang. »Wir segeln noch heute nach Falmouth.« Er riß sich zusammen. »Und von dort nach Westindien, um uns Sir Samuel Hood im Kampf gegen die Franzosen und ihre Verbündeten anzuschließen.«

Keiner der Männer sagte etwas. Aber aus der dichtgedrängten Menge unter ihm löste sich etwas wie ein schmerzliches Stöhnen. Ein Maat knurrte: »Ruhe an Deck! Maul gehalten, Kerls.«

Bolitho setzte hinzu: »Ich verlange eure Loyalität. Ich werde meine Pflicht tun und erwarte, daß ihr die eure tut.« Er drehte sich um. »Machen Sie weiter, Mr. Vibart. Wir segeln in einer Stunde. Vergewissern Sie sich, daß alle Boote festgezurrt sind. Und dann lassen Sie bitte den Anker kurzstag holen.« Bolithos Ton war kalt und endgültig. Doch der Leutnant vertrat ihm den Weg. Seine Lippen zuckten nervös.

» Aber, Sir, Westindien!« Er rang nach Worten. »Gott, wir sind seit *zwei* Jahren ununterbrochen Blockade gelaufen!«

Bolitho antwortete so laut, daß ihn auch die anderen Offiziere verstehen konnten. »Und ich bin *sechs* Jahre fortgewesen, Mr. Vibart!« Er ging nach achtern, wo Stockdale wortlos am Kajütsniedergang stand, durch den er sich zurückziehen konnte. »In zehn Minuten alle Offiziere und die rangältesten Unteroffiziere bitte in meine Kajüte!«

Er stieg leichtfüßig den Niedergang hinunter und duckte sich automatisch unter den niedrigen Decksbalken. Achtern, unter einer schwingenden Laterne, salutierte ein Seesoldat neben der Tür der Kapitänskajüte. Hinter dieser Tür, dachte Bolitho, ist der einzige Platz an Bord, wo ich allein nachdenken kann.

Stockdale hielt die Tür auf, und Bolitho betrat die Kajüte. Nach dem beengten und spartanischen Quartier auf der *Sparrow* wirkte sie fast geräumig.

Die schrägen Heckfenster liefen über die ganze Breite der Hauptkajüte. Hinter den dicken Scheiben zeigten sich das unruhige Wasser und der feindselige, graue Himmel. Die Luft war schwer und feucht, und wieder fröstelte ihn. Gut, in die Sonne zurückzukehren, dachte er, wieder blaue See und goldenes Licht durch diese Fenster zu sehen.

Hinter einer Trennwand lag sein Schlafraum, hinter einer anderen ein kleiner Kartenraum. Die Hauptkajüte enthielt einen Tisch mit dazu passenden Stühlen, den mit einer Brüstung versehenen Schreibtisch und eine Garderobe für seine Uniformen, die Stockdale eben auspackte.

Zu beiden Seiten der Kajüte standen, jetzt unter einer Persenning diskret verborgen und festgezurrt, große Zwölfpfünder. Selbst hier, in der Domäne des Kapitäns, würde die Luft voll Pulverqualm und Tod sein, wenn die Fregatte erst in einen Kampf verwickelt wurde.

Bolitho setzte sich auf die gepolsterte Bank unter den Fenstern. Er ignorierte Stockdales leise Bewegungen und die Schiffsgeräusche und studierte seine Order.

Über die üblichen Weisungen hinaus enthielten sie nichts. An Bord befand sich ein Sonderkommando Marinesoldaten mit einem Hauptmann an der Spitze statt des sonst üblichen Sergeanten. Das war interessant. Wenn alle anderen Mittel fehlschlugen, so meinte Sir Henry Langford offensichtlich, konnte Bolitho sich noch immer mit der Achterwache verteidigen.

Bolitho warf die Pergamente auf den Tisch und runzelte die Stirn. Er wollte keinen Schutz, er wollte Loyalität. Nein, er brauchte Loyalität.

Der Kajütboden neigte sich, und über sich hörte er das Klatschen nackter Füße. Wie die Dinge auch lagen, er war froh, das Land hinter sich zu lassen. Auf See hatte man Platz zum Denken und Raum zum Handeln. Begrenzt war nur die Zeit.

Genau zehn Minuten, nachdem Bolitho das Achterdeck verlassen hatte, betraten die Offiziere einer nach dem anderen die Kajüte. Vibart, der wegen der Decksbalken leicht gebückt stand, stellte sie mit kratzender Stimme dem Range nach vor.

Okes und Herrick, die beiden anderen Offiziere, und Daniel Proby, der Steuermann. Er war alt und verwittert wie eine geschnitzte Holzfigur, und unter dem abgetragenen Rock zeichneten sich fallende Schultern ab. Er hatte ein kummervolles Gesicht und die traurigsten Augen, die Bolitho je gesehen hatte. Dann kam Hauptmann Rennie von den Seesoldaten, ein schlanker und gelassen wirkender Mann mit scheinbar trägen Blicken. Zumindest dieser Mann vermutet, daß noch allerlei Unruhe bevorsteht, dachte Bolitho.

Die drei Fähnriche hielten sich im Hintergrund. Farquhar war der älteste, und Bolitho spürte etwas wie Unbehagen, als er die schmalen Lippen und den hochmütigen Ausdruck des jungen Menschen studierte. Der Neffe des Admirals konnte ein Verbündeter werden, aber ebensogut ein Zuträger sein. Neale und Maynard, die anderen jungen Herren, schienen einigermaßen erfreulich zu sein, wenn sie auch die übliche, leicht lädierte Schnoddrigkeit zur Schau trugen, derer sich fast alle Fähnriche als Waffe gegen die Offiziere wie gegen die Mannschaften bedienten. Neale war klein und rundlich, er konnte nicht älter als dreizehn sein. Maynard, scharfäugig und mager wie ein Hecht, beobachtete seinen Kapitän mit einem starren und forschenden Ausdruck, in den man alles hineinlegen konnte.

Dann die rangältesten Unteroffiziere, die Berufsseeleute. Evans, der Proviantmeister, ein kleines Frettchen in einem glatten dunklen Rock, wurde überragt von Ellice, dem rotgesichtigen und schwitzenden Schiffsarzt, der aus bekümmerten, feuchten Augen um sich blickte.

Bolitho stand mit dem Rücken zur Fensterwand, die Hände hinter sich verschränkt. Er wartete, bis Vibart die Vorstellung beendet hatte, und sagte dann: »Wir werden einander sehr bald besser kennenlernen, meine Herren. Im Augenblick lassen Sie mich nur sagen, ich erwarte, daß Sie Ihr Bestes tun, um die Leute zu einer tüchtigen Mannschaft zusammenzuschweißen. Als ich Westindien verließ, standen die Dinge nicht gut für England. Es ist anzunehmen, daß die Franzosen unsere vielfältigen militärischen Verpflichtungen zu ihrem Vorteil nutzen werden. Wir werden bestimmt in Kämpfe verwickelt werden, und dann möchte ich, daß sich das Schiff bewährt.« Bolitho betrachtete die Gesichter, versuchte, den Vorhang der Wachsamkeit zu durchdringen. Sein Blick fiel auf Herrick, den Dritten Leutnant. Herrick war offenbar ein fähiger Offizier. Aber sein rundes Gesicht zeigte die Wachsamkeit eines Menschen, der, schon einmal betrogen, einem ersten Eindruck nicht mehr traut.

Herrick sah zu Boden, als Vibart sagte: »Darf ich fragen, Sir, ob wir wegen der Unruhe, die wir an Bord hatten, nach Westindien geschickt werden?« Er suchte Bolithos graue Augen, und sein Ton klang herausfordernd.

»Sie dürfen fragen.« Bolitho musterte ihn genau. Vibart hatte etwas Beherrschendes, eine innere Kraft, die die anderen zu bloßen Zuschauern zu degradieren schien. »Ich habe die Berichte und Logbücher genau gelesen«, sagte er ruhig. »Und ich bin zu dem Schluß gekommen, daß die halbe Meuterei«, er betonte das letzte Wort, »mindestens zur Hälfte durch Nachlässigkeit verursacht wurde.«

Vibart erwiderte hitzig: »Kapitän Pomfret vertraute seinen Offizieren, Sir!« Er deutete auf die Bücher auf dem Tisch. »Aus den Logbüchern können Sie ersehen, daß das Schiff alles getan hat, was von ihm erwartet werden konnte.«

Bolitho zog eins der zuunterst liegenden Bücher hervor und bemerkte, wie Vibart eine Sekunde lang unsicher wurde.

»Mir ist schon oft aufgefallen, daß ein Strafregister mehr über die Tüchtigkeit eines Schiffs aussagt als vieles andere.« Er schlug lässig die Seiten um und verbarg gewaltsam den Ekel, den er bei der ersten Durchsicht empfunden hatte. »In den letzten sechs Monaten sind der Mannschaft mehr als tausend Hiebe verabreicht worden.« Seine Stimme klang kalt. »Einige Männer haben vier Dutzend auf einmal bekommen. Ein Mann ist offenbar nach der Bestrafung gestorben.«

Vibart sagte heiser: »Mit Laschheit beherrscht man die Leute nicht, Sir.«

»Auch nicht durch sinnlose Grausamkeit, Mr. Vibart!« Bolithos Stimme glich einer Peitsche. »Ich wünsche, daß auf meinem Schiff künftig nicht Brutalität, sondern das gute Vorbild regiert.« Er bemühte sich, seine Stimme wieder unter Kontrolle zu bekommen. »Außerdem wünsche ich, daß jeder Mann aus der Kleiderkammer anständige Sachen bekommen hat, ehe wir Falmouth erreichen. Dies ist ein Schiff des Königs, keine spanische Sklavengaleere.«

In das schwere Schweigen, das plötzlich in der Kajüte herrschte, drangen die Geräusche des Schiffs und der See. Man hörte, wie die Decksausrüstung klapperte und knarrte, wie die Tide um das Ruder spülte, und vernahm gedämpfte Befehle. Das alles vertiefte Bolithos Gefühl der Einsamkeit.

Er fuhr ruhig fort: »In Falmouth müssen wir alles daransetzen, unsere Besatzung auf die volle Zahl zu bringen. Ich werde Kommandos aus vertrauenswürdigen Leuten an Land schicken, um geeignete Männer für den Dienst zu rekrutieren. Keine Krüppel und Knaben, sondern Männer. Haben Sie mich verstanden?«

Die meisten nickten. Leutnant Okes sagte vorsichtig: »Ich habe von Ihren Taten in der *Gazette* gelesen, Sir.« Er schluckte krampfhaft und sah flüchtig zu Herrick hinüber. »Ich glaube, das ganze Schiff schätzt sich glücklich, Sie als Kapitän zu haben.« Während die Worte verklangen, fingerte er nervös an seinem Degen.

Bolitho nickte. »Danke, Mr. Okes.« Er konnte es sich nicht leisten, mehr hinzuzufügen. Okes konnte auf Bevorzugung aus sein oder darauf, zurückliegende Verfehlungen zu kaschieren. Aber immerhin, es war ein Anfang.

Er setzte hinzu: »Was Kapitän Pomfret tat oder nicht tat, kann ich nicht ändern. Ich habe meine eigenen Vorstellungen von der Führung eines Schiffes und erwarte, daß sie stets beachtet werden.« Aus den Augenwinkeln bemerkte er, daß der Steuermann zweifelnd den Kopf schüttelte. »Möchten Sie etwas sagen, Mr. Proby?«

Der alte Mann schaute hastig hoch. »Äh . . . Nein, Sir. Mir ging bloß durch den Sinn, daß es eine Abwechslung sein wird, wieder auf hoher See zu navigieren statt zwischen Klippen und Sandbänken.« Er lächelte, wodurch er nur noch kummervoller aussah. »Die jungen Herren werden von der langen Fahrt zweifellos profitieren.«

Es war ernst gemeint, aber Fähnrich Neale stieß seinen Gefährten Maynard heimlich an, und beide kicherten. Dann bemerkte Neale, wie Vibart die Stirn runzelte, und blickte hastig zu Boden.

Bolitho nickte. »Also gut, meine Herren. Bereiten Sie alles zum Ankerlichten vor. Ich komme in zehn Minuten an Deck.« Er fing Vibarts Blick auf. »Es wird mich interessieren, die Männer an ihren Stationen zu sehen, Mr. Vibart. Ein bißchen Segeldrill wird sie eine Weile von ihren unruhigen Gedanken ablenken.«

Die Offiziere gingen einer nach dem anderen hinaus. Stockdale schloß die Tür. Bolitho setzte sich und starrte auf die Papier- und Bücherstapel. Er hatte versucht, Zugang zu ihnen zu finden, aber es war ihm nicht gelungen. Eine Barriere war da, ein Schild aus Ressentiments. Oder war es Furcht? Das mußte er selber herausfinden. Er konnte keinem einzigen trauen, sich niemandem anvertrauen, bis er sich des Grundes, auf dem er stand, sicher war.

Er sah Stockdale an und fragte ruhig: »Nun, wie gefällt dir die *Phalarope*?«

Stockdale schluckte heftig. »Ein gutes Schiff, Sir.« Er nickte bedächtig. »Aber von dem Fleisch, das sie zwischen den Spanten hat, halte ich nicht viel.« Er legte Bolithos Degen neben den Pistolenständer und fügte hinzu: »Ich würde Degen und Pistole immer griffbereit halten, Captain. Für alle Fälle.«

Richard Bolitho stieg den Niedergang zum Achterdeck hinauf und ging langsam zur Luvreling. Auf der Fregatte herrschte lebhafte Tätigkeit. Männer standen am Gangspill, andere warteten mit ihren Maaten unter den Masten. Bolitho taxierte den Wind und blickte kurz zum Wimpel am Masttopp hinauf. Das Schiff zerrte heftig und wie verdrossen an der Ankerkette, als wollte es ebenfalls von Land fort, und Bolitho zügelte seine Ungeduld, während er wartete und die letzten Vorbereitungen beobachtete.

Die Decks glänzten vor Sprühregen und Spritzwasser, und Bolitho merkte plötzlich, daß er bereits bis auf die Haut durchnäßt war. Aber vielleicht war es ganz gut, wenn seine Matrosen ihn so sahen, nicht in den Wachrock gehüllt, sondern vor dem Wetter genauso ungeschützt wie sie.

An der Leereling bemerkte er Fähnrich Maynard. Und wiederum dankte er Gott für die Fähigkeit, sich Namen merken zu können, selbst wenn er sie nur einmal gehört hatte.

»Sie sind Signalfähnrich, Mr. Maynard?« Der Junge, dessen magerer Körper sich wie eine Vogelscheuche gegen das mürrische Wasser abzeichnete, nickte. »Sehr gut. Signalisieren Sie dem Flottenkommando, daß wir klar zum Auslaufen sind.«

Er sah die Flaggen hochsteigen, vergaß sie jedoch, als Vibart mit gefurchter Stirn nach achtern kam.

»Anker ist kurzstag, Sir!« Er berührte seinen Hut. »Und die Ladung gesichert.«

»Sehr gut.« Bolitho hob sein Fernrohr und sah nach den Flaggen, die am Signalturm drüben hochstiegen. Vielleicht verfolgte der Admiral von seinem warmen Zimmer im *King George* aus das Manöver.

»Antwort, Sir!« rief Maynard. »Gute Fahrt und viel Glück!«

Bolitho übergab Stockdale sein Fernrohr und verschränkte die Hände unter den Rockschößen. »Lassen Sie bitte Segel setzen. Passieren Sie die Landzunge in Luv.« Er wollte sich heraushalten. Er würde beobachten, jeden einzelnen Mann. Und jeder würde das wissen.

Die Maaten brüllten ihre Befehle. »Marssegel setzen!«

Die Wanten wimmelten plötzlich von Leuten, als die Toppgasten so geschickt und sicher wie Katzen nach oben kletterten. Wer zu langsam war, wurde von den Maaten durch Schläge mit Faust oder Tampen erbarmungslos angetrieben.

»Anker auf!« Mr. Quintal, dessen Brustkasten einer Trommel glich, schwang seinen Stock über den arbeitenden Männern auf dem Vorschiff. »Los, ihr winselnden alten Weiber!« Sein Stock sauste herab, und ein Mann schrie auf. »Hievt! Hievt!« Das Gangspill ruckte an und drehte sich dann gleichmäßig. Die triefende Kette kam herein.

»Vorsegel setzen!« Der Schrei pflanzte sich über Deck fort wie Gesang. Oben killten und schlugen die befreiten Segel im Wind, und die Männer kletterten wie Ameisen auf die schwingenden Rahen hinaus, rangen und kämpften mit jeder sich entfaltenden, widerspenstigen Leinwand.

Bolitho ignorierte das Spritzwasser und beobachtete, wie die Männer von einer Arbeit zur anderen hetzten. Jetzt, da die Toppgasten oben waren, fiel die Knappheit an Leuten noch mehr ins Auge.

Herrick rief vom Bug: »Anker auf, Sir!«

Die Fregatte fiel ab und krängte schwer, als eine Bö sie traf und aufs Wasser zu pressen drohte.

Vibart krächzte: »An die Brassen! Vorwärts!«

Die Leute an den Brassen legten sich keuchend ins Zeug, bis die großen Rahen knarrend herumschwangen. Der Wind füllte die Segel, und die sich blähende Leinwand donnerte. Die *Phalarope* drehte ab und nahm Fahrt auf.

Als der Anker gekattet und gefischt war, sank das Land an Steuerbord zurück, die Insel Wight blieb hinter dem Regen- und Gischtvorhang fast verborgen.

Alles knarrte und knallte, während das Schiff weiter auf den befohlenen Kurs eindrehte; die Wanten und Fallen summten und wimmerten wie die Saiten eines verrückten Orchesters.

Bolitho beobachtete die oben nicht mehr benötigten Leute. Sie rutschten die Stagen hinab und unterstützten die Leute an den Brassen. »Legen Sie sie auf Backbordbug, Mr. Vibart.« Er schaute über die Heckreling und versuchte sich daran zu erinnern, was an Kapitän Pomfret so furchtbar gewesen war. Er dachte an die kalten Augen des Mannes, an die eingeschüchterten Gesichter der Leute.

Proby stand mit gekrümmtem Rücken neben dem Rudergänger. Sein verbeulter alter Hut saß ihm wie ein Kerzenlöscher auf den Ohren. »Lassen Sie sie laufen, Mr. Proby«, sagte Bolitho. »Später müssen wir vielleicht reffen, aber ich möchte Falmouth so schnell wie möglich erreichen.«

Der Steuermann musterte die schlanke Gestalt des Kapitäns und saugte an den Zähnen. Pomfret hatte die Fregatte nie frei laufen lassen. Jetzt flog sie wie verrückt dahin, als sich immer mehr Segel an den Rahen entfalteten und sich knatternd mit Wind füllten. Er blickte zu den Masttopps hinauf und meinte beinahe zu sehen, wie sie sich bogen. Aber er sah nicht mehr allzu gut, daher unterließ er jede Bemerkung.

Vibart stand an der Achterdeckreling. Einen Fuß auf dem Schlitten einer Karronade, beobachtete er aus zusammengekniffenen Augen die Leute an ihren Stationen. Einmal blickte er nach Portsmouth zurück, wo Pomfret das Schiff hatte verlassen müssen, wo Bolitho an Bord gekommen war, um ihn zu ersetzen und dadurch seine, Vibarts, Chance auf Beförderung zunichte gemacht hatte.

Er betrachtete Bolithos Profil, und Wut loderte in ihm auf wie Feuer. Zwischen Portsmouth und Hoods Geschwader lagen fünftausend Seemeilen. Bis sie dort waren, konnte noch viel passieren.

Er fuhr hoch, als Bolitho brüsk sagte: »Entlassen Sie die Wache unter Deck, und verdoppeln Sie die Leute im Ausguck.« Er wies auf den offenen Kanal. »Hier ist jeder ein Feind.« Und mit einem nachdenklichen Blick auf Vibart ging er nach unten.

II Flucht vor den Preßkommandos

Die Mannschaft der Gig pullte mit gleichmäßigem Schlag auf die steinerne Anlegestelle zu. Die Männer waren erleichtert, als Stockdale den Befehl »Riemen ein« knurrte, und der Bugsgast mit dem Bootshaken nach einem Ringbolzen angelte.

Bolithos Blick ging zur Fregatte zurück. Die *Phalarope* lag in der Falmouth Bay sicher vor Anker. Ihr glatter Umriß hob sich schwarz und scharf gegen die See und die Sonne ab, die schließlich doch durch die treibenden Wolkenfetzen gebrochen war. Das Schiff hatte sich der Landspitze nur langsam genähert, und er hegte keinerlei Zweifel, daß seine Anwesenheit längst gemeldet worden war und jeder gesunde Mann der Stadt die rechtzeitige Warnung genutzt hatte, um vor dem gefürchteten Preßkommando zu fliehen.

Leutnant Thomas Herrick saß stumm neben ihm. Er hatte sich in seinen Mantel gehüllt und spähte zu den regennassen Bergen hinter der Stadt und auf die grauen Mauern der Zitadelle oberhalb Carrick Roads. In der Geborgenheit der Reede lagen mehrere kleine Schiffe vor Anker. Küstenfahrzeuge und dickbäuchige Fischerboote erfreuten sich des Schutzes, den dieser Ankerplatz bot.

»Ein Spaziergang wird uns guttun, Mr. Herrick«, sagte Bolitho. »Könnte für eine Weile die letzte Möglichkeit dazu sein.« Er stieg steif aus dem Boot und wartete, bis Herrick ihm die ausgetretenen Stufen hinauf gefolgt war. Ein alter Seemann mit grauem Bart rief: »Willkommen, Kapitän. Feines Schiff, das Sie da draußen haben.«

Bolitho nickte. Er stammte selbst aus Cornwall, war in Falmouth geboren. Daher wußte er nur zu gut, daß kein jüngerer Mann es wagen würde, sich hier aufzubauen und einem Offizier des Königs mit müßigen Bemerkungen zu kommen. Fregatten waren zu beschäftigt, um einen Hafen anzulaufen, es sei denn, sie wollten Leute ausheben.

Genau das hatte Vibart geltend gemacht, während die *Phalarope* mit im Wind donnernden Segeln durch die Nacht schoß. Doch als Bolitho seinen Plan darlegte, schwieg sogar er.

In seiner Jugend hatte Bolitho häufig Kriegsschiffe in die Bucht einlaufen sehen. Und er hatte gehört, wie die Nachricht durch die engen Straßen gerufen wurde. Wie ein Alarmsignal ging der Ruf von einem Haus zum anderen. Die jungen Männer warfen dann ihre Arbeit hin, verabschiedeten sich hastig von ihren Familien und Freunden und zogen sich in die Sicherheit der Berge zurück. Von dort konnten sie alles beobachten und warten, bis das Schiff wieder Segel setzte und unter dem Horizont verschwand.

Über die Hügel lief eine schlechte Küstenstraße von Falmouth in nordöstlicher Richtung nach Gerrans Bay und St. Austell. Kein Preßkommando würde sich die Mühe machen, die Leute bis dort zu verfolgen. Die Männer der Preßkommandos wußten nur zu gut, daß sie durch ihre Waffen so behindert waren, daß alle Anstrengungen vergeblich bleiben mußten. So konzentrierten sie sich auf die wenigen Leute, die langsam oder dumm genug waren, den Männern des Königs einen leichten Fang zu erlauben.

In pechschwarzer Nacht hatte Bolitho das Schiff unter Land gebracht und beigedreht, wobei es durch den steifen Wind und die schnelle ablandige Strömung gefährlich krängte. Old Proby hatte zuerst gezweifelt, dann aber seine Bewunderung offen gezeigt. Hier gab es keine Leuchtfeuer, und bis auf einen nebelhaften Schatten bewies nichts, daß Bolitho genau den Punkt unterhalb Gerrans Bay getroffen hatte, an dem die Karte einen winzigen, halbmondförmigen Streifen Strand auswies.

Bald nachdem Portsmouth hinter ihnen lag, war ein Landungskommando zusammengestellt worden. Die ausgewählten Leute, deren Gesichter im Licht einer Blendlaterne bleich schimmerten, hatten unterhalb des Achterdecks Bolithos Instruktionen entgegengenommen.

»Ich setze euch in zwei Kuttern an Land. Es werden zwei Gruppen gebildet. Mr. Vibart und Mr. Maynard führen die eine, und Mr. Farquhar führt die andere.« Bolitho suchte das ernste Gesicht von

Brock, dem ersten Stückmeister. »Mr. Brock gehört ebenfalls zur zweiten Gruppe.« Sich selbst überlassen, wäre Farquhar womöglich zu draufgängerisch. Brocks Erfahrung würde ein guter Ausgleich sein.

»Wie ich Falmouth kenne, werden sich die Männer, hinter denen wir her sind, so schnell wie möglich über die Küstenstraße davongemacht haben. Wenn die beiden Kommandos auf der Straße von Pendower Beach herauf ein gutes Marschtempo vorlegen, werden ihnen die Leute direkt in die Arme laufen. Das macht uns die Auswahl leichter, denke ich.« Bolitho bemerkte, daß Brock anerkennend nickte. »Die Boote kehren zum Schiff zurück, und die Kommandos marschieren mit den Leuten direkt nach Falmouth.« Einige Männer seufzten, und Bolitho fügte ruhig hinzu: »Es sind nur fünf Meilen. Immer noch besser, als für nichts und wieder nichts die ganze Stadt zu durchkämmen.«

So hatten seine Befehle gelautet. Und jetzt ging er mit Herrick die ansteigende Straße zu den sauberen Häusern hinauf, wobei er auf dem Kopfsteinpflaster, an das er sich so gut erinnerte, ab und zu ausglitt. Zu diesem Zeitpunkt mußte Vibart bereits einige Leute aufgebracht haben. Wenn das nicht der Fall war, wenn ihm, Bolitho, eine Fehlkalkulation unterlaufen war, würde das die Spannungen auf der *Phalarope* nur noch steigern.

Leutnant Okes war an Bord geblieben. Bis zu Bolithos Rückkehr trug er die Verantwortung für das Schiff; Hauptmann Rennies Seesoldaten sollten in der Lage sein, jeden aufzuhalten, der noch immer zu desertieren hoffte. Selbst ein Verzweifelter würde es sich zweimal überlegen, bei der bewegten See von der Fregatte bis zum Land zu schwimmen.

Er sah Herrick flüchtig an. »Sie sind zwei Jahre an Bord, glaube ich?« fragte er unvermittelt. Herricks Blick wurde sofort mißtrauisch. Der Leutnant hatte ein offenes, angenehmes Gesicht, und doch verriet es von einer Sekunde zur anderen jene Zurückhaltung und Vorsicht, welche die Haltung der ganzen Besatzung kennzeichnete. »Dem Logbuch nach waren Sie Wachoffizier, als die Unruhe ausbrach?«

Herrick preßte die Lippen zusammen. »Ja, Sir. Wir kreuzten von Lorient herauf. Es war während der Mittelwache und ruhig für die Jahreszeit.«

Bolitho bemerkte Herricks Unsicherheit und spürte einen Anflug von Mitleid. Es war nicht einfach, der Dritte Offizier eines Kriegsschiffs zu sein. Ohne Glück oder Einfluß wurde man nur schwer und langsam befördert. Er erinnerte sich an seine erste Chance. Wie leicht hätte alles anders kommen können, aber mehrere glückliche Zufälle trafen zusammen. Zur Zeit der amerikanischen Rebellion fuhr er als Leutnant auf einem Linienschiff. Man übertrug ihm das Prisenkommando einer gekaperten Brigg. Während er nach Antigua segelte, stieß er auf einen Freibeuter. Er täuschte den gegnerischen Kapitän, der die Brigg noch immer für einen Verbündeten hielt. Seine Leute enterten das Schiff, ein schneller und wilder Waffengang, und die Prise war sein. Bei der Ankunft in Antigua hieß ihn der Oberbefehlshaber wie einen Helden willkommen, denn Siege waren selten, Niederlagen hingegen nur zu häufig.

So übertrug man ihm mit zweiundzwanzig Jahren des Kommando der *Sparrow*. Wieder war Glück im Spiel. Der Kapitän der Korvette war an Fieber gestorben, und ihr Erster Leutnant war für den begehrten Posten zu jung gewesen.

Er unterdrückte die aufkeimende Teilnahme. »Wie viele Männer waren an der Meuterei beteiligt?«

»Nicht mehr als zehn«, antwortete Herrick bitter. »Sie versuchten, einen Matrosen namens Fisher zu befreien. Kapitän Pomfret hatte ihn am Tag zuvor wegen Insubordination auspeitschen lassen, weil er sich über das schlechte Essen beschwerte.«

Bolitho nickte. »Das ist nicht ungewöhnlich.«

»Aber dem Kapitän reichte es noch nicht.« Herricks Worte überschlugen sich jetzt. »Er ließ ihn an den Bugspriet binden, ohne dem Wundarzt zu erlauben, den Rücken des Mannes zu behandeln.« Herrick schauderte zusammen. »Es geschah in der Biskaya, die Takelage war vereist, aber er ließ den Mann, der nur noch ein Klumpen blutiges Fleisch war, da draußen festgebunden hängen.« Herrick gewann mit Mühe die Fassung zurück und murmelte: »Entschuldigen Sie, Sir, aber es steht mir noch immer vor Augen.«

Bolitho dachte an Pomfrets glatte, nüchterne Eintragung im Logbuch. Danach waren die aufbegehrenden Seeleute aufs Achterdeck gedrungen und hatten den Steuermann und den Steuermannsmaat überwältigt. Nur Herrick, der offensichtlich die Beschwerden als berechtigt ansah, stand zwischen ihnen und einer totalen Meuterei. Auf irgendeine Weise war es ihm gelungen, sie zu beschwichtigen. Er befahl ihnen, aufs Vorderdeck zurückzugehen, und sie gehorchten, weil sie ihm vertrauten. Am folgenden Tag brach Pomfrets Rache über das Schiff herein, eine Woge von Grausamkeit. Zwanzig Leute wurden ausgepeitscht, zwei gehenkt. Pomfret wartete damit nicht, bis die *Phalarope* wieder Anschluß an das Geschwader gewann, wo ein Vorgesetzter den Fall zu beurteilen gehabt hätte. Herricks Bitterkeit war offenbar begründet. Oder doch nicht? Formal gesehen, hatte Pomfret recht gehandelt. Herrick hätte die drohende Gefahr vorhersehen und auf die Meuterer schießen lassen müssen. Er hätte die Achterwache rufen, ja, falls notwendig, sein Leben einsetzen müssen. Bei dem Gedanken, was passiert wäre, wenn Herrick ebenfalls überwältigt worden wäre, während er mit den aufgebrachten Seeleuten verhandelte, überlief Bolitho ein Schauder. Die schlafenden Offiziere wären abgeschlachtet worden, und auf dem Schiff wäre, mitten im feindlichen Gewässer, das Chaos ausgebrochen.

»Und später, als Sie vor Brest zur Flotte stießen und es mit den französischen Schiffen zum Kampf kam, warum hat da die *Phalarope* nicht eingegriffen?«

Wieder gaben Herricks Züge seine Gemütsbewegungen preis, seine Unsicherheit und seinen Zorn. Und da ging Bolitho ein Licht auf. Herrick fürchtete ihn beinahe ebensosehr, wie er Pomfret gefürchtet hatte. Bolitho war der Kapitän, er hatte das Schiff übernommen, auf dem Herricks Elend wie ein Gespenst zwischen den Decks hin und her glitt. Daher sagte er verhalten: »Ich nehme an, daß die Mannschaft auf ihre Art protestierte?«

Herrick ließ das Kinn in die Halsbinde sinken. »Ja, Sir. Sie leistete passiven Widerstand. Segel wurden schlecht gesetzt. Die Geschützbedienungen reagierten langsam.« Herrick lachte böse. »Aber sie hätten es sich sparen können.« Er blickte Bolitho von der Seite her an, in seinen Augen funkelte flüchtig Trotz auf. »Pomfret mied sowieso den Kampf, wenn es sich einrichten ließ.«

Bolitho blickte beiseite. Was bist du für ein Narr, Dick, dachte er ärgerlich. Du hast diesem Mann gestattet, wie ein Verschwörer zu reden. Du solltest ihm Schweigen gebieten, jetzt, ehe jemand an Bord weiß, daß du ohne geringsten Widerspruch eine offene Kritik an Kapitän Pomfret hingenommen hast.

»Wenn Sie ein eigenes Kommando haben«, sagte er ruhig, »werden Sie anders denken, Herrick. Die richtige Handlungsweise ist nicht immer die leichteste.« Er erinnerte sich an Vibarts Feindseligkeit und fragte sich, was der Erste während der Meuterei getan hatte. »Ich weiß, daß sich jeder Offizier die Ergebenheit seiner Männer erst verdienen muß.« Sein Ton wurde schärfer. »Aber ein Kapitän hat das Recht auf die Ergebenheit seiner Offiziere. Habe ich mich klar ausgedrückt?«

Herrick sah starr geradeaus. »Aye, aye, Sir.« Er war von neuem auf der Hut, hatte seine Züge wieder unter Kontrolle, und sein Gesicht trug einen versteinerten Ausdruck.

Bolitho blieb unterhalb der Kirche stehen und sah die an der Kirchhofsmauer entlangführende, ihm wohlbekannte Straße hinauf. An ihrem oberen Ende erhob sich, rechteckig und wenig einladend, das Haus der Bolithos. Der vertraute graue Stein war so dauerhaft wie seine Erinnerungen an die Heimat.

Er stand da, sah zu dem Haus hinauf und war plötzlich so nervös wie ein Eindringling. Er sagte: »Machen Sie weiter, Mr. Herrick. Suchen Sie den Offizier des Flottenproviantamtes auf. Sehen Sie zu, daß so viel frische Eier und Butter, wie Sie nur bekommen können, aufs Schiff geschickt werden.«

Herrick musterte das große Haus nachdenklich. »Ihr Heim, Sir?«

»Ja.« Bolitho begann, Herrick in einem anderen Licht zu sehen. Hier auf der regennassen Straße, nicht verankert in der Disziplin der Fregatte, wirkte Herrick fast hilflos. Bolitho hatte die Mannschaftspapiere aufmerksam studiert. Daher wußte er, daß Herrick aus Kent stammte, Sohn einer armen Familie der Mittelklasse war. Sein Vater war Angestellter. Aus diesem Grunde würde er nicht über irgendwelchen Einfluß verfügen, wenn er ihn am dringendsten brauchte. Und wenn er sich im Kampf nicht sehr auszeichnete, waren seine Beförderungsaussichten gering.

Doch der Anblick seines Vaterhauses, das Durcheinander seiner Meinungen und Gedanken reizten ihn, und er sagte kurz: »Würden Sie, wenn alles erledigt ist, vielleicht noch ein Glas Wein mit mir trinken, bevor wir segeln, Mr. Herrick?« Er deutete die Straße hinauf. »Mein Vater wird Sie gern willkommen heißen.«

Herrick öffnete den Mund, doch die Ablehnung blieb ihm im Halse stecken. Er zupfte an seinem Gürtel und sagte verlegen: »Danke, Sir!« Er führte die Hand an den Hut, als sich Bolitho abwandte und zum Haus hinaufging.

Er rührte sich nicht, bis Bolitho das Tor erreicht hatte. Dann ging er, das Kinn auf die Brust gesenkt und die Stirn tief gefurcht, auf die Zitadelle zu.

Leutnant Giles Vibart fluchte, als er auf den losen Steinen ausrutschte und ein Matrose gegen ihn prallte. Die graue Morgendämmerung ließ erkennen, was der Nachtwind angerichtet hatte. Das lange Gras und der Stechginster lagen an die Erde gedrückt und glänzten vor Nässe. Er tastete nach seiner Uhr und hob dann die Hand.

»Wir machen einen Augenblick halt.« Er hörte, daß sein Befehl von Mann zu Mann weitergegeben wurde, und wartete, bis die Leute sich neben dem holprigen Pfad niedergelassen hatten, ehe er sich den beiden Fähnrichen und dem Stückmeister zuwandte.

»Lassen wir den Faulpelzen zehn Minuten zum Ausruhen. Dann marschieren wir weiter.« Er blickte sich um, als ein schwacher Sonnenstrahl seine Wange traf. »Sie gehen mit Ihrer Gruppe landeinwärts, Mr. Farquhar, um etwaigen Nachzüglern den Rückweg abzuschneiden.«

Farquhar zuckte mit den Schultern und stieß nach einem Stein. »Und wenn niemand kommt, Sir?«

Vibart fuhr ihn an: »Tun Sie, was Ihnen befohlen wird!«

Maynard, der andere Fähnrich, schob seinen Dolch zurecht und musterte besorgt die lagernden Seeleute. »Hoffentlich desertiert keiner von ihnen. Das würde dem Kapitän wenig behagen.«

Der Stückmeister grinste träge: »Ich hab sie selber ausgewählt. Alles alte Teerjacken.« Er riß einen Grashalm aus und kaute darauf herum. »Alles gepreßte Leute. Für einen solchen Auftrag sind sie viel besser geeignet als Freiwillige.«

Vibart nickte. »Völlig richtig, Mr. Brock. Kein Matrose schätzt den Gedanken, daß es anderen besser gehen soll als ihm selbst.«

Brock runzelte die Stirn. »Und warum auch? Es wäre ungerecht, von der Flotte zu erwarten, daß sie blutige Seeschlachten schlagen und das Land vor den Froschfressern bewahren soll, ohne daß diese faulen und verwöhnten Zivilisten dabei mithelfen! Sie scheffeln Geld und leben glücklich und zufrieden mit ihren Frauen, während wir die harte Arbeit erledigen.« Er spie den Grashalm aus. »Zur Hölle mit ihnen, das ist meine Meinung.«

Vibart ging zum Rand der Klippe und sah zu dem felsigen Strand hinunter. Der Wind pfiff durch das verfilzte Gras, und er mußte von neuem daran denken, wie die Fregatte durch die Nacht gestürmt war. So wäre Pomfret nie gesegelt. Pomfret schätzte ein seetüchtiges Schiff, das schon. Aber er betrachtete es doch mehr als ein Besitztum, denn als Waffe. Pomfret saß in seiner prächtig ausstaffierten Kajüte, schlürfte seinen Lieblingswein und schwelgte in gutem Essen, während er, Vibart, das Schiff führte und alle seemännische Arbeit verrichtete, zu der der Kapitän nicht imstande war. Ruhelos trat er von einem Fuß auf den anderen, während ihm die Galle hochstieg und er voller Wut an die Ungerechtigkeit dachte, die ihm widerfahren war.

Was hatte Pomfret ihm nicht alles versprochen! Ein Wort am richtigen Ort, und sein Erster Leutnant würde befördert werden. Bis dahin brauche Vibart nichts anderes zu tun, als das Schiff richtig zu führen und die Disziplin aufrechtzuerhalten. Er, Pomfret, würde dann alles Weitere regeln.

Der Kapitän war an Prisengeld nicht interessiert. Er war reich, weit über Vibarts Vorstellung hinaus. Und auch Ruhm war ihm gleichgültig. Ja, seine Unfähigkeit hielt seiner Feigheit die Waage. Vibart hatte Pomfrets Schwächen überdecken und seine Leidenschaften lenken können – bis auf eine. Wie viele Feiglinge, war Pomfret brutal und sadistisch. Harte Disziplin betrachtete Vibart als Notwendigkeit, aber sinnlose Grausamkeit schien ihm zwecklos.

Doch Vibart war nur Leutnant, ein Leutnant von schon dreiunddreißig Jahren. Die meisten Offiziere waren bereits als Knaben zur Marine gekommen, er nicht. Aber seine Laufbahn war nicht weniger hart gewesen. Auf Handelsschiffen hatte er die ganze Welt umsegelt. Die letzten drei Jahre war er als Erster gefahren, auf einem Sklavenschiff. Dort hatte er schnell begriffen, daß sinnlose Brutalität sich nicht auszahlte, wenn man am Ende der Fahrt die Laderäume nicht voll nutzloser Leichen haben wollte.

Vibart drehte sich verärgert um und rief: » Auf, es geht weiter!« Aus brütenden Augen verfolgte er, wie die Männer nach ihren Waffen griffen und den Pfad entlangtrotteten, während dieser arrogante junge Esel Farquhar über den Hügel hinauf ins Binnenland abzog. Typisch, schoß es Vibart durch den Kopf: achtzehn Jahre alt, verwöhnt und von guter Abkunft. Und ein einflußreicher Admiral wachte über sein Fortkommen wie ein Kindermädchen. Sein Blick ruhte flüchtig auf dem schmächtigen Maynard. »Halten Sie nicht Maulaffen feil! Setzen Sie sich an die Spitze der Abteilung!«

Nun, trotz ihres Vorsprungs an Herkommen und Einfluß hatte er es ihnen gezeigt. Der Gedanke daran wärmte sein Inneres wie Rum. Ihm war seinerzeit schnell klargeworden, daß es gegen Pomfrets Schwächen keine Abhilfe gab. Und nicht weniger gut hatte er bald begriffen, daß jeder Widerstand gegen den Kapitän alle seine Hoffnungen auf Beförderung begraben hätte.

An Bord der unglückseligen Fregatte hatte er einen Verbündeten besessen, David Evans, den Proviantmeister, der ihn über alle Vorgänge in den Decks informierte. Evans war ein Teufel. Sobald das Schiff an die Küste kam, ging er an Land und handelte Vorräte und Proviant ein. Dabei nutzte er seinen hellen Verstand und seine flinke Zunge, um das Allerschlechteste einzukaufen, das ranzigste, widerlichste Zeug, das er auftreiben konnte. Das ersparte Geld steckte er in die eigene Tasche. Als Erster Offizier durchschaute Vibart den Trick, gebrauchte sein Wissen aber zum eigenen Vorteil. Evans verfügte in den Zwischendecks über ergebene Speichellecker, verläßliche Männer, die gegen kleine Entlohnung ihre Kameraden bereitwillig verrieten.

So hatte Vibart denn die Mannschaft sorgfältig und methodisch mehr und mehr unter Druck gesetzt. Doch alle Auspeitschungen erfolgten im Namen des Kapitäns, nie in seinem. Was auch geschehen mochte, falls die Männer je gegen die Schikanen aufbegehren sollten, er, Vibart, mußte sicherstellen, daß er im kritischen Moment zur Stelle war und daß er aus jeder Untersuchung ohne Tadel hervorging.

Evans hatte ihm von der beabsichtigten Meuterei berichtet. Es war Vibart klargewesen, daß der Augenblick endlich gekommen war. Als er Pomfret vorschlug, den ausgepeitschten Fisher wie eine gehäutete Galionsfigur an den Bugspriet zu binden, wußte er genau, daß das die Wut steigern und die Flammen der Meuterei anfachen mußte. Als letzter Anstoß sozusagen.

Die Anführer der Meuterei hatten den Zeitpunkt gut gewählt, das mußte er zugeben. Hätte Okes die Wache gehabt, wäre er vielleicht in Panik geraten und hätte einen Lärm geschlagen, den selbst der vom Alkohol betäubte Pomfret in seiner Koje gehört hätte. Mit Herrick war es anders. Der dachte nach, überlegte. Es stand zu erwarten, daß er mit den Männern reden würde, daß er eher versuchen würde, einen Aufstand zu verhindern, als ihn durch brutale Gewalt zu zerschlagen.

Vibart wußte alles, selbst den Zeitpunkt. Atemlos wartete er in seiner Kabine, mit den Seesoldaten, deren Sergeant einer seiner willigen Helfer war, an seiner Seite. Der Plan war so einfach, daß Vibart am liebsten gelacht hätte.

Die Meuterer würden das Achterdeck stürmen und die Wache überwältigen. Statt Alarm zu schlagen und so Pomfret den Vorwand für eine neue blutige Raserei zu geben, würde Herrick versuchen, die

Leute zu beruhigen, indem er sich ihre Beschwerden anhörte. Aber die Meuterer würden ihn töten, und dann konnte Vibart hinaufstürmen und das Achterdeck mit Musketenfeuer freifegen.

Bei der Verhandlung vor dem Kriegsgericht würde selbst der voreingenommenste Admiral erkennen müssen, daß Vibart das Schiff gerettet hatte, als einer der Offiziere mit seiner Wache bereits niedergemacht war und der Kapitän betrunken in seiner Koje schlief.

Selbst jetzt, auf dem feuchten Abhang, konnte sich Vibart an das Geräusch seines Atems in der Kajüte erinnern. Hörte nochmals, wie die Meuterer verstohlen heranschlichen, gerade als es am Bug zwei Glasen schlug. Doch es gab keine Schüsse, keine Schreie. Weder das Klirren von Stahl, noch Herricks Todesröcheln.

Als er schließlich, unfähig, seiner Besorgnis länger Herr zu werden, an Deck kroch, fand er Herrick auf seinem Posten und das Hauptdeck öde und leer.

Der junge Leutnant hatte ihm von dem Vorfall berichtet: eine »Deputation« aus Besorgnis wegen des sterbenden Fisher. Das war alles. Vibart drang weiter in ihn, doch Herrick blieb fest, und sein Zorn schlug in Verachtung um, als seine Blicke auf Vibarts geladene Pistolen und den Sergeanten der Seesoldaten an der Kajütentür fielen.

Am nächsten Morgen raste Pomfret, als wäre tatsächlich eine Meuterei ausgebrochen. »Beschwerden?« hatte er Vibart quer durch die breite Kajüte angebrüllt. »Die Kerle wagen es, sich zu beschweren?« Ohne daß ihm etwas eingeblasen werden mußte, betrachtete er das Verhalten der Männer als Anschlag auf seine Autorität.

Schließlich wurde die Fregatte zur kriegsgerichtlichen Untersuchung nach Portsmouth beordert, und Vibart schöpfte neue Hoffnung. Alles ging sehr schnell. Die Unruhestifter wurden vom Schiff geholt und die Fregatte für einen langen Einsatz ausgerüstet. Pomfret war in seiner Kajüte geblieben. Mürrisch hatte er vor sich hingebrütet, bis man ihn abkommandierte. Aber für ihn, Vibart, war kein Beförderungsschreiben eingetroffen. Kein eigenes Kommando, weder über die *Phalarope* noch über ein anderes Schiff.

Er stand wieder genau da, wo er gestanden hatte, als er zu Pomfret auf die Fregatte kam. Nur daß Bolitho, der neue Kapitän, eine völlig andere Persönlichkeit als Pomfret war.

Er schüttelte die Gedanken ab, als Maynard atemlos rief: »Sir, Signal vom Hügel!«

Vibart zog seinen Degen und hieb damit in einen kleinen Busch.

»Hat der Kapitän also richtig vermutet.« Er schwenkte den Arm in einem Halbkreis. »Vorwärts, Leute. Pflanzt euch beiderseits der Straße auf und wartet, bis Mr. Farquhars Abteilung ihnen den Rückweg verlegt hat. Ich möchte nicht, daß einer entwischt.« Die Männer nickten und stolperten auf die Büsche zu. Sie schwangen ihre Knüppel und rückten die Gürtel mit den Entermessern zurecht.

Das eigentliche Zusammentreffen überraschte selbst Vibart. Die Leute kamen wie sorglose Spaziergänger dahergeschlendert und nicht wie Männer, die der Zwangsrekrutierung entwischen wollten. Es waren ungefähr fünfzig. Dicht beisammen kamen sie den schmalen Weg entlang. Sie plauderten, manche sangen sogar, während sie sich ohne bestimmtes Ziel von Falmouth und dem Meer entfernten. Farquhars schlanke Silhouette zeichnete sich gegen den Himmel ab, und Vibart trat aus dem Gebüsch. Er hob den Degen, und seine Leute sperrten hinter ihm die Straße.

»Im Namen des Königs! Zur Musterung in Reihe antreten!«

Seine Stimme löste die Erstarrung. Einige machten kehrt und rannten die Straße zurück, nur um beim Anblick Farquhars und seiner Männer, die die Musketen auf sie richteten, keuchend stehen zu bleiben. Einer versuchte, den Hügel hinauf zu entkommen, doch Josling, ein Bootsmannsmaat, holte mit dem Knüppel aus. Der Mann schrie auf, rollte den Abhang hinunter in eine Pfütze und umklammerte mit der Hand sein Knie. Josling drehte ihn mit dem Fuß um, betastete kurz das blutende Bein des Mannes und meldete Vibart dann beiläufig: »Nichts weiter passiert, Sir.«

Tief erschrocken ließen sich die Leute widerstandslos auf der Straße in Reih und Glied aufstellen. Vibart betrachtete die Reihe abschätzend. Alles war so einfach verlaufen, daß er am liebsten gegrinst hätte.

Brock sagte: »Zweiundfünfzig, Sir. Alle gesund.«

Einer der Aufgegriffenen stürzte vor, sank auf die Knie und wimmerte. »Bitte, Sir, bitte. Mich nicht!« Tränen liefen ihm über das Gesicht, und Vibart fragte rauh: »Und warum nicht?«

»Wegen meiner Frau, Sir. Sie ist krank. Sie braucht mich!« Er rutschte auf den Knien ein Stück vor. »Ohne meine Unterstützung stirbt sie, Sir, so wahr mir Gott helfe. Sie stirbt.«

»Stellt den Mann auf die Füße«, befahl Vibart angeekelt, »er macht mich krank.«

Am Ende der Reihe sagte ein anderer gepreßt: »Ich bin Schäfer und vom Dienst freigestellt.« Er blickte sich suchend um, bis seine Augen an Brock hängenblieben. »Fragen Sie ihn, Sir. Der Stückmeister wird es bestätigen.«

Brock ging lässig auf ihn zu und hob seinen Stock. »Roll den Ärmel hoch!« Es klang gelangweilt, ja gleichgültig. Mehrere vergaßen ihr Elend und beugten sich vor, um die Szene zu beobachten.

Der Mann trat einen halben Schritt zurück, aber nicht schnell genug. Brocks Hand packte sein grobes Hemd wie eine Stahlklaue und riß den Ärmel auf. Eine Tätowierung aus ineinanderverflochtenen Fahnen und Kanonen wurde sichtbar. Brock trat einen Schritt zurück und wiegte sich auf den Hacken. »Nur ein Seemann hat eine solche Tätowierung.« Er sprach langsam und ruhig. »Nur ein Mann, der auf einem Schiff des Königs gedient hat, konnte mich als Stückmeister erkennen.«

Ohne Warnung sauste sein Stock durch das trübe Sonnenlicht. Als er wieder neben ihm baumelte, blutete das Gesicht des Mannes, wo der Hieb es beinahe bis zum Knochen aufgerissen hatte. Der Stückmeister sah ihn gerade an. »Am meisten mißfällt es mir, wenn man mich für einen Dummkopf hält.« Er drehte sich um und dachte nicht mehr an den Mann.

Ein Matrose brüllte: »Wieder ein Signal vom Hügel, Sir. Noch eine Gruppe.«

Vibart steckte den Degen in die Scheide. »Sehr gut.« Seine Blicke glitten kalt über die zitternde Reihe. »Ihr nehmt einen ehrenhaften Dienst auf. Die erste Lektion habt ihr eben gelernt. Seht zu, daß ich euch keine zweite beibringen muß.«

Maynard trat zu ihm, sein Gesicht war bekümmert. »Ein Jammer, daß es keinen anderen Weg gibt, Sir.«

Vibart würdigte ihn keiner Antwort, wie schon den Mann, der wegen seiner Frau gebettelt hatte. Solche Äußerungen hatten weder Sinn noch Bedeutung.

Von nun ab zählte für diese Leute nur noch das Leben auf dem Schiff.

Bolitho nippte an seinem Portwein und wartete, bis das Mädchen den Tisch abgeräumt hatte. Er war seit so langem an magere und schlecht zubereitete Schiffskost gewöhnt, daß ihm der gute Lammbraten schwer im Magen lag.

An der gegenüberliegenden Tischseite trommelte sein Vater, James Bolitho, mit den Fingern ungeduldig auf die polierte Platte, ehe er einen langen Schluck trank. Er wirkte gezwungen, ja sogar nervös, seit sein Sohn das Haus betreten hatte. Bolitho betrachtete ihn schweigend.

Sein Vater hatte sich sehr verändert. Er hatte ihn in seiner Kindheit selten zu Gesicht bekommen und seitdem auch nicht oft. Eigentlich nur bei den seltenen Gelegenheiten, wenn er von fernen Kriegen und aus entlegenen Ländern nach Hause gekommen war, von Unternehmungen, über die die Kinder nur Vermutungen anstellen konnten. Dachte Bolitho an ihn, so hatte er einen hochgewachsenen und ernsten Mann in Marineuniform vor Augen, dessen Selbstdisziplin den Raum füllte, sobald er durch die vertraute Tür zwischen den Ahnenporträts trat: Männer wie er, wie sein Sohn, in erster Linie Seeleute.

Während Bolitho unter Sir Henry Langford als Midshipman fuhr, hörte er von der Verwundung seines Vaters. Es war in Indien geschehen, im Kampf um die sich rasch entwickelnden Kolonien. Er fand ihn alt und verbittert wieder. Aus der Stammrolle der Marine gestrichen zu sein, wie ehrenhaft auch immer, bedeutete für ihn mehr als der Verlust eines Armes. Es war, als habe man ihn des Lebens beraubt.

In Falmouth wurde er als aufrechter und gerechter Richter geachtet. Bolitho wußte jedoch nur zu genau, daß das Herz seines Vaters noch immer der See gehörte, den Schiffen, die mit den Gezeiten kamen und gingen.

Bolitho hatte einen Bruder und zwei Schwestern. Beide Schwestern waren nun verheiratet, eine mit einem Grundbesitzer, die andere mit einem Offizier der Garnison. Über Hugh, seinen älteren Bruder, hatten sie bis jetzt noch kein Wort gewechselt. Bolitho wartete, daß sein Vater sich äußern würde, denn wie er vermutete, war es Hugh, um den seine Gedanken vor allem kreisten.

»Ich habe dein Schiff einlaufen sehen, Richard.« Die Finger trommelten auf dem Tisch. »Eine feine Fregatte, und in Westindien wirst du für die Familie zweifelsohne Ehre einlegen.« Er schüttelte sorgenvoll den Kopf. »England braucht jetzt alle seine Söhne. Wir haben die ganze Welt zum Feind.«

Das Haus war totenstill. Nach dem Schwanken des Decks und dem Knarren der Rahen wirkte es wie eine andere Welt. Selbst die Gerüche waren anders. Es fehlten die Ausdünstungen zusammengepferchter Leiber, die Gerüche von Teer und Salz, von Kochdunst und Nässe.

Und es wirkte einsam. Bolitho dachte an seine Mutter. Jung und lebhaft, so stand sie ihm vor Augen. Er war auf See gewesen, als eine kurze, aber tödliche Krankheit sie hinraffte.

Sein Vater stand auf und trat an den Kamin. Über die Schulter sagte er schroff: »Das mit deinem Bruder hast du wohl schon gehört?«

Bolitho straffte sich. »Nein. Ist er denn nicht auf See?«

»Auf See?« Sein Vater schüttelte den Kopf. »Nun ja, ich habe es dir nicht mitgeteilt. Vermutlich hätte ich es dir schreiben sollen, aber im tiefsten Herzen hoffte ich noch immer, daß er seine Haltung ändern würde. Niemand hätte dann davon erfahren.«

Bolitho wartete. Sein Bruder Hugh war stets der Augapfel seines Vaters gewesen. Als sie sich das letztemal begegneten, war er Leutnant der Kanalflotte gewesen und Anwärter auf dieses Haus und das Familienerbe. Bolitho hatte seinem Bruder nie besonders nahe gestanden und es auf ganz natürlichen Geschwisterneid zurückgeführt. Jetzt war er sich dessen nicht so sicher.

»Ich hatte große Hoffnungen auf Hugh gesetzt.« Sein Vater sprach in das Kaminfeuer. »Ich bin nur froh, daß seine Mutter nicht mehr erleben muß, was aus ihm geworden ist.«

»Kann ich auf irgendeine Weise helfen?« Bolitho sah, wie die Schultern seines Vaters bebten, als er seine Stimme zu beherrschen suchte.

»Nein. Hugh ist nicht mehr bei der Marine. Er hat Spielschulden gemacht. Er hatte ja immer einen Hang zum Spieltisch, das weißt du. Aber diesmal geriet er in ernste Schwierigkeiten. Es kam zu einem Duell mit einem anderen Offizier. Er tötete ihn.«

Bolitho begann klarer zu sehen. Deshalb die geringe Dienerschaft. Deshalb war die Hälfte des zum Haus gehörenden Landes an einen Bauern verkauft worden.

»Du hast seine Schulden beglichen?« Er sprach so gelassen wie möglich. »Ich habe etwas Prisengeld. Wenn damit . . .«

Sein Vater hob die Hand. »Nicht nötig. Es war meine Schuld. Ich war blind, habe den Jungen falsch erzogen. Dafür muß ich eben zahlen.« Und matter setzte er hinzu: »Er hat der Marine den Rücken gekehrt, obwohl er wußte, wie sehr sein Verhalten mich schmerzen mußte. Nun ist er fort.«

Bolitho fuhr hoch. »Fort?«

»Ja, nach Amerika. Seit zwei Jahren habe ich nichts mehr von ihm gehört. Es liegt mir auch nichts daran.« Er wandte sich um. Der Ausdruck seiner Augen strafte die zuletzt geäußerten Worte Lügen. »Nicht zufrieden damit, seiner Familie Schande gemacht zu haben, mußte er auch noch seine Heimat verraten.«

Bolitho dachte an das Chaos und die vielen Toten bei der Katastrophe von Philadelphia und sagte langsam: »Vielleicht hat ihn der Ausbruch der Rebellion an der Rückkehr gehindert.«

»Du kennst deinen Bruder, Richard. Hältst du das für wahrscheinlich? Er mußte immer recht haben, stets die Trumpfkarten in der Hand halten. Nein, ich kann ihn mir nicht in einem Gefangenenlager vorstellen, nicht ihn.«

Das Mädchen kam herein und knickste ungeschickt. »Verzeihung, Sir. Ein Offizier ist draußen und möchte Sie sprechen.«

»Das wird Herrick sein, mein Dritter Leutnant«, sagte Bolitho schnell. »Ich bat ihn, ein Glas mit uns zu trinken. Ich werde ihn wegschicken, wenn es dir nicht recht ist.«

Doch sein Vater richtete sich gerade auf und zog seinen Rock zurecht. »Nein, mein Junge. Laß ihn hereinkommen. Meine Scham darf nicht den Stolz auf den mir gebliebenen Sohn mindern.«

»Es tut mir sehr leid, Vater«, sagte Bolitho leise. »Das wenigstens sollst du wissen.«

»Danke. Ja, ich weiß es. Und dabei dachte ich immer: Der Kleine wird nie seinen Weg in der Marine machen. Du bist stets der Träumer gewesen, der, bei dem man nie etwas vorhersagen konnte. Ich fürchte, ich habe dich Hughs wegen vernachlässigt.« Er seufzte. »Nun ist es zu spät.« Man hörte Schritte auf dem Flur, und er setzte eilig hinzu: »Vielleicht sehen wir uns nie wieder, mein Junge. Aber ich möchte dir etwas geben.« Er schluckte. »Hugh sollte ihn bei seiner Beförderung zum Kapitän bekommen.« Er holte einen Degen aus dem Schrank. Er war alt und mit Patina überzogen, doch Bolitho wußte, daß er kostbarer war als jeder glänzende Stahl und alle Vergoldung.

Bolitho zögerte. »Deines Vaters Degen? Du hast ihn immer getragen.«

James Bolitho nickte. Er drehte den Degen behutsam in den Händen. »Ja, ich habe ihn immer getragen. Er war ein guter Freund.« Er reichte die Waffe seinem Sohn. »Nimm ihn.« Er lächelte plötzlich. »Und dann wollen wir gemeinsam deinen Dritten begrüßen.«

Als Herrick unsicher das große Zimmer betrat, sah er nur seinen lächelnden Gastgeber und seinen neuen Kapitän, der eine dem anderen wie aus dem Gesicht geschnitten. Doch Bolitho sah den Schmerz in den Augen seines Vaters und war bewegt.

Sonderbar. Wie stets war er nach Haus gekommen, um Trost und Rat zu finden. Und doch hatte er weder die Schwierigkeiten noch die Gefahren seines neuen Kommandos erwähnt, auch nicht die große Verantwortung, die ihm wie ein Schwert über dem Haupt hing.

Diesmal war er derjenige gewesen, der Trost und Rat spenden sollte, und er schämte sich, weil er keine Antwort geben konnte.

In der Morgendämmerung des folgenden Tages lichtete die *Phalarope* den Anker und setzte Segel. Nicht Hochrufe begleiteten ihre Abfahrt, sondern die Tränen und Flüche der Frauen und alten Männer, die von der Mole aus dem Schiff nachblickten.

Die Luft ging scharf und frisch. Und als die Rahen kreischend herumschwangen und das Schiff krängend von Land ablief, stand Bolitho an der Heckreling. Sein Teleskop wanderte langsam über die grünen Hügel und Hänge und die an ihrem Fuß zusammengedrängte Stadt.

Er hatte jetzt eine vollzählige Besatzung. Die Zeit würde die neuen Leute zu Matrosen machen. Mit ein wenig Geduld und Verständnis würden vielleicht Männer aus ihnen werden, auf die ihr Land stolz sein konnte.

Das Leuchtfeuer von St. Anthony's blieb achtern zurück, der alte Leuchtturm, der dem heimkehrenden Seemann den ersten heimatlichen Gruß entbot. Bolitho fragte sich, wann er ihn wiedersehen würde, und ob überhaupt. Er dachte auch an seinen Vater, der allein in dem alten Haus mit seinen Erinnerungen und enttäuschten Hoffnungen saß.

Bolitho wandte sich um. Sein Blick fiel auf einen der Schiffsjungen, ein Kind von etwa zwölf Jahren. Der Junge schluchzte hemmungslos und winkte zum Land zurück, das im Dunst verschwamm.

»Weißt du, daß ich nicht älter war als du, als ich zur See ging?« fragte Bolitho.

Der Junge rieb sich mit der schmutzigen Hand die Nase und starrte den Kapitän aus weit aufgerissenen Augen an.

»Du wirst England wiedersehen«, setzte Bolitho hinzu. »Sei unbesorgt.« Er wand sich hastig ab, um dem Jungen die eigene Ungewißheit zu verbergen.

Am Rad sang Proby aus: »Kurs Südsüdwest. Voll und bei!«

Dann, wie um die Langeweile der Reise abzukürzen, ging er zur Leereling und spuckte ins Meer.

III Fleisch für den Proviantmeister

Zwanzig Tage, nachdem die *Phalarope* Anker gelichtet hatte, kreuzte die Fregatte den dreißigsten Breitengrad und krängte abscheulich in einem tobenden Nordweststurm. Falmouth lag dreitausend Meilen zurück, aber der Nordwest hielt das Schiff mit seinen Überraschungen und Grausamkeiten noch immer in seinen Klauen.

Als es vom Vordeck ein Glasen schlug und die stumpfe, kupferfarbene Sonne den Horizont erreichte, pflügte die Fregatte durch endlose, mit weißem Schaum gekrönte Wogen, ohne Sorge oder Wissen um die Männer, die ihr Stunde um Stunde, Tag für Tag dienten. Eine Wache war kaum nach unten entlassen, als die Maaten auch schon von Niedergang zu Niedergang rannten. Ihre Pfeifen schrillten, und ihre Stimmen überschrien heiser das Donnern der Segel und das unaufhörliche Rauschen des Spritzwassers.

»Alle Mann an Deck! Alle Mann an Deck zum Segelreffen!«

Später, steif und benommen von dem Hantieren in schwindelnder Höhe, krochen die Männer wieder herab. Der Körper war ein einziger Schmerz, die Finger waren steif und bluteten von dem Kampf mit der widerspenstigen Leinwand.

Die Freiwache duckte sich im Halbdunkel des Logis, klammerte sich an, wo es nur ging, und lauschte auf den Anprall der Wogen, während sie versuchte, ihr Abendessen zu verzehren. Die an den Decksbalken pendelnden Laternen warfen sonderbare Schatten über die gebeugten Köpfe, und Lichtflecke hoben einzelne Gesichter oder Gesten heraus.

Die Luken waren dicht, und die Luft war dick und mit Gerüchen gesättigt. Der Geruch des Bilgewassers vermischte sich mit dem säuerlichen Gestank von Schweiß und Erbrochenem. Alles vibrierte und dröhnte, während das Schiff seinen Kampf mit dem Atlantik ausfocht. Der ständige Anprall der Wellen, das triumphierende Gurgeln der Sturzseen, das unaufhörliche Knarren der Spanten und das Summen der straffen Stagen ließ die Männer kaum einen Augenblick Ruhe oder Schlaf finden.

John Allday saß rittlings auf einer der langen, geschrubbten Bänke und nagte an einem zähen Stück Salzfleisch. Seinen kräftigen Zähnen kam es wie Leder vor, aber er zwang sich, es zu essen und nicht an das stinkende Faß zu denken, aus dem es stammte. Wo ihn Brocks Stock gezeichnet hatte, zog sich jetzt eine häßliche Narbe über die Wange. Als er auf dem Fleisch herumkaute, spannte sich die Haut, und die Narbenränder, die Salzwasser und eisiger Wind wie mit groben Stichen zusammengezogen hatten, schmerzten.

Ohne zu blinzeln, beobachtete ihn über den Tisch hinweg ein riesiger Seemann mit gewaltigen Schultern: Pochin. Er brach das Schweigen und sagte: »Du hast dich ganz gut eingewöhnt, mein Junge.« Er lächelte freudlos. »Das ganze Spektakel, das du bei der Aushebung angestellt hast, war für die Katz.«

Allday warf einen Knochen auf seinen Zinnteller und wischte sich die Finger mit einem Stück Hanf ab. Er musterte den anderen mehrere Sekunden lang fest, ehe er antwortete: »Ich kann warten.«

Pochin starrte ins Dämmerlicht. Mit erhobenem Kopf lauschte er auf das Würgen einiger Männer. »Wie ein Haufen Weiber.« Er sah Allday an. »Ich hab' vergessen, daß du den Rummel von früher kennst.«

Allday zuckte mit den Schultern und sah auf seine Handflächen. »Den Teer wird man nie los, nicht?« Er lehnte sich an die Spanten und seufzte. »Zuletzt war ich auf der *Resolution*, vierundsiebzig Geschütze. Als Fockmann.« Er schloß die Augen. »Ein anständiges Schiff. Wir musterten ein paar Monate vor der amerikanischen Revolution ab. Und ehe ein Preßkommando die Hand auf mich legen konnte, hatte ich mich schon verdrückt.«

Ein alter, grauhaariger Mann mit verblaßten blauen Augen sagte heiser: »Bist du wirklich Schäfer gewesen?«

Allday nickte. »Das und anderes. Ich mußte im Freien sein, weg von den Städten. Unter einem Dach wär' ich erstickt.« Er lächelte ein wenig. »Bin hin und wieder nach Falmouth rein, das war lange genug für eine Frau und ein Glas oder zwei.«

Strachan, der alte Seemann, schob die Lippen vor und flog gegen den Tisch, als sich das Schiff jäh überlegte und die Teller durch das Logis trudelten. »Hört sich nach 'nem schönen Leben an, Junge.« Es klang weder sehnsüchtig noch neidisch, war nur eine Feststellung. Old Ben Strachan diente seit langem bei der Marine. Vor vierzig Jahren war er zum erstenmal als Pulveräffchen über das Deck getrottet. Das Leben an Land war ihm ein Geheimnis, und im Vergleich zu seiner reglementierten Welt kam es ihm noch härter vor als die Entbehrungen an Bord.

Eine verkrümmte Gestalt schob sich hinter dem Tisch hoch und schlug, die Arme zuerst, quer über die Platte, mitten zwischen die Essensreste. Allday blickte sich um. Es war Bryan Ferguson. Seit Vibart ihn auf der Küstenstraße rekrutiert hatte, schüttelten ihn Furcht und

Seekrankheit. Er hatte als Angestellter auf einer Werft in Falmouth gearbeitet. Körperlich war er nicht gerade kräftig, und in dem dürftigen Licht der Laterne sah sein Gesicht grau wie der Tod aus. Er war mager, und sein Körper wies an vielen Stellen blaue Flecke auf: dort, wo er gegen ungewohnte Ecken gerannt war oder wo ihn die Stöcke der Bootsleute und Maaten getroffen hatten, die die Neuen in die Geheimnisse der Seefahrt einweihten und ihnen den Segeldrill beibrachten.

Tag für Tag ging das so. Ohne Gnade oder Unterlaß wurden sie von einem Teil des Schiffes zum anderen gehetzt. Zitternd vor Angst zog sich Ferguson die steilen Wanten hinauf und kletterte auf die Rahen hinaus, bis er das schäumende Wasser unter sich sah, das nach seinen Füßen zu gieren schien. Das erstemal hatte er sich schluchzend an den Mast geklammert, weder fähig, hinaus auf die Rahe zu klettern, noch hinunter zur Sicherheit des Decks. Josling, ein Bootsmannsmaat, hatte gebrüllt: »Los, raus auf die Rah, du Schlappschwanz, oder ich zieh dir das Fell über die Ohren.«

In diesem Augenblick hätte Ferguson beinahe den Verstand verloren. Jedesmal, wenn der Steven der Fregatte durch eine Woge brach, blieb sein Heim weiter achter aus zurück. Und damit seine Frau, deren Bild mit jeder Meile tiefer in der aufgewühlten See versank.

Wieder und wieder rief er sich ihr bleiches, besorgtes Gesicht in Erinnerung, so wie er es zuletzt gesehen hatte. Als die Einwohner der Stadt merkten, daß die *Phalarope* auf Falmouth Bay zuhielt, waren die meisten jungen Städter in die Hügel geflohen. Fergusons Frau lag seit drei Jahren krank darnieder. Sie war immer schwächer und durchsichtiger geworden. Er wollte bei ihr bleiben, doch sie gab nicht nach.

»Schließ dich den anderen an, Bryan. Mir passiert schon nichts. Oder sollen sie dich hier fangen?«

Der Alptraum wurde unerträglich, wenn er daran dachte, wie alles gekommen war. Wäre er bei ihr geblieben, säße er noch immer sicher daheim und könnte ihr helfen.

»Da, nimm was«, sagte Allday und schob Ferguson einen Teller mit Fleisch hinüber. »Du hast seit Tagen nichts gegessen, Mann.«

Ferguson hob den Kopf von den Unterarmen und starrte blicklos auf den Seemann. Allday hatte nicht ahnen können, daß Ferguson beinahe von der schwankenden Großrah gesprungen wäre. Lieber das, als noch eine Stunde solcher Marter. Aber Allday war mit nach außen gekehrten Füßen über die Rah heranbalanciert und hatte dem keuchenden Ferguson die Hand entgegengestreckt. »Los, Mann. Komm mir nach und schau nicht hinunter.« In seiner Stimme hatte Kraft gelegen wie in der eines Mannes, der erwartet, daß man ihm gehorcht. Im gleichen Ton hatte er barsch hinzugefügt: »Gib diesem schuftigen Josling keine Chance, dich zu schlagen. Dem Bastard macht's Freude, dich springen zu lassen.«

Ferguson starrte jetzt in das dunkle Gesicht, auf die Narbe, die die Wange überzog, in die ruhigen, ehrlichen Augen. Allday war von der Stammbesatzung der Fregatte sofort akzeptiert worden, während die anderen Neuankömmlinge noch immer auf Abstand gehalten wurden, als wären sie auf Probe, bis ihre Vorzüge oder Mängel klar zu Tage lagen. Vielleicht lag es daran, daß Allday das Leben auf See kannte und bereits abgehärtet war. Oder vielleicht daran, daß er keine Verbitterung über die Zwangsrekrutierung zeigte und nicht wie andere mit dem Leben prahlte, das er an Land geführt hatte.

Ferguson schluckte schwer, um die aufsteigende Übelkeit zu unterdrücken. »Ich kann das nicht essen.« Angeekelt stierte er das Fleisch an. »Es ist Schweinefraß.«

Allday griente. »Wirst dich dran gewöhnen.«

»Du machst mich krank. Vermutlich bist du doch mit deiner Frau immer auf die Mole hinausgegangen und hast beim Anblick eines Kriegsschiffs feuchte Augen bekommen«, höhnte Pochin. »Ich wette, du hast wer weiß was für'n heiligen Stolz empfunden, wenn es in sicherer Entfernung vorbeisegelte.«

Wie hypnotisiert von dem Haß, der aus Pochins Worten sprach, starrte Ferguson in das wütende Gesicht.

Pochins Blicke glitten durch das schrägliegende Logis. Die zusammengedrängten Männer schwiegen seit seinem Ausbruch. »Aber an die armen Schweine, die so ein Schiff bemannen, habt ihr nie gedacht. Auch nicht an ihre Mühen.« Er wandte sich wieder Ferguson zu. »Na, dein liebes Weib steht jetzt mit 'nem anderen auf der Mole. Sollte mich nicht wundern.« Er machte eine obszöne Geste. »Hoffen wir, daß sie Zeit findet, auf dich stolz zu sein.«

Ferguson taumelte hoch, Wahnsinn funkelte in den weitaufgerissenen Augen. »Dafür bringe ich dich um!«

Er holte aus, doch Allday packte die erhobene Faust. »Laß das«, sagte er. Und zu dem grinsenden Pochin: »Seine Frau ist krank. Laß ihn in Ruhe.«

»Ich hatte auch mal 'ne Frau«, sagte Old Ben Strachan unbestimmt und kratzte sich den grauen Kopf. »Liebe Güte, jetzt weiß ich nicht mal mehr, wie sie hieß.«

Einige lachten, doch Allday zischte zornig: »Nimm dich zusammen, Bryan! Gegen Männer wie Pochin kommst du nicht auf. Er beneidet dich, das ist alles.«

Ferguson begriff die freundliche Warnung nicht. Pochins aufreizender Ton hatte ihm sein ganzes Elend mit neuer Macht zu Bewußtsein gebracht. Er sah seine Frau geradezu vor sich, im Bett am Fenster in die Kissen gelehnt, so deutlich, als wäre er eben ins Zimmer getreten. An dem Tag, als das Preßkommando ihn den Hügel hinabtrieb, hatte sie bestimmt so dagesessen und auf seine Heimkehr gewartet. Doch er würde nie heimkehren, würde sie nie wiedersehen.

Er torkelte auf die Füße und warf den Teller mit dem Fleisch auf den Boden. »Ich kann nicht.« Er kreischte es fast. »Ich will auch nicht!«

Ein pferdegesichtiger Backsgast namens Betts sprang auf, als schrecke er aus tiefem Schlaf hoch. »Verspottet ihn nicht, Leute.« Er stand schwankend unter einer Laterne. »Er hat für diesmal genug.«

»Lieber Himmel!« knurrte Pochin und verdrehte in gespielter Besorgnis die Augen.

»Bei Gott, was soll er noch durchmachen, ehe du begreifst? Der Mann kommt beinah um vor Angst wegen seiner Frau, und andere haben ähnlichen Kummer. Doch ihr müßt sie noch verhöhnen!«

Allday rutschte auf seinem Sitz hin und her. Fergusons Verzweiflungsausbruch hatte geheime Gemütsbewegungen aufgerührt. Wochen, in einigen Fällen Jahre auf See, ohne einmal den Fuß an Land zu setzen, das fing an, grausamen Tribut zu fordern. Aber es machte auch gefährlich und blind. Er hob die Hand und sagte leise: »Immer mit der Ruhe, Jungs, immer mit der Ruhe!«

Betts schielte ihn aus salzgeröteten Augen an. »Wie kannst du dich einmischen?« fragte er undeutlich. »Wir leben wie die Tiere von einem Fraß, der schon faulig war, ehe er in die Fässer gestopft wurde.« Er zog sein Messer und stieß es in den Tisch. »Aber diese Schweine achtern leben wie die Fürsten.« Er spähte Unterstützung suchend von einem zum anderen. »Na, stimmt's vielleicht nicht? Evans, dieser Bastard, hat sich von dem, was er uns gestohlen hat, vollgefressen wie eine Kirchhofsratte.«

»Ach, habe ich da eben meinen Namen gehört?«

Das Mannschaftslogis erstarrte in Schweigen, als Evans, der Proviantmeister, in den Lichtkreis trat. In dem langen, bis zum Hals zugeknöpften Rock, mit dem schmalen Gesicht und dem streng nach hinten gekämmten Haar sah er wie ein angreifendes Frettchen aus. Er legte den Kopf schief. »Nun, ich warte.«

Allday betrachtete ihn genau. Der kleine walisische Proviantmeister hatte etwas Böses und Erschreckendes an sich.

Evans bemerkte das Fleisch neben dem Tisch. »Und wer hat das getan?« fragte er bekümmert und saugte an den Zähnen.

Niemand antwortete. Das Donnern von See und Wind waren die einzigen Geräusche im Zwischendeck.

Da schaute Ferguson hoch, seine Augen glänzten fiebrig. »Ich habe es getan.«

Evans lehnte sich mit den schmalen Schultern an den massiven Stamm des Fockmastes, der durch beide Decks lief, und sagte: »Ich habe es getan, *Sir*.«

Ferguson murmelte etwas und setzte dann hinzu: »Entschuldigung, Sir.«

»Es war ein Versehen, Mr. Evans«, sagte Allday kalt. »Ein Versehen.«

»Essen ist Essen.« Evans Ärger stieg, und sein Waliser Akzent machte sich stärker bemerkbar. »Wie kann ich hoffen, euch bei guter Gesundheit zu halten, wenn ihr so ausgezeichnetes Fleisch vergeudet?«

Die um den Tisch gescharten Männer starrten auf das formlose, stinkende Fleisch, das in einem Lichtfleck schimmerte.

Evans sagte scharf: »Sie, wie Sie auch heißen, essen Sie es! Los!«

Ferguson stierte auf das Fleisch, der Kopf schwamm ihm vor Übelkeit. Die Planken waren fleckig und schmutzig von Dingen, die vom Tisch gerutscht waren, wenn das Schiff überholte. Dazwischen Erbrochenes. Vielleicht das, was er selber erbrochen hatte.

»Ich warte, mein Junge«, sagte Evans sanft. »Noch eine Minute, und ich bringe dich nach achtern. Die Katze wird dir beibringen, das Essen zu schätzen.«

Ferguson kniete sich hin und griff nach dem Fleisch. Als er es an den Mund hob, schoß Betts vor, riß es ihm aus den Händen und warf es Evans an den Kopf. »Essen Sie es selber, Sie verdammter Teufel! Lassen Sie ihn in Ruhe.«

Einige Sekunden lang verrieten Evans dunkle Augen Furcht. Die Männer hatten sich dicht an ihn herangedrängt. Ihre Körper hoben und senkten sich mit jedem Rollen des Schiffes wie eine Woge aus Menschenleibern. Er spürte die Drohung, empfand plötzlich eisigen Schrecken.

Da schnitt eine andere Stimme durch die Schatten. »Auseinander!« Fähnrich Farquhar mußte unter den niedrigen Balken gebückt stehen, aber seine Augen waren fest und klar, als sie sich auf das erstarrte Bild am Ende des Tisches richteten. Farquhar war heimlich und so leise eingetreten, daß ihn selbst die Männer auf der entgegengesetzten Seite nicht bemerkt hatten. »Ich warte«, fauchte er. »Was geht hier vor?«

Evans stieß die Männer, die am nächsten standen, beiseite und schnellte zu Farquhar herum. Seine Hände zitterten vor Furcht und Wut, als er auf Betts zeigte. »Er hat mich angegriffen. *Mich*, einen Unteroffizier.«

Farquhars Ausdruck war undurchsichtig. Hinter seinen zusammengepreßten Lippen und seinem kalten Blick konnte ebensogut Belustigung wie Ärger stecken. »Gut, Mr. Evans. Seien Sie so freundlich, nach achtern zu gehen und den Schiffsprofoß zu rufen.«

Der Proviantmeister eilte davon. Farquhar musterte den Kreis der Gesichter mit offener Geringschätzung. »Ihr scheint eure Lektion nie zu lernen, was?« Er wandte sich Betts zu, der noch immer auf das Fleisch blickte und, wie nach einer mächtigen Anstrengung, hörbar atmete. »Sie sind ein Narr, Betts! Jetzt werden Sie dafür büßen.«

Allday drückte seine Schultern gegen die kalten und nassen Spanten der Fregatte und schloß die Augen. Er hatte gewußt, wie alles kommen würde. Ihm war übel, während er Betts' schweres Atmen und Fergusons leises Wimmern hörte. Unvermittelt dachte er an die stillen grünen Hügel und die Herden grauer Schafe, an die Weite Cornwalls und ihren Frieden.

Dann bellte Farquhar: »Bringen Sie ihn fort, Mr. Thain.«

Der Schiffsprofoß stieß Betts zum Niedergang und murmelte leise vor sich hin: »Kein einziges Auspeitschen mehr seit Falmouth. Ich wußte, daß solche Weichheit ein schwerer Fehler war.«

Richard Bolitho stützte die Hände auf das Fensterbrett eines der Heckfenster und blickte ins schäumende Kielwasser. Die Kajüte lag bereits im Halbdunkel, da die *Phalarope* auf die untergehende Sonne zufuhr, doch die See war noch hell. Nur eine Andeutung von Purpur zeigte, daß der Abend nahte.

In der salzbesprühten Scheibe spiegelte sich Vibarts Gestalt. Er stand mitten in der Kajüte und gerade so unter der kreisenden Lampe, daß sein Gesicht im Schatten lag. Hinter ihm zeichnete sich Fähnrich Farquhars schlanker Umriß ab.

Bolitho mußte seine ganze Selbstbeherrschung zusammennehmen, um keine Bewegung zu machen und ruhig zu bleiben, während er erwog, was Farquhar gemeldet hatte. Bolitho hatte nochmals die Schiffsjournale durchgesehen und gerade versucht, Vibarts hölzerne Reserve zu durchbrechen, um den Ersten und dessen Meinungen besser kennenzulernen.

Es war ein schwieriges und anscheinend fruchtloses Unternehmen, wie auch alles andere während der vergangenen zwanzig Tage. Vibart war zu vorsichtig, seine Feindseligkeit offen zu zeigen. Er hatte sich auf kurze, nichtssagende Antworten beschränkt, schien das, was er über das Schiff und dessen Besatzung wußte, als persönlichen Besitz zu hüten.

Dann war Farquhar mit seiner Geschichte von Betts' Angriff auf den Proviantmeister hereingestürzt: nur eins der vielen Vorkommnisse, die seine Gedanken von dem, was vor ihnen lag, ablenkte, von der eigentlichen Aufgabe, die Fregatte zu einer einzigen, festen Kampfeinheit zu machen.

Bolitho zwang sich dazu, die beiden Offiziere anzusehen. »Wache! Mr. Evans soll kommen.« Er hörte, wie sich der Ruf über Deck fortpflanzte, und sagte: »Es kommt mir so vor, als ob dieser Seemann provoziert wurde.«

Vibart paßte sich dem Schwanken des Schiffes an. Die Augen hielt er auf einen Punkt über der Schulter des Kapitäns gerichtet. »Betts ist kein Neuling«, sagte er heiser. »Er weiß, was er tut.«

Bolitho wandte sich ab und blickte wieder über die leere See. Wenn es nur nicht gerade jetzt passiert wäre, dachte er bitter. Noch ein paar Tage, und das feuchte, vom Wind geschüttelte Schiff wäre in der Sonne gewesen, unter der die Männer ihre Umgebung bald vergessen und die Blicke ins Weite gerichtet hätten, statt einander zu belauern.

Er hörte, wie das Wasser um das Ruder gurgelte, und vernahm das ferne Ächzen der Pumpen, an denen die Wache arbeitete, um das unvermeidliche Sickerwasser zu lenzen. Er fühlte sich müde und bis zum Äußersten erschöpft. Seit die *Phalarope* den Anker lichtete, hatte er sich voll eingesetzt und keine Anstrengung gescheut, das Schiff in den Griff zu bekommen. Er hatte mit den meisten Neulingen gesprochen und Kontakt mit der regulären Mannschaft hergestellt. Er hatte seine Offiziere beobachtet und dem Schiff das Äußerste abverlangt. Er hätte in diesem Augenblick stolz sein können. Die Fregatte, richtig geführt, reagierte auf Ruder und Segel so lebhaft und bereitwillig wie ein Vollblutpferd.

Die meisten Neuen waren jenen Kommandos zugeteilt worden, für die sie sich am besten eigneten. Die Segelmanöver übertrafen schon jetzt seine Erwartungen. Bei der ersten passenden Gelegenheit beabsichtigte Bolitho, die Geschützbedienungen zu drillen. Bis jetzt hatte er allerdings nur die Einteilungen vornehmen können. Der ewige stürmische Wind hatte sie bisher von allem anderen abgehalten.

Und nun das. Er kochte innerlich. Kein Wunder, daß ihn der Admiral gebeten hatte, auf Farquhars Verhalten zu achten. Es klopfte. Evans betrat affektiert die Kajüte, seine Augen glitzerten im Lampenlicht wie Perlen.

»Nun, Mr. Evans«, sagte Bolitho und hob ungeduldig die Hand. »Berichten Sie, was geschehen ist – alles.«

Er drehte sich um und blickte wieder über die See, als Evans seine Erzählung vom Stapel ließ. Anfänglich schien Evans nervös, ja sogar nicht ohne Furcht, doch als Bolitho ihn sein Garn ohne Unterbrechung oder Bemerkungen abspinnen ließ, wurde seine Stimme schärfer und gehässiger.

»Aus welchem Faß kam das Fleisch, mit dem Betts nach Ihnen warf?«

Die Frage überrumpelte Evans. »Nummer zwölf, Sir. Ich sah selber, wie es verstaut wurde.« Schmeichlerisch fügte er hinzu: »Ich tue mein Bestes, Sir. Die Kerls sind undankbare Hunde.«

Bolitho wandte sich um und klopfte auf die Papiere, die auf seinem Tisch lagen. »Ich habe die Ladung ebenfalls geprüft, Mr. Evans. Vor zwei Tagen, als alles beim Exerzieren war.« Über Evans dunkles Gesicht huschte Erschrecken, und Bolitho wußte, daß er mit seiner Vorspiegelung ins Schwarze getroffen hatte. Wut loderte plötzlich wie Feuer in ihm auf. Was er den Offizieren gesagt hatte, war alles umsonst gewesen. Selbst die beinahe ausgebrochene Meuterei schien Leute wie Evans oder Farquhar nichts gelehrt zu haben.

»Dieses Faß war im unteren Laderaum, nicht wahr?« fragte er heftig. »Und wie viele sind noch da unten?«

»Fünf oder sechs, Sir.« Evans Blicke schweiften nervös durch die Kajüte. »Sie gehören zu den ursprünglichen Vorräten, die ich . . .«

Bolitho schlug mit der Faust auf den Tisch. »Sie machen mich krank, Evans. Dieses Faß und die anderen, an die Sie sich plötzlich entsinnen, sind wahrscheinlich schon vor zwei Jahren übernommen worden, damals, als Sie zur Blockade von Brest ausliefen. Höchstwahrscheinlich sind sie undicht, und auf jeden Fall sind sie völlig verfault.«

Evans blickte zu Boden. »Ich – ich wußte das nicht, Sir.«

»Könnte ich Ihnen das Gegenteil beweisen, Mr. Evans«, sagte Bolitho barsch, »würde ich Sie Ihres Ranges entheben und auspeitschen lassen.«

Vibart regte sich. »Ich erhebe Protest, Sir. Mr. Evans handelte, wie er es für richtig hielt. Betts hat ihn angegriffen. Um diese Tatsache kommen wir nicht herum.«

»So scheint es, Mr. Vibart.« Bolitho blickte ihn kalt an, bis Vibart beiseite sah. »Ich unterstütze gewiß die Bemühungen meiner Offiziere, meine Befehle auszuführen. Aber eine sinnlose Bestrafung dürfte derzeit mehr schaden als nützen.« Bolitho fühlte sich plötzlich zu müde, um einen klaren Gedanken zu fassen, aber Vibarts Ärger schien ihn anzustacheln. »In zwei Wochen oder so stoßen wir zu Sir Samuel Hoods Geschwader, und dann werden wir mehr als alle Hände voll zu tun haben. Bis dahin«, fuhr er ruhiger fort, »wird jeder von Ihnen, jeder einzelne, meine Befehle täglich in die Tat umsetzen. Nutzlose Brutalität hat noch nie zu etwas Gutem geführt. Ist ein Mann beharrlich ungehorsam, dann wird er ausgepeitscht werden. Was jedoch diesen besonderen Fall anlangt, schlage ich ein milderes Experiment vor.« Bolitho bemerkte, wie Vibarts Unterlippe vor kaum unterdrücktem Ärger zuckte. »Betts kann sieben Tage Sonderdienst auferlegt bekommen. Je eher die Angelegenheit der Vergessenheit anheimfällt, je eher können wir den Schaden heilen.« Er hob kurz die Hand. »Machen Sie weiter, Mr. Farquhar.«

Als Evans kehrt machte, um dem Fähnrich zu folgen, sagte Bolitho unbetont: »Ach, Mr. Evans, ich sehe keinen Grund, Ihre Unterlassung ins Logbuch einzutragen.« Evans sah ihn halb dankbar, halb furchterfüllt an. »Vorausgesetzt, ich kann darlegen, daß Sie dieses Fleisch für Ihre eigenen Zwecke erworben haben, vielleicht für Ihren persönlichen Bedarf?«

Evans Augen glitten kurz zu Vibart hinüber und kehrten dann zu Bolithos unbewegtem Gesicht zurück. »Erworben, Sir? Ich, Sir?«

»Ja, Evans, *Sie*. Sie können die Summe morgen vormittag dem Zahlmeister übergeben. Das wäre alles.«

Vibart griff nach seinem Hut und wartete, bis sich die Tür hinter dem Proviantmeister geschlossen hatte. »Benötigen Sie mich noch, Sir?«

»Ich möchte Ihnen gern noch eins sagen, Mr. Vibart. Ich ziehe durchaus in Betracht, daß Sie unter Kapitän Pomfret unter erschwerten Bedingungen segelten. Vielleicht haben Sie einiges von dem, was Sie tun mußten, nicht gern getan.« Er wartete, aber Vibart sah starr an ihm vorbei. »Vergangenes interessiert mich nicht, ausgenommen als Lektion für das, was sich auf einem schlecht geführten Schiff ereignen kann. Als Erster Leutnant sind Sie der Schlüsseloffizier, der Erfahrenste an Bord, um meine Befehle auszuführen, verstehen Sie?«

»Wenn Sie meinen, Sir.«

Bolitho senkte die Augen, um Vibart seinen aufkeimenden Ärger zu verbergen. Er hatte dem Ersten den ihm zukommenden Teil an Verantwortung angeboten, ja ihm Vertrauen angetragen; der Leutnant schien es jedoch als Zeichen der Schwäche zu deuten, als Unsicherheit. Seine Bündigkeit sprach die Geringschätzung so deutlich aus, als hätte er sie über das Schiff gebrüllt.

Es fiel Vibart sicher nicht leicht, von einem so viel jüngeren Kapitän Befehle entgegenzunehmen. Bolitho versuchte nochmals, Vibarts Feindseligkeit mit Verständnis zu begegnen.

Da sagte der Erste plötzlich: »Wenn Sie erst etwas länger an Bord der *Phalarope* sein werden, Sir, sehen Sie es vielleicht anders.« Er wiegte sich auf den Absätzen und blickte den Kapitän ausdruckslos an.

Bolitho entspannte sich. Daß Vibart ihm den einzigen Weg zeigte, die Angelegenheit zu beenden, empfand er fast als Erleichterung. Er maß ihn kalt. »Ich habe jedes Journal an Bord studiert, jedes Logbuch, Mr. Vibart. Trotz meiner begrenzten Erfahrung habe ich noch kein so offenkundig kampfunwilliges Schiff kennengelernt, keins, das so unfähig war, seine Pflicht zu erfüllen.«

Vibarts Züge zeigten Überraschung.

»Nun, Mr. Vibart, wir kehren in die Kriegszone zurück, und ich beabsichtige, den Feind zu suchen und zu stellen, *jeden* Feind, bei *jeder* Gelegenheit.« Er senkte die Stimme. »Und wenn das geschieht, erwarte ich, daß jeder einzelne seinen Mann steht. Für kleinliche Eifersucht und Feigheit ist dann kein Platz.«

Vibarts Wangen liefen dunkel an, aber er schwieg.

»Sie haben es mit Menschen zu tun, Mr. Vibart, nicht mit Sachen. Ihr Offizierspatent schließt nur die Befehlsgewalt ein. Der Respekt kommt später, wenn Sie ihn sich verdient haben.«

Er entließ den Ersten Leutnant mit einem kurzen Kopfnicken, drehte sich wieder um und starrte auf das schäumende Kielwasser unterhalb des Fensters. Als sich die Tür schloß, stand er noch völlig unter der Gewalt der Anspannung und krallte die Hände ineinander, bis er vor Schmerz zusammenzuckte. Er hatte sich Vibart zum Feind gemacht, aber es war ihm nichts anderes übriggeblieben, es stand zu viel auf dem Spiel. Er ließ sich auf die Fensterbank sinken. Stockdale kam herein und begann, eine Decke über den Tisch zu legen.

»Ich habe der Ordonnanz befohlen, Ihr Abendessen zu bringen, Sir.« Sein Ton verriet Mißtrauen. Er konnte Atwell, den Kajütsteward, nicht leiden und beobachtete ihn unablässig. »Ich nehme an, daß Sie allein essen werden, Sir?«

Bolitho sah Stockdale flüchtig an und erinnerte sich an Vibarts aufwallende Verbitterung. »Ja, Stockdale, ich esse allein.«

Leutnant Thomas Herrick zog den von Spritzwasser durchweichten Schal enger um den Hals und kroch tiefer in den Wachmantel. Über den schwarzen, schwankenden Toppen flimmerten klein und blaß die Sterne. Trotz der scharfen Luft spürte er, daß die Morgendämmerung nicht mehr fern war.

Dunkelheit umhüllte das schwer stampfende Schiff. Alle Formen der einsamen Decks sahen unwirklich und ganz anders aus als bei Tage. Die gezurrten Kanonen glichen Schatten, und die summenden Wanten und Stagen schienen geradewegs in den Himmel zu führen, ohne Anfang und ohne Ende.

Herrick ging gedankenverloren auf dem Achterdeck hin und her und achtete kaum darauf. Er hatte das alles schon oft gesehen und war in der Lage, eine Wache allein mit sich und seinen Gedanken zu verbringen. Gelegentlich blieb er neben dem großen Doppelrad stehen, hinter dem die beiden Rudergänger wie dunkle Statuen aufragten. Sie beobachteten die zitternde Nadel und die gebraßten Segel. Die Kompaßlaterne beleuchtete zum Teil ihre Gesichter.

Vorn schlug es blechern drei Glasen. Ein Schiffsjunge regte sich an der Reling, rieb sich die Augen und kam nach achtern, um die Kompaßlaterne zu putzen und das Stundenglas umzudrehen.

Immer wieder suchte Herricks Blick das schwarze Rechteck des Kajütniedergangs. Er fragte sich, ob Bolitho endlich schlief. Während der Morgenwache war der Kapitän bereits dreimal an Deck erschienen, dreimal innerhalb von anderthalb Stunden, lautlos, ohne alle Vorwarnung, ohne Rock, ohne Hut. Sein weißes Hemd und die Kniehose hatten sich verschwommen gegen die rollende schwarze See abgezeichnet. Ein gespenstiger, unwirklicher Anblick, die verkörperte Ruhelosigkeit eines gemarterten Geistes. Bolitho war jedesmal nur so lange geblieben, um nach dem Kompaß zu spähen oder einen Blick auf die Wachtafel neben dem Rad zu werfen. Danach war er an der Luvseite des Decks ein paarmal auf und ab gegangen und dann wieder nach unten verschwunden.

Zu jedem anderen Zeitpunkt hätte es Herrick gereizt und verärgert. Mußte es nicht bedeuten, daß der Kapitän seinem Dritten Leutnant nicht zutraute, die Wache allein zu gehen? Aber als Herrick den Zweiten um vier ablöste, hatte ihm Okes hastig zugeflüstert, daß Bolitho fast die ganze Nacht an Deck gewesen sei.

Herrick runzelte die Stirn. Tief im Innern spürte er, daß Bolitho mehr einem dunklen Antrieb folgte denn einem Plan, eher einer Stimmung als einer Neigung, geradezu als wäre er ebenso gehetzt wie das Schiff. Es schien ihm unmöglich, still zu stehen, so als ginge es über seine Kraft, länger als eine Minute an einem Fleck zu bleiben.

Eine undeutliche Gestalt bewegte sich an der Achterdeckreling, und Fähnrich Neales vertrauter Diskant klang durch die Dunkelheit. »Betts hat sich soeben gemeldet, Sir.«

Neale schaute zu Herrick hoch und versuchte, die Laune des Dritten abzuschätzen.

Herrick riß sich in die Gegenwart zurück. Betts, der einer Auspeitschung oder Schlimmerem durch Bolithos Einspruch entgangen war, mußte gemäß Befehl um drei Glasen zum ersten Strafdienst antreten. Vibart hatte deutlich klargestellt, was geschähe, falls er dem Befehl nicht folgte.

Er sah Betts hinter dem kleinen Seekadetten stehen und rief: »Vorwärts, Betts. Aber schnell.«

Betts kam an die Reling. Seine Stirn lag in Falten. »Sir?«

Herrick wies zum unsichtbaren Masttopp empor. »Los, hinauf mit Ihnen!« Es klang nicht barsch. Er mochte Betts. Ein stiller, aber fähiger Mann, dessen plötzlicher Wutausbruch Herrick mehr überrascht hatte, als er sich eingestand. »Klettern Sie ins Großtopp, Betts. Halten Sie Ausschau, bis der Erste Leutnant andere Order erteilt.«

Er spürte flüchtig Mitleid mit dem Mann. Hundertzehn Fuß über Deck, ohne Schutz vor dem kalten Wind . . . Betts würde innerhalb von Minuten erstarren. Bei sich beschloß Herrick bereits, Neale mit etwas warmem Essen hinaufzuschicken, sobald das Kombüsenfeuer brannte.

Betts spuckte in die Hände und sagte tonlos: »Aye, aye, Sir. Scheint ein schöner Morgen?« Es klang, als bezöge sich seine Bemerkung auf etwas ganz Normales und Unwichtiges.

»Aye.« Herrick nickte. »Der Wind läßt nach, und die Luft wird trockener.« Was zutraf. Betts Instinkt hatte den Wetterumschlag gewittert, kaum daß er aus dem stickigen, überfüllten Kojendeck aufgetaucht war, wo achtzehn Zoll pro Mann und Hängematte der üblicherweise zugebilligte Platz waren.

»Sie haben Glück gehabt, Betts«, sagte Herrick. »Bei acht Glasen hätten Sie ebensogut an der Gräting tanzen können.«

Betts blickte den Dritten unbewegt an. »Es tut mir nicht leid, Sir. Ich meine, was geschehen ist. Ich würde es wieder tun.«

Herrick ärgerte sich plötzlich. Warum hatte er die Sache erwähnt? Das ist der Haken bei mir, dachte er wütend. Stets will ich allem auf den Grund kommen, es verstehen. Immer muß ich mich mit allem beschäftigen.

»Hinauf mit Ihnen!« sagte er schroff. »Und halten Sie ja gut Ausschau. Die Dämmerung zieht bald herauf.«

Der Schatten des Mannes vermischte sich mit dem Umriß der Großwanten. Herricks Blicke folgten ihm, bis er sich in dem Netzwerk der Takelage verlor, das sich gegen den Nachthimmel abzeichnete.

Wiederum fragte er sich, warum Bolitho im Falle Betts so entschieden hatte. Weder Vibart noch Evans hatten die Angelegenheit erwähnt, was sie nicht geringfügiger, sondern eher bedeutsamer machte. Hatte Vibart vielleicht wieder seine Befugnis überschritten? grübelte Herrick. Unter Pomfret hatte der allgegenwärtige Erste alles in der Hand gehabt, jedes Vorkommnis kontrolliert, Tag für Tag. Jetzt schien Bolithos ruhige Autorität Vibart zu hemmen, und die Tatsache, daß die beiden nicht übereinstimmten, lag beinahe offen zu Tage. Sie machte alles nur schlimmer. Das Schiff schien zwischen Vibart und Bolitho gespalten. Früher hatte Herrick seinen Dienst verrichtet, sich aber sonst unparteiisch herausgehalten. Nun gewann er den Eindruck, als ob solche Neutralität nicht mehr möglich sei.

Er dachte an seinen Besuch in Bolithos Vaterhaus. Ehe er es betrat, hatte er geglaubt, daß er dort nur Neid empfinden würde. Sein eigenes, armseliges Herkommen ließ sich nur schwer abschütteln. Er rief sich Bolithos Vater zurück, die großen Gemälde an den Wänden, die Atmosphäre von Dauer und Tradition, als wären die gegenwärtigen Bewohner nur Teil eines Musters. Verglichen mit seinem eigenen kleinen Vaterhaus in Rochester, war ihm das Haus der Bolithos wie ein richtiger Palast vorgekommen.

Herricks Vater hatte als Angestellter in Rochester für eine Firma gearbeitet, die mit Früchten handelte. Doch schon als kleines Kind verschlang Herrick mit sehnsuchtsvollen Augen alle Schiffe, die den Medway heraufkamen. Und um Schiffe baute sein eindrucksfähiger Geist die eigene Zukunft auf. Das war merkwürdig, denn in seiner Familie war noch niemand zur See gefahren.

Herricks Vater hatte vergeblich gefleht und vor den nur allzu zahlreichen Fallgruben gewarnt. Da die Herricks weder den notwendigen Familienhintergrund noch die finanzielle Sicherheit besaßen, sah er nur zu klar, worauf sein Sohn sich einlassen wollte. Als Kompromiß schlug er sogar einen sicheren Platz auf einem Indienfahrer vor, aber sein Sohn war nicht umzustimmen.

Der Zufall wollte es, daß in der Nähe von Rochester ein Kriegsschiff zur Reparatur ins Trockendock mußte. Der Kapitän war mit dem Arbeitgeber von Herricks Vater befreundet: ein würdiger, älterer Kapitän, der weder verstimmt noch verärgert war, als ihn der Elfjährige abfing und ihm den Wunsch vortrug, auf einem Schiff des Königs zu dienen.

Angesichts des Kapitäns und seines Dienstherren gab Herricks Vater nach. Man muß ihm Gerechtigkeit angedeihen lassen, er nutzte seine mageren Ersparnisse aufs beste, um seinem Sohn auf den Weg zu helfen. Zumindest äußerlich fiel Herrick nicht ab, war ein so schmucker junger Herr wie jeder andere auch.

Jetzt war Herrick fünfundzwanzig. Seit jener Zeit hatte er zäh einen langen und harten Weg zurückgelegt. Er hatte Demütigungen erfahren, war beispiellosem Widerstand der Höhergeborenen und Einflußreichen begegnet. Der romantische Knabe hatte Federn lassen müssen und war mit den Jahren so hart geworden wie die gute Eiche unter seinen Füßen. Aber eins hatte sich nicht geändert: Seine Liebe zur See umgab ihn wie ein schützender Mantel.

Herrick lächelte vor sich hin, während er unablässig auf und ab ging. Er fragte sich, was der kleine Neale, der an der Reling gähnte, von seinem Vorgesetzten mit dem ernsten Gesicht hielt. Oder die Rudergänger, die die Kompaßnadel und den Stand der Segel beobachteten. Oder Betts da oben auf seinem schwankenden Ausguck, Betts, dessen Gedanken zweifelsohne um das kreisten, was er getan hatte, und um das, was bei Evans Rachedurst noch vor ihm liegen mochte.

Er ging zur Luvreling und erschrak, weil er bereits den geschnitzten Delphin über dem Steuerbordniedergang und dicht dabei die dicke, häßliche Karronade sehen konnte. Während seiner Grübeleien war eine halbe Stunde verflossen, und mit der Morgendämmerung würde wieder der Horizont sichtbar werden, würde ein neuer Tag beginnen.

Durch das Zischen des Spritzwassers hörte er plötzlich scharf und klar Betts' Stimme vom Ausguck: »An Deck! Segel voraus an Steuerbord. Rumpf noch unter der Kimm.«

Herrick riß sein Fernglas aus der Halterung und schwang sich in die Besanwanten. Seine Gedanken kreisten um die unerwartete Meldung. Das Meer gewann bereits Gestalt und Gesicht, und dort, wo der Horizont sein mußte, zeichnete sich eine hellgraue Linie ab. Oben, hoch über den schwankenden Decks, mußte Betts das andere Schiff in der zögernd heraufkommenden Dämmerung eben erkennen können.

»Mr. Neale«, rief er, »entern Sie auf und sehen Sie zu, was Sie entdecken können. Wenn Sie mir etwas Falsches melden, machen Sie mit der Neunschwänzigen Bekanntschaft, ehe Sie eine Stunde älter sind.«

Neale grinste. Ohne ein Wort zu sagen, kletterte er wie ein Affe die Großwanten hinauf.

Herrick bemühte sich, ruhig zu bleiben und, wie er es Bolitho abgesehen hatte, von neuem auf und ab zu gehen.

»Eine Fregatte, Sir!« rief Betts wieder. »Kein Zweifel. Steuert Südost.«

Neales Diskant ergänzte die Meldung. »Sie läuft vor dem Wind, fliegt wie ein Vogel, Sir. Unter Vollzeug.«

Herrick atmete geräuschvoll aus. Eine Sekunde lang hatte er geglaubt, es könnte ein Franzose sein. Selbst draußen, so allein und auf sich gestellt, war das nicht unmöglich; aber die Franzosen segelten nachts selten schnell oder weit. Für gewöhnlich drehten sie nachts bei. Nein, das war kein Feind.

Wie um Herricks Schlußfolgerung zu bestätigen, rief Betts: »Ich erkenne die Takelage, Sir. Es ist ein englisches Schiff.«

»Sehr gut. Melden Sie weiter alles.« Herrick ließ das Sprachrohr sinken und blickte über das Achterdeck. Innerhalb der wenigen Minuten hatte es stärkere Kontur und Wirklichkeit gewonnen. Ein heller werdendes Grau lag über dem Deck, und er konnte schon die Gesichter der Rudergänger erkennen.

Brachte die andere Fregatte neue Befehle? Vielleicht war der amerikanische Krieg bereits beendet, und sie würden nach Brest zurückkehren oder nach England? Herrick spürte einen Anflug von Enttäuschung. Anfänglich hatte ihn die Aussicht, weiterhin auf der unglückseligen *Phalarope* Dienst tun zu müssen, nicht gerade begeistert. Doch jetzt, bei dem Gedanken, daß er Westindien möglicherweise überhaupt nicht sehen sollte, war er sich seiner Abneigung nicht mehr so sicher.

Neale verschmähte Wanten und Webeleinen, glitt direkt eine Pardune hinunter und kam keuchend zum Achterdeck gerannt. Herrick faßte einen Entschluß. »Empfehlung an den Kapitän, Mr. Neale, und melden Sie ihm, daß wir ein Schiff des Königs gesichtet haben. Es wird in etwa einer Stunde mit uns auf gleicher Höhe sein, vielleicht sogar eher. Er wird sich darauf vorbereiten wollen.«

Neale sauste den Niedergang hinunter, und Herrick blickte über die wogende Wasserwüste. Bolitho würde es noch stärker betreffen, dachte er. Wurde die *Phalarope* heimbeordert, verwehten alle seine Hoffnungen und Pläne. Seine private Schlacht war dann verloren, bevor sie überhaupt begonnen hatte.

Dann erklang ein leiser Schritt neben ihm, und Bolitho fragte: »Nun, Mr. Herrick, was hat es mit jenem Schiff auf sich?«

IV Das Signal

Bolitho stützte das Fernrohr in die Luvnetze und wartete, bis ihm das andere Schiff ins Blickfeld kam. Während der Zeit, die er gebraucht hatte, um aus seiner Kajüte auf das Achterdeck zu gelangen und Herricks erregte Meldung entgegenzunehmen, war die Sonne langsam über den Horizont heraufgekommen. Die kurzen steilen Wellen lagen nun nicht mehr im Schatten der Nacht, sondern ein blasses Gold filterte über die endlose Weite der weißen Kämme.

Mit den steilen Pyramiden der Segel und dem geschlossenen Gischtschleier, der den hohen Bug umsprühte, bot das andere Schiff in dem kräftiger werdenden Licht einen schönen Anblick. Es segelte schnell, die Masttopps schimmerten in dem weichen Frühlicht wie Kruzifixe.

»Sie haben einen guten Ausguck, Mr. Herrick. Mein Kompliment, daß er die Fregatte so zeitig gesichtet hat«, rief er über die Schulter.

Selbst für einen erfahrenen Seemann war es keine Kleinigkeit, bei Dunkelheit oder Dämmerung ein Schiff auszumachen und zu identifizieren. Dies war ganz gewiß ein Engländer. Und irgendwie kam Bolitho der Umriß sogar vertraut vor.

Hinter sich hörte er die Rufe der Maate und das schrille Trillern der Pfeifen.

»Alle Mann an Deck! Alle Mann an Deck! Nehmt die Beine in die Hand!«

Während von vorn die üblichen Gerüche aus der Kombüse drangen, stellte er sich vor, wie die schlaftrunkenen Männer stöhnend und schimpfend aus den Hängematten kletterten. Ein neuer Tag auf See, doch dieser war nicht wie jeder andere. Die See war nicht länger leer und feindlich. Das andere Schiff erinnerte die Männer womöglich daran, daß sie Teil von etwas Wirklichem und Wichtigem waren.

Bolitho bemerkte, daß die großen Rahen der Fregatte gebraßt wurden, und hörte Herrick sagen: »Sie halst, Sir. Wir werden bald auf gleicher Höhe liegen.«

Bolitho nickte abwesend. Das fremde Schiff würde halsen, um mit ihnen parallel zu laufen, wobei es die *Phalarope* in Lee lassen würde. Wie Herrick vermutet hatte, konnte das gut und gern neue Befehle bedeuten.

Bolitho kletterte aus den Wanten an Deck zurück. Er fühlte sich plötzlich müde. Ihn fröstelte. Das Spritzwasser hatte sein Hemd durchnäßt. Es klebte ihm am Leib, und an den Wangen spürte er sein feuchtes Haar. Sein Schiff hatte sich von neuem verändert. Auf dem Achterdeck schienen sich die Menschen geradezu zu drängen. Die Offiziere hielten sich auf der Leeseite und beobachteten die andere Fregatte durch ihre Gläser. Fähnrich Maynard sah aufgeregt zu dem fremden Schiff hinüber. Durch sein großes Fernrohr versuchte er so viel wie möglich zu erkennen. Da er Signalfähnrich war, wußte er, daß Bolitho ihn nicht aus den Augen ließ.

Auf dem Hauptdeck drängten sich die aus dem Schlaf gerissenen Leute, und die Bootsleute mußten ihre Tampen häufiger als sonst gebrauchen, um jene vom Schanzwerk zu treiben, die über das Wasser spähten. Erregt und schwatzend verstauten sie ihre Hängematten in die Kästen. Während sie sich dem Niedergang zur Kombüse zubewegten, starrten sie noch immer auf das fremde Schiff.

Bolitho hob das Glas ans Auge, als kleine schwarze Bälle zu den Rahen des anderen Schiffs hochstiegen und sich im Wind entrollten.

Vibart lehnte sich an das Kompaßhaus und knurrte Maynard an: »Los, entschlüsseln Sie.«

Maynard blinzelte und blätterte hastig im Signalbuch. »Sie hat ihre Nummer gesetzt, Sir: achtunddreißig. Es ist die *Andiron*, unter Kapitän Masterman.«

Bolitho schob das Fernrohr mit einem Ruck zusammen. Natürlich. Er hätte sie sofort erkennen müssen. Als er noch auf der *Sparrow* war, hatte er die *Andiron* häufig genug zur Patrouillenfahrt vor der amerikanischen Küste auslaufen sehen. Masterman war schon lange bei der Marine und ein bewährter Kapitän. Viele Erfolge gegen den Feind standen für ihn zu Buch.

Die *Andiron* hatte ihr Manöver beendet und lief jetzt mit der *Phalarope* auf gleichem Kurs. Der weite Bogen hatte sie hinter die *Phalarope* gebracht, aber als sich ihre Segel blähten und füllten, kam sie schnell luvwärts auf.

Maynards Signalgasten setzten das Unterscheidungssignal der *Phalarope*. Bolitho fragte sich, was Mastermann sagen würde, wenn er ihn als Kommandanten vorfand. Das Signalbuch wies noch Pomfret als Kapitän aus.

»Signal, Sir«, rief Maynard. »*Andiron* an *Phalarope*. Drehen Sie bei. Haben Botschaften an Bord.«

Die Sonnenstrahlen fuhren glitzernd über die geschlossenen Stückpforten der *Andiron*, als sie leicht auf die *Phalarope* zuschwang.

»Sie braucht kein Boot zu fieren, Sir«, sagte Herrick. »Sie könnten einen Steg rüberlegen.« Er rieb sich die Hände. »Ob sie frisches Gemüse an Bord hat?«

Bolitho lächelte. Auf so etwas hatte er gehofft. Eine Zerstreuung. Das würde die Männer von ihren Sorgen ablenken, wenn auch nur vorübergehend.

»Machen Sie weiter, Mr. Vibart. Lassen Sie bitte beidrehen.«

Vibart hob das Sprachrohr. »Braßt die Großmarsrah! Bewegung, Leute!«

Stockdale tauchte neben Bolitho auf. Er brachte den blauen Rock und den Hut des Kapitäns. Er blinzelte zu dem anderen Schiff hinüber und grinste. »Wie in alten Zeiten, Kapitän.« Er blickte nach vorn, als Quintal, der Bootsmann, eine Flut von Flüchen und Obszönitäten losließ. Die Männer hatten auf die plötzlichen Befehle nur langsam reagiert. Auf dem überfüllten Deck herrschte bereits ein Chaos. Die Leute der Freiwache rannten unaufhörlich in jene Männer hinein, die sich mit den verquollenen Brassen abquälten.

»Signal, Sir«, sagte Maynard heiser. Seine Lippen buchstabierten langsam: »Haben Sie Nachricht von Hoods Geschwader?«

Quintal hatte seine Leute endlich an den Stationen, und mit schlagenden und donnernden Segeln drehte sich die *Phalarope* schwer in den Wind.

Bolitho, mit den Armen schon halb im Rock, stieß Stockdale beiseite, als ihm bewußt wurde, was die Frage bedeutete. Masterman hätte das nie und nimmer gefragt. Selbst wenn er die Verbindung zum Geschwader verloren hatte, mußte er wissen, daß die *Phalarope* in diesen Gewässern fremd war. Während seine Gedanken wild durcheinander wirbelten, verfolgte er hypnotisiert, wie die *Phalarope* weiter herumschwang, bis der Bugspriet der *Andiron* fast im rechten Winkel zu dem seines eigenen Schiffes stand.

Vibart drehte sich verblüfft und verwirrt um, als Bolitho schrie: »Kommando zurück, Mr. Vibart! Klar zum Wenden!«

Bolitho ignorierte die bestürzten Gesichter und die Unruhe, die der neue Befehl hervorrief, und konzentrierte seine Gedanken auf das andere Schiff. Angenommen, er hatte sich geirrt? Jetzt war es zu spät. Vielleicht war es schon von dem Augenblick an zu spät gewesen, als die *Andiron* auftauchte.

Der Bug der anderen Fregatte schwang weiter herum. Die Rahen drehten sich gleichzeitig. Die *Andiron* schoß auf die hilflose *Phalarope* zu. Noch ein paar Sekunden, und, unbedroht und allmächtig, hätte die *Andiron* das ungeschützte Heck der *Phalarope* gekreuzt.

Doch Bolitho merkte, wie sein Schiff sich durch den Wind arbeitete. Er verschloß die Ohren gegen die Schreie und Flüche seiner Offiziere und Männer. Die Wochen des Segeldrills bei jedem Wetter machten sich jetzt bezahlt. Wie Marionetten zogen die Seeleute an Fallen und Brassen, vom Verhalten des Kapitäns zu verwirrt, um zu verstehen, was vorging.

»Mein Gott, Sir«, rief Vibart. »Wir kollidieren.« Er starrte an Bolitho vorbei auf die heranbrausende *Andiron*. Die *Phalarope* schlingerte noch immer in ihrer Drehbewegung. Ihr Bug folgte dem anderen Schiff wie eine Kompaßnadel.

»Kurs Südost!« befahl Bolitho. »Zweites Reff ausschütteln!« Er achtete nicht auf die Wiederholung und Weitergabe seiner Befehle, sondern ging entschlossen zu dem rotröckigen Trommelbuben neben der Kajütenluke.

»Rühr die Trommel. Klarschiff zum Gefecht!«

Der Ausdruck des Jungen schlug von Stumpfheit in Schrecken um. Doch Ausbildung und Disziplin behielten wiederum die Oberhand, und als die Trommel das Alarmsignal gab, wogte die Flut der Männer auf dem Hauptdeck nur einen Moment zögernd hin und her, ehe sie zerstob, als die Geschützbedienungen an die Kanonen rannten.

»Ihre Stückpforten öffnen sich«, keuchte Vibart. »Mein Gott, sie zeigt ihre Farben!«

Bolitho sah, wie die gestreifte amerikanische Flagge vom Wind entrollt wurde, während sich die Stückpforten der *Andiron* öffneten und die dahinter verborgenen Rohre herausstieß und wie das Gebiß eines Raubtiers zu ihnen herüberbleckten.

»Klar zum Gefecht, Mr. Vibart!« sagte Bolitho rauh. »Lassen Sie sofort laden und ausrennen.« Er rechnete nach, als Vibart zur Reling hastete. »Sie werden zehn Minuten benötigen. Ich will versuchen, Ihnen so viel Zeit zu verschaffen.«

Das Deck neigte sich, als die *Phalarope* von der anderen Fregatte abdrehte. Doch die *Andiron* schlug bereits den gleichen Bogen. Ihre Segel killten, als sie durch den Wind drehte, um den Abstand zu verringern. Die neue amerikanische Flagge leuchtete in hellen Farben vor den braunen Segeln, und Bolitho mußte sich mit Gewalt in die Gegenwart zurückrufen, um nicht mehr daran zu denken, was geschehen wäre, hätte die *Andiron* nicht dieses eine, törichte Signal gesetzt.

Dann hätte die *Andiron* nämlich das unbewehrte Heck der *Phalarope* gekreuzt, und ihre bislang hinter dem Schanzkleid und den geschlossenen Pforten verborgenen Kanoniere hätten eine Salve nach der anderen durch die großen Kajütfenster gejagt. Die pfeifenden Kugeln hätten sein Kommandozentrum zerfetzt. Und da sich die Hälfte seiner Männer noch hilflos und unvorbereitet unter Deck aufgehalten hätte, wäre alles innerhalb weniger Minuten zu Ende gewesen.

Selbst jetzt mochte es zu spät sein. Die *Andiron* war größer, ihr tiefer Kiel eignete sich besser für solche Manöver. Sie schnitt bereits das Heck der *Phalarope* und versuchte, so schnell wie möglich in Luvposition zu kommen, um den schon einmal errungenen Vorteil zurückzugewinnen. In einer Viertelstunde würde sie das Manöver wiederholen oder sich damit zufriedengeben, den Abstand von Backbord aus zu verringern. Da der Wind für sie günstiger stand, konnte ein Kampf nicht vermieden werden.

Bolitho trat zur Heckreling und blickte zu dem anderen Schiff zurück. Die *Andiron* hatte das Doppelspiel aufgegeben. Er sah die kauernden Kanoniere und die Offiziere auf dem schräg liegenden Achterdeck. Was war Masterman zugestoßen? Besser, er war tot, als daß er wußte, was aus seiner stolzen *Andiron* geworden war.

Er drehte dem dunklen Rumpf den Rücken und ließ die Blicke über sein eigenes Schiff gleiten. Kein Chaos mehr. Für unerfahrene Augen sah die *Phalarope* kampfbereit und kampftüchtig aus.

Beiderseits waren die Kanonen ausgefahren. Die Stückmeister prüften die Abzugsleinen und erteilten ihren Leuten heiser Befehle. Schiffsjungen rannten über das Deck und streuten Sand, damit die Füße der Kanoniere Halt fanden, wenn es soweit war. Andere eilten mit Eimern von Geschütz zu Geschütz. Sie schleppten Wasser heran, um die Kanonenwischer feucht zu halten und möglicherweise ausbrechende Brände zu löschen.

Vibart stand unterhalb des Achterdecks. »Alles klar zum Gefecht, Sir«, rief er. »Alle Kanonen mit Kettenkugeln oder Kartätschen geladen.«

»Gut, Mr. Vibart.« Bolitho ging zur Reling und ließ seine Blicke über die Backbordgeschütze wandern. Sie würden zuerst in Aktion treten müssen. Nicht alles war mustergültig. Besorgt bemerkte er manche Mängel.

An einem Geschütz mußte der Stückmeister einem seiner Männer sogar die Seiltalje in die Hand geben, da der arme Kerl vergessen hatte, was er tun sollte. Doch der Mann fürchtete sich zu sehr, und die heraufkommende Fregatte mit ihrer Reihe drohender Kanonen hypnotisierte ihn zu stark, als daß er darauf achtete, was der Maat ihm sagte. An jedem Geschütz gab es solche Männer. Bei so vielen neuen Leuten, von friedlicher Arbeit an Land gewaltsam weggeholt, war das unvermeidlich.

Hätte er nur genügend Zeit gehabt, dann hätte jeder einzelne besser ausgebildet werden können. Bolitho schlug mit der Faust langsam auf die Reling. Nun, jetzt mußte es so gehen. Die *Andiron* war nicht nur zahlenmäßig stärker bestückt. Ihre Kanonen waren Achtzehnpfünder, die der *Phalarope* aber nur Zwölfpfünder. Die Mehrzahl der *Andiron*-Besatzung bestand zweifellos aus englischen Deserteuren und kampferfahrenen Matrosen, denen eine Seeschlacht nicht fremd war. Eine Mannschaft, die Kapitän Masterman die *Andiron* genommen hatte, war eine Macht, die man fürchten mußte.

Hauptmann Rennie stand gelassen neben den Schutznetzen. Sein Degen hing mit einer goldenen Kordel an seinem Handgelenk. Er beobachtete, wie Sergeant Garwood seine Leute zu ordentlichen roten Reihen formierte. Die Marinesoldaten gaben zusätzliche Sicherheit, dachte Bolitho grimmig, aber gegen Achtzehnpfünder würden ihre Gewehre nicht viel nützen.

Die Zerknirschung und Verzweiflung, die er spürte, seit die *Andiron* das verräterische Signal gesetzt hatte, schlug auf einmal in wilde Wut um. Er hatte sein Schiff und seine Männer in diese Lage gebracht. Er allein trug die Verantwortung. Er hatte die Falle der Amerikaner gerade noch rechtzeitig genug erkannt, um die *Phalarope* vor dem ersten Schlag zu bewahren. Aber er hätte sie früher durchschauen müssen.

Er trat an die Querreling und rief: »Leute, in wenigen Augenblikken wird es zum Kampf kommen.« Er sah, daß ihn alle anblickten, doch die Gesichter hatten bereits jede Eigenbedeutung und Individualität verloren. Sie waren zu einer Mannschaft verschmolzen, zu einer guten oder schlechten, würde die Zeit erweisen. Aber es war wichtig, daß ihm alle vertrauten.

»Laßt euch nicht aus der Ruhe bringen, Leute, und gehorcht den Befehlen, ganz gleich, was um euch herum geschieht. Jede Kanone ist mit dem neuen Steinschloß ausgerüstet, aber haltet die Lunte bereit, falls es versagt.«

Er bemerkte, wie Okes von der Steuerbordbatterie zu Herrick hinüberblickte, der neben seinen Geschützen stand. Ein schneller Austausch von Blicken, der alles beinhalten konnte.

Bolitho spürte, daß Stockdale ihm den Rock über die Schultern streifte und den Degengurt umschnallte. Er beobachtete, wie die machtvolle Fregatte auf das Backbordlogis zuhielt, und schätzte Schnelligkeit und Entfernung ab.

»Noch etwas, Leute.« Er beugte sich vor, als wollte er sie zwingen, ihm zuzuhören. »Die *Phalarope* ist ein Schiff des Königs. Die Flagge streicht sie nicht.«

Er verschränkte die Hände unter den Rockschößen und ging langsam zur Luvreling. Es würde nicht mehr lange dauern. Zu Proby, der neben dem Rad stand, sagte er: »Wir luven gleich an, Mr. Proby.« Er hörte ihn murmeln und fragte sich, was der Steuermann von dem angekündigten Befehl denken mochte.

Der amerikanische Kapitän würde wahrscheinlich annehmen, daß die kleinere *Phalarope* versuchen wollte, wieder mit dem Wind abzulaufen. Doch sobald sie abdrehte, würde er ihr Heck mit der vollen Backbordbreitseite überschütten, wie er es von Anfang an beabsichtigt hatte. Doch Bolithos Manöver würde die *Phalarope* auf die *Andiron* zudrehen lassen, und mit etwas Glück mußte Herrick in der Lage sein, die erste Salve abzufeuern.

Auf dem Achterdeck der *Andiron* funkelte ein Fernrohr in der Sonne auf, und Bolitho wußte, daß der andere Kapitän ihn beobachtete.

»Achtung, Mr. Proby!« Bolitho schwenkte den Hut und rief über das Hauptdeck: »Jetzt, Jungs! Eine Breitseite für Old England!«

Knarrend schwangen die Rahen herum. Die Segel donnerten. Bolitho wurde der Mund trocken, sein Gesicht erstarrte zu einer Maske.

Das war der entscheidende Augenblick.

John Allday kauerte neben der zweiten Kanone der Steuerbordbatterie und starrte gebannt durch die offene Stückpforte. Trotz der kühlen Morgenbrise schwitzte er, und sein Herz schlug wie eine Trommel.

Er fühlte sich als das hilflose Opfer eines Alptraums. Jede Einzelheit war deutlich und klar, schon bevor sie sich ereignete. Irgendwie bildete er sich ein, diesmal würde es anders sein, aber es war dasselbe. Er hätte genausogut zum erstenmal in die Schlacht segeln können, neu und unerfahren, von quälender Spannung fast in Stücke gerissen.

Er löste die Augen von dem Wasserviereck, das er durch die Stückpforte sehen konnte, und blickte über die Schulter zurück. Die gleichen Männer, die Ferguson verspottet oder Evans in drohendem Schweigen umringt hatten, standen oder kauerten jetzt nicht anders als er, Sklaven ihrer Kanonen, die Gesichter nackt und voller Furcht. Ein Stück entfernt von der Batterie, den Rücken am Vormast, stand Leutnant Herrick. Er sah zum Achterdeck hinauf, die Finger umschlossen den Degengriff. Seine blauen Augen, die nicht eine Sekunde blinzelten, verrieten nichts.

Allday folgte den Blicken des Offiziers und bemerkte den Kapitän an der Achterdeckreling. Die Hände auf dem glatten Holz, beobachtete er mit leicht vorgerecktem Kopf die andere Fregatte. Das hohe Schanzkleid, die Gangway und die anderen Kanonen versperrten Allday den Blick auf die *Andiron*. Immerhin sah er ihre Masttopps und geblähten Segel, als sie auf das Achterdeck zuhielt, bis sie wie eine Klippe über der *Phalarope* zu hängen schien.

Pryce, der Stückmeister, band sich das Pulverhorn um die Hüfte und hockte sich neben die Lafette, die Abzugsleine in Händen. »Hört zu, Jungs«, sagte er mit einer Stimme, die fremd und gepreßt klang. »Wir feuern zuerst eine Breitseite ab.« Er blickte von einem zum anderen, ohne die Kanoniere an der nächsten Stückpforte zu beachten. »Danach hängt alles davon ab, wie schnell wir nachladen und wieder ausrennen. Also muß jeder Handgriff sitzen. Und wie der Kapitän gesagt hat, achtet nicht darauf, was um euch vorgeht, verstanden?«

Ferguson umkrampfte die Stücktalje und keuchte: »Ich halte das nicht aus. Bei Gott, dieses Warten halte ich nicht aus.«

Von gegenüber höhnte Pochin: »Was ich gesagt habe: Hübsche Kleider allein machen aus Leuten wie dir noch lange keine Männer.« Er riß wild an der Talje. »Wenn du gesehen hättest, was ich gesehen habe, würdest du sterben vor Angst, Mann.« Und zu den anderen: »Ich habe gesehen, wie sich ganze Flotten ineinander verbissen.« Er ließ seine Worte wirken. »Die ganze See nur Masten, wie ein Wald.«

Pryce zischte: »Halt's Maul!«

Er hob den Kopf, als Herrick rief: »Geschützführer! Sobald wir auf Backbord gefeuert haben, die besten Leute zur Verstärkung an die andere Batterie unter Mr. Okes!«

Die Geschützführer hoben bestätigend die Hände und richteten ihr Augenmerk dann wieder auf die leere See.

Allday schaute zu Okes hinüber. Das Gesicht des Offiziers glänzte vor Schweiß. Er sah bleich aus. Als wäre er bereits eine Leiche, dachte Allday.

Durch das Sprachrohr erklang hohl Vibarts Stimme. »An die Brassen! Klar zum Wenden.«

Alldays Finger glitten über das kalte Verschlußstück. »Los doch! Kommt endlich rum«, murmelte er inbrünstig. Die *Phalarope* war der *Andiron* an Größe und Stückzahl unterlegen, selbst er konnte das sehen. Und da schon jetzt die Hälfte ihrer Besatzung vor Angst und Schrecken kaum noch denken konnte, war es lediglich eine Frage der Zeit, wann ihre Farben sinken würden. Er blickte an seinen Beinen hinunter und fühlte, wie ihn die kalte Furcht überlief. Sie verließ ihn nie, auch die Jahre auf den stillen Hügeln von Cornwall hatten sie nicht vertrieben: die Furcht, verkrüppelt zu werden, und der Schrekken vor dem, was dann kam.

Von der Nachbarkanone rief Old Strachan herüber: »Hört her, Burschen.« Er wartete, bis seine Worte die neuen Leute wirklich erreichten. »Bindet euch die Halstücher über die Ohren, ehe wir feuern. Sonst platzt euch das Trommelfell.«

Allday nickte. Diese Lektion hatte er vergessen. Wenn sie nur vorbereitet und darauf eingestellt gewesen wären! Statt dessen waren sie aus den Hängematten gestolpert, und der Alptraum hatte fast unverzüglich begonnen. Zuerst die Aufregung über ein befreundetes Schiff. Dann das Alarmsignal des Trommlers, das die Männer keuchend und mit entsetzten Augen an die Stationen jagte. Jetzt stand der kleine Trommelbube neben einem Glied Marinesoldaten und starrte zum Kapitän hinüber, als könne er von dessen Gesicht sein Schicksal ablesen.

Pryce murmelte: »So ein Gefecht habe ich noch nie mitgemacht.« Er schaute in die prallen Segel hinauf. »Zu viel Wind. Da heißt es zuschlagen und abhauen, denkt an meine Worte.«

Stahl klirrte, als Herrick seinen Degen zog. Er hob ihn über den Kopf. Die Klinge funkelte in der Sonne.

»Backbordbatterie klar zum Gefecht!«

»Oh, Grace«, stöhnte Ferguson leise. »Wo bist du, Grace?«

»Ruder mittschiffs!« bellte Vibart. »Über vorn!«

Alle spürten, wie sich das Deck noch stärker neigte, als die Matrosen die Schoten der Vorsegel fierten und die stampfende Fregatte wild mit dem Bug durch den Wind ging.

Allday schluckte schwer, als sich seine Stückpforte plötzlich verdunkelte und ihm der Bug der anderen Fregatte den Blick nahm. Ihre Kanonen und ihr gischtfeuchter Rumpf neigten sich in einem Winkel, als wollte sie ausholen und die *Phalarope* zerquetschen, die frech auf sie zuschwang.

Herrick ließ den Degen herabsausen. »*Feuer*!«

Die Stückmeister rissen an den Leinen, und die ganze Welt schien in einer ungleichmäßigen Breitseite zu explodieren. Rauch wogte zum Ersticken dicht durch die Pforten zurück, reizte die Lungen und füllte die Augen, als die Kanonen zurückrollten. Es war die Hölle, zu schrecklich, um begriffen zu werden.

Doch die Geschützführer brüllten bereits wie die Teufel und schlugen auf ihre betäubten Kanoniere ein, während die Pulveräffchen frische Kartuschen heranschleppten und neue, glänzende Kugeln von den Gestellen gehoben wurden.

Pryce schlug den Arm eines Mannes beiseite und brüllte: »Naß auswischen, du Bastard. Hast du vergessen, was ich dir beigebracht habe? Du sprengst uns alle in die Luft, wenn du eine heiße Kanone nachlädst.« Der Mann murmelte benommen und gehorchte wie in Trance.

»Nachladen!« rief Herrick. »Munter, Jungs.«

Allday wartete eine Minute, ehe er sich vor die Talje spannte. Quietschend rumpelten die Blockräder der Lafette wieder vorwärts.

Jede Mündung wollte zuerst draußen sein.

Aber die *Phalarope* war fast vor dem Bug der *Andiron*. Es konnte sich nur noch um ein paar Fuß handeln, bis beide Schiffe zusammenstießen, um ihren Kampf auf Tod und Leben ineinander verhakt auszufechten.

»Feuer!«

Wieder das wüste Donnern einer Breitseite. Durch den Rückstoß kippte das Deck unter ihnen weg. Doch diesmal war die Salve stotternder und weniger gut gezielt. Durch das Klirren der Wanten und die ächzenden Spieren hörte Allday, wie drüben einige Kugeln einschlugen, und er sah, daß Fähnrich Maynard in den Rauchschwaden den Hut schwenkte und etwas in den Himmel hinaufrief, konnte aber wegen des Geschützdonners die Worte nicht verstehen.

Die *Andiron* mußte gleichzeitig mit der *Phalarope* gefeuert haben. Der allgemeine Lärm hatte das Krachen ihrer Geschütze verschluckt. Allday spürte den Abschuß mehr, als er ihn hörte, etwa wie einen heißen Wind oder wie Sand, der über eine ausgedörrte Wüste weht. Er blickte nach oben, wo die Segel wie in Agonie schlugen und sich vertörnten. Überall klafften Löcher in der Leinwand, und von oben kamen einige Fallen und Spieren. Ein Block knallte klirrend auf ein Verschlußstück. Pryce, der an der Zündung hantierte, sagte ohne aufzusehen: »Die Bastarde haben zu schnell erwidert. Ihre Breitseite ist hoch über unsere Köpfe hinweggegangen.«

Allday spähte durch die Geschützpforte. Er war noch benommen, verstand aber endlich, was Bolitho getan hatte. Die *Phalarope* hatte sich nicht zur Flucht gewandt, hatte ihr Heck nicht als Ziel dargeboten. Daß sie plötzlich zum Angriff überging, hatte den Gegner aus dem Gleichgewicht gebracht. Um einer sinnlosen Kollision zu entgehen, hatte die *Andiron* angeluvt. Daher war ihre erste Breitseite mehr oder minder ins Leere gegangen.

Allday hörte, wie Herrick zu Leutnant Okes hinüberrief: »Bei Gott, Matthew, das ging um Haaresbreite.« Dann, wilder: »Da, der Wimpel! Der Wind dreht.«

Es war wie im Tollhaus, als die feindliche Fregatte schnell der angreifenden *Phalarope* auswich. Dem Kapitän der *Andiron* mußte die Attacke so unvermutet gekommen sein, daß ihm entgangen war, was Bolitho bemerkt haben mußte: das Umspringen des Windes.

Anstatt anluven zu können, bekam die *Andiron* nun den Wind voll von vorn und war manövrierunfähig.

Herrick sprang vor Aufregung auf und ab: »Sie hat sich festgesegelt! Bei Gott, das hat sie!«

Die Männer riefen sich die Nachricht von Geschütz zu Geschütz zu. Eingerahmt von einer Pulverwolke, rollte die *Andiron* hilflos im Wind, unfähig, nach dieser oder jener Seite zu wenden. Männer kletterten auf die Rahen hinaus, und auf der *Phalarope* konnte man die durch ein Sprachrohr gebrüllten Befehle hören.

Herrick nahm sich zusammen. »Hinüber zur Steuerbordbatterie. Schnell!«

Pryce stieß die Leute an, die er benötigte, und rannte über das Deck.

Von achtern erscholl der Ruf: »Klar zum Wenden. An die Brassen.«

Allday warf sich neben der Kanone zu Boden und bleckte die Zähne.

Old Strachan krächzte: »Bei Gott, der Kapitän weiß mit dem Schiff umzugehen.«

Okes rief: »Ruhe da!«

Herrick ging zur Decksmitte und beobachtete Zimmermann und Bootsmann, die hastig dabei waren, Schäden zu reparieren. Männer kletterten bereits in die Takelage, um die zerrissenen Taue zu spleißen. Andere spannten oberhalb des Hauptdecks endlich die Gefechtsnetze, um die Leute an Deck vor herabfallenden Blöcken oder Spieren zu schützen.

Die Rahen kamen von neuem herum. Segel donnerten, Brassen kreischten durch die Blöcke. Die Männer rannten wie die Wiesel, um den unaufhörlichen Kommandos vom Achterdeck nachzukommen.

Den Leuten kam alles unwahrscheinlich vor. Eben noch überrascht und bedroht, griffen sie jetzt nicht nur an, sondern versetzten dem Feind einen Schlag nach dem anderen.

Bolitho mußte sich alles ausgerechnet haben. Er mußte es geplant und entworfen haben, während er auf dem nachtdunklen Deck einsam hin und her gegangen war.

Herrick blickte zu ihm hinüber. Gelassen und aufgerichtet stand der Kapitän an der Reling. Die Hände auf dem Rücken, beobachtete er das andere Schiff. Während des Abwartens hatte Herrick bemerkt, wie Bolitho sich mit der Hand über die Stirn fuhr und dabei einen Moment die dunkle Locke beiseite schob, so daß die tiefe, furchtbare Narbe sichtbar wurde. Bolitho hatte gespürt, daß Herrick ihn beobachtete, und zornig seinen Hut in die Stirn gezogen.

Herrick ließ den Blick über die Kanonen gleiten. Die Leute waren erschöpft. Sie schenkten dem Feind keine Beachtung, als die *Phalarope* herum kam, um den Abstand zu verringern. Er hatte Pochins bittere Bemerkung gehört und gesehen, wie Allday sich ins Zeug gelegt hatte, um den neuen Leuten zu helfen. Es war merkwürdig, wie sie angesichts wirklicher Gefahr alle eigenen Sorgen und Fehden vergaßen.

Es stimmte, unter Bolitho war das Schiff anders. Und die Veränderung ging tiefer, sie war nicht nur durch die Uniformen gekennzeichnet, die auf Bolithos Befehl die fleckigen Lumpen ersetzt hatten, die zu Pomfrets Zeit üblich gewesen waren. Statt der verdrossenen Hinnahme herrschte nun diese heftige Unruhe, die den Eindruck erweckte, als wollten die Männer zusammenstehen, um mit dem Enthusiasmus ihres jungen Kapitäns Schritt zu halten, aber noch nicht wüßten, was sie dazu tun mußten.

»Sie hat wieder Ruderdruck«, sagte Okes scharf. »Sie kommt herum.«

Die Segel der *Andiron* schlugen, aber Herrick bemerkte ihre veränderte Position und den neuen Winkel ihrer Rahen.

Bolithos Stimme schnitt durch ihre Spekulationen. »Noch eine Salve, Leute. Ehe sie herum ist.«

Herrick atmete scharf aus. »Er will hinter ihr Heck kommen. Das schafft er nie. In ein paar Minuten liegen wir uns Breitseite zu Breitseite gegenüber.«

Das unbegrenzte Vertrauen, das ihm die erfolgreiche Attacke geschenkt hatte, wich fröstelnder Unsicherheit, als die *Phalarope* Fahrt aufnahm und ihre Masten und Spieren unter dem Druck der Segel bebten. Er faßte seinen Degen fester, als die Bramsegel der *Andiron* von neuem über den Netzen auftauchten. Ihre Masten standen nicht mehr in einer Linie, sie schwang schnell und gut herum. Es blieb nichts anderes übrig, als das Unvermeidliche abzuwarten.

Okes starrte mit offenem Mund auf das sich nähernde Schiff, während sich die Spanne des aufgewühlten Wassers zwischen den Fregatten immer mehr verringerte. Er hob den Degen. »Steuerbordbatterie feuerklar!« Doch seine Stimme ging in einer wilden Kanonade unter. Von achtern bis vorn bellte jedes Geschütz der *Andiron* und spie Feuer und Rauch aus.

Diesmal saßen die Schüsse.

Herrick spürte, wie der Rumpf unter seinen Füßen erbebte, und taumelte gegen den Vormast. Rauch vernebelte das Deck, und zersplittertes Holz und zerfetzte Teile der Takelage regneten herab. Die Luft zitterte vom Krachen der Abschüsse und vom Kreischen der Kugeln, die wie Boten der Hölle durch den Rauch peitschten.

In das Heulen der Kugeln mischten sich nähere, schauerlichere Geräusche, als Splitter in die dicht gedrängten Kanoniere flog. Blut strömte über die glatten Decks. Herrick mußte sich auf die Lippen beißen, um nicht die Selbstkontrolle zu verlieren. Er hatte schon früher Leute bluten sehen, bei einem gelegentlichen Scharmützel und unter der neunschwänzigen Katze, nach einem Sturz oder bei einem Unfall. Doch dies war anders. Das Blut war überall, als hätte ein Verrückter das Schiff angemalt. Herrick bemerkte Blutflecken auf seinen weißen Hosen. Er blickte zu der benachbarten Kanone hinüber. Sie stand hochkant, und einer der Kanoniere war zu einer roten Masse zerquetscht worden. Ein Mann, der noch immer eine Handspake umkrampfte, lag ohne Beine da, und zwei seiner Kameraden klammerten sich schreiend aneinander.

Die feindliche Fregatte mußte sofort nachgeladen haben, denn eine neue, unregelmäßige Salve donnerte krachend in die Bordwand der *Phalarope*.

Männer schrien und brüllten, fluchten und tappten blind durch den erstickenden Qualm, während herabstürzendes Tauwerk und geborstene Hölzer in die wie verrückt zuckenden Netze prasselten.

Ein Pulveräffchen rannte weinend zum Magazin, nur um von einem Seesoldaten fortgestoßen zu werden. Der Junge hatte seinen Kartuschenkorb fortgeworfen und wollte nach unten in die Sicherheit der Dunkelheit flüchten. Doch die Wache brüllte ihn an und schlug mit dem Gewehr nach ihm. Der Junge taumelte zurück und kam wieder zu sich. Wimmernd hob er seinen Korb auf und hastete zur nächstgelegenen Kanone.

Ein Geschoß heulte heran. Herrick hatte Mühe, sich nicht zu übergeben, als die Kanonenkugel den Jungen in zwei Hälften zerriß. Kopf und Oberkörper hielten sich einige Sekunden aufrecht auf den Planken. Ehe Herrick sich abwandte, sah er noch, daß der Junge aus aufgerissenen Augen starrte.

Herrick stolperte gegen Okes, der noch immer mit erhobenem Degen dastand und mit glasigen Augen auf die Reste seiner Batterie stierte.

Herrick brüllte: »Feuer, Matthew! Gib endlich den Befehl!«

Okes ließ den Degen nach unten sausen. Da und dort fügte eine Kanone der *Phalarope* ihre Stimme der fürchterlichen Symphonie hinzu und rumpelte dann zurück.

»Wir sind erledigt«, sagte Okes. »Wir müssen die Flagge streichen.«

»Die Flagge streichen?« Herrick starrte Okes an. Unvermittelt war die Wirklichkeit wieder da, grausam und persönlich. Tod und Übergabe waren bisher nur Worte gewesen, eine mögliche, aber unwahrscheinliche Alternative zum Sieg. Er sah Bolitho auf dem Achterdeck, dahinter die Seesoldaten. Sie feuerten schon seit einiger Zeit aus ihren Gewehren, ohne daß Herrick es bemerkt hatte. Er sah, wie Sergeant Garwood seinen Leuten Befehle zurief. Sie luden nach und feuerten eine Salve in den Rauch. Hauptmann Rennie stand mit dem Rücken zum Feind und starrte über die andere Reling, als sähe er das Meer zum erstenmal.

Pryce, der Stückmeister, schrie auf und sackte zusammen. Ein langer Splitter, aus dem Deck gefetzt, hatte sich ihm in die Schulter gebohrt. Wie ein Zahn ragte der dicke, gezackte Holzstumpf heraus. Herrick sah es und wußte, daß das andere Ende tief im Fleisch steckte. Die Splitter waren das Gefährlichste und mußten in einem Stück herausgeschnitten werden.

Herrick winkte den Männern am Hauptniedergang. »Bringt ihn nach unten zum Arzt.« Sie hatten auf einen zerfetzten Leib neben der Luke gestarrt. Herricks rauher Ton gab ihnen Kraft, den Bann abzuschütteln.

Pryce begann zu schreien. »Nein! Laßt mich hier beim Geschütz. Bringt mich nicht hinunter!«

»Tapferer Kerl«, flüsterte einer der Männer. »Er will auf seiner Station bleiben.«

Pochin spuckte auf die Kanone. Sein Speichel zischte auf dem heißen Eisen. »Quatsch! Er will lieber hier oben sterben als unten unter das Messer kommen.«

In der Takelage splitterte etwas mit lautem Krachen. Herrick schielte durch den treibenden Pulverqualm. Die Bramstenge des Großmastes wankte, und als der Wind an der befreiten Leinwand zerrte, neigte sie sich nach vorn.

Herrick formte die Hände zum Sprachrohr. »Schnell, Leute. Nach oben. Kappt die Wanten. Sonst geht auch der Vormast zum Teufel!«

Er verfogte, wie Quintal und ein paar andere hinaufkletterten, und fuhr zurück, als eine Kanonenkugel vor ihm über das Deck pflügte und neben dem Schanzkleid in zwei verwundete Kanoniere schmetterte. Er blickte weg, weil sich ihm der Magen umdrehte, und hörte

Vibart rufen: »Deckung! Die Stenge kommt runter!«

Unter mißtönendem Krachen stürzte die lange Stenge quer über das Schanzkleid, wo sie sich in einem Gewirr zerfetzter Stagen und Pardunen verfing. Das zerrissene Segel blähte sich neben dem Schiffsrumpf im Wasser und hemmte die Fregatte wie ein Treibanker.

Ein anderer Anblick setzte dem Schrecken die Krone auf: Betts, der Mann, der die feindliche Fregatte gesichtet hatte, strampelte in der verhedderten, nachschleppenden Takelage wie ein Insekt in einem Spinnennetz.

»Mit der Axt ran!« brüllte Vibart. »Klariert das Zeug!«

Betts starrte aus glasigen Augen zur Fregatte hinauf. »Helft mir, Jungs! Laßt mich nicht ersaufen!«

Aber die Äxte waren bereits am Werk. Die Männer, halb außer sich durch den Wirrwarr, waren zu betäubt, um sich um das Leiden eines einzelnen zu kümmern.

Okes packte Herrick beim Arm. »Warum streicht er nicht die Flagge? Um Jesu willen, sieh, was er uns antut!«

Herrick konnte kaum noch klar denken. Aber er sah, was Okes ihm zeigen wollte. Die Männer hatten den Mut sinken lassen. Sie duckten sich wimmernd, als die feindlichen Kugeln ihnen um die Ohren pfiffen. Nur gelegentlich erwiderte ein vereinzeltes Geschütz das Feuer: das Werk einer Handvoll Männer, geführt von einem erfahrenen, hingebungsvollen Geschützführer, der ein einseitiges Duell mit dem Feind aufrechthielt.

Herrick schloß sich gegen das Schreien der Verwundeten ab, die unter Deck geschleppt wurden. Er wollte nichts sehen. Seine Aufmerksamkeit richtete sich nur auf jenen Fleck des Achterdecks, wo Bolitho allein an der Reling stand. Der Kapitän trug keinen Hut mehr, und sein Rock war mit Pulver- und Spritzwasserflecken übersät. Ein Läufer, der auf ihn zueilte, sank im Musketenfeuer zusammen. Musketenkugeln hämmerten gegen die Backskisten und pfiffen über das Deck, doch Bolitho rührte sich nicht von der Stelle, und sein Gesicht zeigte nach wie vor den Ausdruck ruhiger Entschlossenheit. Nur ein einziges Mal blickte er auf, und zwar um nach der großen, scharlachroten Flagge zu spähen, die an der Gaffel flatterte. Wollte er sich vergewissern, daß sie noch wehte?

Herrick schüttelte den Kopf. »Er streicht die Flagge nie. Eher läßt er uns mit Mann und Maus untergehen.«

Das Deck krängte stark, als die *Phalarope* wie blind auf einen neuen Kurs ging. Bolitho wußte nicht mehr, wie oft das Schiff die Richtung gewechselt hatte, ebensowenig, wie lange das Gefecht schon dauerte. Nur eins wußte er genau: daß die *Andiron* ihn ausmanövrierte. Noch immer hielt sie sich in Luv und deckte ihn ab. Seine Kanoniere wurden durch ein neues Mißgeschick behindert. Der Wind ließ nach, und sie feuerten nunmehr blind in eine dicke Rauchwand, die vor dem anderen Schiff lag und sich mit dem Pulverqualm der unregelmäßigen Abschüsse der *Phalarope* vermengte. Der Qualm wirbelte vielfarbig durcheinander, als der amerikanische Freibeuter den Angriff fortsetzte.

Einmal, als ein launischer Windstoß den Vorhang aus Pulverqualm zerriß, hatte Bolitho das Mündungsfeuer der *Andiron* sehen können, lange, orangefarbene Flammen, die nacheinander aufzuckten, sobald die Geschütze gerichtet waren und ihre Kugeln die knappe Viertelmeile herüberschickten, die zwischen den beiden Fregatten lag.

Die *Andiron* feuerte noch. Die Kugeln kreischten durch die Takelage und zerfetzten die verbliebenen Segel. Sie beabsichtigte, die *Phalarope* zu entmasten. Vielleicht hegte der Kapitän den Plan, sie als Prise unter eigenem Kommando zu segeln, wie schon die *Andiron*.

Die langen Neunpfünder auf dem Achterdeck rollten zurück. Ihre scharfen, bellenden Abschüsse betäubten Bolitho. Er blickte in den Pulverqualm und dann über sein Schiff. Nur auf dem Achterdeck herrschte noch so etwas wie Ordnung. Fähnrich Farquhar stand an der Heckreling. Von dort aus erteilte er den Geschützführern Befehle. Rennies Seesoldaten standen ebenfalls fest. Der Pulverdampf nahm ihnen die Sicht, doch sobald das feindliche Schiff in dem erstikkenden Rauch sichtbar wurde, eröffneten sie von ihrer Position hinter den Backskisten aus das Feuer.

Auf dem Hauptdeck sah es anders aus. Bolithos Augen wanderten über das Chaos aus aufgerissenen Planken und menschlichen Körperteilen. Die Batterien feuerten noch, aber in größeren Abständen und weniger treffsicher.

Bolitho hatte über den Erfolg der ersten Breitseite gestaunt. Ihm war klar, daß sich der Mangel an Ausbildung später hemmend auswirken mußte, doch auf einen so guten Auftakt hatte er nicht zu hoffen gewagt. Die doppelt geladenen Kanonen hatten fast gleichzeitig gefeuert. Er hatte gesehen, wie das Schanzkleid der anderen Fregatte zersplitterte, und beobachtet, wie die Kugeln in den Rumpf schlugen oder durch die dicht gedrängten Kanoniere fetzten. Einen Augenblick hatte es den Eindruck erweckt, daß sie das Gefecht erfolgreich durchstehen könnten.

Durch den wabernden Pulverdampf sah er, daß Herrick langsam von einem Steuerbordgeschütz zum anderen ging, mit den Kanonieren sprach und jedes Geschütz selber richtete, ehe er dem Geschützführer erlaubte, die Abzugsleine zu ziehen. Auf der Steuerbordseite wäre das eigentlich die Aufgabe von Okes gewesen, aber vielleicht war Okes, wie so viele andere, schon gefallen.

Bolitho musterte jede Einzelheit des quälenden Bildes, das die *Phalarope* jetzt bot. Er fühlte sich benommen, aber Auge und Verstand funktionierten in kalter Übereinstimmung, wodurch Qualen und Leiden nur um so deutlicher hervortraten.

Aus dem Ganzen hoben sich kleine Bilder heraus, und wo Bolitho auch hinschaute, alles gemahnte schmerzlich an den noch zu zahlenden Preis. Viele waren tot. Wieviele, wußte er nicht. Manche waren tapfer gestorben, bei der Bedienung ihrer Geschütze, bis zuletzt Rufe der Ermutigung oder Flüche auf den Lippen. Manche starben langsam und schrecklich. Ihre zerrissenen Leiber lagen verkrümmt in den Blutlachen, die das Deck überzogen.

Andere waren weniger tapfer. Mehr als einmal hatte er sehen müssen, wie sich Männer totstellten und sich zwischen den beiseitegeschobenen Leichen verbargen, bis die Maate sie mit Stößen und Schlägen zurück an ihre Stationen trieben.

Trotz Rennies Wachen waren einige unter Deck geflohen, wo sie sich jetzt wahrscheinlich wimmernd die Ohren zuhielten und in der Bilge lieber dem Tod durch Ertrinken entgegensahen, als auf Deck dem Tod durch die Geschütze der *Andiron*.

Bolitho hatte beobachtet, wie der Pulverjunge zerrissen wurde. Und über dem Donnern des Gefechts hörte er, was er dem Jungen erst vor drei Wochen gesagt hatte: »Du wirst England wiedersehen. Sei unbesorgt.« Nun war der Junge ausgelöscht, als ob er nie existiert hätte.

Oder der Matrose Betts: im Bramsegel verstrickt, hatte er um sein Leben gekämpft. Der Mann, den er benutzt hatte, um die Autorität des Kapitäns unter Beweis zu stellen. Äxte hatten die Stenge losgehackt. Auf und ab tanzend, hatte sie sich vom Schiff gelöst, ehe sie, einen Teil der Takelage wie eine Schleppe hinter sich herziehend, im Pulverqualm verschwand. Die Stenge war am Achterdeck vorbeigetrieben, und einen Augenblick hatte er Betts heraufstarren sehen. Den Mund weit aufgerissen, ein schwarzes Loch, hatte der Mann die Faust geschüttelt. Eine nutzlose Geste, doch sie kam Bolitho wie der Fluch der ganzen Welt vor. Danach hatte sich die Stenge um sich selber gedreht, und bevor sie achtern zurückblieb, hatte Bolitho noch gesehen, wie Betts Füße aus dem Wasser ragten und einen sinnlosen Tanz vollführten.

Wieder klatschten Kugeln durch das Großsegel und heulten über das Wasser. Bolitho riß die Augen von dem Blutbad. Es konnte nicht mehr lange dauern. Die *Andiron* hatte leicht angeluvt. Über der Rauchbank, die die feindliche Fregatte verbarg, sah er ihre oberen Rahen und die durchlöcherten Segel, als würden sie in der Luft schweben, und las aus ihrer Stellung ab, daß die *Andiron* auf Position ging, um die *Phalarope* durch langsame, sorgfältig gezielte Schüsse zur Aufgabe zu zwingen.

Bolitho erkannte seine eigene Stimme nicht, als er automatisch und ohne zu zögern seine Befehle erteilte. »Lassen Sie den Zimmermann die Pumpen untersuchen. Und der Bootsmann soll mehr Leute nach oben schicken, um die Besanwanten zu spleißen.« Es lag nicht mehr viel Sinn darin, aber das Spiel mußte nach den Regeln beendet werden. Er kannte keinen anderen Weg.

Sein Blick fiel auf einen alten Geschützführer an einem Zwölfpfünder unterhalb des Achterdecks. Dem Mann waren Müdigkeit und Anstrengung anzusehen, doch seine heisere Stimme klang gelassen, ja geduldig, als er seine Mannschaft nachladen ließ. »So ist's recht, Jungs.« Er blinzelte durch den Dunst, während einer seiner Leute die Kartusche hineinrammte und ein anderer die glänzende Kugel in die klaffende Mündung stopfte. Ein Splitter aus der Geschützpforte riß ihm den Arm auf. Aber er stöhnte kaum und wikkelte sich einen schmutzigen Lappen um den Oberarm, ehe er hinzusetzte: »Stoß die Kugel kräftig hinein, Junge! Wir woll'n doch nicht, daß das Ding wieder rausrollt.« Er bemerkte, daß Bolitho ihn beobachtete, und bleckte vor Stolz oder Schmerz die fleckigen Zähne. Dann bellte er: »Fertig! Ausrennen!« Die Räder quietschten, als die Kanone vor- und dann zurückrollte, sobald der alte Mann die Abzugsleine zog.

Vibart tauchte an der Reling auf. Seine Gestalt glich einem festen, blauweißen Felsen. Er wirkte grimmig, aber unerschüttert, und wartete, bis die Neunpfünder gefeuert hatten und zurückgerollt waren, ehe er rief: »Kein Wasser im Schiff, Sir. Sie hat keinen Treffer unterhalb der Wasserlinie abbekommen.«

Bolitho nickte. Der Amerikaner dachte sicher an eine Prise. Es würde nicht lange dauern, die *Phalarope* in einer der Werften überholen zu lassen, die die Briten aufgeben mußten, als sie sich vom amerikanischen Kontinent zurückzogen.

Die Erkenntnis stachelte Bolitho an. Die *Phalarope* kämpfte um ihr Leben, doch die Mannschaft wurde ihr nicht gerecht. *Er* wurde ihr nicht gerecht. Er hatte das Schiff und jeden Mann an Bord in diese Situation gebracht. Alle Hoffnungen und Versprechungen waren jetzt bedeutungslos. Schande und Versagen waren die einzige Alternative zu Untergang und Tod.

Selbst wenn er sich dem Angriff der *Andiron* hätte entziehen wollen, jetzt wäre es zu spät gewesen. Die Brise ließ mehr und mehr nach, und die von den kreischenden Kanonenkugeln zerrissenen Segel waren nahezu nutzlos.

Ein Seesoldat krallte die Hand vor das klaffende rote Loch in der Stirn, ehe er zwischen seine Kameraden stürzte. Jedes Wort dehnend, befahl Hauptmann Rennie: »Auffüllen! Wozu, zum Teufel, glaubt ihr, seid ihr da?« Und zu Sergeant Garwood sagte er zynisch: »Notieren Sie den nächsten Mann, der ohne Erlaubnis stirbt.«

Überraschenderweise lachten einige Seesoldaten, und als Rennie merkte, daß Bolitho herübersah, zuckte er bloß mit den Schultern, als verstünde auch er, daß alles Teil eines gräßlichen Spiels war.

Das Schiff stampfte, und die Segel dröhnten protestierend, als der abflauende Wind die klatschende Leinwand traf. Bolitho zischte den Rudergänger an: »Achten Sie auf das Ruder! Schiff auf Kurs halten!«

Doch einer der Rudergänger war gefallen. Aus seinem Mund strömte Blut über die Planken. Ein anderer Mann, ständig auf einem Stück Tabak herumkauend, tauchte von irgendwoher auf und nahm seinen Platz ein.

»Die Steuerbordbatterie ist ein wildes Durcheinander«, knurrte Vibart. »Wenn wir von Backbord her angreifen könnten, hätten wir Zeit, sie zu reorganisieren.«

Bolitho sah ihn fest an. »Die *Andiron* ist im Vorteil. Aber ich beabsichtige, ihr Heck zu kreuzen.«

Vibart spähte mit kalten, kalkulierenden Augen querab. »Das wird uns die *Andiron* nie erlauben. Sie hämmert uns in Stücke, ehe wir eine Kabellänge weit sind.« Er sah Bolitho an. »Wir werden die Flagge streichen müssen.« Seine Stimme bebte. »Viel mehr können wir nicht mehr einstecken.«

Bolitho erwiderte ruhig: »Das will ich nicht gehört haben, Mr. Vibart. Gehen Sie nach vorn, und bringen Sie die ganze Batterie wieder auf Vordermann.« Es klang kalt und endgültig. »Wenn zwei Schiffe sich im Gefecht gegenüberliegen, kann nur eins siegen. Und für die *Phalarope* entscheide ich über den Ablauf der Dinge.«

Vibart zog die Schultern hoch, als ginge es ihn nichts an. »Wie Sie meinen, Sir.« Während er zum Niedergang schritt, äußerte er rauh: »Ich habe gesagt, daß die Leute Fehler nicht respektieren.«

Bolitho spürte Probys Hand auf dem Arm. Er wandte sich um. Sorge zeichnete das kummervolle Gesicht. »Das Ruder, Sir, reagiert nicht! Die Rudertalje ist gebrochen.«

Bolithos Blicke flogen über Probys runde Schultern zum Rudergänger. Er drehte das Rad hin und her, doch ohne Wirkung, und das Schiff lief aus dem Ruder und begann träge abzufallen. Die unvermutete Bewegung versetzte das Hauptdeck in Aufregung. Schreie ertönten, als die Fregatte sich auf die Seite legte und die Stückpforten sich plötzlich gen Himmel hoben.

Bolitho fuhr sich mit den Fingern durch das Haar. Erst dabei merkte er, daß ihm der Hut vom Kopf geflogen war. Der Wimpel am Masttopp flatterte kaum noch. Ohne Druck in den Segeln war das Schiff der See ausgeliefert, bis es die Flagge strich oder vernichtet wurde. Eine neue Rudertalje anzubringen, würde gut eine Stunde erfordern. Doch bis zu diesem Zeitpunkt . . . Bolitho spürte, wie es ihm kalt über den Rücken lief. Er legte die Hände um den Mund. »Feuer einstellen!«

Die plötzliche Stille schreckte mehr als das Bellen der Kanonen. Man hörte jetzt das Scheuern und Schaben der Rundhölzer, das Gurgeln des Wassers und das Klappern der hin- und herschwingenden Teile der Takelage. Selbst die Verwundeten schienen überwältigt. Keuchend lagen sie da und stierten zu dem reglosen Kapitän an der Achterdeckreling hinauf.

Wie eine letzte Beleidigung trieb ein wildes Hurrarufen mit dem Pulverqualm über das Wasser zur *Phalarope* herüber. Hört sich wie das Gebell einer Meute an, dachte Bolitho bitter. Wie das Bellen von Hunden, die zum Sprung an die Kehle ansetzen.

Der Qualm riß keilförmig auf. In der Lücke erschien der Bug der *Andiron*, der lange Finger ihres Bugspriets. Sonnenstrahlen spielten über ihre Galionsfigur und schimmerten auf gezückten Entermessern und erhobenen Enterspießen. Immer mehr Teile des feindlichen Schiffes wurden sichtbar, und Bolitho erkannte, daß die Mannschaft der *Andiron* auf den Punkt zudrängte, an dem die Schiffe sich berühren würden. Andere, mit Enterhaken bewaffnet, kletterten auf die Rahen hinaus, bereit, die zwei Schiffe fest aneinander zu klammern. Damit stand das Ende nahe bevor.

»Diese Bastarde«, murmelte Stockdale neben Bolitho. »Diese Bastarde.«

Bolitho bemerkte Tränen in Stockdales Augen und wußte, daß der Bootsmann sein Elend teilte.

Die Flagge wehte in einem leichten Windstoß plötzlich aus. Bolitho wagte nicht hinaufzusehen. Ein trotziger Fleck Rot. So rot wie die Röcke der Seesoldaten und die Blutlachen, die durch die Speigatten wegsickerten, als ob das Schiff vor seinen Augen verblutete. Neue Wut durchfuhr ihn, und er mußte die Finger um den Degengurt klammern, damit ihm die Hände nicht zitterten.

»Holen Sie Mr. Brock! Los, im Laufschritt!«

Bolitho sah, wie Fähnrich Maynard losrannte, vergaß ihn aber, als sein Blick über die Männer glitt. Sie waren erschöpft. Die Anstrengungen der Schlacht hatten sie erledigt. Sie zeigten kaum noch einen Funken Kampfgeist. Bolithos Finger krampften sich um den Degengriff, und er spürte Verzweiflung. Im Geiste sah er seinen Vater und viele andere seiner Familie vor sich. Sie hatten sich der Mannschaft zugesellt und beobachteten ihn schweigend.

Proby sagte heiser: »Ich habe ein paar Männer zum Spleißen der Rudertalje abkommandiert, Kapitän.« Er wartete und zerrte an den Knöpfen seines schäbigen Rockes. »Es war nicht Ihre Schuld, Sir.« Er bewegte sich unruhig unter Bolithos festem Blick. »Geben Sie nicht auf, Sir. Noch nicht.«

Brock kam auf das Achterdeck und salutierte. »Sir?« Er steckte noch in den Filzschuhen, die er stets in dem dunklen Magazin trug. Die plötzliche Stille und das Maß der Zerstörung an Deck schienen ihn zu betäuben.

»Mr. Brock, ich habe einen Auftrag für Sie.« Bolitho lauschte der eigenen Stimme und spürte, daß ihn die neue Entschlossenheit anfeuerte wie Brandy. »Ich wünsche, daß jede Steuerbordkanone mit Kettengeschossen geladen wird.« Er warf einen Blick auf die sich immer bedrohlicher nähernde *Andiron*. »Sie haben zehn Minuten Zeit, es sei denn, der Wind frischt auf.«

Brock nickte und eilte wortlos davon. Es war nicht seine Art, einen offenbar sinnlosen Befehl in Frage zu stellen. Eine Order des Kapitäns, das war alles, was er brauchte.

Bolithos Blicke schweiften über das Hauptdeck, über die Toten, die Verwundeten und die noch einsatzfähigen Kanoniere. Langsam sagte er: »Es geht um eine letzte Breitseite, Leute.« Die Worte fegten seine Illusion hinweg, den Männern mit einer leeren Geste zu kommen. »Jede Kanone wird mit Kettengeschossen geladen, und jede ist auf äußerste Richthöhe einzustellen.«

Die Männer regten sich. Ihre Bewegungen waren so unbestimmt und unsicher wie die alter Männer. Doch Bolithos Worte schienen ihnen neue Kraft zu geben.

»Ladet«, setzte er energisch nach, »aber rennt die Kanonen nicht aus, ehe der Befehl kommt.«

Ein Kommando schleppte die unhandlichen Kettengeschosse heran: zwei durch dicke Kettenglieder verbundene Kugeln für jede Kanone.

»Die *Andiron* ist schon sehr nahe, Sir«, sagte Hauptmann Rennie leise. »Kann nicht mehr lange dauern, bis sie uns entern.« Spannung lag in den Worten.

Bolitho blickte beiseite. Einerseits fühlte er plötzlich den Wunsch, die Außerordentlichkeit seiner Entscheidung jemandem mitzuteilen, andererseits spürte er zugleich das Ausmaß der eigenen Einsamkeit. Sein letzter Versuch konnte völlig fehlschlagen. Er würde den Feind in eine wahnsinnige Wut treiben, die dann nur das Hinmetzeln seiner gesamten Mannschaft besänftigen konnte.

Herrick blickte ohne zu blinzeln zum Achterdeck. »Alle Kanonen geladen, Sir.« Er reckte die Schultern, wie um seinen zerschlagenen Männern Vertrauen zu schenken.

Bolitho zog den Degen. Er hörte, daß die Seesoldaten hinter ihm die Bajonette aufpflanzten und auf den glitschigen Planken einen festen Stand suchten.

»Steuerbordkarronade feuerklar, Mr. Farquhar!« rief er. »Alles bereit?«

Aus zusammengekniffenen Augen verfolgte er, wie der Bugspriet der *Andiron* sich dem Schanzkleid der *Phalarope* näherte. Ihre Wasserstagen und das Rigg wimmelten von Männern. Der Kapitän der *Andiron* mußte seine Geschütze entblößt haben, um ein so großes Enterkommando zusammenzustellen. Einmal an Bord, würden die Feinde die *Phalarope* überschwemmen, ganz gleich, welchen verzweifelten Widerstand seine Männer noch leisteten.

Farquhar schluckte schwer. »Bereit, Sir.«

»Sehr gut.« Zwischen der *Andiron* und der *Phalarope* klafften kaum noch zwanzig Fuß, das dreieckige Stück Wasser zwischen den Schiffen schäumte in einem verrückten Tanz. »Wenn ich falle, hören Sie auf Mr. Vibarts Kommando.« Er sah, daß der junge Offizier zum Ersten hinüberblickte. »Wenn nicht, achten Sie auf mein Signal.«

Der Bugspriet der *Andiron* stieß zwischen die Großwanten der *Phalarope*, und das Enterkommando brach in höhnisches Gebrüll aus.

Bolitho rannte zum Hauptdeck hinunter und sprang, den Degen hoch erhoben, auf den Steuerbordlaufgang. Ein paar Pistolenschüsse pfiffen an ihm vorbei, und eine Kugel zerrte an seinem Ärmel wie eine unsichtbare Hand.

»Werft die Enterer zurück!«

Die Kanoniere starrten unsicher und betroffen zum Kapitän hinauf, ihre Kanonen noch immer binnenbords und untätig.

Herrick sprang neben den Kapitän. Seine Augen blitzten, als er rief: »Vorwärts, Leute! Erteilen wir ihnen eine Lehre.«

Irgendwo erklang ein schwaches Hurra, und die nicht an den Geschützen beschäftigten Männer drängten zum Laufgang hinauf. Würden ihre Dolche und Spieße gegen den Druck der Enterer etwas ausrichten?

Neben Bolitho sank ein Mann schreiend zu Boden. Ein anderer fiel nach vorn über Bord und wurde zwischen den Schiffsrümpfen zerquetscht.

Bolitho sah, daß die Offiziere des Kaperschiffs ihre Männer antrieben und die Scharfschützen auf ihn aufmerksam machten. Kugeln umpfiffen ihn, und die Schreie und Rufe steigerten sich zu einem einzigen, furchterregenden Gebrüll.

Die Schiffsrümpfe erbebten nochmals, und die Lücke begann sich zu schließen. Bolitho spähte nach achtern zu Farquhar. Das Achterdeck mit seinen gefallenen Seesoldaten schien weit entfernt. Aber als er, schnell und schneidend, den Degen nach unten senkte, registrierte er, daß der Fähnrich die Abzugsleine zog, und spürte, daß das Mündungsfeuer wie Glutwind an seinem Gesicht vorbeischoß.

Der Karronadenschuß bestand aus fünfhundert zusammengepreßten Musketenkugeln. Er fuhr wie eine Sense zwischen die brüllenden Enterer. Das Bombardement zerfetzte sie zu einem blutigen Wirrwarr aus Flüchen und Schreien. Die Enterer zögerten, und ein junger Leutnant sprang vom Bugspriet der *Andiron* auf das Deck der *Phalarope*, ohne daß ihm einer seiner Leute folgte. Seine Schreie erstarben, als ein großer Seemann mit der Axt zuschlug und der Körper zwischen die Rümpfe der Schiffe stürzte. Schon war er vergessen.

»Achtung, Kanoniere!« rief Bolitho wild. »Ausrennen! *Ausrennen*!«

Er versperrte seinen Leuten mit dem Degen den Weg nach vorn. »Zurück. Alle zurück!«

Die kleine Mannschaft schob sich nach hinten. Die Wendung der Dinge verwirrte sie. Doch Herrick begriff. Fast erstickt vor Erregung rief er: »Alle Kanonen ausrennen!«

Bolitho sah, daß die Männer des Kaperschiffs, die den Karronadenschuß überlebt hatten, sich auf ihre Gefechtsstationen zurückzogen, betroffen und bestürzt durch die ausgerannten und auf sie gerichteten Geschütze der *Phalarope*.

»Feuer!«

Bolitho wäre beinahe über Bord gestürzt, als die gesamte Batterie unter ihm feuerte, doch Stockdale packte ihn beim Arm. Die Luft vibrierte von den unmenschlichen Schreien, die aufgellten, als die Kettengeschosse wie ein alles vernichtender, eiserner Wirbelsturm durch die Takelage der *Andiron* jagten. Vormast und Großstenge stürzten gleichzeitig. Das herunterkommende Gut und die Segel zerschmetterten die restlichen Enterer oder fegten sie ins Meer, und über die Stückpforten legten sich die Segel wie eine Decke. Der Rückstoß der Breitseite drückte die Schiffe auseinander. Zwischen ihnen trieben Schiffstrümmer und Leichen.

Bolitho lehnte sich an die Netze; er atmete schwer. »Nachladen! Weiterfeuern!« Was auch als nächstes kommen würde, die *Phalarope* hatte gebieterisch gesprochen und hart zugeschlagen.

Der stolze Umriß der feindlichen Fregatte war zerbrochen, die Wanten und Segel baumelten wirr durcheinander. Wo vor Minuten ihr Vormast aufragte, stand jetzt nur noch ein gezackter Stumpf, und die hallenden Hurrarufe waren Schmerzensschreien und totaler Verwirrung gewichen. Doch die *Andiron* schob sich am Bug der *Phalarope* vorbei, verfolgt von einer neuen unregelmäßigen Salve und dem zornigen Bellen eines Neunpfünders vom Vorderdeck. Dann war sie klargekommen, raffte ihre zerfetzten Segel zusammen wie ein Kleid, um ihre Wunden zu bedecken, und glitt leewärts in die Bank aus Qualm und Pulverdampf.

Bolitho beobachtete sie. Sein Herz hämmerte, und seine Augen tränten vor Anstrengung und Erregung. Die Minuten zogen sich hin. Dann wurde ihm klar, daß die *Andiron* nicht wenden würde. Sie hatte genug.

Fast wankend kehrte er auf das Achterdeck zurück. Rennies Seesoldaten grinsten ihm entgegen, und Farquhar lehnte an einer rauchenden Kanone, als traue er seinen Augen nicht. Dann begannen sie, Hurra zu rufen. Zuerst klang es schwächlich, gewann aber an Stärke und Kraft, als alle Decks einstimmten. Teilweise schwang Stolz darin, teilweise Erleichterung. Einige Männer schluchzten hemmungslos, andere vollführten auf dem blutverschmierten Deck Freudensprünge.

Herrick kam nach achtern gerannt, den Hut schief auf dem Kopf. Seine Augen glänzten vor Aufregung. »Sie haben es ihnen gegeben, Sir! Mein Gott, Sie haben ihnen eins versetzt.« Unfähig, sich zu beherrschen, preßte er Bolithos Hand. Sogar Proby grinste.

Bolitho nahm alle Kraft zusammen. »Ich danke Ihnen, meine Herren.« Er blickte über die verwüsteten Decks, spürte Schmerz und blindes Frohlocken zugleich. »Nächstes Mal machen wir es besser.« Er machte kehrt und drängte sich durch die Hurra rufenden Seesoldaten zum dunklen Kajütsniedergang.

Wie durch einen Nebel hörte er hinter sich Herricks Ausruf: »Ich denke nicht an das nächste Mal, Jungs. Das reicht mir für eine Weile.«

Bolitho stand in dem engen Gang, atmete schwer und lauschte auf das erregte Reden und Lachen. Sie sind dankbar, ja sogar glücklich, wurde ihm langsam klar. Vielleicht war die Rechnung alles in allem doch nicht zu hoch.

Es gab viel zu tun, ehe das Schiff wieder einsatzfähig sein würde. Er betastete den abgegriffenen Degengriff und starrte erschöpft auf die Decksbalken. Aber das mußte noch etwas warten. Wenigstens einen Augenblick.

Herrick lehnte schwer an der Vordeckreling und wischte sich mit dem Handrücken die Stirn. Nur die schwache Andeutung einer Brise kräuselte die ruhige See vor dem sanft eintauchenden Bug. Die Sonne senkte sich zum Horizont, ihr glühendes Spiegelbild wartete bereits darauf, sie zu empfangen. Bald würde die Nacht heraufkommen und die Wunden der *Phalarope* verbergen.

Herrick spürte, wie ihm die Beine zitterten. Wiederum versuchte er sich einzureden, daß es von der Müdigkeit herrührte, von der Anstrengung, die der Tag mit seiner fortwährenden Arbeit gebracht hatte. Kaum eine Stunde nach dem Verschwinden des Kaperschiffs war Bolitho, das dunkle Haar wieder säuberlich im Nacken zusammengebunden, frisch rasiert und ohne ein Stäubchen auf der Uniform, auf das Achterdeck zurückgekehrt. Nur die Falten um die Mundwinkel und die Ruhelosigkeit in seinen Augen verrieten etwas von seinen Gefühlen, als er seine Befehle erteilte und daranging, den Schaden, den Schiff und Mannschaft erlitten hatten, zu beheben.

Anfänglich hatte Herrick das für unmöglich gehalten. Die Erleichterung der Männer war nach und nach in Ermattung umgeschlagen. Manche Matrosen lagen auf den schmutzigen Decks wie Marionetten, deren Schnüre gerissen waren. Andere standen einfach herum und starrten gleichgültig auf die Nachwirkungen des Alptraums.

Mit Bolithos plötzlichem Auftauchen hatte eine Aktivität eingesetzt, die sich niemand richtig erklären konnte. Offiziere und Mannschaften waren durch die kurze, doch schreckliche Begegnung mit dem Feind zu erschöpft, um sich dagegen auflehnen zu können. So waren die Toten an die Leereling gebracht und in Segeltuch eingenäht worden, armselige, namenlose Bündel.

Von der Back bis zum Achterdeck waren die Leute schrubbend auf den Knien über die Decks geruscht. Begleitet vom Klicken der Pumpen und dem gleichgültigen Rauschen des Seewassers, hatten sie die dunklen Flecke von den Planken entfernt.

Die zerfetzten und nutzlosen Segel wurden abgeschlagen und durch neue ersetzt. Tozer, der Segelmacher, und seine Leute hockten an jedem nur verfügbaren Platz. Die Nadeln blitzten, während sie alles, was noch brauchbar war, flickten und ausbesserten.

Ledward, der Zimmermann, ging langsam von einer Stelle zur anderen, machte sich hier eine Notiz, nahm dort Maß, bis er zuletzt soweit war, seinen Teil zur Wiederherstellung der Seetüchtigkeit der Fregatte beizutragen. Sogar jetzt, während Herrick die Schrecken des Bombardements noch einmal durchlebte und nochmals die Schreie und das Stöhnen der Verwundeten hörte, waren die Hämmer und Sägen geschäftig, und ganze Teile der Außenhaut wurden neu geplankt und sollten am folgenden Morgen geteert und bemalt werden.

Wieder überlief Herrick ein Schauer, und er fluchte, als die Beine fast unter ihm nachgaben. Es war nicht nur Ermüdung, es war der Schock. Das wußte er nun.

Er rief sich seine Eindrücke während der Schlacht zurück, seine stupide Erleichterung und seine laut geäußerten, spaßhaften Bemerkungen, als der Feind abdrehte und verschwand. Es war ihm vorgekommen, als höre er einem anderen zu, der weder schweigen noch Haltung bewahren konnte. Am Leben und unverletzt zu sein, hatte einfach mehr bedeutet als alles andere.

Während der Himmel hinter dem sich langsam bewegenden Schiff dunkler wurde, prüfte er seine wahren Empfindungen und versuchte, seine Erinnerungen zu ordnen.

Er hatte sogar den kurzen Kontakt, den er zu Bolitho gefunden hatte, wiederzugewinnen versucht. Er war zum Achterdeck gegangen, von dem der Kapitän auf die arbeitenden Leute sah, und hatte gesagt: »Sie haben uns gerade rechtzeitig gerettet, Sir. Noch eine Minute, und man hätte uns mit einer vollen Breitseite bedacht. Eine geschickte List, beizudrehen. Dieser Freibeuter war verschlagen, kein Zweifel.«

Bolitho hatte den Blick nicht vom Hauptdeck gelöst. Seine Antwort hatte geklungen, als spräche er zu sich selber. »Die *Andiron* ist ein altes Schiff und seit zehn Jahren hier draußen.« Und mit einer knappen Geste zum Hauptdeck: »Die *Phalarope* aber ist neu. Jede Kanone ist mit dem neuen Steinschloß ausgestattet, und Karronaden sind bisher fast nur in der Kanalflotte bekannt. Nein, Mr. Herrick, da gibt es nicht viel zu gratulieren.«

Herrick hatte Bolithos Profil studiert. Zum erstenmal war er sich des Kampfes bewußt geworden, den der Kapitän ausfocht. »Wie dem auch sei, Sir, die *Andiron* war uns batteriemäßig weit überlegen.« Er hatte nach einem Zeichen jenes Bolitho Ausschau gehalten, den er mit dem Degen in der Hand an Deck gesehen hatte, während ihn die Kugeln wie Hagel umpeitschten. Aber das erwartete Zeichen war ausgeblieben. So hatte er lahm hinzugefügt: »Sie werden sehen, Sir, nach dieser Geschichte sieht alles anders aus.«

Bolitho hatte sich aufgerichtet, als schüttele er ein unsichtbares Gewicht ab. Seine grauen Augen waren kalt und gefühllos, als er ihn schließlich ansah.

»Hoffentlich haben Sie recht, Mr. Herrick. Was mich betrifft, so hat mich das Durcheinander angewidert. Ich wage nicht daran zu denken, was bei einem Kampf bis zum bitteren Ende geschehen wäre.«

Herrick hatte gespürt, daß er rot wurde. »Ich dachte nur ...«

»Wenn mir an der Meinung meines Dritten liegt, werde ich es ihn wissen lassen. Bis dahin, Mr. Herrick, seien Sie bitte so freundlich,

Ihre Leute an die Arbeit zu schicken. Für Hypothesen und Lobsprüche ist später Zeit.« Er hatte sich abgewandt und seinen Gang über das Achterdeck wieder aufgenommen.

Herrick sah, wie der Trupp des Arztes einen leblosen Körper heranschleppte und ihn zu den anderen legte. Dabei erinnerte er sich einer grauenvollen Szene.

Herrick hatte gemeinsam mit dem Zimmermann das Zwischendeck inspiziert. Die *Phalarope* hatte zwar keine Einschüsse unterhalb der Wasserlinie abbekommen, aber er betrachtete es als seine Pflicht, sich mit eigenen Augen zu überzeugen. Obwohl er vom Lärm des Gefechts noch immer betäubt war, folgte er, von der halbabgeblendeten Laterne wie hypnotisiert, dem Zimmermann Ledward an den massiven Spanten vorbei durch die unteren Decks. Als sie durch einen Vorhang traten, sahen sie sich plötzlich einer Szene gegenüber, die aus der Hölle zu stammen schien.

Kreisförmig angeordnete Laternen erleuchteten das Bild so, daß er alles wahrnehmen mußte, ob er nun wollte oder nicht. Im Mittelpunkt des gelben Lichtscheins lag, festgebunden und verkrümmt wie das Opfer auf einem Altar, ein schwerverwundeter Seemann, dem Tobias Ellice, der Wundarzt, das Bein amputierte.

Ellices dickes, ziegelrotes Gesicht zeigte keinerlei Ausdruck, während seine blutigen Hände die Säge führten. Sein Doppelkinn stieß im Takt der Bewegung immer wieder gegen den oberen Rand seiner blutgetränkten Schürze. Seine Gehilfen mußten ihre ganze Kraft aufwenden, um das sich windende Opfer auf dem Deckel einer Seekiste festzuhalten, die als Operationstisch diente. Bei jedem Stoß der Säge rollte der Mann mit den Augen und biß auf den Lederriemen zwischen seinen Zähnen, daß ihm das Blut aus den Lippen spritzte.

Außerhalb des Lichtkreises warteten andere Verwundete, daß sie an die Reihe kämen. Manche stützten sich auf die Ellenbogen, als könnten sie sich von dem grauenvollen Schauspiel nicht losreißen. Andere stöhnten und schluchzten im Schatten. Aus einigen sickerte das Leben heraus und ersparte ihnen die Qual von Säge und Messer. Die Luft war zum Schneiden dick vor Blut- und Rumgeruch, denn Rum war das einzige Betäubungsmittel.

Ellice schaute hoch, als der Mann wild um sich schlug und ohnmächtig wurde. Er sah Herricks verzerrtem Gesicht den Schrecken an und sagte mit dicker, trunkener Stimme: »Das ist ein Tag, Mr. Herrick. Ich nähe und flicke, ich säge und untersuche, aber trotzdem haben sie es eilig, zu ihren Gefährten da oben zu kommen.« Seine feuchten Augen kehrten sich zum Himmel, und er nahm einen Schluck aus der Lederflasche. »Wollen Sie auch einen, Mr. Herrick?« Er hob die flache Lederflasche ins Licht. »Nein? Na gut, ich brauche jedenfalls eine kleine Stärkung.«

Dann nickte er seinem Gehilfen kaum merklich zu, der seinerseits auf einen Mann an der gewölbten Schiffswand deutete. Der Mann wurde ohne Verzug gepackt und auf den Tisch geschleppt. Ellice wischte sich den Mund und riß ihm, ohne die Schreie des armen Kerls zu beachten, das Hemd von dem zerfetzten Arm.

Herrick machte mit schweißüberströmtem Gesicht kehrt, während ihm die Schreie des Verwundeten in den Ohren gellten. Doch er blieb wie festgenagelt stehen, als er Bolitho dicht hinter sich sah. Der Kapitän ging langsam von einem Verwundeten zum anderen. Er sprach ihnen Mut zu, aber so leise, daß Herrick die Worte nicht verstehen konnte. Hier ergriff er die ausgestreckte Hand eines Mannes, die blind nach Trost suchte, dort drückte er einem Toten die Augen zu. Einmal blieb er kurz unter der schwankenden Laterne stehen und fragte: »Wieviele, Mr. Ellice? Wie hoch sind die Verluste?«

Ellice grunzte nur und gab seinen Gehilfen ein Zeichen, daß er mit der schlaffen Gestalt auf den Laken fertig war. »Zwanzig Tote, Kapitän. Zwanzig Schwerverwundete und dreißig so halb und halb.«

In diesem Augenblick hatte Herrick Bolitho ohne Maske gesehen. Sein Gesicht spiegelte Schmerz und Verzweiflung wieder. Und sofort hatte er seinen Ärger wegen der Bemerkungen, die der Kapitän auf dem Achterdeck fallen ließ, vergessen. Der Bolitho, den er an Deck seinen Degen schwingen sah, war der wahre. Genau wie der, den er bei den Verwundeten und Toten erlebte.

Herrick starrte auf die in Leinwand eingenähten Körper. Er versuchte vergeblich, den auf jedes Bündel gekrakelten Namen mit dem dazugehörigen Gesicht in Verbindung zu bringen. Doch die Gesichter waren bereits verweht wie der Rauch der Schlacht, in der die Männer gefallen waren.

Herrick fuhr hoch, als Leutnant Okes langsam über das im Schatten liegende Hauptdeck herankam. Seit dem Gefecht hatte er Okes kaum gesehen.

Herrick erinnerte sich. Kurz nachdem der Knall des letzten Schusses im Pulverrauch verhallte, war Okes mit wild rollenden Augen, die zeigten, daß er die Herrschaft über sich verloren hatte, durch einen Niedergang heraufgestolpert. Er schien vor Furcht und Schrecken außer sich zu sein. Seine Augen irrten über die rauchenden Mündungen – über die Kanonen seiner Batterie, die er im Stich gelassen hatte.

Dann hatte er Herrick beim Arm gepackt und ungestüm und verzweifelt hervorgestoßen: »Ich mußte kurz nach unten, Thomas. Ich mußte die Kerle suchen, die fortgerannt waren. Du glaubst mir doch, nicht wahr?«

Herricks Verachtung und Zorn schwanden, als ihm klar wurde, daß Okes vor Furcht halb verrückt war. Die Tatsache erfüllte ihn teils mit Mitleid, teils mit Scham. »Leise, Mann!« Herrick sah sich nach Vibart um. »Verdammter Narr! Nimm dich zusammen!«

Jetzt blieb Okes kurz bei den Leichen stehen und ging dann weiter zum Heck. Auch er durchlebte nochmals sein Elend, war verstört über seine Feigheit und Schande.

Herrick fragte sich, ob der Kapitän Okes' Verschwinden während des Gefechts bemerkt hatte. Vielleicht nicht. Möglicherweise findet Okes wieder zu sich zurück, überlegte er grimmig.

Fähnrich Neale hastete über das Hauptdeck heran. Herrick spürte Sympathie für den Jungen, der während des Gefechts nicht geschwankt hatte. Er hatte beobachtet, wie er mit Befehlen über die Decks rannte, wie er den Männern seiner Abteilung schrill etwas zurief oder auch nur mit weit aufgerissenen Augen auf seiner Station stand.

Herrick unterdrückte ein Lächeln, als der Junge scharf haltmachte und salutierte. »Mr. Herrick, Sir. Eine Empfehlung vom Kapitän, und Sie möchten die Vorbereitungen für die Beisetzung übernehmen.« Er rang nach Atem. »Es sind insgesamt dreißig, Sir.«

Herrick rückte seinen Hut zurecht und nickte. »Und wie fühlen Sie sich, Fähnrich?«

Der Junge zuckte mit den Schultern. »Hungrig, Sir.«

Herrick grinste. »Mästen Sie eine Ratte mit Bisquit, Mr. Neale. Schmeckt allemal so gut wie Kaninchen.« Er ging nach achtern. Neale starrte mit tief gerunzelter Stirn hinter dem Dritten her. Dann ging er langsam an den Buggeschützen vorbei, tief in Gedanken versunken. Schließlich nickte er. »Ja, vielleicht versuche ich's mal«, sagte er leise.

Bolitho schwamm der Kopf. Er ließ sich gegen den Sessel zurücksinken und starrte auf die Berichte auf seinem Tisch. Das war geschafft. Er rieb sich die entzündeten Augen und stand auf.

Durch die großen Fenster sah er das Mondlicht auf dem schwarzen Wasser. Er konnte das leise Plätschern am Ruder unter sich hören. Er fühlte sich noch immer wie benommen. Zu viele Befehle hatte er erteilen müssen, zu viele Anforderungen waren auf ihn zugekommen.

Segel und Tauwerk waren auszubessern. Eine Reservespiere mußte die Bramstenge ersetzen. Mehrere Boote waren beschädigt, ein Kutter völlig havariert. Immerhin, wenn er die Leute hart antrieb, würde man die äußerlichen Schäden, die die *Phalarope* in dem Gefecht erlitten hatte, bald kaum noch bemerken. Doch die Narben bleiben im Herzen jedes Mannes, dachte er müde. Er rief sich das leere Deck zurück, sah nochmals, wie er im schwindenden Licht vor den Toten stand, und hörte sich die üblichen Worte der Begräbniszeremonie sprechen. Fähnrich Farquhar hatte die Laterne über dem Buch gehalten. Seine Hand hatte nicht gebebt.

Er mochte Farquhar noch immer nicht leiden. Aber im Kampf hatte er sich als erstklassiger Offizier erwiesen. Das machte vieles wett. Als der letzte Tote ins Wasser klatschte, um die Reise in die Tiefe von zweitausend Faden anzutreten, drehte er sich um. Zu seiner Überraschung sah er, daß sich das Deck in aller Stille gefüllt hatte. Keiner der Leute sagte etwas. Nur hier und da ein schwaches Hüsteln, und einer der Jüngeren schluchzte unbeherrscht.

Sollte er etwas sagen, sich ihnen mitteilen, so daß sie begriffen? Seine Augen glitten von Herrick, der neben dem Posten stand, zu Vibart, dessen Gestalt sich an der Reling des Achterdecks gegen den Himmel abzeichnete. Einige Sekunden lang waren sie eins gewesen, verknüpft durch das Band von Leid und Verlust. Worte hätten den Augenblick verdorben. Jede Ansprache hätte billig geklungen. So war er aufs Achterdeck gegangen und am Ruder stehengeblieben.

»Kurs Südsüdwest liegt an, Sir«, meldete der Rudergänger.

Danach war er in die Kajüte zurückgekehrt: den einzigen Ort, an dem er allein sein konnte.

Er schaute ärgerlich hoch, als Stockdale hereinkam. Stockdale musterte ihn eindringlich. »Ich habe Ihrer Ordonnanz gesagt, daß sie das Abendbrot bringen soll, Kapitän.« Er blickte mißbilligend auf den Stapel Seekarten und Berichte. »Schweinefleisch, Sir. Schön aufgeschnitten und gut gebraten. Ich habe mir erlaubt, dazu eine Flasche von Ihrem Rotwein aufzumachen, Sir.«

Bolithos Spannung mußte sich Luft machen. »Was schnatterst du da, zum Teufel?«

Stockdale ließ sich nicht abschrecken. »Wenn Sie wollen, lassen Sie mich für meine Worte auspeitschen, Sir, aber es war ein Sieg. Wir sind alle stolz auf Sie. Ich denke, Sie haben einen Schluck Wein verdient.«

Bolitho starrte ihn an und fand keine Worte.

Stockdale legte die Papiere zusammen. »Und mehr, denke ich, Kapitän, viel mehr.«

Während Bolitho schweigend zusah, wie sein Bootsführer ihm den Tisch für sein einsames Mahl deckte, zog die *Phalarope* in der leichten Brise still unter den Sternen dahin.

Von Sonnenaufgang bis Sonnenuntergang hatte sie viel geleistet. Dank ihres Kapitäns lagen noch viele Tage vor ihr.

VI Land in Sicht

Bolitho ging zur Steuerbordseite des Achterdecks und ließ die Hände auf den sonnenwarmen Backskästen ruhen. Er brauchte jetzt weder Karte noch Fernrohr. Es war, als käme er nach Hause.

In der Morgendämmerung war die kleine Insel Antigua über der Kimm heraufgekommen. Nun lag sie in der Vormittagssonne vor ihnen. Bolitho spürte jene Erregung, die ihn bei jedem Landfall durchflutete, wenn das Land an der berechneten Stelle am Horizont auftauchte. Er nahm seinen Gang über das Achterdeck wieder auf. Auf den Tag vor fünf Wochen hatte die *Phalarope* dem Nebel und Regen Cornwalls das Heck gezeigt. Zwei Wochen lag das Gefecht mit dem Kaperschiff zurück. Stolz wallte flüchtig in ihm auf, als er über sein Schiff blickte. Die Schäden waren ausgebessert. Und die Verwundeten befanden sich auf dem Weg der Besserung. Gewiß, die Zahl der Toten war auf fünfunddreißig gestiegen, aber an den anderen hatten die Sonne und der frische Wind, die Nebel und tobende Stürme abgelöst hatten, Wunder gewirkt.

Die Fregatte segelte mit Steuerbordhalsen. Das Schiff und sein Spiegelbild im dunkelblauen Wasser boten ein prachtvolles Bild. Über den sich verjüngenden Masten leuchtete wie zum Gruß ein wolkenloser Himmel, und um die Rahen segelten schreiend und erwartungsvoll die Möwen.

Antigua, Hauptquartier und Basis des Westindien-Geschwaders, war ein Glied der zerstreuten Inselkette, die den östlichen Teil der Antillen schützte. Bolitho freute sich, wieder hier zu sein. Als er sich über die Reling beugte, um nach vorn zu spähen, erwartete er halb und halb, die *Sparrow* und ihre Mannschaft zu sehen. Aber die Gegenwart der *Phalarope* überschattete bereits die alten Erinnerungen.

»An Deck! Linienschiff unter Land vor Anker!«

Okes war Wachführer; er blickte schnell zum Kapitän hinüber.

»Höchstwahrscheinlich das Flaggschiff, Mr. Okes.« Bolitho blickte kurz zur neuen Besanstenge hinauf, von wo aus der scharfäugige Ausguck die hohen Masten erspäht hatte.

Die Fregatte rundete langsam die saftig grünen Berge und felsigen Abstürze des Vorgebirges von Cape Shirley. Die Mannschaft drängte sich in Luv und klammerte sich an Wanten und Netze, während sie das Land mit Blicken verschlang. Fast allen war es unbekannt. Hier strahlte die Sonne heller, und die dichte, grüne Vegetation hinter dem weißen Strand glich keiner der Küsten, die sie kannten. Sie wiesen sich gegenseitig auf dieses oder jenes hin und plapperten aufgeregt wie Kinder, als sie an der Landzunge vorbeiglitten und die von Land eingeschlossene Bucht von English Harbour sichtbar wurde.

»Klar zum Halsen, Sir«, rief Proby.

Bolitho nickte. Bis auf Bransegel und Klüver waren alle Segel aufgegeit. Von der Back blickte Herrick, der neben dem Ankerkommando stand, nach achtern.

Bolitho schnippte mit den Fingern. »Mein Glas, bitte.«

Fähnrich Maynard reichte es dem Kapitän, und Bolitho musterte prüfend den in der Mitte der Bucht vor Anker liegenden Zweidekker. Die Stückpforten standen offen, um den Landwind ins Schiff zu lassen, und über das mächtige Achterdeck spannten sich Sonnensegel. Bolithos Blick haftete auf dem Stander des Konteradmirals im Topp und auf den blauen und roten Uniformen, die am Heck schimmerten, von wo aus man sein Einlaufen beobachtete.

»Mr. Brock, klar zum Salut! Elf Schuß, bitte.« Er schob das Teleskop mit einem Ruck zusammen. Wenn er sie sehen konnte, sahen sie ihn auch. Er wollte nicht neugierig wirken.

Die nächstliegende Landspitze blieb achteraus, und er befahl: »Übernehmen Sie, Mr. Proby.«

Proby legte die Hand an den Hut. »Leebrassen fieren! Klar zum Halsen.«

Bolitho beobachtete Okes und wartete geduldig. Schließlich sagte er, ohne die Stimme zu heben: »Scheuchen Sie die Müßiggänger von der Reling, Mr. Okes. Das da drüben ist ein Flaggschiff. Der Admiral soll nicht den Eindruck gewinnen, ich hätte einen Haufen Bauerntölpel an Bord.« Er lächelte, als Okes den Befehl herausstotterte und die Maate die Leute von der Reling trieben.

Der Salut ertönte und wurde von den Bergen zurückgeworfen, während die Fregatte langsam auf das Linienschiff zuhielt. Auf der *Phalarope* biß sich mehr als einer auf die Lippen, als der Kanonendonner andere, schrecklichere Erinnerungen weckte.

»Klar bei Bramsegelschoten!« Proby wischte sich den Schweiß von der Stirn und schätzte, wieviel Fahrt die *Phalarope* machte, während sie sich dem Ankerplatz näherte. »Bramsegel aufgeien!« Er schaute nach achtern. »Klar zum Ankern, Sir.«

Bolitho achtete nur halb auf die Salutschüsse und die herausgebellten Befehle. Er nickte.

»Ruder nach Lee!« Bolitho verfolgte, wie das Ruder gelegt wurde, und sah, wie die *Phalarope* in den Wind drehte und Fahrt verlor.

Bis auf das leise Glucksen des Wassers war jetzt kein Laut zu hören.

»Fiert weg Anker!«

Der Anker klatschte in das klare Wasser. Die Kette rauschte aus.

»Signal, Sir!« meldete Maynard aufgeregt. »*Cassius* an *Phalarope*: Kapitän zur Meldung an Bord.«

Bolitho nickte. Er hatte die Aufforderung erwartet und war bereits in seiner besten Uniform. »Lassen Sie die Gig zu Wasser, Mr. Okes. Und achten Sie darauf, daß die Giggasten ordentlich aussehen.« Bolitho blickte dem davoneilenden Zweiten nach und fragte sich, warum er so zerquält und besorgt aussah. Er schien überanstrengt und mit den Gedanken nur halb bei der Sache.

Vibart kam nach achtern und salutierte. »Irgendwelche Befehle, Sir?«

Bolitho beobachtete, wie das Boot ausgeschwenkt wurde, wobei der wachhabende Maat den Stock heftiger gebrauchte als sonst, als wäre auch er sich der beobachtenden Augen auf dem Flaggschiff bewußt.

»Machen Sie alles klar zum Übernehmen von Frischwasser, Mr. Vibart. Wir werden wohl anschließend nach English Harbour verholen, und die Männer können an Land gehen. Sie haben es verdient.«

Der Erste schien etwas erwidern zu wollen, sagte dann aber bloß: »Aye, aye, Sir. Ich werde mich darum kümmern.«

Bolitho schaute zu dem Zweidecker hinüber: die *Cassius*, 74 Kanonen, Flaggschiff von Konteradmiral Sir Robert Napier. Dem Vernehmen nach legte er auf Pünktlichkeit und Schnelligkeit größten

Wert. Bolitho war ihm noch nie begegnet. Er stieg den Niedergang hinab und schritt langsam zum Fallreep. Er konnte kaum glauben, daß er dies Kommando erst seit fünf Wochen hatte. Es kam ihm vor, als wäre er schon seit Monaten an Bord. Die Gesichter waren ihm nun vertraut. Er kannte die Vorzüge und die Schwächen der Leute.

Hauptmann Rennie salutierte mit dem Degen, und die Wache präsentierte. Bolitho lüftete den Hut und setzte ihn wieder auf, als die Gig, mit Stockdale an der Pinne, längsseits kam. Die Pfeifen schrillten, während er ins Boot stieg. Von der Gig aus musterte er den Schiffsrumpf, die frische Farbe und die sauber ausgeführten Reparaturen. Die im Gefecht erlittenen Schäden waren kaum noch zu erkennen. Es hätte alles viel schlimmer kommen können, überlegte der Kapitän, während er sich auf der achteren Ducht zurechtsetzte.

Kräftiger Riemenschlag trieb die Gig über das ruhige Wasser. Bolitho schaute zurück. Seine Leute blickten ihm nach. Ihr Leben lag in seinen Händen, das war ihm immer bewußt gewesen. Aber vor dem Gefecht hatten einige an seinen Fähigkeiten gezweifelt. Möglicherweise hatten sie ihn sogar für einen Kapitän vom Kaliber Pomfrets gehalten.

Die Gig näherte sich dem Flaggschiff, und Bolitho drängte alle anderen Gedanken zurück. Sie brauchten ihn nicht zu lieben, sagte er sich, aber sie mußten ihm vertrauen.

Konteradmiral Sir Robert Napier blieb hinter seinem Tisch sitzen und deutete auf einen Stuhl an der breiten Heckgalerie: ein kleiner, leicht reizbarer Mann mit gebeugten Schultern und schütterem grauem Haar. Das Gewicht seines Paraderocks schien ihn niederzudrücken. Sein schmaler Mund verriet kleinliche Mißgunst.

»Ich habe Ihre Berichte gelesen, Bolitho.« Seine Augen huschten über das Gesicht des Jüngeren und kehrten dann zum Tisch zurück. »Über Ihr Treffen mit der *Andiron* bin ich mir immer noch nicht ganz im klaren.«

Bolitho hätte sich auf dem harten Stuhl gern bequem zurechtgesetzt und entspannt, aber etwas in dem verdrossenen Ton warnte ihn.

Am Fallreep war er mit dem üblichen Zeremoniell empfangen worden, und der Kapitän der *Cassius*, der so unruhig und bekümmert aussah, wie er es mit Sir Robert an Bord wohl sein mußte, hatte ihn höflich begrüßt. Man hatte ihn dann in eine Kajüte geführt und gebeten zu warten, ein erstes Zeichen, daß nicht alles zum besten stand. Man forderte ihm hastig Logbuch und Berichte ab und überließ ihn in der stickigen Kajüte gut eine Stunde lang seinen nagenden Gedanken.

Er sagte vorsichtig: »Wir haben gute Fahrt gemacht, trotz der Begegnung, Sir. Alle Reparaturen wurden ohne Verlust an Segelzeit ausgeführt.«

»Halten Sie das für ein Verdienst?« Der Admiral musterte den Kapitän kalt.

»Nein, Sir«, entgegnete Bolitho. »Aber ich dachte, daß Fregatten hier noch immer dringend benötigt werden.«

Die welke Hand des Admirals raschelte mit den Papieren. »So ist es. Aber die *Andiron*, Bolitho? Wie konnte sie entkommen?«

»Entkommen, Sir?« Bolitho starrte den Admiral fassungslos an. »Sie hat uns beinahe überwältigt, wie mein Bericht ausweist.«

»Das habe ich gelesen, verdammt.« Die Augen glühten gefährlich. »Wollen Sie mir weismachen, daß sie Fersengeld gab?«

Durch ein Fenster sah er zur *Phalarope* hinüber, die wie ein geschnitztes Modell vor Anker schwoite. »An Ihrem Schiff ist kaum ein Zeichen von Kampf oder Beschädigung zu erkennen, Bolitho.«

»Wir waren mit Ersatzspieren und Leinwand gut versorgt, Sir. Die Werft, die das Schiff ausrüstete, hatte solche Eventualitäten vorausgesehen.« Der Ton des Admirals reizte ihn, und er ignorierte die warnenden Zeichen in den Augen des Älteren.

»Verstehe. Kapitän Masterman verlor die *Andiron* vor vier Monaten bei einem Gefecht mit zwei französischen Fregatten. Die Franzosen überließen das eroberte Schiff ihren neuen Verbündeten, den Amerikanern.« Nun klang offene Geringschätzung mit. »Und Sie behaupten, daß die *Andiron*, obwohl die *Phalarope* schwer beschädigt war und leichter bestückt ist, sich davonmachte, ohne ihren Vorteil zu nutzen?« Jetzt lag Ärger in der Stimme. »Habe ich Sie richtig verstanden?'

»Völlig richtig, Sir.« Bolitho bemühte sich, so ruhig wie möglich zu antworten. »Meine Leute haben sich wacker gehalten. Ich denke, der Feind hatte genug. Wäre ich in der Lage gewesen, ihn zu verfolgen, hätte ich es getan.«

»Das sagen Sie, Bolitho!« Der Admiral legte den Kopf schief wie ein kleiner, tückischer Vogel. »Ich weiß, was mit Ihrem Schiff los war. Ich habe Admiral Longfords Brief gelesen, alles, was er über die Vorfälle an Bord der *Phalarope* schreibt, als sie in der Kanalflotte Dienst tat. Ich bin nicht sonderlich beeindruckt, um es gelinde auszudrücken.«

Bolitho wurde rot. Was der Admiral sagen wollte, lag klar auf der Hand. In seinen Augen war die *Phalarope* ein gezeichnetes Schiff, ganz gleich, was sie erreichte.

»Ich habe mich nicht aus dem Staub gemacht, Sir«, sagte Bolitho kalt. »Es ereignete sich alles so, wie ich es berichtet habe. Meines Erachtens wollte das Kaperschiff weitere Schäden vermeiden.« Zwei Bilder standen ihm plötzlich wieder vor Augen: die krachende Breitseite und die Kettengeschosse, welche die Takelage der *Andiron* wie Spinnweben wegfegten; und dann die Toten, die dem Meer übergeben wurden. »Meine Männer hielten sich so gut, wie ich hoffen konnte, Sir. Sie hatten wenig Zeit, sich vorzubereiten.«

»Bitte nicht diesen Ton mir gegenüber, Bolitho!« Der Admiral funkelte Bolitho an. »*Ich* werde entscheiden, welchen Leistungsstand Ihre Männer erreicht haben.«

»Ja, Sir.« Bolitho fühlte sich ausgelaugt. Mit diesem Mann zu argumentieren, war zwecklos.

»Vielleicht erinnern Sie sich künftig daran.« Er sah auf die Papiere und sagte: »Sir George Rodney ist in die Heimat gesegelt, um seine Flotte zu reorganisieren. Wir erwarten ihn jeden Augenblick aus England zurück. Und Sir Samuel Hood verteidigt St. Kitts gegen die Franzosen.«

»St. Kitts, Sir?« St. Kitts lag kaum hundert Meilen weiter westlich, doch der Admiral sprach von der Insel, als läge sie auf der anderen Seite der Welt.

»Ja. Die Franzosen haben Truppen gelandet und versuchen, unsere Garnison ins Meer zu treiben. Admiral Hoods Geschwader konnte jedoch die Reede zurückerobern und hält jetzt die wesentlichen Stützpunkte, die Hauptstadt Basseterre inbegriffen.« Er betrachtete Bolithos nachdenkliches Gesicht. »Doch das soll nicht Ihre Sorge sein. Bis der Oberkommandierende zurückkehrt oder Admiral Hood es für richtig hält, mich abzulösen, führe ich hier das Kommando. Sie erhalten Ihre Befehle von *mir*.«

Bolitho vernahm nur halb, was die gereizte Stimme sagte. Ihm stand die winzige Insel St. Kitts vor Augen, und er wußte genau, was ihr sicherer Besitz für die unablässig bedrängten Briten bedeutete. Die Franzosen waren in diesen Gewässern stark. Sie hatten zu den britischen Niederlagen am Chesapeake erheblich beigetragen. Vom amerikanischen Kontinent vertrieben, hingen die britischen Geschwader in immer stärkerem Maß von der Inselkette ab. Die Antillen bildeten nun die Basis für Nachschub und Ausbesserungen. Fielen auch sie, gab es kein Mittel, die Franzosen oder Ihre Verbündeten daran zu hindern, noch die letzten britischen Besitzungen im karibischen Raum zu schlucken.

Die französische Flotte in Westindien war gut ausgebildet und kampferfahren. Ihr Admiral, Graf de Grasse, hatte die überforderten britischen Schiffe mehr als einmal überlistet und niedergekämpft. Er hatte einen Keil zwischen Admiral Graves und das eingeschlossene Cornwallis getrieben, den Rebellengeneral Washington unterstützt und die amerikanischen Kaperschiffe zu einer brauchbaren und tödlichen Macht organisiert.

Jetzt testete de Grasse mit der gleichen kundigen Strategie, die ihn zum wertvollsten Befehlshaber seines Landes gemacht hatte, die Stärke der einzelnen britischen Stützpunkte. Dabei benutzte er Martinique als Basis. Wenn er wollte, konnte er von dort aus jede beliebige Insel angreifen oder – bei dem Gedanken überlief Bolitho ein Schauder – nach Westen segeln und sich auf Jamaika stürzen. Eroberte er Jamaika, blieb den Briten kein Stützpunkt mehr in diesen Gewässern. Sie mußten auf den Atlantik hinaus, und dort würde sie nichts vor der völligen Vernichtung schützen.

»Ich gebe Ihnen Order, nach Westen hin Patrouille zu fahren, Bolitho«, sagte der Admiral, ohne zu stocken. »Ich werde die Befehle sofort ausfertigen. Der Feind wird sicher versuchen, noch andere Truppen vom amerikanischen Festland aus auf die Antillen zu transportieren, ja womöglich sogar noch weiter nach Süden auf die kleinen Antillen. Sie werden mit meinem übrigen Geschwader Kontakt halten, doch mit Admiral Hood auf St. Kitts *nur,* wenn absolut notwendig.«

Bolitho hatte das Gefühl, die Kajütendecke stürze über ihm zusammen. Der Admiral dachte nicht im Traum daran, der *Phalarope* Vertrauen zu schenken und sie im Geschwader segeln zu lassen. Wieder schien die beargwöhnte Fregatte zur Einsamkeit verdammt.

»Die Franzosen dürften durch Freibeuter verstärkt werden, Sir«, sagte Bolitho. »Ich hätte gedacht, mein Schiff könnte näher unter Land nützlicher sein.«

Der Admiral lächelte. »Natürlich, Bolitho, das vergaß ich beinahe. Sie sind hier ja kein Fremder. Ich glaube, irgendwo habe ich etwas über Ihre kleinen Heldentaten gelesen.« Das Lächeln erlosch. »Ich will nichts mehr von Freibeutern hören, es macht mich krank. Freibeuter sind nichts als Aasfresser und Piraten! Kein Kaperschiff kann sich mit einem *meiner* Schiffe messen. Auch daran erinnern Sie sich bitte, Bolitho. Die Eroberung der *Andiron* war eine Schmach, der man hätte vorbeugen sollen. Wenn Sie der *Andiron* nochmals begegnen, fordern Sie bitte Verstärkung an, damit es nicht wieder zu einem so erbärmlichen Fehlschlag kommt und sie endlich zurückerobert oder versenkt wird!«

Bolitho stand auf. Seine Augen blitzten. »Das ist ungerecht, Sir.«

»Halten Sie Ihre Zunge im Zaum, Bolitho.« Der Admiral musterte ihn frostig. »Ich bin der jungen, hitzigen Offiziere müde, die weder etwas von Strategie verstehen, noch Disziplin kennen.«

Bolitho wartete, bis er wieder ruhiger atmete.

»Freibeuter sind nur ein Teil der Sache. Die wirkliche Gefahr bilden die Franzosen.«

Langes Schweigen, in das Getrampel der Seeleute und gedämpftes Schmettern eines Horns klangen. Verglichen mit einer Fregatte, war der Zweidecker so etwas wie eine kleine Stadt, aber Bolitho konnte es kaum erwarten, sie hinter sich zu lassen und den beleidigenden Bemerkungen des Admirals den Rücken zu kehren.

»Geben Sie auf der Patrouillenfahrt gut acht, Bolitho«, sagte der Admiral beiläufig. »Und teilen Sie das Frischwasser und alle Vorräte gut ein. Noch kann ich nicht sagen, wann Sie abgelöst werden.«

»Meine Männer sind erschöpft, Sir.« Bolitho versuchte nochmals, die kalte Rücksichtslosigkeit des Admirals zu durchbrechen. »Einige sind seit Jahren nicht an Land gewesen.« Er dachte daran, wie sie zu den grünen Bergen und dem weißen Strand hinübergestarrt hatten.

»Ich bin dieses Gesprächs überdrüssig, Bolitho.« Napier läutete eine kleine Glocke. »Erfüllen Sie die Ihnen übertragene Aufgabe und erinnern Sie sich stets daran, daß ich nie Eigenmächtigkeit dulden werde. Tollkühne Pläne gelten mir nichts. Lassen Sie Ihre Urteilskraft nicht unter Ihrer augenscheinlichen Selbstüberschätzung leiden.« Er winkte, und hinter Bolitho öffnete sich leise die Tür.

Im Gang zitterten ihm die Hände vor Groll und unterdrückter Wut. Als er das Fallreep erreichte, lag über seinem Gesicht wieder die Maske der Empfindungslosigkeit, aber er wagte kaum, auf die ruhigen Worte zu antworten, die der Kapitän der *Cassius* äußerte, als er ihn zum Fallreep begleitete.

»Seien Sie vorsichtig, Bolitho«, sagte der Ältere leise. »Sir Robert hat auf der *Andiron* seinen Sohn verloren. Er vergibt Ihnen nie, daß Sie sie entkommen ließen, ganz gleich, aus welchen Gründen. Schlagen Sie daher seine Warnungen nicht in den Wind.«

Bolitho grüßte die unter Gewehr angetretene Wache. »Ich bin

letzthin mehrfach gewarnt worden, Sir. Aber im Notfall nutzen Warnungen selten etwas.«

Der Kapitän des Flaggschiffs verfolgte, wie Bolitho ins Boot stieg und wie die Gig aus dem Schatten der *Cassius* glitt. Grimmig dachte er: trotz seiner Jugend wird dieser Bolitho anderen und sich noch erhebliches Ungemach bereiten. Er sieht ganz danach aus.

»Achtung! Der Kapitän kommt zurück.«

Herrick eilte aus dem Schatten des Besanmastes zum Fallreep. Er strich ein paar Krümel vom Halstuch und zog hastig seine Schärpe zurecht. Bis jetzt hatte ihm das einförmige und schlecht zubereitete Essen an Bord nichts ausgemacht. Doch nun, da die *Phalarope* vor Anker lag, die reichlichen Vorräte von English Harbour in Reichweite, hatte er sich geradezu zwingen müssen, das Essen hinunterzuwürgen.

Er blinzelte über die glitzernde Wasserfläche. Seine scharfen Augen erspähten sofort die zurückkehrende Gig, die sauber und hell angezogenen Bootsgasten, die sich wie Möwenflügel hebenden und senkenden Riemen. Er versteifte sich innerlich, als der Erste neben ihn trat.

»Nun werden wir es ja erfahren.«

»Ich wette, der Admiral war begeistert.« Herrick vergewisserte sich durch einen schnellen Blick, daß die Wache ordentlich angetreten war. »Ein Lob kann unseren Leuten nur gut tun.«

Vibart zuckte mit den Schultern. »Was verstehen schon Admiräle?« Er schien sich nicht unterhalten zu wollen. Seine Augen hafteten auf der näherkommenden Gig.

Bolitho saß auf der achteren Ducht. Die Sonne blitzte auf seinen goldenen Litzen.

»Zwei Wasserleichter legen von Land ab, Sir«, sagte ein Steuermannsmaat plötzlich. »Dem Aussehen nach voll beladen.«

Herrick blickte in die Richtung, in die der Mann wies, und sah, wie zwei Leichter von Land ablegten. Sie hielten schwerfällig auf die Fregatte zu, die langen Riemen bogen sich beinahe.

»Ich dachte, das hätte Zeit, bis wir nach drinnen verholt haben?« stotterte Herrick.

Vibart hieb sich mit der Faust in die Handfläche. »Bei Gott, ich wußte, daß es so kommen würde. Ich wußte es von Anfang an!« Seine massige Gestalt drehte sich zur See. »*Die* ist für uns, Mr. Herrick. Für die *Phalarope* gibt es nichts anderes, weder jetzt noch später.«

Ein Bootsmannsmaat rief: »Achtung!«

Die Pfeifen trillerten Salut, und die schwitzende Wache präsentierte die Gewehre.

Herrick salutierte und musterte das Gesicht des an Bord kommenden Kapitäns. Bolithos Züge waren ruhig und ausdrucklos, doch die Blicke, die er über das Hauptdeck fliegen ließ, waren so kalt und rauh wie der Nordatlantik.

Vibart meldete steif: »Wasserleichter halten auf uns zu, Sir.«

»Ja, ich weiß.« Bolitho drehte sich nicht um, sondern starrte statt dessen auf die frisch geschrubbten Decks. Eine ruhige Atmosphäre der Ordnung und Bereitschaft. Nach einigen Sekunden sagte er: »Lassen Sie die Ladung gleich übernehmen. Und sagen Sie dem Faßmeister, er soll Reservefässer bereitstellen.«

Herrick fragte vorsichtig: »Gehen wir wieder in See, Sir?«

Bolithos graue Augen blickten durch ihn hindurch. »Es scheint so.«

Vibart trat einen Schritt vor, seine Augen lagen im Schatten verborgen. »Das ist verdammt ungerecht, Sir.«

Bolitho gab keine Antwort, er schien ganz mit seinen Gedanken beschäftigt. Dann sagte er scharf: »Wir segeln in zwei Stunden, Mr. Vibart. Der Wind ist zwar nur schwach, reicht aber für meinen Zweck.« Er sah sich um, als Stockdale auf das Achterdeck trat. »Sag meinem Diener, ich möchte so bald wie möglich essen. Egal was.«

Herrick sah ihn verdutzt an. Bolitho war fast zwei Stunden fortgewesen, doch der Admiral hatte sich offenbar nicht die Mühe gemacht, ihm etwas anzubieten oder ihn zum Lunch einzuladen. Was, zum Teufel, dachte er sich dabei? Einen jungen, tapferen Offizier, der nicht nur Nachrichten aus England brachte, sondern darüber hinaus die Flotte verstärkte, hätte er wie einen Bruder willkommen heißen sollen.

Als er in der Messe das magere Essen hinuntergewürgt hatte, wäre er beinahe an jedem Happen erstickt, weil er sich vorstellte, wie Bolitho mit dem Admiral eine Mahlzeit verspeiste, die ein Flaggschiff im Hafen auftischen konnte: Geflügel, frisches, mageres Schweinefleisch, vielleicht sogar Röstkartoffeln. Der Ort war für Herrick unwesentlich, wenn es um gute heimische Kost ging.

Jetzt merkte er, daß man Bolitho nichts angeboten hatte, und ihn durchdrang das gleiche Gefühl von Beschämung und Mitleid, das er seinerzeit für Okes empfunden hatte. Ein Schimpf, den man Bolitho antat, war eine Beleidigung jeden Mannes an Bord, doch den Kapitän traf es am meisten. Es war so ungerecht, so vorsätzlich grausam, daß Herrick sich nicht beherrschen konnte.

»Aber, Sir, hat der Admiral Ihnen nicht gratuliert?« Er suchte nach Worten, als Bolitho sich zu ihm umwandte. »Nach allem, was Sie für das Schiff getan haben?«

»Schönen Dank für Ihre gute Meinung, Herrick.« Die Maske lokkerte sich für einen Augenblick. »Nicht alles ist so, wie es auf den ersten Blick erscheint. Wir müssen geduldig sein.« Es lag weder Bitterkeit noch Herzlichkeit in der Antwort. »Im Krieg bleibt wenig Zeit für eine Verständigung von Mensch zu Mensch.« Er machte kehrt. »Sobald wir unter Segel sind, pfeifen Sie zur Gefechtsübung an den Kanonen.« Er verschwand im Kajütniedergang. Herrick sah sich niedergeschlagen um.

Vibart hatte also recht behalten. Die *Phalarope* war ein gezeichnetes Schiff und würde es bleiben.

Der Steuermann kam nach achtern. »Boot legt von der *Cassius* ab, Sir.«

In Herrick keimte Ärger auf. Es war alles so sinnlos, so dumm. »Es wird Botschaften bringen. Lassen Sie eine Wache am Fallreep aufziehen.«

Er war noch immer verärgert, als ein liebenswürdiger Leutnant an Bord kam, seinen Hut lüftete und neugierig über das Deck blickte, als erwarte er eine Art Schauspiel zu sehen.

»Nun?« fragte Herrick unmutig, »haben Sie alles gut in Augenschein genommen?«

Der Offizier lief rot an. »Entschuldigen Sie, Sir. Ich hatte etwas ganz anderes erwartet.« Er reichte Herrick einen dicken Leinwandumschlag. »Befehle für Kapitän Bolitho von Sir Robert Napier, Konteradmiral der britischen Flotte.«

Nach dem kleinen Wortwechsel klang das so förmlich, daß Herrick lächeln mußte. »Danke. Ich werde sie sofort nach achtern bringen.« Er musterte das gebräunte Gesicht. »Wie steht es hier draußen?«

Der Offizier zuckte mit den Schultern. »Ein hoffnungsloses Durcheinander. Zu viel See und zu wenig Schiffe.« Er wurde ernst. »St. Kitts ist belagert, und oben im Norden vereinigen sich die Rebellen. Alles hängt davon ab, wieviel die Franzosen einsetzen können.«

Herrick drehte den dicken Umschlag in den Händen und fragte sich, ob er jemals selbst Befehle öffnen würde, als Kommandant eines eigenen Schiffes.

»Wenn alle Kaperschiffe so gut sind wie das, mit dem wir einen

Strauß auszufechten hatten, wird es ein harter Kampf werden.« Herrick sah den anderen unverwandt an, spähte nach einem Zeichen des Zweifels oder der Belustigung.

Aber der Leutnant sagte unbewegt: »Wir haben von der Geschichte mit der *Andiron* gehört. Unverständlich, daß sie Ihnen entwischen konnte. Ich hoffe, Sie haben die Möglichkeit, die Scharte auszuwetzen. So wie der abtrünnige John Paul Jones mit uns Katz und Maus spielt und unsere Verbindungslinien stört, steht zu erwarten, daß andere seinem Beispiel folgen werden.«

»Ich verstehe nicht, warum man es Kapitän Masterman als Schande anrechnet, daß er sein Schiff im Kampf verloren hat.«

»Ach, das wissen Sie nicht?« Der Offizier senkte die Stimme. »Sie stand gleichzeitig mit zwei französischen Fregatten im Kampf. Auf dem Höhepunkt des Gefechts wurde die *Andiron* von einem amerikanischen Offizier angerufen. Er forderte die Mannschaft der *Andiron* auf, auf seine Seite überzuwechseln.«

»Und so kam es auch?« Herrick stand der Mund offen.

»Genauso.« Der andere nickte. »Den Franzosen hätten sie sich nie ergeben. Aber bei diesem Amerikaner klang es nach einem neuen Leben, was riskierten sie also? Und selbstverständlich werden sie nun um so besser kämpfen – *gegen uns*. Jeder Mann weiß, daß es Auspeitschung und Galgen bedeutet, wenn er gefangengenommen wird.«

»Wie lange lief die *Andiron* unter unserer Flagge?«

»Das weiß ich nicht genau. Etwa zehn Jahre, glaube ich.« Er sah, wie es hinter Herricks Stirn arbeitete, und fügte hinzu: »Halten Sie Ihre Leute also scharf im Auge. Hier draußen, Tausende von Meilen fern von England und von Feinden des Königs umgeben, spielen Gefühle eine große Rolle, was die Loyalität der Männer anlangt.« Und er setzte beziehungsvoll hinzu: »Vor allem auf einem Schiff, wo sich Unruhe bereits eingeschlichen hat.«

Vibart kam vom Hauptdeck heran, und der Offizier brach ab. Er grüßte und sagte förmlich: »Ich habe fünfundzwanzig Mann für Sie im Kutter, Sir. Ersatz für die Gefallenen.« Vibart blickte ins Boot hinab, während die Leute der *Phalarope* die neuen, hager aussehenden Männer musterten.

Der Offizier sagte hastig: »Ich habe bereits zuviel geredet, Kamerad. Aber diese Leute sind Ausschuß. Fast alle haben das eine oder andere auf dem Kerbholz. Meines Erachtens geht es Sir Robert mehr darum, sie und ihr schlechtes Beispiel loszuwerden, als darum, Ihrem Kapitän zu helfen.« Er blickte kurz zu *Cassius* hinüber und danach auf sein wartendes Boot. Dann flüsterte er abschließend: »Sir Robert beobachtet alles. Ohne Zweifel wird es bald allgemein bekannt sein, daß ich mich zehn Minuten unterhalten habe – mit *Ihnen*.« Damit eilte er fort.

»Wir werden die Leute sofort einweisen, Mr. Herrick«, sagte Vibart mit gerunzelter Stirn. »Sicher will der Kapitän, daß sie genauso eingekleidet werden wie der Rest seiner kostbaren Mannschaft.« Er verzog das Gesicht. »Meiner Meinung nach passen dreckige Lumpen besser zu ihnen.«

Herrick folgte Vibarts verärgertem Blick und fühlte sich noch bedrückter. Diese Männer waren nicht frisch gepreßt. Es waren abgehärtete Berufsseeleute, und zu jeder anderen Zeit wären sie ihr Gewicht in Gold wert gewesen. Doch jetzt . . . Während der Steuermann und Fähnrich Maynard sie nach Dienstalter ordneten, standen sie müßig und unverschämt da und verfolgten alles mit der Arroganz wilder Tiere. Flüche und Hiebe würden diese Sorte nicht beeindrukken, dachte Herrick. Selbst Auspeitschen würde sie kaum verändern.

»Warten wir ab, wie der Kapitän mit diesem prächtigen Haufen fertig wird«, murmelte Vibart.

Herrick schwieg. Er konnte sich die Schwierigkeiten vorstellen, die sich mit jeder Stunde höher auftürmten. Trennte der Kapitän diese Unruhestifter vom Rest der Mannschaft, würde er den Respekt verlieren, den er gewonnen hatte. Tat er es nicht, konnte ihr Einfluß im Logis Verheerungen auslösen.

Herrick stellte sich plötzlich vor, wie es auf der *Andiron* ausgesehen haben mußte, als Kapitän Mastermans Mannschaft zum Feind überging. Er starrte über das sonnige Achterdeck. Trotz der Hitze fröstelte es ihn bei dem Bild, das er sich ausmalte: er, plötzlich allein, auf einem Schiff, dessen bisher disziplinierte und loyale Matrosen Fremde und Meuterer geworden waren.

Fähnrich Maynard beobachtete ihn besorgt: »Signal, Sir. Flaggschiff an *Phalarope*. ›Vervollständigen Sie Ausrüstung. Segeln Sie dann sofort.‹«

Herrick sagte: »Bestätigen Sie das, Mr. Maynard.« Er blickte über die Reling, erst auf die Seeleute, die die Frischwasserfässer übernahmen, dann zu dem hochmastigen Flaggschiff. »Du Bastard«, murmelte er. »Kann dir nicht schnell genug gehen, wie?«

Die Freiwache kletterte murrend und fluchend über die verschiedenen Niedergänge ins Zwischendeck. Licht und Luft erhielt es durch die mittleren Luken. Es waren mehrere Windführungen aus Segeltuch ausgespannt worden, um das überfüllte Logis besser zu lüften. An jedem der geschrubbten Tische saßen Leute. Einige besserten Kleidungsstücke aus. In dem spärlichen Licht beugten sich die Köpfe tief über Nadel und Faden. Manche schnitzten kleine Schiffsmodelle, und andere spannen mit ihren Gefährten bloß Seemannsgarn.

Die Spekulationen und Gerüchte verstummten, als ein paar der neuen Männer einen Niedergang herabtrampelten, gefolgt von Belsey, dem wachhabenden Maat. Die Neuen waren eingewiesen worden und hatten unter der Deckspumpe die vorgeschriebene Dusche genommen. Jetzt blinzelten sie in das Halbdunkel, und ihre nackten Körper hoben sich bleich von den dunklen Planken der Bordwand ab. Jeder trug seine paar Habseligkeiten und hatte ein neues Hemd und eine zusammengerollte Hose unter dem Arm.

Belsey wirbelte mit seinem Stock und wies zum Ecktisch, von dem aus Allday und Old Strachan die Prozession wortlos beobachteten. »Ihr zwei«, bellte er, »ihr kommt in diese Messe, verstanden?« Sein Blick drang in die finsterste Ecke des Logis. »Eure Wache und eure Stationen kennt ihr, also macht's euch hier bequem und tut eure Pflicht.« Er hob die Stimme. »Zeigt den Neuen, wo sie ihre Hängematten zurren können, und dann macht hier sauber.« Er rümpfte die dicke Nase. »Sieht ja wie ein Schweinestall aus hier unten.«

Einer der beiden Neuen warf sein Bündel auf den Tisch und sah zu Old Strachan und den anderen hinunter. Er war groß, sehr muskulös, und dichtes dunkles Haar bedeckte seine breite Brust. Offenbar machte ihm weder seine Nacktheit noch Belseys scharfer Ton etwas aus.

»Ich heiße Harry Onslow, Leute«, sagte er gelassen. Und mit einem Blick über die Schulter: »Und das ist Pook, auch ein guter Mann von der *Cassius*.« Er spie den Namen des Flaggschiffs geradezu aus, und der dicht neben ihm wartende Belsey trat an den Tisch.

»Hört zu, Leute.« Seine Augen glitten böse von einem zum anderen. »Glaubt nicht, daß ihr einen ordentlichen Burschen dazubekommen habt.« Er grinste kurz. »Mach doch mal kehrt, Onslow.« Er schwenkte drohend seinen Stock. »Laß dich doch mal ein bißchen beleuchten.«

Onslow drehte sich gehorsam um, so daß ein schwacher Sonnenschimmer auf seinen Rücken fiel. Die dicht gedrängten Matrosen stöhnten auf, und Belsey sagte kalt: »Seht es euch gut an, ehe ihr anfangt, auf solche Brüder zu hören.«

Alldays Lippen verzogen sich, als er Onslows zerschlagenen Rükken sah. Er konnte sich nicht vorstellen, wie oft Onslow ausgepeitscht worden war, aber daß er es überlebt hatte, war ein Wunder. Über den ganzen Rücken, vom Nackenansatz bis zur Hüfte, zogen sich Narben und Striemen, deren weiße Ränder sich widerlich von dem Braun der Arme und Beine abhoben.

Ferguson blickte weg, sein Mund zitterte.

Selbst Pochin, Zeuge mancher harten Auspeitschung, sagte heiser: »Da, Mann, zieh dein Hemd an.«

Pook, der andere Neue, war dünn und sehnig. Auch sein Rücken zeigte die Klauenspuren der neunschwänzigen Katze, doch verglichen mit Onslow war es nichts.

Belsey, von den anderen neuen Matrosen gefolgt, schlenderte davon.

Onslow zog sich das Hemd über und schüttelte die sauberen, neuen Hosen glatt. Dann sagte er ruhig: »Was ist los mit eurem Kapitän? Will er, daß seine Leute geschniegelt aussehen?« Er sprach mit lässigem Norfolkakzent; der Schreck, den seine Narben ausgelöst hatten, berührte ihn augenscheinlich durchaus nicht.

»Ja, er ist anders«, sagte Ferguson schnell. »Er wollte nicht zulassen, daß Betts ausgepeitscht wurde.« Er versuchte zu lächeln. »Auf diesem Schiff hast du es besser, Onslow.«

Onslow musterte ihn ausdruckslos. »Wer hat dich denn gefragt?«

»Alle Kapitäne sind Schweine.« Pook stieg in seine Hose und schnallte sich ein gefährlich aussehendes Messer um. »Auf der *Cassius* haben wir die Nase voll bekommen.«

»Betts?« fragte Onslow. »Was war mit ihm los?«

»Er hat einen Vorgesetzten angegriffen.« Pochin blickte nachdenklich vor sich hin. »Kapitän Bolitho ließ ihn nicht auspeitschen.«

»Und wo ist er jetzt?« Die dunklen Augen Onslows blinzelten nicht.

»Tot. Ging mit der Großbramstenge über Bord.«

»Na also.« Onslow stieß Ferguson von der Bank und pflanzte sich auf dessen Platz. »Hat ihm also nicht viel geholfen, wie?«

Old Strachan wickelte seine Schnitzerei in ein Stück Segeltuch und sagte unbestimmt: »Aber Ferguson hat recht. Kapitän Bolitho hat versprochen, daß er uns gerecht behandelt, wenn wir uns anstrengen. – Bald gehen wir an Land.« Er schielte zur Luke. »Wenn ich bloß dran denke: ein Spaziergang über die grünen Hügel und vielleicht auch 'nen Tropfen von freundlichen Eingeborenen.«

Ferguson versuchte es noch einmal, als müsse er jemandem vertrauen, um nicht verrückt zu werden. »Und Mr. Herrick hat mir versprochen, daß er für mich einen Brief auf das nächste nach England bestimmte Schiff schafft. Damit meine Frau weiß, daß ich noch lebe und gesund bin.« Er sah erbärmlich aus.

»Du kannst lesen und schreiben, Kleiner?« Onslow studierte ihn ruhig. »Du könntest mir sehr nützlich sein.«

Allday lächelte in sich hinein. Lärm und Stimmen füllten wieder die Messe. Vielleicht hatte Ferguson recht, und es wurde von jetzt an besser. Er hoffte es, und wenn auch nur, damit Ferguson zur Ruhe kam.

Pochin fragte erbittert: »Wofür bist du so ausgepeitscht worden, Onslow?«

»Ach, das Übliche.« Onslow beobachtete noch immer Ferguson, er war tief in Gedanken.

»Er schlug einen Obermaat«, sagte Pook, um sich einzuschmeicheln. »Und davor hat er –«

Onslows Mund öffnete und schloß sich wie eine Falle. »Hör auf! Was von jetzt an geschieht, darauf kommt's an.« Und wieder ruhiger: »Ich war noch ein Junge, als ich vor zehn Jahren rüberkam. Seit Jahren warte ich auf die Fahrt nach Hause, aber vergeblich. Ich bin von einem Kapitän zum anderen gekommen. Ich habe meine Wachen geschoben und mehr Breitseiten durchgestanden, als ich zählen kann. Nein, Leute, für uns gibt's kein Ende. Entweder machen wir mit, bis wir ins Segeltuch eingenäht werden – oder wir suchen uns unseren eigenen Ausweg und nehmen den Kurs, den die Burschen von der *Andiron* genommen haben.«

Alle hörten ihm aufmerksam zu. Er stand auf, sein brütendes Gesicht verriet Entschlossenheit. »Sie haben dem König den Dienst aufgesagt, um ein neues Leben zu beginnen, hier draußen oder irgendwo auf dem amerikanischen Festland.«

Strachan schüttelte den grauen Kopf. »Das ist Meuterei!«

»Du bist zu alt, du zählst nicht.« Onslows Stimme klang bissig. »*Den* Kapitän muß ich erst noch finden, der gerecht ist und nicht nur an Prisengeld oder Ruhm für sich selber denkt.«

In diesem Augenblick flogen Schatten über die Luken, und die Pfeifen trillerten.

»Verdammte Pfeifen!« grunzte Pochin. »Hören sie denn nie auf?«

Die Stimmen der Maaten hallten durch das Zwischendeck. »Alle

Mann! Alle Mann klar zum Segelsetzen! Ankerkommando auf die Back!«

Ferguson stierte leer in das Sonnenlicht des Niedergangs. Sein Mund stand offen. »Er hat es doch versprochen. Er hat mir versprochen, daß er mir einen Brief nach Hause besorgt.«

Onslow klopfte ihm auf die Schulter. » Und er wird dir noch mehr versprechen, sollte mich nicht wundern, mein Junge.« Ohne zu lächeln, betrachtete er die anderen. »Na, Jungs, begreift ihr nun, was ich gemeint habe?«

Maat Josling erschien vor dem Niedergang. »Seid ihr taub? Rauf mit euch! Der Letzte bekommt den Tampen zu spüren.«

Die Leute kamen zur Besinnung und trampelten den Niedergang hinauf in die Sonne.

»Klar am Gangspill.« Die Befehle gellten ihnen in die Ohren. »Auf die Rahen! Setzt Bramsegel.«

Ferguson starrte außer sich zu der grünen, einladenden Insel mit den niedrigen, welligen Bergen hinüber. Allday sah es. Er spürte selber einen Kloß in der Kehle. Die Landschaft erinnerte irgendwie an das sommerliche Cornwall. Er legte Ferguson die Hand auf den Arm und sagte freundlich: »Los, Junge. Ich helfe dir hinauf.«

Vibarts dröhnende Stimme füllte die Luft. »Setzt Focksegel! An die Brassen!«

Allday erreichte die Großrahe und kletterte auf den Fußpferden zu den anderen Männern hinaus, die über der dicken Spiere lagen. Unter sich sah er das geschäftige Deck. Blickte er über die Schulter zurück, konnte er Bolithos Gestalt an der Heckreling ausmachen.

Von der Back rief Herrick: »Anker ist auf, Sir!«

Allday grub die Zehen in die Fußpferde, als sich das Segel blähte und füllte und die große Rahe schwerfällig herumschwang, damit die Leinwand den Wind fing. Das Land glitt bereits achteraus, und wenn alle Segel gesetzt und gebrasst waren, würde die Insel im Glast verschwunden sein. Vielleicht für immer, dachte er.

VII Der spanische Lugger

Herrick schob sich ein wenig um den Besan, um im Schatten zu bleiben, den der dicke Mast warf. Wegen des gleißenden Lichtes kniff er ständig die Augen zusammen, und seine Zunge fuhr unaufhörlich über die ausgetrockneten Lippen, während sich die Vormittagswache langsam dem Ende zuschleppte. Die Segel hingen schlaff und leblos, denn nicht die leiseste Brise bewegte die spiegelglatte, leere Weite des Meeres, auf der die Fregatte regungslos in der Flaute lag.

Er zog an seinem verklebten Hemd. Die Nutzlosigkeit der Bewegung reizte ihn. Es war schweißdurchtränkt, doch sein Körper schien nur eins zu verlangen: Feuchtigkeit. Die Decksnähte griffen klebrig nach seinen Schuhen, und als er die Hand unabsichtlich auf einen der Neunpfünder legte, hätte er vor Schmerz beinahe aufgeschrien. Das Rohr war so heiß, als hätte die Kanone pausenlos gefeuert. Bei dem Gedanken verzog er die Lippen. Es hatte keine Feindberührung gegeben, noch würde es unter diesen unmöglichen Bedingungen dazu kommen.

Von Antigua war die *Phalarope* direkt zu der ihr zugewiesenen Position gesegelt. Bis auf eine andere Patrouille laufende Fregatte und den massigen Rumpf der *Cassius* hatte man kein anderes Schiff gesichtet.

Und jetzt, wie um allem die Krone aufzusetzen, lag die *Phalarope* in einer Flaute. Seit vierundzwanzig Stunden trieb sie ziellos über ihrem Spiegelbild, von trägen Strömungen hierhin und dorthin getrieben. Die Männer im Ausguck, die hoffnungsvoll nach einem Windstoß Ausschau hielten, waren matt und müde.

Sieben lange Tage, seit sie Antigua überstürzt verlassen hatten, sieben Tage des Wartens und der Beobachtung des glatten Horizonts.

Herrick blickte nach vorn. Die Männer der Freiwache lagen wie Tote im dunklen Schatten des Schanzkleides. Die halbnackten Leiber waren gebräunt. Mehrere Matrosen, an die gnadenlos glühende Sonne nicht gewöhnt, hatten böse Verbrennungen erlitten.

Fähnrich Maynard lehnte an den Netzen. Sein rundes Gesicht war ausdruckslos. Inaktivität und Hitze hatten ihn ebenfalls zermürbt.

Es war schwer zu glauben, daß außerhalb ihrer eigenen Welt noch etwas existierte. St. Kitts lag etwa fünfzig Meilen südöstlich, und die Anegada Passage, die die Jungferninseln von den umstrittenen Inseln trennte, lag in dem sengenden Glast jenseits des bewegungslosen Bugspriets.

Von Hoods Anstrengungen, St. Kitts zu halten, hatten sie nichts weiter gehört, und nach allem, was Herrick wußte, konnte der Krieg ebensogut schon zu Ende sein. Als das Flaggschiff ihnen begegnete, hatte Bolitho durch ein Signal die neuesten Nachrichten erbeten, aber die Antwort war unbefriedigend gewesen, um es gelinde auszudrücken. Die *Phalarope* hatte gerade Geschützübungen angesetzt, bei denen mehrere alte und nutzlose Fässer als Ziel dienten. Bolitho hatte das Übungsschießen angeordnet, um die Eintönigkeit zu unterbrechen, nicht weil er hoffte, durch solche Methoden die Treffsicherheit zu erhöhen.

Die *Cassius* hatte ein Signal gesetzt. Maynard meldete, daß der Admiral sofortige Feuereinstellung forderte. »Pulver und Kugeln sparen!« hatte das Signal kurz befohlen.

Bolitho hatte sich jeder Bemerkung enthalten. Herrick kannte seinen Kapitän jedoch jetzt gut genug, um den Ärger zu begreifen, der in Bolithos grauen Augen aufflackerte. Alles erweckte den Eindruck, als hätte der Admiral vorsätzlich diesen Kurs gesteuert, um die *Phalarope* zu isolieren, so wie der Arzt einen Aussätzigen von seinen Mitmenschen absondert.

Herrick riß sich aus seinen Gedanken, als Bolithos Kopf und Schultern im Kajütniedergang auftauchten. Wie die anderen Offiziere trug er nur Hemd und weiße Kniehose. Das dunkle Haar klebte ihm schweißnaß auf der Stirn. Er wirkte gereizt. Herrick spürte geradezu seine Ruhelosigkeit.

»Noch immer kein Wind, Sir.«

Bolitho warf ihm einen ärgerlichen Blick zu. Dann nahm er sich zusammen. »Danke, Mr. Herrick. Ich sehe es.« Er trat an den Kompaß. Sein Blick streifte die beiden Rudergänger. Schließlich ging er zur Steuerbordreling. Herrick sah ihn zusammenfahren, als die Sonne mit der Hitze eines Schmelzofens seine Schultern traf.

»Und wie fühlen sich die Männer?«

»Nicht sehr wohl, Sir«, erwiderte Herrick vage. »Auch ohne gekürzte Wasserration ist es schlimm genug hier draußen.«

»Stimmt.« Bolitho nickte, ohne sich umzudrehen. »Aber die Rationierung ist notwendig. Weiß Gott, wie lange uns die Flaute festnagelt.«

Bolithos Hand glitt über die Narbe unter der rebellischen Haarsträhne. Herrick hatte diese unbewußte Bewegung schon mehrmals bemerkt, gewöhnlich, wenn Bolitho völlig in Gedanken verloren schien. Herrick hatte Stockdale wegen der Narbe gefragt und erfahren, daß Bolitho verwundet wurde, als er – damals noch Leutnant – mit einem Häuflein Matrosen an Land geschickt worden war, um auf einer Insel die Wasserfässer zu füllen.

Weder der Kapitän noch sonst jemand hatte gewußt, daß die Insel bewohnt war. Die Barkasse war kaum gelandet, als brüllende Eingeborene die Abteilung aus dem Hinterhalt überfielen. Einer entriß einem sterbenden Matrosen das Entermesser und griff Bolitho an, der seine zahlenmäßig unterlegenen Männer um sich zu scharen versuchte. In seiner holprigen Sprechweise beschrieb Stockdale die Szene, bei der die Hälfte der Matrosen niedergemacht wurde, während die anderen sich verzweifelt auf dem Wasser in Sicherheit zu bringen versuchten. Bolitho, zu Boden gestürzt, wurde von seinen Leuten getrennt. Aus der Wunde, die das Entermesser gerissen hatte, strömte Blut. Ein Wunder, daß ihn der Hieb nicht getötet hatte. Die Matrosen wollten ihren Offizier, den sie sowieso für tot hielten, liegen lassen. Aber in letzter Minute sammelten sie sich doch noch. Andere Boote eilten ihnen zu Hilfe und brachten Bolitho in Sicherheit.

Herrick ahnte, daß noch eine Menge mehr dahintersteckte. Und er vermutete, daß Stockdale die Panik eingedämmt und den Mann gerettet hatte, dem er nun wie ein treuer Hund diente.

Bolitho blickte zum Bugspriet. »Der Dunst erinnert ein wenig an den Nebel im Kanal.«

Herricks trockene Lippen knisterten, als er kläglich lächelte. »Ich hätte nie gedacht, daß ich die Kanalflotte vermissen würde, Sir. Doch nun würde ich gern wieder den Wind hören und das kalte Spritzwasser spüren.«

»Kann sein«, sagte Bolitho gedankenverloren. »Aber ich habe so ein Gefühl, daß wir bald Wind bekommen.«

Herrick sah ihn verdutzt an. Das ist kein leeres Hoffnungsgeschwätz, sondern gehört zum Bild dieses Mannes, zu seiner gelassenen Zuversicht, dachte er.

Schritte näherten sich, und Vibart sagte rauh: »Auf ein Wort, Kapitän.«

»Worum geht es?«

»Um Ihren Schreiber Mathias, Sir. Er ist im Laderaum verunglückt, Sir.«

»Schwer?«

Vibart nickte. »Ich glaube, er wird den Tag nicht überleben.« In seiner Stimme klang kein Mitleid mit.

Bolitho biß sich auf die Lippen. »Ich hatte ihn hinuntergeschickt, um einige Vorräte zu prüfen.« Er schaute bekümmert hoch. »Sind Sie sicher, daß ihm nicht geholfen werden kann?«

»Der Arzt verneint es.« Es klang gleichgültig. »Er hat sich nicht nur die Rippen gebrochen, sondern auch den Schädel aufgeschlagen.

Ein Spalt, in den ein Marlspieker passen würde.«

»Ach so.« Bolitho blickte auf die Reling. »Ich kannte den Mann kaum, aber er hat schwer gearbeitet und sich bemüht, sein Bestes zu geben.« Er schüttelte den Kopf. »Im Kampf zu fallen, ist eins, aber so...«

Herrick sagte schnell: »Ich werde sofort einen anderen Schreiber abkommandieren, Sir. Ich denke an Ferguson, einer von den in Falmouth gepreßten Leuten. Er kann lesen und schreiben und ist an solche Arbeit eher gewöhnt.« Herrick entsann sich an Fergusons verzweifeltes Gesicht, als sie Antigua verließen. Er hatte ihm versprochen, für ihn einen Brief an seine Frau zu besorgen. Wenn Ferguson der schweren Matrosenpflichten ledig wurde und der harten Aufsicht der Maate entkam, glich das die Unterlassung vielleicht irgendwie aus.

Bolitho sah ernst aus. Herrick fragte sich, wie der Kapitän die Kraft fand, sich über einen Matrosen Gedanken zu machen, wenn ihm selber eine so schwere Bürde der Verantwortung auf den Schultern lag.

»Gut. Kommandieren Sie Ferguson ab und klären Sie ihn über seine Pflichten auf.«

»An Deck!« erscholl es vom Großtoppausguck. »Bö an Steuerbord voraus!«

Herrick rannte an die Reling und beschattete die Augen. Ungläubig sah er, wie das leichte Gekräusel auf das stilliegende Schiff zulief und hörte, wie sich die Takelage rührte, als die Segel sich langsam füllten.

Bolitho verschränkte die Hände auf dem Rücken. »Was soll das Starren? Bringen Sie die Männer in Trab, Mr. Herrick, damit das Schiff Fahrt aufnimmt.«

Herrick nickte. Er hatte die Erregung hinter Bolithos Ausbruch wahrgenommen. Als die Segel knatternd zu ziehen begannen, zeigte Bolithos Gesicht eine fast jungenhafte Freude.

Viel Kraft hatte der Wind nicht, aber er reichte aus, die *Phalarope* in Fahrt zu bringen. Das Wasser gurgelte um das Ruder, und als die Brassen in den Blöcken quietschten, schwangen die Rahen herum, um auch noch das letzte bißchen Wind einzufangen, voller Gier nach dem Leben, das er ihnen schenkte.

»Gehen Sie auf Nordnordwest, Mr. Herrick«, sagte Bolitho schließlich. »Diesen Kurs werden wir bis Sonnenuntergang beibehalten.«

»Aye, aye, Sir.«

Bolitho trat an die Heckreling und schaute auf das schwache Kielwasser. Man sieht ihm seine Besorgnis nicht an, überlegte Herrick. Der Wind war zwar erfreulich, aber nichts im Vergleich zu der endlosen, sinnlosen Patrouille, doch Bolitho verhielt sich zumindest nach außen hin, als wäre alles normal.

Nochmals bewies der Ausguck, daß man vor keiner Überraschung sicher war.

»An Deck! Segel an Steuerbord!«

Herrick hob das Fernrohr, aber Bolitho sagte kurz: »Von hier aus werden Sie nichts sehen. Der Dunst versperrt den Blick nach Norden.«

Vibart knurrte: »Mr. Neale, nach oben!«

»Lassen Sie.« Es klang gefährlich ruhig. »Sie gehen, Mr. Herrick. Jetzt brauche ich ein erfahrenes Auge.«

Herrick rannte zu den Wanten des Großmastes und begann hinaufzuklettern. Er merkte schnell, daß seine Kondition zu wünschen übrig ließ. Als er die obere Saling erreichte, schlug sein Herz wie eine Trommel. Der bärtige Ausguck machte ihm Platz und deutete mit teerverschmierter Hand in die Richtung.

»Dort, Sir. Kann es jetzt nicht erkennen.«

Herrick ignorierte es, daß die Fregatte unter ihm wie ein Spielzeug schwang, und zog sein Fernglas auseinander. Zuerst sah er nur das helle Licht auf dem niedrig liegenden Dunst und darunter die Millionen glitzernder Reflexe auf dem Meer. Dann entdeckte er das Segel und war enttäuscht. Der Rumpf war noch vom Dunst verhüllt, doch der sonderbaren Form des Segels nach vermutete er ein kleines Schiff, wahrscheinlich einen Küstenlugger. Nichts wert als Prise, kaum wert zu versenken, entschied er verärgert. Er gab seine Meldung an Deck.

Bolitho schaute zu ihm hinauf. »Ein Lugger, sagen Sie?« Es klang interessiert. »Behalten Sie ihn im Auge.«

»Er hat uns noch nicht gesehen.« Der Ausguck blickte mit zusammengekniffenen Augen auf das ferne Segel. »Schätze, wir sind über ihm, ehe er uns entdeckt.«

Herrick nickte und blickte hinab, als Vibart rief: »Pfeifen Sie alle Mann. Klar zum Halsen.«

Bolitho wollte das Schiff also aufbringen. Herrick beobachtete von oben die plötzliche Aktivität auf den Decks. Seit seinen Fähnrichstagen hatte er einen solchen Anblick nicht mehr erlebt: die scheinbar ziellos hastenden Gestalten, die aus den Zwischendecks quollen und sich dann wie durch Zauber je nach Aufgabe und Zweck zu erkennbaren Mustern ordneten. Er sah die Maate die Wachlisten prüfen, während sie Namen und Befehle herausbellten. Da und dort standen die Offiziere und Unteroffiziere wie kleine isolierte Inseln inmitten der wogenden Flut der Matrosen.

Die Rahen kamen herum, und die Segel schlugen empört, als die Fregatte ihren Kurs um zwei Strich nach Steuerbord änderte. Herrick spürte, wie der Mast zitterte, und gab sich alle Mühe, nicht daran zu denken, wie lange es dauern mochte, bis man unten aufschlug.

Die Brise, die der *Phalarope* zugute gekommen war, erreichte jetzt auch das fremde Segel. Und wie der Wind den Dunst mitnahm, so gewann auch der Lugger an Fahrt. Ein zweites bräunliches Segel kletterte den kurzen, dicken Großmast hinauf. Der Ausguck kaute auf einem Stück Tabak und sagte ruhig: »Ein Spanier. Die Takelage kenne ich.«

Bolithos Ruf schnitt Herricks Spekulationen ab. »Kommen Sie an Deck, Mr. Herrick. Schnell!«

Herrick langte keuchend und schwitzend unten an. Bolitho wartete bereits auf ihn. Er wirkte äußerst konzentriert.

»Der Lugger ist uns gegenüber im Vorteil, Mr. Herrick. Er kann diese leichte Brise besser nutzen als wir.« Er deutete ungeduldig auf die Back. »Machen Sie die beiden Geschütze klar, und feuern Sie ihm eins vor den Bug.«

»Aye, aye, Sir.« Herrick kam langsam wieder zu Atem. »Eine Kugel würde reichen, um ihn zu zerschmettern.«

In Bolithos grauen Augen blitzte etwas wie Belustigung auf. »Er kann die wertvollste Ladung aller Zeiten an Bord haben, Mr. Herrick.«

Herrick starrte den Kapitän verständnislos an. »Sir?«

Bolitho hatte sich bereits abgewandt, um zu verfolgen, wie die Geschützbedienung nach vorn zu den zwei langen Neunpfündern eilte. »*Informationen*, Mr. Herrick! Mangel an Informationen kann hier draußen einen verlorenen Krieg bedeuten.«

Ein Schuß genügte. Das von der Kugel hochgeschleuderte Wasser sprühte dem fremden Schiff über den Bug. Erst sank das eine, dann das andere Segel. Traurig dümpelnd, wartete der Lugger ab, was die *Phalarope* mit ihm vorhatte.

Nach der Gluthitze auf dem Achterdeck kam Bolitho die große

Kajüte beinahe kalt vor. Er mußte sich zwingen, still an den Heckfenstern zu stehen, um seine rasenden Gedanken in Zaum zu halten und den nächsten Schritt zu planen. Nur mit Mühe gelang es ihm, sich gegen die gedämpften Schiffsgeräusche und entfernten Rufe abzuschließen, als ein Boot zu Wasser gelassen wurde, um eine Abteilung an Bord des Luggers zu bringen, der in Lee der Fregatte rollte. Bolitho war nichts anderes übrig geblieben, als äußerlich gelassen zu beobachten, wie seine Befehle weitergegeben und ausgeführt wurden, bis er am Ende den prüfenden Blicken seiner Offiziere und den summenden Spekulationen der Müßiggänger auf dem Oberdeck einfach nicht länger standhalten konnte.

Daß seine beiläufige Vermutung, was die Brise anging, Wirklichkeit geworden war, war ihm selbst wie ein Wunder vorgekommen. Und als der Lugger vom Ausguck gemeldet wurde, hatte er das Gefühl gehabt, als brodelten seine lange eingekapselten Empfindungen wild durcheinander. Doch die kleinlichen Gereiztheiten hatte er beiseite geschoben, ja selbst die Haltung des Admirals der *Phalarope* gegenüber konnte er übersehen, ja sogar vergessen.

Er schnellte überrascht herum, als es klopfte. »Herein!« Er starrte den blassen Matrosen, der unsicher in der Tür stand, einige Sekunden an, zwang sich, nicht an den Lugger zu denken, und deutete mit einer Kopfbewegung auf den Tisch am Schott. »Ferguson? Sie werden dort arbeiten, wenn ich Sie brauche«, sagte er bündig; seine Gedanken folgten noch immer dem Enterkommando.

Ferguson blickte sich blinzelnd um. »Ja, Sir. Ich meine – aye, aye, Sir.« Er war verwirrt und nervös.

Bolitho musterte ihn freundlich. »Ihre Pflichten erläutere ich Ihnen später. Im Augenblick bin ich sehr beschäftigt.« Er blickte zur Tür, wo der kleine Neale keuchend auftauchte.

»Kapitän, Sir!« Er rang nach Luft. »Mr. Okes hat den Lugger genommen!«

»Das dürfte zu erwarten gewesen sein«, sagte Bolitho trocken. »Sein Kapitän sieht sich schließlich einer vollen Breitseite ausgesetzt.«

Neale überdachte den Punkt. »Hm, ja, Sir.« Er starrte Bolitho in das gelassene Gesicht und fragte sich augenscheinlich, wie der Kapitän das Oberdeck verlassen konnte, wenn endlich etwas geschah. Dann sagte er: »Das Boot kommt zurück, Sir.«

»Das war es, was ich hören wollte, Mr. Neale.« Bolitho sah durch die Heckfenster über die leere See, deren Oberfläche eine schwache, doch stetige Brise kräuselte. »Eine Empfehlung an Hauptmann Rennie. Sobald das Boot längsseits ist, soll er die Offiziere des Luggers isoliert halten, bis ich sie befragen kann. Mr. Okes soll die Durchsuchung des Luggers fortsetzen und melden, wenn er etwas findet.«

»Die Offiziere des Luggers, Sir?« Neales Augen glichen Untertassen.

»Sie stecken vielleicht in Lumpen, aber deshalb bleiben sie doch Offiziere.« Bolitho betrachtete den Fähnrich ruhig. »Und begehen Sie keinen Irrtum. Diese Leute kennen die Gewässer hier wie ihre eigene Tasche.«

Der Fähnrich nickte und schoß davon. Bolitho ging ruhelos auf und ab. Dann blieb er vor seinem Tisch stehen, auf dem eine Karte des Karibischen Meeres lag. Die komplexe Masse der Inseln und ausgeloteten Wassertiefen, die vagen Vermessungen und zweifelhaften Beschreibungen glichen einem riesigen Rätsel. Er zog die Stirn in Falten und faßte sich ans Kinn. Irgendwo inmitten dieses Gewirrs verstreuter Inseln lag der Schlüssel zum ganzen Feldzug. Wer ihn fand, würde siegen. Der Verlierer würde für immer aus dem karibischen Gebiet verdrängt werden.

Mit den Spitzen seines Stechzirkels folgte er dem Kurs der *Phalarope* bis zu einem kleinen Bleistiftkreuz. Hier, auf dieser Position, nutzte er nichts. Das fünfzig Meilen entfernte St. Kitts mochte noch immer der Belagerung standhalten, während jenseits des Horizonts Graf de Grasses große Flotte sich womöglich zum endgültigen Schlag gegen die verstreuten britischen Einheiten vorbereitete. Und waren die Briten erst einmal von diesen Inseln vertrieben, würden die Franzosen und ihre Verbündeten Südamerika aufrollen wie eine Landkarte. Sie würden den Nord- und Südatlantik beherrschen und nach den reichen Schätzen Afrikas greifen, ja darüber hinaus.

Er verdrängte die Vorstellung, denn er hörte das Trampeln von Stiefeln und das Aufsetzen von Gewehren.

Vibart erschien im Türrahmen. »Die Gefangenen sind an Bord, Sir.« Er sah Ferguson durchdringend an, der sich neben dem Tisch zu einem Ball zusammenzurollen schien. »Es stimmt, ein Spanier. Zwanzig Mann an Bord, kein Widerstand. Ich habe den Kapitän und zwei Maate draußen unter Bewachung, Sir.«

»Gut.« Bolitho blickte auf die Karte. »Zwanzig Mann, sagen Sie? Eine starke Mannschaft für ein so kleines Fahrzeug. Gewöhnlich bemannen die Spanier ihre Schiffe sparsamer.«

Vibart zuckte mit den Schultern. »Mr. Farquhar sagt, der Lugger wäre im Küstenhandel eingesetzt. Nützt uns nicht viel.«

»Ich werde mich erst einmal mit dem Kapitän unterhalten. Sie können an Deck gehen und beobachten, welche Fortschritte Mr. Okes macht. Lassen Sie mich bitte wissen, sobald er etwas herausgefunden hat.«

Der Schiffer des Luggers war klein und dunkelhäutig. Er trug ein zerlumptes Hemd und eine weite Leinenhose. Unter seinem glatten Haar schaukelten zwei goldene Ohrringe, und seine schmutzigen, bloßen Füße vollendeten das Bild der Vernachlässigung und Armseligkeit. Neben ihm wirkte Fähnrich Farquhar elegant und unwirklich.

Bolitho hielt die Augen auf die Karte gerichtet. Das unruhige Atmen und Füßescharren des Spaniers entging ihm nicht. Schließlich sagte er: »Spricht er englisch?«

»Nein, Sir«, antwortete Farquhar ungeduldig. »Er schnattert bloß.«

Ohne den Blick von der Karte zu heben, sagte Bolitho wie nebenbei: »Dann nehmen Sie ihn wieder mit an Deck, und lassen Sie den Profoß eine Schlinge am Hauptmast anbringen.«

»Eine Schlinge, Sir?« fragte Farquhar verdutzt. »Wollen Sie ihn hängen?«

»Selbstverständlich«, sagte Bolitho grob. »Er nützt mir nichts.«

Der Spanier schwankte und warf sich Bolitho zu Füßen. Er schluchzte und weinte, während er Bolithos Beine umklammerte. Die Worte strömten ihm wie eine Flut über die Lippen.

»Bitte, Kapitän, nicht hängen. *Bitte*! Ich bin guter Mann, Sir. Ich haben Frau und viele arme Kinder.« Tränen rannen ihm über die Wangen. »Bitte, Sir, nicht hängen!« Das letzte Wort kreischte er fast.

Bolitho befreite sich aus der Umklammerung und sagte ruhig: »Ich dachte mir schon, daß Ihre Englischkenntnisse wieder aufleben würden.« Und zu Farquhar: »Versuchen Sie den Trick bei den zwei Maaten. Sehen Sie zu, was Sie aus ihnen herausbekommen.« Er wandte sich wieder dem wimmernden Mann zu. »Stehen Sie auf und beantworten Sie meine Fragen, oder ich lasse Sie doch noch aufknüpfen.«

Er ließ einige Minuten verstreichen. Was hätte er angefangen, wenn der Spanier tatsächlich nicht englisch gesprochen hätte? Dann fragte er: »Ihr Bestimmungsort? Ihre Ladung?«

Der Mann schwankte. Seine schmutzigen Hände waren wie zum Gebet gefaltet. »Ich segeln nach Puerto Rico, Kapitän, mit kleiner Ladung Holz und Zucker.« Er rang die Hände. »Aber nehmen Sie alles, Exzellenz, nur lassen Sie mir Leben.«

»Halten Sie den Mund.« Bolitho spähte auf die Karte. Die Geschichte konnte stimmen. Er fragte scharf: »Woher kommen Sie?«

Der Mann lächelte unterwürfig. »Ich segeln überall, Kapitän.« Er schwenkte unbestimmt die Hand. »Ich haben nur kleine Ladung. Ich nehmen, wo was kriegen. Ein schweres, schweres Leben, Exzellenz.«

»Ich werde meine Frage nur *einmal* wiederholen!« Bolitho sah ihn durchdringend an.

Der Mann trat von einem Fuß auf den anderen. »Von Martinique, Kapitän. Ich haben kleine Arbeit da. Aber ich hassen Franzosen, versteh'n?«

Bolitho senkte die Augen, um die Erregung, die er spürte, zu verbergen: von Martinique, dem Hauptquartier und der wesentlichsten Operationsbasis der Franzosen, der am stärksten gesicherten Festung Karibiens.

»Sie hassen die Franzosen, Ihre tapferen Verbündeten?« Bolithos Sarkasmus entging dem Spanier nicht. »Nun, lassen wir das. Sagen Sie mir statt dessen, wie viele Schiffe dort auf Reede lagen.« Bolitho sah Angst in den Augen des Schiffers und nahm an, daß der Spanier genau wußte, welche Reede er meinte.

»Viele Schiffe, Exzellenz.« Er rollte mit den Augen. »Viele *große* Schiffe.«

»Und wer befehligt diese vielen großen Schiffe?«

»Der französische Admiral, Exzellenz.« Der Spanier räusperte sich, als ob er ausspucken wollte, bemerkte jedoch, daß die Wache ihn von der Tür her beobachtete, und schluckte geräuschvoll. »Ein französisches Schwein, dieser Mensch.«

»Der Graf de Grasse?«

Der Schiffer nickte heftig. »Aber Sie ja alles wissen, Kapitän. Sie der Allmächtige haben gesegnet.«

Farquhar betrat die Kajüte, und Bolitho schaute hoch. »Nun?«

»Sie sprechen beide nur wenig englisch, Sir.« Er schien auf sich selber wütend zu sein. »Nach dem, was ich mir zusammenreimen kann, wollten sie nach Puerto Rico.«

Bolitho winkte der Wache. »Bringen Sie den Gefangenen hinaus, aber lassen Sie ihn nicht mit den anderen reden.« Dann sagte er abwesend: »Er hat gelogen. Er kam von Martinique. Die Franzosen würden ihm seine Handelsfahrten nie erlauben, wenn sie jederzeit selbst belagert werden könnten.« Er klopfte auf die Karte. »Nein, Mr. Farquhar, mag sein, daß er von Martinique kommt, aber sein Bestimmungsort ist ein anderer.«

Vibart kam herein und zog wegen der Decksbalken den Kopf ein. »Mr. Okes meldet, daß die Ladung mit dem übereinstimmt, was Sie bereits wissen, Sir. Aber unter der Hauptladung sind neue Stengen und Fässer mit Salzfleisch verstaut. Außerdem eine Menge Ersatzsegel und Tauwerk.«

»Genau, wie ich dachte.« Bolitho fühlte sich sonderbar euphorisch. »Der Lugger bringt Vorräte von Martinique nach . . .« Sein Finger glitt über die auf der Karte eingezeichneten Inseln. »Ja, wohin?« Seine Augen wanderten von Vibarts düsterem zu Farquhars verblüfftem Gesicht. »Bringen Sie den spanischen Schiffer noch mal her.«

Bolitho trat an die Heckfenster und beugte sich über das Wasser, wie um seine Gedanken zu ordnen. Ihm schien, daß der Spanier von den französischen Schiffen in Martinique so offen erzählt hatte, weil er wußte, daß britischen Patrouillenschiffen diese Nachricht bereits bekannt war. Der Spanier bildete sich offenbar ein, daß ihm, Bolitho, der Hauptpunkt entgangen war. Er drehte sich rasch um, als der Mann durch die Tür gestoßen wurde. »Hören Sie gut zu«, sagte er beherrscht, doch so schroff, daß der Spanier zu zittern begann. »Sie haben mich belogen. Ich habe Ihnen gesagt, was mit Ihnen passieren würde, nicht wahr?« Er sprach jetzt gefährlich leise. »Also, noch einmal: Ihr Bestimmungsort?«

Der Mann wankte. »Bitte, Exzellenz. Die mich töten, wenn es herausfinden.«

»Und ich werde Sie töten, wenn Sie mich warten lassen.« Bolitho bemerkte, daß Herrick die Szene von der Tür aus fasziniert verfolgte.

»Wir segeln nach Insel Mola, Kapitän.« Der Mann schien zusammengeschrumpft zu sein. »Die Ladung ist für Schiffe dort.«

Herrick und Farquhar wechselten verständnislose Blicke.

Bolitho beugte sich über seine Karte. »Mola ist holländisch.« Er maß die Entfernung mit dem Zirkel ab. »Dreißig Meilen nordöstlich unserer gegenwärtigen Postition.« Seine Augen bohrten sich mitleidslos in den Spanier. »Wie oft sind Sie schon dorthin gesegelt?«

»Oft, Exzellenz.« Der Spanier sah aus, als müsse er sich übergeben. »Soldaten dort, französische Soldaten. Kommen von Norden. Haben auch Schiffe.«

Bolitho atmete langsam aus. »Natürlich. De Grasse würde nie den Versuch unternehmen, seine Schiffe gegen Jamaika oder eine andere Insel zu schicken, wenn er sich nicht voller Infanterieunterstützung sicher wäre und ein Ablenkungsmanöver an anderem Ort in der Hinterhand hätte.« Er sah die anderen an. »Unsere Flotte beobachtet Martinique im Süden und wartet, daß sich die Franzosen regen, doch die ganze Zeit über sickern sie vom amerikanischen Festland ein und sammeln sich zu einem großen, entscheidenden Schlag.«

Vibart sagte: »Wir müssen die *Cassius* informieren, Sir.«

»Wir könnten mit dem Lugger das Flaggschiff suchen, Sir«, sagte Herrick lebhaft von der Tür her, »und selber hier in Bereitschaft bleiben.«

Bolitho schien sie nicht zu hören. »Wache, bringen Sie den Gefangenen zu den anderen, und schließen Sie alle ein. Meine Empfehlungen an den Bootsmann, und er soll die Leute von der Luggerbesatzung auswählen, die nach seiner Meinung für uns vereidigt werden können. Ich kann mir vorstellen, daß die *Phalarope* dem Gefängnis noch immer vorzuziehen ist.«

Der Seesoldat griente. »Aye, aye, Sir.« Er stieß den Spanier mit seinem Gewehr hinaus.

»Es wird zwei Tage dauern, ehe wir der *Cassius* wieder begegnen«, dachte Bolitho laut. »Dann kann es zu spät sein. Dieser Spanier hat uns viel berichtet, aber die ganze Wahrheit kennt er nicht. Wenn die Franzosen bei dieser kleinen Insel Truppen und Schiffe zusammengezogen haben, steht zu erwarten, daß sie losschlagen wollen, und zwar bald. Ich halte es für unsere Pflicht, das zu erkunden und unser Äußerstes zu tun, sie daran zu hindern.«

Vibart schluckte schwer. »Beabsichtigen Sie, die Patrouillenzone zu verlassen, Sir?«

»Haben Sie irgendwelche Einwände, Mr. Vibart?« Bolitho sah ihn ruhig an.

»Ich trage nicht die Verantwortung, Sir.« Vibart wich Bolithos kaltem Blick aus.

Herrick sagte schnell: »Es ist ein großes Risiko, wenn ich das bemerken darf, Sir.«

»Wie alles, was sich zu unternehmen lohnt, Mr. Herrick.«

Bolitho richtete sich sehr gerade auf und fügte energisch hinzu: »Meine Empfehlung an Mr. Proby. Er soll wenden und Nordostkurs steuern lassen. Wir werden hart am Wind segeln und bei Einbruch der Nacht die Insel Mola erreichen. Bis dahin gibt es viel zu tun, meine Herren.«

Seine Augen wanderten von einem zum anderen, ehe er fortfuhr: »Schicken Sie ein Prisenkommando an Bord des Luggers. Mr. Okes soll nach den Erkennungssignalen suchen. Wie ich vermute, ist die Insel streng bewacht. Der Lugger ist wichtig für uns. Wir können uns nicht erlauben, ihn auf die Suche nach dem Admiral zu schicken.«

»Der Admiral dürfte über Ihr Vorgehen nicht erfreut sein, Sir«, sagte Vibart widerspenstig.

»Und ich würde mir ewig Vorwürfe machen, wenn ich mein persönliches Ansehen über meine offensichtliche Pflicht stellen würde, Mr. Vibart.« Er sah Herrick und Farquhar an. »Eine gute Gelegenheit für Sie beide.« Sein Blick schweifte durch die Kajüte. »Und für das Schiff auch.«

Als alle die Kajüte verlassen hatten, ging er zum Heckfenster. Eine Minute lang plagten ihn nagende Zweifel. Er hatte ungestüm gehandelt, ohne die möglichen Folgen gründlich zu überlegen. Geschick und Fähigkeit entschieden nur die Hälfte, für die andere brauchte man Glück. Und wenn er sich jetzt geirrt hatte, konnte kein Glück der ganzen Welt das ausgleichen.

Er bemerkte, daß ihn Ferguson vom Tisch her wie ein hypnotisiertes Kaninchen anstarrte. Den hatte er ganz vergessen. Immerhin, die Geschichte, die er im Logis zum besten geben würde, konnte der schwindenden Moral des Schiffes nur gut tun. Wenn die *Phalarope* diesmal Glück hatte, würde alles anders aussehen. Und wenn nicht? Er zuckte mit den Schultern. Nur wenige würden dann mit dem Leben davonkommen, um die Sache zu diskutieren.

Er hörte die Achterwache an den Brassen. Das Deck legte sich schräg, als die Fregatte durch den Wind ging. Im Heckfenster tauchte für einen Augenblick der kleine Lugger auf. Er vollzog das gleiche Manöver, um neben der Fregatte zu bleiben. Während Bolitho den Lugger betrachtete, fragte er sich, wieviele Männer bereits den scharfäugigen Ausguck verfluchten, der ihn gesichtet hatte. »Jetzt werden Sie Ihrer Frau etwas erzählen können, Ferguson.

Vielleicht wird sie stolz auf Sie sein.«

Bolitho erhob sich von der Achterducht des Kutters. Hände packten zu und zogen ihn ohne große Umstände über das niedrige Schanzkleid des Luggers. Einige Sekunden stand er schwankend auf dem unvertrauten Deck und versuchte, seine Augen an die Dunkelheit zu gewöhnen.

Der Kutter hatte bereits wieder abgelegt. Bis auf den weißen Schaum, der um seine Riemen quirlte, war er bereits in der Nacht untergetaucht. Bolitho versuchte, die *Phalarope* auszumachen, aber auch sie war nicht zu erkennen. Kein Lichtpünktchen verriet ihre Anwesenheit. Er rief sich die Karte und die Gestalt der Insel ins Gedächtnis, die irgendwo vor dem stumpfen Bug des Luggers lag. Hauptmann Rennie tauchte aus der Dunkelheit auf. »Ich habe die Seesoldaten unter Deck geschickt, Sir.« Er flüsterte, was gar nicht notwendig gewesen wäre. »Sergeant Garwood wird darauf achten, daß sie sich bis zum Einsatz still verhalten.«

Bolitho nickte. Hatte er auch nichts dem Zufall überlassen? Er ging in Gedanken noch einmal alles durch. »Haben Sie sich vergewissert, daß die Gewehre und Pistolen ungeladen sind?«

Rennie nickte. »Jawohl, Sir.« Es klang, als meinte er: ›Natürlich, Sir!‹ Ein vorzeitiger Schuß im falschen Moment, ein Seesoldat, der aus Nervosität abzog, und ihr Leben war noch weniger wert als schon jetzt.

»Gut.« Bolitho tastete sich nach achtern. Dort stand Stockdale breitbeinig neben der rohen Ruderpinne. Den Kopf hatte er nach hinten gelegt, um auf die schlagenden Segel zu achten. Fähnrich Farquhar wachte neben einem formlosen Bündel, in dem Bolitho den unglücklichen spanischen Schiffer erkannte. Er sollte als Unterpfand und Führer dienen.

»Denken Sie, daß wir unbemerkt unter Land kommen, Sir?« fragte Rennie.

Bolitho blickte zu den hohen, glitzernden Sternen auf. Nur die allerschwächste Andeutung einer Mondsichel schwebte silbern über ihrem Spiegelbild im flachen Wasser. Die Nacht war finster genug, alles zu verbergen. Vielleicht zu finster.

»Wir werden sehen«, sagte er. »Lassen Sie Fahrt aufnehmen, und achten Sie darauf, daß die Kompaßlaterne gut abgeblendet ist.« Er kehrte Rennie und dessen Fragen den Rücken und drängte sich an den hockenden Matrosen vorbei, deren Augen ihm folgten. Gelegentlich hörte er das Schaben eines Entermessers oder ein dumpfes Klirren vom Bug, wo McIntosh, ein Artilleriemaat, in letzter Minute nochmals seine in aller Eile montierte Drehbasse prüfte. Sie war mit Kartätschen geladen, die auf kurze Entfernung tödlich wirkten. Der erste Schuß muß sitzen, überlegte Bolitho grimmig. Für einen zweiten ist unter Umständen keine Zeit.

Er fragte sich, was Vibart denken mochte, der nun die Verantwortung für die Fregatte trug und Stunden warten mußte, bis er seinen Part bei der Aktion spielen konnte. Er dachte an das Gesicht, das Herrick gemacht hatte, als er ihm sagte, daß er Leutnant Okes auf den Lugger mitnehmen würde. Herrick wußte, daß es keine andere Wahl gab. Okes war dienstälter, und es war nur gerecht, daß er die Chance bekam, sich einen Namen zu machen. Oder vor Herrick zu sterben, dachte Bolitho trocken. Vibarts Rang und Dienstalter geboten es, ihm den zeitweiligen Befehl über die Fregatte zu übertragen. Und falls Vibart und er fielen, konnte Herrick noch immer die Sprossen der Rangleiter erklimmen.

Bolitho blickte finster in die Dunkelheit und verfluchte sich wegen seiner morbiden Gedanken. Vielleicht war er durch das Planen und Vorbereiten schon zu erschöpft, um noch denken zu können. Den ganzen Tag über, während die Fregatte auf die Insel Mola zusteuerte, hatte lebhafte Geschäftigkeit geherrscht. Männer und Waffen waren auf den Lugger hinübergeschafft worden, dessen Ladung man über Bord geworfen oder zur *Phalarope* hinübergepullt hatte. Im Laderaum des Luggers befanden sich jetzt die Seesoldaten. Die Leute hatten zu viel damit zu tun, gegen die Übelkeit anzukämpfen, die ihnen der Gestank von Fischöl und verdorbenem Gemüse bereitete, um daran zu denken, was vor ihnen lag. Mathias, Bolithos Schreiber, war gestorben und mit einem kurzen Gebet dem Meer übergeben worden. Sein Tod und die Beisetzung hatten die hektischen Vorbereitungen nicht unterbrochen, und jetzt konnte man sich kaum noch an sein Gesicht erinnern.

Leutnant Okes stolperte über das Deck heran. Er ging gebückt, als erwarte er, gegen unsichtbare Gegenstände zu stoßen. Er erspähte Bolitho und murmelte: »Alle – alle Leute klar, Sir.« Es klang angespannt und nervös.

Bolitho grunzte. Der Zweite bereitete ihm schon seit einiger Zeit Sorgen. Okes hatte sich sogar erboten, an Herricks Stelle auf der Fregatte zu bleiben, was sehr sonderbar war. Bolitho wußte, daß Okes nicht reich war. Jede Beförderung außerhalb der Reihe und ein lobender Bericht in der *Gazette* hätten für seine Karriere viel bedeutet. Wahrscheinlich hat er Angst. Nun, bis auf Wahnwitzige mußte jeder Angst haben, dachte Bolitho.

»Wir werden die Landzunge bald sichten«, antwortete er. »Die hohe Brandung muß sie anzeigen.« Er rief sich mit aller Macht das Bild vor Augen, das er sich von der Insel gemacht hatte. Sie glich irgendwie einem Hufeisen, die tiefe Reede lag zwischen zwei geschwungenen Landspitzen verborgen. Die Ortschaft befand sich auf der dem Meer zugekehrten Seite der ihnen zunächst liegenden Landzunge. Dort war der einzige flache Strand der ganzen Insel. Nach der

Karte und den Angaben, die er aus dem Spanier herausgequetscht hatte, waren Reede und Ortschaft durch einen unebenen Weg verbunden, der mit Hilfe einer Holzbrücke eine tiefe Schlucht überquerte. Die Spitze der Landzunge war durch diese Schlucht isoliert. Auf dem höchsten Punkt sollte eine starke Batterie postiert sein, wahrscheinlich Vierundzwanzigpfünder. Sie konnten die ganze Reede leicht verteidigen. Eine Sandbank und mehrere Riffe machten außerdem jede Annäherung zu einem Risiko. Im Grunde war es unmöglich, ohne gutes Tageslicht einzulaufen. Kein Wunder, daß die Franzosen diese Insel zu ihrem Stützpunkt gewählt hatten.

»Die Landzunge, Sir!« Ein Matrose wies nach vorn. »Dort, Sir.«

Bolitho nickte und ging nach achtern. »Gut achtgeben, Stockdale! Etwa eine Viertelmeile voraus liegt das Ufer. Dort soll eine Landungsbrücke aus Holz sein, wenn man den Angaben des Spaniers trauen darf.«

Im Bug warf ein Matrose das Lot aus und meldete heiser: »Etwa Strich zwei, Sir.«

Zwei Faden Wasser unter dem Kiel, und noch waren sie weit vom Land entfernt. Ein Überraschungsangriff konnte in der Tat nur von einem so kleinen Boot wie dem Lugger ausgeführt werden. Und das Überraschungsmoment war ihr einziger Vorteil. Niemand, der bei gesunder Vernunft war, würde erwarten, daß ein einzelnes kleines Boot sich dieser stark befestigten Insel bei völliger Dunkelheit näherte.

Steuermann Belsey sagte heiser: »Ich sehe die Pier, Sir. Dort drüben.«

Bolitho schluckte schwer und spürte ein Prickeln in der Wirbelsäule. Er rückte seinen Degen zurecht und vergewisserte sich, daß seine Pistole griffbereit war.

»Holen Sie den Spanier«, sagte er heiser vor Spannung.

Der Gefangene klapperte vor Furcht mit den Zähnen. Bolitho packte ihn beim Arm. Er roch die Furcht des Mannes. Jetzt war der Augenblick, dem Spanier einen Schrecken ins Gebein zu jagen. Er mußte sich mehr vor ihm als vor dem fürchten, was ihm die Franzosen antun könnten. »Hören Sie gut zu.« Bolitho schüttelte den Mann bei jedem Wort. »Wenn wir angerufen werden, wissen Sie, was Sie zu tun haben, nicht wahr?«

Der Spanier nickte heftig. »Laterne zeigen. Signal geben, Exzellenz.«

»Und wenn man Sie fragt, warum Sie bei Nacht hereinkommen,

sagen Sie, daß Sie Nachrichten für den Garnisonskommandanten bringen.«

»Aber Exzellenz, ich bringe nie Nachrichten.«

»Halten Sie den Mund. *Sagen Sie es*! Wie ich Wachen kenne, geben sie sich damit erst einmal zufrieden.«

Die Pier ragte wie ein schwarzer Finger aus der Finsternis. Die Segel wurden langsam geborgen, und als der Lugger sanft auf die Landungsbrücke zuglitt, leuchtete eine Laterne auf, und jemand rief: »*Qui va la*?«

Der Spanier öffnete die Blende seiner Laterne. Zwei lange, zwei kurze Blinkzeichen. Mit bebender Stimme stotterte er seine Botschaft heraus. Zwischen jedem Wort mußte er tief Luft holen. Er schlotterte dermaßen vor Angst, daß Farquhar ihn gegen den Mast drücken mußte wie eine Leiche. Die Wache sagte etwas zu einem anderen Mann hinter einer kleinen Hütte in halber Höhe der Pier. Bolitho hörte ihn lachen. Metall klirrte zweimal, als die Wachen ihre Gewehre entspannten.

Der Bug schwang zur Pier herum, und Bolitho sah, wie der Wachsoldat sich vorbeugte, um zu beobachten, wie der Lugger festmachte. Er hatte das Gewehr über die Schulter geworfen. Im Glühen seiner langen Tonpfeife blitzte sein hoher Tschako kurz auf. Bolitho hielt den Atem an. Jetzt würde sich zeigen, ob er die richtigen Männer ausgewählt hatte.

Er verfolgte, wie ein Matrose, den Festmacher in der Hand, mit gespielter Gelassenheit die Leiter erklomm. Der Posten rief ihm etwas zu. Doch es war nicht zu verstehen, weil er sich umdrehte, um zuzusehen, wie der Matrose das Tau über einen Poller warf. Ein zweiter Matrose, der auf dem Vordersteven gekauert hatte, sprang wie eine Katze hinauf. Sekundenlang schwankten die zwei Gestalten in einem makaberen Tanz, aber man vernahm kaum einen Laut. Erst als der Matrose den Griff lockerte und den toten Posten geräuschlos auf die Pier sinken ließ, begriff Bolitho, daß die Zeit zum Handeln gekommen war.

»Der Nächste!« zischte er.

Belsey glitt über den Bug, gefolgt von einem Matrosen, der die Klinge seines Messers an der Hose abwischte. Beide verschwanden hinter der Hütte. Diesmal gab es ein paar Geräusche: das Klappern eines fallenden Gewehrs, etwas wie ein Röcheln, nicht mehr.

Bolitho kletterte zur Pier hinauf. Er bebte vor unterdrückter Erregung. »Mr. Okes, rücken Sie mit Ihrem Kommando im Laufschritt zum Ende der Pier vor.« Er hielt einen Matrosen zurück, der losrasen wollte, und zischte: »Ruhig! Hinten ist ein Wachhaus.«

Rennies Seesoldaten strömten aus dem Laderaum, das weiße Lederzeug stach hell von ihren Uniformen ab. Rennie hatte seine Order nicht vergessen. Innerhalb weniger Minuten hatte er seine Leute in zwei Abteilungen gegliedert. Auf ein einziges Kommando hin stürmten die Gruppen über die Pier auf die schweigende Ortschaft zu.

Stockdale verließ den Lugger als letzter. Das Entermesser baumelte wie ein Spielzeug in seiner Hand.

Bolitho blickte sich noch einmal prüfend um. »Also, Stockdale, sehen wir uns die Geschichte mal an!«

VIII Der Angriff

Bolitho hob die Hand, die Matrosen machten halt. »Zehn Minuten Rast. Nach hinten durchsagen.«

Er wartete, bis alles wieder still war, und sagte dann zu Leutnant Okes: »Wir gehen noch ein Stück weiter und werfen einen Blick auf die Brücke. Sich hier den Kopf zu zerbrechen, hilft Rennies Seesoldaten auch nicht. Es ist bereits fast zwei Uhr. Ehe die Dämmerung heraufkommt, gibt es noch viel zu tun.«

Bolitho stieg den steilen Weg hinauf, ohne Okes' Erwiderung abzuwarten. Die lockeren Steine knirschten unter seinen Sohlen. Ihm war sonderbar zumute. Alles war so gut gegangen, daß die Anspannung sich um so stärker bemerkbar machte. Das Glück konnte doch unmöglich andauern.

Vor kaum einer Stunde hatte der Lugger am Pier angelegt. Nachdem die beiden Posten niedergemacht worden waren, hatten Rennies Seesoldaten das kleine Wachhaus am Anfang der Küstenstraße erobert. Die schlafenden Soldaten, alle zehn, waren durch Keulenschläge betäubt worden, und den wachhabenden Unteroffizier hatte man ergriffen und wie ein Paket zusammengeschnürt.

Bolitho war dann losmarschiert, während Rennie seine Leute entlang der Straße verteilte und das Gelände oberhalb der Ortschaft besetzte. Hier mußten sie eigentlich allem standhalten können, bis das Angriffskommando seine Arbeit vollendet hatte.

Bolitho kniete sich hin und versuchte, die Dunkelheit mit Blicken zu durchdringen. Verschwommen sah er die dünnen Umrisse einer hohen Holzbrücke und dahinter das abgetrennte Gebiet, wo die schlafende Bedienung der Batterie lag und noch nichts von dem ahnte, was vorging. Eine ziemlich solide Brücke, dachte Bolitho. Breit und tragfähig genug für den Transport von Geschützen und Vorräten, von Geschossen und allen Materialien zum Bau von Brustwehren und Schießscharten. War sie erst einmal in die Luft gesprengt, würde es lange dauern, sie wieder zu ersetzen.

Ein Stiefel knirschte neben ihm. Sergeant Garwood sah zu ihm hinunter. »Eine Empfehlung von Hauptmann Rennie, Sir. Die Seesoldaten haben die befohlenen Positionen bezogen. Wir haben den Lugger am Kopf des Pier festgemacht, so daß unser Rückzug durch die Drehbasse gedeckt ist.« Er starrte zur Brücke. »Da würde ich gern mitmachen, Sir«, sagte er voller Neid.

»Gehen Sie zurück zu Hauptmann Rennie und sagen Sie ihm, er soll die Straße halten, bis wir uns zurückziehen.« Bolitho lächelte. »Keine Angst, Sergeant, Sie werden schon noch in den Kampf kommen, ehe die Nacht um ist.«

Als Garwood in der Finsternis verschwunden war, sagte er scharf: »Führen Sie die Abteilung herauf, Mr. Okes, und achten Sie darauf, daß alles leise vor sich geht.« Er wandte sich wieder der Brücke zu. Wahrscheinlich wurde sie am einen Ende bewacht, wenn nicht gar an beiden. Es mußte alles sehr schnell gehen.

Okes tauchte schwer atmend wieder auf. »Alle zur Stelle, Sir.«

Farquhar folgte Okes auf dem Fuße, sein Gesicht schimmerte blaß im schwachen Mondlicht. »Ich habe Glover für die Aufgabe ausgewählt, Sir«, sagte er.

Bolitho nickte. Glover war der Matrose, der den ersten Wachtposten so geräuschlos erdrosselt hatte. »Gut, schicken Sie ihn los.«

Der Mann glitt über die Böschung aus Steinen und Büschen und tauchte in den tiefen Schatten vor der Brücke.

»Denkt daran, Leute, wenn Glover den Posten nicht stillmachen kann und Alarm gegeben wird, müssen wir stürmen.«

Er zog seinen Degen und sah das tödliche Blitzen der Entermesser, als er sich umblickte.

»Mr. Farquhar übernimmt mit fünf Mann die Kanonen und das Magazin«, flüsterte er Okes zu. »Und McIntosh soll eine Ladung anbringen, um die Brücke in die Luft zu sprengen, sobald wir uns zurückgezogen haben. Verstanden?«

Okes nickte. »Ich – ich denke schon, Sir.«

»Sie müssen sich über alles restlos klar sein, Mr. Okes.« Bolitho sah ihn durchdringend an. Plötzlich wünschte er, er hätte Herrick an seiner Seite. Sollte er fallen, ehe die Attacke abgeschlossen war, wie würde Okes dann zurechtkommen? Er fuhr fort: »Nach den Angaben unseres Spaniers führt ein Weg von der Batterie zum Ufer vor der Reede. Sobald die Batterie genommen ist, werde ich hinuntergehen, um festzustellen, wie den Schiffen im Hafen beizukommen ist. Ich will versuchen, eins oder mehrere in Brand zu setzen, und die *Phalarope* kann sich mit jenen befassen, die ausbrechen.« Er wandte sich um, als Stockdale, der den wimmernden Spanier hinter sich her zog, durch die Büsche herankam.

»Sir, Glover hat Signal gegeben. Er hat den Posten niedergemacht.«

Bolitho erhob sich. Wenn ich doch tausend Mann hätte statt sechzig, ging es ihm durch den Kopf. Dann könnte ich die Insel nehmen und halten, bis Verstärkung eintrifft. Er zog den Hut in die Stirn und ließ seinen Blick über die Leute schweifen. Gut, daß er jeden persönlich ausgewählt hatte.

»Los, Leute. Schnell und ohne jeden Lärm.« Er schwang den Degen. »Mir nach!«

Die Matrosen trotteten in zwei Reihen auf die Brücke zu. Bolitho ging einen Schritt voraus, die Augen auf die leere Brücke gerichtet, die ihm mit einem Mal sehr weit entfernt und gefährlich vorkam.

Die Schritte beschleunigten sich, und Bolitho wußte, ohne sich umzudrehen, daß der Vormarsch bereits in den Angriff überging. Dann hallten seine Schuhe hohl auf den Bohlen. Zwischen den steilen Wänden der Schlucht hörte er das Donnern der Flut, und aus dem Augenwinkel sah er die weißen Kämme der Brandung. Er stürzte beinahe über die Leiche des uniformierten Postens. Glover grüßte ihn, das erbeutete Gewehr in der Hand.

Ohne stehenzubleiben, sagte Bolitho: »Gut gemacht, Glover. Und nun weiter.«

Eine halbkreisförmige Brustwehr mit viereckigen Stückpforten lief rund um die andere Seite der Landspitze, und während Bolitho auf den Ginsterstoppeln und dem trockenen Gras ausrutschte, zählte er sieben oder acht schwere, auf die See gerichtete Kanonen. Hinter ihnen ragte ein hoher Erdwall auf, und Bolitho nahm an, daß man ihn aufgeschüttet hatte, um das Magazin zu schützen.

Im Schatten unterhalb des Walls gellte ein bestürzter Schrei auf, und vor Bolithos Füßen schien ein Soldat aus dem Boden zu wachsen. Er sah die entblößten Zähne und hörte das hastige Einatmen des Mannes, der vorsprang und mit dem Bajonett einen Ausfall machte.

Glover, der dicht hinter Bolitho war, stieß einen furchtbaren Schrei aus. Die Klinge hatt ihn aufgespießt. Bolitho holte aus; der Soldat sackte zusammen. Die Wucht des Säbelhiebs hatte ihm den Arm fast vom Körper getrennt. Er war verloren und vergessen, als die Matrosen ungestüm über ihn hinweg auf das Plateau wogten und wie Wilde nach weiteren Opfern Ausschau hielten.

Sie stießen auf sechs Franzosen, die in einer kleinen Hütte neben einem großen Schmelzofen schliefen, der feindselig glühte und ein unheimliches Licht über die Ketten glänzender runder Kugeln und die Entermesser der triumphierenden Seeleute warf. Ein Franzose richtete sich so verblüfft auf, als traue er seinen Augen nicht. Ein Entermesser machte ihn stumm, ehe er einen Ton von sich geben konnte, und zwei andere, die aufbrüllten, wurden niedergestochen, als sie nach ihren Waffen greifen wollten.

Bolitho achtete nicht auf die grauenvollen Geräusche, die aus der Hütte drangen. Er beugte sich über die Brustwehr und spähte zum schimmernden Spiegel der Reede hinunter. In der Mitte lagen zwei große Schiffe vor Anker, und zwei kleinere lagen dicht unter den Klippen. Die Ankerlaternen blinkten auf dem stillen Wasser wie Glühwürmchen. Kein Alarm. Nichts störte die ruhige Nachtwache. Bolitho stand kalter Schweiß auf der Stirn, und er merkte, daß er zitterte.

Farquhar klomm zu ihm hinauf. Sein Dolch hob sich schwach glänzend gegen die dunkle Uniform ab. »Die Batterie ist genommen, Sir«, meldete er aufgeregter als sonst, und Bolitho wußte, daß auch ihn die wahnsinnige Wildheit gepackt hielt.

»Acht Kanonen«, fuhr Farquhar in ruhigerem Ton fort. »Zwei davon Zweiunddreißigpfünder.« Es klang beeindruckt. »Wenn die Froschfresser die Kugeln im Ofen zum Glühen bringen, können sie leicht jeden Angreifer versenken. Solche Kugeln setzen ein Schiff im Handumdrehen in Brand.«

Bolitho nickte und deutete auf die vor Anker liegenden Schiffe. »Ich würde sie gern an ihnen ausprobieren, aber der Lärm würde uns die ganze Insel auf den Hals ziehen.« Er wies auf die beiden großen Schiffe. »Es sind Truppentransporter. Aber die Soldaten schlafen sicher irgendwo an Land in Zelten. Im Laderaum zusammengepferchte Soldaten, die zu seekrank sind, um zu marschieren, wenn es soweit ist, würden den Franzosen nichts nützen.«

Okes eilte herbei, den Säbel wie ein Schild vor der Brust. »Was nun, Sir?«

Bolitho sah nach den Sternen. »In zwei Stunden wird es hell. Bis dahin muß jede Kanone entweder unbrauchbar gemacht oder über den Rand der Klippe gestoßen sein. Zum Schluß muß das Magazin gesprengt werden.«

Farquhar nickte. »Meine Leute sind bereits mit Handspaken an der Arbeit. Ich denke, wir können alle Kanonen hinunterstoßen, Sir.«

»Sehr gut.« Bolitho sah Okes an, der heftig atmete. »Sie übernehmen die Brücke. Halten Sie jeden auf. Allerdings muß einer schon sehr geschickt sein, denke ich, um an Rennies Feldwache vorbeizukommen.«

»Ich habe den Abstieg über die Klippen gefunden, Sir«, meldete Belsey. »Er führt direkt zum Wasser hinunter. Unten liegen zwei große Beiboote vertäut.« Er wartete. »Soll ich weitermachen, Sir? Meine Männer sind bereit.«

Bolitho nickte und sah dem Davongehenden nach. Belsey hatte bereits bewiesen, daß er in der Lage war, mit seinem Teil der Aufgabe fertig zu werden. Er ging zur Hütte zurück und sagte scharf: »Raus mit den Leuten. Es gibt noch viel zu tun.« Die Schärfe sollte seinen Abscheu überdecken, denn er hatte bemerkt, daß drei seiner Matrosen die Leichen plünderten. »Bereiten Sie alles vor, Mr. Okes, aber ziehen Sie sich erst zurück, wenn ich das Signal gebe. Falle ich, übernehmen Sie das Kommando und handeln nach Ihrem Ermessen.« Er stieß mit dem Degen auf die Erde. »Aber die Kanonen müssen zerstört und das Magazin muß gesprengt werden, ganz gleich, was sonst passiert. Lassen Sie eine ausreichende Sprengladung an der Brücke anbringen, prüfen Sie die Zündschnur, und überzeugen Sie sich, daß jeder seine Sache richtig macht.« Er schlug Okes auf die Schulter, der Zweite ging beinahe in die Knie. »Unser Besuch hier hat sich gelohnt, Mr. Okes. Schon allein diese zwei Truppentransporter können, wenn es sein muß, genug Soldaten transportieren, um Antigua zu stürmen.«

Bolitho ging schnell zum Klippenrand, wo Stockdale, auf das Entermesser gestützt, auf ihn wartete. Er hielt inne und schaute zurück. Stolz erfüllte ihn über den bisherigen Gang der Dinge. Die Männer arbeiteten eifrig in der Dunkelheit, und eine der Riesenkanonen war bereits aus der Lafette gelöst. Farquhar und McIntosh beugten sich, völlig von ihrem Zerstörungswerk in Anspruch genommen, über die Luntenkiste, und andere Männer luden ihre Gewehre und beobachteten die eroberte Brücke.

Er machte kehrt und folgte Stockdale die steilen, grob ausgehauenen Stufen hinunter. Könnte ich doch mein Gefühl, daß wir hier eine Aufgabe haben, auf die übrige Mannschaft der *Phalarope* übertragen! dachte er. Es konnte vollbracht werden. Er hatte diesen Leuten gezeigt, *wie* man es machte.

Es war finster und sehr kalt am Fuß der Stufen, und er bemerkte, daß die kleine Gruppe bewaffneter Matrosen schon in einem der Beiboote hockte. Er sagte zu Belsey: »Sehen Sie, wie das uns am nächsten liegende Schiff vor Anker schwoit!« Er zeigte auf die kleine Korvette, die kaum zwei Kabellängen von ihnen entfernt vor der behelfsmäßigen Mole lag. Ihr Heck zeigte zur Mitte der Reede, ihr Bugspriet auf die schmale Durchfahrt zwischen den Vorgebirgen.

Belsey nickte und rieb sich das Kinn. »Aye, Sir. Die Flut kommt rein.« Er kniete sich hin, tauchte den Arm ins Wasser und tastete über die Stufen. »Kein Tang zu fühlen, Sir. Sie muß schon ziemlich hoch sein.«

»Stimmt.« Bolitho überlegte angestrengt, seine Augen verengten sich. »Wir machen uns an die Korvette. Man wird nicht groß Wache halten. Unter der Batterie glauben sie sich in Sicherheit. Ich würde das wenigstens tun.«

Belsey nickte. »Und dann, Sir?« Es klang, als wäre er jetzt mit allem einverstanden.

»Wir stecken sie in Brand und lassen sie auf den nächstliegenden Truppentransporter zutreiben. Sie wird in Flammen aufgehen wie trockenes Gras.«

Der Steuermannsmaat bleckte die Zähne. »Das löst aber bestimmt Alarm aus, Sir.«

Bolitho lachte kurz auf. »Man kann nicht alles haben, ohne zu zahlen.« Er kletterte über seine Leute zur achteren Ducht. »Umwickelt die Riemen, und zwar gut. Nehmt eure Hemden, alles, was zur Hand ist.« Er sah flüchtig zu den Sternen hinauf. Bildete er es sich nur ein, oder schimmerten sie blasser als vorher? »Ablegen!« kommandierte er ungeduldig. »Und pullt vorsichtig.«

Die Riemen hoben und senkten sich, und die Männer hielten den Atem an, als das Beiboot von den Klippen freikam. Das Wasser gurgelte ungeduldig und drückte den Rumpf heftig in die Hauptströmung.

Bolitho legte Stockdale die Hand auf den Arm. »Laß das Boot laufen. Heute nacht ist die Flut unser Verbündeter.« Über den Bug des Beibootes hinweg sah er deutlich die Korvette. Ihr schlanker Bugspriet zeigte direkt über seinen Kopf. »Vorsichtig, Jungs, vorsichtig!« Achtern an der Heckreling glomm eine Laterne, und eine zweite schimmerte schwach neben dem Fockmast. Dort war wahrscheinlich der Niedergang zum Mannschaftslogis, der wegen der Wärme offen stand.

»Riemen ein!« Er knirschte mit den Zähnen, als die schweren Riemen sorgfältig über die Duchten gelegt wurden. Jeder Laut klang wie ein Donnerschlag. »Steuere mit dem Strom, Stockdale.« Er beugte sich vor. »Bugsgast, den Enterhaken klar!« Für sich setzte er hinzu: Der Lärm macht nichts, sobald wir erst einmal an Bord sind.

»Sir!« Der Schlagmann gestikulierte wild. »Sehen Sie, Sir. Ein Wachboot.«

Bolitho verfluchte sich wegen seiner übergroßen Zuversicht. Er blickte in die angegebene Richtung, sah den weißen Schaum von Riemen und hörte kaum zwanzig Yard entfernt das Kreischen von Ruderklampen.

Einige seiner Männer schnauften überrascht, doch er sagte barsch: »Vorwärts, Bugsgast. Den Enterhaken!«

Das Beiboot schwang schwerfällig um den Steven der Korvette, als der Enterhaken hinaufflog und sich im Schanzkleid verbiß. Dann überstürzten sich die Ereignisse. Vom Wachboot her ertönten Rufe, denen eine unregelmäßige Gewehrsalve folgte. Der Schlagmann neben Bolitho schrie auf und stürzte verkrümmt über das Dollbord, seine Arme schlugen wie Dreschflegel, als er im dunklen Wasser verschwand. Kugeln hämmerten in das Beiboot und in die Planken der Korvette.

Die Männer zauderten, als über dem Schanzkleid ein Gesicht auftauchte und das wütende Aufblitzen einer Pistole das Beiboot kurz erhellte. Belsey duckte sich, fluchte wüst, und ein anderer Mann sank wimmernd zusammen. Blut schoß aus seiner Schulter.

Bolitho turnte in dem Boot, das sich um seine eigene Achse drehte, nach vorn und sprang zur Reling der Korvette hoch. Einen Augenblick strampelten seine Füße über dem Wasser, doch dann war er oben und über dem Schanzkleid. Der Atem wurde ihm aus den Lungen gepreßt, als ein Matrose, der sich nach ihm über die Reling schwang, auf ihn fiel. Er kämpfte sich auf die Füße, während sich der Rest seiner Mannschaft hinaufschwang. Der einzige Verteidiger der Korvette lag in einer Blutlache, und ein Mann, der plötzlich nackt im offenen Niedergang auftauchte, stieß einen Schreckensschrei aus, floh zurück unter Deck und schlug die Luke hinter sich zu.

Bolitho steckte den Säbel in die Scheide und sagte gelassen: »Das spart uns die Mühe, sie aufzuspüren!« Und dann, als eine weitere Salve vom Wachboot herüberpfiff: »Sie kennen Ihre Aufgabe, Belsey. Die Ankerkette kappen und dann ans Ruder.«

Seine Leute brüllten wie Verrückte, als sie über das Deck hasteten, als wäre alles eine alltägliche Angelegenheit. Bolitho stellte sich die Panik und das Durcheinander vor, als die schlaftrunkenen Mannschaften aus den Hängematten torkelten, um dem Ruf zu den Waffen zu folgen.

»Kette gekappt, Sir«, ertönte es von der Back.

»Sehr gut. Die Strömung wird sie mitnehmen.« Bolitho rannte an die Reling und spähte durch die Dunkelheit zum nächstgelegenen Transporter. Er bemerkte jetzt mehr Laternen und glaubte zu sehen, daß sich die Stückpforten des Oberdecks öffneten. Ihre Wut wird gleich der Besonnenheit weichen, dachte er.

»Legt Feuer im Schiff!« Er deutete auf den Fockmast. »Hier anfangen, Belsey.«

Fasziniert beobachtete er Belseys Matrosen, die das Ankerlicht an eine Mischung aus Öl, Werg und Leinen hielten. Das Resultat ließ nicht lange auf sich warten und war furchtbar. Mit wildem Donnern züngelten die Flammen die Wanten hinauf und ergriffen im Handumdrehen den ganzen vorderen Teil des Decks. Große Feuerzungen beleuchteten die gesamte Reede, so daß die anderen Schiffe sich in dem Inferno nackt und bloß abzeichneten. Takelage und Tauwerk flammten und knisterten, als das Feuer durch die geteerten Stagen züngelte und nach den zusammengerollten Segeln griff. Spieren und Planken, von der Sonne ausgetrocknet, brannten wie Zunder. Die knatternden Flammen fraßen sich immer weiter, während sich Bolithos Leute, halb betäubt von dem Ausmaß ihres Zerstörungswerkes, zurückzogen.

Bolitho kämpfte sich durch den beißenden Rauch und die sengende Hitze. Er war froh, daß Belsey die Luke zum Logis geöffnet hatte, und bemerkte, daß die Matrosen schon zum größten Teil über Bord gesprungen waren und entweder schwammen oder ertranken, indes ihre Welt über ihnen verbrannte.

Er lehnte hustend an der Reling und sah zu dem großen Truppentransporter hinüber. Nichts mehr von Wut oder Kampfbereitschaft. Das Deck war voll hastender Gestalten. Offiziere und Männer eilten auf ihre Stationen, wobei sie aufeinander prallten, weil sie schreckerfüllt immer wieder auf den herantreibenden Brander starrten.

Der zweite Transporter holte seine Ankerkette durch die Klüse ein, doch der erste hatte keine Chance mehr. Ein Teil der Besatzung mußte erkannt haben, daß die Kollision unvermeidlich war, denn Bolitho sah, wie nebem dem Rumpf das Wasser hochspritzte, wo die Männer über Bord sprangen. Er hörte Pistolenschüsse und nahm an, daß die französischen Offiziere doch noch Ruhe und Ordnung herstellen wollten.

Belsey führte seine würgenden, keuchenden Leute zum Heck und brüllte: »Höchste Zeit, abzuziehen, Sir.« Er grinste, obwohl ihm vor Qualm die Augen tränten.

Bolitho deutete hinab. »Das Boot ist an der Gilling vertäut. Schnell hinunter, Jungs. Das Magazin wird gleich in die Luft fliegen.«

Ein Matrose nach dem anderen glitt in das kleine Boot hinunter. Bolitho, der vor Hitze kaum atmen konnte und den die vorrückenden Flammen fast blendeten, verließ die Korvette als letzter.

»Riemen bei!« bellte Stockdale. »Ruder an!«

Das Boot kam klar. Die grausame Glut ließ das Weiße in den Augen der Männer aufglimmen, als die brennende Korvette vorbeitrieb. In der Nähe schwammen mehrere Franzosen. Einer versuchte, sich in das bereits überfüllte Boot zu ziehen, doch Stockdale stieß ihn zurück, und seine jammervollen Schreie verklangen achtern.

»Bei Gott, jetzt sind sie zusammengestoßen«, rief ein Matrose.

Die Korvette hatte den Transporter erreicht, und die Flammen züngelten bereits seine hohen Masten hinauf. Die halb herabgelassenen Segel fingen Feuer und verwehten wie Asche im Wind.

»Pullt, Jungs, pullt!« Bolitho drehte sich um, um den Erfolg seiner Attacke zu beobachten, der ihn halb mit Befriedigung, halb mit Abscheu erfüllte.

Das Magazin der Korvette explodierte. Das Schiff, vor einer halben Stunde noch still vor Anker, brach mittschiffs auseinander und versank sprühend und zischend. Die Arbeit war getan. Der Transporter stand vom Steven bis zum Heck in Flammen, Fock- und Großmast waren vor Rauch schon nicht mehr zu sehen. Der Qualm verbarg den anderen Transporter, doch Bolitho wußte, daß es nur zwei Möglichkeiten für das Schiff gab. Entweder versuchte es auszubrechen, wobei es riskierte, das Schicksal seines Schwesternschiffs zu erleiden, oder es ließ sich auf den Strand treiben, wo es nach Einsetzen der Ebbe als nutzloses Wrack liegen bleiben würde.

»Lichter am Ende der Bucht, Sir«, meldete Belsey. »Dort liegen wahrscheinlich die Truppen.«

Bolitho fuhr sich über das rauchgeschwärzte Gesicht und nickte. »Wir haben in ein Hornissennest gestochen. Gleich werden sie über uns herfallen.« Daß ihre Schiffe zerstört und ihre Batterien kampfunfähig gemacht waren, mußte die französischen Soldaten nach Rache dürsten lassen. Immerhin, es war vollbracht. Und viel besser, als er gehofft hatte. Daran würden die Leute künftig denken, wenn sie den Namen *Phalarope* aussprachen.

Leutnant Matthew Okes starrte von der Batterie hinunter, erschreckt und benommen durch die rasende Feuersglut und die hallenden Explosionen. Auf seinem schweißnassen Gesicht spürte er den glühenden Hauch des brennenden Schiffs, und sein ganzes Wesen wehrte sich gegen die Schrecken, die er sah, und gegen die, die er nur ahnen konnte.

»Höchste Zeit, die Kanonen hinunterzustoßen«, sagte Farquhar scharf.

Okes nickte stumm, seine Augen hafteten noch immer auf dem flammenden Transporterschiff, das sich langsam auf die Seite legte. Männer schwammen oder trieben zwischen den Trümmern und dem verkohlten Treibgut. Unaufhörlich regneten Wrackstücke, von gedämpften Explosionen innerhalb des geborstenen Rumpfes hochgeschleudert, in das glitzernde Wasser. Obwohl der Rauch die Sicht behinderte, sah er, daß der zweite Transporter gleich auflaufen würde. Seine Masten neigten sich schon gefährlich.

Hinter ihm rumpelte es , und ein abgerissenes Hurra erklang, als die Matrosen die erste Kanone über den Klippenrand stießen. Eine zweite, eine dritte Kanone folgte und stürzte krachend auf die Felsen. Er hörte, wie McIntosh seine Leute anfeuerte, ihnen die anderen nachzuschicken.

Okes spürte, daß ihm die Knie weich wurden. Am liebsten hätte er sich davongemacht und der höllischen Szene mit ihrem von Funken gesprenkelten Rauch und den Flammen, die die ganze Reede erhellten, den Rücken gekehrt. Es war die reine Verrücktheit, etwas, das niemand von ihnen unter Kontrolle halten konnte.

Von Bolitho war nichts zu sehen. Selbst wenn es ihm gelungen sein sollte, den Brander zu verlassen, würde es sehr lange dauern, wieder zum Vorgebirge zurückzukommen.

»Dort, Sir«, sagte Farquhar. »Sehen Sie. Truppen schwärmen über den Kamm.«

Gerade als Okes seine Augen von der Schreckensszene losriß, legte sich der Transporter auf die Seite und versank in den Fluten. Damit erlosch das grelle Licht wie eine Kerze, und der Ankergrund sank wieder in tiefen Schatten zurück. Okes blinzelte durch den Rauch. Es wurde bereits heller, über dem Kamm jenseits der Reede lag schon ein schwaches Grau. Die Feuersglut der Schiffe hatte das Nahen der Morgendämmerung verborgen. Er blickte in die von Farquhar gewiesene Richtung und nahm mit steigender Panik das schwache Aufglänzen von Bajonetten wahr. Eine Formation schob sich wie eine riesige Raupe über den Rand des nächstgelegenen Hügels.

Seine Augen glitten von den heranmarschierenden Truppen zur Brücke und von seiner Position auf dem Batteriegelände zum Ende der Küstenstraße. Mit einer Stimme, die er kaum erkannte, befahl er: »Bereiten Sie alles zur Sprengung des Magazins vor, Mr. Farquhar.« Er starrte um sich wie ein in der Falle sitzendes Tier. »Ich muß sofort zu Rennie. Machen Sie hier weiter.«

Er eilte davon und ignorierte die verwunderten Blicke der Matrosen und die in Farquhars Augen aufblitzende Verachtung. Seine Gedanken rasten, und plötzlich raste auch er mit keuchendem Atem. Er stolperte über Stechginster und glitt auf Steinen aus. Dann rannte er blind über die Brücke und an den bewaffneten Matrosen auf der Talseite vorbei. Weiter, nur weiter! Da und dort bemerkte er zwischen dem Farnkraut des Abhangs die roten Röcke der Seesoldaten, und mit Entsetzen wurde ihm klar, daß das Ufer und die zusammengewürfelten Häuser vor dem Pier bereits zu erkennen waren. Das wachsende Tageslicht steigerte sein Gefühl, der Gefahr nackt und bloß ausgesetzt zu sein, und im Geiste hörte er den Tritt französischer Soldaten, die vorrückten, um ihm die Flucht zur See abzuschneiden.

Okes folgte der Wegbiegung und wäre beinahe über Hauptmann Rennie gestürzt. Rennie hatte es sich auf einem niedrigen, grasbewachsenen Wall bequem gemacht. Sein Dreispitz und sein Degen lagen neben ihm. Auf den Knien hielt er eine halb verzehrte Pastete. Als Okes taumelnd vor ihm stehenblieb, blickte er auf und wischte sich gelassen den Mund mit seinem Taschentuch.

»Köstlich«, sagte er und sah forschend an dem Zweiten vorbei. »Hört sich an, als wären sie ziemlich lebhaft dahinten.«

Okes blickte wild umher. Das war fast zuviel. Er hätte am liebsten gebrüllt und Rennie durchgeschüttelt, damit er das Ausmaß der Gefahr begriff. Doch Rennie kniff die Augen zusammen und sagte: »Auch ein Stück Hühnerpastete? Ich hatte schon fast vergessen, wie sowas schmeckt.« Er deutete über die Schulter, ohne Okes' verzerrtes Gesicht aus den Augen zu lassen. »Haben mir während der Nacht irgendwelche Holländer aus dem Dorf gebracht, verdammt nette Leute. Schade, daß wir im Krieg sind, nicht?« Er stand auf und wikkelte den Rest der Pastete sorgfältig in sein Taschentuch. Dann sagte er gelassen: »Nun, erzählen Sie. Wie stehen die Dinge?«

Okes gab sich alle Mühe, ruhig zu sprechen. »Die Franzosen kommen. Von dort, hinter dem Berg.«

»Ich weiß. Meine Leute haben sie bereits entdeckt.« Rennie musterte ihn unbewegt. »Was haben Sie sonst erwartet?«

Rennies offensichtliche Gleichmütigkeit schenkte Okes den kleinen Schuß zusätzlicher Entschlußkraft, den er noch benötigte. »Fangen Sie an, sich zurückzuziehen. Ich habe befohlen, das Magazin zu sprengen.« Er sah zu Boden. »Ich sprenge die Brücke, sobald McIntosh fertig ist.«

Rennie starrte ihn an. »Aber der Kapitän! Wie, in Teufels Namen, soll er ohne Brücke zurückkommen?« Er stülpte den Dreispitz auf und griff nach dem Säbel. »Ich werde mir die Lage lieber mal selber ansehen.«

Okes verstellte ihm den Weg. Seine Augen funkelten. »Sie kennen die Order. Ich habe das Kommando, wenn dem Kapitän etwas zustößt. Ihre Pflicht ist es, den Rückzug zu decken.«

Sergeant Garwood kam um die Wegbiegung, sein Halbspieß glänzte im heller werdenden Licht. »Sir!« Er ignorierte Okes. »Die Froschfresser kommen. Ziehen sich etwa in Kompaniestärke an unsere Flanke herab. Die anderen werden sicher versuchen, uns zu umgehen und von hinten anzugreifen.«

Rennie nickte. Er wirkte plötzlich ernst. »Gut. Ich komme sofort. Sie werden doch noch etwas warten, wie?« sagte er dann langsam zu Okes. »Es dauert seine Zeit, zum Vorgebirge zurückzupullen.«

Okes schnellte herum, als das Echo einer Gewehrsalve über die Hügel hallte. »Gehen Sie zu Ihren Leuten, Hauptmann Rennie. *Ich* kenne meine Pflicht.«

Rennie zuckte mit den Schultern und entfernte sich schnell in Richtung auf das Gewehrfeuer. Als er sich umsah, bemerkte er, daß der Rauch von der Reede wie eine Wand über das Vorgebirge trieb, und er versuchte, sich die Verwüstung auszumalen. Gegen den Abhang und das glitzernde Wasser unterhalb der Klippen zeichnete sich

Okes' Gestalt ab, gebrechlich, verloren. »Ich hoffe, Sie kennen sie wirklich, Mr. Okes!« sagte er zu dem leeren Abhang. Dann machte er kehrt und lief auf die vorbereitete Stellung und auf seine Leute zu.

McIntosh hockte auf der Brücke und verrenkte sich den Hals, um zu einer der massiven Holzstreben hinunterzublicken.

»Wie weit sind Sie?« Okes mußte an sich halten, um nicht zu brüllen. »Sind Sie fertig?«

»Aye, aye, Sir«, nickte McIntosh. »Zündschnur für zwei Minuten. Und die fürs Magazin vier Minuten.« Er rieb sich die Hände. »Mr. Farquhar wartet bei der Batterie, um die Lunte anzuzünden, sowie der Kapitän zurück ist.«

Okes schwankte hin und her, dann fing er sich. »Warten Sie hier.« Er rannte los. Als er das Vorgelände der Batterie erreichte, ließ er die Pfeife ertönen und rief: »Vorgebirge räumen! Alle Mann zurück!«

Die Matrosen griffen verblüfft nach ihren Waffen und eilten auf die Brücke zu. Die meisten hatten die nahenden Franzosen gesehen und brauchten keinen zweiten Befehl. Ein Maat, das Gesicht von Rauch und Schmutz verschmiert, trat auf den keuchenden Leutnant zu. »Entschuldigen Sie, Sir, aber der Kapitän ist noch nicht da.«

»Ja, ja, ich weiß.« Okes starrte ihn mit glasigen Augen an. »Zu den anderen mit Ihnen, bringen Sie sie über die Brücke. Warten Sie dort auf mich. Halten Sie sich bereit zum Aufbruch.« Er spähte durch den Rauch. »Wo ist Mr. Farquhar?«

»Ein Stück die Stufen hinunter, Sir, um besser sehen zu können.«

Okes lehnte sich an die Brustwehr. Ohne die Matrosen und ohne die Kanonen vor den Schießscharten wirkte der Platz sonderbar tot. Er ging zu dem in den Felsen gehauenen Weg und sah hinab. Kein Farquhar zu sehen, von keinem Menschen eine Spur. Schüsse bellten, dazwischen wildes Hurrarufen. Die Glieder zitterten ihm, als hätte er keine Kontrolle mehr über sie. Er ging zur offenen Tür des Magazins und blickte einige Sekunden auf die Lunte. Seine Schuld war es nicht, redete er sich ein. Es blieb ihm einfach keine andere Wahl. Er kniete sich hin. Während sein Blick auf der Lunte ruhte, sah er vor seinem geistigen Auge das Bild Bolithos, wie er die Stufen hinuntereilte.

Verdammt sollten sie sein. Alle! Er zitterte so, daß er die eine Hand mit der anderen festhalten mußte, als er die Lunte ansteckte.

Übelkeit würgte ihn. Er taumelte hoch und rannte auf die Brücke zu. McIntosh blickte ihm verständnislos entgegen.

»Stecken Sie die Zündschnur an, Sie Idiot.« Okes war bereits halb über die Brücke hinüber. »Oder wollen Sie hierbleiben und mit dem Magazin in die Luft fliegen?«

McIntosh setzte die Lunte in Brand und rannte los. An der Wegbiegung holte er Okes ein und keuchte: »Aber wo ist Mr. Farquhar, Sir? Und was ist mit dem Kapitän?«

Okes fauchte: »Zurück zum Ufer! Alle!« Und zu McIntosh gewandt, setzte er hinzu: »Alle tot. Und das werden auch Sie gleich sein, wenn die Franzosen Sie schnappen.«

Eine donnernde Explosion und gleich darauf eine zweite, stärkere. Die Detonationen übertönten das Musketenfeuer und die fernen Schreie. Die Kraft der Explosion schien die ganze Insel betäubt zu haben. Das grollende Donnern hallte nach, und Okes hörte ein splitterndes Krachen. Die zu Kleinholz zerfetzte Brücke stürzte in die Schlucht.

Sonderbar, aber er merkte, daß er jetzt wieder gehen konnte. Beinahe fest und sicher setzte er einen Fuß vor den anderen, als er seinen Leuten zum Pier und in die Sicherheit folgte. Er hatte das einzig Richtige getan. Er hielt seine Augen auf den Pier gerichtet. Das einzig Richtige. Die anderen würden das ebenfalls bald erkennen. Er stellte sich das Gesicht seiner Frau vor, wenn sie die Nachricht in der *Gazette* las:

»Leutnant Matthew Okes, der nach dem Tode des kommandierenden Offiziers die Hauptlast der Verantwortung für diesen wagemutigen Angriff trug, ist zu der Kühnheit und dem Geschick zu beglückwünschen, mit dem er die Attacke gegen eine große Übermacht zum erfolgreichen Ende führte.«

Okes blieb stehen, als Seesoldaten aus dem Ginster brachen und auf dem Weg in Stellung gingen. Einer von ihnen rief: »Da kommen sie, Jungs.«

Von der anderen Seite der Kuppe her erscholl Sergeant Garwoods Stimme. »Anlegen! Achtung, Feuer!«

Das letzte Kommando ertönte, als eine Kette blau uniformierter Soldaten über der Kammlinie auftauchte und sich anschickte, zum Ufer hinunterzurennen. Nachdem der Pulverqualm verweht war, sah Okes, daß die Soldaten sich zurückgezogen hatten, ohne sich um ihre Gefallenen zu kümmern.

»Nachladen. Laßt euch Zeit«, rief Garwood gelassen. »Und tiefhalten, Jungs.«

Noch eine Salve, doch diesmal rückten die Soldaten trotz der Verluste in größerer Zahl und mit größerer Entschlossenheit vor. Hier und da fiel auch ein Seesoldat, und einige erlitten Verwundungen, so daß sie ihren Kameraden nur langsam den Abhang hinunter folgen konnten.

Okes sah, daß Rennie gelassen auf einem kleinen Hügel stand und die Scharfschützen ignorierte, während er die dünne Linie seiner zurückgehenden Männer beobachtete. Er spürte, daß sein Neid in Haß umschlug. Rennie hätte nie so gehandelt wie er. Er hätte auf Bolitho gewartet und alle für nichts und wieder nichts geopfert.

Okes brüllte: »Zum Lugger, schnell!«

Die Matrosen rannten zum Pier. Sie trugen ihre verwundeten Kameraden und riefen den Seesoldaten ermutigende Worte zu. Es kam Okes vor, als dauerte es eine Ewigkeit, bis sich die letzten Seesoldaten über den Pier zurückzogen. Eine frische Morgenbrise wehte und füllte die Segel, und als der letzte Seesoldat keuchend über das Schanzkleid kletterte, legte der Lugger ab.

Unter irrem Lärm brachen die Franzosen aus der Deckung und stürmten zum Pier. Die einzelnen Uniformen schlossen sich zu einer festen Masse, und als sie zum Pier drängten, flossen sie zu einem einzigen Feind zusammen.

McIntosh hockte im Bug und richtete die Drehbasse aus. Er achtete nicht auf das sporadische Gewehrfeuer und wartete, bis die Soldaten eine brüllende, gedrängte Front bildeten, ehe er abzog. »So, meine Lieben!« Der Lugger stampfte wild, als der Kartätschenschuß die schreienden Soldaten wie eine Sense niedermähte. McIntosh stand auf und brüllte: »Das war für den Kapitän und die anderen!«

Ehe die zweite Welle bis zu den Hingemetzelten vorgedrungen war, hatte der Lugger abgedreht und segelte bereits auf das offene Meer hinaus. Jetzt herrschte Schweigen an Bord, und selbst als die nach hinten geneigten Masten der *Phalarope* das Vorgebirge umrundeten und wie schützende Eltern über dem kleinen Boot aufragten, brachten die erschöpften Männer kein Hurra zustande.

Okes blickte zur Insel zurück, zum Rauch, zu dem undeutlichen Umriß der Batteriestellung. Es war vorüber.

Nach dem Angriff würde man den Lugger aufgeben. Okes ließ ihn längsseits kommen. Von der *Phalarope* streckten sich den Verwundeten und den schweigenden Siegern viele Hände entgegen. Hauptmann Rennie trat beiseite, um Okes zuerst hinaufklettern zu lassen. »Nach Ihnen, Mr. Okes«, sagte er. »Ich möchte Ihren Auftritt nicht verderben.«

Okes sah ihn an und wollte etwas erwidern. Als er die kalte Feindseligkeit in Rennies Augen bemerkte, unterließ er es aber. Mit Eifersucht muß ich rechnen, sagte er sich. Darauf muß ich gefaßt sein.

Er langte nach der Kette und schwang sich über das Schanzkleid der Fregatte. Eine Sekunde lang blickte er über das vertraute Deck. Er hatte überlebt.

IX Niederlage

Bolitho erinnerte sich nicht, die Explosion des Magazins gehört zu haben. Es war mehr ein Empfinden gewesen oder das Ende eines Alptraums, aus dem man mit gesteigerter Furcht vor der wartenden Wirklichkeit erwacht. Er sah wieder vor sich, wie er im Heck des überlasteten, halb überspülten Bootes saß und auf das kochende, wirbelnde Wasser zurückblickte, in dem der Transporter versunken war. Seine schmerzenden, von der Feuersglut geblendeten Augen sahen gar nichts mehr, seit das Schiff untergegangen war und die von hohen Wänden eingefaßte Reede wieder eine Dunkelheit einhüllte, die allen Schmerz und Schrecken verbarg.

Seine Leute lachten und schwatzten vor Erleichterung und Erregung, aber als Bolitho sich umdrehte, um nach dem Felssturz am Fuß der Klippen Ausschau zu halten, schien die ganze Welt in ein einziges riesiges Inferno verwandelt. Felsstücke regneten herab, und während sich die Männer verzweifelt in die Riemen legten, krachte ein großer gezackter Steinbrocken wie ein Hammer auf den Steven. Bolitho taumelte hoch, als das Wasser rauschend in das mit Schlagseite treibende Boot strömte.

Es schien, als wollte das Bombardement nie enden. Er sah, daß ein Mann von einem Felsstück ins Wasser gefegt wurde, gerade als er den Fuß der Klippen hinaufklettern wollte. Belsey fiel fluchend ins Wasser, und als Stockdale ihn auf die Felsen hievte, brüllte er: »Mein Arm! O Gott, mein Arm ist gebrochen.«

Bolitho erwachte nach und nach aus der Betäubung. Doch während er seinen Leuten Mut zusprach, empörte sich sein Verstand gegen die rauhe Wirklichkeit. Jemand hatte das Magazin in die Luft gejagt, ohne auf ihn und seine Abteilung zu warten. Die Tatsache, daß sie, wäre ihr Boot ein paar Minuten früher zurückgekehrt, mit dem Magazin in die Luft geflogen wären, schenkte ihm nur wenig Trost.

»Mir nach, Jungs!« rief er. »Wir klettern am Wasser entlang. Die

Flut geht zurück. Wir werden also ganz gut zum Aufstieg kommen.« Er tastete sich voran und wußte, daß sie ihm folgen würden. Es blieb keine Wahl. Vom anderen Ende der Reede her hörte er wütende Schreie und das Geschmetter einer Trompete. Die Franzosen hatten zu viel mit sich selber zu tun, um sich um die Angriffsabteilung zu kümmern. Aber das würde nicht so bleiben, und die Rache würde sie schnell und endgültig erreichen.

Er hielt taumelnd an und blinzelte durch den beißenden Rauch. In dem blassen Frühlicht, das in die Schlucht fiel, erkannte er deutlich die Reste der Brücke. Es hatte also keinen Sinn mehr, die Stufen hinaufzuklettern. Es gab keinen Weg zurück zum Strand.

Ein Seemann stolperte benommen hinter ihm her und starrte mit weit aufgerissenem Mund auf die Trümmer der Brücke. Verzweiflung würgte ihn. »Ihr verfluchten feigen Hunde!«

»Ruhe!« Bolitho drängte ihn und die anderen zurück. »Zweifellos gab es einen guten Grund, die Brücke so früh zu sprengen.« Aber er sah den Ausdruck auf Stockdales Gesicht und wußte, daß Stockdale seine Lüge durchschaut hatte.

Belsey stöhnte und stützte sich haltsuchend auf Stockdale. »Sie lassen uns hier verrecken! Sind abgehauen, um ihre kostbare Haut zu retten.«

Bolitho hob die Hand. »Ruhe!« Er reckte den Hals. »Hört mal!«

Ein Matrose stieß hervor: »Da drüben, Sir. Ich habe es auch gehört.«

Sie kletterten über die rauchenden Brückentrümmer. Plötzlich fuhr der vorderste Matrose entsetzt zurück. Fähnrich Farquhar saß aufrecht an der rauhen Wand der Schlucht. Ein dicker Balken klemmte ihn fest, und dicht neben ihm lag ein säuberlich abgetrenntes Bein.

Farquhar öffnete die Augen und krächzte: »Gott sei Dank, Sir. Ich dachte schon, ich müßte hier allein sterben.« Er sah ihre Gesichter und quälte sich ein Grinsen ab. »Mein Bein ist das nicht, Sir. Es gehört unserem spanischen Gefangenen.«

Bolitho schaute sich um und blickte dann zum heller werdenden Himmel hinauf. »Gut. Hebt den Balken an, aber paßt auf.« Er kniete sich neben den Fähnrich und fuhr mit den Händen schnell unter den dicken Balken. Während er den eingeklemmten Körper abtastete, beobachtete er die verzerrten Züge Farquhars scharf.

»Scheint nichts gebrochen, Sir«, preßte Farquhar hervor. Er legte sich zurück und schloß die Augen, als die Männer den Balken anhoben. »Ich habe nach Ihnen Ausschau gehalten, Sir. Dann ging ich zum Magazin zurück und sah, daß die Lunte fast abgebrannt war.« Ihm brach beinahe die Stimme. »Ich griff mir unseren Spanier und rannte zur Brücke, aber gerade, als wir sie erreichten, ging das Ding hoch und stürzte in die Schlucht.« Er zuckte zusammen. »Und wir mit.«

Sie zerrten den Balken weg, und Bolitho biß die Zähne zusammen, als er die zermalmten Überreste des Gefangenen sah. Barsch fragte er: »Wie ist es passiert?«

Sie stellten Farquhar auf die Füße, aber seine Beine gaben sofort nach, und Stockdale sagte: »Na, ich übernehme den jungen Herrn, Sir.«

Farquhar klammerte sich an Stockdales Schulter. »Tut mir leid, Sir«, sagte er. »Es wird mir gleich besser gehen.« Ihm fiel Bolithos Frage ein, und er sagte: »Ich verstehe es auch nicht, Sir. Ich kann immer noch nicht glauben, daß es geschehen ist.«

Bolitho zog den Dolch aus Farquhars Gürtel und gab ihn einem Matrosen. »Hier, mach daraus eine gute Schiene für Mr. Belseys Arm. Das wird reichen, bis wir zur *Phalarope* kommen.«

Belsey beobachtete die ungelenken Finger der Männer und stöhnte. »Seht euch vor, zum Teufel!«

Bolitho ging langsam über den Steinwall. Vierzehn Mann, er mit eingeschlossen. Einer mit gebrochenem Arm und einer schon halb im Delirium, eine Kugel in der Schulter. Auch Farquhar sah aus, als würde er bald ohnmächtig werden.

Er versuchte, Bitterkeit und Mißtrauen zu verdrängen. Jetzt hatte er erst mal diese Männer in Sicherheit zu bringen. Zweifellos war der übrige Teil des Landungskommandos schon wieder auf dem Lugger. Er war plötzlich ruhiger. Was auch geschehen würde, die Aufgabe war erfolgreich vollbracht, zwei Transporter und eine wertvolle Korvette waren zerstört. Und ohne Batterie war die Insel Mola für die Franzosen und ihre Verbündeten auf lange Zeit hinaus wertlos.

Stockdale rief heiser: »Das zweite Beiboot, Sir! Es muß doch noch an der Mole liegen!«

Bolitho kletterte über die nassen Steine und sah zu dem Boot hinunter. Viel los war nicht damit. Oft gebraucht und ausgebessert, nur vier Riemen, und um den Mast war nur für alle Fälle ein Fetzen Segeltuch gewickelt. Die Garnison hatte das Boot sicher nur zum Besuch der im Hafen verankerten Schiffe benutzt.

»Bring alle an Bord, Stockdale«, sagte er grimmig. »Wir müssen sehen, was sich machen läßt.«

Ein Sonnenstrahl brach plötzlich über das Vorgebirge und glitzerte auf dem Wasser. Mühelos erkannte Bolitho unter dem schaukelnden Boot ein Kanonenrohr der Batterie. Wäre es ein paar Fuß weiter heruntergestürzt, hätte es keinen Ausweg mehr gegeben.

»Vier Mann an die Riemen. Die übrigen schöpfen Wasser oder halten Ausschau.«

Belsey setzte sich mühsam auf und blickte auf seinen geschienten Arm. Er war mit allerlei Lappen und Hemden, die man in Streifen gerissen hatte, umwickelt und stand vom Körper wie eine Keule ab. Er schüttelte den Kopf. »Himmel! Möchte wissen, ob ich das Ding jemals wieder benutzen kann.«

»Ablegen! Riemen bei!« Bolitho hockte auf dem Dollbord und legte das Ruder hart an. Während das Boot mit der Strömung dahintrieb, starrte er zu dem schwarzen Kamm des Vorgebirges auf und fragte sich, was in jenen Minuten geschehen war, bevor Farquhar in den fast sicheren Tod stürzte.

Farquhar lehnte sich matt an die Bootswand und zischte: »Pull kräftiger, Robinson. Ich zieh dir bei lebendigem Leibe die Haut ab, wenn du nicht deine Pflicht tust.«

Bolitho lächelte, obwohl ihm elend zumute war. Die Erfahrungen hatten Farquhars Pflichtbewußtsein nicht geschwächt.

Die Riemen hoben und senkten sich gleichmäßig, und das Boot entfernte sich immer weiter von der vorspringenden Landzunge und der darüberhängenden Rauchwolke.

Ein Mann im Bug sprach aus, was Bolitho dachte, und ausnahmsweise tadelte er ihn nicht. Der Matrose schaute über die rudernden Männer und fauchte: »Weg! Seht euch um, Jungs! Das verfluchte Schiff ist ohne uns davon!«

»Es muß um die Insel gesegelt sein, Sir«, sagte Farquhar erbittert. »Jetzt holen wir es nicht mehr ein.«

»Ich weiß.« Bolitho schützte die Augen gegen den blendenden Glast und sah nachdenklich auf den kurzen Mast. »Setzt das Segel, Jungs. Wir segeln zur nächsten befreundeten Insel.« Sein forscher Ton sollte Zweifel und Zorn verbergen.

Stockdale wischte dem verwundeten Matrosen mit einem nassen Lappen die Stirn und murmelte: »Ein Wunder käme uns jetzt zupaß, Sir.«

Bolitho zog seinen zerrissenen Mantel aus und blickte Stockdale ruhig an. »Ich fürchte, das ist nicht mein Gebiet, Stockdale, aber ich werde dran denken.« Er lehnte sich an die Pinne und steuerte der aufgehenden Sonne entgegen.

Leutnant Thomas Herrick hörte, wie die Glocke das Ende der ersten Hundewache schlug, und nahm dann seinen Gang über das Achterdeck wieder auf.

Vor einer warmen, aber frischen achterlichen Brise war die *Phalarope* in kurzer Zeit auf ihren Patrouillenkurs zurückgekehrt. Die schnelle Fahrt hatte Herrick jedoch nur ein Gefühl der Besorgnis und des Verlustes eingebracht. Er konnte das Geschehene noch nicht akzeptieren. Noch immer empfand er die gleiche innere Qual, die ihn überfallen hatte, als das erschöpfte Landekommando die Fregatte erklomm.

Schon da wollte er sich nicht mit Bolithos Verschwinden abfinden. Doch dann hatte er Rennies grimmiges Gesicht gesehen und die nervöse Unsicherheit der zurückkehrenden Matrosen und Seesoldaten gespürt. Nur Okes schien von der Katastrophe unberührt. Herrick runzelte die Stirn, als er sich den Moment zu vergegenwärtigen suchte, als Okes an Bord kletterte: nein, unberührt war nicht der richtige Ausdruck. Er war von einer Art wachsamer Lebhaftigkeit gewesen, die seinem Charakter total widersprach. Herrick wollte ihn sofort ausfragen, aber Vibart befahl Okes auf das Achterdeck, wo er vor sich hingebrütet hatte, seit das Landekommando fortgesegelt war.

Rennie war ungewöhnlich zurückhaltend gewesen. Als Herrick jedoch in ihn drang, sagte der Hauptmann der Seesoldaten kurz: »Es war eine gefährliche Sache, Thomas. Wir müssen immer damit rechnen, daß so etwas passiert.« Er sah Okes mit dem Ersten sprechen und fügte bitter hinzu: »Ich wurde mit meiner Abteilung auf die *Phalarope* beordert, um die Disziplin zu schützen.« Seine Augen flammten in plötzlichem Zorn auf. »Aber jetzt kommt es mir vor, als müßten die Offiziere der *Phalarope* voreinander geschützt werden.« Und er schloß: »Ich muß mich um meine Verwundeten kümmern. Sie zumindest brauchen sich nicht zu schämen.«

Herrick nahm sich dann McIntosh vor, der nervös zum Achterdeck blickte, ehe er antwortete: »Was kann ich Ihnen sagen, Sir? Ich habe nur meine Pflicht getan. Mr. Farquhar ist der einzige, der gesehen haben muß, was geschah.« Er deutete nach achtern. »Und er ist dort hinten, tot wie die übrigen.«

»Aber Sie meinen, etwas ging schief?« fragte Herrick scharf.

»Wie kann ich das beantworten, Mr. Herrick?« Seine Augen glitten über die verwundeten und erschöpften Leute des Luggers. »Es hat viel Mühe und Schweiß gekostet, überhaupt hierher zurückzukommen. Sie wissen, was mit mir geschähe, wenn ich Beschuldigungen aussprechen würde.«

Herrick hatte ihn mit Verachtung in den Augen entlassen und doch im tiefsten Innern gewußt, daß McIntosh die Wahrheit sprach. Er riß sich zusammen, als er Vibarts schweren Schritt hörte.

»Pfeifen Sie alle Mann nach achtern, Mr. Herrick. Ich will ihnen sagen, wie es weitergeht.« Vibart wirkte gemessen und ruhig. Nur ein gewisses Glitzern seiner Augen verriet Erregung oder Triumph.

»Sind Sie sicher, daß wir nichts mehr tun können?« fragte Herrick.

Vibart blickte an Herrick vorbei auf das gekräuselte Wasser. »Meine Ansicht habe ich Ihnen heute morgen mitgeteilt, Mr. Herrick, ebenso wie ich meine Besorgnis dem Kapitän dargelegt habe. Es war ein gefährliches und draufgängerisches Wagestück. Daß es erfolgreich ausging, ist ein Glück für uns alle. Aber Bolitho kannte das Risiko, das er auf sich nahm. Mehr ist da nicht zu sagen.«

»Aber ist sich Leutnant Okes ganz sicher, Sir?« beharrte Herrick.

»Mich hat seine Meldung zufriedengestellt.« In Vibarts Ton lag eine neue Schärfe. »Also genug davon.« Er ging gewichtig zur Luvreling und schnüffelte heftig. »Zumindest sind wir wieder in dem uns zugewiesenen Bereich. Jetzt können wir mit dem Flaggschiff Kontakt aufnehmen.«

Herrick sagte schnell etwas zu Fähnrich Neale und beobachtete, wie er nach vorn eilte. Dann hörte er die Bootsmannsmaaten rufen: »Alle Mann an Deck! Alle Mann nach achtern!«

Während die Männer aus dem Zwischendeck strömten, ging er zu Vibart hinüber und sagte langsam: »Er war ein guter Offizier. Ich bin immer noch der Ansicht, er hätte entkommen können.«

»Dann möchte ich Sie doch bitten, Ihre Meinung für sich zu behalten, Mr. Herrick.« In den tiefliegenden Augen funkelte Wut. »Sie haben sich vielleicht für einen seiner Günstlinge gehalten, aber bei mir gibt es so etwas nicht.« Er wandte sich von Herrick ab, als der Bootsmann Quintal salutierte und polternd meldete: »Alle angetreten, Sir.«

Vibart schritt zur Querreling und starrte in die ihm zugewandten Gesichter. Herrick blieb bei den Rudergängern und beobachtete Vibart genau.

»Wir befinden uns wieder in unserem Patrouillengebiet«, sagte Vibart. »In Kürze werden wir mit dem Admiral Verbindung aufnehmen, und zu gegebener Zeit berichte ich ihm von unserem großen Erfolg.«

Herrick merkte, daß er vor Zorn zitterte. Aha, jetzt war es also ein großer Erfolg. Wenn Bolitho noch am Leben wäre, wäre es tollkühn und gefährlich gewesen. Doch nun, da Vibart die Früchte einheimsen konnte, sah es ganz anders aus.

»Mir mißfällt die Disziplinlosigkeit, die in letzter Zeit an Bord eingerissen ist, und ich beabsichtige, dieses Schiff unverzüglich auf seinen vollen Leistungsstand zurückzubringen.« Vibart starrte mit gerötetem Gesicht auf die versammelte Mannschaft. Herrick fühlte sich angeekelt. Es macht ihm Freude, dachte er. Er ist tatsächlich froh über Bolithos Tod.

Herrick drehte sich um, als Okes aus dem Niedergang trat und unsicher auf ihn zukam. Herrick nahm ihn beim Ärmel und zischte: »Was hast du Vibart gesagt, Matthew? Um Himmels willen, was ist mit dir los?«

Okes zuckte zurück. »Nichts als die Wahrheit habe ich ihm gesagt. Ist Bolithos Unglück meine Schuld?«

»Und wie steht's mit Farquhar? Hast du gesehen, wie er starb?«

Okes blickte beiseite. »Aber natürlich. Was, zum Teufel, willst du damit sagen?« Aber seine Stimme zitterte leicht, und Herrick dachte plötzlich an Okes' Verhalten während des Kampfes mit dem Kaperschiff, an seine Furcht, an seinen panischen Schrecken. Ein Mensch konnte sich nicht über Nacht ändern.

»Ich möchte Gewißheit haben, Matthew. Sag's mir lieber gleich.«

Okes hatte sich offenbar gefangen, und als er Herrick ansah, waren seine Augen undurchsichtig und ausdruckslos. »Ich sage die Wahrheit, verflucht noch mal.« Er versuchte zu lächeln. »Aber mach dir nicht so viele Gedanken. Schließlich wirst du Zweiter Leutnant.«

Herrick trat einen Schritt zurück und sah ihn angewidert an. »Und du wirst Erster, ganz ohne Zweifel. Du und Vibart, ihr seid die Helden der Stunde.«

Okes erblaßte. »Wie kannst du es wagen! Du warst nicht dabei. Bolitho war auch bloß ein Mensch.«

»Und du bist nicht mal wert, seine Schuhe zu putzen.« Herrick fuhr herum, als Vibart zwischen sie trat.

»Ich dulde keinen Streit auf meinem Schiff, Mr. Herrick. Noch ein Wort, und ich mache eine Eintragung ins Logbuch.« Er sah Okes fest an. »Kommen Sie in die Kajüte. Ich habe mit Ihnen zu reden.«

Herrick sah ihnen elend und hilflos nach, und der kleine Neale fragte: »Was bedeutet das alles, Sir?«

Herrick sah ihn ernst an: »Es bedeutet, daß wir in der nächsten Zeit auf jeden unserer Schritte achten müssen, mein Junge. Ohne den Kapitän fühle ich mich hier nicht mehr sicher.«

Er erstarrte, als Zahlmeister Evans, einen bekümmerten Ausdruck im Frettchengesicht, auf das Achterdeck zugeeilt kam. Profoß Thain, der ihm folgte, schob zwei verängstigte Matrosen vor sich her. Sein Gesicht ließ in Herrick keinen Zweifel darüber aufkommen, was als nächstes geschehen würde: Auspeitschungen und nochmals Auspeitschungen. Jetzt würden alle alten Rechnungen beglichen werden.

Er sah Evans fest an und fragte scharf: »Nun? Was ist jetzt schon wieder los?«

Evans lächelte nervös. »Ich habe diese Leute auf frischer Tat ertappt. Sie haben Rum gestohlen.«

Es gab Herrick einen Stich, und er rief die Männer zu sich heran. »Stimmt das?« Er erinnerte sich, daß beide Matrosen der Landeabteilung angehört hatten.

Einer sagte mürrisch: »Aye, Sir. Der Rum war für einen unseren Kameraden. Er ist verwundet. Wir dachten, er würde ihm helfen.« Sein Gefährte nickte bekräftigend.

Herrick nahm Evans beiseite. »Es könnte stimmen.«

»Natürlich stimmt es.« Evans sah ihn verdutzt an. »Aber darum geht es jetzt nicht. Diebstahl bleibt Diebstahl. Es gibt keine Entschuldigung dafür, und Sie wissen das.« Er sah Herrick mit kaum verhohlener Schadenfreude an. »Also melden Sie es lieber Mr. Vibart.« Er blies sich auf. »Oder *ich* tue es, Mr. Herrick.«

»Kommen Sie mir nicht so, Mr. Evans.« Herricks Gesicht verzerrte sich vor Wut. »Oder ich zahle es Ihnen heim, das können Sie mir glauben.« Doch es war nur ein Wutausbruch. Ihm blieb gar nichts anderes übrig, als Vibart zu informieren. Er übergab die Wache an Neale und ging niedergeschlagen nach unten. Der Posten öffnete die Kajütentür, ehe Herrick sie überhaupt erreicht hatte, und er vermutete, daß der Seesoldat seine Überraschung richtig vorausgesehen hatte, denn Vibart war bereits in Bolithos Quartier umgezogen. Das steigerte nur noch Herricks Gefühl alptraumhafter Unwirklichkeit.

Vibart schaute vom Arbeitstisch hoch und blickte Herrick an.

»Zwei Mann zur Bestrafung.« Herrick sah, daß Okes gedankenverloren am Heckfenster stand.

Vibart lehnte sich im Stuhl zurück. »Sagen Sie ›Sir‹, wenn Sie mich anreden, Mr. Herrick.« Er zog die Stirn in Falten. »Ich kann mir nicht vorstellen, warum Sie es so darauf anlegen, Ihre Position zu verschlechtern.« Kalt fuhr er fort: »Machen Sie eine Eintragung ins

Logbuch, Mr. Herrick. Bestrafung um acht Glasen morgen früh. Jeder zwei Dutzend Hiebe.«

Herrick schluckte. »Aber ich habe Ihnen doch die Vergehen noch gar nicht mitgeteilt, Sir.«

»Auch nicht notwendig.« Vibart deutete zum offenen Oberlicht. »Ich habe Ihr unsinniges Gespräch mit Mr. Evans gehört. Und lassen Sie sich gesagt sein, daß mir Ihr offensichtlicher Wunsch, sich bei Lügnern und Dieben anzubiedern, mißfällt.«

Herrick hatte das Empfinden, als ob ihn die Kajüte erdrücke. »Ist das alles?« Er schluckte wieder. »Sir?«

»Im Augenblick ja.« Vibart sah fast heiter aus. »Wir nehmen in einer Stunde Kurs nach Süden. Sorgen Sie dafür, daß die Leute während Ihrer Wache nicht nachlässig werden.«

»Aye, aye, Sir.« Herrick mußte mit aller Macht an sich halten. Draußen drehte er sich kurz um und blickte zurück. Die Tür war geschlossen, und der Posten unter der schwingenden Laterne starrte ausdruckslos vor sich hin. Es war geradeso, als sei Pomfret zurückgekehrt und säße wieder in der großen Kajüte. Herrick schüttelte den Kopf und stieg zum Achterdeck hinauf. Alles fügte sich so schnell zu einem Muster, daß Herrick sich unvermittelt fragte, ob Pomfret tatsächlich die kontrollierende Instanz gewesen war, die die *Phalarope* in eine schwimmende Hölle verwandelt hatte.

Als er an Deck zurückkam, war die Sonne tiefer zur Kimm hinabgesunken. Das Meer war leer, eine weite Wüste aus Silber und purpurnen Schatten, begrenzt durch einen messerscharfen Horizont. Hier draußen ist ein Kapitän tatsächlich Gott, dachte er bitter. Nur unter Bolitho hatte er gespürt, was Zweckmäßigkeit und Verständnis bedeuteten, und nach der Zeit mit Pomfret war ihm das wie der Beginn eines neuen Lebens vorgekommen.

Er blickte zur Heckreling, als erwarte er, die hohe Gestalt Bolithos zu sehen, der das Brassen der Rahen beobachtete oder bloß auf den Sonnenuntergang wartete. Herrick hatte Bolitho in solchen Augenblicken nie gestört, aber sonst jede Gelegenheit genutzt, ihn besser verstehen zu lernen. Vor seinem geistigen Auge standen Bolithos ausgeprägtes Profil und der feste Mund, der gleichzeitig belustigt und traurig wirken konnte. Es schien undenkbar, daß ein solcher Mann wie ein Licht ausgelöscht worden sein sollte.

Mit gesenktem Kopf ging er von neuem langsam auf und ab. In dieser Welt, dachte er, kann man sich auf nichts verlassen.

Den erschöpften Männern in dem kleinen Boot kam die Nacht kalt und trostlos vor, und selbst jenen, die die grelle Sonne verflucht und über brennenden Durst geklagt hatten, brachte die Dunkelheit keine Linderung.

Bolitho kroch nach achtern zurück, wo Farquhar neben der Ruderpinne saß. Mit Stockdales Hilfe hatte er gerade einen toten Matrosen über Bord geworfen, während die anderen schweigend zugeschaut hatten. Dem Matrosen war das Schlimmste an Schmerzen und Durst erspart geblieben, da er seit seiner Verwundung durch die Wache auf der Korvette fast nie aus seiner Bewußtlosigkeit erwacht war. Unter dem kleinen Segel machte das Boot nur wenig Fahrt, und es schien eine Ewigkeit zu dauern, ehe der Leichnam nach achtern trieb. Sie hatten nicht einmal einen Anker, um den Körper zu beschweren. Sie hatten so gut wie überhaupt nichts. Nur ein Faß brakkiges Wasser, die Tagesration pro Kopf betrug nicht mehr als einen Becher.

Bolitho sank auf die Achterducht und blickte nach den Sternen. »Steuern Sie genau Süd, wenn Sie können.« Durst und Müdigkeit setzten ihm zu. »Wenn wir bloß ein bißchen mehr Wind in dieses kümmerliche Segel bekämen.«

»Ich glaube, dann würde das Boot sinken, Sir«, sagte Farquhar. »Es ist rost- und wurmzerfressen.«

Bolitho streckte die Beine aus und dachte darüber nach, wie langsam die Zeit verstrichen war. Wenn das der erste Tag war, grübelte er, was würde morgen werden und was übermorgen? Die Männer verhielten sich ruhig, aber auch das konnte gefährlich sein. Die Erleichterung, daß sie den Franzosen entkommen waren, konnte bald in Mißtrauen und Gegenbeschuldigungen umschlagen. Das Elend, Kriegsgefangener zu sein, konnte ihnen bald als trostreich erscheinen im Vergleich zu der Aussicht, zu verdursten und zu verhungern.

»In Hampshire liegt jetzt Schnee auf den Hügeln, nehme ich an«, sagte Farquhar abwesend. »Die Schafe werden zu Tal getrieben worden sein, und die Knechte trinken am Feuer ihr Bier.« Er leckte sich die Lippen. »Ein paar denken vielleicht an uns.«

Bolitho nickte. Ihm fielen die Augen zu. »Ein paar.« Er dachte an seinen Vater in dem großen Haus und an die Ahnengalerie. Nach diesem Abenteuer hier würde es keinen Erben geben, der den Familiennamen weiterführen konnte. Wenn sein Vater starb, erwarb das Haus vielleicht ein reicher Kaufmann und betrachtete dann verwundert die Porträts und anderen Zeugnisse schnell vergessener Menschen und Taten. »Ich will versuchen, eine Stunde zu schlafen«, sagte er. »Wecken Sie mich, wenn es nötig ist.«

Die Augen fielen ihm zu, er hörte nicht einmal mehr Farquhars Antwort. Dann merkte er, daß ihn jemand am Arm zog. Das Boot schwankte, als die Matrosen sich plötzlich erregt im Bug drängten. Einen Augenblick glaubte er, noch zu träumen. Dann hörte er Farquhar rufen: »Sehen Sie, Sir! Da haben sie uns also doch gesucht.«

Bolitho kam hoch und versuchte, über die Köpfe der Männer hinweg die Dunkelheit zu durchdringen. Dann sah er, was sie meinten. Es war eher eine Lücke im vertrauten Stand der Sterne als ein Umriß. Doch nach und nach erkannte er Konturen: ein Schiff.

»Zünden Sie etwas an, Stockdale«, stieß Bolitho hervor. »Ein paar Lumpen.«

Die schmale Mondsichel schlug Silber aus den fernen Segeln. Vor dem dunklen Mantel der Nacht zeichnete sich das dunklere Gitterwerk der nach hinten geneigten Masten und der Takelage ab. Es war tatsächlich eine Fregatte.

Der als Signal dienende Lumpen knisterte und loderte dann auf. Die Flamme blendete sie und begrenzte die Sicht auf den Umkreis ihres eigenen Bootes. Einige Matrosen riefen Hurra, andere umarmten sich und grinsten wie Kinder.

»Jetzt wird sich das Geheimnis lüften, Mr. Farquhar.« Bolitho legte Ruder, als sich der Umriß des Schiffes veränderte und die Fregatte auf sie zuhielt. Er hörte das Knarren der Rahen und das Schlagen der Segel, als die Fregatte backbraßte und beidrehte. Er glaubte, einen schwachen Ruf zu vernehmen und das Geräusch laufender Füße. »Nimm das Segel weg, Stockdale«, sagte er. »Und ihr da vorn, gebt auf eine Leine acht.« Aber er brauchte niemanden zu ermuntern.

Der Bugspriet schwang ein paar Fuß entfernt schwindelerregend hoch über ihnen herum. Stockdale zündete noch einen Lumpen an, und Bolitho spürte, wie ihm eine eisige Hand nach dem Herzen griff. Die Galionsfigur der Fregatte tanzte und flimmerte in dem Licht, als wäre sie lebendig: ein vergoldeter Dämon, der ein Paar Schüreisen wie Waffen schwang.

Stockdale warf das Notsignal ins Wasser und fuhr zu Bolitho herum. »Haben Sie gesehen, Sir? Haben Sie *das* gesehen?«

»Ja, Stockdale.« Bolithos Arme baumelten leblos herab. »Es ist die *Andiron*.«

Rufe und Jubel erstarben, und die Männer saßen oder standen geschlagen da, als vom Deck her Laternenschein auf sie fiel und ein Enterhaken sich in das Schanzkleid des Bootes biß.

Die Matrosen traten beiseite, um Bolitho vorbeizulassen. Er ging zum Bug und griff nach der Jakobsleiter, die plötzlich auftauchte. Er war vom Wechsel der Dinge noch zu niedergeschmettert, um die Geschehnisse klar gegeneinander abzugrenzen. Sein Verstand registrierte nur kurze, unwirkliche Bilder, vergrößert und verzerrt durch die Lichtflecken der Laternen, die blitzenden Bajonette und die herandrängenden, neugierigen Gesichter. Während er in den Laternenschein trat, hörte er verwunderte Ausrufe und Bemerkungen. Eine irische Stimme sagte: »Das ist ein englischer Offizier!« Eine andere warf mit näselndem Kolonialakzent dazwischen: »Zum Teufel, das stimmt. Sogar ein Kapitän.«

Die Männer der *Phalarope* erklommen einer nach dem anderen die Jakobsleiter und mußten sich in einer Reihe aufstellen. Ein Offizier in dunklem Mantel und mit Dreispitz schob sich durch die dichtgedrängte Mannschaft und musterte Bolitho erheitert.

»Willkommen an Bord, Kapitän. Wirklich ein Vergnügen.« Er wandte sich um und rief: »Stellt sie unter Bewachung und versenkt diesen Sarg von einem Boot.« Und zu einem großen Neger: »Sondere die Offiziere aus und bringe sie nach achtern.« Dann verbeugte er sich spöttisch vor Bolitho. »Wenn Sie mir folgen wollen? Ich denke, der Kapitän wird sich freuen, Ihre Bekanntschaft zu machen.«

Selbst in dem ungewissen Laternenlicht erkannte Bolitho vertraute Einzelheiten. Das letzte Mal war er auf dem Schiff gewesen, um Kapitän Masterman zu besuchen, einen ernsten, aber freundlichen Offizier, der im Gegensatz zu anderen stets bereit gewesen war, sein Wissen und seine Erfahrungen zu teilen, und Bolithos viele Fragen gern beantwortet hatte.

Die klare Erinnerung half ihm, die nagende Verzweiflung zurückzudrängen, so daß er sich automatisch gerade aufrichtete und sogar über die Schrammen und die notdürftig ausgebesserten Schäden, die die Breitseiten der *Phalarope* angerichtet hatte, bittere Genugtuung zu empfinden vermochte. Der Kapitän der *Andiron* wollte sicher zur Insel Mola, um dort die Reparaturen zu vollenden, ging es ihm durch den Kopf. Womöglich waren das Segeltuch und die Spieren, die der Lugger geladen hatte, für die *Andiron* bestimmt gewesen.

Er senkte den Kopf, als ihn der Offizier nach achtern führte. Bei jedem Schritt bemerkte er neugierige Gruppen der Besatzung, die ihn musterten. Eine zusammengewürfelte Mannschaft, dachte er.

Einige zeigten offene Feindseligkeit und riefen ihm Beleidigungen zu. Andere blickten zu Boden oder verbargen ihre Gesichter. Bestimmt englische Deserteure, dachte Bolitho, manche gehörten vielleicht sogar zur ursprünglichen Besatzung der *Andiron* . Er bemerkte Neger und olivfarbene Mexikaner, wortgewaltige Iren und dunkelhäutige Matrosen, die wahrscheinlich aus dem Mittelmeergebiet stammten. Dennoch offenbar eine eng verknüpfte Gemeinschaft, wenn auch möglicherweise nur durch die gemeinsame Gefahr und die Risiken des von ihnen gewählten Gewerbes verbunden.

Der Offizier stieß eine schwere Tür auf und trat beiseite, um Bolitho in eine kleine, kärglich eingerichtete Kajüte eintreten zu lassen.

»Warten Sie hier. Wir müssen erst wieder Fahrt aufnehmen. Ich nehme aber an, daß der Kapitän Sie bald zu sehen wünscht.« Er streckte die Hand aus. »Ihren Degen.« Er bemerkte Bolithos empörten Blick und setzte hinzu: »Und falls Sie an irgendeine Heldentat denken sollten, möchte ich Ihnen nur sagen, daß die Tür bewacht ist.« Er nahm den Degen entgegen und betrachtete ihn von allen Seiten. »Eine ziemlich alte Klinge für einen englischen Kapitän.« Er grinste. »Aber es wird eben alles ein bißchen knapp in England, wie?«

Bolitho gab keine Antwort. Der Offizier wollte ihn reizen. Es hatte keinen Sinn, mit ihm zu reden oder Vergünstigungen zu erbitten. Er sah den Degen seines Vaters im Laternenschein aufglänzen und drehte sich ostentativ um. Er war ein Gefangener. Er mußte alle Kraft für später aufsparen. Die Tür schlug zu, und er hörte die sich entfernenden Schritte.

Bolitho ließ sich müde auf eine Seekiste fallen und stierte vor sich hin. Farquhar und Belsey waren sicher jeder für sich festgesetzt worden. Zweifellos wollte der Kommandant der *Andiron* jeden einzeln vernehmen. Er hätte es ebenso gemacht. Sonderbar, sich vorzustellen, daß erst zwei Tage vergangen waren, seit er den vor Angst schlotternden Spanier auf seinem Schiff verhört hatte. Seither war so viel geschehen. Es war beinahe unmöglich, sich den Zeitablauf und die Vorfälle der Reihe nach zurückzurufen. Eins war sicher, er hatte sein Schiff verloren, und die Zukunft lag leer und öde vor ihm.

Die stickige Luft und die Erschöpfung wirkten sich schließlich aus. Als sich das Schiff überlegte und Fahrt aufnahm, lehnte sich Bolitho gegen ein Schott und schlief sofort ein.

Jemand rüttelte ihn am Arm, und er erwachte. Einige Sekunden hoffte er, daß alles nur Teil eines furchtbaren Traumes sei und er zu einer ganz anderen Wirklichkeit erwachen würde, und wenn es die der Ungewißheit in dem überladenen Boot wäre. Doch es war der Offizier, der ihn in die Kajüte gebracht hatte. Als Bolitho sich aufrichtete, sagte er: »Ich dachte schon, Sie wachen überhaupt nicht mehr auf.«

Bolitho bemerkte, daß Tageslicht den Gang vor der Tür erhellte, und während er nach und nach sich der tatsächlichen Lage bewußt wurde, hörte er auf dem Oberdeck das Geräusch von Scheuersteinen und Wassergüssen.

»Wie spät ist es?«

»Sieben Glasen.« Der Offizier zuckte mit den Schultern. »Sie haben fast sieben Stunden geschlafen.« Er winkte einem Matrosen. »Hier ist Wasser und Rasierzeug.« Er musterte Bolitho kalt. »Der Mann bleibt bei Ihnen, um aufzupassen, daß Sie sich nicht die Kehle durchschneiden.«

»Sehr aufmerksam von Ihnen.« Bolitho nahm die Schüssel mit heißem Wasser und ignorierte das faszinierte Interesse des Matrosen. »Aber keine Sorge, Leutnant. Bevor ich sterbe, möchte ich noch sehen, wie Sie gehenkt werden.«

Der Offizier grinste. »Sie sind ein Feuerkopf, das muß man Ihnen lassen.« Und zu der Teerjacke: »Paß gut auf, Jorgens. Der geringste Widerstand, und du nimmst dich seiner an, klar?«

Die Tür schloß sich, und der Matrose sagte: »Der Käpt'n will Sie sprechen, wenn Sie fertig sind.« Er leckte sich die Lippen. »Er hält Frühstück für Sie bereit.« Die Behandlung schien ihn zu erstaunen.

Während Bolitho sich rasierte, rasten ihm hundert Gedanken durch den Kopf. Vielleicht sollte er tun, was der Offizier angedeutet hatte. Ein Schnitt in die Halsschlagader, und sie gingen leer aus, hatten weder ein bereitwilliges Opfer noch eine Quelle möglicher Information. Er erinnerte sich an Herricks Gesicht, als er zu ihm gesagt hatte: ›Hier draußen kann man durch mangelnde Information den ganzen Krieg verlieren.‹ Jetzt kehrten sich seine eigenen Worte gegen ihn. Er dachte an Farquhar und die anderen und sah wieder Stockdales zerschlagenes Gesicht vor sich, als die Leute des Kaperschiffs sie trennten. Es hatte einen Ausdruck des Vertrauens und der Zuversicht getragen. In jenem schrecklichen Augenblick hatte Bolitho das mehr geholfen als Worte oder irgendwelche Taten.

Er wischte das Rasiermesser ab und legte es auf die Seekiste. Nein, das Leben war mehr als die persönlichen Hoffnungen eines Einzelnen. Er zog die Uniform zurecht und schob das dunkle Haar aus der

Stirn. »Ich bin bereit«, sagte er kühl. »Vielleicht zeigen Sie mir den Weg.«

Er folgte dem Matrosen durch den Gang. Das Tageslicht zeigte ihm noch mehr Zeugen des kurzen Gefechts: geknickte Hölzer, durch Behelfsbalken gestützt, und vielsagende rote Flecken, die selbst wochenlangem Schrubben getrotzt hatten.

Ein bewaffneter Matrose trat beiseite und öffnete die Tür zur Kapitänskajüte. Bolitho betrat den einst vertrauten Raum. Die Morgensonne flutete durch die Heckfenster, und die tanzenden Reflexe blendeten ihn. Der Kapitän der *Andiron* stand über die Heckbank gebeugt und schaute hinaus. Seine Gestalt hob sich dunkel vor dem glitzernden Wasser ab. Doch Bolithos Blick galt nicht ihm, sondern dem Degen, der mitten auf dem polierten Tisch lag.

Er wartete. Seine Beine paßten sich automatisch dem leichten Stampfen und Rollen des Schiffes an. Die Kugeln der *Phalarope* hatten selbst hier eingeschlagen, wie Bolitho sah. Lange kann die *Andiron* nicht im Hafen gelegen haben, überlegte er.

Der Offizier am Fenster drehte sich langsam um. Das Licht huschte über sein Gesicht, ehe es sich wieder in eine dunkle Silhouette verwandelte. Zum zweiten Male innerhalb von vierundzwanzig Stunden hätte Bolitho beinahe die Haltung verloren. Er mußte alle Kraft zusammennehmen, um nicht ungläubig aufzuschreien. Aber als der andere sprach, wußte er, daß ihn auch diesmal keine Einbildung narrte.

»Willkommen an Bord der *Andiron*, Richard. Als mir mein Zweiter den Säbel brachte, wußte ich, daß du es sein mußtest.«

Bolitho starrte seinen Bruder an, und die Jahre sackten weg, während ihm tausend Erinnerungen durch den Kopf wirbelten: Das war Hugh Bolitho, der Sohn, über den sein Vater so verbittert und doch so besorgt gesprochen hatte. Nun Kommandant eines feindlichen Kaperschiffes. Schlimmer konnte es nicht kommen.

»Es war unvermeidlich«, sagte sein Bruder langsam. »Aber ich hoffte, daß es auf andere Art geschehen würde. Und vielleicht an einem anderen Ort.«

»Weißt du, was du getan hast?« hörte Bolitho sich fragen. »Was das für Vater bedeutet?« Er stockte, war unfähig, die Tatsache hinzunehmen, daß sie Kinder desselben Vaters waren. »Dann hast du also bei dem Gefecht im vorigen Monat die *Andiron* befehligt?«

Hugh Bolitho schien sich etwas zu entspannen, offenbar meinte er, das Ärgste sei nun vorüber. »Ja. Es war wirklich eine Überraschung.

Wir wollten gerade zum Endstoß ansetzen, da sah ich dich durch mein Glas.« Er verzog das Gesicht, als er sich den Augenblick zurückrief. »So drehte ich ab. Du hast an diesem Tag Glück gehabt, mein Junge.«

Bolitho versuchte, sich nichts anmerken zu lassen, und sagte kurz: »Willst du andeuten, daß meine Anwesenheit deinen Entschluß bestimmte?«

»Dachtest du, du hättest gesiegt, Richard?« Hugh Bolitho betrachtete seinen Bruder irgendwie belustigt. »Trotz des Kettenbeschusses hätte ich die *Phalarope* nehmen können, das kannst du mir glauben.« Er zog die Schultern hoch, ging zum Tisch und blickte auf den Degen. »Es brachte mich aus der Fassung. Ich wußte nicht, daß du nach Westindien zurückgekehrt warst.«

Bolitho sah die grauen Strähnen im Haar seines Bruders und die Falten um seinen Mund. Hugh war nur vier Jahre älter, aber es hätten zehn Jahre zwischen ihnen liegen können. »Nun, jetzt bin ich also dein Gefangener«, sagte er. »Was hast du mit mir vor?«

Hugh Bolitho wich einer direkten Antwort aus. Statt dessen griff er nach dem Degen und hielt ihn gegen die Sonne. »*Dir* hat er ihn also gegeben.« Er schüttelte den Kopf, eine ebenso vertraute wie schmerzliche Geste. »Armer Vater. Ich fürchte, er denkt das Schlechteste von mir.«

»Überrascht dich das?«

Hugh Bolitho legte den Degen auf den Tisch und schob die Hände tief in die Taschen seines einfachen blauen Rocks. »Ich war auf diese Begegnung nicht aus, Richard. Denke, was du willst, aber du weißt so gut wie ich, daß die Dinge hier draußen zu schnell abrollen, um Gefühle walten zu lassen.« Er sah seinen Bruder an. »Als ich dich auf dem Deck stehen sah, während deine armselige Mannschaft auseinanderfiel, konnte ich es einfach nicht über mich bringen, den Kampf zu Ende zu führen.« Er hob unbestimmt die Hand. »Ganz wie früher, Richard. Es ist mir nie leichtgefallen, dir etwas wegzunehmen, was deiner Meinung nach dir gehörte.«

»Trotzdem hast du es immer getan, nicht wahr?« erwiderte Bolitho gelassen.

»Die Zeiten sind vorbei.« Er deutete auf eine Seekarte. »Wir segeln nach St. Kitts. Bis zum Abend werden wir unter Land sein.« Er bemerkte den Zweifel in Bolithos Augen. »Ich lese in dir wie in einem Buch, Richard. Noch immer das alte Mißtrauen.« Er lachte. »St. Kitts ist von unseren Verbündeten genommen worden. Sir Samuel

Hood hat sich zurückgezogen, um seine Wunden zu lecken.« Er schwenkte die Hand über die Karte. »Es wird bald vorbei sein. Ob eure Regierung es nun glaubt oder nicht, Amerika wird eine unabhängige Nation werden, vielleicht eher, als man denkt.«

Bolithos Finger krampften sich hinter seinem Rücken ineinander. Während er hier mit der Vergangenheit konfrontiert wurde, ging seine Welt in Stücke. St. Kitts verloren! Vielleicht sammelten sich die Franzosen schon anderswo zum Angriff. Aber wo? Sie konnten fast jede karibische Insel wählen.

»Falls du etwas vorhast, um meine Pläne zu stören, dann spar dir die Mühe, Richard. Für dich ist der Krieg aus.« Hugh Bolitho klopfte mit den Fingerspitzen auf die Tischplatte. »Es sei denn . . .«

»Es sei denn - was?«

Hugh Bolitho kam um den Tisch herum und sah seinen Bruder fest an. »Es sei denn, du stößt zu uns, Richard. Die Franzosen geben etwas auf mich. Ich glaube bestimmt, daß sie dir ein Schiff anvertrauen würden. Nach deinem Wagestück auf Mola können sie dir Mut und Zielstrebigkeit ganz gewiß nicht absprechen.« Er lächelte bei dem Gedanken, der ihm durch den Kopf ging. »Vielleicht sogar die *Phalarope*.«

Er beobachtete seinen Bruder, der keine Miene verzog, und ging dann zum Fenster. »Diese Gewässer gehören jetzt uns. Unsere Nachrichten stammen aus vielen Quellen, von Fischern, Handelsbooten, sogar Sklavenschiffen. Da St. Kitts gefallen ist, werden sich eure Schiffe nach Süden auf Antigua zurückziehen, ja noch weiter. Hier gibt es nicht mehr viele Patrouillenschiffe. Zu kostspielig für euren Admiral, nicht wahr?« Er lächelte. »Vielleicht nur noch ein Schiff: ein einziges.«

Bolitho dachte an die *Phalarope* und versuchte sich vorzustellen, was Vibart tun würde.

»Dein Schiff, Richard, die *Phalarope*. Wir brauchen jede Fregatte, die wir bekommen können, wie die Seestreitkräfte aller anderen Länder auch. Ich habe dafür gesorgt, daß dein Admiral, dieser bombastische Narr Sir Robert Napier, über unsere Bewegungen informiert wurde. Dein Erfolg auf Mola ist ihm bestimmt so zu Kopf gestiegen, daß er der *Phalarope* Order geben wird, uns aufzuspüren. Der Admiral wird bestimmt alles daransetzen, den Verlust der *Andiron* zu rächen, nicht wahr?«

»Du mußt verrückt sein.« Bolitho sah seinen Bruder kalt an.

»Verrückt? Kaum, Richard. Ich habe deine Leute verhört. Sie haben mir berichtet, wie ihr Schiff von Admiral Napier bestraft wurde, weil es die *Andiron* entkommen ließ. Sie haben auch von der Unruhe gesprochen, die an Bord ausbrach, ehe du das Kommando übernommen hast.« Er hob die Arme. »Ich fürchte, die Mehrzahl deiner Männer wird ihr Schicksal mir anvertrauen. Aber trauere deswegen nicht, es wäre nur klug von ihnen. Hier draußen entsteht eine neue Welt, und sie werden ein Teil von ihr sein. Sobald der Krieg vorüber ist, segle ich nach England und fordere mein Erbe, Richard. Danach werde ich nach Amerika zurückkehren. Ich habe meinen Wert unter Beweis gestellt. Die Vergangenheit bedeutet mir nichts mehr.«

»Dann tut mir eure Nation leid«, sagte Bolitho ruhig. »Wenn ihre Existenz von Verrätern abhängt, wird sie einen schwierigen Kurs steuern müssen.«

Sein Bruder blieb gelassen. »Verräter oder Patrioten, das hängt vom Standpunkt ab. Wie dem auch sei, heute abend wird die *Andiron* vor St. Kitts ankern. Nicht im Haupthafen, sondern in einer kleinen Bucht, die meines Erachtens der ideale Ort ist, um sie zurückzuerobern.« Er warf den Kopf zurück und lachte. »Nur, daß es die *Phalarope* sein wird, die in die Falle geht, mein verehrter Herr Bruder.«

Bolitho blickte ihn ausdruckslos an. »Was das anlangt: Ich bin Gefangener. Ich möchte weder meinen Familiennamen noch den meines Landes beschmutzt sehen, indem ich Bruder genannt werde!«

Der Pfeil hatte getroffen, Bolitho spürte es an Hughs Reaktion. Doch sein Bruder fing sich gleich wieder und sagte tonlos: »Dann nach unten mit dir.« Er griff nach dem Säbel. »In Zukunft werde *ich* ihn tragen. Er gehört von Rechts wegen mir.«

Er schlug auf den Tisch, und ein Posten erschien in der Tür. Dann sagte er: »Ich bin froh, daß du an Bord meines Schiffes bist, Richard. Wenn mir die *Phalarope* diesmal vor die Kanonen kommt, wird mich nichts aufhalten.«

»Wir werden sehen.«

»In der Tat, das werden wir.« Hugh Bolitho trat an seine Karte. »Wenn ich die Stimmung deiner Leute richtig einschätze, Richard, werden sie bald den Befehlen der *Andiron* folgen.«

Bolitho machte kehrt und schritt an der Wache vorbei. Der Kapitän der *Andiron* folgte dem Abgang mit den Augen, seine Hände umspannten den Degen wie einen Talisman.

Richard Bolitho kam jeder Tag der Gefangenschaft länger vor als der voraufgegangene, und die tägliche Routine an Bord der *Andiron* marterte ihn nach und nach immer mehr, obwohl er die relative Freiheit genoß, sich im Heck der Fregatte aufhalten zu dürfen. Von dort verfolgte er das regelmäßige Kommen und Gehen kleiner Küstenfahrzeuge und den üblichen Tagesablauf eines Schiffes vor Anker. Abends wurde er in die Einsamkeit einer kleinen Kajüte zurückgebracht. Farquhar und Belsey sah er nur bei den Mahlzeiten. Selbst dann konnten sie kaum offen miteinander sprechen, weil sich stets einer der Unteroffiziere der *Andiron* in der Nähe aufhielt.

Die *Andiron* hatte hier erst vor einer Woche Anker geworfen, doch Bolitho schien es eine Ewigkeit her. Mit jedem Tag zog er sich mehr in sich selbst zurück und grübelte über seine mißliche Lage nach, bis ihm der Kopf schwirrte.

Von dem ihm zugewiesenen Platz an Deck sah er Belsey düster neben Farquhar auf einem Lukendeckel sitzen. Beide starrten über das leere Meer. Sie warten, dachte er bitter, wie jeder andere an Bord. Sie warten und fragen sich, wann die *Phalarope* auftauchen und in die Falle gehen wird. Ihm fiel auf, daß Belsey eine neue Bandage um den Arm trug, und rief sich den ersten, aber nur kleinen Triumph zurück, als ihm nach dem Gespräch mit seinem Bruder gestattet worden war, mit den beiden zusammenzusein.

Es war ersichtlich, daß sie inzwischen erfahren hatten, wer der Kapitän der *Andiron* war, aber ebenso ersichtlich war ihre Erleichterung, ihn wiederzusehen. Glaubten sie wirklich, daß er sie verlassen und zum Feind übergehen könnte? Selbst jetzt noch überraschte und freute es ihn ein wenig, daß er sich über eine solche Annahme ärgern konnte.

Belsey hatte seinen Arm unter Schmerzen bewegt und gesagt: »Der Schiffsarzt wird sich den Bruch ansehen, Sir.«

In diesem Augenblick war ihm Farquhars Dolch eingefallen, der, unter dem behelfsmäßigen Verband verborgen, als Schiene diente. Zu sprechen wagte er nicht. Die anderen beobachteten ihn jedoch, als er vom Kajütenstuhl ein Brett abbrach. Mit Farquhars Hilfe ersetzten sie den Dolch durch ein Stück Mahagoni. Belsey hatte einmal laut aufgeschrien, aber Bolitho zischte: »Still, Sie Narr! Den Dolch können wir vielleicht noch brauchen.«

Er versteckte ihn unter seinem Bettzeug. Doch ein qualvoller Tag verstrich nach dem anderen, und er beurteilte den Besitz einer so geringfügigen Waffe nicht mehr so hoffnungsvoll. Von seinem Bruder hatte er wenig gesehen und war dankbar dafür. Einmal hatte er beobachtet, wie er in der Gig an Land gepullt wurde. Und einige Male hatte er ihn zu den Wänden des Vorgebirges hinaufstarren sehen, die hinter dem verankerten Schiff aufragten. Bolitho grübelte wieder und wieder über ihre einzige Unterhaltung in der Heckkajüte nach, bis er Bedeutungen hineinlegte, die gar nicht vorhanden gewesen waren. Doch eins stand fest: Hugh Bolitho bluffte nicht. Das hatte er nicht nötig.

Die *Andiron* ankerte vor der Südspitze der kleinen Insel Nevis, die zur Hauptinsel St. Kitts gehörte. Ein ovales Eiland, durch eine Meerenge von etwa zwei Meilen von St. Kitts getrennt und volle fünfzehn Meilen von der Hauptstadt Basseterre entfernt, die Hood erfolgreich gehalten hatte, bis er sich nach Antigua zurückziehen mußte. Nevis war eine gute Wahl, mußte Bolitho grimmig zugeben. Während seiner endlosen Spaziergänge über Deck verfolgte er die schnellen, doch sorgfältigen Vorbereitungen, mit denen hier einem Schiff, das versuchen sollte, die *Andiron* anzugreifen, eine Falle gestellt wurde.

Die vorspringende Landzunge Dogwood Point beherrschte den geschützten Strich Wasser; dahinter ragte der nackte Kamm des Saddle Hill wie ein Miniaturvulkan auf. Selbst ein halbblinder Ausguck konnte von dort aus jede verdächtige Annäherung ausmachen und sie dem Schiff und der Küstenwache melden. Es war so einfach, daß Bolitho zugeben mußte, er hätte die gleiche Methode gewählt. Lag es daran, weil sein eigener Bruder den Plan entworfen und ein verwandter Geist die Falle gestellt hatte? Wenn Sir Robert Napier erst die Nachricht erhalten hatte, wo die *Andiron* lag, war die Annahme, daß er impulsiv reagieren würde, durchaus berechtigt. Ein Erfolg würde zwar den schmerzlichen Verlust St. Kitts nicht wettmachen, aber die Moral der britischen Flotte heben.

Natürlich brauchte das angreifende Schiff nicht die *Phalarope* zu sein. Doch Bolitho verwarf diesen Gedanken sogleich. Sein Bruder hatte auch darin recht. Admiral Napier standen nur wenige Schiffe zur Verfügung, seit sich Hood wieder auf Antigua eingerichtet hatte. Außerdem würde er den Erfolg der *Phalarope* als einen Akt ausgleichender Gerechtigkeit ansehen. Damit wäre ihr Name gereinigt und sein Sohn gerächt.

Er versuchte von neuem, sich in die Lage des angreifenden Kapitäns zu versetzen. Er würde langsam heransegeln, um sich zu vergewissern, daß die Information über die Anwesenheit der *Andiron* stimmte. Und er würde darauf achten, daß die Posten an Land seine Masten nicht vor Sonnenuntergang erspähten. Im Schutz der Dunkelheit würde er unter Land gehen und ein Enterkommando aussenden, vielleicht drei oder vier Boote. Leicht würde es nicht sein, aber ein Schiff, das so töricht war, ein Stück vor der Basis zu ankern, sollte durch Handstreich zu Fall zu bringen sein. Er schloß die Augen und versuchte, das Bild auszulöschen, das ihm das angreifende Schiff im Augenblick der Erkenntnis der wirklichen Lage zeigte.

Eine verborgene Batterie war so aufgestellt und ausgerichtet, daß die Geschütze den gesamten Bereich unter dem Vorgebirge bestrichen. Und obwohl es nach außen hin so aussah, als läge die *Andiron* unbesorgt vor einer friedlichen Insel, hatte Bolitho alle Vorbereitungen wohl bemerkt und auch die Sorgfalt, die sein Bruder walten ließ, um den Sieg sicherzustellen.

Die Kanonen, mit Kartätschen geladen, warteten geduckt hinter ihren geschlossenen Pforten. Schon jetzt spannten sich Netze über die Decks, um jene an einem schnellen Entern zu hindern, die dem ersten Kugelregen entkommen würden. Die Männer der *Andiron* schliefen auf Stationen, jeder einzelne bis an die Zähne bewaffnet und bereit, dem Plan des Kapitäns zum Erfolg zu verhelfen.

Auf dem Achterdeck waren Leuchtraketen angebracht. Sobald man mit den Angreifern im Kampf stand, sollten sie abgebrannt werden. Das Signal würde von einem entfernteren Posten an eine französische Fregatte weitergegeben werden, und mit deren Eingreifen wäre dann das Gefecht vorüber. Wenn die *Phalarope* ohne den besten Teil ihrer Mannschaft überrascht wurde, hatte sie keine Chance. Und wenn sie näher unter Land kam, um das Enterkommando zu unterstützen, würden die Landbatterien sie zerschmettern, ehe sie den Fehler bemerkte.

Ein anderer Gedanke quälte Bolitho. Wenn die *Phalarope* der Angreifer war, würde Vibart das Kommando führen. Er konnte sich nur schwer vorstellen, daß Vibarts Verstand schnell genug arbeitete, um mit einer solchen Situation fertigzuwerden. Bolitho knirschte mit den Zähnen und ging langsam zur Landseite hinüber. Die Insel lag friedlich da. Die Verteidiger hatten ihre Vorbereitungen abgeschlossen und warteten jetzt genau wie er. Nur daß er, wenn es soweit war, unter Deck eingesperrt und hilflos und elend Zeuge des Untergangs seines eigenen Schiffes sein würde. Oder, schlimmer noch, der Eroberung.

Der Gedanke peinigte ihn zum hundertsten Male. Und es gab ihm einen neuen Stich, als er einen Kutter der *Andiron* längsseits kommen und Früchte entladen sah. Nein, er irrte sich nicht, es war Stockdale, der breitbeinig auf dem Schanzkleid stand und die Netze mit den Früchten hinaufreichte, als wären sie leicht wie eine Feder. Sonderbar, aber das war fast am schwersten zu ertragen. Gerade Stockdale! Ob er bereitwillig oder widerstrebend gehandelt hatte, war Bolitho nicht bekannt, aber er hatte sich der Mannschaft des Kaperschiffes angeschlossen, und die anderen Leute der Landungsabteilung waren ihm wie Schafe gefolgt. Er machte ihnen innerlich keine Vorwürfe. Wenn Stockdale, der Bootsführer des Kapitäns, die Front wechselte, warum dann nicht auch sie?

Stockdale schaute, in der Sonne blinzelnd, hoch. Dann grüßte er spöttisch, und einige der Leute lachten. Der wachhabende amerikanische Offizier sagte trocken: »Manchmal glaube ich, daß es so etwas wie Treue überhaupt nicht gibt, Kapitän. Alles bloß eine Frage des Preises.«

Bolitho zuckte mit den Schultern. »Vielleicht.«

Der Offizier ergriff die Chance, Bolithos brütendes Schweigen zu brechen. »Ich komme nicht darüber hinweg, daß Sie mit unserem Kapitän verwandt sind. Der Gedanke macht einem zu schaffen. Ihnen vermutlich auch.«

Bolitho sah den gebräunten Offizier flüchtig an. Ein freundliches Gesicht. Das eines einsamen Mannes, der den Krieg satt hatte. »Fahren Sie schon lange unter ihm?« fragte er.

»Ein Jahr ungefähr.« Der Mann runzelte die Stirn. »Aber es kommt mir viel länger vor. Er kam als Erster Leutnant an Bord, erhielt aber das Kommando, nachdem der Kapitän bei einem Gefecht mit einem Ihrer Schiffe vor Cape Cod fiel.« Er grinste. »Hoffentlich kann ich bald nach Hause. Meine Frau und meine zwei Jungen warten auf mich. Ich sollte mich um meine Farm kümmern, nicht gegen König Georg kämpfen.«

Bolitho erinnerte sich der Bemerkung seines Bruders, daß er nach Cornwall kommen würde, um das ihm rechtmäßig zustehende Erbe zu fordern, und verspürte wieder die gleiche heftige Bitterkeit. Er unterdrückte die aufsteigende Regung und fragte ruhig: »Halten Sie das wirklich für so einfach?«

Der Offizier starrte ihn an. »Was kann denn noch passieren? Ich möchte Sie nicht beleidigen, Kapitän, aber meiner Meinung nach haben die Briten kaum noch eine Chance, Amerika zurückzugewinnen.«

Bolitho lächelte. »Ich dachte mehr an die Franzosen. Wenn, wie Sie sagen, die amerikanische Unabhängigkeit von allen Beteiligten bestätigt wird, bilden Sie sich dann wirklich ein, daß die Franzosen einfach absegeln? Immerhin haben sie die Hauptlast der Kämpfe getragen, vergessen Sie das nicht. Meinen Sie, daß Sie ohne ihre Flotte und ihre Lieferungen so weit gekommen wären?«

Der Amerikaner kratzte sich den Kopf. »Krieg bringt einem sonderbare Verbündete, Kapitän.«

»Ich weiß. Ich habe einige kennengelernt.« Bolitho blickte beiseite. »Meines Erachtens möchten sich die Franzosen hier draußen ebenso festsetzen wie in Kanada.« Er schüttelte den Kopf. »Sie können leicht vom Regen in die Traufe kommen.«

Der Offizier gähnte und sagte müde: »Nun, ich habe das nicht zu entscheiden, Gott sei Dank.« Er hob die Hand an die Augen und spähte in den dunklen Schatten unter Saddle Hill. Ein weißblauer Punkt eilte den unebenen Pfad in einer Staubwolke hinunter.

Der Offizier sah Bolitho bedeutungsvoll an und sagte knapp: »Ein Reiter! Das bedeutet, der Köder hat gewirkt, Kapitän. Heute nacht also – oder nie.«

Auf der Back ertönte ein Ruf, als am öden Ufer ein greller Lichtpfeil aufblendete. Jemand benutzte einen Heliographen, und Bolitho hörte tiefer landeinwärts lebhaften Trommelschlag.

»Woher weiß man es?« fragte er.

Der Offizier kniff die Lippen zusammen, sagte dann jedoch nicht unfreundlich: »Draußen liegt eine Flotte von Fischerbooten, Kapitän. Sie geben die Sichtmeldung von Boot zu Boot weiter. Eins liegt dicht unter dem Ausguck auf dem Berg.« Er wirkte verlegen. »Warum beschäftigen Sie sich noch damit? Sie können doch nichts mehr dagegen tun. Genausowenig wie ich etwas tun könnte, wäre die Situation umgekehrt.«

Bolitho sah ihn nachdenklich an. »Danke, ich will versuchen, mich daran zu erinnern.« Damit nahm er seinen Gang über das Deck wieder auf. Der Offizier zuckte mit den Schultern und kehrte auf die andere Seite des Hecks zurück.

Die kurze Waffenruhe war vorüber. Das Signal des Heliographen hatte sie aus plaudernden Seeleuten wieder zu Feinden gemacht.

»Sonnenuntergang in einer Stunde.« Daniel Proby, Steuermann der *Phalarope*, kritzelte langsam auf seiner Schiefertafel und ging dann gemächlich zu Herrick hinüber, der an der Luvreling stand. »So habe ich die Sonne mein ganzes Leben lang noch nicht gesehen.«

Herrick riß sich in die Gegenwart zurück und folgte Probys bekümmertem Blick über die glitzernde Weite der offenen See. Fast den ganzen Nachmittag und den frühen Abend über war die Fregatte stetig nach Nordost gelaufen, und während sie jetzt hart am Wind über Backbordbug segelte, leuchteten Masten, Spieren und jeder Zoll der steifen Leinwand wie poliertes Kupfer. Der Himmel, seit Tagen hellblau und leer, war jetzt von langen, sich kreuzenden Wolkenstreifen durchzogen, die wie glühende Rauchfahnen auf den fernen Horizont zutrieben. Es war ein zorniger Himmel, und die See reagierte auf den Wechsel auf ihre Weise. Die Oberfläche zeigte nicht mehr die kurzen, abgehackten weißen Kämme, sondern herandrängende Linien hochtreibender Wogen, eine hinter der anderen in säuberlich abgezirkelten Reihen. Das Schiff hob sich und ächzte, als die Galionsfigur sich dem Himmel zukehrte und dann in langem Bogen in das Wellental tauchte.

»Vielleicht nähert sich ein Sturm vom Atlantik?« fragte Herrick.

Der Steuermann schüttelte den Kopf. »Zu dieser Jahreszeit gibt es kaum Stürme.« Er blickte nach oben, als die Segel, wie um seine Worte zu verhöhnen, donnerten. »Wie dem auch sei, wir werden ein Reff einbinden müssen, wenn es sich nicht bessert.«

Trotz seiner düsteren Gedanken mußte Herrick lächeln. Vibart würde nicht gerade glücklich darüber sein. Seit er vor zwei Tagen seine neuen Befehle erhalten hatte, trieb er die Besatzung wie ein Verrückter an. Herrick dachte an den Augenblick, als ein Ausguck das ferne Segel gesichtet hatte. Einen Moment dachten sie, es sei eine patrouillierende Fregatte oder die *Cassius* selbst. Aber es war eine schnell segelnde Brigg. Über ihren niedrigen Rumpf sprühte Schaum, als sie über Stag ging und auf die *Phalarope* zulief.

Herrick nahm ihr Erscheinen als unerwartete, aber willkommene Abwechslung, denn die Stimmung an Bord der Fregatte hatte sich spürbar verschlechtert. Innerhalb weniger Tage hatte es sieben Auspeitschungen gegeben. Sie hatten die Mannschaft jedoch nicht in stumpfe Gefügigkeit versetzt, sondern dazu beigetragen, die Kluft zwischen Back und Achterdeck noch zu vertiefen. Im Zwischendeck wurde kaum noch geplaudert oder gelacht. Kam ein Offizier an einer Gruppe Matrosen vorüber, schwiegen die Männer verdrossen und wandten sich ab.

Fähnrich Maynard hatte gemeldet: »Die Brigg ist die *Witch of Looe*, Sir. Mit Order für uns.«

Vibart baute sich gewichtig auf dem Achterdeck auf, einsam und erhaben, schweigsam, aber alles beobachtend.

Ein Boot pullte herüber, und bald kletterte ein Leutnant mit dem unvermeidlichen Leinwandumschlag an Bord. Herrick, der in der Nähe stand, spitzte die Ohren, um mitzubekommen, was vorging. Er hörte Vibart nach dem Flaggschiff fragen und den Leutnant kurz antworten.

»Diese Befehle kommen vom Admiral, Sir. Ich habe nichts hinzuzufügen.«

Die Antwort war zu knapp, beinahe schon beleidigend, und Herrick nahm an, daß der junge Leutnant auf der Liste der Admiralsgünstlinge hoch genug stand, um sich solchen Ton erlauben zu können.

Vibart hatte dem Offizier der Brigg vom Angriff auf die Insel Mola erzählen wollen, doch dann den Mund fest zusammengepreßt, sich umgedreht und befohlen: »Lassen Sie das Schiff wieder Fahrt aufnehmen, Mr. Herrick. Ich habe zu tun.«

So war es bis heute geblieben, überlegte Herrick. Ein Schwanken zwischen hochtrabender Selbstgefälligkeit und Anfällen blinder Wut. Vibarts Reaktionen ließen sich nie vorhersagen, ein doppeltes Übel, da er beinahe allgegenwärtig war. In einem fort beobachtete er, kritisierte alles und bellte Befehle, die die der anderen Offiziere rückgängig machten.

Herrick hatte den Leutnant am Fallreep angehalten, um noch mehr zu erfahren. Der Offizier sah ihn nachdenklich an.

»St. Kitts ist gefallen. Die Flotte hat sich zurückgezogen, um sich neu zu formieren. Ich segle jetzt nach Antigua.« Er blickte zu seinem Schiff hinüber. »Aber dem Vernehmen nach kommt Rodney aus England mit zwölf Linienschiffen zu uns. Ich hoffe zu Gott, daß er noch rechtzeitig eintrifft.« Und dann, hastig: »Wo ist Ihr Kapitän?«

»Gefallen.« Herrick brachte das Wort kaum über die Lippen. »Auf Mola.«

»Nun, mir liegt Ihr neuer Kommandant nicht, mein Freund.« Der Leutnant hielt kurz inne. »Wir haben zwei Tage nach der *Phalarope* gesucht. Der Admiral dürfte kaum erfreut sein, daß Sie Ihre Position verlassen haben, Mola oder nicht.« Er kniff die Augen zusammen. »Im Befolgen von Befehlen ist Sir Robert ein Pedant.«

Herrick beschäftigte sich nun mit jenem Teil der Ereignisse, aufgrund derer die *Phalarope* jetzt auf die Inseln zuhielt. Vibart hatte alle Offiziere und Unteroffiziere zu einer Besprechung in die Kajüte gerufen. Irgendwie war es typisch für ihn, daß er bequem auf seinem Stuhl saß und alle anderen stehen ließ.

»Sir Robert Napier hat Nachricht erhalten, daß die *Andiron* vor Nevis liegt.« Danach ließ er eine anscheinend sorgsam vorbereitete Rede vom Stapel. »Offenbar werden Reparaturen ausgeführt, während sie auf neue Order wartet. Wie lange sie dort liegen wird, ist ungewiß.« Er blickte von einem zum anderen. »Sir Robert befiehlt der *Phalarope*, unverzüglich nach Nevis zu segeln, um die *Andiron* zu versenken oder zu nehmen.« Vibarts Worte hatten wie ein Blitz eingeschlagen. »Wir werden höchste Fahrt laufen.« Er sah den Steuermann durchdringend an. »Also geben Sie acht, daß keine Fehler passieren, Mr. Proby.«

Herrick hatte Vibart während der Ankündigung beobachtet. Sein offensichtlicher Eifer überraschte ihn. Es konnte eine falsche Nachricht sein. Stimmte sie jedoch, würde es nicht leicht sein, ein Schiff außer Gefecht zu setzen, das dicht unter einer feindlichen Insel lag. Indes Vibart sich dröhnend über Details und den Zeitpunkt ausließ, wurde ihm klar, daß Vibarts Verhalten auf Unsicherheit schließen ließ. Obwohl Vibart seit Bolithos Verschwinden das Kommando führte, war Okes in der besseren Position, weil man womöglich ihm die zurückliegenden Erfolge gegen den Feind gutschreiben würde. Vibart mußte sich noch beweisen, und dafür bot die neue Operation eine Gelegenheit.

Merkwürdigerweise hatte er keine Meldungen zur *Witch of Looe* hinübergeschickt. Sparte er sich den Bericht für einen persönlichen Vortrag beim Admiral auf? grübelte Herrick. Sir Robert mochte wütend sein, weil die *Phalarope* ihre Position verlassen hatte. Aber die Zerstörung der Batterie auf Mola und die der Truppentransporter und dazu ein Sieg über das Kaperschiff *Andiron* mußten jeden besänftigen.

Doch jetzt, nachdem Vibart ausreichend Zeit gehabt hatte, alles zu bedenken, was der Befehl einschloß, war seine Stimmung von neuem umgeschlagen. Während die *Phalarope* auf Nevis zulief, wuchs seine Nervosität und Gereiztheit, und mehr als einmal gewann seine Ungeduld die Oberhand. Erst vormittags hatte er einen Mann auspeitschen lassen, dem ein Marlspieker von der Großrah fiel. Er war dicht neben Packwood, einem Maat, in den Decksplanken steckengeblieben. Vibart brütete gerade auf dem Achterdeck vor sich hin und verfolgte, wie die Boote überprüft wurden. Packwoods erschreckter Aufschrei hatte ihm von neuem Gelegenheit gegeben, seiner nie vorhersehbaren Laune freien Lauf zu lassen.

»Schafft den Kerl her.« Seine Stimme ließ jeden Handgriff auf dem Hauptdeck stocken. »Ich habe es genau gesehen. Der Marlspieker sollte Packwood treffen.«

Selbst der Bootsmannsmaat hatte widersprochen. »Es ist heute bewegt da oben, Sir. Das war keine Absicht.«

Vibart war scharlachrot angelaufen. »Maul halten! Oder ich sehe mir auch Ihre Rückenknochen an.«

Wieder das gefürchtete Trillern: »Alle Mann als Zeugen einer Bestrafung nach achtern!«

Wieder das qualvolle Hinschleichen der Zeit, bis die Gräting klar war und die Seesoldaten auf dem Achterdeck eine rechteckige Formation bildeten.

Der Seemann, den es diesmal traf, hieß Kirk. Ein magerer, hohläugiger Matrose, der seit dem Gefecht mit der *Andiron* beinahe taub war. Die donnernden Breitseiten hatten ihm das Trommelfell für immer lädiert.

Mr. Quintal, der Bootsmann, war langsam nach achtern gekommen, die vertraute rote Flanelltasche baumelte ihm am Handgelenk. Schweigend teilten sich die Leute, um ihn durchzulassen. Bis zum letzten Moment, ja noch als Vibart das Verlesen der Kriegsartikel beschloß und schroff verkündete: »Vier Dutzend, Mr. Quintal«, bezweifelte Herrick, daß Kirk ein einziges Wort verstanden hatte. Erst als ihn die Bootsmannsmaaten packten, ihm das Hemd vom mageren Körper rissen und ihn zum Prügeln über die Gräting warfen, begann er zu brüllen und zu protestieren. Die meisten nahmen ihre Strafe hin, ohne einen Laut von sich zu geben. Schon ein einziger Schlag mit der neunschwänzigen Katze trieb die Luft aus den Lungen, so daß kaum genug für einen Schrei übrig blieb. Kirk schrie unaufhörlich, als seine Handgelenke so festgebunden wurden, daß die Füße eben das Deck berührten. Furcht und Schrecken des Mannes brachten die Bootsmannsmaaten einen Augenblick durcheinander, und sie wechselten flüchtige Blicke. Quintal zog die Peitsche aus der roten Tasche, reichte sie Packwood und sagte barsch: »Zwei Dutzend. Josling übernimmt die anderen zwei. Wenn Kirk so lange lebt«, fügte er halblaut hinzu.

Vibart hatte den Hut aufgesetzt und kurz genickt. »Anfangen.«

Herrick hatte viele Auspeitschungen gesehen. Sie schienen Teil des Seemannslebens, und er hatte sich gegen den Anblick gestählt. Doch diesmal lagen die Dinge anders. Die Bestrafung war ungerecht, weil Vibart zu versessen darauf war.

Die Trommel wurde gerührt, und Packwoods muskulöser Arm holte aus: »Eins.« Die Peitsche zischte durch die Luft. Wie üblich wartete Herrick angewidert und fasziniert zugleich auf die Wirkung des Schlages. Einige Sekunden lang zeigte sich auf dem bloßen Rükken des Mannes nichts, doch schon während die Peitsche zum zweiten Schlag gehoben wurde, sprang die straffe Rückenhaut von der Schulter bis zur Hüfte in vielen feinen Rissen auf.

»Zwei.« Kirk brüllte und zuckte hilflos an der Gräting. Aus seinem Mund floß Blut, und Herrick wußte, daß er sich die Zunge aufgebissen hatte.

»Drei.« Packwood zögerte, ehe er wieder zuschlug. Seine Augen wurden glasig, als die Peitsche Kirks Rücken blutig riß.

Vibarts Stimme übertönte die Trommel. »Härter, Packwood, ersparen Sie dem Kerl nichts, wenn Sie nicht mit ihm tauschen wollen.«

So war es weitergegangen, Schlag für Schlag, begleitet vom unmenschlichen Rasseln der Trommel. Nach dem ersten Dutzend sackte Kirk zusammen und gab keinen Ton mehr von sich. Doch als der Wundarzt Ellice grimmig feststellte: »Er lebt noch, verträgt aber nicht mehr viel«, fauchte Vibart: »Weitermachen mit der Bestrafung.«

Herrick hatte bemerkt, daß sich Fähnrich Neale an Maynards Ärmel klammerte,während die Auspeitschung weiterging. Kirk war mager, und nach achtzehn Schlägen glaubte Herrick, unter der zerfleischten Haut Knochen und Muskeln zu sehen. Dann übernahm Josling die Peitsche und streifte mit den Fingern Fleischfetzen davon ab. Nach einem kurzen Blick in Vibarts ausdrucksloses Gesicht machte er sich an das zweite Dutzend. Nach dem zwanzigsten Schlag fiel Mr. Quintal ihm in den Arm und sagte fest: »Das reicht, Sir. Er stirbt.« Kirks blutiger Körper wurde nach unten geschafft, aber erst, nachdem Wundarzt Ellice das Eingreifen des Bootsmanns unterstützt hatte. »Vielleicht übersteht er es«, hatte er unbestimmt geknurrt. »Sagen kann ich es nicht. Ich glaube, seine Nieren sind geplatzt.«

Herrick forschte nach einem Zeichen von Mitleid oder Triumph in Vibarts schweren Zügen. Doch sie zeigten lediglich steinerne Gleichmütigkeit. Captain Pomfret hatte Auspeitschungen zugesehen, als wären sie ein brutaler Sport. Der blutige Abschluß erregte ihn stets auf eine Weise, als hätte er einen perversen Sexualakt erlebt. Nichts davon bei Vibart. Vibart sah man überhaupt kein Gefühl an, ganz gleich welcher Art.

Herrick wandte sich hastig ab, als Vibart im Kajütsniedergang auftauchte und in den Wind schnüffelte. Vibart musterte den seltsam kupferfarbenen Himmel und sagte gedehnt: »Der Wind hat aufgefrischt. Wir werden in zehn Minuten die Segel bergen.« Sein Blick streifte Proby. »Haben Sie unsere Position? Unsere *genaue* Position?«

Proby nickte mürrisch. »Aye, Sir. Nevis liegt in Nordost voraus, etwa fünfzehn Meilen entfernt.«

Vibart musterte ihn durchdringend. »Ich hoffe um Ihretwillen, daß es stimmt, Mr. Proby.« Dann bellte er den Rudergänger an: »Paß auf, du Tölpel. Bleib hart am Wind.«

Herrick blickte hinauf. Das Schiff lief perfekt. Vibart wurde offenbar um so nervöser, je näher sie der Insel kamen. Nicht furchtsam. Er hatte bei keiner Gelegenheit irgendwelche Zeichen von Furcht gezeigt. Nein, das lag tiefer, hatte mit der lauernden Möglichkeit eines Fehlschlags zu tun.

Vibart bemerkte, daß Herrick ihn ansah, und fauchte: »Haben Sie die Enterkommandos eingeteilt?«

»Aye, Sir. Alle Boote außer der Gig sind klar. Die Gig ist für diese Aufgabe nicht geeignet.«

»Das weiß ich selber, Mr. Herrick.« Vibarts Augen waren rot unterlaufen. »Sie übernehmen den Gesamtbefehl. Maynard, Packwood und Parker befehligen die anderen drei Boote.« Seine Blicke glitten finster über die an Deck beschäftigten Leute. »Als Steuermannsmaat ist Parker der ideale Mann, die *Andiron* unter Segel zu bringen, wenn Ihr Angriff Erfolg hat.«

»Ja, Sir.« Herrick wußte das alles. Er hatte jeden einzelnen Mann persönlich instruiert und dem festgelegten Plan gemäß eingeteilt. »Erwarten Sie starke Gegenwehr, Sir?«

»Wir sind jetzt drin. Es kommt nicht darauf an, was ich erwarte.«

Proby befragte seine große Taschenuhr und sagte: »Pfeifen Sie alle Mann an Deck. Klar zum Segelbergen.«

Herrick fragte sich, warum Vibart das so lange hinausgeschoben hatte. In der Ferne hatte er mehrmals Fischerboote gesehen. Es lag wirklich kein Sinn darin, die Eile der *Phalarope* noch durch Vollzeug anzuzeigen.

Die Matrosen kletterten die Wanten hinauf und zogen sich die schwankenden Rahen entlang. Bei der unbehaglichen Bewegung des Schiffs war das Segelbergen eine gefährliche Arbeit.

Vibart sagte mürrisch: »Auf diese Weise sind wir weniger leicht auszumachen. Und da der Wind ständig auffrischt, erspart es uns die Mühe, später Segelbergen zu müssen.« Er schien laut zu denken.

Proby legte die Hände um den Mund und rief heiser: »Marssegel und Klüver, mehr brauchen wir nicht. Schnell!«

Gefolgt von Vibarts Blicken und angetrieben durch die Rufe ihrer Maate, kämpften die Männer mit der schlagenden Leinwand und verfluchten den Wind und die tückischen Segel, die alles daransetzten, die Männer von den Rahen zu schleudern. Als sich Bramsegel und Großsegel schließlich den kämpfenden Matrosen ergaben und sich die Leinwandfläche verringerte, spürte Herrick, wie die *Phalarope* an Fahrt verlor. Er beobachtete die langen Wellenberge und schätzte die Entfernung zwischen ihnen ab. In Lee von Nevis würde es geschützter sein, überlegte er, aber selbst dann würde es schwerfallen, die zum Angriff abgesetzten Boote zusammenzuhalten. Er sah Okes an der Leereling stehen und fragte sich, warum Vibart nicht Okes für das Kommando ausgewählt hatte. Wenn Okes sich gewandelt hatte und nun verläßlich war, hätte die Wahl eigentlich auf ihn fallen müssen.

Hauptmann Rennie schlenderte über das Achterdeck heran und sagte: »Meinen Glückwunsch, Herrick. Und Erfolg heute nacht! Ich käme gern mit, aber Seesoldaten sind dafür kaum geeignet.«

»Danke.« Herrick lächelte.

Rennie deutete auf Okes. »Man möchte meinen, unser kommandierender Offizier weiß mehr, als wir dachten, hm? Diese Attacke vertraut er einem Mann, der so weich wie Butter ist, nicht an.«

»Leise!« Herrick blickte flüchtig zum offenen Oberlicht. »Ihre Bemerkungen könnten ernstgenommen werden.«

Rennie zuckte mit den Schultern, senkte aber die Stimme. »Zum Henker mit der Vorsicht! Ich komme mir wie ein Mann auf einer dünnen Eisfläche vor.«

Er ging davon, und Herrick sah die Matrosen hinabklettern. Wenn bloß Bolitho hier wäre, um sie alle zu inspirieren und zu führen, dachte er. Er sah schon die *Phalarope* nach Antigua hineinsegeln – unter einem Vibart, der sich vor Selbstgefälligkeit aufblähte, während Hurrarufe und Glückwünsche ihre Rückkehr zur Flotte und zum Ruhm unterstrichen. Doch er würde Bitterkeit empfinden, dachte Herrick. Denn ohne Bolitho wäre die *Phalarope* nie so weit gekommen, und falls Vibart das Kommando behielt, sah er in der Tat für sich keine Zukunft.

Tobias Ellice kam den Niedergang herauf. Er führte die Hand an seinen schäbigen Hut und rülpste. »Kirk ist tot«, grunzte er dann abrupt. »Ich habe ihn fein säuberlich einnähen lassen.«

»Gut«, erwiderte Herrick. »Ich werde es im Logbuch eintragen.« Der Atem des Wundarztes roch nach Rum, und Herrick fragte sich, wie der Mann seinen Pflichten nachkommen konnte.

»Sie können auch eintragen, daß mir dieses Schiff und ihr alle bis hier steht.« Ellice schwankte betrunken und wäre gefallen, hätte Herrick ihn nicht gestützt. »Ihr behandelt sie wie Hunde«, murmelte er und schüttelte dann den Kopf. »Nein, nicht wie Hunde, die leben im Vergleich dazu wie Könige.«

Herrick betrachtete ihn verdrossen. »Sind Sie fertig?«

Ellice zog ein riesiges rotes Taschentuch aus dem Schoß seines Rockes und schnaubte laut. »Sie haben gut spotten, Mr. Herrick. Sie legen heute nacht ab, um Ruhm zu erlangen und zu kämpfen.« Er bleckte die Zähne und versuchte, Herrick mit seinen wäßrigen Augen klar zu erkennen. »Aber Sie werden ein anderes Lied singen, wenn Sie unten bei mir darauf warten, daß die Säge Ihren hübschen Arm, ein Bein oder gar zwei abtrennt.«

»Nur zwei?« Herrick musterte ihn mit bitterem Humor.

Ellice wurde plötzlich ernst, sein vom Rum umnebelter Verstand hakte sich an Herricks Frage fest. »Man kann ohne sie leben, mein Junge. Ich habe es oft gesehen.«

Herrick sah ihm nach, als er zur Heckreling ging. Wieder war ein Mann gestorben. Wer kam als nächster an die Reihe?

Bryan Ferguson nahm noch ein Entermesser aus der tiefen Lade und reichte es Old Ben Strachan. Strachan prüfte die Klinge, beugte sich über den Schleifstein und zog das Entermesser über den rotierenden Stein. Seine Augen blitzten hell in den fliegenden Funken.

Ferguson blickte durch das Zwischendeck. Das Schiff rollte und stampfte, und die schaukelnden Laternen warfen hüpfende Schatten. Merkwürdig, wie es ihm jetzt gelang, das Gleichgewicht zu halten, ja selbst sein Magen widerstand nun der lauernden Qual der Seekrankheit. Im Vergleich zu dem sonstigen Leben war das niedrige Zwischendeck heute merkwürdig menschenleer. Bis auf die Männer, die zum Enterkommando gehörten, waren alle an Deck, um das Schiff für die Aktion vorzubereiten. Old Strachan konzentrierte sich auf sein Messerschleifen. Während Ferguson ihn beobachtete, hörte er das drohende Rumpeln der Lafetten. Offenbar wurden die Kanonen sorgfältig geladen und dann wieder hinter den geschlossenen Stückpforten verlascht. Die Decks waren bereits mit Sand bestreut, und er hörte Mr. Brock seinem Magazinkommando letzte Instruktionen erteilen.

Starker Rumgeruch drang in das Zwischendeck, und Ferguson drehte sich zu den unten verbliebenen, eng beieinander sitzenden Leuten um, die sich eine kurze Ruhepause gönnen durften, ehe sie in die Boote mußten. »Wie wird es ablaufen?« fragte er Strachan. »Was meinst du?«

Strachan prüfte die Klinge und legte sie sorgsam auf den Haufen der schon geschärften Messer. »Schwer zu sagen, Junge. Ich habe das selbst ein paarmal mitgemacht. Manchmal war nach einigen Gebeten und Stoßseufzern alles vorbei, und ehe man's sich versah, war man wieder wohlbehalten an Bord. Und manchmal wunderte man sich, daß man überhaupt noch lebte.«

Ferguson konnte sich die zermürbenden Schrecken eines Angriffs bei völliger Finsternis nicht vorstellen und nickte bloß. Seine neuen Pflichten als Schreiber hielten ihm solche Gefahren vom Leibe und hatten ihn von seinen Gefährten noch weiter getrennt. Er mußte sich jetzt völlig darauf konzentrieren, mit dem Ersten Offizier klarzukommen. Vibart las jeden Befehl und jeden Bericht mindestens zweimal, und einer Rüge ließ er stets die Androhung einer Strafe folgen. Ferguson dachte an die Auspeitschungen, besonders an die jüngste. Er hätte die Hände vor das Gesicht schlagen mögen. Kirk war im Schiffslazarett gestorben, aber seine schluchzenden Schreie schienen noch immer im Logis zu hängen.

»Die See wird ziemlich rauh«, sagte Strachan. »Ich möchte nicht dabei sein.« Er schüttelte den grauen Kopf. »War so schwarz wie 'n Schweinebauch, als ich vorhin die Nase hinaussteckte.« Onslow, der große Matrose von der *Cassius*, kam herangeschlendert und sah Ferguson einige Sekunden nachdenklich an. In dem karierten Hemd und der engen Hose wirkte er noch größer und furchterweckender als sonst. Sein dickes Haar hatte er im Nacken mit einem roten Band zusammengebunden. »Du bleibst also an Bord, wie?« lächelte er. »Und das ist ganz richtig so.« Er legte Ferguson die Hand auf die schmächtige Schulter. »Du wirst noch gebraucht, mein Junge. Ich möchte alles wissen, was in der Achterkajüte vorgeht.«

Ferguson starrte ihn an. »Ich . . . Ich verstehe nicht.«

Onslow gähnte und reckte die Arme. »Es ist immer gut, wenn man weiß, was die Offiziere als nächstes vorhaben, verstehst du. Dann brauchen Leute wie wir nicht ewig Pöbel zu bleiben. Durch Wissen«, er klopfte sich bedeutungsvoll gegen die Stirn, »sind wir ihnen gleich – und bereit!«

Lugg, ein Geschützmaat, kam den Niedergang herunter und spähte mit zusammengekniffenen Augen ins Dämmerlicht. »Los, ihr da! An Deck, und zwar schnell. Jeder Mann ein Entermesser und achtern aufstellen.«

Onslow sah ihn an. »Was denn, keine Pistolen?«

Lugg antwortete eisig: »Ich werde dir was mit der Pistole versetzen, wenn du dich weiter so aufführst.«

Stahl klirrte gegen Stahl, als sich jeder hastig ein Entermesser griff. Ferguson redete den einen oder anderen an, erhielt aber keine Antwort. Strachan wischte sich die Hände ab und murmelte: »Spar dir den Atem, Junge. Die denken an das, was vor ihnen liegt. Später gibt's genug zu reden. Sollte mich nicht wundern.«

John Allday zögerte, so lange es ging. Dann nahm er ein Entermesser und schwang es langsam im Lampenlicht. Danach sagte er leise: »Sieh dich vor Onslow vor, Bryan. Er ist der geborene Unruhestifter. Ich traue ihm nicht über den Weg.«

Ferguson sah seinen Freund überrascht und irgendwie schuldbewußt an. Seit seiner Abkommandierung zum Schreiber des Kapitäns war er Allday und seinem stillen Schutz entglitten, und wenn er ins Zwischendeck kam, hatten ihn stets Onslow oder dessen Freund Pook in Gespräche und Spekulationen gezogen.

Allday bemerkte Fergusons Unsicherheit und fügte hinzu: »Du hast die Auspeitschung gesehen, Bryan. Laß es dir eine Warnung sein.«

»Aber Onslow ist doch auf unserer Seite, nicht wahr?« Ferguson bemühte sich zu verstehen. »Du hast doch gehört, was er heute gesagt hat. Ihm steht es ebenso bis hier wie uns allen.«

»Ich habe es gehört.« Alldays Mund verzog sich zu grimmigem Lächeln. »Aber er redet nur. Er gehört nicht zu denen, die an die Gräting kommen.«

Old Strachan murmelte: »Ich hab' 'nen Burschen wie ihn auf der alten *Gorgon* erlebt. Hat die Männer aufgewiegelt, bis sie nicht mehr wußten, was vorn und hinten war. Zuletzt haben sie ihn gehenkt.«

»Und uns werden sie alle hängen, wenn er weiter seine aufwieglerischen Reden hält.« Alldays Augen blitzten. »Wir sind nun mal hier und müssen das Beste daraus machen.«

Lugg spähte den Niedergang hinunter und bellte: »Na, willst du nun endlich an Deck kommen, du fauler Schuft? Du bist der Letzte, wie üblich.« Aber in der Stimme schwang kein echter Ärger. Lugg war so gereizt und nervös wie jeder an Bord.

Ferguson rief noch: »Viel Glück!«, aber Allday rannte bereits hinauf. Im ersten Augenblick konnten seine Augen die Finsternis, die das stampfende Schiff einhüllte, nicht durchdringen. Über den Masten schimmerten zwischen den niedrig treibenden Wolken hin und wieder ein paar Sterne.

Die Maate riefen Namen auf, und die Männer ordneten sich unter Flüchen und Scharren neben den Booten zu den verschiedenen Enterkommandos. Die Boote waren bereits aus den Klampen und klar zum Ausschwenken.

Allday sah Leutnant Herricks weiße Rockaufschläge, die sich schwach gegen den dunklen Himmel abzeichneten, und war froh, daß er seinem Boot zugeteilt worden war. Fähnrich Maynard war ein ganz netter Junge, aber es mangelte ihm an Erfahrung und Selbstvertrauen. Allday bemerkte, wie Maynard verstohlen mit seinem kleinen Freund Neale flüsterte.

»Hört her, Jungs«, sagte Herrick scharf. »Ich führe mit der Barkasse. Der Kutter folgt direkt im Kielwasser, danach die Pinasse. Mr. Parker macht mit der Jolle den Schluß.« Des heulenden Windes wegen mußte er schreien, und Allday sah unruhig auf das schäumende Wasser und den immer höher spritzenden Gischt. Sie würden schwer pullen müssen, dachte er, und spuckte automatisch in die Hände.

Er spitzte die Ohren, als Bootsmannsmaat Parker meldete: »Alle da, Mr. Herrick. Sechsundsechzig Mann.«

»Sehr gut. Ich werde den . . .« Er stockte und sagte rauh: »Ich werde Mr. Vibart informieren.«

Allday biß sich auf die Lippen. Zwischen Herrick und dem neuen Kommandanten herrschte keine große Liebe. Er sah Onslow lässig an einem Piekenständer lehnen und mußte an Fergusons Unruhe denken. Sonderbar, wie eifrig Onslow darauf ausgewesen war, daß Ferguson zum Schreiber ernannt wurde, grübelte er. Und wie gelegen es kam, daß Mathias, Bolithos ursprünglicher Schreiber, im Laderaum zu Tode gekommen war.

»Den Kutter ausschwenken!« Mr. Quintal tastete sich zur Talje. »Fiert ab das Boot!«

Allday stockte. Lebhaft trat ihm ein Bild vor Augen. Damals, als Mathias durch Sturz umgekommen war, hatte er als Ausguck im Mastkorb gesessen. Merkwürdig, daß er nicht früher daran gedacht hatte. Er hatte den Schreiber durch die kleine Luke steigen sehen, und kurz darauf fand man ihn bewußtlos, sterbend. Aber davor war bereits jemand im Laderaum gewesen. Er sah kurz zu Onslow hinüber, entsann sich des genauen Augenblicks und der Tatsache, daß Onslow den Sturz des Schreibers gemeldet hatte. Er spürte Quintals harte Hand auf der Schulter und griff wieder mit den anderen an die Talje. Die See schien urplötzlich immer höher zu steigen und die *Phalarope* im Vergleich dazu zu schrumpfen.

In seine durcheinanderrasenden Gedanken drang Onslows beiläufige Bemerkung: »Die Kerle sollen unseren Stahl kosten!«

Wen meinte er damit? fragte sich Allday.

XI Kriegsglück

Das schwere Arbeitsboot der *Phalarope*, überlastet durch das zusätzliche Enterkommando, nahm Wasser über, sobald es aus dem Windschutz der Fregatte herauskam.

Herrick drückte sich in eine Ecke des Hecks und spähte über die Köpfe der schwer pullenden Leute. Dunkelheit und Spritzwasser behinderten die Sicht. Er versuchte, sich auf den festgelegten Angriffsplan zu konzentrieren, doch als die Zeit sich hinzog und das Arbeiten des Bootes sich verstärkte, wurde ihm immer klarer, daß sich alles gegen ihn verschworen hatte. Der Wind hatte zugenommen, und er brauchte nicht erst seinen kleinen Kompaß zu befragen, um zu wissen, daß er nach Osten abgekommen war. Damit war der Leeschutz, den ihm die Insel hätte bieten sollen, verloren, ausgetauscht gegen das zornige Toben hochgehender Seen mit weißen Schaumköpfen und die kreisenden Muster der von halbverborgenen Felsen zurückflutenden Brandung. Immer wieder blickte er nach achtern, froh, daß der Kutter in seinem Kielwasser folgte. Die Riemen peitschten teils über einen Wellenkamm, teils wurden sie, wenn das Boot in ein Wellental sauste, bis an die Dollen begraben.

Ryan, ein im Steuern geübter Vollmatrose, drückte die Pinne hin und her und brüllte: »Das Boot benimmt sich jämmerlich, Sir. Die Jungs sind schon alle fertig.«

Herrick nickte schweigend. Der langsame, mühselige Schlag zeigte, daß die Männer sehr erschöpft und kaum noch in der Lage waren, einen Angriff auszuführen. Immer wieder quälte ihn der Gedanke, daß Vibart die Boote zu früh ausgesetzt hatte. Die Insel war noch immer ein schwarzer Fleck auf dem dunklen Schild der Nacht, und von den Orientierungspunkten war bis jetzt nicht die geringste Spur zu sehen.

Ihn packte Wut, wenn er daran dachte, wie brüsk Vibart ihn zuletzt behandelt hatte. Vibart war nur von dem Wunsch beherrscht gewesen, die Boote ablegen zu sehen. Kein Alternativplan, keine Absprache, wie er sich bei einer möglichen Entdeckung verhalten sollte.

Die *Andiron* sollte bei Dogwood Point ankern, doch selbst wenn man voraussetzte, daß die Fregatte unter Land relativ geschützt lag, war nicht auszuschließen, daß ihr Kapitän wegen des zunehmenden Windes zusätzliche Wachen aufziehen ließ, um allen Eventualitäten, die das Wetter bringen mochte, vorzubeugen. Herrick sah plötzlich vor sich, wie die alarmierten und eifrigen Kanoniere seine ermatteten Leute beim Längsseitsgehen mit einem mörderischen Feuer begrüßten.

Ryan rief: »Eine starke Strömung, Sir. Sie drückt uns von der Landspitze weg.« Es klang erbittert. »Wir werden lange pullen müssen, um wieder ranzukommen.«

Wie um seine Worte zu unterstreichen, erhob sich in dem dunklen Boot Stimmengemurmel. »Wir sollten umkehren«, rief jemand. »Wir haben keine Chance mehr.«

»Ruhe!« Herrick starrte über das Boot. »Soll uns die ganze Insel hören?«

»Ob wir nicht unter dem Kap kurz beidrehen sollten, Sir?« flüsterte Ryan. Es klang leicht beschämt. »Dort könnten sich die Männer verschnaufen, um es dann noch mal zu versuchen.«

Herrick nickte. In seinem Kopf formte sich ein Plan. »Gute Idee. Signal an den Kutter, Ryan.« Er übernahm die Ruderpinne, während der Vollmatrose die Blende der Laterne öffnete und zweimal nach achtern blinkte. »Im Schlag bleiben!« fauchte er die Leute an den Riemen an. »Zugleich, zugleich!« Und dann: »Die übrigen lenzen weiter. Und gebt auf die Riemen acht. Leise eintauchen!«

»Kutter dreht, Sir«, meldete Ryan. »Die Pinasse sehe ich auch.«

»Na, Gott sei Dank.« Herrick dachte nicht mehr an die murrenden Matrosen. Die Silhouette des Landes verfestigte sich zu einer gezackten, überhängenden Klippe. Sie gehörte zu Dogwood Point, gewiß, aber sie waren noch weiter abgetrieben, als er gefürchtet hatte. Sie waren nicht nur ein Stück von der Klippe entfernt, sondern sogar noch auf der falschen Seite. Während er verzweifelt nach vorn starrte, ließ die heftige Bewegung des Bootes nach. Sie glitten in geschützteres Wasser, und die Riemen tauchten regelmäßiger ein. Er sagte leise: »Ganz vorsichtig mit den Riemen! Hört sich ja an wie eine Rinderherde.«

Das Boot ritt unbehaglich die Dünung aus. Die erschöpften Matrosen fielen über ihre Riemen und sogen gierig die feuchte Luft ein. Die Pinasse schob sich aus der Dunkelheit und legte sich neben sie. Der Kutter ging auf die andere Seite und kam dicht heran, da Fähnrich Maynard etwas fragen wollte.

»Was sollen wir tun, Mr. Herrick?«

»Hier ein bißchen liegenbleiben«, sagte Herrick langsam. Er wollte Zeit gewinnen, um seine unklaren Gedanken zu ordnen. Maynards Frage klang verloren und verwirrt. Herrick wünschte, daß sich Maynard vor den Leuten mehr zusammennehmen würde. Es ging alles schon schlecht genug. Dann fragte er: »Wo bleibt Mr. Parker mit der Jolle?«

Maynard zuckte mit den Schultern, und Bootsmannsmaat Packwood rief von der Pinasse herüber: »Wir haben ihn schon lange aus den Augen verloren, Mr. Herrick.«

Herrick mußte sich alle Mühe geben, um ruhig zu sprechen. »Vielleicht ist er umgekehrt.«

»Eher gesunken«, murmelte ein Seemann.

»Kommen Sie längsseits.« Herrick faßte einen Entschluß. »Aber legen Sie Fender aus.«

Er wartete und hielt den Atem an, als die beiden Boote längsseits kamen. Bei jedem Stoß, bei jedem Knirschen erwartete er, an Land Rufe oder das unheilvolle Knattern von Gewehrfeuer zu hören. Doch nur der Wind und zischender Gischt unterbrachen seine Worte, als Maynard und Packwood sich den Hals verrenkten, um ihn zu verstehen.

»Wenn wir um das Kap pullen, wird es für einen Angriff zu spät.«

»Meiner Meinung nach war die Strecke, die wir pullen mußten, zu lang«, knurrte Maynard verdrossen. »Es war von Anfang an unmöglich.«

»Niemand hat nach Ihrer Meinung gefragt«, zischte Herrick. Seine Heftigkeit überraschte ihn selbst, und er setzte hastig hinzu: »Dort soll es einen Streifen Strand geben, darauf werden wir zuhalten. Mr. Packwood wartet mit der halben Mannschaft von jedem Boot und hält sich so dicht wie möglich bei den Klippen.« Er wartete, fühlte, wie die Spannung an seinen Nerven zerrte. »Verstanden?«

Sie nickten zweifelnd, und er fuhr fort: »Mr. Maynard begleitet mich mit dreißig Mann an Land. Wir klettern die Landspitze hinauf. Von oben können wir bestimmt zur anderen Seite hinabsehen. Wenn die *Andiron* noch da ist, könnten wir noch immer einen Angriff wagen, vor allem, wenn an Bord alles friedlich ist und sie dicht unter Land liegt. Anderenfalls steuern wir zu dem vereinbarten Treffpunkt zurück.« Flüchtig blendete vor seinem geistigen Auge ein Bild auf: Vibarts Zorn und Wut, wenn er ihm den Fehlschlag des Angriffs meldete. Von neuem wütete er innerlich gegen die Unvernunft des Befehls. Der Admiral hätte Verstärkung schicken müssen. Schon die *Cassius* wäre eine Hilfe gewesen, und wenn sie bloß durch ihre Stärke und ihr Vorhandensein den Rückzug gedeckt hätte. Vielleicht war es aber auch seine Schuld. Warum hatte er Vibarts Selbstgefälligkeit getraut und die Entfernung zur Küste nicht sorgfältiger geprüft? Warum hatte er das Drehen des Windes und die heftige ablandige Strömung nicht besser einkalkuliert? Er schüttelte verärgert den Kopf. Nun war es zu spät. Jetzt zählte allein die Gegenwart.

Doch noch immer fand er Zeit, sich Bolitho unter diesen Umständen vorzustellen. Die Vorstellung seines unbewegten Gesichts half ihm, Festigkeit zu gewinnen, und er sagte ohne zu stocken: »Anrudern, Kurs auf die Felsen. Aber ich will keinen Laut hören, von keinem!«

Ein Boot nach dem anderen pullte landwärts, und als die dunklen Felsen sie schon beinahe einschlossen, sprangen die ersten Männer fluchend in das flache Wasser.

Sinnlos, das Kommando jetzt noch in Gruppen zu spalten, entschied Herrick. Sie hatten schon zu viel Zeit verloren und genug dem Zufall überlassen. Er beobachtete, wie die drei Boote drehte, und befahl dann scharf: »Mr. Maynard, Sie kommen mit mir. McIntosh übernimmt hier unten das Kommando.« Er mußte eine Weile nachdenken, ehe ihm die Namen der von ihm ausgewählten Männer einfielen. »Allday und Martin folgen mir ebenfalls.« Allday schien ein fähiger Mann, und Martin, der sich in Dorset einst als Wilddieb kärglich durchgeschlagen hatte, war flink und geräuschlos wie eine Katze.

Während sie schweigend die steile Klippe hinaufkletterten, dachte Herrick von neuem an Bolitho und seinen verwegenen Angriff auf die Insel Mola. Jeder Art von Gefahr hatte er dort die Stirn bieten müssen und doch einen Erfolg errungen, wenn auch auf Kosten seines Lebens. Mit Mola verglichen, war dieser Streich hier gar nichts, überlegte er grimmig. Doch warum hatte er auf einem Alternativplan zum Angriff beharrt? Vielleicht weil er sich von Anfang an darauf vorbereitete, sich zur wartenden *Phalarope* zurückzuziehen, ohne überhaupt den Versuch zu machen, den Auftrag zu erfüllen?

Er stolperte und wäre beinahe auf die Felsen hinabgestürzt, aber eine Hand packte ihn, und Allday sagte: »Geben Sie bei solchen Klippen auf jeden Schritt acht, Sir. Der Boden fühlt sich sicher an, aber die Steine sitzen nur locker.«

Herrick starrte ihn an. Natürlich, Allday war nicht nur Seemann, sondern auch Schäfer gewesen. Nach den felsigen Klippen und Hügeln Cornwalls war das hier für ihn wahrscheinlich ein Kinderspiel.

Als läse Allday Herricks Gedanken, murmelte er: »Ich mußte oft über solche Abhänge, wenn ich hinter einem verirrten Lamm her war.«

Beide verstummten schlagartig, als Martin hervorstieß: »Sir, da oben ist ein Posten.«

»Wo?« Herrick versuchte etwas zu erkennen. »Sind Sie sicher, Mann?«

Martin nickte nachdrücklich. »Da drüben. Etwa dreißig Yards entfernt. Ich hab Schritte gehört. Da!« Seine Augen funkelten erregt. »Haben Sie es gehört?«

»Ja.« Herrick sank auf einen vorspringenden, nassen Grasstreifen. Ein Posten da oben. Warum, was steckte dahinter? Bei Nacht reichte der Blick nicht weit über den Rand der Klippe hinaus. »Wir schleichen uns an und sehen nach, was los ist.«

Sie hoben ihre Waffen an, damit sie nicht an die tückischen Steine stießen, und robbten hinüber. Ihre weitaufgerissenen Augen schmerzten vor Anstrengung.

»Martin nach links«, befahl Herrick schließlich. »Allday nimmt die Seeseite.« Die beiden krochen davon. »Wir schieben uns den Abhang hinauf, Mr. Maynard. Ich habe so ein Gefühl, daß hier etwas nicht stimmt.«

Allday kam als erster zurück, geduckt huschte er von Busch zu Busch. »Die *Andiron* liegt da, Sir. Genau auf der anderen Seite der Landzunge. Kein Licht und kein Laut auf dem ganzen Schiff.«

»Die müssen sich aber verdammt sicher fühlen«, knurrte Maynard.

»Vielleicht ist die Besatzung an Land, Sir«, sagte Allday.

»Nicht sehr wahrscheinlich.« Herrick suchte nach dem Grund für sein Gefühl, daß etwas nicht stimmte. »Müssen guten Ankergrund haben.« Er schreckte hoch und sank wieder zurück, als Martin den Abhang auf seinem mageren Hintern herabgerutscht kam. Er mußte erst verschnaufen, ehe er hervorstoßen konnte: »Oben sind Soldaten, Sir.«

»Was tun sie?« Herrick zwang sich, ganz ruhig zu bleiben.

»Schlafen, wie es aussieht, Sir.« Martin zog sich einen Dorn aus dem nackten Fuß. »An jedem Ende steht ein Posten, Sir, aber die anderen liegen bloß herum.« Er zuckte mit den Schultern. »Schlafen eben, wie gesagt.« Es klang verächtlich.

»Was meinen Sie mit ›an jedem Ende‹?« fragte Herrick barsch.

»Ach, hätte ich fast vergessen, Sir.« Martin grinste. »An jedem Ende der Batterie. Sie haben sechs Kanonen am Rand der Klippe aufgebaut, Sir.«

Herrick fühlte sich merkwürdig erleichtert. Im Ungewissen zu tappen, war stets schlimmer, als Schwierigkeiten ins Gesicht zu sehen. Fast zu sich selber sagte er: »Bloß zwei Posten, sagen Sie?«

Martin nickte. »Aye, Sir. Und etwa dreißig Mann liegen neben den Geschützen.« Er kicherte. »Ich könnte ihnen leicht die Kehlen durchschneiden.«

»Vielleicht müssen Sie es.« Ihm war plötzlich klar, was zu tun war. Die *Andiron* schlief vor Anker, weil sie sich von gut aufgestellten Kanonen geschützt wußte. Zweifelsohne waren die Geschütze bereits geladen und so ausgerichtet,daß sie die gesamte Reede bestreichen konnten. Nichts Ungewöhnliches, wenn kein richtiger Hafen vorhanden war. Bei dem Gedanken, was geschehen wäre, wenn seine Boote den Angriff wie geplant vorangetragen hätten, lief ihm ein kalter Schauer über den Rücken.

»Gehen Sie hinunter zum Stand, Mr. Maynard«, befahl er kurz. »Schicken Sie alle verfügbaren Männer so schnell wie möglich herauf. Legen Sie die Boote vor Anker, die restlichen Männer lassen Sie an Land schwimmen. Unterrichten Sie McIntosh und die anderen, daß ich die Batteriestellung nehmen und die Geschütze gefechtsunfähig machen will. Dann gehen wir in die Boote und greifen wie geplant die *Andiron* an.«

Sie sahen ihn stumm an. Dann fragte Maynard: »Und Sie, Sir?«

Herrick klopfte Martin auf die Schulter. »Unser Wilddieb wird sich heute seinen Lebensunterhalt verdienen, Mr. Maynard.«

Martin zog ein Messer aus dem Gürtel und gab sein schweres Entermesser Allday, ehe er frohgemut sagte: »Kein Problem, Sir. Scheint aber nicht ganz fair, wie?«

Martin und Maynard tauchten in der Dunkelheit unter, und Herrick sagte leise: »Diese Soldaten müssen während des Schlafens stumm gemacht werden. Erstochen oder erschlagen, ganz gleich, aber sie dürfen auf keinen Fall Alarm schlagen.«

Allday zuckte zusammen, als weiter unten Maynards Dolch gegen einen Stein klirrte, und sagte dann: »Sie oder wir, so steht es doch, nicht wahr, Sir?«

»Was macht Ihr Arm, Mr. Belsey?« Der Steuermann regte sich irgendwo in der pechschwarzen Finsternis. Er wußte, daß Bolitho nur gefragt hatte, um das entnervende Schweigen zu brechen. Man hatte Bolitho mit Farquhar und Belsey unter Deck geschafft und ohne große Umstände irgendwo im Vorschiff in einen leeren Laderaum gesperrt. Nach einem Versuch, sich zu unterhalten, waren sie bald verstummt, und jeder hatte sich seinen Befürchtungen hingegeben.

»Geht einigermaßen, Sir«, antwortete Belsey. »Aber bei diesem Schlingern bricht mir der Schweiß aus.«

Während der letzten Stunde hatte sich die unruhige Bewegung ständig verstärkt. Der Laderaum lag unterhalb der Wasserlinie, und dadurch machte sich das laute Arbeiten in den Verbänden des vor Anker liegenden Schiffes nur noch mehr bemerkbar. Die Mannschaft hatte bereits mehr Ankerkette gesteckt, denn durch sein plötzliches Drehen fegte der Wind nun mit steigender Wut über die zuvor noch geschützte Reede.

»Vielleicht läuft die *Phalarope* wieder nach draußen«, sagte Belsey. »Bei diesem Wetter werden sie doch sicher keine Boote ausbringen?«

Bolitho war froh, daß die anderen sein Gesicht nicht erkennen konnten. Ein Wetterumschlag würde an Vibarts Entschlossenheit, einen Sieg zu erringen, wenig ändern. Seit vom Abhang zu den verborgenen Verteidigern hinabsignalisiert worden war, spürte er eine wachsende Verzweiflung und die peinigende Gewißheit, daß der *Phalarope* und ihrer Besatzung Unheil und Vernichtung bevorstanden. Doch er war machtlos, konnte keinem einzigen helfen. Das Schiff krängte in einem tiefen Wellental, und er fühlte plötzlich einen Druck an der Schulter. Die *Andiron* ruckte jetzt in regelmäßigen Abständen in die Kette ein. Er spürte, wie sich das Deck hob und dann wieder bebend zurückglitt. Er mußte an seinen Bruder denken und fragte sich, was Hugh in diesem Augenblick tat. Sein Eifer, das Enterkommando der *Phalarope* zu vernichten, würde durch die Sorge um die Sicherheit seines Schiffes ein wenig verdrängt worden sein. Zu jeder anderen Zeit hätte er bestimmt zur geschützteren Seite der

Insel verholt. Sonderbar, wie der unerwartete Wetterumschlag seine Hand im Spiel hatte. Nicht daß er den Ausgang umwälzend verändern konnte. Er verlängerte nur die Qual des Wartens.

»Ich wünschte, irgend etwas würde geschehen«, sagte Farquhar. »Dieses Warten geht mir auf die Nerven.«

Bolitho drehte sich so, daß er den hellen Spalt in der Tür des Laderaums sah. Der Lichtstreifn erlosch, wenn der Wachposten draußen im schmalen Gang seinen Standort änderte. Als er seine verkrampften Glieder zurechtzurücken versuchte, fühlte er den warmen Stahl am Bein und entsann sich des versteckten Dolches. Was nützte er ihnen nun? Genausogut hätte er ihn in der Kajüte lassen können.

Merkwürdig, daß ihn die Wachen nicht untersucht hatten. Aber sie waren so unverhohlen zuversichtlich – und das mit gutem Grund –, daß es eigentlich nicht anders zu erwarten gewesen war. Selbst sein Bruder hatte sich die Zeit genommen, noch einmal mit ihm zu reden, bevor er in den Laderaum hinuntergebracht wurde. Hugh Bolitho hatte den Degen seines Vaters umgeschnallt und ein Paar Pistolen im Gürtel. Der bevorstehende Kampf schien ihm neue Energien zu schenken.

»Nun, Richard, dies ist deine letzte Chance.« Er stand lässig auf dem schwankenden Deck, legte den Kopf schief und betrachtete seinen Bruder leicht belustigt. »Bloß eine Entscheidung, und es ist an dir, sie zu treffen.«

»Ich habe dir nichts zu sagen. Nicht jetzt. Nie.« Bolitho bemühte sich, den Degen zu übersehen. Er wirkte wie eine zusätzliche Beleidigung.

»Na gut. Nach diesem Gespräch sehe ich dich wahrscheinlich nur noch selten. Ich werde zuviel zu tun haben.« Er blickte zum drohenden Himmel empor. »Der Wind nimmt zu, aber ich rechne dennoch mit Besuchern.« Und härter: »Dann wirst du mit den französischen Befehlshabern zurechtkommen müssen. Ich muß mich mit der *Andiron* der vereinigten Flotte anschließen.« Er bemerkte die Wachsamkeit seines Bruders und fuhr gelassen fort: »Ich kann es dir sagen, Richard, weil du nicht in der Lage sein wirst, teilzunehmen. Der französische Admiral de Grasse vereinigt sich mit einem spanischen Geschwader. Sie werden Jamaika angreifen, zusammen mit unseren Schiffen.« Mit einer flüchtigen Geste demonstrierte er die Endgültigkeit der Unternehmung. »Ich fürchte, König Georg wird sich für seine Eroberungen andere Teile der Erde aussuchen müssen.«

Bolitho hatte zum Posten gesagt: »Ich möchte unter Deck«, und sein Bruder hatte ihm nachgerufen: »Du bist töricht, Richard. Und, was schlimmer ist, du hast unrecht.«

In dem schwankenden Laderaum fand Bolitho viel Zeit, sich mit der Bitternis und dem Gefühl der Niederlage herumzuschlagen. Plötzlich wurden die Türriegel mit metallischem Kratzen zurückgezogen, und Belsey knurrte: »Sie sehen wieder nach uns. Der Teufel soll sie holen.« Doch als der Laternenschein in den Raum fiel und sie blendete, konnte Bolitho nur überrascht ins Licht starren, denn Stockdale stand im Türrahmen, ein schweres Enterbeil in der Hand.

Bolitho kämpfte sich auf die Füße. Unter der pendelnden Laterne lag der Posten mit eingeschlagenem Schädel. »Tut mir leid, daß es so lange gedauert hat, Sir, aber ich mußte erst ihr Vertrauen gewinnen.« Stockdale grinste schüchtern. »Selbst jetzt bin ich mir noch nicht klar, ob ich das Richtige getan habe.«

Bolitho konnte kaum sprechen. Er packte Stockdale beim Arm und stieß hervor: »Du hast goldrichtig gehandelt, Stockdale, nur keine Sorge.« Und zu den anderen: »Stehen Sie zu mir?«

»Sie brauchen mir bloß zu sagen, was ich tun soll«, erwiderte Farquhar noch ganz benommen.

»Schnell, Stockdale!« Bolitho trat auf den Gang hinaus und spähte in das Dunkel hinter dem Laternenschein. »Erzähle, wie steht es?«

»Die da oben machen sich langsam Sorgen, Sir«, sagte Stockdale. »Kein Zeichen eines Angriffs, und das Schiff liegt wegen des Windes schlecht.« Er überlegte einen Augenblick. »Vielleicht könnten wir an Land schwimmen, Sir?« Er nickte aufgeregt, was nicht oft bei ihm vorkam. »Ja, mit etwas Glück würden wir es schaffen.«

Bolitho schüttelte den Kopf. »Nicht jetzt. Sie halten bestimmt Ausschau. Wir dürfen nicht an uns denken. Wir müssen versuchen, die *Phalarope* zu retten, ehe es zu spät ist.«

Stockdales Augen wanderten zu dem Leichnam zu seinen Füßen. »Wachablösung in einer halben Stunde, Sir. Da bleibt nicht viel Zeit.«

»Ach so.« Bolitho bemühte sich, seine Erregung und den Drang zu handeln zu unterdrücken und klare Gedanken zu fassen. »Mit der ganzen Mannschaft können wir nicht fertig werden, aber mit ein bißchen Glück können wir ihnen doch eine schöne Überraschung bereiten.«

»Ich würde gern ein paar von den Schuften mitnehmen!« sagte Belsey.

Bolitho zog den Dolch aus der Kniehose, er glänzte im Laternenschein. »Zeig uns den Weg, Stockdale. Wenn es uns gelingt, zur Back zu kommen, haben wir die Möglichkeit, für ein bißchen Abwechslung zu sorgen.«

Farquhar griff nach dem Entermesser des toten Wachtpostens und murmelte rauh: »Denken Sie an die Ankerkette, Sir?«

Bolitho warf ihm einen anerkennenden Blick zu. »Das Schiff reißt bereits hart am Anker. Wenn es uns gelingt, die Kette zu kappen, wäre es in ernster Gefahr. Unsere Leute sind irgendwo da draußen, und sie werden sich klarhalten, sobald sie die *Andiron* auf das Kap zutreiben sehen.«

»Die *Andiron* wird Segel setzen müssen«, stieß Belsey aufgeregt hervor. »Selbst dann schafft sie es womöglich nicht mehr rechtzeitig. Bei dem Wind aus dieser Ecke wird sie hart auf Grund laufen.«

»Verzeihung, Sir.« Stockdale sah Bolitho bekümmert an. »Aber vorne haben sie bereits eine starke Ankerwache, um gewappnet zu sein.«

Bolitho lächelte kalt. »Was mich nicht überrascht.« Er winkte den anderen. »Vorwärts, wir haben wenig Zeit.« Während sie durch den Gang schlichen, sagte er: »Erinnern Sie sich an den Neunpfünder auf der Back, Mr. Farquhar?«

Farquhar nickte, seine Augen funkelten. »Ja, Sir, eins der Buggeschütze.«

Bolitho blieb unter einem schmalen Niedergang stehen und sah zur Luke hinauf. Es konnte glücken. Sie konnten alle dabei draufgehen, aber er wußte, daß sich jeder darüber klar war. »Die Kanone ist dort hingebracht worden, als man nach den Beschädigungen durch die *Phalarope* die Reling reparierte. Wenn wir sie jetzt bei diesem Sturm losschneiden, rennt sie Amok wie ein verrückt gewordener Bulle.«

Belsey bleckte die Zähne. »Mein Gott, ein Neunpfünder wiegt über eine Tonne. Ihn wieder unter Kontrolle zu kriegen, erfordert allerlei.«

Bolitho sagte: »Wenn ich die Zurrings durchschneide, Stockdale, kannst du dann . . .«

Stockdale griente. »Kein Wort weiter, Kapitän.« Er schwang die Axt. »Ein paar Minuten ist alles, was ich brauche.«

»Mehr als ein paar Minuten hast du auch nicht, mein Junge.« Bolitho schob sich die Leiter hinauf und spähte durch die Luke. Der

Decksbereich lag verödet da. Er sah die nächste und letzte Leiter hinauf und sagte dann: »Bleiben Sie zurück, Belsey. Mit einem Arm können Sie nicht kämpfen.«

»Aber ich kann ebensowenig hier sitzenbleiben und nichts tun, Sir.« Belsey blickte Bolitho halsstarrig an. »Keine Bange, Sir, irgend etwas kann ich schon tun.«

Das Knarren der Rundhölzer und das trommelnde Schlagen der Wanten und Stagen übertönte jeden ihrer verstohlenen Tritte. Bolitho ließ den Blick kurz über die ihm zunächst stehenden Kanonen und die schattenhaften Umrisse ihrer Mannschaften gleiten. Die meisten Männer lagen auf dem Deck oder saßen am Schanzkleid, nur ein paar standen noch herum. Und die blickten außenbords. Ihre Augen hoben sich gerade über die Netze. Bolitho erblickte den einsamen Neunpfünder, dessen langer Umriß zum Hauptdeck vorsprang. Er hörte, wie die Kanone leise knarrte, als wäre sie verärgert über die Zurring, die sie neben dem Gangspill in Fesseln hielt.

Bolitho wischte sich den Schweiß aus den Augen und verfluchte sein quälendes Herzklopfen. Jetzt oder nie! Sie konnten jeden Augenblick erkannt werden, und dann war alles umsonst. Während die Blicke der anderen fasziniert auf ihm hafteten, richtete er sich auf und schlenderte offen auf die Kanone zu. Er ließ sich geräuschvoll neben ihr nieder und kreuzte die Arme über der Brust, als wolle er versuchen zu schlafen.

Farquhar quetschte zwischen den Zähnen hervor: »Gott, seht euch das an! Merkt denn wirklich keiner, wer er ist?«

Doch da Bolitho sich völlig frei bewegt hatte, wurde keinerlei Mißtrauen wach, und während die *Andiron* von einem Wellenkamm zum anderen rollte, störte niemand die Ruhe auf der Back.

Belsey drehte sich um und krächzte: »Da kommt ein Offizier.«

Sie beobachteten stumm, wie sich die blauweiße Gestalt eines Leutnants vom Hauptdeck langsam auf den Niedergang zur Back zubewegte. Mitten auf dem Niedergang mußte er stehenbleiben, weil eine heftige Bö das Schiff traf und einen Schwall Gischt über das Deck trieb, so daß der Vormast wie ein junger Baum erzitterte. Da sagte Stockdale plötzlich: »Er hat's geschafft.« Und während sich der Bug der Fregatte hob und an der Ankerkette zerrte, begann der Neunpfünder zu rollen. Anfänglich war es kaum bemerkbar, doch dann donnerte er auf seinen kreischenden kleinen Rollen die ganze Länge des Vorschiffs hinunter und prallte mit aller Kraft gegen den

Fuß des Vormastes.

Alle brüllten und schrien durcheinander. Die Rufe wurden zu Angstschreien, als die Kanone, wie durch unsichtbare Hände gelenkt, feindselig die Richtung änderte und über das sich neigende Deck wie verrückt zurückraste.

»Los, Leute«, schrie der Leutnant. »Holt Handspaken und neue Sorgleinen. Schnell, oder sie schmettert uns durch die Schanze.«

Die Ankerwache rannte von ihren Positionen zu den durcheinanderlaufenden Männern hinüber. In der Mitte der Wirrnis schwang der lange Neunpfünder frohlockend und tödlich seine Mündung herum, als wäre er auf neue Verheerungen aus, ehe er quietschend und polternd zur entgegengesetzten Seite hinüberrollte. Er krachte in eine andere Kanone und zerschmetterte ein Gestell von Geschossen. Die rollenden Kugeln steigerten den Höllenlärm. Man hörte, wie einige auf das tiefere Deck aufschlugen. Ein couragierter Seemann sprang über das Verschlußstück und warf das Auge eines Tampens über die Mündung. Doch die Kanone rollte von neuem zurück, und er schrie gellend auf, als sie ihn mit ihrem ganzen Gewicht am Schanzkleid zerquetschte.

Bolitho packte Farquhar am Arm. »Da, sie haben einen Keil unter die Lafette getrieben. Höchste Zeit für uns.«

Noch während seiner Worte drehten sich einige Seeleute zu ihnen um und starrten sie an, ungläubig zuerst, dann in kalter Wut. Bolitho zog sich mit seinen zwei Gefährten langsam zum Bug zurück, hinter sich die See und vor sich die herandrängende, geschlossene Masse der Männer, die, weil sie stumm vorrückte, nur um so schrecklicher wirkte.

Dann rief einer: »Schlagt sie tot! Stecht die Hunde ab«, und damit brach die Spannung.

Die Hinteren drängten, und die ganze Meute schoß vorwärts, um aber plötzlich unsicher halt zu machen, als etwas wie ein Kanonenschuß über das Deck hallte. Stockdale stieß einen Triumphschrei aus: »Sie ist durch! Die Kette ist gekappt!«

Die Matrosen der *Andiron* stierten einander noch einen Augenblick an. Doch dann, als ihnen die unerwartete Gefahr dämmerte, in der sie schwebten, zögerten sie nicht länger. Vom Hauptdeck rief ein Offizier, und der Ruf wurde von denen, die den Kopf nicht gänzlich verloren hatten, nach vorn weitergegeben. »Aufentern! Aufentern! Setzt Marssegel!«

Vom Achterdeck erscholl, durch das Sprachrohr verstärkt, Hugh Bolithos Stimme: »Ruder bemannen!« Und während das Schiff vom Bug bis zum Heck wie ein freigelassenes Tier zitterte, rief er: »Mr. Faulkner, treiben Sie die Leute an die Brassen!«

Bolitho lehnte an der Reling, den Dolch in der Hand. Die Fregatte krängte schwer und fiel ab. Männer enterten hastig in die Wanten auf, und vor dem dunklen Himmel blähte sich bereits ein Stück klatschender Leinwand. Wieder ertönte das Sprachrohr: »Laßt die Kerle nicht von der Back runter. Schießt sie nieder, wenn sie flüchten wollen.«

Belsey wischte sich die Stirn und murmelte: »Selbst wenn unsere Jungs draußen sind, jetzt werden sie kaum einen Angriff wagen.« Er sah Bolitho an. »Nun kann ich in Frieden sterben, Sir. Schätze, wir haben heute nacht ganze Arbeit geleistet.«

Ein orangefarbener Schein erhellte plötzlich Belseys Gesicht. Bolitho fuhr überrascht herum. Kanonenkugeln heulten durch die Luft. Stagen und Fallen rissen, und die Decksplanken vor ihm splitterten und barsten, als die Kugeln in das Vorschiff schlugen.

»Die Batterie feuert auf uns!« Farquhar schwenkte den Hut. »Die dämlichen Narren feuern auf ihre eigenen Leute.«

Bolitho zog ihn auf die Planken. »Und auf *uns*. Also gehen Sie mit Ihrem Kopf in Deckung, Mr. Farquhar. Womöglich brauchen Sie ihn noch.«

Die Geschütze schwiegen jetzt. Doch die eine wohlgezielte Salve hatte ausgereicht. Das unverzügliche Handeln der Offiziere der *Andiron* und die schnelle Reaktion einiger Seeleute hätte die dem Schiff drohende Gefahr vielleicht abgewendet. Doch die Kartätschen, die Wanten und Rahen leerfegten und einige der noch auf dem Hauptdeck befindlichen Männer niedermähten, hatten die letzte Möglichkeit dazu vereitelt.

Die schwarze Silhouette von Dogwood Point schien immer mehr zu wachsen und das Schiff immer kleiner zu werden. Doch noch sah es aus, als ob die *Andiron* durch Wind und Strömung klarkommen würde. Aber als Bolitho seine gaffenden Gefährten zum Deck zog, erbebte der Rumpf, und ein furchtbarer Stoß schleuderte die restlichen Seeleute zu Boden.

Belsey blickte zum Himmel und bekreuzigte sich. »Der Großmast kommt herunter. Mein Gott, der Besan auch!«

Bolitho verfolgte fasziniert, wie die beiden großen Masten erzitterten und sich sehr langsam nach Steuerbord neigten. Dann brachen die Stagen. Der Winkel wurde drohender, bis die Masten schließlich, von einem Gewirr aus Rahen und zerfetztem Segeltuch umgeben, krachend umstürzten und in das schäumende Wasser fielen. Noch ein Krachen und Stoßen erschütterte den Rumpf. Während sich das Deck immer stärker überlegte, kämpfte Belsey sich hoch und rief: »Sie sitzt auf der Sandbank. In ein paar Minuten bricht sie auseinander.«

Die Kanonen rissen sich los und rasten durch die schreienden Reste ihrer einstigen Herren. Keine Aussicht, ein Boot auszubringen, und das versuchte auch niemand. Einige sprangen bereits über Bord, nur um von der starken Strömung sofort abgetrieben zu werden. Andere rannten unter Deck, als glaubten sie, im Finstern Sicherheit zu finden. Und überall gellten flehende drohende und fluchende Schreie, als das Schiff auseinanderbarst. Der Vormast brach vier Fuß über Deck ab und folgte den anderen. Aus einer gut ausgerüsteten Fregatte war ein taumelndes, entmastetes Wrack geworden.

Belsey rief durch das Getöse: »Da ist ein Lukendeckel, Sir. Treibt genau vorm Bugspriet.« Er blickte Bolitho wild an. »Wollen wir über Bord springen?«

Bolitho drehte sich um. Das Deck erbebte von neuem, und noch eine Kanone raste durch eine Gruppe kriechender Seeleute. Dann erblickte er Hugh, der allein an der Achterdeckreling stand. Er gab keine Befehle mehr, sondern stand völlig regungslos da, als wolle er den Todeskampf seines Schiffes bis zum letzten teilen. Bolitho starrte noch einen Augenblick länger zu seinem mehr als eine Deckslänge entfernten Bruder hinüber. Er spürte plötzlich Verständnis, ja Mitleid, weil er nur zu gut wußte, was er in solchen Minuten empfunden hätte.

»Über Bord, Jungs!« sagte er dann barsch. »Seht zu, daß ihr beim Sprung gut klarkommt.«

Belsey und Farquhar sprangen zusammen, und er beobachtete, wie sie sich an den treibenden Lukendeckel herankämpften. Dann sagte Stockdale heiser: »So, Kapitän, ich springe mit Ihnen.«

Er packte gerade die Reling, als er hinter sich einen Schrei hörte und undeutlich einen Offizier wahrnahm, der sich das schräge Deck hinaufzog. Das Gesicht des Mannes war blutverschmiert, aber Bolitho erkannte den Leutnant, der seine einsame Haft auf dem Achterdeck geteilt und der von seiner Farm und seinen Zukunftsplänen gesprochen hatte. Plötzlich sah er die Pistole in der Hand des Leutnants. Gerade, als er sich über die Reling schwingen wollte, zuckte ein greller Blitz über das Deck, und etwas wie weißglühendes Eisen fuhr ihm quer über die Brust.

Stockdale wandte sich um und stieß einen kurzen, tierischen Schrei aus, der seine Seele zu sprengen schien. Dann holte er mit voller Kraft aus. Die Wucht des Axthiebes enthauptete den amerikanischen Offizier beinahe, so daß es den Anschein hatte, als verbeuge sich der Mann mit einem gräßlichen Gruß.

Bolitho spürte dumpf, wie Stockdale die Arme um ihn schlang und ihn hochhob, so daß er durch die Luft sauste. Seine Lungen barsten, Salzwasser drang ihm in die Kehle, und als er die Augen aufzuschlagen versuchte, umgab ihn nichts als stechende Finsternis. Dann wurde er auf das kleine Floß gezogen und hörte Belsey keuchen: »O diese verfluchten Schweinehunde! Sie haben den Kapitän umgebracht!«

Dann Farquhars Stimme, bebend, doch bestimmt: »Um Gottes willen, paßt auf. Da ist ein Boot. Duckt euch und keinen Laut!«

Bolitho versuchte zu sprechen, konnte aber nur zu Stockdales nebelhaftem Gesicht hinaufstarren, das sich gegen die niedrigen, jagenden Wolken abzeichnete. Er hörte Riemen und wie ein Boot durchs Wasser schnitt. Aber Gefangenschaft oder Tod waren nicht vergebens, diesmal nicht. Er lauschte den fernen Brechern, die gegen das Wrack der Fregatte schlugen, und den leisen Schreien derjenigen, die sich noch immer auf dem zerschmetterten Rumpf festkrallten.

Dann hörte er über sich einen scharfen Ruf, dem sofort das Knakken eines Flintenschlosses folgte. Es war alles noch ein Traum und schien ihn persönlich nicht zu berühren. Erst als eine Stimme laut auf englisch rief: »Da sind noch ein paar von den Teufeln im Wasser!« durchbrach langsames Begreifen Nebel und Schmerz.

»Nicht schießen!« brüllte Farquhar. »Nicht schießen, wir sind Engländer!«

Danach schienen alle auf einmal zu rufen, und als ein zweites Boot längsseits kam, vernahm Bolitho wie von weither eine vertraute Stimme. »Wen haben Sie denn da, Mr. Farquhar?« Herrick brachte vor ungläubiger Erregung die Frage kaum über die Lippen.

»Den Kapitän.«

Bolitho fühlte, wie ihn Hände über das Dollbord hoben, und sah über sich vage und verschwommen verzerrte Gesichter. Hände betasteten seinen Brustkorb, und von neuem durchzuckte ihn stechender Schmerz. Danach die lindernde Wirkung eines Verbandes und die ganze Zeit über das aufgeregte Durcheinander der Leute – seiner Leute.

Herricks Gesicht war sehr nah. Bolitho konnte das Leuchten in seinen Augen erkennen. Er hätte gern irgend etwas gesagt, um Herrick zu beruhigen. Aber er fand nicht die Kraft dazu. Statt dessen drückte er Herrick die Hand, ehe Dunkelheit ihn wie ein Mantel einhüllte.

XII Den Feinden Verderben!

Die Spätnachmittagssonne flimmerte über dem geschützten Wasser der Bucht und warf ein tanzendes Muster an die Decke über Bolithos kleinem Tisch. Er brauchte nur den Kopf zu drehen, um die saftig grünen Abhänge Antiguas und ein paar verstreute Gebäude rings um den Hafen St. John zu sehen. Er mußte sich geradezu zwingen, seinen Bericht für den Admiral zu vollenden.

Bolitho stützte die Stirn in die Hand, spürte, daß Müdigkeit ihn überwältigte, ihm Einhalt gebieten, ihn dazu bringen wollte, alles andere zu tun, nur nicht das, was er erledigen sollte. Er fühlte den steifen Verband und ließ sich in die jüngste Vergangenheit zurückgleiten, wie so häufig seit seiner unerwarteten Rückkehr auf die *Phalarope*.

Wie bei allem anderen, so war es auch dabei schwierig, Tatsachen von den unbestimmten, wirren Bildern zu trennen, die mit dem Fieber gekommen und gegangen waren. Zu seinem Glück war die Pistolenkugel glatt zwischen den Rippen hindurchgegangen. Zurückgeblieben war eine tiefe, gezackte Narbe, die ihn bei jeder plötzlichen Bewegung zusammenzucken ließ.

Von dem Augenblick an, da er an Bord gebracht und die Boote hastig an Deck gehievt worden waren, waren seine Erinnerungen verschwommen und lückenhaft. Der wüste, unvorhergesehene Sturm hatte das Alptraumartige seiner Erinnerungsbilder nur noch gesteigert. Zwei Wochen lang war das Schiff mit fast nackten Rahen vor dem heulenden Sturm nach Südwesten abgelaufen. Dann, während er sich aus der ungeschickten Obhut des Wundarztes und dem unbestimmten Kommen und Gehen seiner Offiziere herauskämpfte, hatte sich der Sturm gelegt, die *Phalarope* hatte endlich über Stag gehen können, um sich nach Antigua zurückzuarbeiten und ihren Bericht abzuliefern.

Bolitho prüfte nochmals die sorgfältig zusammengestellten Berichte und Namensnennungen. Nichts durfte fehlen. Es gab später keine Möglichkeit, etwas nachzutragen. Jeder Name weckte andere Erinnerungen, und er hatte das sonderbare Empfinden, Zuschauer zu sein.

Fähnrich Charles Farquhar, der sich auf eine Weise bewährt hatte, die weit über seine tatsächlichen Erfahrungen hinausreichte: ein Seeoffizier, der eines Tages ein Kommando verdienen würde – Steuermannsmaat Arthur Belsey, der trotz eines verwundeten Armes viel zur endgültigen Vernichtung der *Andiron* beigetragen hatte.

Bolitho tupfte mit der Feder nachdenklich auf Belseys Namen. Sein letzter wilder Sprung vom zerschmetterten Rumpf der *Andiron* hatte jede Hoffnung ausgelöscht, daß er je wieder richtig Dienst tun könnte. Der gebrochene Arm ließ sich nicht mehr retten, und Belsey würde für den Rest seines Lebens ein Krüppel bleiben. Glück, die gute Erwähnung im Bericht und Bolithos Empfehlung sicherten ihm vielleicht schnelle Entlassung und eine den langen Dienstjahren angemessene Abfindung. Wahrscheinlich würde er nach Plymouth zurückkehren, dachte Bolitho traurig, und eine kleine Kneipe eröffnen. Jeder Hafen war voll von solchen Männern: zerbrochen und vergessen, klammerten sie sich an den Saum des Meeres, das sie an den Strand geworfen hatte.

Leutnant Herricks Erstürmung der Batterie . . . Nun, den bloßen Fakten ließ sich wenig hinzufügen. Hätte er versucht, die Wahrheit aufzuputzen, um das Lob zu verstärken, das Herrick so reichlich verdiente, würde der Admiral schnell die Kehrseite der Medaille sehen: nämlich daß der Erfolg zum großen Teil auf Glück beruhte, das sich zu einer gehörigen Portion Wagemut gesellte.

Es gab so viele »Wenn«, grübelte Bolitho verdrossen.

Wenn die Boote mit dem Enterkommando dichter unter Land abgesetzt worden wären, wäre jetzt jeder tot oder gefangen. Wenn die Strömung für die Leute an den Riemen nicht zu stark gewesen wäre, hätte Herrick den unmöglichen Auftrag wie geplant ausgeführt, statt einen zweiten Weg eigener Eingebung einzuschlagen.

Und Stockdale? Nun, ohne seine Hilfe und unerschütterliche Treue hätte sich nichts von alledem ereignet. Sein Verstand hatte sorgsam jeden Schritt geplant, ohne daß ihn jemand geleitet, ihm jemand geholfen hätte. Und zu allerletzt hatte er ihm wiederum das Leben gerettet.

Aber was konnte er für ihn tun? Für einen Mann wie Stockdale gab es keine Beförderungsmöglichkeit, keine irgendwie sinnvolle Belohnung. Gelegentlich, als er in die Kajüte kam, um nach der Wunde zu sehen, hatte er ihn gefragt, was ihm für seine Tapferkeit und Treue der liebste Lohn wäre. Stockdale hatte keine Sekunde gezögert. »Wenn ich weiter bei Ihnen bleiben darf, Kapitän, einen anderen Wunsch habe ich nicht.«

Bolitho hatte eigentlich daran gedacht, Stockdales Entlassung aus der Marine zu beantragen, sobald das Schiff in einen britischen Hafen heimkehrte. Mit ein bißchen Unterstützung konnte Stockdale sich vielleicht in Ruhe und Frieden irgendwo niederlassen. Aber als was? Stockdales unverzügliche und schlichte Antwort hatte es ihm untersagt, den Gedanken weiterzuverfolgen. Er hätte ihn nur verletzt.

Er schrieb: »Was meinen Bootsführer Mark Stockdale betrifft, kann ich nur hinzufügen, daß die ganze Aktion ohne sein schnelles Handeln womöglich mit einem Fehlschlag geendet hätte. Indem Stockdale die Ankerkette der *Andiron* kappte, wodurch das Schiff in Leutnant Herricks Feuerbereich trieb, schuf er die Basis für die totale Zerstörung des Schiffes bei einem Minimum an Verlusten auf unserer Seite.« Er setzte erschöpft seinen Namen unter das Dokument und stand auf. Ein Bericht von vielen Seiten. Hoffentlich lasen ihn auch jene, die der *Phalarope* unvoreingenommen gegenüberstanden.

Zumindest Farquhars Onkel, Vizeadmiral Sir Henry Langford, würde sich darüber freuen. Sein Glaube an den Neffen würde neu bekräftigt werden, und im Laufe der Zeit verwirklichten sich sicher die Hoffnungen, die er für ihn hegte.

Bolitho lehnte sich aus dem Heckfenster. Die warme Luft strich ihm über das Gesicht. Er hörte das Quietschen von Taljen und den gleichmäßigen Riemenschlag der zwischen Schiff und Ufer verkehrenden Boote. Die Fregatte war am frühen Morgen vor Anker gegangen, und den ganzen Tag über brachten Boote frische Vorräte und schafften die Verwundeten zu besseren Quartieren in der Stadt. Er betrachtete die eindrucksvolle Reihe der vor Anker liegenden Schiffe, die wachsende Macht der westindischen Flotte. Ihre Anwesenheit minderte allerdings den Triumph, den die Rückkehr der *Phalarope* sonst bedeutet hätte. Bei diesem Gedanken, der sich immer wieder vordrängte, runzelte er die Stirn. Möglicherweise betrachtete man die *Phalarope* nach wie vor mit Mißtrauen und behandelte sie schmählich.

Seine Augen wanderten langsam von einem großen Schiff zum anderen. Die Masten ragten hoch auf, und die Stückpforten standen offen. Da war die *Formidable* mit 98 Geschützen, frisch aus England, mit Sir George Rodneys Flagge im Topp. Und da waren andere Schiffe, die ihren Namen in das Buch dieses Krieges eingeschrieben hatten: die *Ajax* und die *Resolution*, die *Agamemnon* und die *Royal Oak*. Und nicht zuletzt Sir Samuel Hoods Flaggschiff *Barfleur*. Ferner Schiffe, die er überhaupt nicht kannte, ohne Zweifel Verstärkungen, die Rodney von der Kanalflotte mitgebracht hatte. Und alle waren zu einem Zweck hier zusammengezogen: um die große französisch-spanische Flotte zu stellen und zu vernichten, ehe sie ihrerseits die Briten für immer aus der Karibischen See vertreiben konnte.

Er wandte den Kopf, um das kleine Geschwader auf der anderen Seite der Reede zu betrachten, zu dem die *Phalarope* gehörte. Die ältere *Cassius*, neben der die kleine *Witch of Looe* noch kleiner wirkte, als sie war. Und eine weitere Fregatte, die *Volcano*, ein Schiff, das der *Phalarope* glich. Noch hatte der Admiral nichts von sich hören lassen. Lediglich ein Fähnrich mit rosarotem Gesicht hatte die Botschaft überbracht, daß der Admiral Bolithos Bericht bis Sonnenuntergang in Händen zu haben wünsche. Und daß die Fregatte die Verproviantierung zu Ende führen und weitere Befehle abwarten solle. Nichts sonst.

Nichts bis auf den sehr merkwürdigen Vorfall am späten Vormittag. Von der *Cassius* hatte ein Boot abgelegt, und ein adretter Leutnant meldete sich bald darauf bei Bolitho. »Eine Empfehlung von Vizeadmiral Sir Robert Napier«, erklärte er, »und er möchte Sie informieren, daß er eine Einladung an Bord Ihres Schiffes zum Dinner heute abend gern annehmen würde. Als weiterer Gast wird ihn unser Kapitän begleiten.« Er mußte sehr konsterniert ausgesehen haben, denn der Offizier hatte hilfsbereit hinzugesetzt: »Kann ich Sie irgendwie unterstützen, Sir?«

Wortlaut und Inhalt der Botschaft hatten Bolitho mehr als verblüfft. Flaggoffiziere speisten gewöhnlich nicht an Bord der ihnen unterstellten Schiffe. Und daß sie sich gar selbst dazu einluden, davon hatte man noch nie gehört. Bolitho dachte an seine geschrumpften Vorräte und die grobe Kost der Kombüse, aber der Leutnant war augenscheinlich gut im Bilde.

»Darf ich einen Vorschlag machen, Sir?«

Bolitho starrte ihn an. »Was es auch ist, in diesem Augenblick dürfte er mir eine große Hilfe sein.«

»Mein Kapitän schickt einige Vorräte aus seiner eigenen Pantry herüber, Sir. Und es wird auch rechtzeitig ein ganz trinkbarer Wein gebracht.« Er zählte die Einzelheiten an den Fingern ab, und man sah seinem Gesicht an, wie er nachdachte. Bolitho nahm an, daß dem jungen Mann das sonderbare Verhalten seines Admirals nicht ungewohnt war. »Wenn Sie erlauben, Sir, möchte ich mageres Schweinefleisch vorschlagen. Es ist in St. John reichlich vorhanden. Und Käse, den Admiral Rodneys Schiffe eben aus England mitgebracht haben.«

Bolitho hatte nach Vibart und Proviantmeister Evans geschickt und erklärt, was zu erwarten stand. Diesmal schien Vibart zu überrascht, um irgendeine Bemerkung zu machen, und Bolitho hatte kurz gesagt: »Kümmern Sie sich darum, Mr. Vibart. Und beauftragen Sie meinen Diener, meine Kajüte herzurichten und den Tisch zu dekken.« Er hatte sich plötzlich sehr sorglos gefühlt. »Sir Robert Napier kann an Bord einer Fregatte keine Flaggschiffverpflegung erwarten.«

Während er jetzt daran zurückdachte, wurde er sich darüber klar, daß seine Sorglosigkeit wahrscheinlich auf die Hitze und die schmerzende Wunde zurückzuführen gewesen war. Nun, zu machen war sowieso nichts. Die Absicht des Admirals lag mehr als klar zu Tage. Jetzt, da wieder Rodney die Zügel führte, lag Napier nichts daran, die *Phalarope* öffentlich herabzuwürdigen. Er wollte nicht einmal ein offenes Gespräch an Bord des Flaggschiffes. Nein, er kommt höchstpersönlich auf die *Phalarope*, wie Gott herniedersteigt, um einen Sünder zu zerschmettern, dachte Bolitho erbittert. Kein Erfolg würde je das erste Mißfallen löschen oder den Tod seines Sohnes ausgleichen. Läge die *Andiron* schwer bewacht unter den Kanonen seines Flaggschiffes, hätte der Admiral vielleicht anders empfunden. Aber der Freibeuter war nur mehr ein Bleistiftkreuz auf einer Karte.

Bolitho ließ sich müde und gereizt auf die Heckbank sinken. Er starrte auf den Bericht, ehe er rief: »Wache, Mr. Herrick möchte zu mir kommen.« Der Bericht mußte jetzt hinüber zur *Cassius*. Ganz gleich, was sonst geschah, er wollte sichergehen, daß seine Leute Anerkennung fanden und ihre Leistungen belohnt wurden.

Herrick kam in die Kajüte und blieb neben dem Tisch stehen.

»Bringen Sie diesen Umschlag zum Flaggschiff.«

Herricks offenes Gesicht verriet Beunruhigung, was Bolithos Gereiztheit noch steigerte. So sehr er sich auch bemühte, die Mattheit klang in seiner Stimme mit, und er merkte, daß ihn die Erschöpfung wieder überwältigte.

»Darf ich mir einen Vorschlag erlauben, Sir? Ich meine, Sie sollten sich hinlegen«, sagte Herrick besorgt. »Ich glaube, Sie haben sich überanstrengt.«

»Kümmern Sie sich lieber um Ihre Pflichten, verdammt noch mal!« Bolitho ärgerte sich über Herrick, aber noch mehr über sich und die Ungerechtigkeit seines Vorwurfs.

»Aye, aye, Sir.« Herrick schien ungerührt und sagte: »Darf ich fragen, ob es der vollständige Bericht über die *Andiron* ist?«

Bolitho sah ihn kalt an. »Natürlich der vollständige. Fürchten Sie vielleicht, ich hätte Ihre Verdienste nicht mit aufgenommen?«

Herrick sah ihn fest an. »Entschuldigen Sie, Sir. Ich wollte nur sagen ...« Er schluckte schwer. »Nun, wir, die wir beteiligt waren, meinen ...« Er begann zu stottern. »Wir meinen, daß Ihnen allein das Verdienst gebührt, Sir.«

Bolitho blickte zu Boden, das Blut rauschte ihm in den Ohren. »Sie haben ein seltenes Talent, mich zu beschämen, Mr. Herrick. Ich wäre Ihnen verpflichtet, wenn Sie künftig davon abließen.« Er blickte hoch, entsann sich, wie Herricks Stimme in der Dunkelheit zu ihm gedrungen war, wie Herricks Hände seine Wunde berührt und versorgt hatten. »Aber dennoch vielen Dank.« Er trat langsam an den Tisch. »Der Angriff auf die *Andiron* gelang durch eine Reihe glücklicher Zufälle, Mr. Herrick. Das Ergebnis mag für einige alles rechtfertigen. Ich bin jedoch unzufrieden, das will ich ruhig zugeben. Ich glaube an Glück, aber man darf sich nicht darauf verlassen.«

»Ja, Sir.« Herrick sah den Kapitän an. »Sie sollten auch nur wissen, was wir denken.« Er schob hartnäckig das Kinn vor. »Was auch vor uns liegen mag, wir sind glücklich, daß Sie wieder das Kommando führen, Sir.«

Bolitho fuhr durch die Papiere auf seinem Tisch. »Vielen Dank. Und nun nehmen Sie bei Gott die Beine in die Hand, Mr. Herrick, und ab zur *Cassius*.« Kurz darauf hörte er Herrick nach dem Beiboot rufen.

Merkwürdig, wie leicht er seine Befürchtungen Herrick mitteilen konnte. Und noch merkwürdiger, daß Herrick zuhören konnte, ohne die Vertraulichkeit zu eigenem Vorteil auszunutzen. Sein Blick fiel auf die Bestrafungskladde. Während er der Gefangene seines Bruders gewesen war, hatte sich das alte Übel wieder breitgemacht: Auspeitschungen und nochmals Auspeitschungen. Und ein Mann sogar an den Folgen gestorben! Vielleicht blieb ihm Zeit, den Schaden zu heilen. Er mußte Vibarts mürrische Erklärungen hinnehmen, genauso wie Okes' Bericht über den Angriff auf die Insel Mola. Er mußte seinen Offizieren die Stange halten. Und wenn sie feige oder dumm waren, mußte er sogar dafür die Schuld auf sich nehmen.

Er dachte an Vibarts Haltung, seit er selber das Kommando wieder übernommen hatte. An Vibarts Gesicht im Augenblick seiner Rückkehr entsann er sich nicht, zu sehr war ihm vor Schwäche und Schmerz alles vor den Augen verschwommen. Doch in den Tagen danach hatte er ihn mehrfach gesehen. Einmal, er fieberte und schwitzte in seiner schwankenden Koje, hatte sich Vibart über ihn gebeugt und gefragt: »Ob er durchkommt? Sagen Sie mir, Mr. Ellice, wird er durchkommen?«

Vielleicht bildete er es sich nur ein, jetzt ließ sich das nur schwer sagen. Aber eine flüchtige Sekunde hatte er gemeint, in Vibarts Stimme Haß gehört zu haben. Vibart hatte gewünscht, daß er nicht durchkam! Er haßte ihn wegen seiner Rückkehr von den Toten.

Die Tür öffnete sich, und Stockdale sagte heiser: »Ich habe Atwell gesagt, daß er Ihre beste Uniform herauslegen soll, Sir. Und er kommt sofort, um den Tisch zu decken.« Er sah, wie erschöpft Bolitho war, und sagte: »Und jetzt legen Sie sich erst einmal hin.«

Bolitho funkelte ihn wütend an. »Ich habe zu arbeiten, verdammt.«

»Ich mache Ihnen bloß Ihre Koje zurecht. Zwei Stunden Schlaf bis zur Hundewache werden Ihnen guttun.« Er achtete nicht auf Bolithos Gesichtsausdruck und setzte heiter hinzu: »Wie ich sehe, ist auch die *Formidable* hier, Sir. Ein großes schönes Schiff, kein Zweifel. Aber einem Admiral wie Rodney kommt ein so großes Schiff auch zu, nicht wahr?« Er wartete noch einen Augenblick neben dem Bett, auf dem seine Hand ruhte. »Sind Sie soweit, Sir?«

Bolitho gab nach. »Nun ja, aber bloß zwei Stunden. Keinesfalls länger.«

Er ließ sich von Stockdale in die Koje helfen und merkte, wie ihn die Müdigkeit von neuem übermannte. Stockdale langte nach den Schuhen und murmelte vor sich hin: »Sie bleiben schön liegen. Für den verdammten Admiral brauchen wir heute abend einen ausgeruhten Kapitän.« Als er sich umdrehte, fiel sein Blick auf das leere Gestell über dem Bett, und einen Moment fühlte er sich sehr unbehaglich. Der Säbel lag irgendwo im Wrack der *Andiron*. Wenn er ihn bloß wiederbekäme. Wenn er ihn bloß . . . Er betrachtete das im Schlaf entspannte Gesicht des Kapitäns. Und *er* wollte etwas für mich tun. Stockdale zog den Vorhang vor, damit die Sonnenreflexe nicht auf Bolithos Gesicht fielen, und schlich dann leise zur Tür.

Die hohe Steinmole warf willkommenen Schatten über den Kutter der *Phalarope*, der an der Treppe lag. Bootsführer Packwood blieb kurz auf den Stufen stehen und sah zu den Leuten hinunter, die es sich bequem machten. »Ihr könnt Pause machen. Aber niemand verläßt den Kutter, verstanden?«

Onslow hockte sich bequem auf das Schanzkleid und zog eine kurze Tonpfeife aus dem Hemd. »Klar, Mr. Packwood«, murmelte er unhörbar. »Wir machen die Arbeit, und Sie ziehen ab und lassen sich mit Rum vollaufen.«

Die meisten waren zu müde, um etwas zu erwidern. Den ganzen Tag war der Kutter zwischen dem Ufer und der Fregatte hin und her gependelt, und die erste Erregung, wieder in einem Hafen zu sein, war in unzufriedenes Murren umgeschlagen.

Packwood befehligte die Abteilung. Ein fähiger Mann, bekannt dafür, die Arbeit gerecht zu verteilen. Doch es mangelte ihm an Phantasie. Hätte er den Leuten gesagt, daß die Arbeit nicht nur für die Seetüchtigkeit der *Phalarope*, sondern in noch höherem Maß für das Wohlbefinden der Besatzung auf See notwendig war, hätte das die Verbitterung möglicherweise etwas gedämpft. Aber wie die Dinge lagen, diente Packwood schon zu lange in der Marine, um nach unnötigen Erklärungen zu suchen. Arbeit war Arbeit. Befehle wurden eben ausgeführt, jederzeit und ohne jede Diskussion.

Pook, Onslows ständiger Gefährte, stemmte sich hoch und spähte zu den fernen Häusern hinüber. »Mutter Gottes«, sagte er schwer atmend, »ich sehe Frauen.«

Onslow zog eine Grimasse. »Was hast du erwartet? Verdammte Priester?« Er beobachtete die Männer aus halbgeschlossenen Augen. »Die Offiziere sorgen schon für sich, ihr seht's ja, daß ich recht habe, Jungs.« Er spuckte über Bord. »Aber es sollte bloß mal einer von euch versuchen, einen Fuß an Land zu setzen, und ihr werdet sehn, was passiert.« Er deutete auf den rotröckigen Marinesoldaten, der sich zufrieden auf sein Gewehr stützte. »Der verdammte Ochse setzt euch glatt eine Kugel in die Stirn.«

John Allday saß über den Riemen gebeugt und musterte Onslow nachdenklich. Jedes Wort, das der Mann sprach, war sorgsam abgewogen. Er wandte sich um, als sich vom Bug her ein Seemann namens Ritchie hören ließ. Ritchie stammte aus Devon und sprach ebenso langsam, wie er dachte. »Warum bist du nicht abgehauen, als wir vor Nevis lagen, Onslow?« Das glitzernde Wasser blendete ihn, und er blinzelte. »Hättest massenhaft Zeit gehabt, dich deinen Rebellenfreunden anzuschließen.«

Allday beobachtete, ob Onslow etwa ärgerlich hochfuhr, aber der große Seemann sah Ritchie bloß mitleidig an. »Und was hätte das genutzt? Meinst du, wir sind besser dran, wenn wir zu den Rebellen überlaufen oder zu den Froschfressern?« Jetzt hörten alle aufmerksam zu. »Nein, Jungs, wir tauschen höchstens einen Herrn gegen den anderen ein. Eine neue Flagge. Aber irrt euch nicht, die Peitsche ist in jeder Marine die gleiche.«

Ritchie kratzte sich den Kopf. »Ich sehe noch immer nicht, worauf du hinaus willst.«

»Weil du dämlich bist, du großer Ochse du«, fauchte Pook.

»Ruhig, Jungs.« Onslow senkte die Stimme. »Ich meine es ernst. Hier draußen oder auf dem amerikanische Festland kann ein Mann gut leben. Ein neues Leben bringt die Chance, sich etwas zu schaffen.« Er lächelte leicht. »Aber zu einem richtigen Start gehört mehr als bloß Hoffnung. Dazu gehört auch Geld.«

Nick Pochin rutschte hin und her und sagte unbeholfen: »Wenn der Krieg aus ist und wir unsere Löhnung kriegen, können wir nach Hause zurückkehren.«

»Und wer kennt dich dort noch?« Onslow blickte ihn kalt an. »Du bist zu lange fort gewesen, wie wir alle. Für dich gibt's nur eins: auf den Straßen betteln gehn!«

»Ich war ein guter Pflüger«, beharrte Pochin. »Ich kann wieder pflügen.«

»Aye, vielleicht.« Onslow blickte ihn verächtlich an. »Du kannst für den Rest deines dämlichen Lebens Furchen ziehen, bis sie tief genug sind, daß dich irgendein fetter Grundbesitzer drin begräbt.«

Ein anderer forschte: »Was willst du eigentlich?«

»Ich werd's dir sagen.« Onslow glitt wie eine Katze vom Dollbord. »Bald sind wir wieder draußen auf See. Ihr seht die Flotte, die sie hier zusammengezogen haben. Für uns wird's keine Ruhe geben. Die Brüder brauchen immer neues Kanonenfutter.« Er deutete auf die sanft vor ihrem Anker schwojende *Phalarope*. »Da liegt unsere Chance, Jungs. Die Garantie für unsere Zukunft.« Er ließ die Stimme wieder sinken. »Wir können das Schiff übernehmen.« Er sprach sehr langsam, damit jedes Wort wirken konnte. »Dann können wir sie als Tauschobjekt benutzen zu unserem Preis.« Seine Augen wanderten von einem Gesicht zum anderen. »Stellt euch das vor! Wir können mit der anderen Seite verhandeln und den Preis nennen, den wir verlangen. Mit dem Geld und einer freien Passage geht dann jeder seiner Wege und reicher, als er es je für möglich gehalten hätte.«

Pochin setzte sich mit einem Ruck auf. »Das ist Meuterei! Du verrückter Schuft, sie werden uns fangen und aufhängen.«

Onslow griente. »Nie! Wenn dieser Krieg aus ist, wer hat da noch Zeit, sich um uns zu kümmern?«

Pook setzte lebhaft hinzu: »Er hat recht, wir werden alle reich sein.«

»Und England nie wiedersehen«, sagte Allday.

»Wem macht das was aus?« Onslow warf den Kopf zurück. »Meinst du, so wie es jetzt ist, haben wir eine Chance? Hast du nicht gesehen, was sie mit Kirk gemacht haben? Du weißt ganz genau, daß jede Woche welche sterben, durch Krankheit oder unter der Peitsche, in der Schlacht, oder indem sie von oben kommen. Und wenn du dem entgehst, kommandieren sie dich auf ein anderes Schiff.«

Unruhe und Empörung liefen drohend durch das Boot, und Allday fuhr ein kalter Schauer über den Rücken. Er sagte schnell: »Meinst du, Kapitän Bolitho wäre damit einverstanden?« Er sah von einem zum anderen. »Sicher, sie haben uns durch die Mühle gedreht, aber dem Kapitän vertraue ich. Er ist unerschrocken und gerecht. Er wird uns nicht im Stich lassen.«

Onslow zuckte mit den Schultern. »Wie du willst.« Er setzte böse hinzu: »Solange du deine Gedanken für dich behältst, Freundchen. Wenn etwas von dem, was ich gesagt habe, laut wird, wissen wir, hinter wem wir her sein müssen.«

Das zustimmende Gemurmel zeigte Allday, wie tief Onslows Rede bereits gewirkt hatte. Sonderbar, daß vorher niemand gemerkt hatte, mit welcher Beharrlichkeit Onslow die Männer zur Meuterei aufreizte. Vielleicht weil er seine Worte sorgsam abwog und nichts von der blinden Wut eines Matrosen hatte, dem Unrecht geschehen war. Allday dachte an Mathias' Tod im Laderaum und wie vorsichtig Onslow operiert hatte, damit Ferguson den Posten als Kapitänsschreiber bekam. Es ähnelte alles einer schleichenden, aber tödlichen Krankheit. Zeigten sich die Symptome, war der Fall bereits hoffnungslos. »Ich werde schon aufpassen, Onslow«, sagte er. »Aber sieh du dich lieber auch vor.«

»Achtung«, murmelte Pochin. »Er kommt zurück.«

Packwood tauchte oben an der Treppe auf. Er hatte getrunken, und der Schweiß stand ihm auf der Stirn. »Schön, meine Kleinen. Noch ein paar Fässer mehr.« Er schwenkte seinen Stock. »Und dann könnt ihr euch in euren Stall verziehn und euch den Dreck abschrubben. Der Admiral kommt euch heute abend besuchen!«

Pook stieß seinen Freund an. »Dieser Allday, hält der dicht?«

Onslow packte den Riemenschaft. »Bei Leuten wie dem muß sorgfältig taktiert werden. Darüber muß man nachdenken.« Seine Augen glitten über Alldays nackten Rücken. »Aber gemacht *muß* es werden!«

Pünktlich auf die Minute kam Vizeadmiral Sir Robert Napier das Fallreep der *Phalarope* herauf und zog den Hut, um die Ehrenbezeigungen entgegenzunehmen. Als das Trillern der Pfeifen verklang und die Ehrenwache der Marinesoldaten präsentierte, schlug der kleine Trommler der Fregatte, begleitet von zwei Pfeifen, dünn aber flott einen Marsch, und nach einem letzten Blick über das Oberdeck trat Bolitho vor, um den Admiral zu begrüßen.

Sir Robert nickte den versammelten Offizieren knapp zu, und während die Seesoldaten ihre Gewehre auf das Deck stießen, inspizierte er, Rennie und Kapitän Cope von der *Cassius* in gehörigem Abstand hinter sich, kurz und genau die angetretene Wache.

Aus dem Profil des Admirals versuchte Bolitho die Stimmung seines Gastes zu erkennen und den wahren Grund für diesen Besuch zu entdecken, aber Sir Robert Napiers verkniffenes Gesicht blieb sphinxgleich und unbewegt, wenn er gelegentlich Fragen abfeuerte oder zu Rennie etwas über die Haltung der Marinesoldaten bemerkte. Am Ende der Doppelreihe blieb er stehen und musterte das Hauptdeck. »Sie halten Ihr Schiff in Ordnung, Bolitho.« Aus dem trockenen Ton ließ sich nichts heraushören, weder Lob noch Tadel.

»Danke, Sir.« Bolitho wäre lieber mit dem Admiral allein in der großen Heckkajüte des Flaggschiffs gewesen. Dort hätte er mit allem fertigwerden können, was Sir Robert vorbrachte. Unter den jetzigen Umständen mußte jede Bemerkung formell und abgewogen sein. Er sah sich unsicher und gereizt um. Nun, was der Admiral auch von der *Phalarope* dachte, er selber war mit ihrem Aussehen zufrieden. Lange bevor ein Kurier über die Aktivität an Bord des Flaggschiffs berichtet hatte und die Offiziersbarkasse längsseits kam, hatte Bolitho das ganze Schiff inspiziert, um absolut sicher zu sein, daß Sir Robert zumindest am Äußeren nichts auszusetzen fand.

Die Besatzung war angetreten, jedes Auge richtete sich auf die kleine, goldbetreßte Gestalt im Heck der Barkasse. Und jetzt, während der Admiral schweigend und nachdenklich dastand, herrschte eine Atmosphäre nervöser Erwartung, die sogar die Pfeifen und die Trommel auf dem Achterdeck nicht verdecken konnten.

»Sie können die Männer wegtreten lassen, Bolitho.«

Auf das Signal hin spritzten die Leute vom Hauptdeck, und die Marinesoldaten machten kehrt und verschwanden ebenfalls.

»Ich habe Ihren Bericht gelesen, Bolitho. Er enthält eine Menge.« Seine kühlen Augen flogen über Bolithos Gesicht, in dem sich kein Muskel regte. »Besonders hat mich der Teil über den Kapitän der *Andiron* interessiert.« Er bemerkte, daß Bolitho sich versteifte, und fuhr gelassen fort: »Nun, ich wußte vorher, um wen es sich handelte, aber ich hielt es trotzdem für das Beste, daß Sie die Aufgabe übernahmen.« Er zog die Schultern hoch, was ihm unter der schweren Uniform nicht leicht fiel. »Natürlich wußte ich nicht, daß Sie bereits sein Gefangener waren.«

»Und wenn Sie es gewußt hätten, Sir?« Bolitho bemühte sich, keine Erregung mitklingen zu lassen.

»Ich bin mir nicht sicher. Ihr Erster Offizier ist anscheinend in vieler Hinsicht ein fähiger Mann, aber ich fürchte, er wird immer zu jenen gehören, die Befehle brauchen. Ein geborener Untergebener.«

Aus dem Augenwinkel sah Bolitho, wie seine Offiziere Kapitän Cope nach unten geleiteten, und er wartete darauf, daß der Admiral fortfuhr. Er brauchte nicht lange zu warten.

»Die *Andiron* ist ausgeschaltet. Schon allein ihre Existenz war eine Herausforderung und Beleidigung für die ganze Flotte. Ich habe meine Ansicht über die Angelegenheit dem Oberbefehlshaber übermittelt und zweifle nicht, daß Ihre Verdienste gebührende Anerkennung finden werden.« Er blickte Bolitho fest an. »Gleichviel, die Tatsache, daß Ihr Bruder sie einst kommandiert hat und anscheinend noch am Leben ist, mag hier und da als eine Art stillschweigender Übereinkunft angesehen werden.« Er trat an die Reling und blickte zur *Cassius* hinüber. »Ich selbst sehe es nicht so, Bolitho. Ich übertrug Ihnen die Aufgabe nicht trotz, sondern wegen des Kapitäns der *Andiron*. Sie und Ihr Schiff haben sich gut gehalten. Ich habe das auch Sir George Rodney gegenüber betont.« Dann ließ er langsam die Worte folgen: »Doch wenn Ihr Bruder umgekommen wäre, wäre es für alle Beteiligten besser gewesen.«

»Ich glaube, ich verstehe, Sir.«

»Natürlich verstehen Sie.« Die alte Gereiztheit des Admirals brach durch. »Tot sein, heißt vergessen sein. Fangen wir ihn, wird ihn nichts retten. Wir werden ihn öffentlich vor Gericht stellen und aufknüpfen. Und ich denke, Ihnen ist klar, daß solche Schande auf die ganze Familie fällt.«

»Ja, Sir.«

»Nun, genug davon. Sie haben Ihre Befehle ausgeführt, so gut Sie konnten. Das muß für den Augenblick genügen. Darüber hinaus haben Sie die Absichten des Feindes erkundet. Wenn die Meldung darüber zutrifft, wird das sehr zu Ihren Gunsten sprechen.« Er blickte zu der schwach schlagenden Flagge hinauf und murmelte: »Im Augenblick könnten wir ein bißchen Glück gut gebrauchen.«

Sir Robert schwieg, während Bolitho ihn in die Kapitänskajüte führte, wo die zehn Offiziere bereits versammelt waren. Sie saßen so dicht gedrängt um den in ganzer Länge ausgezogenen Tisch, daß keine Stecknadel zu Boden fallen konnte, und Bolitho fragte sich wieder, warum der Admiral sich herbemüht und dem vergleichsweisen Luxus seines eigenen Quartiers zeitweilig den Rücken gekehrt hatte. Die Offiziere erhoben sich und sanken erwartungsvoll auf ihre Stühle zurück, nachdem der Admiral und Bolitho sich zum Kopf des Tisches durchgezwängt hatten.

Zum ersten Mal, daß ich mit allen meinen Offizieren esse, ging es Bolitho durch den Sinn. Während Atwell und zwei eiligst abkommandierte Messeordonnanzen aufzutragen begann, sah er von einem zum anderen. Die vertrauten Gesichter wirkten verändert. Alle sahen irgendwie fremd und verlegen aus. Neben seinen Leutnants und Hauptmann Rennie waren auch die drei Fähnriche anwesend. Die Unteroffiziere waren durch Steuermann Proby und den Arzt Tobias Ellice vertreten, die beide, den Blick auf ihre Teller gerichtet, steif und unbehaglich dasaßen.

Der Admiral verhielt sich noch immer formell. Man aß in fast völligem Schweigen. Doch mit den Speisen kam der Wein, ausgeschenkt vom persönlichen Steward des Admirals, einem großen, hochmütigen Mann in scharlachfarbenem Rock. Zu diesem Zeitpunkt fing Bolitho an, die Absicht des Admirals zu begreifen. Denn zusammen mit der Spannung und der ungewohnt reichhaltigen und ausgezeichneten Mahlzeit tat der Wein bald seine Wirkung. Und als Bolitho bemerkte, daß der Admiral kaum etwas aß und an seinem Wein nur nippte, war ihm alles klar.

Die Stimmen wurden lauter, und indes Sir Robert stumm an Bolithos Seite saß, fingen die Offiziere an, freier zu reden. Bolitho war sich nicht klar darüber, was er stärker empfand, Ärger oder Bewunderung. Dem Admiral reichte der nackte Bericht, wie präzise auch immer, nicht aus. Er wollte mit eigenen Ohren hören, was sich abgespielt hatte, und zwar von den Leuten, die ihm bis dahin nur durch Bolithos Feder bekannt gewesen waren. Bolitho spürte, daß seine Anspannung etwas nachließ. Denn ob nun gut oder böse, gegen die verschlagenen Methoden des Admirals konnte er jetzt nichts mehr ausrichten.

Langsam entfaltete sich die Geschichte. Jede Phase kam zur Sprache und wurde von einem anderen Offizier beleuchtet. Die Attacke auf die Insel Mola und die Einnahme der Batterie. Die zungenfertigen Offiziere sprachen über den Plan in seiner Gesamtheit, die weniger beredten gaben sich damit zufrieden, die Einzelheiten des Bildes auszumalen. In einigen Beiträgen kam auch der Humor zu seinem Recht, etwa in der Geschichte des Steuermannsmaats Parker, der bei dem Angriff auf die *Andiron* die Jolle befehligt hatte. Die hochgehende See hatte ihn von den anderen Booten getrennt. Nicht nur, daß er zur *Phalarope* zurückkehren mußte, nein, um sein Mißbehagen noch zu steigern, wurde er vom Schiff durch Gewehrfeuer wachsamer Seesoldaten begrüßt. Und Humor lag auch in der Geschichte, wie Hauptmann Rennie den Rückzug von der Insel leitete, den Degen in der einen, eine halbe Geflügelpastete in der anderen Hand.

Doch bei solchen Erinnerungen blieb es nicht, denn Sir Robert fragte plötzlich scharf: »Und Sie, Mr. Farquhar, wurden mit dem spanischen Gefangenen zurückgelassen?«

Farquhar sah ihn wachsam an, und einen Augenblick kehrte die Spannung an den eng besetzten Tisch zurück. Doch Farquhar verlor nicht den Kopf. Selbst die wohlbekannte Tatsache, daß Sir Robert gewöhnlich niemanden unter Leutnantsrang anredete, brachte ihn nicht aus der Fassung.

»Ja, Sir. Ich stieß zum Kapitän, und wir gerieten zusammen in Gefangenschaft.«

Der Admiral wandte sich Okes zu, der bisher beinahe stumm dagesessen hatte. »Ihr Teil bei diesem Unternehmen hat Sie offenbar sehr in Atem gehalten, Mr. Okes?«

Der Leutnant blickte bestürzt hoch. »Hm, ja, Sir. Ich tat, was ich tun mußte. Es gab keinen anderen Weg.«

Sir Robert nippte an seinem Wein und musterte ihn kühl. »Für einen so ruhmreichen Offizier sind Sie außerordentlich zurückhaltend,

Mr. Okes. Ein bißchen Bescheidenheit ist immer willkommen, aber nicht, wenn sie wie Schuld wirkt.« Seine kalten Augen lagen noch ein paar Sekunden auf Okes' bleichem Gesicht, dann lachte er. Ein humorloses Lachen, doch es half, das plötzliche und unbehagliche Schweigen zu brechen.

»Und Sie, Mr. Herrick?« Der Admiral beugte sich vor und blickte an seinem Kapitän vorbei über den Tisch. »Ihre Heldentaten bei Nevis scheinen ein wenig vom Zufall begünstigt gewesen zu sein. Aber dennoch erreichten Sie ohne Zweifel Ihr Ziel.«

Herrick grinste breit. »Kapitän Bolitho hat mich bereits auf die Fallgruben des Glücks hingewiesen, Sir.«

»So, in der Tat?« Der Admiral zog leicht die Brauen hoch. »Bin erfreut, es zu hören.«

Und so ging es in der gleichen Art weiter. Der Admiral fragte und hörte zu. Und falls das zu nichts führte, provozierte er den unglücklichen Offizier offen zu einer erregten und unbedachten Antwort. Der Treuetrinkspruch wurde von dem jüngsten anwesenden Offizier ausgebracht. Fähnrich Neale, auf der einen Seite von Proby, auf der anderen von Ellice überragt, quiekte: »Gentlemen, auf den König!« Danach lief er rot an und verfiel wieder in Schweigen.

Bolitho bemerkte, daß sich die rechte Hand des Admirals wie eine Klaue um das Glas klammerte. Der Admiral sah seinen Blick und sagte verdrossen: »Verdammter Rheumatismus. Habe ihn seit Jahren.«

Plötzlich schätzte Bolitho den Mann an seiner Seite. Nicht den Admiral mit seinen kleinlichen Schwächen und dem ungerechten Gebrauch von Vorrecht und Rang, sondern einfach den Mann. Er war alt, wahrscheinlich in den Sechzigern, und soviel Bolitho wußte, hatte er in den letzten zehn Jahren den Fuß nicht länger als ein paar Tage an Land gesetzt. Er hatte seine Flagge auf vielen Schiffen wehen lassen und sich mit Problemen und Strategien beschäftigt, die Bolitho sich nur undeutlich vorstellen konnte.

Der Admiral sah ihn fest an. »Fragen Sie sich noch immer, warum ich gekommen bin, Bolitho?« Er wartete eine Antwort nicht ab. »Vor vielen Jahren habe ich selber eine Fregatte befehligt. Das war meine schönste Zeit, der Einsatz nicht so hoch.« Das Gesicht verschloß sich wieder. »Ich bin hergekommen, weil ich sehen wollte, was Sie aus diesem Schiff gemacht haben.« Er faßte sich ans Kinn, als suche er nach einem Weg, ein Kompliment zu umgehen. »Was ich sehe, mißfällt mir nicht gänzlich.« Er sprach so leise, daß die von neuem erwachte Unterhaltung seine Worte fast verschluckte. »Die Mehrzahl Ihrer Offiziere scheint Sie sehr zu achten. Ich weiß aus Erfahrung, wie schwer Achtung zu erringen ist.«

Bolitho lächelte dünn. »Danke, Sir.«

»Ich schätze es, die Männer zu kennen, die unter meinem Kommando stehen. Sehe ich ein Segel am Horizont, interessiert mich nicht die Zahl der Kanonen und der Zustand des Anstrichs. Mir liegt daran, den Geist des Mannes zu kennen, der das Schiff kommandiert, verstehen Sie?« Er starrte über die Köpfe der Offiziere hinweg. »England kämpft um sein Leben. Zur Zeit führen wir einen Verteidigungskrieg. Der Angriff kommt später, vielleicht erst nach Jahren, wenn ich tot und begraben bin. Doch bis dahin ist England auf seine Schiffe angewiesen, vielleicht nur auf ein paar hundert Schiffe, die voll einsatzfähig sind.« Er klopfte auf den Tisch, so daß die anderen verstummten und sich ihm zuwandten, um zuzuhören. »Und diese Schiffe hängen von ihren Kapitänen ab.«

Bolitho wollte etwas einwerfen, doch der Admiral sagte gereizt: »Lassen Sie mich ausreden. Ich kenne jetzt Ihren Ruf. Sie sind in vieler Hinsicht ein Idealist. Sie hoffen auf bessere Bedingungen für Ihre Leute, so daß Sie auf See eine ehrenhafte Karriere machen können.« Er unterstrich seine Worte durch den erhobenen Zeigefinger. »Als ich jünger war, hatte ich auch solche Illusionen, und mehr noch. Aber der ist ein guter Kapitän, der die Schwierigkeiten nimmt, wie sie kommen, und dennoch ein tüchtiges Schiff führt, ein Schiff, das Ehre und Lob verdient.« Seine Augen wanderten von einem zum anderen. »Nun, meine Herren, bin ich verstanden worden?«

Bolitho folgte dem Blick des Admirals: Vibart, rot angelaufen, ohne jedes Lächeln. Herrick, vom voraufgegangenen Sarkasmus des Admirals unberührt, grinste noch immer. Rennie, steif aufgerichtet, aber mit völlig glasigen Augen, die nichts mehr wahrnahmen. Old Daniel Proby, verlegen, in solcher illustren Gesellschaft zu sein, doch plötzlich mit einem Ausdruck von Stolz auf dem Gesicht, als hätte er eine tiefere Bedeutung aus den Worten des Admirals herausgehört. Und Ellice, der Arzt, der seit Beginn der Mahlzeit unaufhörlich getrunken hatte. Bolitho bemitleidete Ellice. Schlecht bezahlt wie alle Schiffsärzte. Kein Wunder, wenn er eher Schlächter denn Arzt war. Ein Wettlauf, doch wer würde gewinnen, der Alkohol oder ein tödlicher Irrtum? Es war lediglich eine Frage der Zeit. Okes litt noch immer unter der scharfen Einschätzung des halbvergessenen Angriffs auf die Insel. Bolitho bemerkte, daß Okes immer wieder verstohlen und verzweifelt zu Farquhar hinübersah, der im Vergleich zu ihm ruhig und teilnahmslos wirkte und in Gedanken vielleicht weit weg war. Möglicherweise wieder unter der in die Luft gejagten Brücke, wo ihn der Mann, der ihn jetzt immer wieder ansah, zurückgelassen und damit dem Tod ausgesetzt hatte. Die Tatsache, daß Farquhar darüber keine Bemerkung gemacht hatte, mußte Okes mehr als alles andere mit Sorge erfüllen.

Und die beiden anderen Fähnriche, Maynard und Neale? Sie waren erregt, ohne aber das mitzubekommen, was hinter den Gesprächen und Gedanken lag. Bolitho sah plötzlich sehr klar, welche Verantwortung er für sie alle trug.

Der Admiral stand auf und hob sein Glas. »Ein Trinkspruch!« Seine blassen Augen blitzten. »Tod den Franzosen!«

Alle hoben ihr Glas, und die Stimmen ratterten die Antwort heraus: »Und Verderben unseren Feinden!«

»Zeit aufzubrechen, Sope«, sagte der Admiral zu seinem Kapitän.

Bolitho folgte ihm zum Oberdeck. Er hörte nur halb auf die hastenden Füße und das Knarren der Riemen längsseits. Bolitho wußte, daß das Schlimmste vorbei war. Die *Phalarope* war endlich frei von Schande.

Er lüftete den Hut, als der Admiral zum Fallreep schritt, und wartete, bis er in der Barkasse verschwunden war. Dann setzte er den Hut mit einem Ruck wieder auf und begann, die Hände auf dem Rücken verschränkt, auf dem verlassenen Achterdeck auf und ab zu gehen.

Der Admiral hatte außerdem auf seine Weise klargestellt, daß es die Aufgabe des Kapitäns war, das Schiff weiterhin frei von Schande zu halten. Er blickte zu den Ankerlaternen, deren Schein auf dem Wasser tanzten, und lauschte dem klagenden Kratzen einer Violine und dem wehmütigen Klang eines alten Shantys. Solange die Männer noch singen, dachte er, ist Hoffnung für uns alle.

XIII Gefahr von innen

Die Pfeifen trillerten Salut, als Richard Bolitho durch die verzierte Schanzpforte auf das weite Deck der *Formidable* trat. Automatisch hob er den Hut gegen das Achterdeck, und während er den Gruß des wachhabenden Flaggschiffoffiziers erwiderte, flogen seine Blicke umher und registrierten die Geschäftigkeit, das scheinbar endlose

Deck und die langen Reihen schimmernder Kanonen.

Ein weißbehandschuhter Fähnrich eilte in tadelloser Haltung heran und führte Bolitho unter den kritischen Augen des diensttuenden Offiziers nach achtern zu der großen Heckkajüte, in die jeder erreichbare Kapitän vor einer Stunde befohlen worden war.

Bolitho hatte bei seinem einsamen Frühstück herumgetrödelt und über die merkwürdige Dinnerparty und Sir Robert Napiers beharrliche Fragen nachgegrübelt, als Fähnrich Maynard die Meldung brachte. Während Bolitho hastig seine beste Uniform anlegte, fragte er sich, warum Sir Robert die Zusammenkunft beim Oberbefehlshaber gestern nicht erwähnt hatte. Er mußte doch schon davon gewußt haben. Und indem er blicklos in den Spiegel am Schott starrte, fragte er sich, ob Sir Robert nur wieder eine seiner privaten Prüfungen veranstaltete. Wahrscheinlich hielt er sein Glas auf die *Phalarope* gerichtet, seit die *Formidable* das Signal gesetzt hatte.

Er prallte beinahe auf den Fähnrich und sah, daß sie die große Kajüte erreicht hatten. Der Fähnrich meldete: »Kapitän Richard Bolitho von der *Phalarope.*« Doch nur die zunächststehenden Offiziere nahmen von seinem Eintritt Notiz. Bolitho war das nur recht. Er drängte sich zu einer Ecke der Kajüte durch, und während eine Messeordonnanz wortlos seinen Hut in Empfang nahm, reichte ihm eine andere ebenso stumm ein großes Glas Sherry.

Bolitho trank einen kleinen Schluck und musterte aufmerksam die anderen Offiziere. Etwa dreißig Kapitäne jeden Dienstalters, ältere und jüngere, große und kleine, dicke und dünne. Nach diesem ersten Überblick schien er der Jüngste zu sein. Doch er war kaum zu diesem Schluß gekommen, da stieß ihn jemand leicht an. Er drehte sich um und erblickte den hochgewachsenen Leutnant, der die kleine Brigg *Witch of Looe* kommandierte.

Der Leutnant hob das Glas. »Ihr Wohl, Sir! Ich möchte Ihnen sagen, wie sehr ich mich über Ihre Rückkehr freue.«

Bolitho lächelte. »Vielen Dank. Bitte entschuldigen Sie, aber Ihr Name ist mir entfallen.«

»Philip Dancer, Sir.«

»Von nun an werde ich ihn mir merken.«

Der Leutnant lockerte nervös seine Halsbinde. Kein Wunder, wenn er als Jüngerer in einer so illusteren Gesellschaft nervös wurde.

»Im Vergleich mit Ihrer kleinen Brigg kommt es Ihnen hier sicher ein bißchen luxuriös vor?«

Dancer schnitt eine Grimasse. »Nur ein bißchen.«

Sie blickten zu den großen Heckfenstern hin, vor denen eine breite Galerie lief, auf der der Amiral über dem Kielwasser seines Schiffes ungestört hin und her wandern konnte. Bolitho sah Pflanzen in langen Blumenkästen, Silber und Kristall schimmerten auf einer hübschen Anrichte unter einem Gemälde von Hampton Court Palace. Plötzlich verstummten alle Gespräche, und jeder wandte sich einer Seitentür zu, durch die der Oberbefehlshaber mit seinem Gefolge die Kajüte betrat.

Bolitho hatte Sir George Rodney das letzte Mal vor zwei Jahren gesehen. Er erschrak über sein verändertes Aussehen. Trotz der strahlenden Uniform mit dem leuchtenden Band und den Auszeichnungen wirkte er gebeugt und zusammengesunken, und sein Mund, nunmehr ein schmaler Strich, verriet die Krankheit, die ihn seit vielen Monaten plagte. Nur schwer erkannte man in ihm den Mann wieder, der vor zwei Jahren einen machtvollen Feind überwunden und das belagerte Gibraltar entsetzt hatte, oder den, der St. Eustatius angegriffen, erstürmt und als Beute drei Millionen Pfund Sterling nach England zurückgebracht hatte. Doch die Augen waren dieselben: hart und fest, als hätten sie alle Energie an sich gezogen.

Neben ihm, als scharfer Kontrast, der zweite im Kommando: Sir Samuel Hood wirkte gelassen, während seine Blicke über die versammelten Offiziere glitten. Eine große arrogante Nase und eine hohe Stirn beherrschten das Gesicht. Neben seinen beiden Vorgesetzten sah Sir Robert Napier beinahe unbedeutend aus.

Sir George Rodney ließ sich in einen Sessel sinken und faltete die Hände im Schoß. Dann sagte er kurz: »Ich habe Sie hergebeten, um Ihnen mitzuteilen, daß nach allen Informationen die Franzosen und ihre Verbündeten versuchen wollen, die englischen Verbände im hiesigen Gebiet endgültig auszuschalten.« Er hustete und betupfte sich den Mund mit einem Taschentuch. »Graf de Grasse hat eine große Zahl Linienschiffe zusammengezogen, die stärksten Schiffe, die sich jemals unter einer Flagge versammelten. Wäre ich in seiner glücklichen Lage, würde ich nicht zögern, mich auf die Schlacht vorzubereiten.«

Er hustete wieder, und leichte Unruhe ergriff die Offiziere. Die Überbeanspruchung während all der Jahre des Planens und Kämpfens wühlte in Sir Rodney wie eine Messerklinge. Als er nach England segelte, glaubte jeder Offizier der westindischen Flotte, daß es seine letzte Reise würde. Alle erwarteten, daß ein anderer zurückkehren und seinen Platz einnehmen würde. Aber in diesem ermatteten Körper lebte eine Seele aus Stahl. Rodney wollte keinen anderen die Früchte seiner harten, aufopferungsvollen Arbeit in Westindien ernten lassen, und ebensowenig sollte ein anderer die Schmach und Schande möglicher Niederlage erleiden.

»Nach unseren Nachrichten will de Grasse mehr als einen bloßen Sieg auf See erreichen«, erklärte Sir Samuel Hood unbewegt. »Er hat nicht nur französische Truppen zusammengezogen, sondern auch die amerikanischen Kolonialisten mit Waffen versorgt. Er ist ein gewiegter und umsichtiger Stratege, und zweifellos gedenkt er, die bereits erzielten Erfolge auszubauen.« Er blickte über die ihm Zunächststehenden hinweg und richtet seine tiefliegenden Augen auf Bolitho. »Der Kapitän der Fregatte *Phalarope* hat zu diesen Informationen in nicht geringem Maße beigetragen, meine Herren.«

Einige Sekunden lang drehten sich alle nach Bolitho um, den die unerwartete Beachtung leicht verwirrte. Undeutlich nahm er die unterschiedlichen Reaktionen der anderen Offiziere wahr. Einige nickten anerkennend, während ihn andere mit kaum verhohlenem Neid musterten. Wieder andere studierten sein Gesicht, als versuchten sie, die tiefere Bedeutung der Bemerkung des Admirals zu ergründen. Ein kleines Lob von Hood – also vom großen Rodney gebilligt – kennzeichnete Bolitho als ernstzunehmenden Rivalen bei Beförderung und Auszeichnung.

Hood fügte trocken hinzu: »Jetzt, da Sie einander kennen, wollen wir fortfahren. Von heute an muß unsere Wachsamkeit erhöht werden. Unsere Patrouillen müssen jeden feindlichen Hafen beobachten und dürfen keine Mühe scheuen, mir ständig Meldung zu erstatten. Wenn de Grasse ausläuft, wird das schnell geschehen. Können wir seiner Herausforderung nicht mit den entsprechenden Mitteln begegnen und ihn zur Schlacht stellen, ist es aus mit uns, darüber muß sich jeder klar sein.«

Die tiefe Stimme dröhnte so durch die Kajüte, daß Bolitho das Gewicht der Worte fast körperlich fühlte. Unermüdlich und methodisch erläuterte der Admiral die bekannten Standorte von Versorgungsschiffen und feindlichen Einheiten. Man merkte ihm weder Anstrengung noch Ungeduld an, und nichts in seinem Verhalten verriet, daß er erst unlängst nach Antigua zurückgekehrt war, nachdem er St. Kitts lange gegen die gesamte militärische Kraft der Franzosen und der alliierten Flotte gehalten hatte.

»Ich wünsche, daß sich jeder von Ihnen gründlich mit meinem Signalcode vertraut macht«, schaltete sich Sir George Rodney ein. Er blickte scharf von einem zum anderen. »Ich werde nicht dulden, daß irgendein Offizier meine Signale mißversteht, und ebensowenig werde ich Entschuldigungen bei Nichtbefolgung gelten lassen.«

Mehrere Kapitäne wechselten schnelle Blicke. Jeder kannte die Geschichte: als Rodney versuchte, den französischen Amiral de Guichen vor Martinique zu stellen, gelang das nicht, weil einige seiner Kapitäne seine signalisierten Befehle nicht verstanden oder befolgt hatten und jeder wußte auch, wie scharf er darauf reagiert hatte. Mehr als ein Kapitän lebte nun, auf Halbsold gesetzt, mit Schande bedeckt und von bösen Erinnerungen geplagt, kümmerlich in England.

»Achten Sie auf meine Signale«, fuhr er in ruhigerem Ton fort. »Wo und auf welchem Schiff auch meine Flagge weht, *achten Sie auf meine Signale!*« Er lehnte sich zurück und blickte zu den Decksbalken hoch. »Diesmal gibt es keine zweite Chance. Entweder gewinnen wir einen großen Sieg, oder wir verlieren alles.«

Er nickte Hood zu, der wieder das Wort nahm: »Die Befehle werden den dienstältesten Offizieren des Geschwaders unverzüglich übermittelt. Von dem Augenblick an, da Sie die Kajüte verlassen, hat die Flotte klar zum Auslaufen zu sein. Unsere patrouillierenden Fregatten und Korvetten haben die Aufgabe, wie Hunde vor den Schlupflöchern der Feinde zu lauern.« Er hieb mit der Faust auf den Tisch. »Stöbern Sie die Spur des Feindes auf, benachrichtigen Sie den Oberbefehlshaber, und die Jagd geht los!«

Beifallsgemurmel beschloß die Zusammenkunft. Leutnant Dancer sagte ungerührt: »Ob unser Geschwader dabei sein wird? Ich würde den Schlußakt gern miterleben.«

Bolitho nickte und lächelte insgeheim, weil er sich vorstellte, wie die winzige *Witch of Looe* de Grasses Dreidecker angriff. Laut sagte er: »Es sind immer zuwenig Fregatten. In jedem Krieg die gleiche Geschichte. Zu wenig und zu spät.« Doch es klang keine Bitterkeit mit. Die *Phalarope* wurde jetzt noch dringlicher als sonst benötigt. Bei den weiten Seegebieten gab es für jede Fregatte nur allzuviel zu tun. Er fuhr aus seinen Gedanken hoch, als ein Leutnant des Flaggschiffs auf ihn zutrat.

»Sir George Rodney möchte Sie sprechen.«

Bolitho rückte den Degen zurecht und schritt über den dicken Teppich. Am Tisch machte er halt und nahm das Scharren der hinausgehenden Schritte nur noch halb wahr. Dann schloß sich die Tür, und das Trillern der Pfeifen zeigte an, daß die Kapitäne das Flaggschiff verließen. Eine Sekunde lang fürchtete er, den Leutnant falsch verstanden zu haben.

Rodney saß noch immer in seinem Sessel. Mit halbgeschlossenen Augen starrte er zur Decke. Hood und Sir Robert Napier studierten, über einen in der Nähe stehenden Tisch gebeugt, eine Karte. Selbst die Ordonnanzen schienen zu beschäftigt zu sein, um den jungen Kapitän zu beachten.

Doch dann richtete Rodney die Augen auf den Wartenden. »Ich kenne Ihren Vater, Bolitho. Wir sind zusammen gefahren. Ein sehr tapferer Offizier und ein guter Freund.« Seine Augen wanderten langsam über Bolithos gebräuntes Gesicht und seine Gestalt. »Sie ähneln ihm, innerlich und äußerlich.« Er nickte. »Ich bin sehr froh, Sie zu meinen Offizieren zu zählen.«

Bolitho dachte an seinen Vater, der allein in dem großen Haus lebte und die Schiffe in der Bucht beobachtete. »Danke, Sir. Mein Vater bat mich, Ihnen Grüße auszurichten.«

Rodney schien nicht gehört zu haben. »Es gibt so viel zu tun. So wenige Schiffe für die vielen Aufgaben.« Er seufzte: »Es tut mir leid, daß Sie Ihrem einzigen Bruder auf solche Weise begegnen mußten.« Seine Augen ruhten fest auf Bolitho.

Bolitho merkte, wie Sir Robert, noch immer über die Karte gebeugt, wachsam zuhörte, und sagte: »Er glaubt, es sei recht und richtig, was er tut, Sir.«

Die Augen lagen noch immer auf Bolithos Gesicht. »Und was glauben Sie?«

»Er ist mein Bruder, Sir. Aber sollten wir nochmals konfrontiert werden, werde ich zu meinem Eid stehen.« Er zögerte. »Und Ihr Vertrauen nicht enttäuschen, Sir.«

Rodney nickte. »Daran habe ich nie gezweifelt, mein Junge.«

Sir Samuel Hood hustete höflich, und Rodney sagte: »Kehren Sie auf Ihr Schiff zurück, Bolitho. Ich hoffe, daß Ihrem Vater und Ihnen weiterer Schmerz erspart bleibt.« Seine Augen blickten kalt, als er hinzusetzte: »Es ist leicht, seine Pflicht zu erfüllen, wenn es keine andere Wahl gibt. Sie hatten es nicht leicht. Und es wird nicht leicht für Sie sein, wenn Ihr Bruder gefangengenommen wird.«

Er versank in Schweigen. Der Leutnant sagte ungeduldig: »Ihr Hut, Sir. Ich habe Ihr Boot längsseits pfeifen lassen.«

Bolitho folgte dem Offizier an Deck. Seine Gedanken waren noch immer bei dem, was der Admiral gesagt hatte. Die ganze Flotte wußte also über seinen Bruder Bescheid. In der begrenzten, mönchischen Welt der Schiffe, die ständig auf See waren, sprach man also über ihn, maß ihn an zurückliegenden Taten und würde ihn an künftigen Ereignissen messen.

Er eilte die Gangway zum wartenden Boot hinunter und starrte zu der vor Anker liegenden *Phalarope* hinüber. Einst hatte sie sich bewähren müssen. Jetzt war ihr Kapitän an der Reihe.

Am Abend des Tages, an dem Bolitho an der Besprechung auf der *Formidable* teilgenommen hatte, lichtete die *Phalarope* ohne jedes Aufheben den Anker und ging in See.

Am folgenden Morgen stand sie knapp fünfzig Meilen weiter südwestlich, und unter Vollzeug nutzten sie die schwache Brise, die bei der kräftiger werdenden Sonne nur wenig Abkühlung brachte. Diesmal war die *Phalarope* nicht völlig allein. Selbst von Deck aus sah man die *Cassius,* deren hohe Leinwandpyramide im Frühlicht golden schimmerte. Gewichtig und langsam segelte sie auf Parallelkurs. Irgendwo jenseits von ihr, verborgen unter dem Horizont, lief die Fregatte *Volcano*. Unsichtbar und der sich langsam bewegenden Formation ein Stück voraus, erfreute sich Leutnant Dancers winzige *Witch of Looe* einer gewissen Bewegungsfreiheit.

Leutnant Herrick hatte eben die Frühwache übernommen. Er stand lässig an der Achterdecksreling und beobachtete die Leute bei der Arbeit auf dem Hauptdeck. Die nassen Decksplanken waren mit Schrubbern und Scheuersteinen bearbeitet worden, und jetzt, als die Hitze über dem sanft schaukelnden Schiffsrumpf langsam stieg, leuchteten die Decks in strahlendem Weiß. Die Männer spleißten und waren mit laufenden Ausbesserungen beschäftigt: eine friedliche Szene. Durch Wärme und gutes Frühstück fühlte sich Herrick schläfrig und zufrieden. Gelegentlich warf er einen Blick zu Fähnrich Neale hinüber, um sich zu vergewissern, daß er das Glas auf das ferne Flaggschiff gerichtet hatte. Die *Phalarope* hielt so gut Position, wie der Wind es zuließ.

Er bemerkte, daß Leutnant Okes mit Brock die Zwölfpfünder der Steuerbordbatterie inspizierte, und fragte sich nicht zum ersten Mal, was hinter Okes' verkrampften Zügen vorging. Seit dem Angriff auf die Insel Mola war Okes ein anderer. Und seit der beiläufigen Bemerkung des Admirals bei dem abendlichen Essen hatte er sich noch mehr in sich selbst zurückgezogen.

Auch hinter Farquhars Gedanken konnte er nicht kommen. Herrick war nicht sicher, ob er die Zurückhaltung des Fähnrichs verabscheute oder bewunderte. Merkwürdig, wie Farquhars Haltung stets Minderwertigkeitskomplexe in ihm weckte, vielleicht wegen seiner eigenen einfachen Herkunft. Selbst hier auf der kleinen Fregatte, wo sie dicht aufeinanderhockten, hielt Farquhar Distanz. Herrick versuchte sich vorzustellen, was er empfunden hätte, wenn Okes, wie Rennie angedeutet hatte, ohne an die anderen zu denken den Rückzug befohlen, ihn zurückgelassen und dem Tode preisgegeben hätte. Er malte sich aus, daß er genau wie Farquhar reagieren würde, wußte jedoch, daß er sich selber etwas vormachte. Wahrscheinlich wäre es zu einem offenen Konflikt und zu einer Verhandlung vor dem Kriegsgericht gekommen.

Der Rudergänger hüstelte warnend, und Herrick drehte sich schnell um, als Bolitho den Niedergang heraufkam. Er führte die Hand an den Hut und wartete, während Bolitho erst an den Kompaß trat und dann zum Wimpel am Masttopp hinaufschaute. Er entspannte sich, als Bolitho neben ihn trat und auf die arbeitenden Seeleute hinabblickte.

»Noch fünfzig Meilen bis zu unserer Patrouillenposition, Mr. Herrick. Bei dieser Geschwindigkeit brauchen wir dafür einen Tag.« Es klang ungeduldig und leicht gereizt. Herrick kannte jetzt die Anzeichen.

»Immerhin ist es tröstlich, daß die *Cassius* querab liegt, Sir. Falls de Grasse hier aufkreuzt, sind wir nicht allein.«

Bolithos Blicke wanderten zu den schimmernden fernen Segeln hinüber. »Ach ja, das Flaggschiff.« Er lächelte bitter. »Vierzig Jahre hat sie auf dem Buckel und so viel Muscheln und Bewuchs am Rumpf, daß sie sogar bei starkem Sturm nur kriecht.«

Herrick blickte hastig zur *Cassius* hinüber. Größe und Überlegenheit hatten für ihn bis zu diesem Moment Sicherheit bedeutet, ein Schutzschild sozusagen. Er erwiderte: »Das wußte ich nicht, Sir.«

»Die *Cassius* ist eine holländische Prise, Mr. Herrick. Beachten Sie die Neigung ihres Vordecks.« Dann, als merkte er, daß er von lange vergangenen, nun unwichtigen Dingen sprach, sagte er heftig: »Mein Gott, dieses Kriechen macht mich verrückt.«

Herrick versuchte es auf andere Weise. »Unsere Befehle, Sir. Darf ich fragen, was man von uns erwartet?« Er bedauerte die Frage sogleich und riß sich zusammen, während Bolitho mit den Augen dem langsamen Kreisen einer Möwe folgte. Aus der Schulterhaltung Bolithos und der Art, wie seine Hände die Reling umklammerten, schloß Herrick, daß er ein Thema berührt hatte, über das der Kapitän selber nachgrübelte.

Doch Bolitho antwortete ruhig: »Wir werden fünfzig Meilen westlich von Guadeloupe auf Station gehen und –«, er schwenkte die Hand gegen die offene See, »– mit unserem Geschwader Kontakt halten.«

Herrick verdaute langsam die Information. Die in Antigua herrschende Erregung und die eifrigen Vorbereitungen hatten ihn nicht im geringsten daran zweifeln lassen, daß eine Schlacht bevorstand. Und er wußte, daß inzwischen die meisten stolzen Schiffe, die er vor Anker gesehen hatte, ausgelaufen waren, um nach Rodneys Plan Graf de Grasse zu finden und zu stellen.

Bolitho fuhr abwesend fort: »Eine Kette von Schiffen riegelt die Karibische See ab. Eine Meldung, daß der Feind gesichtet ist, und die Jagd beginnt.« In seiner Stimme lag keinerlei Erregung. »Unglücklicherweise liegt Martinique hundert Meilen südlich von unserem Patrouillengebiet, Mr. Herrick. Und dort ist de Grasse mit der Hauptmasse seiner Schiffe. Er wartet nur den rechten Augenblick ab, um nach Jamaika vorzustoßen.« Er drehte sich zu Herrick um. »Wenn Rodneys Fregatten melden, daß die Franzosen ausgelaufen sind, wird ihn unsere Flotte angreifen.« Er zog die Schultern hoch, eine halb ärgerliche, halb verzweifelte Geste. »Wir aber werden dabei so nutzlos sein wie ein Wegweiser in der Wüste.«

»Aber die Franzosen können auch hier entlangkommen, Sir.« Herrick spürte, wie Bolithos Verbitterung seine eigene Zuversicht beeinträchtigte. Während er sprach, ging ihm der Grund für Bolithos Geringschätzung der *Cassius* auf. Rodney hatte Admiral Napiers kleinem Geschwader die unwesentlichste Aufgabe bei diesem umfassenden Plan zugeteilt.

»Ja, man hat schon Wunder erlebt, Mr. Herrick«, sagte Bolitho. »Aber nicht in unseren Tagen.«

»Verstehe, Sir.« Herrick wußte nicht, was er darauf antworten sollte.

Bolitho betrachtete ihn ernst und klopfte ihm dann auf den Arm. »Mr. Herrick, ich bin heute morgen kein guter Gesprächspartner.« Er zuckte zusammen und fuhr sich über die Seite. »Ich bin dankbar, daß die Kugel nichts Lebenswichtiges getroffen hat, aber ich würde nichts vermissen, wenn ich nicht dauernd daran erinnert würde.«

»Sie sollten sich mehr Ruhe gönnen, Sir.«

»Es fällt mir schwer, stillzusitzen, Mr. Herrick.« Bolitho legte die Hand über die Augen und musterte die Segel. »So viel geschieht im

Augenblick.« Er begann auf und ab zu gehen, Herrick fiel in den gleichen Schritt, um neben ihm zu bleiben. »De Grasse verläßt seine Schlupflöcher, ganz bestimmt.« Er sprach im Takt seiner schnellen Schritte. »Sie haben den plötzlich ausbrechenden Sturm erlebt, der Ihnen die Chance schenkte, die *Andiron* zu bestreichen. Eine Seltenheit in dieser Jahreszeit. Doch später . . .«, er lächelte grimmig, während er sich erinnerte, »später im Jahr, August und September, peitscht ein Hurrikan nach dem anderen Westindien. Lassen Sie sich gesagt sein, Mr. Herrick, de Grasse wird bald herauskommen. Er wird sein Glück vor der Hurrikansaison versuchen.«

»Aber welchen Weg wird er nehmen?« fragte Herrick.

»Vielleicht den durch die Martinique-Passage. Aber gleich, welchen Weg er wählt, er wird direkt auf das zentrale Karibien zuhalten. Zwischen ihm und Jamaika liegen tausend Meilen. In einem solchen Bereich kann man eine ganze Flotte aus den Augen verlieren. Wenn wir ihn nicht gleich beim Auslaufen aufspüren, entdecken wir ihn erst wieder, wenn es zu spät ist.«

Herrick nickte. Endlich erfaßte er bis ins Letzte, was der Kapitän meinte. »Er hat Truppen und Kanonen. Er kann jedes Gebiet besetzen, das er haben möchte.«

»Genau das. Die Männer und Magazine, mit denen wir auf Mola zu tun hatten, waren nur ein winziger Teil seiner militärischen Stärke. Er hatte gehofft, ungehindert nach Jamaika zu segeln. Jetzt weiß er, daß wir auf der Lauer liegen. Das wird seine Eile noch beschleunigen.« Er blieb stehen und starrte auf den leeren Horizont. »Wenn wir es nur wüßten . . . Wenn wir nur lossegeln und es selber herausfinden dürften.« Doch dann merkte er, daß er sich gehen ließ, und sagte kurz: »Kehren Sie auf Ihren Posten zurück, Mr. Herrick. Ich möchte noch weiter darüber nachdenken.«

Herrick ging an die Reling zurück, und während die Sonne auf die zundertrockenen Decks herabglühte, sah er Bolithos Schatten ständig hin und her und auf und ab wandern. – In seinen Fähnrichstagen hatte Herrick oft davon geträumt, daß er einmal den Rang eines Leutnants erreichen würde. Langsam war er dann befördert worden und hatte seine Beförderungen an der Fähigkeit oder Unfähigkeit seiner Vorgesetzten gemessen. Und die ganze Zeit über hatte er die Vorstellung gehegt, daß man ihm eines Tages ein eigenes Kommando übertragen würde. Doch während er jetzt Bolithos ruhelosen Schatten beobachtete und sich die nagenden Gedanken ausmalte, die ihm Gesellschaft leisteten, war er sich seines Wunsches nicht mehr ganz so sicher.

Der Vormittag war halb vorbei, als die Pfeifen »Rührt euch!« trillerten. Mehr oder minder erleichtert warfen sich die Matrosen der *Phalarope* in die Schattenflecke, um die kurze Pause so ausgiebig wie möglich zu genießen.

John Allday blieb an seinem Arbeitsplatz. Er hatte die Beine über dem Backborddavit gespreizt. Der Klüver schützte seinen gebräunten Körper vor der stechenden Sonne. Auf dem vordersten Teil des Schiffes hatte er den einen der großen Anker abgekratzt, und während er nun behaglich über der kleinen Bugwelle hockte, stemmte er einen Fuß auf das starke Querstück des Ankers und fühlte dessen Wärme an der nackten Fußsohle. Ihm im Rücken räkelten sich die anderen Leute des Arbeitskommandos. Rauch wirbelte aus langen Pfeifen und färbte die Luft über den Köpfen.

Old Ben Strachan griff nach einem neuen Tau und prüfte das Auge, das einer der Schiffsjungen eben gespleißt hatte. »Nicht schlecht, Junge, gar nicht schlecht.« Er saugte geräuschvoll an seiner Pfeife und ließ den Blick über das Deck der *Phalarope* gleiten. »Ist das der Kapitän, der da auf und ab wandert?«

Pochin, den Kopf auf den kräftigen Armen, murmelte: »Wer sonst? Muß verrückt sein, oben in der Hitze zu bleiben, wenn er unten in seiner Kajüte sein kann.«

Allday ließ ein Bein baumeln und sah nachdenklich in das klare Wasser hinab. Pochin machte sich noch immer Sorgen über Onslows Äußerungen im Kutter. Er war gereizt, weil er sich schuldig fühlte. Schon allein die Tatsache, daß er dem Gerede zugehört hatte, konnte ausreichen, als Verschwörer bezeichnet zu werden. Allday drehte sich ein wenig herum und bemerkte, daß ihn Herrick vom Achterdeck her beobachtete. Der Leutnant nickte ihm flüchtig zu, ehe er sich wieder seinen eigenen Gedanken widmete, und Allday entsann sich plötzlich jenes Augenblicks auf der abbröckelnden Klippe, als er Herrick vor dem Sturz in die Tiefe bewahrt hatte. Obwohl er sich ursprünglich vorgenommen hatte, bei den internen Auseinandersetzungen auf der *Phalarope* keine Stellung zu beziehen und sich jeder Parteinahme zu enthalten, wurde ihm langsam klar, daß solches Beiseitestehen nicht nur unmöglich, sondern sogar gefährlich war. Allday mochte Herrick, und er erkannte auch, worum es dem Dritten ging, der sich stets die Klagen seiner Untergebenen anhörte und nie vorschnell Strafen erteilte. Aber Herrick war trotzdem kein Narr.

Allday sah, daß der Kapitän noch immer an der Luvreling hin und her ging, ohne Rock, das Hemd bis zur Brust aufgeknöpft, sein dunkles Haar im Nacken zusammengebunden. Der Kapitän war schwerer zu durchschauen, doch es beruhigte Allday, ihn wieder am gewohnten Platz zu sehen. Allday kannte das Ansehen der Familie Bolitho wahrscheinlich besser als alle anderen. In Falmouth hatte er gehört, was man in den Kneipen über die Bolithos redete. Ja, er kannte sogar das Elternhaus des Kapitäns. Merkwürdig, sich vorzustellen, daß der Bruder auf der anderen Seite kämpfte. Man sagte, daß Bolithos Bruder aus der Navy desertiert sei. Ein Verbrechen, für das es nur eine Strafe gab: die Schlinge um den Hals.

Allday fuhr aus seinen Gedanken auf, denn Ferguson kam vom Hauptdeck herauf. Er wirkte befangen. Durch seine sauberen Sachen stach er auffällig von den müden und verschwitzten Matrosen ab, die seine Gefährten gewesen waren. Ferguson rutschte einen Moment nervös hin und her, ehe er sagte: »Glaubst du, daß es wieder zu Kämpfen kommt?«

Pochin wandte ihm den Kopf zu und knurrte: »Du solltest es wissen. Du sitzt doch an der Quelle!«

Allday griente. »Achte nicht auf Nick.« Leiser setzte er hinzu: »Hat sich Onslow wieder an dich herangemacht?« Er sah, daß Fergusons blasse Augen zuckten.

»Nicht sehr. Er verbringt bloß manchmal seine Freiwache mit mir.«

»Nun, ich habe dich gewarnt, Bryan.« Allday sah ihn fest an. »Ich habe mit keiner Seele an Bord darüber gesprochen, aber ich bin überzeugt, daß er eine Menge mit Mathias' Tod zu tun hat.« Da Ferguson ungläubig das Gesicht verzog, fügte er scharf hinzu: »Ich bin mir dessen sogar sicher.«

»Warum sollte er es getan haben?« Ferguson versuchte zu lächeln, aber sein Mund blieb schlaff.

»Er taugt nichts. Er kennt nur sich.« Seine Hand glitt über den geschnitzten Ankerbalken. »Ich hab schon früher ein paar von seiner Sorte getroffen, Bryan. Sie sind gefährlich wie Wölfe.«

»Er wird keine Unruhe anzetteln«, sagte Ferguson. »Das wagt er nicht.«

»Nein? Und warum fragte er dich dann wegen der Kajüte aus? Er wartet bloß seine Zeit ab. Solche Brüder haben große Ausdauer.«

»Der Kapitän will keine Unruhe.« Fergusons hastige Handbewegungen verrieten, wie nervös er war. »Er hat Mr. Vibart gesagt, daß er sich gut um die Männer kümmern soll, und wie er sie behandelt sehen will.«

Allday seufzte. »Da hast du es. Du erzählst sogar mir, was du gehört hast. Wenn du nicht aufgeknüpft werden willst, dann behalte lieber für dich, was du weißt.«

Ferguson starrte ihn an. »Das brauchst du mir nicht zu sagen.« Er kniff verärgert den Mund zusammen. »Du bist genau wie die anderen. Du beneidest mich um meinen Posten.«

Allday wandte sich ab. »Mach, was du willst.« Er wartete, bis er Ferguson fortgehen hörte. Dann drehte er sich um, gerade als Onslow vom Großmast aus Ferguson in den Weg trat, grinste und ihm auf die Schulter klopfte.

»Was meinst du?« brach Pochins harte Stimme in seine Gedanken, »meinst du, daß Onslow richtig handelt?« Es klang beunruhigt. »Wenn es noch Unruhe auf diesem Schiff gibt, sind wir alle mit drin und müssen Farbe bekennen.«

»Du wärst schön dumm, wenn du auf so einen hören würdest.« Allday versuchte, seinen Worten Gewicht zu verleihen. »Außerdem wird der Kapitän sowieso kurzen Prozeß mit ihm machen, wenn er etwas versuchen sollte.«

»Vielleicht.« Pochin wiegte zweifelnd den Kopf. »Unter einer französischen Breitseite sterben, ist eins, aber ich will mein Leben auch nicht für solche Kerls wie Onslow aufs Spiel setzen.«

Die Pfeifen trillerten, und die Matrosen machten sich wieder an die Arbeit. Allday hob nicht die Augen, als Bootsmann Quintal und Bootsmannsmaat Josling heraufkamen, um die Back zu inspizieren. »Ich habe eben gesehen, daß die alte *Cassius* signalisiert hat, Mr. Quintal«, sagte Josling.

»Aye, wir schwenken gleich in unser Patrouillengebiet ein«, antwortete Quintal mit tiefer Stimme. »Wird sich hinziehen, die Sache. Ich denke, Sie müssen die Leute immer gut beschäftigt halten. Nichts ist der Disziplin so abträglich wie zu viel freie Zeit.« Das Übrige konnte Allday nicht verstehen, weil die beiden zum Bugspriet gingen. Aber er hatte genug gehört.

Die *Phalarope* würde also wieder allein sein, außerhalb der Sicht des Flaggschiffs. Der Bootsmann hatte recht. Die Hitze und die Eintönigkeit einer Patrouillenfahrt konnten gut und gern den Boden schaffen, auf dem Onslow Unruhe säen würde, wenn er Gelegenheit dazu fand. Er schielte auf seine stummen Gefährten, jeder war anscheinend in seine Arbeit vertieft, und doch dachte jeder bestimmt an den grünen Streifen Land, den sie vor kurzem hinter sich gelassen hatten. Kein Matrose hatte den Fuß an Land gesetzt. Einige waren seit Jahren nicht von Deck gekommen. Es überraschte kaum, wenn Leute wie Onslow eine willige Zuhörerschaft fanden.

Allday legte die Hand über die Augen und blickte zur Kimm. Der Zweidecker kam ihm schon kleiner vor. Der Rumpf der *Cassius* verschwamm im Hitzedunst, der sich unter dem klaren Himmel ausbreitete. Ihre Segel hatten sich zu einer einzigen leuchtenden Pyramide zusammengeschoben, und während er hinüberblickte, sank sie immer tiefer unter den glitzernden Horizont. Noch eine Stunde, und die *Cassius* würde völlig verschwunden sein. Und danach, überlegte Allday nüchtern, konnte man niemandem mehr trauen.

Tief unter der Back, auf der Allday gedankenverloren saß, lag das Kabelgatt der *Phalarope*. Im Hafen war es ein geräumiger, leerer Raum, doch jetzt, während die Fregatte lautlos über das ruhige Wasser glitt, füllten es die dicken Ankertrossen bis zu den Decksbalken. Ducht auf Ducht türmten sich die schweren, vom Salz hart gewordenen Trossen, und ihr Geruch vermischte sich mit dem sauren Gestank der Bilge und den Gerüchen nach Teer und Hanf. Starke, senkrechte Ständer beiderseits der geschwungenen Bordwand hielten das Kabelgut von den Spanten ab, damit man jederzeit an die Außenhaut herankonnte. Diese Zimmermannsgänge, wie sie genannt wurden, liefen unterhalb der Wasserlinie um den gesamten Rumpf, damit die Außenhaut inspiziert und notfalls während eines Gefechts ausgebessert werden konnte. Sie waren kaum breiter als ein Mensch und gewöhnlich völlig finster. Doch jetzt, während die Bugwelle träge um die Planken platschte und Ratten auf ihrer endlosen Futtersuche hin und her huschten, fiel aus einer kleinen, abgeblendeten Laterne ein gespenstisches Licht auf die aufgetürmten Kabel. Verschwommen wurde es auf die Gesichter der Männer zurückgeworfen, die sich in dem schmalen Gang drängten.

Onslow hob die Laterne höher und musterte die wartenden Matrosen. Er brauchte sie nur zu zählen, um sicherzugehen, daß sich niemand eingeschlichen hatte. Er kannte jedes Gesicht, jeden Namen. »Wir müssen schnell machen, Jungs. Sie vermissen uns, wenn wir zu lange weg sind.«

»Gebt acht, was er sagt«, ertönte wie ein Echo Pooks Stimme.

Onslows Zähne schimmerten in der Dunkelheit. Seine Beine zitterten vor Aufregung, als hätte er auf leeren Magen Rum getrunken. »Wir drehen von den anderen Schiffen ab. Ich glaube, es ist bald soweit. Dauert nicht mehr lange, bis wir unseren Plan ausführen können.« Er hörte Beifallsgemurmel und grinste noch stärker. Daß er *unseren* Plan statt *meinen* Plan sagte, trieb die Männer an wie ein Peitschenhieb. »Nach dem, was mir Ferguson gesagt hat, will Bolitho nach Süden halten. Die *Phalarope* steht am Ende der Patrouillenkette. Also kann uns kein anderes Schiff in die Quere kommen.«

Aus der Dunkelheit fragte eine Stimme: »Aber wie sollen wir paar Leute das Schiff nehmen und . . .« Pook stieß ihm in die Rippen, und der Mann ließ den Satz aufstöhnend fallen.

»Das überlaßt mir«, sagte Onslow ruhig. »Ich sage euch, wie und wann.« Sein Blick glitt über die Reihe geduckter, dunkler Gestalten: alle, die mit ihm von der *Cassius* gekommen waren, und einige von der *Phalarope* dazu. Es waren mehr, als er je zu hoffen gewagt hätte. »Wir müssen zuerst mit den verdammten Seesoldaten fertig werden. Ohne ihre roten Röcke auf dem Achterdeck geht alles ganz leicht.«

»Und was ist mit Allday und solchen Brüdern?« fragte Pook.

»Ach ja«, lächelte Onslow hämisch, »Master John Allday.«

»Die anderen hören auf ihn«, sagte Pook düster.

»Aber wenn ihm was zustößt, kriegen wir noch ein paar mehr auf unsere Seite, wie?« In Gedanken war Onslow seinen Worten schon voraus.

Alle erstarrten, als über ihnen schwere Tritte ertönten. Nachdem sie sich entfernt hatten, fuhr Onslow fort: »Ich glaube, Allday ahnt, was mit Mathias geschah. Er ist zu gewitzt, um am Leben bleiben zu dürfen.« Er packte Pook beim Arm. »Am besten, wir machen einen Märtyrer aus ihm, wie?« Er lachte hohl. »Wir können gar nichts Klügeres tun.«

Wieder ließ sich die unsichere Stimme hören. »Sie werden uns niedermachen, ehe wir auch nur einen Finger rühren können.«

»*Ich* werde dich niedermachen, du Esel!« Onslow verlor für einige Sekunden seine gute Laune. Dann sagte er ruhiger: »Also, jetzt hört mal alle gut zu. Wir müssen noch ein bißchen warten, um unter den anderen noch mehr Unruhe zu stiften. Sobald die Zeit reif ist, sage ich euch, wie wir vorgehen. Dieser Idiot von Ferguson hält das Logbuch des Kapitäns für mich im Auge, damit ich weiß, wo wir sind. Wenn wir ein bißchen näher an irgendeiner Insel sind, ist es dann soweit.« Er schnippte mit den Fingern. »Habt ihr die Waffen, die wir von der Insel Mola mitgebracht haben, gut verstaut?«

Pook nickte. »Die entdeckt keiner.«

»Gut. Dann geht jetzt zurück an eure Arbeit. Und seht zu, daß ihr nicht auffallt. Ihr seid sowieso alle gezeichnete Leute, also gebt den Schweinen keine Chance, euch festzunageln.«

Er verfolgte, wie sie aus dem trüben Lichtkreis in die Finsternis krochen, und verspürte Zufriedenheit. Wie er diesen armen Schafen gesagt hatte, war es nur noch eine Frage der Zeit.

XIV Blut und Wasser

Tobias Ellice, der Arzt der *Phalarope,* richtete sich keuchend auf und warf den schweißfleckigen Verband zum Heckfenster hinaus. »In Ordnung, Sir. Sie können jetzt aufstehen, wenn Sie wollen.« Er trat zurück, als Bolitho die Beine über die Seite schwang und auf die Füße kam.

Ellice wischte sich das nasse Gesicht ab und betrachtete die rohe Narbe, die über Bolithos Rippen lief. »Kein schlechtes Stück Arbeit, wenn ich das selber sagen darf.« Er glänzte vor Schweiß und fuhr sich mit der Zunge über die Lippen. »Und eine Arbeit, die durstig macht, ohne Frage.«

Bolitho berührte die Narbe mit den Fingerspitzen. Er stand vor dem offenen Fenster, und das bißchen frische Luft spielte über seine nackte Haut. Schön, daß er den Verband los war! Er hatte ihn ständig an die *Andiron* und das, was davor lag, erinnert. Aber er wollte die Vergangenheit ruhen lassen. Die Gegenwart brachte Ärgernisse genug, mit denen er fertig werden mußte.

Vor vierzehn Tagen hatten sie mit dem Geschwader in Antigua abgelegt, und fast jeder Tag war wie der heutige gewesen. Kaum ein Wind, der den Namen Brise verdient, ein bißchen Kühlung gebracht oder gar die hungrigen Segel gefüllt hätte. Dafür die ganze Zeit eine glühende Sonne, die selbst den Himmel auszubleichen schien. Die Nächte brachten wenig Erleichterung. Die Luft in den Zwischendecks blieb feucht und stickig, und die ermatteten Matrosen wurden an den Rand der Verzweiflung getrieben, weil sie in einem fort an die Brassen gepfiffen und dann wieder weggeschickt wurden, weil der Wind sich gelegt hatte, ehe ein einziges Segel bedient werden konnte.

Genug, um das standhafteste Herz zu brechen, dachte Bolitho. Dazu kam die Tatsache, daß sie kein einziges Segel gesichtet und nichts von den Ereignissen jenseits des fernen Horizonts erfahren hatten. Er mußte alle Kraft zusammennehmen, um die eigene Ungeduld zurückzudrängen.

»Was machen die Männer?« Er griff nach einem sauberen Hemd, zog dann aber die Hand zurück. Das alte mußte reichen. Was hatte es für einen Sinn, seinen Diener damit zu plagen, mehr als unbedingt notwendig zu waschen?

Ellice zuckte mit den Schultern. »Fröhlich sind sie gerade nicht, Sir. Es ist schon schlimm genug, auch ohne daß sie die ganze Zeit über nach einem Schluck Wasser lechzen.«

»Wasser ist kostbar, Mr. Ellice.« Die Ration hatte jetzt auf eine Pinte pro Kopf und Tag herabgesetzt werden müssen, was beileibe nicht ausreichte. Aber wer wußte schon, wie lange diese Patrouille dauern würde? Er hatte die Tagesration an *Miss Taylor,* wie der herbe Weißwein aus dem Versorgungsdepot genannt wurde, heraufgesetzt, aber das schaffte nur zeitweilige Abhilfe. In wenigen Stunden waren die Leute genauso durstig wie vorher. »Ich muß so viel frisches Obst ausgeben lassen wie möglich«, murmelte er vor sich hin. »Die einzige Möglichkeit, Krankheiten vorzubeugen.«

Sonderbar, welch ein Geschrei und welche Debatten es in Antigua gegeben hatte, als er auf einer vollen Ladung Obst für seine Mannschaft bestand. Vielleicht hatte der Admiral darauf angespielt, als er sagte: ›Sie sind in vieler Hinsicht ein Idealist!‹ Doch seinem auf die Praxis gerichteten Geist kam es nur vernünftig vor. Obwohl er das Obst aus eigener Tasche bezahlt hatte, war das eine bessere Anlage als die Methode, sich bei den Männern sonstwie beliebt zu machen. Ein tüchtiger und gesunder Matrose war weitaus mehr wert als ein Korb Früchte. Doch das war ja nicht alles. Die Erkrankten wurden von ihren Gefährten gepflegt, und auch deren Arbeit mußte dann wieder von anderen mitgemacht werden. Und so ging es weiter. Doch gab es noch immer viele Kapitäne, die als Maßstab ihrer Erfolge nur die Höhe der Prisengelder kannten. Er schob das Hemd in die Hose und sagte: »Trinken Sie einen Schluck, wenn Sie wollen, Mr. Ellice.« Er sah nicht hin, als der dicke Mann schnell zum Wandschrank watschelte und sich eine gehörige Portion Brandy einschenkte.

Ellices Hand zitterte, als er sich einen zweiten Drink eingoß und hinunterstürzte. Dann murmelte er: »Vielen Dank, Sir. Der erste heute.«

Bolitho blickte auf das sich kaum bewegende Kielwasser. Die Sonne stand hoch am Himmel. Wahrscheinlich hatte Ellice sich schon eine anständige Portion aus seinem Privatvorrat zu Gemüte geführt. »Sie sind in Antigua gar nicht an Land gegangen, Mr. Ellice? Sie hätten nur zu fragen brauchen.«

Ellice fuhr mit der Zunge über die Lippen, und seine Augen glitten über die Karaffe. »Ich gehe nie mehr an Land, Sir. Aber vielen Dank. Anfänglich bin ich jedesmal wie ein liebeskrankes Mädchen im Gras spazierengegangen und habe dann geweint, wenn die Küste wieder hinter der Kimm versank.« Er sah, daß Bolitho zur Karaffe nickte, und goß sich schnell noch einen Drink ein. »Jetzt schaue ich kaum hoch, wenn das Schiff ausläuft.« Er schüttelte den Kopf. »Außerdem habe ich sowieso alles gesehen.«

Es klopfte. Ehe Bolitho ›herein‹ rufen konnte, wurde die Tür aufgestoßen, und Leutnant Vibart stampfte in die Kajüte. Er sah überanstrengt und wütend aus und platzte sofort mit seiner Nachricht heraus. »Ich muß melden, daß wir kaum noch Frischwasser haben, Sir.«

Bolitho musterte ihn einige Sekunden. »Was sagen Sie?«

Vibarts Blicke flogen durch die Kajüte. »Ich habe den Küfer draußen. Es dürfte Zeit sparen, wenn er Ihnen selber Meldung erstattet.«

Bolitho ignorierte Vibarts ungebührliches Benehmen. »Holen Sie ihn herein.« Er war froh, daß er mit dem Rücken zum Heckfenster stand, so daß sein Gesicht im Schatten lag. Alles schien sich gegen ihn zu verschwören und ihn zu verhöhnen. Eben hatte er die vorrangige Sorge offen mit Ellice diskutiert, da loderte sie auch schon wie ein Feuerbrand auf.

Mr. Trevenen, der Küfer der *Phalarope,* war ein zwergenhafter, für seine extrem schwachen Augen bekannter Unteroffizier. Er hatte zu lange Jahre in zu vielen dunklen Laderäumen zugebracht. Jetzt war er halb blind wie ein Nachtgeschöpf. Während er unter Bolithos festem Blick unruhig blinzelnd von einem Fuß auf den anderen trat, wirkte er klein und wehrlos.

Bolitho unterdrückte das Mitleid, das er bei den seltenen Begegnungen mit dem Küfer stets empfand. »Nun, heraus damit, Mann! Was, zum Teufel, haben Sie entdeckt?«

Trevenen schluckte. »Ich habe meine Runden gemacht, Sir. Ich mache sie immer donnerstags, ja. Wenn man nach einem System inspiziert, kann man –«

»Sagen Sie es ihm, Sie alter Narr!« bellte Vibart.

»Zwei Drittel meiner Fässer enthalten plötzlich brackiges Salzwasser, Sir«, sagte er leise und sah zu Boden. »Ich verstehe es nicht.

So lange ich auch schon zur See fahre, so etwas habe ich noch nicht erlebt.«

»Halten Sie Ihr Maul, verdammt!« Vibart sah aus, als wollte er auf den zerknirschten Küfer losgehen. »Gestehen Sie, daß Ihnen in Antigua ein Irrtum unterlaufen ist. Sie sind so verflucht blind, daß Sie den Unterschied nicht gemerkt haben. Wenn es nach mir ginge, würde ich ...«

Um Zeit zu gewinnen und sich von dem Schock zu erholen, sprach Bolitho sehr langsam. »Bitte, Mr. Vibart! Ich denke, ich kann die Bedeutung dieser Meldung auch so ermessen.« Er wandte sich wieder Trevenen zu. »Sind Sie sich Ihrer Feststellung völlig sicher?«

Der Küfer nickte heftig. »Kein Irrtum möglich, Sir.« Er sah den Kapitän an. Sein Gesicht schien bloß aus den blassen Augen zu bestehen. »In all den Jahren, die ich –«

»Ich weiß, Mr. Trevenen, Sie haben es uns gerade gesagt.« Und dann scharf: »Sehen Sie gleich mal selbst nach den Fässern, Mr. Vibart. Trennen Sie die mit Frischwasser von den anderen. Und lassen Sie das Salzwasser wegschütten und die Fässer reinigen.« Er ging zum Tisch und beugte sich mit gerunzelter Stirn über die Karte. »Wir sind hier.« Er tippte mit dem schweren Zirkel auf die Karte. »Etwa fünfzig Meilen südwestlich von Guadeloupe.« Er langte nach dem Lineal und schob es über das dicke Pergament. »Südlich von uns liegen einige kleine Inseln. Sie sind unbewohnt und werden von niemandem genutzt, es sei denn, um unbotmäßige Matrosen auszusetzen.« Er zeichnete ein kleines Kreuz auf die Karte. »Lassen Sie alle Mann an Deck pfeifen, Mr. Vibart, und bereiten Sie alles zum Halsen vor. So gering die augenblickliche Brise auch ist, für unseren Zweck reicht sie.« Dann sah er Trevenen an. »Was auch der Grund für den Verlust sein mag, wir brauchen Wasser, und zwar schnell. Also bereiten Sie mit Ihrem Kommando alles vor, um einen Vorrat Frischwasser zu übernehmen.« Trevenen blinzelte, als erlebe er ein Wunder. »In zwei Tagen sind wir unter Land, wenn es auffrischt, sogar früher. Ich kenne die Inseln.« Er berührte die Narbe unter dem in die Stirn fallenden dunklen Haar. »Auf einigen gibt es Bäche und Teiche.«

»Aber die Befehle des Admirals, Sir!« sagte Vibart schwer.

»Sollen die Leute vielleicht verdursten, Mr. Vibart?« Bolitho starrte von neuem auf die Karte. »Aber wenn Sie besorgt sind, soll mein Schreiber im heutigen Patrouillenbericht eine Eintragung vornehmen.« Er lächelte verzerrt. »Sollte mir wieder etwas zustoßen, sind Sie dadurch gegenüber Sir Roberts Zorn gedeckt.«

Ellice sagte gedankenverloren: »Ich habe das schon erlebt. Zwei Leute liefen vor Durst Amok.«

»Na, Ihnen kann das jedenfalls nicht passieren, denke ich«, sagte Vibart bissig.

Bolitho mußte trotz seiner Sorgen lächeln. »Machen Sie weiter, Mr. Vibart. Lassen Sie die Leute auf ihren Stationen antreten. Ich komme gleich hinauf.« Er wartete, bis die Tür geschlossen war, ehe er zu Ellice sagte: »Das haben Sie herausgefordert, Mr. Ellice.«

Der Wundarzt blieb völlig gelassen. »Mit allem schuldigen Respekt vor dem Ersten Leutnant, Sir, aber er ist zu lange auf einem Sklavenschiff gefahren, wenn Sie mich fragen. Menschen betrachtet er bloß als eine verdammte Extraladung.«

»Das reicht, Mr. Ellice.« Bolithos Blick fiel auf die Karaffe. Während seiner Unterredung mit Trevenen hatte sich ihr Inhalt wie durch Zauberei verflüchtigt. »Meiner Meinung nach sollten Sie mal ums Hauptdeck spazieren.«

Ellice sah ihn unsicher an. Dann grinste er. »Aye, Sir. Das werde ich. Macht mir Appetit.« Er ging gemächlich davon, sein schäbiger Rock hing an ihm wie ein Sack. Regen oder schönes Wetter, Sonne oder tobender Sturm – Ellice war immer gleich angezogen. Einige meinten, er schliefe sogar in seinen Sachen.

Bolitho dachte nicht mehr an ihn, als die Pfeifen schrillten. Nackte Füße klatschten über die Decks, als die Männer zum Halsen auf ihre Stationen rannten.

Vor einer Stunde war die *Phalarope* über Stag gegangen, und ihre Segel hingen platt und lustlos in der gnadenlosen Glut. Doch trotz der äußeren Stille war die Brise kräftig genug, so daß sich unter der vergoldeten Galionsfigur eine kleine Bugwelle bildete. Und am Flaggenkopf des Großmasts flatterte der Wimpel, als verbrauche er allen Wind für sich allein.

Leutnant Herrick ging über das Hauptdeck langsam nach achtern. Seine Augen wanderten von der einen Schiffsseite zur anderen und beobachteten die Männer, die an den Brassen und Tauen zerrten, bis die Leinwand endlich steif stand. Er wußte, daß sie über das verunreinigte Wasser und anderes sprachen, aber selbst die sonst freundlich gesinnten Leute verstummten, wenn er an ihnen vorüberkam. Zwei Wochen Hitze und dumpfe Unbehaglichkeit nagten jetzt an ihren Nerven. Niemand klagte oder murrte. Das war das Schlimmste dabei. Er blieb stehen, denn Fähnrich Maynard tauchte plötzlich unterhalb des Achterdecks auf und stützte sich schwer auf einen Zwölfpfünder. Unter der Bräune war er so bleich wie der Tod, und seine Beine zitterten, als wäre er nahe am Zusammenbrechen.

Herrick trat an ihn heran. »Was ist los? Sind Sie krank?«

Maynard sah ihn mit vor Angst fast glasigen Augen an. Erst konnte er kaum sprechen, dann strömten ihm die Worte wie eine Flut über die trockenen Lippen.

»Ich komme gerade von unten, Sir, sollte Mr. Evans vom Orlopdeck heraufholen.« Er schluckte schwer und versuchte, zusammenhängend zu sprechen. »Ich habe ihn in seiner Kajüte gefunden, Sir.« Er würgte und taumelte.

Herrick packte ihn beim Arm und flüsterte wild: »Weiter, Junge. Was ist los, zum Teufel?«

»Gott!« würgte Maynard hervor. »Mein Gott, Sir! Man hat ihn zerfleischt.« Erleichtert gab er den Alptraum seiner Entdeckung weiter, und indem er Herrick anstierte, wiederholte er schwach: »Zerfleischt!«

»Sprechen Sie leise!« Herrick rang nach Fassung. Dann rief er in ruhigerem Ton: »Mr. Quintal! Bringen Sie Mr. Maynard nach achtern, und geben Sie acht, daß er nicht allein bleibt.«

Der Bootsmann, der gerade einem Matrosen einen Verweis erteilen wollte, blickte von einem zum anderen. Er hob die Hand und sagte verdrossen: »Aye, aye, Sir.« Dann fragte er: »Ist etwas, Sir?«

Herrick sah Quintal in das breite, zuverlässige Gesicht und antwortete tonlos: »Sieht so aus, als ob der Zahlmeister tot ist, Mr. Quintal.« In den Augen des anderen zuckte Schrecken auf, und Herrick setzte hinzu: »Lassen Sie sich nichts anmerken. Das Schiff gleicht schon so einem Pulverfaß.« Er beobachtete, wie der Bootsmann den jungen Fähnrich in den Schatten des Achterdecks brachte, und blickte sich dann schnell um. Alles sah genauso aus wie vor zwei Minuten. Leutnant Okes hatte die Wache. Er stand an der Querreling und sah zu den Marssegeln hinauf. Weiter achtern sprach der Kapitän mit Vibart und Rennie, und die beiden Rudergänger standen am Rad, als wären sie seit Anbeginn der Zeiten auf ihrem Posten.

Herrick schritt langsam zur unteren Luke. Er zwang sich, ganz ruhig zu gehen, aber das Herz schlug ihm bis zum Hals. Da alle Leute beim Segeltrimmen waren, wirkte das Unterdeck leer und merkwürdig fremd. Ein paar Laternen schaukelten an ihren Haken, und als er die zweite und letzte Leiter hinabstieg, spürte er eine Atmosphäre von Drohung und Gefahr. Doch auch sie bereitete ihn nicht auf den Anblick in der winzigen Kajüte des Zahlmeisters vor.

Tief im Rumpf des Schiffes machte sich die Stille noch lastender bemerkbar, und die einsame Laterne warf von den niedrigen Decksbalken ihren begrenzten Lichtkreis auf eine Szene, bei deren Anblick sich Herricks Haare sträubten. Offenbar hatte Zahlmeister Evans gerade einen Sack Mehl für seinen Privatbedarf aussondern wollen, als der Mörder zustach. Evans lag mit weit von sich gestreckten Beinen über dem aufrechtstehenden Sack. Das Licht der Laterne fiel auf die hellen Augen und den dunklen Blutstrom, der aus der durchschnittenen Kehle sickerte und in dem verstreuten Mehl gerann. Auch sonst war überall Blut, und als Herrick auf die Leiche starrte, sah er, daß der Körper bestialisch zugerichtet worden war. Er lehnte sich an die Tür und fuhr sich mit der Hand über das Gesicht. Die Handfläche war kalt und feucht, und er dachte an den Schreck, den der furchtbare Anblick Maynard eingejagt haben mußte. Niemand hätte ihn tadeln können, wenn er schreiend auf das Oberdeck gestürzt wäre.

»Mein Gott!« Herricks Stimme hallte in der Dämmerung wider. Er hätte beinahe aufgeschrien, als er hinter sich die Leiter knacken hörte, und griff nach der Pistole. Doch da erkannte er Hauptmann Rennie, dessen roter Rock wie eine Spiegelung des Blutes wirkte.

Rennie zwängte sich an ihm vorbei und betrachtete die Leiche. »Ich werde zwei meiner verläßlichsten Leute als Wache herkommandieren«, sagte er. »Bis zur Untersuchung muß die Kajüte versiegelt werden.« Er sah Herrick fragend an. »Sie wissen, was das bedeutet, nicht wahr?«

Herrick nickte. »Ja.« Er riß sich zusammen. »Ich werde es jetzt dem Kapitän melden.«

Während er die Leiter hinaufkletterte, rief ihm Rennie hinterher: »Seien Sie vorsichtig, Thomas. Einen Schuldigen, der Ihr Gesicht beobachtet, muß es mindestens geben.«

Herrick blickte zurück zur Kajütentür und versuchte, sich ein Bild von dem ermordeten Zahlmeister zu machen. »Ich glaube, ich habe so etwas fast erwartet.« Er biß sich auf die Lippen. »Aber wenn es dann geschieht, versetzt es einem doch einen Schock.«

Rennie sah ihm nach und stieg dann vorsichtig über die Leiche hinweg. Ohne Rücksicht auf seine auf Hochglanz geputzten Stiefel durchsuchte er methodisch die verstreute Hinterlassenschaft des Zahlmeisters.

Mit steinernem Gesicht ging Herrick über das Achterdeck zur Luvseite, wo sich Bolitho noch immer mit Vibart unterhielt. Er hob die Hand an den Hut und wartete, bis Bolitho sich zu ihm umdrehte.

»Ja, Mr. Herrick?« Das Lächeln auf dem Gesicht des Kapitäns erlosch. »Noch mehr Ärger?«

Herrick sah sich schnell um. »Mr. Evans ist ermordet worden, Sir.« Er sprach so verkrampft und abgehackt, daß er seine eigene Stimme nicht erkannte. »Maynard hat es vor ein paar Minuten entdeckt.« Er fuhr sich mit der Hand über das Gesicht. Es war so eiskalt, als wäre er der Tote.

»Und was haben Sie in der Sache bisher unternommen, Mr. Herrick?« fragte Bolitho. Nichts verriet, was er dachte, seine Züge waren eine teilnahmslose Maske. »Lassen Sie sich Zeit. Berichten Sie.«

Herrick trat näher an die Reling. Seine Blicke lagen auf dem glitzernden Meer. Langsam und tonlos beschrieb er, was von Maynards Auftauchen an Deck bis zur Sekunde der Meldung geschehen war.

Bolitho hörte stumm zu. Vibart wiegte sich im Rhythmus der Schiffsbewegungen, und seine Hände öffneten und schlossen sich vor Wut oder Schreck über Maynards Entdeckung.

»Er war noch nicht lange tot«, sagte Herrick schwer, ehe er seine Meldung mit den Worten des Fähnrichs beendete: »Man hat ihn zerfleischt.«

Hauptmann Rennie kam über das Deck und sagte knapp: »Ich habe Posten vor die Tür gestellt, Sir.« Er sah, daß Bolitho ihm auf die Stiefel blickte, und bückte sich, um einen Fleck von dem sonst spiegelblanken Leder zu wischen, ehe er hinzusetzte: »Ich habe mich gut umgesehen, Sir. Evans' Pistolen fehlen. Wurden höchstwahrscheinlich gestohlen.«

Bolitho blickte ihn grübelnd an. »Ich danke Ihnen, meine Herren. Sie haben genau das Richtige getan.«

»Was habe ich Ihnen gesagt, Sir!« stieß Vibart hervor. »Milde ist bei diesem Abschaum sinnlos. Sie gehorchen bloß einer harten Hand . . .«

»Seine Pistolen, sagen Sie?« fragte Bolitho.

Rennie nickte. »Ja, zwei kleine. Er war sehr stolz auf sie. Mit Goldverzierungen und ziemlich wertvoll; er hatte sie aus Spanien mitgebracht.« Er schwieg, als riefe er sich, wie die anderen auch, den Zahlmeister vor

Augen: einer der bestgehaßten Leute auf dem ganzen Schiff. Man konnte sich gut vorstellen, daß er viele Feinde gehabt hatte.

Proby kam den Niedergang herauf und tippte an seinen Hut. »Darf ich die Freiwache nach unten entlassen, Sir?« Er merkte, daß er störte, und stotterte: »Entschuldigen Sie, Sir.«

»Die Männer bleiben auf ihren Stationen, Mr. Proby«, sagte Bolitho. Alle sahen ihn an. Seine Stimme klang ungewohnt kalt, und in seinen Augen lag eine Härte, die man sonst nicht an ihm kannte. »Postieren Sie Wachen vor jeder Luke!« befahl er Rennie. »Niemand darf nach unten.«

»Jetzt sehen Sie es also auch mit meinen Augen, Sir«, murmelte Vibart.

Bolitho fuhr herum. »Jemand ist schuldig, Mr. Vibart. Aber nicht das ganze Schiff. Ich möchte nicht, daß der Mann durchschlüpft, aber ebensowenig, daß seine Tat allen angekreidet wird.« Danach sagte er ruhiger: »Mr. Herrick, Sie übernehmen mit Mr. Farquhar und dem Bootsmann das Logis. Captain Rennie durchsucht mit seinen Leuten die anderen Unterdecks.« Er sah zu den auf den Decks und den Laufplanken wartenden Seeleuten hinunter. »Mr. Vibart, Sie übernehmen zusammen mit Mr. Brock das Oberdeck. Durchsuchen Sie jedes mögliche Versteck, jeden Kasten, suchen Sie hinter jeder Kanone, und zwar so schnell Sie können.«

Er verfolgte, wie sie den Niedergang hinuntereilten, und richtete seine Aufmerksamkeit dann wieder auf das Hauptdeck. Jedem Matrosen war nun klar, daß irgend etwas los war. Er bemerkte, daß einer seinen Kameraden anstieß, und ein anderer trat furchtsam zurück, als sich Vibart und der Artillerieoffizier durch die alles aufmerksam beobachtenden Männer drängten.

Hatte Vibart vielleicht doch recht? Er verschränkte die Hände auf dem Rücken so fest, daß ihm der Schmerz half, Ordnung in seine durcheinanderwirbelnden Gedanken zu bringen. Nein, das durfte er nicht denken.

Die Minuten schleppten sich hin, und eine wachsende Woge der Furcht zog wie der Rauch eines Schwelbrandes über das Hauptdeck. Die Matrosen am Fuß des Großmastes bildeten eine Gasse, damit Vibart und der Artillerieoffizier hindurchkonnten, und drängten sich dann wieder schutzsuchend zusammen. Pochin rieb sich die teerverschmierten Hände an der Hose ab und starrte Vibart wütend nach. »Was, zum Teufel, ist los?« Er hielt einen vorbeikommenden

Bootsmannsmaat an. »Wissen Sie es, Mr. Josling?«

Josling sah verstohlen zum Achterdeck. »Der Zahlmeister ist tot.«

Unruhe packte die Wartenden. Pochin blickte Allday an, der aufmerksam am Mast lehnte. »Hast du das gehört, Mann?«

Allday nickte und sah dann zu Onslow hinüber. Onslow stand ein wenig abseits. Er wirkte gelassen. Die Arme hingen locker herab. Doch seine harten Blicke und die sich erregt blähenden Nasenflügel verrieten eine tierhafte Wachsamkeit. Allday atmete sehr langsam aus. Er zweifelte nicht im geringsten, wem die Anklage die Hand auf die Schulter legen würde.

Old Strachan murmelte: »Sieht schlimm aus, wie? Ich hab so das Gefühl, daß uns wieder mal was bevorsteht.«

Auf dem Achterdeck wurde es plötzlich lebhaft. Alle blickten sich um, als Hauptmann Rennies Seesoldaten einen Kordon quer über das Deck zogen. Sergeant Garwood richtete die Reihen aus und postierte sich dann neben dem Trommelbuben. Hauptmann Rennie stand gelassen vor seinen Soldaten, eine Hand auf dem Degengriff. Sein Gesicht war ausdruckslos.

Aus dem Mundwinkel krächzte der Sergeant: »Bajonette pflanzt auf!« Die Hände bewegten sich im gleichen Takt, und die Bajonettklingen blitzten vor der vordersten Linie, ehe sie auf die langen Gewehre klickten.

Die Spannung an Deck war fast nicht mehr zu ertragen. Jeder stand und starrte. Niemand sagte etwas oder drehte auch nur eine Sekunde lang den Kopf weg, damit ihm nicht das geringste entging. Hier und da wischte sich einer über die schweißnasse Stirn, und irgendwer begann nervös zu husten.

Allday sah, daß der Kapitän mit Leutnant Herrick und dem Bootsmann sprach und den Kopf schüttelte, ob vor Zorn oder Unglauben, konnte er nicht erkennen.

Vibart merkte, daß er nicht weiterzusuchen brauchte, und drängte sich langsam nach achtern. Seine Hände stießen die schweigenden Matrosen beiseite, und seine Augen waren nur auf die kleine Gruppe hinter den Seesoldaten gerichtet.

Pochin flüsterte: »Jetzt werden wir es gleich wissen.«

Allday blickte wieder zu Onslow hinüber. Eine Sekunde lang spürte er etwas wie Mitleid für ihn. Onslow war schon so lange auf Schiffen eingepfercht gewesen, daß er kein anderes Leben als den unaufhörlichen Kampf der Unterdecks kannte.

Kapitän Bolithos Stimme riß ihn aus seinen Gedanken, und als er nach achtern schaute, sah er ihn an der Querreling stehen. Seine Hände ruhten auf der Steuerbordkarronade, während er auf die versammelte Mannschaft hinunterblickte.

»Die meisten von euch wissen bereits, daß Zahlmeister Evans tot ist. Er wurde vor kurzem in seiner Kajüte grausam ermordet.« Er unterbrach sich, als Herrick einen der Niedergänge hinunterstieg, um dem Ersten Leutnant etwas zu sagen. Dann fuhr Bolitho im gleichen Ton fort: »Jeder bleibt an Ort und Stelle, bis der Schuldige festgenommen worden ist.«

Pochin, dem der Schweiß über das Gesicht strömte, sagte heiser: »Hat der Hoffnungen! Den verdammten Zahlmeister hat doch jeder an Bord gehaßt!« Doch niemand reagierte darauf oder sah ihn an. Alle Augen hafteten an Vibart, der, von Brocks gefolgt, zielstrebig über das Hauptdeck ging.

Selbst das Meer und die Leinwand schienen verstummt, und als Vibart unter der Großrah stehenblieb, hörte Allday das schwere Atmen des Ersten und das Knirschen seiner Brustriemen. Die furchtbare Spannung währte noch einige Sekunden. Dann, während Vibart seine Augen langsam über die Gesichter gleiten ließ, trat Brock vor und hob seinen Stock. »Da ist er, Sir. Das ist der mörderische Schuft.«

Der Stock fuhr im Bogen herunter, und Allday taumelte zurück, von dem Schlag halb betäubt. Die Wochen und Monate versanken. Er war wieder auf der Küstenstraße, und Brock zog ihm mit demselben Stock eins über das Gesicht, während die anderen Mitglieder des Preßkommandos den Vorfall verfolgten. Das Blut rann ihm in die Mundwinkel, und ihm dröhnten die Ohren. Stimmen und Rufe ertönten rings um ihn her, doch er konnte sich weder bewegen noch schützen, als Brock zum zweiten Mal zuschlug und der Stock ihn im Nacken traf. Vibart starrte ihn an. Seine Augen waren unter den Brauen kaum zu sehen, während er verfolgte, wie Brock ihn vom Mast wegriß.

»Er war andauernd mit mir zusammen!« krächzte Old Strachan. »Er kann's nicht getan haben, Mr. Vibart!«

Vibart schien endlich die Sprache wiederzufinden. Aber seine Worte klangen so gepreßt, als bekäme er vor Wut kein Wort heraus. »Maul halten, dämlicher alter Narr!« Er stieß Old Strachan beiseite. »Oder ich nehme Sie auch mit.«

Jetzt, da der erste Schreck vorüber war, drängten einige, von den hinteren geschoben, ein paar Schritte vor. Vom Achterdeck gellte ein Kommando, und die Musketen hoben sich. Sie würden feuern, das Glitzern in Sergeant Garwoods Augen ließ daran keinen Zweifel.

Bolitho stand noch immer an seiner Seite der Reling. Seine Gestalt zeichnete sich dunkel gegen den bleichen Himmel ab. »Bringen Sie den Mann nach achtern, Mr. Vibart.«

Old Strachan stotterte: »Er war dauernd mit mir zusammen, ich schwöre es.«

Brock stieß Allday vor sich her zum Achterdeck und zischte: »War er das, Strachan, tatsächlich? Die ganze Zeit?«

Strachan murmelte verwirrt: »Na, bis vielleicht mal auf eine Minute, Mr. Brock.«

»Um einen Menschen zu töten, braucht man bloß eine Minute«, sagte Brock grob.

Allday versuchte zu sich zu kommen, während er den Niedergang hinauf und an den Seesoldaten vorbei gestoßen wurde. Es kam ihm vor, als wäre er ein anderer, als schaue er selber der grausamen Wirklichkeit dieser Vorgänge zu. Seine Glieder waren taub, und er hatte keine Gewalt über sie. Selbst die Stellen, an denen ihn Brocks Stock getroffen hatte, schmerzten nicht mehr. Er merkte, daß ihn Leutnant Herrick wie einen Fremden ansah. Und Mr. Proby, der Steuermann, sah weg, als könnte er es nicht ertragen, seinen Blicken zu begegnen.

Der Kapitän schien aus dem Nichts aufzutauchen, und als er drei Schritte vor ihm stand, hörte er ihn fragen: »John Allday, haben Sie mir etwas zu sagen?«

Alldays taube Lippen bewegten sich einige Male stumm, ehe er herauswürgte: »Nein, Sir!« In der Tiefe seiner Seele schrie eine Stimme: ›Sag' es ihm! Sag' es ihm!‹ Dann brachte er mühsam heraus: »Ich war es nicht, Sir.«

Er versuchte, den Schatten, der die Züge des Kapitäns verbarg, zu durchdringen. Er sah die Falten um die Mundwinkel, den Schweiß auf der Stirn. Aber es hatte alles keine Realität, war alles Teil ein und desselben Alptraums.

»Kennen Sie die?« fragte Bolitho.

Jemand hielt ihm ein Paar kleine Pistolen unter die Augen. Sie blitzten hell und böse in der Sonne.

Allday schüttelte den Kopf. »Nein, Sir.«

»Oder das?« Bolithos Stimme verriet nichts.

Diesmal war es ein Messer mit abgebrochener Spitze und geronnenem Blut auf dem abgegriffenen Schaft.

Allday stierte das Messer an. »Es ist meins, Sir.« Seine Hand fuhr nach dem Gürtel, die Finger ertasteten die leere Scheide.

»Die Pistolen wurden zwischen Ihren Sachen gefunden«, sagte Bolitho. »Und Ihr Messer lag unter Mr. Evans' Spind.« Er wartete einen Augenblick, um die Worte wirken zu lassen. »Nach dem Kampf blieb es wohl dort liegen.«

Allday schwankte. »Ich habe es nicht getan, Sir.« Die Worte blieben ihm fast in der Kehle stecken. »Warum hätte ich so was tun sollen?«

Wie von weit her hörte er Vibarts rauhe Stimme: »Lassen Sie mich ihn an die Rah hängen, Sir. Es gibt den anderen etwas zum Nachdenken, wenn er da oben zappelt.«

»Ich denke, Sie haben genug gesagt, Mr. Vibart!« entgegnete Bolitho scharf und wandte sich dann Allday zu. »Aufgrund Ihres bisherigen Verhaltens hatte ich große Hoffnung in Sie gesetzt, Allday. Mr. Herrick hat sich bereits für Sie eingesetzt, aber in diesem Fall spricht nichts für Milde.« Und nach kurzer Pause: »Gemäß Absatz I der Kriegsartikel könnte ich Sie unverzüglich hängen lassen. Wie die Dinge liegen, beabsichtige ich jedoch, Sie einem Kriegsgericht zu übergeben, sobald Gelegenheit dazu ist.«

Vom Hauptdeck klang leises Gemurmel herauf, und Allday wußte, daß er in den Augen der anderen bereits eine Leiche war.

Bolitho wandte sich ab. »Legen Sie ihn in Eisen, Mr. Vibart. Aber jede unnötige Brutalität würden Sie vor mir verantworten müssen!«

Allday war völlig betäubt. Er taumelte wie ein Betrunkener, als man ihn nach unten brachte. Tief unterhalb des Hauptdecks lagen zwei kleine Zellen, jede gerade groß genug für einen Mann. Allday sah stumm zu, wie sich die schweren Eisen um seine Hände und Füße legten. Doch erst als die Tür zuschlug und der Riegel vorrasselte und er in totaler Finsternis zurückblieb, packte ihn die tatsächliche Wahrheit mit schrecklichem Würgegriff. Es würde lange dauern, bis die *Phalarope* wieder in einen Hafen einlief und die für ein Kriegsgericht erforderliche Zahl an Offizieren zusammengebracht werden konnte. Aber wer erinnerte sich dann noch oder wen kümmerte es dann, ob er unschuldig war oder nicht? Man würde ihn als warnendes Beispiel benutzen: eine zappelnde, um sich schlagende Marionette, die, begleitet von dumpfem Trommelgerassel, langsam am Seil zur Großrah hinaufgezogen wurde.

Er hämmerte mit den Fäusten gegen die Tür. Der Laut hallte in der Stille des Schiffsrumpfes wider. Er schlug so lange gegen die Tür, bis er fühlte, wie ihm das Blut über die Finger rann, bis er seine Tränen auf den Lippen schmeckte. Dann sackte er erschöpft und keuchend zusammen, und nun herrschte völlige Stille, die tiefe, leere Todesstille eines Grabes.

Leutnant Herrick lehnte mit der Schulter gegen den Großmast und schaute mißmutig über die leeren Decks. Eine Stunde der Mittelwache lag hinter ihm, und im hellen Mondlicht schimmerten Segel und Takelage wie die eines Gespensterschiffs. Ob er wollte oder nicht, er mußte immer wieder an Allday und den ermordeten Zahlmeister denken. Vernünftigerweise hätte er sich sagen sollen, daß die Sache aus und vorüber war. Lediglich eine Eintragung im Logbuch, die kurz besprochen und dann vergessen wurde. Evans war tot, und sein Mörder lag unten in Eisen. Zumindest darüber sollte jeder einigermaßen zufrieden sein. Ein unentdeckter Mörder, der das Logis in Schrecken versetzte oder wieder zuschlug, wäre weitaus besorgniserregender gewesen.

Er stellte sich vor, wie Allday immer wieder von neuem zustieß und die Leiche zerfleischte, bis sie kaum noch an einen Menschen erinnerte, und dann abgebrüht ein Paar Pistolen stahl und sie in seinem eigenen Quartier versteckte. Es ergab alles keinen Sinn, aber ihm war klar, daß er die Beweise nur anzweifelte, weil es sich um Allday handelte.

Kurz ehe er die Wache übernahm, war er zu den dunklen Zellen hinuntergegangen. Er schickte den Posten zum Ende der Leiter, öffnete die Tür und hielt eine Laterne in die Zelle. Allday lehnte gebückt an der gegenüberliegenden Seite und hielt abschirmend die Hände vor die Augen. Seine Füße rutschten auf seinem eigenen Kot aus. Ekel und Wut, die Herrick empfunden haben könnte, waren in diesem Augenblick wie weggewischt. Er hatte lautes Leugnen oder dumpfes Aufbegehren erwartet. Statt dessen begegnete er dem Versuch, Würde zu wahren.

Er fragte ruhig: »Haben Sie mir noch etwas zu sagen, Allday? Ich habe nicht vergessen, daß Sie mir auf den Klippen das Leben gerettet haben. Wenn Sie mir alles erzählen, kann ich vielleicht doch noch irgend etwas für Sie tun.«

Allday machte eine Bewegung, als wolle er sein langes Haar aus der Stirn schieben, und blickte auf die schweren Handschellen hinunter, ehe er bebend hervorstieß: »Ich habe es nicht getan, Mr. Herrick. Wie kann ich mich gegen etwas verteidigen, was ich nicht getan habe?«

»Verstehe.« In der Stille hörte Herrick das Rascheln der Ratten und die sonderbaren, ächzenden Geräusche eines Schiffs auf See. »Wenn Sie es sich anders überlegen sollten . . .«

Allday versuchte, auf Herrick zuzutreten, taumelte aber gegen dessen Arm. Einige Sekunden lang spürte Herrick die vor Furcht schweißnasse Haut des anderen und roch dessen Verzweiflung: ein Geruch des Todes.

»Auch Sie glauben mir nicht«, sagte Allday gepreßt. »Was soll das Ganze also?« Seine Stimme gewann ein wenig innere Kraft. »Lassen Sie mich in Ruhe. Lassen Sie mich um Gottes willen in Ruhe.« Doch als Herrick die Tür wieder verriegeln wollte, fragte Allday leise: »Was meinen Sie, Sir, ob man mich zur Verhandlung vor ein Kriegsgericht nach Hause schickt?«

Herrick wußte, daß die Marine gar nicht daran dachte. Die Gerechtigkeit schlug schnell und endgültig zu. Während er auf die dick beschlagene Tür blickte, sagte er jedoch: »Vielleicht. Warum fragen Sie?«

Die Antwort klang so gedämpft, als hätte Allday das Gesicht zur Seite gedreht. »Weil ich gern noch einmal die grünen Hügel wiedersehen würde. Bloß ein einziges Mal. Bloß für ein paar Minuten.«

Die Trauer und Verzweiflung dieser Worte hatten Herrick den ganzen Tag verfolgt. Selbst jetzt, während der Wache, hörte er sie noch. »Verflucht!« rief er wütend. Die beiden Rudergänger richteten sich so hastig auf, als habe er sie geschlagen. Der dienstältere Mann beobachtete besorgt, daß Herrick zum Rad kam, und sagte schnell: »Sie liegt genau auf Kurs, Sir. Süd zu Ost.«

Herrick sah ihn an und dann auf die sanft schwingende Kompaßrose. Die armen Teufel haben eine Mordsangst, weil ich laut geflucht habe, dachte er.

Von der Leereling kam eine dunkle Gestalt langsam auf ihn zu. Es war Proby. Die Glut seiner kurzen Tonpfeife erhellte schwach seine Hängebacken.

»Können Sie nicht schlafen, Mr. Proby?« fragte Herrick. »Die Brise weht nur schwach, aber stetig. Sie brauchen sich heute nacht keine Sorge zu machen.«

Der Steuermann sog geräuschvoll am Mundstück. »Diese Nachtstunde ist die beste, Mr. Herrick. Man kann in den Wind schauen und darüber nachdenken, was man mit seinem Leben angefangen hat.«

Herrick sah Proby von der Seite her an. Zerknitterte Züge. Im

Aufglühen der Pfeife glich sein Gesicht einer verwitterten Skulptur. Zugleich ging etwas Beruhigendes von ihm aus. Er hatte etwas Zeitloses wie das Meer. Nach einer Weile fragte er: »Was meinen Sie, Mr. Proby, ist mit Evans' Tod nun alles erledigt, oder folgt noch etwas?«

»Wer kann das wissen?« Proby verlegte sein Gewicht von einem Plattfuß auf den anderen. »So schnell vergißt sich so etwas nicht. Aye, so schnell nicht.«

Proby verbarg die Glut des Pfeifenkopfs plötzlich mit seiner fleischigen Hand und sagte verstohlen: »Der Kapitän ist an Deck, Mr. Herrick.« Dann, laut und sachlich: »Wenn der Wind sich hält, sind wir morgen unter Land. Also gute Nacht, Mr. Herrick.«

Damit war er verschwunden, und Herrick ging zur Leereling. Er schielte zum Kapitän hinüber und sah, daß Bolitho aufrecht an der Luvreling stand. Das Mondlicht floß über sein weißes Hemd, während er auf die Lichtspiegelungen außenbords starrte. Seit Alldays Festnahme hatte er das Achterdeck nie länger als für eine Stunde verlassen, sondern war entweder an der Heckreling auf und ab gegangen oder hatte bloß auf das Meer hinausgeblickt, so wie jetzt.

Abends hatte Herrick zufällig ein Gespräch zwischen dem Steuermann und Bootsmann Quintal mitangehört. Während er nun Bolithos reglose Gestalt beobachtete, erinnerte er sich wieder ihrer Worte. ›Ich hatte keine Ahnung, daß ihm Evans' Tod so nahe gehen würde‹, hatte der Bootsmann heiser geflüstert. ›Es scheint ihm alles ganz schön an die Nieren zu gehn.‹ Old Proby hatte seine Antwort genau abgewogen. ›Es ist die Tat an sich, die den Kapitän getroffen hat, Mr. Quintal. Er fühlt sich betrogen, und das schmerzt ihn.‹

Herrick sah, daß Bolitho über die Narbe an seiner Stirn fuhr und sich die Müdigkeit aus den Augen rieb. Proby hat recht, dachte er. Es hat ihn stärker getroffen, als wir ahnen. Was einer von uns tut, es nimmt ihn mit und bedrückt ihn. Ehe er wußte, was er tat, ging er zu Bolitho hinüber, nicht ohne es sogleich zu bedauern, denn er erwartete halb und halb, daß Bolitho sich umwenden und ihn anfahren würde. Immerhin, das wäre besser gewesen als völliges Schweigen. »Der Wind hält sich, Sir«, begann er. »Der Steuermann sagt baldige Landsicht voraus.«

»Ja, ich habe es gehört.« Bolitho schien tief in Gedanken versunken. Spritzwasser hatte sein Hemd durchnäßt, es klebte ihm wie eine zweite Haut am Körper. Unter den Augen lagen tiefe Schatten. Die innere Unruhe, die Bolitho aus seiner Kajüte immer wieder an Deck trieb, war fast fühlbar.

»Soll ich Ihren Diener heraufschicken, Sir? Vielleicht mit einem heißen Drink, ehe Sie sich hinlegen?«

Bolitho fuhr herum, seine Augen glänzten im Mondlicht. »Ersparen Sie mir das Drumherumgerede, Mr. Herrick. Was bedrückt Sie?«

Herrick schluckte schwer, ehe er hervorstieß: »Ich habe mit Allday gesprochen, Sir. Ich weiß, daß es nicht richtig war, aber ich fühle mich zum Teil für ihn verantwortlich.«

Bolitho sah ihn forschend an. »Fahren Sie fort.«

»Er gehört zu meinen Leuten, Sir, und es kommt mir so vor, als ob weit mehr hinter der Geschichte steckte, als wir ahnen.« Er schloß lahm: »Ich kenne ihn besser als die meisten. Er gehört zu jenen, die beständig sind.«

Bolitho seufzte. »Nur die Sterne sind beständig, Mr. Herrick.«

Herrick sagte halsstarrig: »Selbst so gesehen, kann er unschuldig sein.«

»Und Sie halten das für wesentlich?« Es klang müde. »Sie meinen, daß das Leben eines Mannes, der so gut wie sicher für schuldig befunden werden wird, das Nachdenken wert ist?«

»Nun, in der Tat, das meine ich, Sir.« Herrick spürte geradezu, wie der Kapitän ihn kalt fixierte. »Die Obrigkeit wird einer halben Geschichte kein Gehör . . .«

»Hier draußen sind wir die Obrigkeit, Mr. Herrick«, sagte Bolitho ungeduldig. »Und ich werde entscheiden, was zu tun ist.«

Herrick blickte beiseite. »Ja, Sir.«

»Aber sonst bin ich ganz Ihrer Meinung, Mr. Herrick.« Bolitho schob die Haarlocke aus der Stirn und schenkte Herricks offener Verwunderung keine Beachtung. »Ich wollte es nur noch von einem anderen hören.« Und dann, plötzlich energisch: »Ich gehe jetzt besser nach unten, Mr. Herrick, *ohne* einen heißen Drink. Morgen werden wir nach Frischwasser suchen und unsere Gedanken wieder auf den Krieg richten.« Er blieb einen Moment bei der Reling stehen. »Aber ich werde auch über das nachdenken, was Sie eben gesagt haben. Es kann unter Umständen für uns alle wichtig sein.« Er machte ohne ein weiteres Wort kehrt und stieg den Niedergang hinab.

Herrick sah ihm mit weit aufgerissenem Mund nach. »Na, da will ich doch verflucht sein, wenn . . .« Er schüttelte den Kopf und grinste. »Na, da will ich doch doppelt verflucht sein!«

XV Der Sturm bricht los

Überraschenderweise wehte der Wind stetig weiter, und zwanzig Stunden nach Probys Vorhersage klatschte der Anker der *Phalarope* in das klare, tiefe Wasser zwischen einigen flachen, einsamen kleinen Inseln.

Kurz vor Einbruch der Nacht war es sinnlos, einen Landgang zu versuchen. Doch die Boote wurden ausgeschwenkt, gefiert und mit Wasserfässern beladen, damit sie am Morgen gleich einsatzbereit waren. Und mit dem ersten Tageslicht, lange bevor die Sonne den Rand des Horizonts erleuchtete, knirschten die ersten Boote auf dem schmalen, sanft ansteigenden Strand der ihnen zunächstliegenden Insel.

Bolitho zwängte sich durch das dichte, dunkle Buschwerk oberhalb des Strands und verfolgte von dort die geschäftigen Vorbereitungen. Die Boote pullten bereits wieder zur Fregatte, um noch mehr Leute zu holen. Die bereits herübergebrachten standen dicht gedrängt beieinander, als fürchteten sie die leere Ungastlichkeit der Insel. Ein paar Matrosen schwankten wie betrunken. Ihre Beine waren so an das Stampfen und Rollen eines Schiffes gewöhnt, daß das feste Land ihnen das Gleichgewicht raubte.

Maate bellten Befehle und hakten ihre Namenslisten ab. Und als der nächste Haufen Männer an Land war und sich zu den am Ufer wartenden Seeleuten gesellte, griffen die ersten Trupps nach ihren Fässern und Geräten und stolperten landeinwärts.

Leutnant Okes tauchte am hohen Uferrand auf und führte die Hand an den Hut. »Alle Arbeitstrupps bereit, Sir.« Er wirkte beunruhigt.

Bolitho nickte. »Sie kennen Ihre Order, Mr. Okes. Folgen Sie der Karte, die ich Ihnen gezeichnet habe, und Sie werden das Frischwasser ohne Schwierigkeiten finden. Treiben Sie die Leute an. Sie werden jeden verfügbaren Mann brauchen, um die vollen Fässer zum Ufer zu schaffen.«

Er sah den Küfer Trevenen an der Spitze einer anderen Abteilung forteilen, begleitet von Zimmermann Ledward, der seinen Holzvorrat zu ergänzen hoffte. Hier wird er nicht viel finden, dachte Bolitho düster. Diese kleinen Inseln waren öde. Bis auf gelegentliches Wasserfassen kam hier niemand an Land. Der Erdboden war unter ganzen Lagen verrottender Vegetation verborgen, deren scharfer Geruch sich mit dem von Möwenkot und kleinen Pilzkolonien mischte.

Weiter im Inneren erhoben sich ein paar rundrückige Hügel, von deren Kuppen aus man in jeder Richtung das Meer sah.

Okes folgte seinen Leuten. Vor dem grünen Buschwerk zeichnete sich flüchtig Farquhars schlanke Gestalt ab, ehe auch er verschwand. Bolitho hatte den Fähnrich vorsätzlich an Okes' Seite befohlen. Es würde beiden gut tun, beim Kommando der Hauptgruppe zusammenzuarbeiten, und sei es auch nur, um die Gespanntheit zwischen ihnen abzubauen. Man hatte den Eindruck, daß Farquhar eine Art Spiel mit Okes trieb. Seit Farquhar von der *Andiron* entkommen war, hatte er kein Wort mehr mit Okes gesprochen. Doch anscheinend reichte schon Farquhars bloße Anwesenheit, um den Zweiten Leutnant in ständige Aufregung zu versetzen.

Okes hatte während des Rückzugs von der Insel Mola übereilt gehandelt. Aber so lange er das nicht offen eingestand, lag wenig Sinn darin, die Angelegenheit zu verfolgen, dachte Bolitho. Er verstand Farquhar durchaus und fragte sich, wie er unter solchen Umständen reagiert hätte. Farquhars gesunder Instinkt sagte ihm offenbar, daß eine Laufbahn aus mehr als billigen Triumphen bestehen mußte. Sein Herkommen, die Sicherheit, die eine einflußreiche Familie gab, und sein Selbstvertrauen befähigten ihn, seine Zeit abzuwarten.

Herrick kam die Böschung herauf und fragte: »Kehren wir zum Schiff zurück, Sir?«

Bolitho schüttelte den Kopf. »Wir wollen noch ein Stück weiter ins Land, Mr. Herrick.« Er zwängte sich durch verdorrtes Gebüsch. Sie entfernten sich vom Ufer. Herrick ging schweigend neben Bolitho und dachte über die Fremdartigkeit der Landschaft nach. Hier fehlte das leise Rauschen der See, statt dessen war die Luft schwer von fremden Gerüchen.

Nach einer Weile sagte Bolitho: »Hoffentlich treibt Okes die Leute zur Arbeit an. Jede Stunde kann kostbar sein.«

»Denken Sie an die Franzosen, Sir?«

Bolitho wischte sich den Schweiß vom Gesicht und nickte. »De Grasse kann inzwischen gut und gern aufgebrochen sein. Wenn er sich so verhält, wie es Sir George Rodney vermutet, dürfte seine Flotte bereits nach Jamaika unterwegs sein.« Seine Blicke wanderten verdrossen von den schlaffen Blättern zum wolkenlosen Himmel. »Kein Lufthauch. Nichts. Wir können von Glück sagen, daß uns die Brise bis hierher gebracht hat.«

Herrick atmete schwer. »Mein Gott, Sir, ich spüre die Anstrengung.« Er tupfte sich das Gesicht ab. »Seit Falmouth habe ich kein

Land mehr unter den Füßen gehabt. Ich wußte gar nicht mehr, wie das ist.«

Falmouth. Der Name weckte eine Flut von Erinnerungen in Bolitho, während er blicklos durch das dicke Gestrüpp schritt. Sein Vater würde noch immer warten, sich Gedanken machen und den Schmerz nähren, den ihm Hugh bereitet hatte. Bolitho fragte sich, was geschehen wäre, wenn er bei jenem ersten fürchterlichen Zusammentreffen seinen Bruder im Heck der *Andiron* gesehen und erkannt hätte. Hätte er dann den Angriff genauso stürmisch vorgetragen? Wenn er Hughs Tod bewirkt hätte, wäre die Navy zufrieden gewesen. Aber im tiefsten Innern wußte Bolitho, daß diese Tatsache den Kummer seines Vaters nur gesteigert und sein Gefühl des Verlustes nur noch erhöht hätte.

Vielleicht führte Hugh bereits ein anderes Schiff. Bolitho wischte den Gedanken fort. Einem Mann, der es zuließ, daß die *Andiron* in die von ihr selbst gestellte Falle ging, würden die Franzosen nicht noch einmal ein Prisenschiff anvertrauen. Und die amerikanische Rebellenregierung besaß zu wenig Schiffe. Nein, Hugh hatte in diesem Augenblick genug eigene Probleme.

Bolitho dachte auch an Vibart, in dessen Obhut die Fregatte augenblicklich war. Merkwürdig, wie Evans' Ermordung den Ersten berührt hatte. Bolitho hatte Evans für einen Speichellecker gehalten, aber nie und nimmer für Vibarts Freund. Doch Vibart schien durch Evans' Tod einen Vertrauten verloren zu haben, durch den seine Isoliertheit gemildert worden war. Bolitho wußte, daß Vibart ihm Evans' Tod ankreidete und daß er Allday als den offensichtlichen Täter haßte. Vibart betrachtete Menschlichkeit als Sentimentalität. Beides galt ihm als nutzloses Hindernis bei der Pflichterfüllung.

Bolitho wußte auch, daß er mit Vibart nie über etwas einer Meinung sein würde. Seine Leute menschenwürdig zu behandeln, Verständnis für ihre Probleme zu haben und ihre Loyalität zu gewinnen, das stand für Bolitho obenan. Zugleich aber wußte er, daß er mit diesem schwierigen und verbitterten Mann auskommen mußte, denn das Kommando eines Kriegsschiffs ließ wenig Raum für persönliche Abneigung unter den Offizieren.

Bolitho blieb plötzlich stehen und deutete mit der Hand auf einen Punkt. »Ist das ein Seesoldat?«

Herrick blieb neben ihm stehen, er atmete schwer. Zwischen den schlaffen Blättern blitzten rote Röcke auf. Und gerade als Bolitho hinüber wollte, tauchte Sergeant Garwood an der Spitze eines Zuges schwitzender Seesoldaten auf. »Was tun Sie hier an Land, Sergeant?« fragte Bolitho scharf.

Garwood fixierte einen Punkt hinter Bolithos Schulter. »Mr. Vibart hat alle Seesoldaten ausgeschickt, Sir.« Er schluckte schwer. »Allday ist entflohen, Sir. Wir sollen ihn wieder festnehmen.«

Herrick rang nach Luft. Schweiß lief ihm über das Gesicht. Es verriet Schrecken und Enttäuschung.

»Ach so.« Bolitho unterdrückte die aufsteigende Wut und fragte ruhig: »Und wo ist Hauptmann Rennie?«

»Auf der anderen Seite der Insel, Sir.« Garwood sah nicht gerade glücklich aus. »Die Ablösung entdeckte, daß der Posten vor der Zelle mit einer Keule niedergeschlagen worden war. Er lag bewußtlos da, und der Gefangene war weg. Die Fesseln sind ihm abgenommen worden.«

»Also ist noch ein anderer beteiligt.« Bolitho fixierte das bronzefarbene Gesicht des Sergeanten. »Wer fehlt noch?«

Der Seesoldat holte tief Luft. »Ihr Schreiber, Sir, Ferguson.«

Bolitho wandte sich ab. »Nun ja. Ich nehme an, Sie suchen besser weiter, da Sie nun einmal hier sind.« Er blickte dem sich erleichtert entfernenden Mann nach und sagte dann gepreßt: »Es war übereilt von Mr. Vibart, alle Seesoldaten an Land zu schicken. Sollte die *Phalarope* vor Anker von einem feindlichen Schiff überrascht werden, reicht die Bemannung zur Abwehr nicht aus.« Er machte abrupt kehrt. »Kommen Sie, wir gehen zurück zum Ufer.«

Herrick sagte geknickt: »Ich bin ganz unglücklich, Sir. Ich habe das Gefühl, mehr Tadel denn je zu verdienen. Ich habe Allday vertraut und Ferguson ausgewählt.«

»Wie sich erwiesen hat, haben wir uns beide geirrt, Mr. Herrick«, sagte Bolitho tonlos. »Ein Unschuldiger flüchtet nicht.« Danach setzte er hinzu: »Und Mr. Vibart hätte seine Urteilsfähigkeit nicht durch seinen Zorn trüben lassen dürfen. Allday wird auf dieser Insel bestimmt umkommen. Er wird verrückt werden, wenn das Schiff fortgesegelt ist, und Ferguson für seine Rettung aus der Zelle nicht danken.«

Sie eilten über den Strand. Die dösenden Gasten in der Gig fuhren hoch, als die zwei Offiziere an Bord kletterten. Die Gig glitt langsam über das stille Wasser. Bolitho hob die Hand an die Augen und blickte zu der vor Anker liegenden *Phalarope*. Die Sonne kam eben über den nächstgelegenen Hügel, und die Rahen und Masttopps schimmerten wie Gold.

»Was werden Sie tun, Sir, wenn die Seesoldaten Allday fangen?«

»Diesmal werde ich ihn an die Rah hängen, Mr. Herrick. Um der Aufrechterhaltung der Disziplin willen bleibt mir gar keine andere Wahl.« Bolitho sah zum Land zurück. »Darum hoffe ich, daß sie ihn nicht finden.«

Der Buggast macht die Gig fest, und Bolitho zog sich durch die Schanzpforte. »Warum haben Sie die Gig nicht angerufen, Mann?« fragte Herrick, der ihm dichtauf folgte, ungewöhnlich barsch.

Der Matrose am Fallreep stotterte: »Entschuldigen Sie, Sir. Ich – ich . . .« Er ließ den Satz fallen und starrte zum Achterdeck, wo eine dichte Gruppe Matrosen stand. Gerade als Bolitho klar wurde, was geschehen war, rückten die Matrosen vor, und die aufgehende Sonne funkelte auf ihren erhobenen Musketen.

Herrick stieß Bolitho beiseite und wollte den Degen ziehen, doch ein großer Matrose hob eine Pistole und rief: »Rühren Sie keinen Finger, Mr. Herrick.« Er deutete zum Achterdeck. »Sonst geht es dem da schlecht.«

Im Niedergang tauchten zwei Mann auf. Zwischen sich schleppten sie den um sich schlagenden Fähnrich Neale. Einer der beiden Matrosen zog ein Messer aus dem Gürtel, setzte es Neale an die Kehle und grinste dabei zu den beiden Offizieren hinunter.

Der hochgewachsene Matrose – Onslow, wie Bolitho jetzt erkannte – kam langsam über das Hauptdeck. Die Pistole war noch immer auf Herrick gerichtet. »Werfen Sie Ihren Degen fort, Mr. Herrick.« Er grinste. »Wenn nicht, dann . . .«

»Tun Sie, was er sagt, Mr. Herrick!« Das Funkeln in Onslows Augen verriet Bolitho, daß der Mann nur darauf wartete, jemanden zu töten. Er konnte die aufgestaute Wildheit kaum noch im Zaum halten. Eine falsche Bewegung, und jede Aussicht, das Blatt zu wenden, war dahin.

Der Degen knallte auf die Planken. Onslow stieß ihn beiseite und rief scharf: »Nehmt euch der Gigbesatzung an und schafft die Brüder zu den anderen Knaben.« Er klopfte mit der Pistole an seine Nase. »Entweder schließen sie sich uns an, oder die Fische fressen sie.« Einige lachten, ein wüster, explosiver Laut und brüchig vor Spannung.

Bolitho musterte Onslow. Der erste Schock machte abwägender Vorsicht Platz. Jeder Kapitän fürchtete solche Situationen. Manche verdienten sie, andere gerieten durch unkontrollierbare Umstände hinein. Jetzt war es ihm passiert und der *Phalarope*.

Es war Meuterei.

Onslow wartete, bis die Leute der Gig nach unten getrieben worden waren, ehe er sagte: »Wir lichten Anker, sowie ein bißchen Wind weht. Wir haben den Steuermann unten. Entweder er oder Sie bringen das Schiff ins offene Wasser.«

»Sie sind wahnsinnig«, sagte Herrick heiser. »Dafür wird man Sie hängen.«

Der Pistolenlauf sauste herab, und Herrick brach in die Knie. Seine Hände fuhren zur Stirn. Bolitho sah Blut über Herricks Finger sickern und sagte kalt: »Und wenn kein Wind aufkommt, Onslow? Was machen Sie dann?«

Onslow nickte. Er musterte Bolitho. »Eine gute Frage. Nun, wir haben ein gutes kleines Schiff unter den Füßen. Wir können jedes Boot, das uns entern will, in den Grund bohren, meinen Sie nicht?«

Bolitho verzog keine Miene. Er sah klar, daß Onslow Anlaß zur Zuversicht hatte. Obwohl ihm die anderen Seeleute und Rennies Seesoldaten zahlenmäßig überlegen waren, war Onslow hier der König. Wurden die Kanonen mit Kartätschen geladen, konnte eine Handvoll Männer die Boote auf Abstand halten. Er blickte nach der Sonne. Es würde noch Stunden dauern, bis Okes sich an den Rückmarsch zum Ufer machte. »Dann geht also alles auf Ihr Konto?« fragte er langsam.

Ein kleiner Matrose, der nach Rum stank, hüpfte um die beiden Offiziere herum. »Er hat's getan! Genau wie er versprochen hat.«

»Halt's Maul, Pook«, fauchte Onslow. Dann sagte er zu Bolitho gewandt: »Ihr Schreiber hat mir Bescheid gesagt, als wir in der Nähe von Land waren. Ich brauchte also bloß noch Salz in die Frischwasserfässer zu schütten.« Er lachte, die Einfachheit des Planes belustigte ihn. »Dann, als Sie hierher steuerten, brachte ich diese Ratte Evans um.«

»Sie müssen sich vor Allday ziemlich gefürchtet haben, daß Sie ihm einen Mord in die Schuhe schoben«, stellte Bolitho fest.

Onslows Blicke flogen über das Deck. »Das war einfach notwendig. Solange die Seesoldaten an Bord sind, sagte ich mir, haben ein paar von meinen ängstlicheren Freunden vielleicht nicht den Mut, das Schiff zu übernehmen.« Er zuckte mit den Schultern. »Darum habe ich Allday befreit, und die dämlichen Seesoldaten sind ihm dann auch richtig nachgehetzt, ganz wie ich's erwartete.«

»Sie haben sich selbst ans Messer geliefert, Onslow.« Bolitho ließ sich keinerlei Erregung anmerken. »Aber denken Sie auch an die anderen. Wollen Sie denn, daß alle baumeln?«

»Seien Sie still!« rief Onslow. »Und danken Sie Gott, daß ich Sie noch nicht an die Großrah geknüpft habe. Ich tausche das Schiff gegen unsere Freiheit ein. Danach kriegt uns keine verfluchte Marine mehr in die Klauen.«

»Sie sind ein Narr, wenn Sie das glauben«, sagte Bolitho noch schroffer, um seine steigende Verzweiflung zu verbergen.

Der Kopf flog ihm nach hinten, als Onslow mit dem Handrücken zuschlug. »Still!« Auf den Ausruf hin drängten sich noch mehr Männer um die Offiziere. Sie zerrten Herrick hoch und fesselten ihm die Hände auf dem Rücken. Er war noch benommen, und über sein Gesicht strömte Blut.

»Warum setzen Sie die Offiziere nicht an Land?« schlug Bolitho vor. »Sie nutzen Ihnen doch nichts.«

»Na, Kapitän, da irren Sie sich aber.« Onslows gute Laune kehrte zurück. »Geiseln! Für *Sie* kriege ich vielleicht auch einen guten Preis.« Er lachte. »Aber . . .«

»Warum nicht lieber gleich umbringen?« brüllte Pook und schwenkte sein Entermesser. »Überlaß sie mir!«

Onslow sah Bolitho an. »Da sehen Sie es, nur ich kann Sie retten.«

»Was haben Sie mit dem Ersten Leutnant gemacht?« Bolitho bemerkte, wie Pook einen Matrosen anstieß. »Haben Sie ihn umgebracht?«

Pook kicherte. »Kaum. Den sparen wir uns für später auf, für eine kleine Volksbelustigung.«

»Er hat genug von uns auspeitschen lassen, Kapitän«, sagte Onslow. »Nun wollen wir mal sehn, wie die Neunschwänzige seinem fetten Hintern gefällt.«

»Überlegen Sie, was Sie tun, Mann«, stammelte Herrick. »Sie verkaufen das Schiff dem Feind.«

»Sie sind mein Feind!« Onslows Nasenflügel blähten sich. »Ich mache mit dem Schiff, was ich will, und mit Ihnen auch.«

»Immer mit der Ruhe, Mr. Herrick«, sagte Bolitho. »Sie können nichts tun.«

»Gesprochen wie ein wahrer Gentleman.« Onslow grinste. »Immer das Beste, wenn man einsieht, daß man geschlagen ist.« Dann rief er scharf: »Schließt sie unten ein, Jungs. Und den ersten Schweinehund, der was versucht, legt ihr um.«

Einige grollten unzufrieden, sie lechzten nach Blut. Doch sie waren alle verdammt. Bolitho erkannte klar, daß sie, vom Rum umnebelt, Onslows sorgfältigen Plan nur zur Hälfte begriffen.

»Sowie es auffrischt, segeln wir, Jungs«, sagte Onslow. »Überlaßt den Rest ruhig Harry Onslow.«

Herrick und Bolitho wurden über das Deck und in die finstere Enge eines kleinen Laderaums gestoßen. Gleich darauf wurden Fähnrich Neale und Steuermann Proby hineingeschoben. Dann schlug die Tür zu. Ziemlich hoch in der Bordwand befand sich ein kleines rundes Loch. Es diente zur Lüftung der normalerweise hier lagernden Vorräte, die, wie Bolitho annahm, die Meuterer für den eigenen Gebrauch woanders hingeschafft hatten.

»Es . . . Es tut mir leid, Sir«, schluchzte Neale. »Ich habe meine Pflicht schlecht erfüllt. Ich hatte die Wache, als es passierte.«

»Es war nicht Ihre Schuld, mein Junge«, sagte Bolitho. »Diesmal stand alles gegen Sie. Es ist die reine Ironie: Onslow blieb auf dem Schiff, weil man ihm an Land nicht traute.«

»Mr. Vibart war in seiner Kajüte«, sagte Neale gebrochen. »Sie hätten ihn beinahe umgebracht. Onslow hat es in letzter Sekunde verhindert.«

»Nur aufgeschoben«, sagte Herrick trübe, um dann voller Wut hinzuzusetzen: »Diese Narren! Die Franzosen und Spanier denken nicht daran, mit Onslow etwas auszuhandeln. Das haben sie auch gar nicht nötig. Sie entern einfach die Fregatte und nehmen die ganze Bande gefangen.«

»Mir ist das ebenso klar wie Ihnen, Mr. Herrick«, sagte Bolitho. »Aber wenn auch die Meuterer dahinterkommen, haben sie keinen Grund mehr, uns am Leben zu lassen.«

»Verstehe, Sir.« Herrick versuchte, Bolitho im Dunkel zu erkennen. »Und ich dachte . . .«

»Sie dachten, ich hätte die Hoffnung aufgegeben?« Bolitho atmete langsam aus. »Noch nicht. Nicht kampflos.« Er stieg auf eine leere Kiste und spähte durch das kleine Lüftungsloch. Das Schiff war vor Anker ein wenig geschwoit, und er sah ein Stück Strand und dahinter einen niedrigen Hügel. Aber keinen Menschen. Er hatte es auch nicht erwartet.

»Zwei der Meuterer kenne ich gut«, stotterte Proby. »Tüchtige Leute, haben nicht den geringsten Grund, solchem Abschaum wie Onslow und Pook zu folgen.« Dann, gepreßt: »Wird ihnen aber nichts nützen. Man wird sie fangen und mit den übrigen aufknüpfen.«

Herrick rutschte aus und fluchte. »Verdammt!« Er tastete mit den Fingern herum. »Ranzige Butter, stinkt wie Bilgenwasser.«

Bolitho legte den Kopf nach hinten und lauschte auf das Stampfen der Füße und das gellende Gelächter. »Sie haben sich nicht nur Butter genommen, Mr. Herrick. Sie werden bald so betrunken sein, daß sie . . .« Er dachte daran, wie das Messer an Neales Kehle gefunkelt hatte. Der zweite Akt würde gleich folgen. Bloß zu trinken, das würde die Meuterer bald langweilen. Sie würden sich beweisen wollen – durch Töten.

»Versuchen Sie doch mal, ob Sie zu mir heraufsteigen können, Neale.« Er merkte, wie der Fähnrich zu ihm auf die Kiste kletterte. »Was meinen Sie, kommen Sie durch das Lüftungsloch?«

Neale blinzelte in den Sonnenstrahl, der durch das Loch fiel. »Es ist sehr eng, Sir«, sagte er zweifelnd, setzte dann aber entschlossen hinzu: »Ich will es versuchen, Sir.«

»Was haben Sie vor, Sir?« fragte Proby.

Bolitho fuhr mit den Händen um die kreisrunde Öffnung. Ein Durchlaß von kaum zehn Zoll. Er drängte die aufkeimende Erregung zurück. Es mußte einfach versucht werden.

Er sagte: »Wenn Neale da durchkäme . . .« Er unterbrach sich. »Die Butter. Schnell, Neale, raus aus Ihren Sachen!« Er stieß Herrick an. »Wir schmieren ihn mit Butter ein, Herrick, dann gleitet er hindurch wie ein Wischer durchs Kanonenrohr.«

Neale zog sich aus und stand ungelenk in der Mitte des Laderaums. Im schwachen Licht des Lüftungslochs schimmerte sein schlanker Körper wie eine Statue. Bolitho füllte sich die Hände mit ranziger Butter und schmierte Neales Schultern ein. Herrick beteiligte sich an der Arbeit.

»Wo stecken die loyalen Leute, Neale?« fragte Bolitho.

»Im Kabelgatt, Sir.« Neale klapperte laut mit den Zähnen. »Der Arzt und einige der Älteren auch.«

»Das habe ich mir gedacht.« Bolitho trat zurück und wischte sich die Hände an der Hose ab. »Hören Sie, Neale. Wenn wir Sie durch das Loch kriegen, können Sie dann am Bugstag entlangklettern?«

Neale nickte. »Ich werde es versuchen, Sir.«

»Die anderen sind im Kabelgatt eingesperrt. Während ich die Wachen ablenke, öffnen Sie die Tür und lassen sie heraus.« Er legte dem Jungen die Hand auf die Schulter. »Aber wenn Sie entdeckt werden, dann vergessen Sie, was ich gesagt habe. Springen Sie über Bord und schwimmen Sie um Ihr Leben an Land. So schnell holt Sie niemand ein.« Und zu den anderen: »So, und nun helfen Sie mir!«

Neale war so glitschig wie ein Fisch, und beim ersten Versuch hätten sie ihn fast fallengelassen. Herrick schlug vor: »Zuerst den einen Arm, Neale, dann den Kopf.« Sie versuchten es nochmals. Der Laderaum lag in totaler Finsternis, während sie den sich windenden Fähnrich durch das Lüftungsloch preßten. Er stöhnte vor Schmerzen, und Proby sagte: »Welch ein Glück, daß er nicht dicker ist.«

Noch ein letzter Ruck, dann war er hindurch. Sie warteten ein paar bange Sekunden auf einen Anruf von Deck. Dann erschienen Neales Augen in der Lüftungsluke. Sein Gesicht war hochrot, und seine aufgescheuerte Schulter blutete. Aber er wirkte seltsam entschlossen.

»Machen Sie alles in Ruhe, Neale. Und riskieren Sie nichts Unnötiges!« sagte Bolitho leise.

Neale verschwand, und Herrick sagte: »Nun ist er wenigstens aus dem Ganzen heraus, falls es zum Schlimmsten kommt.«

Bolitho blickte ihn scharf an. Es war beinahe, als habe Herrick seine Gedanken gelesen. Er erwiderte ruhig: »Eher schicke ich die *Phalarope* zur Hölle, als daß ich sie dem Feind in die Hände fallen lasse, Mr. Herrick. Darüber seien Sie sich klar.«

Danach setzte er sich hin und wartete stumm.

John Allday lehnte sich erschöpft gegen einen großen Felsbrocken und rang nach Atem. Ein paar Schritte entfernt lag Bryan Ferguson wie eine Leiche. Kopf und Schultern tauchten in den kleinen Teich, während er in tiefen Zügen trank und nur innehielt, um keuchend Luft zu holen. Alldays Blicke tasteten den Dschungel niedriger Bäume ab, durch den sie gekommen waren. Noch kein Zeichen irgendwelcher Verfolger, doch er zweifelte nicht daran, daß man bereits Alarm geschlagen hatte.

»Ich habe dir noch gar nicht gedankt, Bryan«, sagte er. »Was du getan hast, war unbesonnen.«

Ferguson rollte sich auf die Seite und sah ihn mit glasigen Augen an. »Ich mußte es tun. Ich mußte es einfach.«

»Jetzt geht's auch um deinen Kopf, Bryan.« Allday betrachtete ihn kummervoll. »Aber zumindest sind wir frei. Und solange man frei ist, kann man hoffen.«

Er hatte in seiner finsteren Zelle gelegen und auf die vertrauten Geräusche gelauscht: Boote füllten sich mit Männern und stießen vom Rumpf der Fregatte ab. Stille auf dem leeren Schiff. Dann plötzlich ein Schreckensschrei. Ein Körper schlug schwer gegen die Tür. Ferguson zerrte sie auf. Seine Hände zitterten, als er die Handschellen aufschloß, und sein Mund war schlaff vor Furcht, als er kaum verständlich von Flucht stammelte.

Kurz vor Anbruch der Dämmerung waren sie geräuschlos in das kühle Wasser geglitten. Wie so viele Seeleute, konnte Allday kaum schwimmen. Aber Ferguson, von verzweifelter Angst getrieben, half ihm. Hustend und keuchend erreichten sie endlich die Sicherheit des Ufers. Fast wortlos rannten sie los, krochen durch dichtes Gebüsch, kletterten über herabgestürzte Felsen, ohne auch nur einmal anzuhalten, um zurückzublicken oder zu lauschen. Jetzt befanden sie sich zwischen zwei niedrigen Hügeln, und die Erschöpfung hatte sie zu einem Halt gezwungen.

»Komm«, sagte Allday, »wir müssen weiter. Den Hügel hinauf. Dort sind wir sicherer. Von der Spitze sieht man bestimmt meilenweit.«

Ferguson starrte Allday noch immer an. »Du hattest recht, Onslow ist ein schlechter Kerl. Ich dachte, er meinte es gut mit mir, und habe ihm gesagt, was im Logbuch des Kapitäns stand. Ich habe ihm erzählt, wo sich das Schiff befand.« Er kam taumelnd auf die Füße und folgte Allday langsam den Abhang hinauf. »Jetzt wird mir keiner mehr glauben. Ich bin genauso schuldig wie er.«

»Wenigstens weißt du, daß ich den Zahlmeister nicht umgebracht habe.« Allday blinzelte in die Sonne. »Viel weiter kommen wir nicht mehr. Bald Zeit, daß wir uns verstecken.«

»Onslow hat damit geprahlt.« Ferguson überlief von neuem ein Schauder. »Nachdem sie dich eingelocht hatten, hörte ich, daß er mit Pook und Pochin darüber sprach. Er rühmte sich damit, wie er Evans umgebracht hatte.«

Allday zog Ferguson in ein Gestrüpp. »Da!« Er deutete auf die langsam weiterrückende Linie roter Punkte auf einem entfernten Abhang. »Sie suchen uns schon.«

Ferguson stieß einen leisen Schrei aus: »Ich werde nie wieder nach Hause kommen! Ich werde Grace nie wiedersehen.«

Allday sah ihn ernst an. »Hör auf, Bryan. Noch sind wir nicht erledigt. Vielleicht kommt eines Tages ein anderes Schiff hierher, denen erzählen wir dann einfach, daß wir Schiffbrüchige sind.«

Die Seesoldaten entfernten sich nach rechts. In ihrem festen Schuhzeug und mit der schweren Ausrüstung sind sie für solche Suchaktionen nicht geeignet, dachte Allday. Selbst in den nackten Hügeln Cornwalls wäre er ihnen entkommen. Hier war es noch leichter, weil das dichte Buschwerk Deckung bot. »Jetzt ist die Luft rein«, sagte er. »Sie suchen nach der anderen Seite. Komm weiter, Bryan.«

Sie kletterten die Bergflanke hinauf, bis Allday neben herabgestürzten Felsbrocken ein Gewirr von Büschen entdeckte. Er warf sich ins Dickicht und blickte hinaus über die leere Wasserwüste. »Hier sind wir sicher, Bryan. Wenn das Schiff fort ist, bauen wir uns eine Hütte, so wie meine in den Hügeln von Falmouth. Mach dir keine Sorgen.«

Ferguson stand da und blickte aus weit aufgerissenen Augen zu seinem Freund hinunter. »Onslow will das Schiff übernehmen, er hat es mir gesagt. Er wußte, daß ich nichts dagegen machen konnte, daß ich ebenso schuldig bin wie die anderen.«

Allday versuchte zu grinsen. »Du bist erschöpft. Wie kann Onslow die Fregatte übernehmen?« Sein Grinsen schlug in einen Ausdruck des Schreckens um, als ihm die tiefere Bedeutung dämmerte. Er sprang auf und packte Ferguson beim Arm. »Willst du sagen, daß Onslow das alles geplant hat? Das mit dem Frischwasser, dem Mord und meiner Flucht?« Er wartete nicht auf die Antwort. Fergusons Gesichtsausdruck sagte ihm genug. Er stöhnte auf. »Mein Gott, Bryan, was sollen wir tun?«

Ferguson sagte leise: »Ich wollte es dir erzählen. Aber es war keine Zeit dazu. Sie hätten dich sowieso umgebracht.«

Allday nickte. »Ich weiß, Bryan, ich weiß.« Er starrte auf die Erde. »Ich habe es vorhergesagt.« Er fuhr sich mit den Fingern durch das Haar. »Meuterei. Damit will ich nichts zu tun haben.« Er sah Ferguson entschlossen an. »Wir müssen zurück und sie warnen.«

»Es ist zu spät.« Ferguson verkrampfte die Hände ineinander. »Ich kann jedenfalls nicht zurück. Begreifst du denn nicht? Ich bin einer von ihnen.« Tränen rannen ihm übers Gesicht. »Ich könnte die Peitsche nicht ertragen, John. Bitte, ich kann nicht.«

Allday wandte dem anderen den Rücken zu, um sein Gesicht zu verbergen. Er blickte über das Meer, dessen scharfe Kimmlinie alle Entfernung auslöschte.

Du armer kleiner Angsthase. Was mußte es Ferguson gekostet haben, den Posten niederzuschlagen und die Zelle zu öffnen! Über die Schulter hinweg sagte er ruhig: »Ich weiß, Bryan. Laß mir bloß Zeit, über alles nachzudenken.«

Also alles vergeblich. Sein Entschluß, das Leben zu nehmen, wie es kam, sein Vorsatz, Gefahren und Schwierigkeiten so durchzustehen, daß er eines Tages heimkehren konnte, alles umsonst. Wie merkwürdig, daß gerade Ferguson, der am meisten zu verlieren hatte, durch seine Informationen die Meuterei mit ausgelöst hatte.

Ein Unglück ist es, sagte er sich grimmig. Die Suche nach einem Meuterer gaben sie nie auf, ganz gleich, wie lange sie dauerte. Er hatte einige Meuterer in Plymouth baumeln sehen, verfaulende, augenlose Kadaver. Futter für die Möwen und eine Warnung für alle anderen.

Weit draußen auf dem glitzernden Meer bewegte sich etwas und störte die stille Leere des Horizonts. Allday ließ sich auf ein Knie nieder und hielt die Hände über die Augen. Sie waren blind vor Schweiß. Er blinzelte und blickte dann wieder in die Richtung. Monate auf See als Ausguck hatten ihm den Seemannsinstinkt vermittelt, mehr zu erkennen, als dem bloßen Auge sichtbar war. Er drehte ganz leicht den Kopf. Noch ein Punkt, viel kleiner. Wahrscheinlich eine Meile hinter dem anderen.

»Was ist?«

Allday setzte sich auf einen Felsbrocken. »Draußen sind zwei Fregatten, Bryan.« Er sah Ferguson nachdenklich an. »Große Schiffe, dem Aussehen nach wahrscheinlich Franzosen.« Er ließ die Worte wirken und sagte dann: »Deine Frau in Falmouth, Bryan, heißt sie nicht Grace?«

Ferguson nickte stumm. Er begriff nicht, worauf der andere hinauswollte.

Allday nahm Fergusons Hand und umschloß sie fest. »Sie würde bestimmt nicht gern an einen Meuterer denken, wenn sie sich an dich erinnert, Bryan, nicht wahr?« Er sah, daß Ferguson kurz den Kopf schüttelte, und bemerkte die Tränen auf den sonnenverbrannten Wangen. »Und ebenso ungern würde sie an dich als den Mann denken, der sein Schiff dem Feind in die Hand fallen ließ, ohne einen Finger zu rühren.« Er stand langsam auf und zog Ferguson hoch. »Wirf einen Blick auf diese Schiffe, Bryan, und dann sage mir, was zu tun ist. Du hast mir das Leben gerettet. Dafür zumindest bin ich in deiner Schuld.«

Ferguson starrte auf die tanzenden Spiegelungen, durch Furcht und Schrecken zu verwirrt, um den Sinn hinter Alldays leisen Worten zu begreifen. »Du möchtest, daß ich mit dir zurückgehe?« Es klang sehr verloren, doch er mußte es wiederholen. »Mit dir zurückgehe ...?«

Allday nickte. Seine Blicke ruhten noch immer auf Fergusons zerquältem Gesicht. »Wir müssen zurück, Bryan. Du begreifst das jetzt, nicht wahr?« Er legte Ferguson die Hand auf den Arm, ließ einige

Sekunden verstreichen und ging dann den Abhang hinab, ohne sich umzublicken. Er wußte, daß Ferguson ihm folgte.

Bolitho merkte, daß sich sein Nackenhaar leicht bewegte. Er erhob sich, sah zu dem Lüftungsloch hoch und sagte nach einigen Sekunden: »Spüren Sie es? Der Wind!«

»Okes kann nie und nimmer rechtzeitig zurück sein«, sagte Herrick. »Und selbst wenn, dann . . .«

Bolitho legte einen Finger auf seine Lippen. »Still! Es kommt jemand.« Er ergriff hastig Neales Kleidungsstücke und stopfte sie durch das Lüftungsloch.

Die Tür knarrte, und Pook spähte hinein. Er fuchtelte mit einer Pistole. »An Deck. Alle!« Seine Augen glänzten, und sein Hemd war voller Rumflecken. Dann blickte er sich suchend um und brüllte: »Wo, zum Teufel, ist der Kleine?«

»Durch das Lüftungsloch«, sagte Bolitho. »An Land geschwommen.«

»Wird ihm auch nichts nützen«, lallte Pook. »Verhungert er eben mit den übrigen.«

Fluchend und mit sich selbst redend trieb er die drei Offiziere an Deck. Onslow und einige seiner Getreuen standen beim Ruder. »Reizen Sie ihn nicht«, flüsterte Bolitho Herrick zu. »Er sieht schon so gefährlich genug aus.«

Onslow war die Anspannung anzumerken. Als Bolitho und die anderen die Achterdeckreling erreichten, bellte er: »Also los! Bringen Sie das Schiff in Fahrt.« Er zielte auf Herricks Leib und setzte drohend hinzu: »Ich erschieße ihn, wenn Sie mich hinters Licht führen wollen.«

Bolithos Blicke flogen über das Hauptdeck, und er merkte, daß seine Zuversicht schwand. Etwa zwanzig Mann starrten herauf. Alle, die von der *Cassius* gekommen waren, und einige von der *Phalarope,* die als vertrauenswürdig gegolten hatten. Wie er zu Neale gesagt hatte: Pech, daß gerade diese Männer an Bord blieben, während verläßlichere Leute mit den Wasserfässern an Land kommandiert worden waren. Normalerweise hätte es nichts ausgemacht. Er biß sich auf die Lippen. Diesmal jedoch entschied es über Tod und Leben.

Er nickte Proby zu. »Bramsegel und Klüver, Mr. Proby.« Und zu Onslow: »Wir brauchen mehr Leute, um den Anker zu lichten.«

Onslow bleckte die Zähne. »Ganz gut, der Versuch, aber nicht gut genug. Ich werde die Kette kappen.« Er schwenkte die Pistole. »Für die Segel reichen die Leute.« Sein Kinn schob sich vor. »Noch so ein Trick, und ich lege den Leutnant um.« Er zielte wieder auf Herrick. »Machen Sie weiter – *Sir!*«

Bolitho spürte die Sonne auf dem Gesicht und bemühte sich, mit dem überwältigenden Gefühl der Niederlage fertigzuwerden. Er konnte nichts machen. Neales Leben hatte er schon aufs Spiel gesetzt. »Na gut, Onslow«, sagte er tonlos. »Aber ich hoffe, daß Sie es noch bedauern.«

Von vorn rief jemand: »Da! Am Strand sind welche!«

Onslow fuhr herum. Seine Augen funkelten. »Bei Gott, ein Boot legt ab.«

Bolitho sah zum Ufer. Die Jolle der *Phalarope* kam vom Strand klar und bewegte sich auf das Schiff zu. Es saßen nur zwei Mann im Boot. Sicher war bei der Landungsabteilung Panik ausgebrochen, als die Leute sahen, daß die *Phalarope* ohne sie lossegeln wollte. Mehrere Meuterer waren bereits aufgeentert, und ein Klüversegel flatterte ungeduldig in der auffrischenden Brise. Bolitho bemerkte, daß immer mehr Leute am grünen Rand des hohen Ufers auftauchten. Die Klinge eines gezogenen Degens blitzte.

Onslow sagte langsam: »Laßt das Boot so nahe herankommen, daß wir es mit einem Neunpfünder beharken können.« Er grinste. »Holt den verdammten Mr. Vibart herauf. Wir wollen den Hunden ein Abschiedsgeschenk machen, an das sie sich erinnern!« Und zu Bolitho: »Gehenkt wird doch, und wer wäre da besser?«

Vier Mann waren nötig, um den Ersten Leutnant vom Niedergang heranzuschleifen. Seine Kleidungsstücke hingen in Fetzen. Das Gesicht war vor Schlagwunden kaum noch erkennbar. Einige Sekunden lang stierte er auf die Schlinge, die von der Großrah baumelte. Dann wandte er sich um und blickte zum Achterdeck hinauf. Erst jetzt bemerkte er Bolitho und die anderen. Eines seiner Augen war geschlossen, das andere richtete sich ohne Furcht oder Hoffnung fest auf Onslow.

»Na, Mr. Vibart«, rief Onslow, »dann wollen wir mal sehen, wie Sie zu unserer Melodie tanzen.« Einige lachten, als er hinzufügte: »Von da oben werden Sie einen hübschen Ausblick haben.«

»Lassen Sie ihn in Ruhe«, sagte Bolitho. »Sie haben *mich,* Onslow. Reicht Ihnen das nicht?«

Aber Vibart rief: »Sparen Sie Ihre Bitten für sich selber auf. Ich brauche Ihr verdammtes Mitleid nicht.«

Plötzlich brüllte jemand: »He, die in der Jolle sind Allday und Ferguson.«

Mehrere rannten zum Schanzkleid, und einer fing sogar an, Hurra zu rufen. Doch Onslow befahl heiser: »Bleibt bei der Kanone. Die beiden brauchen wir hier nicht.«

Bolitho beobachtete jede Bewegung. Ein anderer großer Matrose löste sich vom Ruder. Er kam näher und knurrte: »Das laß mal! Es ist Allday. Der war immer ein guter Kumpel.« Er blickte zum Hauptdeck hinunter. »Was sagt ihr, Jungs?«

Zustimmendes Gemurmel erklang, und Pochin sagte: »Ruft das Boot längsseits.«

Bolitho schlug das Herz wie ein Schmiedehammer. Die Jolle stieß an den Rumpf der Fregatte. Alles schwieg, während Allday und Ferguson an Bord kletterten. Dann beugte sich Pochin über die Querreling und rief: »Willkommen, John! Segeln wir also doch zusammen.«

Aber Allday blieb unter der Steuerbordlaufplanke stehen. Auf seinem emporgewandten Gesicht lag hell die Sonne. »Mit dem segle ich nicht!« Er deutete auf Onslow. »Er hat Evans ermordet und es mir in die Schuhe geschoben. Ohne Bryans Hilfe wäre ich am Galgen geendet.«

»Aber jetzt bist du frei«, entgegnete Onslow ruhig. »Ich habe nie vorgehabt, dich umzubringen.« Schweiß stand ihm auf der Stirn, und die Knöchel der Hand, die die Pistole umspannte, waren weiß. »Du kannst bei uns bleiben und bist willkommen.«

Allday schenkte ihm keine Beachtung. Er wandte sich an die Leute an Deck. »Da draußen sind zwei französische Fregatten, Jungs. Soll die *Phalarope* ihnen wegen dieses mörderischen Schweins in die Hände fallen?« Seine Stimme wurde lauter. »Und du, Pochin. Bist du so mit Blindheit geschlagen, daß du in deinen eigenen Tod rennst?« Er packte einen Mann beim Arm. »Und du, Ted, willst du das für den Rest deines Lebens mit dir rumschleppen?«

Alle redeten durcheinander, und selbst von oben kamen die Leute wieder herunter, um sich an der Auseinandersetzung zu beteiligen.

Bolitho warf Herrick einen Blick zu. Jetzt oder nie, zumal er zwei bewaffnete Matrosen nach achtern kommen sah, die wissen wollten, was los war: wahrscheinlich die Bewacher der übrigen Gefangenen. Doch Vibart handelte als erster. Die Matrosen um ihn herum hatten auf den zerschlagenen, blutenden Ersten Leutnant einen Augenblick nicht geachtet, als er auch schon aufbrüllend um sich hieb und seine

Wächter zu Boden streckte. In der gleichen Sekunde brüllte Bolitho: »Neale! Jetzt, um Gottes willen!«

Noch während er rief, warf er sich von der Seite her mit aller Kraft gegen Onslow. Ineinander verklammert und mit Händen und Füßen aufeinander einhämmernd, rollten sie über das Deck.

Pook brüllte vor Wut auf, als Herrick ihm die Beine unter dem Leib wegschlug. Die Pistole an sich reißen und feuern, war für Herrick eins. Die Kraft des Schusses riß Pook von den Knien hoch und schleuderte ihn gegen die Karronade. Eine Gesichtshälfte und das Kinn waren nur noch blutige Fetzen.

Irgendwie gelang es Onslow, sich freizukämpfen. Mit einem gewaltigen Sprung über die Querreling landete er mitten unter den anderen Matrosen. Seit dem Pistolenschuß standen sie erstarrt wie Salzsäulen. Onslow packte ein Entermesser und rief: »Los, Jungs. Bringt die Hunde um!«

Bolitho ergriff Onslows Pistole, feuerte auf den Mann am Ruder und keuchte: »Nach achtern, Mr. Proby. Holen Sie Waffen!«

Auf der Back ertönte eine unregelmäßige Salve, und die verdutzten Meuterer wichen über das Hauptdeck zurück, als Seeleute durch die Luken heraufquollen; sie wurden von Steuermannsmaat Belsey geführt, dessen verwundeter Arm fest bandagiert war, während er mit der gesunden Hand eine Enteraxt schwang.

»Die Boote kommen, Sir«, rief Herrick. Er schleuderte die leere Pistole nach einem Meuterer und packte das Entermesser, das Proby ihm hinhielt. »Mein Gott, endlich die Boote!«

»Mir nach!« rief Bolitho. Er schwang das Entermesser wie eine Sense, stürmte den Niedergang hinunter und holte mit aller Kraft aus, als ein Mann mit einer Pieke auf ihn eindrang. Die starke Klinge des Entermessers grub sich dem Angreifer in den Hals, und Bolitho fühlte, wie ihm das warme Blut über das Gesicht spritzte.

Häßlich und verzerrt blendeten Gesichter auf, gingen jedoch in Schreien unter, als er sich quer über das Deck eine Gasse hieb, bis er bei Vibart anlangte, der gegen drei Meuterer kämpfte. Gerade als sein Entermesser einem Meuterer in die Schulter fuhr, sah er ein Messer in der Sonne aufblitzen und hörte Vibart vor Schmerz aufbrüllen. Er sank zu Boden. In eben dem Augenblick stürzten sich die aus dem Kabelgatt befreiten Männer in das Gefecht. Einige Meuterer warfen die Waffen hin und hoben die Hände. Bolitho glitt in einer Blutlache aus. Jemand half ihm auf die Füße. Es war Allday. Er dankte ihm keuchend.

Aber Allday blickte an ihm vorbei zur anderen Schiffsseite. Eingekreist von erhobenen Waffen und verlassen von seinen Mitverschworenen, stand Onslow mit dem Rücken gegen eine Kanone, das Entermesser noch in der Hand.

»Der gehört mir, Sir«, sagte Allday.

Bolitho wollte etwas erwidern, da hörte er Vibarts Stimme. Mit drei großen Schritten war er neben dem Ersten. Belsey und Ellice hielten Vibart bei den Schultern. Bolitho kniete sich neben den Verwundeten, dem ein dünner Blutfaden aus einem Mundwinkel rann. Vibart blickte zu Bolitho hoch. Er sah plötzlich alt und gebrechlich aus.

»Bleiben Sie still liegen, Mr. Vibart«, sagte Bolitho. »Das kriegen wir bald wieder hin.«

Vibart hustete. Das Blut floß ihm immer stärker über das Kinn. »Das nicht. Diesmal hat es mich erwischt.« Er wollte die Hand heben, schaffte es aber nicht. Der Arzt, den er nicht sehen konnte, schüttelte den Kopf. Nichts mehr zu machen.

»Sie haben sich tapfer gehalten«, sagte Bolitho.

Man hörte das Klirren von Stahl. Bolitho blickte über das Deck. Allday und Onslow umkreisten einander mit blanken Entermessern. Die anderen sahen stumm zu. Das war kein Kriegsgericht. Das war die Rechtsprechung des Unterdecks.

Bolitho blickte wieder zu Vibart hinunter. »Kann ich etwas für Sie tun?«

Schmerz verzerrte das Gesicht des Sterbenden. »Nichts. Sie nicht und auch kein anderer.« Er hustete wieder. Diesmal hörte der Blutstrom nicht auf. Vibart starb, als die zurückkehrenden Boote längsseits kamen und sich die Gangways mit atemlosen Leuten füllten.

Bolitho erhob sich langsam und betrachtete den Toten. Irgendwie typisch für Vibart. Es paßte zu ihm, daß er bis zur letzten Sekunde unzugänglich geblieben war.

Bolitho sah hoch. Hauptmann Rennie und Fähnrich Farquhar stiegen über Verwundete hinweg. Ihre Gesichter waren vor Entsetzen grau und verzerrt. Bolitho verschränkte die Hände auf dem Rükken, um seine Erregung zu verbergen.

»Setzen Sie diese Männer fest, Mr. Farquhar. Und dann machen Sie sofort mit der Übernahme von Frischwasser weiter. Wir segeln, sowie alle Fässer an Bord sind.« Er ging langsam zur anderen Schiffsseite. Die Leute traten auseinander, um ihn hindurchzulassen, und sein Blick fiel auf Onslow, dessen Augen bereits gebrochen waren.

Bolitho fühlte sich plötzlich so elend und beschmutzt, als hätte er durch die Meuterei den Aussatz bekommen. Er sagte rauh: »Ich hoffe nur, daß wir uns beim Kampf gegen die Franzosen ebensogut halten wie beim Kampf gegeneinander.« Danach drehte er sich um und ging nach achtern.

XVI Ein ganz besonderer Mann

Fähnrich Maynard klopfte an Bolithos Kajütentür und meldete atemlos: »Empfehlung von Mr. Herrick, Sir, und wir haben eben steuerbord voraus zwei Segel gesichtet.« Er wagte einen flüchtigen Blick auf die Offiziere, die neben Bolithos Tisch standen. »Das Flaggschiff und die Fregatte *Volcano*.«

Bolitho nickte nachdenklich. »Danke. Meine Empfehlung an Mr. Herrick. Er möchte über Stag gehen, damit wir Verbindung aufnehmen können.« Und nach einer Sekunde: »Und es soll alles vorbereitet werden, um die Festgenommenen zur *Cassius* hinüberzubringen.«

Maynard hastete den Niedergang hinauf, und Bolitho wandte sich wieder den anderen Offizieren zu. »Nun, meine Herren, endlich haben wir das Flaggschiff gefunden.«

Vor zwei Tagen hatte die *Phalarope* die kleinen Inseln hinter sich gelassen. Zwei lange Tage des Nachdenkens über Mord und Meuterei. Bolitho hatte mit seiner üblichen Tageseinteilung gebrochen. Er erschien nicht zu den üblichen Zeiten auf dem Achterdeck, sondern verbrachte lange Stunden in seiner Kajüte, wo er über die Ereignisse nachgrübelte, sich jede Phase vor Augen führte und sich mit Vorwürfen marterte.

Er blickte auf die Karte und sagte langsam, wie zu sich selbst: »Alldays Beschreibung nach würde ich sagen, daß die Franzosen in voller Stärke ausgelaufen sind. Die beiden Fregatten waren höchstwahrscheinlich Erkundungsfahrzeuge der Hauptflotte von Admiral de Grasse. Wenn dem so ist, haben sie ihre Pläne geändert.« Er tippte mit einem Finger auf die Karte. »De Grasse würde zu solchem Zeitpunkt keine Fregatte zwecklos einsetzen. Ich nehme an, er will die Hauptdurchfahrten meiden und die Dominica-Passage benutzen. Auf dieser Route könnte er unseren Patrouillen entgehen.« Er rollte die Karte zusammen und legte sie beiseite. »Ich werde zur *Cassius* hinüberfahren und mit dem Admiral sprechen.« Er blickte auf die

Berichte, die sich auf dem Tisch türmten. »Sir Robert wird über vieles nähere Auskunft wünschen.« Klingt abgedroschen, dachte er bitter, wie Details im Logbuch, bar aller Wärme oder Menschlichkeit. Aber wie ließ sich die Atmosphäre auf dem Hauptdeck beschreiben, als er das Gebet gesprochen hatte, ehe die in Leinwand eingenähten Leichen über Bord geglitten waren? Leutnant Vibarts sterbliche Überreste neben denen der toten Meuterer. Die Mannschaft hatte schweigend einen Kreis gebildet. Es war nicht nur ein Schweigen der Achtung oder der Trauer, nein, etwas viel Tieferes. Etwas wie ein Schweigen aus Scham und Schuld.

Bolithos Augen glitten über Okes und Rennie, Farquhar und Proby, ehe er mit gleicher Kürze fortfuhr: »Sie haben große Wendigkeit und Tapferkeit bewiesen. Ich habe es im Bericht ausführlich erwähnt und denke, daß Ihnen gebührende Anerkennung gezollt werden wird.« Er erwähnte nicht, daß ohne einen solchen Bericht des Kapitäns die Geschichte der kurzen wüsten Meuterei für den Admiral und dessen Vorgesetzte alles andere überschatten würde. Aber selbst so reichte es vielleicht nicht aus, den Namen des Schiffes vor weiterer Unehre zu bewahren.

Er musterte Okes scharf. »Sie übernehmen selbstverständlich den Posten des Ersten Leutnants, und Mr. Herrick übernimmt unverzüglich Ihre bisherigen Pflichten.« Seine Augen glitten zu Farquhar. »Ich habe meinem Bericht über Sie nichts hinzuzufügen. Sie fungieren mit sofortiger Wirkung als Leutnant. Ich zweifle nicht daran, daß die Ernennung schnell bestätigt werden wird.«

»Danke, Sir«, sagte Farquhar und blickte sich um, als erwarte er, daß sich seine Umgebung mit einem Schlage völlig verändere. »Ich bin Ihnen sehr verbunden.«

Okes sagte nervös: »Ich kann noch immer nicht glauben, daß Mr. Vibart tot ist.«

»Der Tod ist das einzig Unabwendbare, Mr. Okes.« Bolitho musterte ihn unbeteiligt. »Und doch ist er das einzige, was wir nie als gegeben hinnehmen wollen.«

Es klopfte, und Stockdale schaute hinein. »Signal vom Flaggschiff, Kapitän. Sie möchten sich so bald wie möglich zum Rapport melden.«

»Gut, Stockdale. Ruf meine Bootsmannschaft.« Und zu den anderen: »Vergessen Sie es nie, meine Herren: Die *Phalarope* wäre beinahe durch Meuterei verloren gegangen.« Er verharrte auf dem Wort. »Jetzt muß sich entscheiden, ob wir durch die knappe Rettung etwas gelernt haben.« Er bemerkte die flüchtig ausgetauschten Blikke. »Entweder ist das Schiff vom Übel gereinigt oder weiter von Schande befleckt. Es liegt bei uns. Bei Ihnen und bei mir.« Er musterte die ernsten Gesichter. »Das wäre es. Sie können gehen.«

Die Offiziere waren kaum hinaus, als Stockdale wieder auftauchte. Er legte Bolithos Degen und Hut heraus und sagte: »Allday wartet draußen, Kapitän.« Es klang mißbilligend.

»Ja, ich habe ihn rufen lassen.« Er hörte das Quietschen der Blökke, als die Gig ausgeschwenkt wurde, und erinnerte sich an Stockdales entsetztes Gesicht, als er mit dem Landkommando von der Insel auf das Schiff zurückgekehrt war. Er stierte damals auf die Blutflecken, auf die Leichen und dann auf seinen Kapitän, ehe er abgehackt sagte: »Ich hätte Sie nie allein lassen sollen, Sir. Keinen Augenblick.« Es wirkte, als sei er der Meinung, Bolitho im Stich gelassen zu haben. Als nähme er an, daß es, wäre er an Bord geblieben, nie zu der Meuterei gekommen wäre.

»Schick ihn herein«, sagte Bolitho. »Er ist ein guter Seemann, Stockdale. Ich habe ihm Unrecht getan.«

Stockdale schüttelte den Kopf, stapfte jedoch zur Tür, um den Mann zu holen, der der Meuterei den ersten Stoß versetzt hatte.

Und unter welchem Risiko! dachte Bolitho. Allday hatte sich dem Suchkommando gestellt, obwohl er genau wußte, daß ihn jeder für schuldig hielt und ohne eine Erklärung abzuwarten niederschießen konnte. Allday war auf Okes und Farquhar gestoßen. Wie es schien, hatten sie beschlossen, daß Allday versuchen sollte, das Schiff zu erreichen, nur begleitet von Ferguson. Ein richtiger und tapferer Entschluß. Hätte Onslow gesehen, daß sich eine ganze Bootsladung dem Schiff näherte, hätte er bestimmt auf das Boot feuern lassen.

Es klopfte, und Allday betrat die Kajüte. In der weißen Hose, dem karierten Hemd und mit dem hinten mit einer Angelschnur zusammengebundenen Haar sah er genauso aus, wie sich eine Landratte einen Seemann vorstellte. Über eine Wange und den Hals zogen sich, wo ihn Brocks Stock getroffen hatte, diagonal zwei Narben. Bolitho sah Allday einige Sekunden an, ehe er sagte: »Ich habe Sie rufen lassen, um Ihnen für das, was Sie getan haben, zu danken, Allday. Ich wünschte, ich wüßte, wie sich das Ihnen zugefügte Unrecht wieder gutmachen ließe.« Er zog die Schultern hoch. »Aber ich kenne keine solche Möglichkeit.«

Alldays Spannung lockerte sich ein wenig. »Ich verstehe, Sir. Aber es ist ja alles gut ausgegangen. Zuerst habe ich ein bißchen Angst gehabt, wenn ich das sagen darf, Sir.« Seine Augen wurden hart. »Aber als ich dann Onslow sah, faßte ich mich. Ich bin sehr froh, daß ich ihn zur Strecke gebracht habe.«

Bolitho musterte Allday mit neuem Interesse. Ein scharfgeschnittenes, kluges Gesicht. Wäre ihm eine Ausbildung zuteil geworden, hätte er es sicher weit bringen können.

»Onslow soll uns allen eine Lehre sein, Allday.« Bolitho trat an das Heckfenster und dachte an das, was ihn seit der Meuterei am meisten belastete. »Sein Leben und die Umstände haben ihn verdammt. Wir müssen darauf achten, daß weder durch Grausamkeit noch durch Mangel an Verständnis neue Onslows geschaffen werden.« Er drehte sich um. »Nein, Allday. Ich habe im Falle Onslow versagt. Er war genauso ein Mensch wie wir alle. Nur daß er von Geburt an keine echte Chance gehabt hatte.«

Allday sah den Kapitän erstaunt an. »Aber Sie hätten ihm nicht helfen können, Sir. Entschuldigen Sie, wenn ich das sage. Er war einfach schlecht, ich habe schon früher ein paar von der Art kennengelernt.«

Maynard steckte den Kopf durch die Tür. »Wir sind mit dem Flaggschiff auf gleicher Höhe, Sir. Die Gig ist klar zum Abfieren.«

»Gut.« Bolitho sah Allday an. »Kann ich irgend etwas für Sie tun?«

Allday trat unbehaglich von einem Fuß auf den anderen. »Da wäre eine Sache, Sir.« Er hob den Kopf, seine Augen waren plötzlich klar und entschlossen. »Ich denke an Ferguson, Sir, Ihren Schreiber. Schicken Sie ihn mit den anderen Meuterern hinüber?«

Bolitho spreizte die Arme, damit ihm Stockdale den Degen umschnallen konnte. »Das hatte ich vor, Allday.« Er runzelte die Stirn. »Sicher, er ist mit Ihnen zurückgekommen und hat viel getan, um den Schaden wiedergutzumachen, den er durch seine Komplizenschaft mit Onslow angerichtet hat. Aber es liegen mehrere Verfehlungen vor. Er hat die Meuterer mit vertraulichen Informationen versorgt, ohne die ein solcher Aufstand unmöglich gewesen wäre. Er hat einen Posten angegriffen und einen Gefangenen befreit, über dessen Schuld oder Unschuld noch zu befinden war.« Er griff nach seinem Hut und betrachtete ihn blicklos. »Meinen Sie, Ferguson sollte völlig straffrei ausgehen?«

»Erinnern Sie sich an das, was Sie über Onslow gesagt haben, Sir?« fragte Allday leise. »Ferguson ist kein Seemann und wird nie einer werden.« Er lächelte traurig. »Ich habe mich ein bißchen um ihn gekümmert, seit wir gepreßt wurden. Wenn Sie ihn nun hinüberschikken, werde ich das Gefühl nicht loswerden, daß ich ihm gegenüber versagt habe. Genau wie es Ihnen mit Onslow geht.«

Bolitho nickte. »Ich will es mir überlegen.« Er ging zum Niedergang, wobei er sich bücken mußte, um nicht an die Balken zu stoßen. Dann sagte er: »Schönen Dank, Allday. Sie haben ein wirkungsvolles Argument vorgebracht.« Er stieg hastig in das Sonnenlicht und sah schnell zur *Cassius* hinüber. Groß und verläßlich hob sie sich von dem blauen Wasser ab; hinter ihr hatte die andere Fregatte beigedreht.

Herrick hob die Hand an den Hut. »Die Gig ist klar, Sir.« Sein Blick flog fragend zu den gefesselten Männern an der Schanzpforte. »Soll ich sie hinüberschaffen, während Sie beim Admiral sind, Sir?«

»Wenn Sie so gut sein wollen, Mr. Herrick.« Bolitho bemerkte Allday an der Kajütenluke und setzte kurz hinzu: »Aber behalten Sie Ferguson an Bord. Mit ihm befasse ich mich selber.«

»Ferguson, Sir?« fragte Herrick verblüfft.

Bolitho sah ihn kühl an. »Er ist mein Schreiber, Mr. Herrick! Haben Sie so schnell vergessen, daß Sie ihn mir empfohlen haben?« Er lächelte kurz und bemerkte die Erleichterung des anderen.

»Aye, aye, Sir.« Herrick trat an die Reling und ließ für den Kapitän Seite pfeifen.

Die Pfeifen trillerten, und Bolitho verschwand hinunter in das Boot. Herrick drehte sich um, als Old Proby murmelte: »Wie alt ist er? Fünfundzwanzig, sechsundzwanzig?« Er seufzte tief. »Ich bin doppelt so alt und noch was darüber, und an Bord der *Phalarope* gibt's mehr wie mich.« Seine Augen folgten der kleinen Gig, die durch die Schaumköpfe auf das schwoiende Linienschiff zuglitt. »Und doch ist er wie ein Vater zu uns.« Er schüttelte den Kopf. »Ist Ihnen aufgefallen, Mr. Herrick, wie ihn die Leute jetzt ansehen? Wie Kinder, die bei was Schlechtem ertappt worden sind. Sie wissen, wie ihn die Meuterei getroffen hat. Und daß er unsere Schande doppelt schwer empfindet.«

Herrick blickte Proby erstaunt an. Selten redete der Steuermann so viel auf einmal. »Ich wußte gar nicht, daß auch Sie ihn bewundern.«

Proby schob die hängende Unterlippe vor. »Bewundern, dafür bin ich zu alt, Mr. Herrick. Es sitzt tiefer. Unser Kapitän ist ein ganz besonderer Mann. Ich würde mein Leben für ihn hingeben. Mehr kann ich nicht sagen.«

Proby drehte sich plötzlich wütend um. »Verdammt noch mal, Mr. Herrick, wie können Sie mich so daherschwatzen lassen!« Er schlurfte geräuschvoll über das Achterdeck.

Herrick ging zur Reling. Er dachte noch über Probys Worte nach, während er auf die von Seesoldaten bewachten Meuterer hinabblickte, die auf den Abtransport zur *Cassius* warteten. Scham und Schande ihretwegen? Herrick teilte Bolithos Gefühl nicht. Er hätte gern jeden einzelnen eigenhändig gehenkt, wenn dem Kapitän dadurch die Last der Trostlosigkeit genommen worden wäre.

Er entsann sich des eigenen Jubels, als Okes und Rennie an Bord der Fregatte gekommen waren und ihm klar wurde, daß das plötzlich hochgezüngelte Feuer der Meuterei erstickt worden war. In diesem Augenblick hatte er hinter Bolithos sorgsam zur Schau getragene Maske geblickt und war zu dem Menschen dahinter vorgedrungen. Ja, Proby hatte recht, Bolitho war ein ganz besonderer Mann.

Fähnrich Neale trat neben ihn und richtete sein Glas auf das Flaggschiff. Herrick sah zu dem kleinen Fähnrich hinunter. Er mußte daran denken, wie Neale sich gedreht und gewunden hatte, als sie seinen eingefetteten Körper durch das Lüftungsloch zwängten. Als er dann plötzlich die Kabelgattür aufriß, mußte das auf die festgesetzten Leute geradezu wie eine Sensation gewirkt haben. Ellice, der Arzt, hatte später gesagt: »Da waren wir nun alle, Mr. Herrick, und dachten an Tod oder Schlimmeres, und plötzlich flog die Tür auf wie die Pforte des Himmels.« Das hochrote Gesicht des Arztes hatte sich zu einem Grinsen verzogen. »Als ich den kleinen nackten Cherubim sah, hinter dem die Sonne stand, dachte ich zuerst, ich wäre gestorben, ohne daß ich es bemerkt hätte.«

Herrick lächelte vor sich hin. Seit jenem schrecklichen Tag schien Neale gewachsen zu sein. »Wenn Sie sich weiter so halten, wird man Sie in ein paar Jahren genauso befördern wie jetzt Mr. Farquhar.«

Neale dachte darüber nach und entgegnete dann: »Ich habe nie daran gezweifelt, Sir.« Er errötete und setzte hastig hinzu: »Ich meine, nicht oft.«

Sir Robert Napier ging steif zu einem kleinen vergoldeten Stuhl und setzte sich. Einige Sekunden fixierte er Bolithos unbewegliche Züge, ehe er trocken sagte: »Sie sind ein sehr merkwürdiger junger Mann, Bolitho. Nichts berechenbar, nichts vorherzusehen.« Er klopfte mit den Fingerspitzen gegeneinander. »Aber eins muß man zu Ihren Gunsten sagen, langweilig sind Sie nicht.«

Bolitho wagte nicht zu lächeln. Es war noch zu früh, um genau abzuschätzen, welche Aufnahme seine Ideen gefunden hatten. Mit nagender Ungeduld hatte er in einer angrenzenden Kajüte gewartet, während der Admiral seine Berichte las. Nach etwa einer Stunde war er vor den großen Mann befohlen worden. Zwei weitere Kapitäne waren bereits anwesend: Cope von der *Cassius* und ein untersetzter Mann mit maskenstarrem Gesicht, in dem Bolitho Kapitän Fox von der Fregatte *Volcano* erkannte.

»Mir scheint«, sagte der Admiral, »Ihre Erregung über die französischen Fregatten, die einer Ihrer Leute gesichtet hat, ist reichlich übertrieben.« Er schwenkte eine Hand über seiner großen, mehrfarbigen Karte. »Sehen Sie selbst, Bolitho. Die Inseln unter dem Winde und die Inseln über dem Winde bilden von Norden nach Süden so etwas wie eine gebrochene Kette. Wenn die französische Flotte ausgelaufen ist – und ich sage *wenn* –, dann dürften Sir George Rodneys Fregatten diese Tatsache gemeldet haben, und beide Seiten stehen bereits im Kampf. Ist das der Fall, was kann ich dann weiter dazu tun?« Er lehnte sich zurück. Seine Blicke hafteten an Bolithos Gesicht.

Bolitho sah flüchtig die anderen Offiziere an. Cope, Sir Roberts Flaggschiffkapitän, würde sich selbstverständlich zurückhalten, bis ihm die Meinung seines Herrn klar war. Fox war der Mann, den es zu überzeugen galt. Wie es hieß, war er hart, verschlossen und neigte infolge seines Alters – er war zu alt für seinen Rang – zu übergroßer Vorsicht.

Bolitho breitete seine eigene Karte über der des Admirals aus. »Der ganze Plan, die französische Flotte zu stellen und ins Gefecht zu ziehen, basiert auf einer Voraussetzung, Sir«, begann er ruhig. »Wir wissen, daß de Grasse seine stärksten Kräfte bei Martinique zusammengezogen hat, mit Stoßrichtung nach Süden. Um sich mit seinen spanischen Verbündeten zu vereinen und Jamaika zu erreichen, muß er daher alles daransetzen, sich unserer Aufmerksamkeit zu entziehen und so jede Schlacht mit uns, die ihm Schaden zufügen könnte, zu vermeiden.«

Der Admiral sagte gereizt: »Das weiß ich selber, verdammt noch mal.«

Bolitho fuhr gelassen fort: »Meines Erachtens waren die zwei Fregatten Fahrzeuge mit Späherauftrag, die der eigentlichen Flotte voraussegelten.« Er fuhr mit dem Finger über die Karte. »Er kann nördlich von Martinique segeln und, falls notwendig, zwischen den verstreuten Inseln in Gefechtslinie gehen. Danach, in dem ihm genehmsten Augenblick, kann er leicht nach Westen und wie geplant auf Jamaika zudrehen.« Bolitho sah zu Fox hinüber, dessen Augen ausdruckslos blieben, ehe er drängend hinzufügte: »Sir George Rodneys Plan hängt von einem schnellen Treffen ab, Sir. Aber angenommen, de Grasse vermag es zu vermeiden, oder, noch schlimmer, er greift uns irgendwo zum Schein an, während seine Hauptmacht in Richtung Norden segelt, was dann?« Er wartete und beobachtete den Admiral, dessen blasse Augen über die Karte wanderten.

»Die Möglichkeit besteht«, sagte Sir Robert mürrisch. »De Grasse könnte alles feindliche Land umgehen und dann dicht unter befreundetem Gebiet bleiben. Guadeloupe zum Beispiel. Dadurch würde er einer Schlacht in offenem Gewässer wie der Martinique-Passage, ausweichen.« Er nickte und wirkte plötzlich ernst. »Ihr Vorschlag birgt viele Gefahren, Bolitho.«

Kapitän Cope sagte mißmutig: »Wenn die Franzosen Rodney entwischen, sind wir erledigt.«

»Darf ich mir erlauben, auf etwas hinzuweisen, Sir?« fragte Bolitho. »Selbst wenn ich unrecht habe, kann mein Vorschlag kaum Schaden anrichten.«

Der Admiral zog die Schultern hoch. »Mir liegt nichts daran, so seltenen Enthusiasmus zu dämpfen, Bolitho. Aber ich verspreche auch nicht, ihm nachzugeben.«

Bolitho beugte sich über die Karte. »Mein Schiff war hier unten auf der Suche nach Frischwasser –«

»Und damit zufällig nicht auf der ihm zugewiesenen Position«, unterbrach ihn der Admiral.

»Ja, Sir«, nahm Bolitho schnell wieder das Wort. »Setzen wir für die Flaute einen Tag an und zwei weitere, um Kontakt mit Admiral de Grasse herzustellen, dann hatten die beiden französischen Fregatten Zeit genug, diese Durchfahrt zu erforschen.« Er trat zurück, als die beiden Kapitäne die Karte studieren wollten. »Nördlich der Dominica-Passage liegt eine verstreute Gruppe kleiner Inseln: die Isles des Saintes. Wenn ich de Grasse wäre, würde ich darauf zuhalten. Von dort aus kann er entweder in westlicher Richtung nach Jamaika segeln oder sich in den Schutz von Guadeloupe zurückziehen, falls ihm Rodneys Flotte zu dicht auf den Fersen sitzt.« Bolitho holte tief Luft, ehe er fortfuhr: »Wenn unser Geschwader nach Südosten läuft, wären wir in einer besseren Position, um die Lage zu beobachten und – wenn notwendig – Sir George Rodney Meldung zu erstatten, was vorgeht.«

Sir Robert rieb sich das Kinn. »Was meinen Sie, Cope?«

Der Kapitän des Flaggschiffs trat unbehaglich von einem Fuß auf den anderen. »Schwer zu sagen, Sir. Wenn Bolitho recht hat, und ich denke, daß er alles höchst sorgsam überlegt hat, dann hätte de Grasse die am wenigsten vermutete Route gewählt, um durch unsere Blokkade zu schlüpfen. Aber selbstverständlich, wenn Bolitho sich irrt, dann haben wir die uns zugewiesene Position ohne vertretbaren Grund verlassen.«

Der Admiral funkelte ihn an. »Daran brauchen Sie mich nicht zu erinnern.« Seine Blicke wanderten zu Fox, der sich noch immer über die Karte beugte. »Na?«

Fox richtete sich auf. »Ich stimme mit Bolitho überein.« Und nach kurzer Pause: »Dennoch scheint mir, Bolitho hat einen Punkt übersehen.« Er tippte mit dem Finger auf die Bleistiftlinien. »Wenn Sir George den Admiral de Grasse von der Dominica-Passage verscheucht, sind die Froschfresser günstiger dran. Die Brise ist zu schwach. Unsere Flotte kann sich nicht schnell genug wieder vereinigen, ehe de Grasse aufs offene Wasser hinausstürmt.« Sein Finger lief langsam in gerader Linie über die Karte. »Aber unser Geschwader liegt dann womöglich direkt auf ihrem Fluchtweg.«

Der Admiral bewegte sich auf seinem Platz. »Meinen Sie, ich hätte mir das nicht auch überlegt?« Er sah Bolitho an. »Na, und was sagen *Sie* dazu?«

»Ich meine noch immer, daß wir in einer besseren Position wären, um Bericht zu erstatten und um den Feind zu beschatten, Sir.«

Der Admiral stand auf und ging erregt auf und ab. »Wenn ich nur ein paar verläßliche Informationen bekommen könnte! Ich habe die *Witch of Looe* vor ein paar Tagen auf ein Spähkommando geschickt, aber was kann man bei der verdammten Flaute erwarten?« Er blickte durch die offenstehenden Heckfenster. »Manchmal liegt man tagelang so fest. Was wissen wir? Der Krieg kann schon aus sein.«

»Ich könnte mit der *Phalarope* allein nach Süden segeln, Sir«, schlug Bolitho vor.

»Nein!« Die Stimme des Admirals kam wie ein Peitschenhieb. »Ich werde keinem meiner Kapitäne eine Verantwortung aufbürden, die ich selber tragen muß.« Er lächelte frostig. »Oder wollten Sie mir diese Entscheidung aufzwingen?« Er wartete die Antwort nicht ab.

»Nun gut, meine Herren. Wir setzen unverzüglich Segel und halten nach Südost.« Er sah seine Kapitäne der Reihe nach an. »Aber ich wünsche keine Abenteuer. Sichten wir den Feind, ziehen wir uns zurück und erstatten Sir George Rodney Meldung.«

Bolitho verbarg seine Enttäuschung. Indes, er konnte eigentlich zufrieden sein. Schließlich hatte er nicht einmal das erwartet. Weder daß Sir Robert Napier zustimmen würde, den gegenwärtigen Bereich zu verlassen, noch daß er sich zu einer Unternehmung bereitfinden würde, die sich gut und gern als ein sinnloses, zeitvergeudendes Wagnis herausstellen konnte. Als er sich umwandte, um Fox zu folgen, sagte der Admiral scharf: »Und was diese andere Angelegenheit betrifft, Bolitho«, er legte seine Hand auf den offenen Umschlag, »die werde ich auf meine Weise erledigen. Mir liegt nichts daran, daß meine Schiffe durch Meuterei befleckt erscheinen. Wir werden die Sache innerhalb des Geschwaders bereinigen.« Seine Ungeduld brach wieder durch. »Und was Leutnant Vibart anlangt, nun, da ist nichts mehr zu machen, nicht wahr. Ein toter Offizier nutzt mir nichts mehr, ganz gleich, wie er starb.«

»Er starb tapfer, Sir«, brachte Bolitho nach kurzem Überlegen heraus.

»Auch die Christen in Rom starben tapfer«, knurrte der Admiral. »Und es ist verdammt wenig Gutes dabei herausgekommen.«

Bolitho zog sich aus der Kajüte zurück und eilte an Deck, um sein Boot rufen zu lassen. Die See zeigte wieder kleine weiße Schaumköpfe, und die Flagge des Admirals flatterte tapfer in der auffrischenden Brise. Gutes Segelwetter! dachte er. Und das sollte man stets nutzen.

Den schwerfälligen Zweidecker zwischen sich, machten die Fregatten alles klar und setzten die Segel. Gegen Abend hatte der Wind leicht nachgelassen. Aber er reichte noch immer aus. Die Segel blähten sich noch prall durch die ungewohnte Kraft, als die Rahen gebraßt wurden und alle drei Schiffe auf Steuerbordhalsen gelegt wurden, damit sie über Nacht zusammenblieben.

Ehe die Dunkelheit die Schiffe völlig verbarg, kam es zu einem Ereignis, mit dem die unglückseligen Vorgänge der Meuterei ihren Abschluß fanden. Bolitho wanderte gerade an der Luvseite auf und ab, als er Okes rufen hörte.

»Mr. Maynard, schnell! Richten Sie Ihr Glas auf das Flaggschiff. Man scheint ein Signal zu hissen.«

Bolitho überquerte das Deck. Der Signalfähnrich hantierte mit seinem langen Fernrohr. Sonderbar von dem Admiral, bei so mäßiger Sicht ein Flaggensignal zu setzen. Eine Signallaterne wäre besser gewesen.

Maynard senkte das Glas und blickte die beiden Offiziere an. Ihm schien so elend zu sein wie an dem Tag, als er Evans' Leiche entdeckt hatte. »Es ist kein Signal, Sir.«

Bolitho nahm dem Fähnrich das Glas ab und richtete es auf das Flaggschiff. Unbewegt verfolgte er, wie der kleine schwarze Punkt zur Großrah der *Cassius* hochstieg. Er pendelte während der langsamen Reise zur Rah, zappelte und ruckte hin und her, so daß Bolitho geradezu die Trommelwirbel und das stetige Trampeln nackter Füße zu hören glaubte, die Begleitmusik, zu der die abkommandierten Männer die Meuterer langsam zur Großrah heißten.

In einem Punkt hatte Maynard unrecht: Es war doch ein Signal, für jeden, der es sah.

Bolitho gab das Glas zurück und sagte: »Ich gehe nach unten, Mr. Okes. Besetzen Sie den Ausguck mit den besten Leuten. Lassen Sie mich rufen, wenn Sie etwas sichten.« Er sah Maynard kurz an und sagte: »Dieser Mann, wer es auch war, kannte den Preis für seine Torheit. Die Disziplin verlangt, daß er voll bezahlt wird.«

Er drehte sich um, ging hinunter und verabscheute sich selber wegen der kalten Unnatur seiner Worte. Im Geiste glaubte er Vibarts heisere, anklagende Stimme zu hören, die ihm seine Weichheit vorhielt. Was machte ein Toter mehr aus? Ob Fieber oder unberechenbare Unfälle, ob Tod im Kampf oder das Ende am Seil, zuletzt war es alles das Gleiche.

Er warf sich auf sein Lager und blickte zu den Decksbalken empor. Ein Kapitän mußte über solchen Dingen stehen, um den lieben Gott spielen zu können, ohne an die zu denken, die ihm dienten. Dann erinnerte er sich an Alldays Worte und an das blinde Vertrauen, das Männer wie Herrick oder Stockdale in ihn setzten. Solche Menschen verdienen meine Aufmerksamkeit, ja meine Liebe, ging es ihm unbestimmt durch den Kopf. Macht als Tyrann auszuüben, ist ehrlos. Und ohne Ehre ist man kein Mensch.

Mit diesem Gedanken sank er in tiefen Schlaf.

»Kapitän, Sir!«

Fähnrich Neale legte Bolitho die Hand auf den Arm und sprang erschrocken zurück, als die Hängekoje heftig schaukelte.

Bolitho setzte die Füße auf den Boden, starrte aber noch leer vor sich hin, während er den Alptraum abzuschütteln versuchte. Schreiende, gesichtslose Männer hatten ihn umringt. Seine Arme waren gefesselt, und er hatte gefühlt, wie sich die Schlinge um seinen Hals zusammenzog. Neales Hand hatte die Realität des Alptraums nur noch verstärkt. Er fühlte, wie ihm noch jetzt der Schweiß über den Rücken lief.

»Was ist?« fragte er barsch. Es war noch dunkel, und er brauchte mehrere Sekunden, um zu sich zu kommen.

»Eine Empfehlung von Mr. Herrick, Sir«, meldete Neale. »Er meint, Sie sollten wissen, daß wir etwas gehört haben.« Er trat noch einen Schritt zurück, als Bolitho sich erhob. »Es klang wie Kanonendonner, Sir.«

Bolitho hielt sich nicht damit auf, seinen Rock zu suchen, sondern rannte so wie er war zum Achterdeck hinauf. Die Dämmerung mußte bald anbrechen. Der Himmel vor dem sanft geschwungenen Bug zeigte bereits einen blassen Streifen.

»Was ist, Mr. Herrick?« Bolitho trat an die Reling und hielt die Hände hinter die Ohren.

Herrick sah ihn unsicher an. »Ich kann mich auch irren, Sir. Vielleicht war es Donner.«

»Höchst unwahrscheinlich.« Die Frühbrise ging kühl, und Bolitho fröstelte. »Können Sie die *Cassius* schon ausmachen?«

»Nein, Sir.« Herrick deutete unbestimmt in eine Richtung. »Der Dunst hebt sich. Es wird wieder ein heißer Tag.«

Bolitho richtete sich kerzengerade auf, als plötzlich ein dumpfes Rollen über die See hallte. »Vielleicht heißer, als Sie denken, Mr. Herrick.« Er sah zu der prallen Leinwand hinauf. »Der Wind scheint durchzustehen.« Er bemerkte plötzlich mehrere Gestalten auf dem Hauptdeck. Alle blickten nach vorn, lauschten, fragten sich, was das Rollen bedeuten mochte.

»Lassen Sie alle Mann an Deck pfeifen«, befahl Bolitho. Er sah wieder nach oben. Im Frühlicht erkannte er am Masttopp schon den wehenden Wimpel, der wie ein ausgestreckter Finger wirkte. »Lassen Sie die Reffs ausschütteln, Mr. Herrick. Und setzen Sie Fock und Besansegel.«

Herrick rief nach einem Bootsmannsmaat, und wenige Sekunden später, als die Pfeifen schrillten und die Männer an Deck gerannt kamen, herrschte auf dem Schiff reges Leben.

»Die *Cassius* ist noch immer nicht zu sehen, Sir«, sagte Herrick.

»Wir warten nicht auf sie!« Bolitho beobachtete, wie die Männer die Wanten hinaufschwärmten, und lauschte den barsch herausgebellten Kommandos. »Das da vorn ist Geschützfeuer. Geben Sie sich keinem Irrtum hin.«

Proby kam an Deck, wobei er seinen schweren Rock zuknöpfte. Er schien noch halb im Schlaf. Während sich das große Besansegel füllte und sich das Deck unter dem Druck des Windes gehorsam neigte, eilte er zum Ruder hinüber und enthielt sich jeder Bemerkung.

Bolitho sagte ruhig: »Zwei Strich nach Backbord abfallen, Mr. Proby.« So wie das Schiff plötzlich auf Wind und Segel reagierte, so waren auch Erschöpfung und Schlaf plötzlich wie weggefegt. Er hatte recht gehabt. Das Warten war fast zu Ende.

Er sah zu Herrick hinüber. Es war heller geworden, und das Gesicht des Leutnants war jetzt deutlicher zu erkennen. Herrick wirkte besorgt, war aber trotz der schnellen Folge der Ereignisse nicht aufgeregt.

»Wir wollen der Sache auf den Grund gehen, Mr. Herrick«, sagte Bolitho. Er deutete auf die Männer, die an den Rahen zurückkletterten. »Ich möchte, daß an jeder Rah Schutzketten angebracht werden. Wenn wir in ein Gefecht verwickelt werden, haben unsere Leute genug mit den Kanonen zu tun. Sie sollen nicht durch herabstürzende Spieren zerschmettert werden. Und lassen Sie auch über dem Hauptdeck Netze ausspannen.« Er zwang sich, still an der Reling zu stehen und die Hände auf dem abgegriffenen, polierten Holz ruhen zu lassen. Durch die Handflächen spürte er, wie das Schiff bebte. Es war, als wären seine Gedanken zu etwas Lebendigen geworden, das jetzt die *Phalarope* durchpulste.

Aus dem anfänglichen Durcheinander hatte sich ein sinnvoller Rhythmus entwickelt. Die Wochen der Ausbildung und die Stunden beharrlicher Einweisung hatten sich gelohnt, wie sich jetzt erwies.

Stockdale trat zu Bolitho an die Reling. »Ich hole Ihren Rock, Sir.«

»Noch nicht, Stockdale. Das hat noch Zeit.« Er drehte sich um, als Okes mit verschlafenem Gesicht auftauchte. »Die Leute sollen heute früh reichlich zu essen bekommen, Mr. Okes. Ich habe das Gefühl, als ob das Kombüsenfeuer bald für einige Zeit gelöscht werden muß.« Auf dem Gesicht des Offiziers dämmerte Begreifen. »Dieses Mal werden wir bereit sein.«

Wie ein lebendes Wesen bäumte sich die *Phalarope* auf, wenn sich der Bug hob und freudig durch jede Reihe der niedrigen Wellen schnitt. Gischt spritzte über die Back in langen weißen Streifen.

»Ketten angeschlagen, Sir.«

»Gut.« Es kostete ihn Mühe, gelassen zu sprechen. »Lassen Sie die Boote ausschwenken, damit sie achtern in Schlepp genommen werden können. Kommt es heute zum Kampf, fliegen auch ohne Bootsplanken genug Splitter durch die Gegend.«

»Was bedeutet Ihrer Meinung nach das Geschützfeuer, Sir?« fragte Okes stockend.

Bolitho merkte, wie mehrere Leute innehielten, um seine Antwort zu hören. »Zwei Schiffe«, erklärte er langsam. »Eins sehr viel kleiner als das andere, dem Klang der Abschüsse nach. Aber so viel steht fest, Mr. Okes: feindlich kann nur eins davon sein.«

Herrick meldete sich zurück. »Was nun, Sir?«

»Ich gehe nach unten, um mich zu rasieren und zu waschen. Wenn ich wieder an Deck komme, erwarte ich Meldung, daß die Leute reichlich gegessen haben. Danach werden wir weitersehen.«

Doch in seiner Kajüte konnte er es kaum über sich bringen, Zeit mit Rasieren und Umziehen zu vergeuden. Stockdale servierte ihm sein Frühstück, aber er konnte es nicht einmal ansehen, geschweige denn essen. Heute abend oder vielleicht schon innerhalb weniger Stunden konnte er tot sein. Oder, schlimmer noch, unter dem Messer des Arztes um Gnade schreien. Ihn schauderte. Doch es führte zu nichts, daran zu denken. Mehr noch, es schadete.

»Ich habe Ihnen ein frisches Hemd hingelegt, Sir«, sagte Stockdale. Er sah Bolitho fragend an. »Ich denke, Sie sollten auch Ihre beste Uniform anziehen.«

»Um Himmels willen, warum denn, Mann?« Bolitho blickte seinem Bootsführer überrascht in das zerschlagene Gesicht.

»Das ist *der* Tag, Sir. Ich spüre es. So war es schon mal.« Dickköpfig setzte er hinzu: »Außerdem blickt die Mannschaft auf Sie, Sir. Die Leute wollen Sie sehen. Nach allem, was geschehen ist, wollen sie sehen, daß Sie zu ihnen gehören.«

Bolitho blickte Stockdale an. Die stockend vorgebrachten Worte bewegten ihn. »Wenn du meinst.«

Zehn Minuten später übertönte eine Stimme schwach die Geräusche der See und der Leinwand: »An Deck! Segel in Steuerbord voraus.«

Bolitho zwang sich, noch ein paar Sekunden zu warten. Nachdem Stockdale ihm den Degen umgeschnallt hatte, ging er zum Kajütniedergang. Das Achterdeck war voller Leute. Sie deuteten nach vorn und redeten durcheinander, verstummten aber, während Bolitho zur Reling ging und sich von Maynard das Fernrohr reichen ließ.

Durch das Muster der Takelage sah er die Schaumköpfe der Wogen vor dem Bug der Fregatte. Der Himmel war bereits klar, aber das Wasser schien sich noch unter dem Griff eines sich nur langsam lichtenden Nebels zu winden, der dem jungen Tag momentan noch die Wärme raubte.

Dann hatte er sie plötzlich im Glas: zwei Schiffe, dicht beieinander, die Rümpfe in eine dichte Rauch- und Nebelwolke gehüllt; die zerfetzten Segel hingen körperlos über dem weiter unten verborgenen Kampf. Deutlich sichtbar waren jedoch die Flaggen: die eine blutrot wie die, die über ihm flatterte. Die andere rein und weiß, die Fahne Frankreichs.

Bolitho schob das Fernrohr mit einem Ruck zusammen. »Also gut, Mr. Okes, lassen Sie Alarm trommeln. Alle Mann auf Stationen. Klar zum Gefecht.« Er sah seine Offiziere fest an. »Wir müssen uns heute mit unserer ganzen Person einsetzen, meine Herren. Wenn die Mannschaft sieht, daß wir unser Bestes geben, werden die Leute willig ihre Pflicht tun.« Er lauschte auf das ferne Geschützfeuer. »Machen Sie weiter, Mr. Okes.«

Die Offiziere salutierten und sahen dann einander an, als wäre ihnen eben bewußt geworden, daß es für einige, vielleicht für alle der letzte Tag sein konnte. Doch da begann die Trommel zu rasseln und beendete den kurzen Moment innerer Bewegung.

XVII In Schlachtformation

Zehn Minuten nach dem Trommelsignal war die *Phalarope* klar zum Gefecht. Die Decks waren gesandet, Eimer mit Wasser standen in Reichweite jeder Kanone. Über dem Schiff lag eine sonderbare, alles beherrschende Stille, nur durch das unruhige Schlagen der Segel und das Rauschen der Bugwelle unterbrochen.

Bolitho legte die Hand über die Augen und betrachtete die unirdisch orangefarbene Glut der Sonne, die sich durch den nicht endenwollenden Dunst kämpfte. Das Krachen und Bellen der Geschütze war mit jeder Minute unregelmäßiger und sporadischer geworden. Während sich die Entfernung zwischen der *Phalarope* und den anderen Schiffen verringerte, drangen neue Laute herüber. Sie klangen bösartiger und doch irgendwie persönlicher. Bolitho hörte das scharfe Knattern von Gewehren und Pistolen, und Stahl klirrte gegen Stahl, übertönt von den Schreien der um ihr Leben kämpfenden Männer.

Okes wischte sich das Gesicht mit dem Handrücken und stieß hervor: »Dieser verdammte Nebel! Nicht zu sehen, was vorgeht.«

Bolitho sah ihn kurz an. »Er ist ein Gottesgeschenk, Mr. Okes. Sie haben zu viel zu tun, um uns zu bemerken.« Er winkte zum Rudergänger hinüber. »Einen Strich nach Steuerbord.« Danach ging er zur Querreling und blickte zu dem hochschauenden Herrick hinunter. »Lassen Sie die Geschütze laden. Aber erst auf mein Kommando hin ausrennen.«

Die Kanoniere schoben Kartuschen in die Mündungen und stießen glänzende runde Kugeln hinterher. Die erfahreneren Geschützmeister nahmen sich die Zeit, jede Kugel beinahe liebevoll zu tätscheln und in der Hand zu wiegen. Die erste Salve sollte ein voller Erfolg werden.

»Doppelte Ladungen!« hörte er Herrick rufen. »Und Kartätschen, Jungs. Diesmal wollen wir es ihnen geben!«

Ein kräftigerer Windstoß schob den Dunst, der die Schiffe einhüllte, beiseite. Bolithos Lippen verzogen sich zu einem schmalen Strich. Mit dem Heck zur schnell heransegelnden *Phalarope* lag eine französische Fregatte. Neben ihr erkannte er die kleine *Witch of Looe.* Die Brigg hatte Schlagseite und war beinahe bis zur Unkenntlichkeit havariert. Ein Mast fehlte bereits, den anderen schienen nur noch die Reste des stehenden Gutes zu halten. Er dachte an ihren Kommandanten, den jungen Leutnant Dancer, dem er an Bord des Flaggschiffs begegnet war. Er staunte über den Schneid oder den vergeudeten Mut, der Dancer veranlaßt hatte, sich mit einem Gegner einzulassen, der ihm dermaßen überlegen war. Seine kleinen Knallbüchsen gegen die noch rauchenden Zwölfpfünder!

»Sie haben uns entdeckt, Sir«, sagte Okes. Er schluckte schwer, als etwas wie ein tierisches Knurren über das Wasser drang. »Mein Gott, sehen Sie bloß!«

Das zerschmetterte Deck der *Witch of Looe* schien von französischen Seeleuten überschwemmt. Während der treibende Pulverqualm einen Augenblick aufriß und die Sonne das Gemetzel beschien, sah Bolitho die kleine Gruppe, die das Achterdeck der Brigg noch verteidigte. In wenigen Minuten würde auch sie überwältigt sein.

Die Stückpforten der dem Gefecht abgewandten Seite der französischen Fregatte öffneten sich plötzlich, und die Kanonen wurden rumpelnd ausgefahren. Die feindliche Fregatte bleckte die Zähne.

Bolitho achtete nicht auf das Siegesgeschrei, das auf der französischen Fregatte ertönte, sondern konzentrierte sich völlig auf den ständig schmaler werdenden Streifen Wasser zwischen der *Phalarope* und dem Feind. Keine Kabellänge mehr, und kein Schiff in der Lage zu feuern. Der Bug der Phalarope zeigte fast haargenau auf das Heck des anderen Schiffs. Behielt sie den Kurs bei, würde der Bugspriet durch die Heckfenster stoßen. Auf der einen Seite des Franzosen lag mit Schlagseite die durchsiebte *Witch of Looe,* auf der anderen warteten die französischen Kanonen auf ein weiteres Opfer.

»Steuerbordbatterie ausrennen!«

Bolitho beobachtete, wie sich seine Leute in die Taljen legten. Quietschend und knarrend rollten die Kanonen die leichte Neigung des Decks hinauf, und die Rohre schoben sich durch die Pforten.

Von dem französischen Schiff drangen wüste Rufe herüber, unmenschliche Töne des Blutrauschs. Die Männer der *Phalarope* blieben kalt und wachsam. Ihre Augen blinzelten nicht, als die pockennarbigen Segel des Feindes immer höher über dem Bug aufwuchsen.

Bolithos Hände umspannten die Reling, während er langsam sagte: »So, Mr. Herrick, und nun schicken Sie Ihre Leute hinüber zur Backbordbatterie.« Er bemerkte die verdutzten Blicke und setzte kurz hinzu: »In einer Minute lege ich nach Steuerbord um und schere neben die *Witch of Looe.* Sie liegt tief im Wasser. Unsere Breitseite streicht über sie hinweg.«

Herricks Stirnrunzeln machte einem Ausdruck offener Bewunderung Platz. »Aye, aye, Sir.«

Bolithos Stimme riß ihn aus seinen Gedankengängen. »Ruhe! Die Franzosen brauchen nicht zu merken, was wir vorhaben.«

Die Geschützbedienungen krochen zur entgegengesetzten Seite hinüber. Die heiseren Drohungen der Stückmeister dämpften ihre Erregtheit.

Näher und näher. Ein paar Musketenkugeln pfiffen harmlos über ihre Köpfe hinweg, aber aufs Ganze gesehen wartete der französische Kapitän ab. Beide Schiffe waren gleich stark bestückt, und er konnte hoffen, daß der Bug und Vormast der *Phalarope* die ersten Schläge abbekommen würden. Sein Schiff trieb langsam im Wind, und die längsseits liegende *Witch of Looe* minderte das Schaukeln und Schlingern, wofür die französischen Kanoniere dankbar waren. Schwaches Hurrarufen wurde von neuerlichem Musketenfeuer übertönt.

»Die Leute der Brigg jubeln uns zu, Sir«, stotterte Proby.

Bolitho tat, als höre er nicht. Ein einziger Irrtum, und sein Schiff würde zu Kleinholz zerhackt werden. Fünfzig Yards, dreißig Yards. Bolitho hob die Hand. Quintal hockte sprungbereit. Eine Hand lag auf der Schulter eines Matrosen an den Brassen.

»Jetzt!« befahl Bolitho.

Proby griff mit in die Speichen des Rades, und unter dem Kreischen der Blöcke begannen die Rahen herumzuschwenken. Die Segel klatschten protestierend, reagierten aber auf Wind und Ruder.

»Ausrennen!« Eiskalt verfolgte Bolitho, wie die Backbordkanonen über die gesandeten Planken quietschten. »Feuert, was die Rohre hergeben!«

Bolitho hämmerte auf die Reling und zählte ungeduldig jede Sekunde. Einen Augenblick lang glaubte er, den Kurswechsel falsch angesetzt zu haben. Doch während er atemlos wartete und kaum hinzuschauen wagte, schwang der Bugspriet gemächlich über das hohe Heck des Franzosen und hätte fast eine Gruppe Matrosen von den Schutznetzen gefegt.

Herrick rannte von einer Kanone zur anderen, um darauf zu achten, daß auch bestimmt jeder Schuß saß. Er hätte sich die Mühe sparen können. Während die überraschten französischen Kanoniere verwirrt von der anderen Seite herübergerannt kamen, schlugen die ersten Schüsse krachend in den Rumpf der französischen Fregatte. Die *Phalarope* erbebte, als sie gegen die *Witch of Looe* stieß, zog aber weiter an der kleinen Brigg vorbei, während ihre Geschütze Feuer und Tod spien, hinweg über die Köpfe der verdutzten Enterer und die der restlichen Briggbesatzung.

Bolitho zuckte zusammen, als sich die Neunpfünder auf seinem Achterdeck an dem Getöse zu beteiligen begannen. Das französische Schiff antwortete noch immer nicht. Bolitho hatte richtig vermutet. Die Kanonen starrten so untätig in die Schläge der *Phalarope,* weil ihre Bedienungen mit auf die *Witch of Looe* geentert waren.

Große Teile des Schanzkleids der französischen Fregatte wurden aufgerissen. Zersplitterte Planken wurden wie von unsichtbarer Hand hochgeschleudert. Eine Axt blitzte auf, und Bolitho rief: »Sie wollen klarkommen.« Er zog den Säbel. »Hinüber, Jungs. Enterer vorwärts!«

Die *Phalarope* kam längsseits der *Witch of Looe* langsam zum Stehen. Ihr Bug verfing sich in den herabgestürzten Tauen und Spieren der Brigg. Bolitho rannte die Laufplanken auf der Backbordseite hinunter und kletterte auf das schräg liegende Deck der *Witch of Looe* hinüber. Zuerst folgte ihm niemand. Doch dann sprangen die wartenden Matrosen unter lautem Gebrüll hinter ihm über das Schanzkleid.

Die Franzosen sahen sich zwischen dem wilden Geschützfeuer und den wieder aufflackernden Aktionen der Briggbesatzung eingezwängt. Die meisten ergaben sich und hoben die Hände, doch Bolitho stieß sie beiseite. Sein hocherhobener Degen wies seinen Leuten den Weg. »Vorwärts, Jungs! Wir nehmen die Fregatte.« Sich mit den Enterern zu befassen, dazu blieb später noch Zeit genug.

Der Widerstand auf dem von Schüssen zerfetzten Deck der Fregatte war wild und entschlossen. Wüst verzerrte Gesichter schwammen an Bolitho vorbei, als er sich seinen Weg zum Heck bahnte. Immer wieder rutschte er auf der dicken Blutschicht aus, die das Deck wie frische Farbe überzog.

Das Oberdeck des Feindes war im Augenblick des Angriffs voller Menschen gewesen. Zur normalen Bemannung kamen die Enterer, die von der *Witch of Looe* zurückkommandiert worden waren, und die Kanoniere, die der plötzliche Kurswechsel der *Phalarope* überrascht hatte. In dieses verfilzte Durcheinander von Leibern war die volle Kraft der Breitseite geschlagen. Alle Zwölfpfünder der Backbordbatterie hatten gefeuert, dazu die Achterdeckgeschütze, jede Kanone mit Doppelkugeln und breit streuenden Kartätschen geladen. Das Deck des Franzosen sah aus, als habe ein Irrer ganze Fässer voller Blut ausgegossen. Sogar die unteren Segelbahnen waren rotgefleckt, und über dem zersplitterten Schanzkleid und den hochkant stehenden Kanonen hingen zerfetzte Körperteile.

Ein französischer Offizier, der aus einer Kopfwunde blutete und dessen schmaler Säbel fast bis zum Heft voller Blut war, stellte sich Bolitho in den Weg. Bolitho hob seinen Degen, doch der Franzose parierte den Schlag. Sein Gesichtsausdruck wechselte von Angst zu Frohlocken. Bolitho wollte Raum gewinnen, aber die ringsum kämpfenden Leute engten seine Bewegungsfreiheit ein. Er konnte den Degen nicht schnell genug heben. Er sah den Franzosen ausholen, hörte den Stahl herabsausen und wartete auf den Hieb. Statt dessen verzerrte sich das Gesicht des Franzosen vor Schreck. Denn ein kampfbesessener Seesoldat brach durch die Menge, sein aufgepflanztes Bajonett wirkte wie ein Speer. Der Franzose holte nach dem neuen Gegner aus, aber es war zu spät. Der Seesoldat stieß mit solcher Wucht zu, daß sein Bajonett den Franzosen an der Heckreling festnagelte. Der Seesoldat brüllte im Blutrausch auf und stemmte dem Franzosen den Fuß auf den Leib, um sein triefendes Bajonett herauszureißen. Der französische Offizier sackte langsam zusammen, sein Mund schnappte wie der eines sterbenden Fisches. Der Seesoldat stierte ihn an, als sähe er ihn zum ersten Mal, und stieß nochmals zu.

Bolitho packte ihn beim Arm. »Um Gottes willen, Mann, es reicht!« Der Seesoldat schien nicht zu hören. Dann, nach einem verdutzten Blick in das Gesicht seines Kapitäns, warf er sich von neuem verbissen und haßerfüllt in den Kampf.

Der Kapitän der Fregatte lag auf dem Achterdeck, ein junger Leutnant hielt ihn bei den Schultern. Jemand band eine Aderpresse um den zerschmetterten Stumpf seines Beins. Der Kapitän war kaum bei Bewußtsein.

»Streichen Sie die Flagge, Kapitän!« rief Bolitho. »Streichen Sie die Flagge, solange noch ein paar von Ihren Leuten am Leben sind.« Er erkannte seine eigene Stimme nicht. Die Hand, die den Degengriff umklammerte, war schweißnaß. Er mußte an den Seesoldaten denken und wußte, wie schnell auch ihn der Blutrausch packen konnte.

Der französische Kapitän brachte eine schwache Geste zustande, und der Leutnant stieß hervor: »Wir streichen die Flagge, M'sieur. Wir streichen.«

Selbst nachdem die weiße Flagge an Deck flatterte und die Leute Mann für Mann vom Geschäft des Tötens zurückgerissen worden waren, brauchten die Männer der *Phalarope* Zeit, um zu begreifen, daß der Kampf gewonnen war.

Dancer von der *Witch of Looe* gratulierte Bolitho als erster. Er blutete aus mehreren Wunden. Einen Arm hatte man ihm mit einem Tampen über der Brust festgebunden. Die gesunde Hand streckte er Bolitho entgegen, als er über das zersplitterte, blutbefleckte Deck auf ihn zuhinkte. »Danke, Sir. Das war Rettung in höchster Not!«

Bolitho schob den Degen in die Scheide. »Ihr Schiff wird sinken, fürchte ich.« Seine Augen glitten über die zerfetzten Segel der französischen Fregatte. »Aber Sie haben es teuer verkauft.«

Dancer schwankte und griff nach Bolithos Arm. »Ich wollte Sir Robert benachrichtigen. Die Franzosen sind ausgelaufen, Sir.« Er kniff die Augen zusammen und versuchte, seine Gedanken zu ordnen. »Vor drei Tagen stießen de Grasses und Rodneys Flotten aufeinander. Nach einem kurzen Treffen auf weite Entfernung brach de

Grasse die Schlacht ab. Ich habe versucht, die Franzosen im Auge zu behalten, und heute morgen entdeckte ich die gesamte Flotte nordwestlich von Dominica.« Er hob den Kopf. »Ich glaube, es ist Sir George Rodney gelungen, die Franzosen wieder zu stellen, aber genau weiß ich es nicht. Diese Fregatte erwischte mich, ehe ich das Geschwader wieder erreichen konnte.« Er lächelte kläglich. »Und nun habe ich nicht mal mehr ein Schiff.«

Bolitho legte die Stirn in Falten. »Haben Sie genug Leute, um diese Fregatte als Prise zu bemannen?«

Dancer blickte Bolitho verwundert an. »Aber es ist *Ihre* Prise, Sir.«

»Nun, die finanzielle Seite der Angelegenheit können wir später diskutieren, Leutnant.« Bolitho lächelte. »Inzwischen schlage ich vor, Sie scheuchen die Gefangenen nach unten und laufen, so schnell es Ihnen diese Segelfetzen erlauben, auf einen sicheren Hafen zu.« Er sah durch den Qualm nach oben. »Der Wind hat bereits auf Südost gedreht. Damit kommen Sie von der bevorstehenden Schlacht klar.«

Herrick stolperte über die Leichen heran. Der Degen baumelte ihm am Handgelenk. Er salutierte. »Wir haben eben die *Cassius* gesichtet, Sir.«

»Sehr gut.« Bolitho drückte Dancer die Hand. »Vielen Dank für die Nachrichten. Zumindest rechtfertigen sie, daß Sir Robert die ihm zugewiesene Station verlassen hat.« Er machte kehrt und kletterte über die sinkende Brigg auf sein eigenes Schiff zurück.

Tief in Gedanken schwang er sich über das Schanzkleid und ging die Gangway entlang. Die Kanoniere sahen zu ihm hoch. Die Scharfschützen der Seesoldaten, hoch in den Toppen, und die kleinen Pulveräffchen an der Magazinluke, alle starrten auf die schlanke, einsame Gestalt, die sich vor den zerrissenen Segeln des eroberten Franzosen abhob. Ein schneller, unglaublicher Sieg. Kein einziger Mann beim Angriff verletzt oder getötet, und nicht der geringste Schaden am Schiff selbst. Einige gute Leute waren beim Kampf auf der feindlichen Fregatte gefallen. Aber der Erfolg wog solchen Verlust bei weitem auf. Eine Fregatte als Prise erbeutet. Die *Witch of Looe,* wenn auch nicht gerettet, so doch gerächt. Und das alles in einer Stunde.

Doch von alledem dachte Bolitho nichts. Vor seinem geistigen Auge sah er die Seekarte und verfolgte darauf, wie die feindliche Flotte in unaufhaltsamem Drang auf die offene See hinausstrebte, direkt auf Jamaika zu.

Auf dem Hauptdeck ertönte eine Stimme. Bolitho drehte sich überrascht um.

»Drei Hurras, Jungs. Drei Hurras für unseren Kapitän!«

Während die ungestümen Rufe die Luft erzittern ließen, blickte Bolitho zum Achterdeck. Herrick und Rennie grinsten ihn unverhohlen an. Neale und Maynard schwenkten die Hüte gegen die Mannschaft auf dem unteren Deck. Es traf Bolitho völlig unvorbereitet, und er war verwirrt. Während die Hurrarufe in ein wildes Durcheinander übergingen, trat Herrick an Bolitho heran und sagte: »Gratuliere, Sir. Gratuliere.«

»Was ist heute bloß in die Leute gefahren?«

»Sie haben ihnen mehr als einen Sieg geschenkt, Sir. Sie haben ihnen ihre Selbstachtung zurückgegeben.«

Die Hurrarufe erstarben wie auf ein Signal hin, und Herrick sagte: »Die Leute möchten ein paar Worte von Ihnen hören, Sir.«

Bolitho trat an die Querreling und ließ die Augen über die vertrauten Gesichter wandern. Diese Männer – seine Männer! Die Gedanken wirbelten wie Schatten durch sein Gehirn. Laß sie hungern, laß sie prügeln. Setze sie dem Skorbut aus, Krankheiten, einem hundertfachen Tod. Dennoch lassen sie dich hochleben. Er umklammerte fest die Reling und starrte über die Mannschaft. Er sprach leise, und die entfernteren Leute beugten sich vor, um ihn besser zu verstehen.

»Heute haben wir mit einer französischen Fregatte gekämpft und gesiegt.« Er sah, daß sich einige anstießen und wie Kinder grinsten. »Wichtiger ist mir jedoch die Tatsache, daß wir als geschlossene Einheit kämpften, so wie ein Schiff des Königs kämpfen sollte und auch muß.« Mehrere ältere Seeleute nickten, und Bolitho sammelte alle Kraft für das, was er ihnen zu sagen hatte. Es lag kein Sinn darin, die Leute bloß zum Kampf aufzurufen. Sie brauchten Führung. Es war ein Akt wechselseitigen Vertrauens. Er räusperte sich. »Seht ihr ein feindliches Schiff vor euch, und fliegen die Kugeln über eure Köpfe, kämpft ihr aus verschiedenen Gründen.« Seine Augen wanderten über die gebräunten, erwartungsvollen Gesichter. »Ihr kämpft aus Kameradschaftsgefühl, um euch gegenseitig zu schützen und um gefallene Freunde zu rächen. Oder ihr kämpft aus Angst. Aus einer Angst, die Haß gegen den Feind gebiert, der stets gesichtslos, aber immer gegenwärtig ist. Und vor allem kämpft ihr für euer Schiff.« Er machte eine weitausholende Geste. »Es ist unser Schiff und wird es bleiben, solange wir den Willen haben, für das zu leben und zu sterben, was recht ist.«

Hurrarufe ertönten, doch Bolitho hob den Arm. In seinen Augen lag plötzlich Trauer. »Das kurze Gefecht heute war nur der Auftakt. Ich kann euch nicht sagen, wie sich unsere kleinen Taten in den großen Schlachtplan einfügen, weil ich es nicht weiß. Ich weiß nur, daß die Pflicht von uns verlangt zu kämpfen, wie wir noch nie gekämpft haben.«

Die Leute folgten jetzt jedem Wort mit größter Aufmerksamkeit, und Bolitho fügte nur ungern hinzu, was noch gesagt werden mußte. »Heute früh war das Glück auf unserer Seite. Aber ehe der Tag zu Ende geht, werden wir weit mehr als Glück benötigen.« In diesem Moment erbebte die Luft durch ein dumpfes Rumpeln. Während die Mannschaft über die eroberte Fregatte hinweg in die Ferne starrte, verstärkte es sich zu einem dunklen, drohenden Grollen, es klang wie Donner über fernen Bergen. Bolitho fuhr fest fort: »Da drüben, Jungs, ist der Feind.«

Plötzlich fuhr ihm ein warmer Windstoß über den Nacken. Bolitho schaute auf. Die niedrige Wand aus wallendem Frühnebel begann sich aufzulösen. Für eine Minute waren die beiden Fregatten mit dem sinkenden Wrack der *Witch of Looe* eine Welt für sich. Auf der einen Seite der von Sonnenbahnen durchschossene Nebel, auf der anderen die offene See; hinter der scharfen Kimmlinie war die Nacht weggetaucht, und jetzt schimmerten über den Horizont die Bramsegel der *Cassius* wie rosafarbene Muscheln in der Morgensonne. Dann hob sich der Nebel, und ihre kleine Welt zerbrach.

Im Südosten machte Bolitho eine niedrige Landzunge der dunstverschleierten Künste von Dominica aus. Nach Norden zog sich die verstreute Inselgruppe der Saintes. Und dazwischen keine Spur von Horizont. Es war ein so gewaltiger und großartiger Anblick, daß niemand ein Wort sagen konnte. Von einer Seite zur anderen, so weit das Auge reichte, lag auf dem blauen Wasser eine geschlossene Linie von Schiffen. Zwischen den einzelnen, hochgetürmten Segelpyramiden schien nicht die kleinste Lücke zu klaffen. Das zunehmende Sonnenlicht beleuchtete das scheinbar unbewegte Panorama dieser Armada. Das Bild erinnerte Bolitho an ein altes Gemälde, das er als Kind gesehen hatte: ein Gemälde der gewappneten Ritter bei Agincourt. Er sah noch jetzt die mit Wappendecken und glänzenden Mantelsäcken geschmückten großen Pferde und die stolzen Wimpel und Banner, die an den Lanzen flatterten, als die Panzerreiter sich sammelten, um die dünne Linie der englischen Bogenschützen anzugreifen.

Fast verzweifelt sah er zu seiner von dem Anblick gebannten Besatzung hinunter. »Na, Jungs, was sagt ihr dazu?« Er deutete auf die schimmernde Phalanx. »Hinter dieser Flotte, fünftausend Meilen weit weg, liegt England. Und in unserem Rücken liegt Jamaika.« Er zeigte auf die Decksplanken. »Und unter uns sind tausend Faden Wasser.« Er beugte sich vor. Seine Augen blitzten plötzlich fordernd. »Was soll es also sein, Jungs?«

Das von neuem hörbare Geschützfeuer ging in der Woge wilder Hurrarufe unter, die über das Hauptdeck der *Phalarope* fegte. Die Männer an Bord der eroberten Fregatte stimmten mit ein. Selbst die Verwundeten, die nach unten geschafft wurden, riefen mit, obwohl manche Bolithos Worte nicht gehört hatten und auch gar nicht wußten, worum es ging. Es war, als würden alle Bitterkeit und alle aufgestaute Enttäuschung durch die mächtige Woge der Begeisterung fortgeschwemmt.

Bolitho drehte sich um. Herrick, der dicht neben ihm stand, bemerkte die sonderbare Traurigkeit und Ungläubigkeit in Bolithos Augen. »Nun haben Sie die Antwort, Sir!« sagte er hastig. Er war ebenso erregt wie die anderen und hätte am liebsten laut gejubelt.

Bolitho sah Herrick an, als wäre er ihm völlig fremd. »Sagen Sie, Mr. Herrick, haben Sie je eine Seeschlacht mitgemacht?« Er schwenkte die Hand gegen den Horizont. »Eine wie es diese sein wird?« Er wartete die Antwort nicht ab. »Ich ja. Da gibt es keine Siege durch tolldreisten Wagemut. Und es gibt kein Auf-und-Davon, wenn die Sache zu brutal wird.« Er verschränkte die Arme auf dem Rücken und sah blicklos an seinen Offizieren vorbei. »Der Qualm verdunkelt den Himmel dermaßen, daß man sich wie in der Hölle vorkommt. Sogar die Schiffe brüllen auf, wußten Sie das?« Seine Stimme wurde rauher. »Sie brüllen auf, weil sie in Stücke gefetzt werden, ganz wie die Narren, die sie bemannen.«

Er wandte sich um, als Fähnrich Maynard heiser meldete: »Signal vom Flaggschiff, Sir.«

Bolitho ging nach Luv und sah auf die schräg liegende Brigg hinunter. Die Wellen spülten schon über ihr Schanzkleid und griffen nach den zurückgelassenen Leichen. »Bestätigen Sie das Signal nicht, Mr. Maynard.« Und zu Herrick: »Klar von der Brigg. Fahrt aufnehmen!« Er sah zum Masttopp. »Kurs genau Ost!«

»Und das Flaggschiff, Sir?« fragte Herrick.

»Sir Robert ist ein tapferer Gentleman, Mr. Herrick. Aber aufgrund seines Dienstalters ist er vorsichtiger als ich.« Er lächelte flüchtig. »Und *seine* Leute sind womöglich nicht so eifrig darauf aus, an einem so schönen Tag zu sterben.« Das Lächeln erlosch. »So, nun lassen Sie die Männer auf Stationen pfeifen, und sehen Sie zu, daß dieses verdammte Hurragerufe aufhört.«

Die *Phalarope* löste sich langsam von dem Wrack. Als auch die eroberte Fregatte die Enterhaken einholte, legte sich die Brigg auf die Seite. Das Wasser schoß gurgelnd in den zerschlagenen Rumpf, und die hochsteigenden Luftblasen waren rot gefärbt.

Die Rahen kamen herum, und die *Phalarope* krängte leicht im Wind. Bolitho hob das Fernrohr. Hinter der *Cassius* entdeckte er die Masttopps der Fregatte *Volcano.* Er fragte sich, wie ihr Kapitän auf diesen ehrfurchtgebietenden Anblick reagieren würde. Sir Robert Napier blieb noch immer Zeit, sich zurückzuziehen. Ein bestimmtes Signal, und sie waren aus aller Gefahr und zu stummen Zeugen verurteilt, wenn die Franzosen aus der Schlacht ausscherten und auf ihr Ziel lossteuerten.

Bolitho faßte seinen Entschluß. »Mr. Maynard, Signal an Flaggschiff.« Bolitho sah, daß Herrick Hauptmann Rennie einen Blick zuwarf und mit den Schultern zuckte, als ginge das Verhalten des Kapitäns über sein Begriffsvermögen. »Feind in Sicht.«

Bolitho achtete nicht auf die hochsteigenden Flaggen. Er ging auf dem Achterdeck hin und her. Die Augen der Abteilung Seesoldaten folgten seinen Bewegungen. Das war der entscheidende Augenblick. Sir Robert war ein alter Mann, die besten Jahre lagen hinter ihm. Der Versuch, die französischen Schiffe aufzuhalten, würde ihm bestenfalls einen Ruhm einbringen, den er nicht mehr erleben würde. Andererseits konnte die Aktion so nutzlos verlaufen, daß man sich ihrer nur mit einem Hohn erinnern würde, der seine ganze Laufbahn überschatten und verderben konnte.

»Flaggschiff hat bestätigt, Sir«, meldete Maynard.

Bolitho biß sich auf die Lippen und ging weiter auf und ab. Er hörte geradezu die heisere Stimme, mit der der Admiral seine Befehle erteilte. Und er konnte sich die Unsicherheit des Flaggschiffkapitäns vorstellen und die gedämpfte Zuversicht von Kapitän Fox auf der *Volcano.*

»Das Signal ist gerade noch zu erkennen, Sir«, rief Maynard, das Auge am Teleskop. »Flaggschiff an *Volcano:* Klar zum Gefecht.«

Das Wort zuckte wie ein Blitz über das Achterdeck und zu den an den Kanonen wartenden Männern hinunter. Wieder Hochrufe, wiederum aufgenommen von der Prisenbesatzung des französischen

Schiffes. Bolitho erkannte Leutnant Dancer an der Heckreling und winkte, als die eroberte Fregatte die Rahen braßte und ihre zerfetzten Segel in den schwachen Wind drehte.

»Die *Cassius* setzt alle Segel, Sir«, sagte Herrick aufgeregt. »Mein Gott, welch ein Anblick!« Die plötzliche Aktivität des Flaggschiffs schien ihn stärker zu beeindrucken als die Flotte in seinem Rücken.

»Lassen Sie alle Mann bewaffnen, Mr. Herrick«, befahl Bolitho. »Entermesser und Beile neben jede Kanone. Es wird nicht mehr lange dauern, bis wir mitten im Kampf stehen.«

Maynard senkte das Fernrohr. Seine Stimme bebte, als er Bolitho anstarrte und meldete: »Vom Flaggschiff, Sir: Signal an alle.« Es klang, als kaute er an jedem Wort. »In Gefechtsformation!«

Bolitho nickte langsam. »Lassen Sie Segel bergen, Mr. Herrick. Wir wollen hier auf die *Cassius* warten. Der Wind wird gleich abflauen. Dominica wird den Wind ablenken, fürchte ich.«

Er ging zur Luvseite und hob das Glas. Die Linse schwenkte langsam von einer Seite zur anderen. In dem vergrößerten Ausschnitt sah er den schwachen Schein von Geschützfeuer, wehende Flaggen und schimmernde Segel, als ein mächtiges Schiff nach dem anderen schwerfällig in Formation steuerte. Er fühlte, daß ihm der Schweiß den Rücken herunterlief, wie damals nach dem Alptraum. Aber das hier war Wirklichkeit, und doch schwerer zu verstehen. Gott, welche Menge Dreidecker, an die sechzig vielleicht, britische und französische Linienschiffe, die aufeinander zuglitten und die erste, unerbittliche Begegnung suchten.

»Mr. Brock bitte zu mir!« Bolitho senkte das Fernrohr erst, als der Artillerieoffizier sich auf dem Achterdeck zur Stelle meldete.

»Mr. Brock, ich möchte beide Karronaden auf dem Vordeck haben. Nehmen Sie die besten Leute und achten Sie darauf, daß die Schlitten frisch mit Talg geschmiert werden.« Er schob das Fernrohr zusammen und sah den Artillerieoffizier fest an. »Die Karronaden sind die einzigen Waffen, die wir den Franzosen voraus haben.« Er sah auf das eine Geschütz hinab. Es war stumpfnasig, häßlich und ohne das gefällige Ebenmaß einer richtigen Deckskanone. Dafür jagte es jedoch dem Feind auf kurze Entfernung eine Ladung von achtundsechzig Pfund in den Leib, deren Wirkung verheerend war. Jeder der Schüsse überschwemmte alles, was sich in der Nähe befand, mit mörderischen, gußeisernen Kugeln. Jede Ladung besaß die todbringende Qualität von Kartätschen, zu denen noch die Durchschlagskraft einer weitaus schwereren Waffe kam.

Bolitho ging langsam zur Querreling. Seine Blicke flogen über die sauberen Decks. Hatte er etwas vergessen? Brock und sein Kommando plagten sich fluchend mit den schweren Karronaden. Er beachtete es nicht. Seine Gedanken waren ganz und gar bei den bevorstehenden Aufgaben. Er mußte jedem Offizier, jedem Mann vertrauen. Versagten sie jetzt, lag es an ihm, dann hatte er irgendwann falsch geurteilt.

Die eifrigen, dichtgedrängten Gestalten unter jeder Gangway wirkten plötzlich völlig anders auf ihn. Bolitho hatte das Gefühl, als blicke er auf bereits Tote.

Bootsmann Quintal, der in die Hände spuckte und zu den Männern hinaufdeutete, die darauf warteten, das Schiff in den Kampf zu segeln. Farquhar, der, schlank und für sich, an seiner Batterie entlangging und die Augen über jede Waffe und jeden Mann wandern ließ. Und die Seeleute selber. Trotz des Eingepferchtseins braun und gesund. Einige Gesichter ihm bekannter als andere. Hier ein Mann, der sich auf Mola bewährt hatte. Dort einer, der im Gefecht mit der *Andiron* seinen Posten verlassen hatte. Bolithos Blicke glitten die Wanten hinauf zu den Leuten, die wie Allday noch in der Takelage arbeiteten, zu den Seesoldaten, die mit geladenen Gewehren hoch oben knieten.

Bolithos Augen kehrten zurück zum Achterdeck, zu den Neunpfündern und zu Neale, der neben einem riesigen bezopften Kanonier noch schmächtiger und kleiner wirkte, als er war. Und Proby, Old Proby, der wie eine Vogelscheuche aussah, als er die Arme schwenkte und den Rudergängern seine Befehle erteilte. In einem der Männer am Rad erkannte Bolitho den ältesten Matrosen an Bord, Old Strachan. Eine Kanone konnte er nicht mehr zu Brocks Befriedigung bedienen, doch am Ruder stand er noch immer seinen Mann, und selbst in der heftigsten Schlacht, das wußte Bolitho, würde Strachan nie versagen. Nicht weil er tapfer oder dumm war, sondern weil es Teil seines Lebens war. Des einzigen Lebens, das er kannte und für das er ausgebildet war. Bolithos Blick glitt zu Okes, der nervös die Degenscheide befingerte und ihn beobachtete. Bolitho hätte lieber Herrick an seiner Seite gehabt, aber Herrick würde genug mit den Batterien zu tun haben. Und außerdem war Okes jetzt Erster Leutnant, dachte er gereizt. Vibart war tot und kaum noch eine Erinnerung.

Vom Kajütniedergang aus musterte Stockdale das ernste Gesicht des Kapitäns. Er nickte leicht. Bolitho bemerkte es, reagierte aber nicht. Doch Stockdale war zufrieden. Der Kapitän wußte, daß sein Bootsführer da war, und das reichte Stockdale.

Dicht am Wind holten die drei Schiffe das Beste aus der schwächer werdenden Brise heraus und gingen in Linie, ganz so, wie sie es in der gnadenlosen Sonne viele Male unter den Augen des ewig nörgelnden Admirals geprobt hatten. Bolitho grüßte, als die Leinwand der *Volcano* sich blähte, und die Fregatte die Spitze übernahm. In ihrem Kielwasser folgte die *Cassius*. Und nach weiteren Flaggensignalen sagte Bolitho scharf: »Scheren Sie hinter dem Flaggschiff ein, Mr. Okes.«

Die Männer eilten an die Brassen. Bolithos Blicke suchten den Zweidecker. Die *Cassius* wirkte wie ein älterer, aber erfahrener Krieger. Die Doppelreihe ihrer Stückpforten öffnete sich, und die Geschützrohre schoben sich heraus.

Eine Stimme ertönte: »An Deck! Schiffe Steuerbord voraus.« Eine Pause, während alle zu der kleinen Gestalt auf der Großsaling hinaufschauten. »Zwei Linienschiffe. Und zwei Fregatten.«

Bolitho bemühte sich, seine Ungeduld zu beherrschen. Da die *Phalarope* am Schluß des kleinen Verbandes segelte, würde sie als letzte in den Kampf eingreifen. Bis dahin konnte alles entschieden sein, dachte er erbittert.

Die Segel killten kraftlos. Der Mann am Rad fluchte, weil er keinen Ruderdruck mehr spürte. »Der Wind springt nach Osten um, Sir«, sagte Proby düster.

»Gut.« Bolitho richtete sein Glas auf die feindlichen Einheiten. Die pausenlosen Abschüsse klangen lauter, aber die Hauptmacht der Flotten schien so weit entfernt wie zuvor. Eine Täuschung, natürlich.

Jenseits des killenden Großsegels der *Cassius* bekam Bolitho die gemeldeten feindlichen Schiffe kurz in den Blick: zwei große Schiffe, dicht in Linie, flankiert von zwei kleineren. Aber der abflauende Wind stellte nicht nur ihn, sondern auch seine Leute auf eine arge Probe. Sie waren, wie ihre Hurrarufe gezeigt hatten, bereit zu kämpfen oder ruhmvoll zu sterben. Doch dieses Warten, dieses quälende Warten zermürbte sie. Zu langsam näherte man sich der Kampfzone. So langsam, daß die anfänglich kampfbegeisterten Leute nun zu gelähmt schienen, sich zu bewegen oder die Augen von den rauchverhüllten Schiffen zu wenden.

»Ich gehe nach oben, Mr. Okes.« Ohne den schwitzenden Ersten auch nur anzusehen, eilte Bolitho über die Steuerbordgangway zu den Wanten des Großmastes. Selbst als jungem Fähnrich war Bolitho die Höhe nie gut bekommen. Aber nach einem hastigen Blick auf die schlaffen Segel machte er sich auf die lange Kletterpartie zur Marssaling. Als er sich in die Wanten schwang, starrte ihn ein Seesoldat wortlos an, ehe er wieder auf die im Kampf stehenden Verbände blickte. Die Luft vibrierte von Detonationen, und der Pulverqualm sowie der Rauch brennender Holzteile reizte die Nasenschleimhäute. Bolitho wartete, bis sein Atem wieder ruhiger ging, ehe er das Fernrohr auseinanderzog und über die langsam segelende *Cassius* hinwegschaute.

Unmöglich, die Frontlinie zu bestimmen. Die Hauptmacht des britischen und französischen Geschwaders lag praktisch dicht voreinander, Schiff an Schiff, Rahnock an Rahnock. Ihre Masten und Segel waren von Rauch und Pulverqualm verhüllt, der nicht abziehen konnte.

Bolitho richtete das Fernrohr auf einen anderen Punkt und wagte nicht, auf das Deck unter seinen baumelnden Beinen hinabzublikken. Plötzlich riß er die Augen auf. Die vom Ausguck kurz zuvor gemeldeten Schiffe scherten aus der Hauptkampfzone aus. Die beiden Linienschiffe waren durch eine kräftige Trosse miteinander verbunden. Er spähte durch die Takelage des Vorschiffs und sah, daß das geschleppte Schiff, ein großer Dreidecker, teilweise kampfunfähig war und Bugspriet und Fockmast verloren hatte.

Das schleppende, durch die schwere Last behinderte Schiff gierte von einer Seite zur anderen, die Segel blähten sich und fielen in dem flauen Wind dann wieder ein. Als es überholte, warf das Sonnenlicht merkwürdige Schatten über den hohen Rumpf und glänzte auf den Reihen der Kanonen, die zum Feuern ausgerannt waren. Bolitho nickte dem Ausguck zu. »Behalten Sie sie gut im Auge.«

Der Mann grinste. »Hab ja sonst nichts zu tun, Sir.« Er beugte sich vor, beobachtete Bolithos vorsichtigen Abstieg und setzte sich dann wieder wachsam zurecht. Während Bolitho die groben, schwingenden Webeleinen hinabkletterte, hörte er ihn summen.

Okes und Rennie warteten auf ihn neben dem Rad. »Zwei große Schiffe«, sagte Bolitho. »Eins beschädigt. Wahrscheinlich bei einer Kollision heute nacht.« Er rieb sich das Kinn. »Das schleppende Schiff führt eine Kommandantenflagge. Weiß-Blau.« Er lächelte und fragte Maynard: »Na, mein Junge, was sagt Ihnen das?«

Fähnrich Maynard ließ sein Fernrohr einen Augenblick sinken. »Gehört zur französischen Vorhut, Sir.«

»Richtig.« Bolitho ging zur Reling. »De Grasse ist um Transport und Versorgung bemüht. Mit Kriegsschiffen allein kann er Jamaika nicht angreifen. Er braucht Truppen und Nachschub und dazu Transportschiffe, wie wir sie bei Mola in Brand gesetzt haben.«

»Während die Flotten miteinander im Kampf stehen«, sagte Okes, »sollen seine Transporter sicher versuchen, hier durchzubrechen.«

Bolitho nickte grimmig. »Wiederum richtig.« Er schnippte mit den Fingern. »Ein Teil der französischen Vorhut ist detachiert, um den Transportern den Weg freizukämpfen.« Er sah zur schlaffen Leinwand hinauf. »Und nur drei Schiffe verlegen ihnen den Weg.« Dann wandte er sich an Rennie, der mit dem Degen lässig gegen seine polierten Schuhe schlug. »Wenn wir die Vorhut zum Abdrehen zwingen können, wird Sir George Rodney den Rest erledigen.« Er klatschte in die Hände. »Dann sitzen sie wie Kaninchen in der Falle.«

Okes betrachtete die Schiffe, die sich vor der *Cassius* langsam bewegten. »In diesem Fall sind die Kaninchen allerdings größer als die Jäger, Sir.«

Bolitho war jedoch bereits weitergegangen. Er blieb neben dem kleinen Trommelbuben stehen und sagte: »Nun spiel mal was auf deiner Pfeife, mein Junge.« Er sprach laut, damit ihn die Leute an den Neunpfündern verstehen konnten.

Der Trommelbube sah Bolitho unter dem Tschako hervor an und schluckte schwer. Seine Lippen waren bleich, ihm zitterten die Hände. »W-was soll ich denn spielen, Sir?«

Bolitho musterte die aufmerksamen, gespannten Gesichter. »Na, wie wäre es denn mit ›Herzen fest wie Eiche‹? Das kennen wir alle, nicht wahr, Jungs?«

Den Donner der Schlacht in den Ohren, nahmen die Matrosen der *Phalarope* die leise Melodie der Pfeife auf. Bolitho ging zur Luvseite zurück und hob das Fernrohr an die Augen. Selbst an Bord der Cassius hörte man vielleicht die Mannschaft der *Phalarope* singen und zog etwas Zuversicht aus den altbekannten Worten: »Den Kopf hoch, Freunde, zum Ruhme steuern wir . . .«

Bolitho sah, wie die schwarze Rauchbank auf die drei britischen Schiffe zutrieb. Als wäre sie lebendig, dachte er kalt, während er die quirlende, von roten und orangefarbenen Blitzen durchzuckte Wand betrachtete. Doch er war dankbar für ihre Gegenwart. Zumindest verbarg sie die dahinterliegenden, grauenhaften Schreckensszenen.

Er sah zu seinen Leuten hinab. Im Augenblick spiegelten ihre Gesichter, was sie beim Singen empfanden. Sie würden nicht mehr lange zu warten brauchen.

John Allday schlang das Halstuch um Kopf und Ohren und wischte sich mit dem Unterarm den Schweiß vom Gesicht. Vom spitz zulaufenden Bug der Fregatte aus hatte er einen unbehinderten Blick auf die *Cassius.* Ein Stück vor ihr konnte er Teile der oberen Takelage der *Volcano* ausmachen. Entschlossen kehrte er ihnen sowie den rauchumwirbelten Schiffen, auf die sie zuhielten, den Rücken und sah zu Stückmeister McIntosh hinunter, der wie im Gebet neben einer Karronade kniete.

Als Allday, von der Großrah herabgeglitten, wieder auf Deck stand, hatte ihn Brock angehalten. Wiederum hatten sie sich gegenübergestanden: Allday, der gepreßte Matrose, dessen Haut Narben zeigte, wo ihn Brocks Stock getroffen hatte, und der wegen der Verräterei und Gemeinheit eines anderen fast gehenkt worden wäre. Und der Artillerieoffizier, dessen hartes und starres Gesicht höchst selten etwas von seinen Empfindungen verriet, wenn er überhaupt welche hatte. Brock hatte mit seinem Stock zum Vorschiff gewiesen. »Dahin mit dir! Zu den Karronaden!«

Gerade als Allday lostraben wollte, hatte Brock barsch hinzugesetzt: »Wie es scheint, habe ich mich in dir geirrt.« Es war keine Entschuldigung, lediglich eine Feststellung. »Also auf die Back mit dir, und leg dich ins Zeug.« Seine schmalen Lippen verzogen sich zur Andeutung eines Lächelns. »Mein Gott, Allday, deine Schafe würden heute auf dich stolz sein.«

Während Allday daran zurückdachte, mußte er lächeln. Dann fuhr er jedoch verblüfft herum, weil Ferguson auf ihn zuwankte. In Fergusons Augen stand helle Furcht, und er klammerte sich an die Schutznetze, als wären sie sein einziger Halt.

»Was willst *du* denn hier?« grunzte McIntosh.

»Ich – ich bin herbefohlen, Sir.« Ferguson fuhr sich nervös mit der Zunge über die Lippen. »Weil ich zu nichts anderem tauge.«

McIntosh widmete sich wieder der Inspektion der Taljen. »Lieber Himmel«, war alles, was er sagte.

»Achte nicht auf die Schiffe, Bryan!« Allday schob sein Entermesser in den Gürtel. Der Griff legte sich ihm warm an die nackte Hüfte. »Denke einfach nicht an sie. Duck dich hinter das Schanzkleid und tue alles, was ich mache.« Er zwang sich zu einem Grinsen. »Schöner Ausblick, den wir von hier haben.«

Ritchie, der einfältige Matrose aus Devon, fuhr mit der Hand über das Kugelgestell und fragte: »Worauf schießen wir, Mr. McIntosh?«

Der Stückmeister antwortete gereizt: »Weiß ich auch nicht, weil's der Kapitän mir noch nicht gesagt hat. Sowie ich's weiß, sag ich's dir.«

Ritchie zuckte mit den Schultern. »Wir werden die Teufel zur Hölle schicken.« Er blickte zur *Cassius.* »Die Froschfresser werden abdrehen und abhauen.«

Kemp, ein Mann der Geschützbedienung, meinte: »Wenn sie *dich* sehen, bestimmt.«

Ferguson legte die Stirn auf den Arm. »So ein Wahnsinn! Wir werden alle umkommen.«

Allday musterte ihn kummervoll. Er hat recht, dachte er. Wer kann bei einer solchen Schlacht schon davonkommen? »Wir haben April, Bryan«, sagte er dann, um ihn abzulenken. »Stell dir bloß vor, wie's jetzt in Cornwall aussieht. Die Hecken und die grünen Felder . . .«

Ferguson starrte ihn an. »Um Himmels willen, wovon redest du?«

»Hast du schon vergessen«, sagte Allday gelassen, »wie es uns beinahe gegangen wäre, Bryan?« Und dann schärfer, weil er wußte, daß Ferguson kurz vor dem Zusammenbruch stand: »Denkst du noch an Nick Pochin?« Er bemerkte, wie Ferguson zusammenfuhr, setzte jedoch hinzu: »Nun, der ist tot, baumelte mit den anderen Narren an der Großrah der *Cassius.*«

Ferguson senkte den Kopf. »Entschuldige.«

»Du hast Angst, Bryan«, sagte Allday. »Klar, mir geht's nicht anders, und dem Kapitän höchstwahrscheinlich auch nicht.«

In diesem Moment tauchte Herrick auf und ging zu den Karronaden. »Alles klar, Mr. McIntosh?«

Der Stückmeister stand auf und wischte seine Handflächen an der Hose ab. »Aye, Sir.« Er sah den Leutnant aufmerksam an und fügte hinzu: »Das auf Mola scheint lange her zu sein, wie?«

Herricks Blicke flogen über das Hauptdeck zum überhöhten Achterdeck, wo Okes steif neben dem Kapitän stand. Würde Okes diesmal wieder versagen? fragte er sich. »Ja, in der Tat«, antwortete er.

Okes' Stimme, durch das Sprachrohr verzerrt, übertönte das Rollen der Abschüsse. »Die Luvfockbrasse noch ein Stück dichter! Mr. Packwood, notieren Sie den Mann da!«

Herrick verbarg seine Bestürzung vor McIntosh. Okes war so nervös, daß er einfach etwas sagen mußte, egal was.

McIntosh meinte trocken: »Beförderung löst nicht *alle* Probleme,

Mr. Herrick.«

Signalflaggen stiegen zu den Rahen der *Cassius* hoch. Noch während Herrick hinüberschaute, hörte er Maynard rufen: »›Vorwärts zum Angriff!‹, Sir.« Dann mit etwas festerer Stimme: »›In Linie bleiben!‹«

Die Pfeifen schrillten. »An die Leebrassen! Schnell!«

Im selben Zeitmaß wie der schwerfällige Zweidecker wendeten die Fregatten langsam nach Südost. Herrick legte die Hand über die Augen, denn die Sonne stach durch die Lücken zwischen den Segeln. Die ihnen am nächsten segelnden feindlichen Schiffe waren kaum eine Viertelmeile entfernt. Sie fuhren in keiner erkennbaren Ordnung, hatten die Rahen jedoch herumgeholt und liefen auf das britische Geschwader zu. Die drohenden Kanonenreihen lagen in tiefem Schatten, als der mächtige Dreidecker leicht an den Wind ging. Die Schlepptrosse war gekappt worden. Das führende Linienschiff, der Last ledig, krängte schwach in der Brise, der Kommandantenwimpel zeigte direkt auf die *Cassius.*

Herrick war die Kehle wie zugeschnürt. »Machen Sie weiter, Mr. McIntosh. Ich muß mich um meine Pflichten kümmern.« Er zwang sich, langsam zum Hauptdeck hinabzusteigen. Als er an einer offenen Luke vorüberkam, neben der sich ein Seesoldat auf seine Muskete stützte, sah er das grinsende Gesicht des Arztes. »Auf Ihr Wohl, Mr. Herrick!«

Ellice schwenkte einen Humpen.

Es gab Herrick einen Stich. »Zum Teufel mit Ihnen, Tobias!« rief er wütend. »Mich kriegen Sie heute nicht unter Ihr verdammtes Messer.«

Einige Leute vom benachbarten Geschütz kicherten. »Recht so, Sir. Geben Sie's ihm!«

Herrick nahm seine Position in der Decksmitte ein. Farquhar stand unterhalb des Achterdecks. Er war blaß, wirkte aber gesammelt. Herrick nickte ihm zu, doch Farquhar schien es nicht zu sehen. Plötzlich ertönte ein Krachen und Dröhnen, das alle überraschte, obwohl jeder darauf vorbereitet war. Ihm folgte sofort eine ungleichmäßige Salve, und gleich darauf eine zweite.

»Eintragung ins Logbuch, Mr. Proby. Wir haben Feindberührung.« Bolithos Stimme wurde undeutlich, als er sich umdrehte. »Kappen Sie die Beiboote, Mr. Neale. Bei diesem erbärmlichen Wind wirken sie wie ein Treibanker.«

Herrick sah auf seine Hände hinunter. Sie zitterten nicht, doch es kam ihm vor, als habe er keine Sehne, keinen Muskel unter Kontrolle. Vor seinem geistigen Auge sah er die Beiboote der *Phalarope* achteraus treiben und dachte an Bolithos Ansprache an die Mannschaft: ›. . . und unter uns tausend Faden Wasser!‹ Er zuckte zusammen, denn eine weitere Breitseite ließ die Planken unter seinen Füßen erbeben. Tausend Faden tief, und jetzt nicht mal mehr ein Rettungsboot für die Überlebenden.

Herrick sah hoch. Bolitho war an die Querreling zurückgekommen und schaute zu ihm herunter. Er sprach kein Wort, lächelte ihm aber einen Augenblick zu, als wollte er ihm damit eine persönliche Botschaft übermitteln, ehe er rief: »Mr. Neale, rennen Sie nicht so. Oder haben Sie vergessen, daß unsere Leute Sie heute beobachten?«

Herrick wandte sich ab. Das konnte ebensogut ihm gegolten haben. Diese Entdeckung beruhigte ihn merkwürdig. Er ging zur Backbordbatterie und betrachtete die Reihe der Kanonen. In ein paar Minuten würden sie feuern. In ein paar Minuten. Er musterte die Gesichter der Bedienungsmannschaften und kam sich plötzlich erbärmlich vor.

»Na, Jungs, das ist besser als Übungen und Geschützdienst, wie?«

Zu seiner Überraschung lachten sie über seinen dummen Witz, und obwohl sich ihm der Magen zusammenzog, brachte er es fertig, mitzulachen.

Bolitho spähte durch das gleißende Sonnenlicht über die Luvreling. Die vor der *Phalarope* laufende *Cassius* hielt den Kurs, aber die dem Verband voraussegelnde *Volcano* brach die Formation und scherte nach Backbord aus, als zwei französische Fregatten auf sie zuhielten.

»Die ist erledigt«, stieß Rennie hervor. »Denn beistehen können wir ihr nicht.«

Die Wasseroberfläche flimmerte, als die Stückpforten der *Volcano* eine krachende Breitseite entließen, Kanone nach Kanone feuerte schnell hintereinander, jede sorgfältig gezielt. Doch die beiden französischen Fregatten stießen, unbeirrt und mit Windvorteil, von zwei Seiten auf die *Volcano* zu.

»Sie luvt an«, keuchte Proby.

Bolitho atmete schwer. Kapitän Fox war kein Narr, sondern tatsächlich so gerissen wie ein Fuchs. Während die zwei feindlichen Fregatten heranfegten, um ihr den Todesstoß zu versetzen, schwang die *Volcano* lässig in den Wind. Das der *Volcano* nächste französische Schiff bemerkte seinen Fehler ein paar Sekunden zu spät. Während die Rahen herumschwangen, traf es eine volle Salve der *Volcano*. Das französische Schiff taumelte, als habe es einen tödlichen Schlag erhalten. Über das Wasser klang zu Bolitho das Geräusch herabprasselnder Spieren herüber und das Rumpeln über das Deck rutschender Kanonen. Ansonsten verbarg der wogende Pulverqualm alles. Doch darüber sah Bolitho die Flagge der *Volcano* und alle ihre Masten. Sie standen noch.

»Signal vom Flaggschiff, Sir: ›Zum Flaggschiff aufrücken!‹« Maynard rannte los, um die Bestätigung zu hissen. Bolitho riß seine Blicke von der wendigen *Volcano,* die den Franzosen den Windvorteil abgewann. Die *Cassius* hielt direkt auf den feuerstarken Zweidecker mit der Kommandantenflagge zu. Sie würde alle Unterstützung brauchen, die sie bekommen konnte. Fox mußte eine Weile sehen, wie er allein fertig wurde.

»Einen Strich nach Steuerbord!« Bolitho lief zur Reling. Er beugte sich weit vor und sah die Segel des Linienschiffes, das auf das britische Flaggschiff zuhielt. So mußten sie längsseits aneinander vorbeilaufen. Er rief zum Hauptdeck hinab: »Achtung, Mr. Herrick!«

Da brüllte Okes: »Der Franzose ändert den Kurs, Sir!« Er trat vor Aufregung von einem Fuß auf den anderen. »Verdammt, Sir, er schert vor den Bug der *Cassius.*«

Entweder wollte der französische Kapitän einem Artillerieduell, Kanone gegen Kanone, aus dem Wege gehen, oder er beabsichtigte, den Bug und die Masten der *Cassius* zu bestreichen, während er ihren Kurs kreuzte. So oder so, er hatte seine Rechnung ohne die Zusatzsegel gemacht, die Admiral Napiers ältliches Flaggschiff beschleunigten. Statt aneinander vorbeizukommen, kollidierten die beiden schweren Schiffe am Bug im rechten Winkel. Ineinander verhakt, eröffneten sie das Feuer. Der Keil Wasser zwischen ihnen kochte und brodelte unter dem Feuerschein und dem schwarzen Rauch.

Erstarrt beobachtete Bolitho, wie der Vormast und die Großbramstenge der *Cassius* betrunken schwankten und dann in den alles verhüllenden Rauch und Pulverqualm hinabstürzten. Spieren zerfetzten die Leinwand und rissen die Leute aus der Tageklage.

Eine neue Breitseite zerriß die Luft. Bolitho wußte, daß die Vorschiffkanonen der *Cassius* und die des Feindes nur ein paar Fuß voneinander entfernt waren. Trotzdem blieben die Schiffe ineinander verklammert. Der zersplitterte Bugspriet und der zerschmetterte Klüverbaum eines jeden hatte sich in den Rumpf des anderen verbissen wie die Hauer zweier furchtbarer Bestien aus einem Albtraum.

Bolitho legte die Hände trichterförmig um den Mund. »Beide Karronaden nach Steuerbord.« Er winkte Proby zu. »Wir wollen uns hinter das Heck des Franzosen setzen.« Er duckte sich, denn eine Kugel pfiff über ihn hinweg und fetzte ein gezacktes Loch in das Besansegel. Ein Irrläufer der Giganten, aber deshalb nicht weniger tödlich. Die Leute um ihn herum husteten und wischten sich die Augen, denn der Rauch zog jetzt auch über die Decks der *Phalarope*.

Der Rudergänger fluchte, als die zerrissenen Segel der *Cassius* plötzlich wie ein Phantom über dem Qualm auftauchten. Aus der Stellung der Masten des Flaggschiffs sah Bolitho, daß er auf dem richtigen Kurs war. Der Rauch verschlang von neuem alles. Die Geschütze blitzten in doppelter Linie auf. Beide Schiffe feuerten aus allen Rohren im Direktschuß. Bolitho hörte die Schiffsrümpfe gegeneinanderknirschen. Die Schreie der Verwundeten und Sterbenden mischten sich mit dem unglaubhaften Klang der Trommel- und Pfeifenabteilung des Admirals. Unmöglich zu sagen, was sie spielten, oder wie man bei einem solchen Inferno, das nach jedem Leben griff, auf eine Melodie achten konnte.

Doch Bolitho rief: »Ein Hurra, Jungs! Eine Hurra dem Flaggschiff!«

Musketen knallten, und Bolitho hörte die Kugeln in das Schanzkleid schlagen und gegen die Neunpfünder jaulen. »Scharfschützen!« bellte Rennie. »Schießt die Schweine ab!« Aus der Takelage knallte eine Salve.

Der Wind schien sich gänzlich gelegt zu haben. In dem undurchdringlichen Rauch ließen sich allerdings weder Geschwindigkeit noch Entfernung abschätzen. Da zeichnete sich plötzlich das Heck des Zweideckers im Qualm ab. Wie eine Klippe hing es reich verziert über dem Steuerbordbug der *Phalarope.* Aus den Heckfenstern blitzte Musketenfeuer. Die Scharfschützen zielten auf die Back der *Phalarope.*

Bolitho hämmerte auf die Reling. Er achtete weder auf die pfeifenden Kugeln noch auf die Schreie vom Vorschiff. Er stellte sich das untere Kanonendeck des Feindes vor. Klar zum Gefecht gemacht, reihte sich von vorn bis achtern eine Kanone an die andere. Bolitho war als Fähnrich auf einem Linienschiff gefahren. Er wußte, daß mehr als dreihundert Mann die Kanonen bedienten, gebückt im Halbdunkel und halb erstickt durch den beißenden Qualm. Mannschaften, die mit ihren Kanonen vertraut waren, doch nicht allzu genau zielten. »Die Karronaden, Mr. McIntosh! Feuern, wenn wir das Heck kreuzen.«

Rennie grinste und wischte sich mit dem Ärmel über das Gesicht. »Das wird ein paar umlegen, Sir.«

Das Kampfgetöse wurde von dem Krachen eines stürzenden Mastes und dem Pfeifen herabsausender Takelage übertönt. Bolitho biß sich auf die Lippen. Die *Cassius* war ein sehr altes Schiff. Noch viele solcher Treffer konnte sie nicht einstecken. Sie würde entweder auseinanderbrechen oder kämpfend untergehen. Er fragte sich, was aus der *Volcano* und dem angeschlagenen Dreidecker geworden sein mochte. Wenn er in der Lage war, ebenfalls einzugreifen, mußte alles in ein paar Minuten vorüber sein. In seinem untersten Kanonendeck stand ein Zweiunddreißigpfünder neben dem anderen. Eine solche Kugel schmetterte noch auf äußerste Entfernung durch feste Eichenbohlen von zweieinhalb Fuß. Bolitho wagte nicht daran zu denken, was dann mit den schwachen Planken der *Phalarope* geschehen würde.

»Klar zum Schuß, Sir!« brüllte McIntosh wie ein Verrückter.

Bolitho zog den Degen. »Einen Strich nach Backbord, Mr. Proby.« Er wartete, bis der Klüver flatterte. Der Degen sauste herab. »Feuer!«

Beide Karronaden feuerten fast gleichzeitig. Herrick spürte, wie das Deck unter ihm erbebte. Als der Qualm der Abschüsse fortwirbelte, schaute er zum Heck des Franzosen hinüber und vergaß einen Augenblick die ringsum wogende Schlacht. Noch vor wenigen Sekunden, als das Heck aus dem Qualm auftauchte, hatte er die breiten Kajütenfenster mit den lebensgroßen Figuren zu beiden Seiten gesehen, vollbrüstige Seejungfrauen, jede mit einem Dreizack. Zwischen ihnen stand auf einem breiten Schild in Rot und Gold der Name: *Ondine.* Das Schiff war ihm machtvoll und unzerstörbar vorgekommen. Doch nun, als der Rauch der Karronadenabschüsse abgezogen war, wirkte das Heck durch die gezackten Einschlußlöcher wie die brandige Pforte zu einer vom Feuer zerfressenen Höhle. An den Schrekken und das Chaos drinnen konnte er nur kurz denken, denn ein Windstoß füllte die Segel der *Phalarope.* Das Deck krängte, und mit hart gelegtem Ruder schwang sie in engem Bogen um das Backbord-Achterdeck des feindlichen Schiffes.

»Achtung!« Herricks Augen glitten über die kauernden Stückmeister. »Feuer aus allen Rohren!«

Die ersten Kanonen der Steuerbordbatterie feuerten auf einmal, die anderen folgten ungleichmäßiger, wie die Abzugsleinen nacheinander gezogen wurden. Die Doppelladungen donnerten in den dikken Rauch längsseits, und ein paar Leute riefen Hurra. Doch der durch die Stückpforten zurückwirbelnde Pulverqualm erstickte die Rufe, und sie fluchten.

»Nachladen!« brüllte Herrick. »Nachladen und ausrennen!« Die *Phalarope* glitt in kaum zwanzig Fuß Entfernung neben dem Franzosen vorbei; Herrick sah die dicht gedrängten Köpfe über dem hohen Schanzkleid und das Mündungsfeuer der Gewehre, die aus der Takelage auf die *Phalarope* schossen. Doch das untere Kanonendeck mit seiner Reihe mächtiger Geschütze blieb stumm. Kein einziger Schuß kam von dort als Antwort. Die Ladung der Karronaden mußte dort alles niedergemäht haben.

Aber Herrick sah auch, daß sich die Kanonen des Oberdecks wieder durch die Stückpforten schoben. Beinahe sofort feuerte die gesamte Oberdeckbatterie eine betäubende Breitseite. Herrick taumelte zurück. Das Krachen der Kanonen und das dämonische Heulen der Kugeln, die über ihn hinwegjaulten, lähmten ihn fast. In die auf Bolithos Befehl über dem Hauptdeck ausgespannten Netze regneten Holzstücke, Blöcke, zerfetzte Teile der Takelage und ganze Streifen geschwärzter Leinwand. Doch zu Herricks Verwunderung hatte die schlechtgezielte Breitseite nichts getroffen, was die Manövrierfähigkeit der *Phalarope* beeinträchtigt hätte. Kein Mast war gestürzt, keine Spiere gebrochen. Hätte die untere Batterie gefeuert, sagte Herrick sich, wäre die Steuerbordwand der *Phalarope* mit allen Stückpforten jetzt total zerschmettert.

Die Stückmeister brüllten wie die Teufel: »Ausrennen! Legt euch in die Taljen! Zurück!« Dann rissen sie die Abzugsleinen, und die Kanonen rumpelten durch den Rückstoß so weit nach hinten, wie die Taljen es erlaubten.

Ein Gewehr knallte neben Herrick auf die Planken. Er starrte nach oben und blickte in die gebrochenen Augen eines Seesoldaten, den ein feindlicher Scharfschütze vom Großmast geholt hatte, und der ins Netz gestürzt war. Er vergaß den Seesoldaten sofort, denn Schrecklicheres erforderte seine Aufmerksamkeit. Im Rauch sah er plötzlich den Besanmast der *Ondine,* der sich wie ein gefällter riesiger Baum neigte. Es war unmöglich, aber es geschah: Mast, Marsstenge und Bramstenge samt Leinwand und laufendem und stehendem Gut hingen eine Sekunde wie in starkem Wind in der Luft. Unter den

Schreckens- und Verzweiflungsschreien der in den Wanten verstrickten Matrosen senkte er sich und stürzte quer über das Achterdeck der *Phalarope.* Ihr Rumpf erzitterte, als wäre die Fregatte auf ein Riff gelaufen. Herrick rannte nach achtern zum Niedergang und merkte, daß die *Phalarope* vom Flaggenknopf bis zum Kiel bebte und langsam nach Steuerbord schwoite. Der gefällte Mast verklammerte beide Schiffe durch eine feste Brücke miteinander. Während eine neue Musketensalve fußlange Splitter aus den Planken riß, kämpfte sich Herrick den Niedergang hinauf.

Das Achterdeck bot ein Bild der Zerstörung. Eine Rah war mitten in Rennies Seesoldaten geschlagen. Herrick kehrte dem Entsetzen den Rücken, als Sergeant Garwood brüllte: »Achtung, kümmert euch jetzt nicht um die Verwundeten!« Er musterte die Reste seiner Abteilung. »Gebt Schnellfeuer auf das Heck!« Eine Rauchwolke verschluckte ihn, denn die Kanonen der Fregatte feuerten von neuem. Die Kugeln krachten in den Rumpf der *Ondine,* der an der schmalsten Stelle etwa zehn Fuß entfernt war.

Herrick zwängte sich an den Seeleuten vorbei, welche die französische Takelage kappten, und kniete sich neben Bolitho. Zuerst meinte er, den Kapitän habe eine Musketenkugel getroffen, doch als er ihm den Arm unter die Schulter schob, öffnete Bolitho die Augen und setzte sich auf. Er blinzelte in Herricks besorgtes Gesicht und sagte dann: »Lassen Sie weiterfeuern, Mr. Herrick!« Er sah zum längsseits liegenden feindlichen Schiff hin und kämpfte sich auf die Füße. »Wir müssen jeden Enterversuch vereiteln.« Er griff nach seinem Degen und rief heiser: »Kappt die Wrackstücke. Wir müssen klarkommen.«

Okes stolperte durch den Rauch, Hose und Rock blutbespritzt. Sein Gesicht schien bloß aus Augen zu bestehen. Er rief etwas, aber Herrick hörte es nicht. Bolitho machte eine Bewegung mit dem Degen. »Mr. Okes, nehmen Sie die Leute von der Backbordbatterie und bereiten Sie alles vor, um Enterer zurückzuwerfen.« Er schüttelte den Leutnant wie einen Hund. »Haben Sie gehört, verdammt noch mal?«

Okes nickte heftig. Ein Speichelfaden lief ihm über das Kinn. Bolitho stieß ihn zum Niedergang, doch Herrick sagte hastig: »Ich werde es übernehmen, Sir.«

»Nein, das werden Sie nicht!« Bolitho blickte sich wild um. »An Ihre Kanonen! Lassen Sie feuern. Das ist unsere einzige Chance.«

Im selben Augenblick meldeten sich die Kanonen der *Ondine* wieder. Herrick wich zurück, als ihm die Salve wie ein Gluthauch das Gesicht versengte.

Die Matrosen, die eben noch die Wanten des auf die *Phalarope* gestürzten Besan gekappt hatten, waren jetzt nur noch eine zu Brei zermalmte Masse, hinter der ein Loch im Leeschanzkleid klaffte.

Bolitho brüllte Herrick ins Ohr: »Das nächste Mal kommen wir nicht so glimpflich davon!«

Herrick rannte den Niedergang hinunter. Er sah nicht nach rechts oder links, als der Rumpf der Fregatte durch weitere schwere Einschüsse wie unter wuchtigen Hammerschlägen erzitterte. Er lief durch den Pulverqualm, die Augen tränten ihm, und seine Kehle war wie ausgedörrt. Er rief den pulvergeschwärzten Geschützbedienungen Ermunterungen zu, die aber unbeachtet blieben.

Farquhar packte Herrick beim Arm. »Wir werden nie rechtzeitig klarkommen.« Er deutete auf das untere Kanonendeck der *Ondine*. »Die schweigen nicht ewig.«

Herrick gab keine Antwort. Der Wind stand zum Feind. Und da der gestürzte Mast das Achterdeck der *Phalarope* festhielt, schwoite ihr Bug auf den Rumpf der *Ondine* zu. Durch den Rauch sah er, wie Matrosen des Zweideckers nach vorn rannten, auf den Punkt zu, wo die Schiffe zusammenprallen würden. Die durch den Qualm dringenden Sonnenstrahlen blitzten auf erhobenen Waffen.

Herricks Blick fiel auf Okes, der sich, den Säbel noch immer in der Scheide, nach vorn tastete. »Gehen Sie mit, Mr. Farquhar«, sagte er. »Er scheint nicht ganz in Ordnung zu sein.«

Farquhars Augen funkelten kalt. »Ist mir ein Vergnügen.«

Herrick sprang zurück, denn ein Teil der Steuerbordgangway wirbelte zersplittert gen Himmel. Einer der Zwölfpfünder kippte mit einem Ruck seitlich um. Ein Matrose schrie gellend, als ihm ein abgetrennter Kopf vor die Füße flog, ein anderer, durch fliegende Holzsplitter geblendet, rannte davon.

»Bringt sie nach unten!« rief Herrick, hörte aber zugleich, daß die Pumpen zu arbeiten begannen. Unter Deck war die Gefahr also genauso groß. Er bemühte sich, an nichts zu denken, und zwang sich, an den Kanonen entlangzugehen. Überall fielen Männer, aber ihm war klar, daß er nicht zögern durfte. »Feuert weiter, Jungs!« rief er und schwenkte den Hut. »Wenn ihr England wiedersehen wollt, dann feuert weiter!«

Die Mannschaften der nicht eingesetzten Geschütze sammelten sich auf dem Vorschiff unter den Schutznetzen. Alle waren mit Entermessern und Äxten bewaffnet. Als sich der Bugspriet der *Phalarope* über den Klüver des Franzosen schob, krächzte Okes: »Drauf, Jungs! Laßt sie nicht auf unsere Back!«

Einige Männer riefen Hurra und kletterten auf den Bugspriet hinaus. Andere wichen zurück, als eine Musketensalve in die Reihe der enternden Matrosen pfiff und einige kopfüber ins Wasser fegte.

Farquhar drängte: »Sie müssen sie anführen, Mr. Okes. Mein Gott, Sie verlangen Unmögliches.«

Okes drehte sich zu ihm um. »Halten Sie den Mund! *Ich* befehle hier.«

Farquhar musterte ihn kalt. »Bisher habe ich geschwiegen, Mr. Okes. Aber jetzt rede ich, weil wir heute höchstwahrscheinlich sowieso alle dran glauben müssen.« Eine Musketenkugel riß ihm den Hut vom Kopf, aber er zuckte nicht einmal mit der Wimper. »Sie sind ein Betrüger, ein Feigling und ein Lügner! Wenn Sie es wert wären, würde ich Sie gleich hier bloßstellen, vor den Männern, die Sie sich nicht einmal anzuführen trauen.« Er kehrte Okes, dessen Gesicht kalkweiß geworden war, den Rücken und rief: »Mir nach, ihr zerlumpten Helden!« Er schwang den Degen. »Platz für einen jüngeren Mann!«

Sie lachten wie Irre und klopften ihm auf die Schulter, als er über die Schutznetze auf den glatten Bugspriet hinauskroch. Musketenschüsse umjaulten ihn, aber die Sache war es wert. Und wenn auch nur deswegen, weil er Okes endlich gesagt hatte, was er wegen seiner Feigheit von ihm hielt.

Okes stierte zum Achterdeck. Er stöhnte auf, als ein Matrose an ihm vorbeikroch, dem ein großer Holzsplitter den Leib halb aufgerissen hatte. Bolitho stand noch immer an der Querreling, das Sprachrohr in der einen, den Degen in der anderen Hand. Die Kapitänsuniform leuchtete in dem schwachen Sonnenlicht, und Okes bemerkte Einschläge im Schanzkleid. Verborgene Scharfschützen versuchten, den Kapitän der *Phalarope* zu treffen. »Ich hoffe, Sie gehen drauf!« heulte Okes. »Ich hoffe, ihr geht alle drauf!«

Schluchzend griff er nach seinem Säbel. Doch so wenig jemand die wüsten Worte beachtete, so wenig beachtete man seine Gegenwart auf der blutbespritzten Back. Er dachte an Farquhars beißende Worte und die Verachtung in seinen Augen.

»Niemals!« Er schob sich auf den Bugspriet hinaus, wo einige Männer schon mit dem Feind die Klingen kreuzten. »Ich werde es euch zeigen!« Ohne auf die Flüche und Schreie zu achten, zog er sich an einem Matrosen vorbei und hieb mit dem Säbel nach einem französischen Unteroffizier. Der Mann stierte kurz auf seine klaffende Wunde, ehe er zwischen die dicht aneinandergedrängten Schiffsrümpfe stürzte. Weiter vor! Okes stieß Farquhar beiseite, um sich auf den Feind zu stürzen.

Farquhar sah den Irrsinn in Okes Augen und versuchte, ihn zurückzuhalten. Aber es war zwecklos, denn die britischen Matrosen, durch die scheinbare Tapferkeit ihrer Offiziere mitgerissen, schwärmten zum Schanzkleid der *Ondine* hinüber.

Okes zischte: »Sie haben wohl Angst, Mr. Farquhar?« Er warf den Kopf zurück und lachte gellend. »Das dürfte Ihrem Onkel aber nicht gefallen!«

Farquhar parierte einen Lanzenstich und folgte Okes hinüber auf das große Deck der *Ondine*. Jetzt galt es einen Kampf, in dem jeder auf sich gestellt war.

Bolitho beobachtete durch den Pulverqualm, daß seine Leute von der Verteidigung zum Angriff übergingen. Ganz gleich, wer beschlossen hatte, die *Ondine* zu entern, er hatte die richtige Entscheidung getroffen, dachte er grimmig. Er hörte, wie sich hinter ihm die Äxte in das Gewirr der Masttrümmer bissen, und wußte, daß es der *Phalarope* unmöglich war, sich aus der Verklammerung zu lösen, bevor die schweren Geschütze der *Ondine* wieder in den Kampf eingreifen konnten.

Er ging über das Achterdeck zu Rennie. »Wir müssen sie auch von achtern entern.« Und als Rennie nickte, setzte er hinzu: »Suchen Sie sofort ein paar Männer zusammen.« Dann hörte er jemanden schluchzen und sah, daß Neale an der Leereling kniete. Fähnrich Maynard lag auf dem Rücken, ein Arm, in die Signalleine verwickelt, zeigte nach oben. Seine Augen waren weit geöffnet, blicklos und merkwürdig friedlich. Neale hielt Maynards Hand und achtete weder auf die Abschüsse der Kanonen noch auf die Musketenkugeln, denen sein Freund schon zum Opfer gefallen war.

Bolitho zog Neale hoch. Der Junge schien dicht vor dem Zusammenbruch. Mit einem wilden Aufschrei barg er das Gesicht am Rock des Kapitäns. Er zitterte am ganzen Körper vor Kummer. Bolitho schob ihn ein Stück zurück und hob sein Kinn leicht mit dem Degengriff. Er sah ihn eine Sekunde lang fest an und sagte dann eindringlich: »Nehmen Sie sich zusammen, Mr. Neale.« Er sah den leeren Blick in Neales Augen und verdrängte die Tatsache, daß er mit einem angstgeschüttelten Dreizehnjährigen sprach, der eben seinen besten Freund verloren hatte. »Sie sind Offizier des Königs, Neale.« Und weicher: »Denken Sie daran, was ich vorhin gesagt habe. Unsere Leute beobachten Sie heute. Glauben Sie, daß Sie mir jetzt helfen können?«

Neale wischte sich die Augen mit dem Ärmel und sah zu dem am Schanzkleid liegenden Maynard hinab, dessen Arm ruckte, als der Wind an der Falleine rüttelte. Danach blickte er Bolitho an und stammelte: »Ja, Sir.«

Bolitho sah ihm nach, als er zu den schreienden Kanonieren zurückging: klein und kaum zu erkennen in Rauch und Flammen dieser furchtbaren Schlacht.

Rennie tauchte wieder auf. Über dem Auge klaffte eine Wunde. »Alles klar, Sir.« Er schwang seinen Degen. »Soll ich jetzt mit den Leuten entern?«

Bolitho blickte über das zerschlagene Achterdeck. Scheint mehr Tote als Lebende zu geben, dachte er müde. Er taumelte, denn eine Kugel krachte in den Niedergang des Achterdecks und riß die Planken auf wie ein Pflug. Er sah ungläubig, wie Proby die Hand ans Gesicht hob und mit den Fingern einen Blutstrom zu stillen versuchte. Der Steuermann torkelte gegen das Rad. Als Strachan hinzusprang, um ihn zu stützen, schlug er wimmernd hin. Seine Hände hämmerten auf die Planken. Bolitho sah, daß ihm ein Schuß das Gesicht weggerissen hatte.

»Wir müssen die *Ondine* nehmen«, stieß Bolitho hervor. »Wenn die Franzosen sehen, daß ihr Flaggschiff die Flagge streicht, werden sie . . .« Er verstummte und blickte wieder auf Probys Leichnam hinab. Ich habe sie alle hineingerissen, dachte er, und sein Schmerz schlug in hilflose Wut um. *Dafür* habe ich das Schiff und jeden Mann an Bord geopfert.

Rennie sah ihn ruhig an. »Es war die richtige Entscheidung, Sir.« Er rückte seinen Hut gerade und sagte zu seinem Sergeanten: »Na, Garwood, wie wär's mit einem kleinen Spaziergang?«

Bolitho starrte ihn an. Es war, als hätte Rennie seine Gedanken gelesen. Er sagte: »Die *Cassius* wird uns Schützenhilfe geben.« Er musterte die Seesoldaten, die sich jenseits von Furcht oder Angst wie wilde Tiere zum Sprung geduckt hatten. »Sie oder wir, Jungs, so steht es.«

Als die Männer mit einem Hurra antworteten, sprang er auf den umgestürzten Mast der *Ondine* und begann hinüberzukriechen.

Einmal sah er ins Wasser hinunter, auf dem Holzteile und Leichen trieben, sowohl französische wie britische.

Unter äußerster Anstrengung erreichte er das Heck der *Ondine*. Kugeln pfiffen an ihm vorüber. Hinter sich hörte er Schreie. Einige seiner Leute stürzten hinab zu den treibenden Toten. Bolitho hackte die Reste der französischen Enternetze weg und sprang auf das Deck hinüber. Überall lagen Tote und Sterbende. Sein Blick flog zur anderen Schiffsseite und erstarrte. Die *Cassius* lag nicht mehr längsseits, sondern trieb ab, in den Rauch ihrer eigenen Wunden gehüllt: ein entmasteter Rumpf, bis zur Unkenntlichkeit zerschlagen. Aus jedem Speigatt flossen Ströme von Blut die Bordwand hinab und färbten das Wasser rot. Es sah aus, als verblute das Schiff. Doch vom Stumpf des Besan wehte, wenn auch durchlöchert und zerfetzt, noch immer trotzig die Flagge, und während Rennies Seesoldaten brüllend über das Heck der *Ondine* ausschwärmten, ertönten auf dem Deck der *Cassius* Hurrarufe. Nicht sehr laut, denn allzuviele konnten nicht mehr mit einstimmen. Aber auf Bolitho wirkten die Rufe anspornend.

Er stürmte über das Deck und hieb, durch die Hurrarufe und die kampfwütigen Männer in seinem Rücken angetrieben, fast auf einen Streich zwei Matrosen nieder. Er sah seine erste Entermannschaft auf dem Vorschiff der *Ondine*, die in der Überzahl befindlichen Verteidiger hatten die britischen Enterer eingekreist und drängten sie trotz aller Gegenwehr an die Reling zurück. »Haltet stand, Männer der *Phalarope!*« brüllte Bolitho. Er sah, daß der Druck der Franzosen nachließ, weil sie sich umwandten, um der neuen Bedrohung zu begegnen. »Hierher, Jungs! Schlagt euch durch!«

Von der Fregatte quollen weitere Leute herüber. Im Rauch erkannte Bolitho Leutnant Herrick, der seinen Männern den Weg wies. Er drehte sich wieder um. Vorn hackte sich Okes einen Weg durch die Feinde. Sein Säbel triefte vor Blut, als er einen gellend aufschreienden Fähnrich niedermachte und auf einen Matrosen eindrang, der eine Drehbasse neben dem Achterdeck nachladen wollte. Okes blutete aus vielen Wunden. Gerade als er die Leiter erreichte, bellte die Drehbasse dumpf auf. Die geballte Kartätschenladung riß Okes wie eine Stoffpuppe hoch und schleuderte ihn leblos zwischen die Kämpfenden unterhalb der Leiter. Der Kanonier fiel eine Sekunde später, niedergestreckt durch ein Entermesser.

Dann war mit einemal alles vorüber. Die Waffen der Franzosen klirrten auf Deck. Bolitho registrierte, daß die trotzigen Abwehrrufe in Bitten um Pardon übergegangen waren. Er wußte, daß er seine Leute jetzt nicht zurückhalten konnte, wenn sie die Schlächterei vollenden wollten. Ein unbekannter Seemann brach jedoch den Blutrausch, indem er rief: »Ein Hoch auf die *Phalarope!*« Seine Stimme kippte vor Freude und Jubel über. »Und ein Hoch auf ihren verrückten Alten!«

Bolitho kletterte die Leiter hinunter, vorbei an gelähmten Franzosen und zerfetzten Leibern, die wirr über- und durcheinander lagen.

»Hauptmann Rennie!« Er stand neben dem Leichnam von Leutnant Okes. »Hissen Sie unsere Flagge über der französischen.« Er merkte, daß ihm die Hände zitterten. »Alle sollen sehen, was Sie heute geleistet haben.«

«Der Hauptmann ist gefallen, Sir«, sagte Sergeant Garwood heiser. Er entrollte die Flagge sorgsam. »Ich werde es tun.«

»Tot?« Bolitho starrte ihm nach. »Rennie auch?« Und als Herrick ihm die Hand auf den Arm legte, fragte er dumpf: »Was ist?«

»Das Schiff ist unser, Sir!« Herrick zitterte vor Erregung. »Das Kanonendeck gleicht einem Schlachthaus. Unsere Karronaden haben mehr als . . .« Er bemerkte Bolithos Ausdruck und brach ab.

»Gut, Mr. Herrick. Danke.« Bolithos Stimme bebte. »Ich danke euch allen!« Er wandte sich ab, als neue Hochrufe über das Deck schallten.

Herrick schüttelte den Kopf, er konnte es noch immer nicht fassen. »Ein Zweidecker, Sir! Welch ein Sieg.«

»Sieg ist unsere Tradition, Mr. Herrick«, entgegnete Bolitho leise. Er schien mehr zu sich selbst zu sprechen. »Sammeln Sie unsere Leute, und schicken Sie sie zurück auf die *Phalarope.* Die Masttrümmer sind gekappt.« Seine Augen wanderten stumpf über sein Schiff. In dem einst so schmucken Rumpf klafften große Löcher. Der Bug lag tief im Wasser. Es klang, als würden die Pumpen mit dem hereinbrechenden Wasser gerade noch fertig. Alle drei Stengen waren von oben gekommen. Die Segel flatterten in langen Streifen. In der Takelage hingen Tote, und das zerfetzte und aufgerissene Deck zeigte rote Lachen. Und jetzt hörten sie auch zum erstenmal wieder das dumpfe Grollen der großen Schlacht, noch immer weit entfernt und unpersönlich.

Bolitho gab sich einen Ruck. »Tempo, Mr. Herrick. Noch ist der Kampf nicht zu Ende.« Wenn nur die Hochrufe aufhören würden. Wenn er nur eine Sekunde allein sein könnte.

Herrick schwenkte den Arm. »Zurück zur *Phalarope,* Jungs. Das

Wrack hier nehmen wir später in unsere Obhut.«

Bolitho ging zum Schanzkleid. Über den Streifen Wasser hinweg sah er Neale dort stehen, wo er gestanden hatte, als sie die *Ondine* enterten: neben dem Ruder. Er sagte: »Mein Bootsmaat soll Mr. Okes und Captain Rennie zur *Phalarope* hinüberschaffen.« Er sah den Wechsel in Herricks Zügen und spürte von neuem, wie Verzweiflung über ihm zusammenschlagen wollte. »Stockdale auch, Mr. Herrick?«

Herrick nickte. »Er fiel, als Sie auf dem Heck kämpften, Sir. Er hat Ihnen gegen die Scharfschützen den Rücken gedeckt.« Er versuchte zu lächeln. »Ich glaube, so hat er sich seinen Tod gewünscht.«

Bolitho sah Herrick leer an. Stockdale war tot! Und er hatte nicht einmal gesehen, wie er fiel.

Farquhar drängte sich durch. Er sah aufgeregt aus. »Käptn, Sir, die Leute vom Ausguck melden, daß unsere Flotte die französische Front an zwei Stellen gespalten hat.« Er blickte von einem blutbespritzten Gesicht zum anderen. »Rodney hat die französische Linie aufgebrochen, hören Sie nicht?«

Bolitho fühlte einen Lufthauch an der Wange. Eine leichte Brise kam auf. De Grasse war also geschlagen. Seine Augen wanderten zur schräg liegenden *Phalarope* hinüber. Beinahe wären ihm die Tränen gekommen. Waren alle diese Opfer nun umsonst?

Herrick zog ihn am Arm. »Sehen Sie, Sir! Da drüben!«

Der auffrischende Wind schob den Rauchvorhang beiseite, der Blick auf die kämpfenden, schwer mitgenommenen Schiffe wurde frei. Bolitho sah den Umriß des großen Dreideckers. Seine Kanonen waren noch immer ausgerannt. Kein feindlicher Treffer hatte den Anstrich verletzt, er schimmerte unverletzt. Während des Gefechts hatte der Dreidecker, zum Kampf nicht willens oder nicht fähig, dem Inferno untätig zugeschaut. Seiner schweren Bestückung war kein Brite zum Opfer gefallen.

Dennoch flatterte über der französischen Flagge des Dreideckers eine zweite. Die Flagge, die auch über der entmasteten *Cassius* und an Bord der *Ondine* flatterte, die auf der *Phalarope* stand und auf der siegreichen *Volcano*, die sich jetzt durch die letzte Rauchbank schob.

Herrick fragte trocken: »Brauchen Sie noch mehr, Sir? Der Dreidecker ergibt sich Ihnen.«

Bolitho nickte und kletterte über das Schanzkleid. »Wir wollen die *Phalarope* in Fahrt bringen, Mr. Herrick. Obwohl ich fürchte, daß sie nie wieder in den Kampf segeln wird.«

»Es gibt noch andere Schiffe, Sir«, sagte Herrick.

Bolitho schwang sich über das Schanzkleid der *Phalarope*. Auf der Gangway ging er langsam an den erschöpften, schweißüberströmten Kanonieren vorbei, die zu ihm aufsahen. »Andere Schiffe?« Er berührte die zersplitterte Reling und lächelte traurig. »Aber keins wie sie, Mr. Herrick.« Er schob den Hut nach hinten und blickte zur Flagge hinauf. »Aber keins wie die *Phalarope!*«

XIX Epilog

Leutnant Thomas Herrick zog den Uniformmantel enger um die Schultern und griff nach seiner kleinen Reisetasche. Die Häuser rings um den mit Kopfsteinen gepflasterten Platz bedeckte hoher Schnee. Der starke Wind, der von der Falmouth Bay hereinwehte und ihm durch Mark und Bein drang, verriet Herrick, daß es noch mehr Schnee geben würde. Er sah einen Augenblick zu, wie die Stallburschen die dampfenden Pferde in den Gasthaushof führten. Die mit Schlamm bespritzte Kutsche, die Herrick eben verlassen hatte, stand einsam und leer da. Durch die Fenster des Gasthofs leuchtete ein freundliches Feuer, drangen Stimmen und Gelächter.

Herrick spürte die Versuchung, hineinzugehen und sich zu den unbekannten Leuten zu gesellen. Nach der langen Fahrt von Plymouth – und den vier Tagen, die er schon davor auf der Straße verbracht hatte – war er müde und abgespannt. Doch als sein Blick zu der in Nebel gehüllten Pendennis Castle hinaufwanderte und über die nackten Hügel dahinter, wußte er, daß er sich nur etwas vormachte. Er kehrte dem Gasthof den Rücken und ging die Gasse hinauf. Er hatte alles viel größer in Erinnerung. Sogar die Kirche samt ihrer niedrigen Mauer und den windschiefen Grabsteinen auf dem Friedhof schien seit seinem letzten und einzigen Besuch geschrumpft zu sein. Er trat zur Seite und in einen Schneehaufen, als zwei Kinder unter lautem Geschrei an ihm vorbeistürmten, hinter sich einen primitiven Schlitten. Sie sahen Herrick nicht an. Auch das war anders als beim vorigen Mal.

Ein Windstoß peitschte Herrick den Schnee von einer niedrigen Hecke ins Gesicht, und er beugte den Kopf. Als er wieder hochschaute, erblickte er das alte Haus, groß und grau, so wie es ihm die ganze Zeit über vor Augen gestanden hatte. Er schritt schneller aus, plötzlich nervös und unsicher.

Eine Glocke ertönte im Haus. Gerade als er den schweren eisernen Griff losließ, ging die Haustür auf, und eine hübsche blonde Frau in dunklem Kleid und weißer Haube trat grüßend zur Seite, um ihn einzulassen.

»Guten Tag, Ma'am«, sagte Herrick unsicher. »Mein Name ist Herrick. Ich komme geradewegs von der anderen Seite Englands.«

Sie nahm ihm Mantel und Hut ab und betrachtete ihn mit einem merkwürdigen, unterdrückten Lächeln. »Das war eine lange Reise, Sir. Der Herr erwartet Sie.«

In diesem Moment öffnete sich die Tür am Ende der Halle, und Bolitho kam in die Diele, um ihn zu begrüßen. Einige Sekunden standen sie sich schweigend gegenüber, in einem Händedruck vereint, den keiner lösen wollte. Dann sagte Bolitho: »Kommen Sie ins Arbeitszimmer, Thomas. Ein gutes Feuer wartet.«

Herrick ließ sich in einen tiefen Ledersessel fallen. Seine Augen wanderten über die alten Porträts an den holzgetäfelten Wänden.

Bolitho musterte ihn ernst. »Ich freue mich, daß Sie gekommen sind, Thomas. Ich freue mich mehr, als ich sagen kann.« Er wirkte nervös und unruhig.

»Wie mir alles wieder vor Augen steht, wenn ich hier sitze«, sagte Herrick. »Vor dreizehn Monaten haben wir in Falmouth Anker gelichtet und sind zusammen nach Westindien gesegelt.« Er schüttelte traurig den Kopf. »Und nun ist alles vorbei, der Friede ist in Versailles unterzeichnet. Es ist zu Ende.«

Bolitho blickte ins Feuer. Der Widerschein der Flammen spielte über sein dunkles Haar und seine grauen Augen. »Mein Vater ist tot, Thomas.« Er hielt inne, als Herrick sich hastig aufrichtete. »Und auch mein Bruder Hugh.«

Herrick brachte lange kein Wort über die Lippen. Er hätte gern etwas Tröstendes gesagt, das den Schmerz, der in Bolithos Stimme schwang, lindern konnte. Mühelos versetzte er sich um Monate zurück, an den Tag, an dem die zerschossene *Phalarope* mit Schlagseite zur Reparatur nach Antigua kroch. Herrick wußte, daß man Bolitho die unverzügliche Heimfahrt nach England und ein besseres und bedeutenderes Kommando angeboten hatte. Statt dessen blieb er auf der Fregatte, überwachte die Ausbesserungsarbeiten und kümmerte sich um die Verwundeten und Kranken der Besatzung.

Der Oktober kam heran. Obwohl die Wiederinstandsetzung erst halb vollendet war, beorderte man die *Phalarope* nach England. Die ›Battle of the Saintes‹, wie sie bald genannt wurde, war die letzte große Schlacht des unseligen Krieges gewesen. Als die Fregatte in Spithead Anker warf, erklangen in England die Friedensglocken. Es war eine unbefriedigende Übereinkunft, aber England hatte den Krieg zu lange aus der Defensive führen müssen. Und wie Pitt im Unterhaus gesagt hatte: »Ein defensiver Krieg kann nur mit unausweichlicher Niederlage enden.«

Bolitho verließ das Schiff in Portsmouth, aber erst nachdem alle Leute ordentlich entlohnt und Geld an die Angehörigen der vielen Gefallenen abgeschickt worden waren. Dann, fast ohne Abschied, war er nach Falmouth aufgebrochen.

Herrick, nun Erster Leutnant, war an Bord geblieben und hatte das Schiff der Werft übergeben. Danach war auch er in seine Heimat abgereist. Dort, in Kent, hatte er wenige Tage später Bolithos Brief erhalten und sich nach Cornwall auf den Weg gemacht, ohne genau zu wissen, ob es sich um eine echte Einladung oder bloß um eine formelle Höflichkeit handelte.

Doch während seine Augen jetzt durch den großen, dämmrigen Raum und über Bolithos schlanke Gestalt vor dem Feuer glitten, ging ihm auf, daß Bolitho nun völlig allein war.

»Es tut mir leid. Davon hatte ich keine Ahnung.«

»Mein Vater ist vor drei Monaten gestorben.« Bolitho lächelte kurz und bitter. »Hugh kam ein paar Monate nach der Schlacht bei den Saintes um: Tod durch Unfall. Ein durchgegangenes Pferd, glaube ich.«

»Woher wissen Sie das alles?«

Bolitho zog eine Lade auf und legte einen Degen auf den Tisch. Im Schein der Flammen glänzte er so hell, daß man die angelaufene Vergoldung und die abgenutzte Scheide übersah. »Hugh hat ihn meinem Vater geschickt. Für mich.« Er blickte wieder ins Feuer. »Er schrieb, er sei zu dem Schluß gekommen, daß er von rechtswegen mir gehöre.«

Die Tür öffnete sich, und die blonde Frau brachte ein Tablett mit heißem Punsch herein.

Bolitho lächelte. »Danke schön, Mrs. Ferguson. Wir essen dann gleich.«

Die Tür schloß sich wieder, und Bolitho sah die Frage auf Herricks Gesicht. »Ja, die Frau meines Schreibers Ferguson. Er arbeitet jetzt ebenfalls für mich.«

Herrick nickte und griff nach einem der Gläser. »Er hat bei den Saintes einen Arm verloren. Ich erinnere mich.«

Bolitho schenkte sich ein und hielt das Glas gegen den Schein der Flammen. »Seine Frau ist wieder gesund geworden. Und Ferguson gilt in der Stadt als Held.« Es schien ihn zu amüsieren, und um seine Mundwinkel spielte das Herrick so vertraute Lächeln, ehe er fortfuhr: »Ja, nun ist der Krieg aus, Thomas. Und wir sind an den Strand geworfen. Ich frage mich, was vor Leuten wie uns liegt.«

»Dieser Frieden währt nicht ewig, Sir«, antwortete Herrick nachdenklich und hob sein Glas. »Auf alte Freunde, Sir!« Bilder zogen an seinem geistigen Auge vorbei. »Und auf das Schiff!«

Bolitho trank und verschränkte die Hände auf dem Rücken. Selbst diese unbewußte Geste weckte in Herrick scharfe Erinnerungen an jaulende Schüsse, das Krachen und Donnern der Schlacht und an einen Bolitho, der wie tief in Gedanken versunken auf dem Achterdeck auf und ab schritt.

»Und Sie, Sir? Was werden Sie anfangen?«

Bolitho zog die Schultern hoch. »Wahrscheinlich werde ich Grundbesitzer. Und Friedensrichter wie mein Vater.« Er schaute zu der Ahnengalerie hinauf. »Aber vorerst warte ich. Auf ein neues Schiff.«

Die Tür öffnete sich, und ein Mann in grüner Schürze fragte: »Brauchen Sie noch Wein aus dem Keller, Kapitän?«

Herrick sprang auf. »Mein Gott, Allday!«

Allday grinste befangen. »Aye, Mr. Herrick. Ja, ich bin's wirklich.«

Bolitho sah von einem zum anderen. »Nach Stockdales Tod hat Allday mir gesagt, daß er seine Meinung geändert hat und den Dienst nicht quittieren will.« Er lächelte traurig. »Ergibt es sich also, dann gehen wir zusammen zurück auf See.«

Bolitho griff nach dem Degen und wiegte ihn in Händen. »Wenn es soweit ist«, sagte er über die Schulter, »werde ich einen guten Ersten Offizier brauchen, Thomas.« Er drehte sich um und suchte Herricks Augen.

Herrick spürte, wie die seinen Körper durchflutende Wärme allen Zweifel und jedes Gefühl des Verlorenseins fortschwemmte. Er hob das Glas. »Es ist nicht weit bis Kent, Sir. Ich werde bereit sein, wenn Sie mich rufen.«

Bolitho wandte sich ab und beobachtete den gegen die Fenster peitschenden Schnee. Dann blickte er eine Weile zum grauen Himmel und zu den fliegenden Wolken empor und bildete sich ein, daß er den Wind durch die Wanten und die Takelage pfeifen hörte, begleitet vom Zischen der Gischt, die über die Reling und das Schanzkleid spritzte. Er drehte sich zu Herrick und Allday um und sagte fest: »Kommen Sie, Thomas. Wir haben noch über vieles zu reden.«

Sie gingen ins Eßzimmer. Allday sah ihnen nach, ehe er mit einem Lächeln den Degen sorgsam wieder in die Lade zurücklegte.

Alexander Kent

Der Piratenfürst

Fregattenkapitän Bolitho in der Java-See

Roman

Deutsch von Karl H. Kosmehl

ein Ullstein Buch

Inhalt

Für die Contessa

Tod und Teufel tanzen
zur Höllenmusik der Stürme
und rasen noch wilder zur Nacht,
wie um die Furcht einzulullen,
die den blinden Seemann beschleicht,
der nur ihren Zugriff fühlt.

George H. Grant

I Des Admirals Wahl

Eine Ordonnanz des Admirals öffnete die Tür des kleinen Vorzimmers und sagte sehr höflich: »Würden Sie bitte hier eintreten, Sir?« Er wich beiseite, um Captain Richard Bolitho einzulassen. »Sir John weiß, daß Sie hier sind.«

Als der Diener gegangen war und die Tür hinter sich zugemacht hatte, trat Bolitho an den hohen Kamin, wo ein kräftiges Feuer brannte. Gut, daß ihn der Mann in dieses kleine Zimmer geführt hatte und nicht in einen der größeren Warteräume. Als er sich vor dem bitter kalten Märzwind, der durch die Straßen von Whitehall fegte, in das Admiralitätsgebäude geflüchtet hatte, war ihm der Gedanke an diese überfüllten Warteräume höchst unbehaglich gewesen. Dort traten sich die entlassenen Seeoffiziere gegenseitig auf die Füße und beobachteten das Kommen und Gehen solcher Besucher, die mehr Glück zu haben schienen, mit beinahe haßerfüllten Blicken.

Bolitho kannte diese Gefühle aus eigener Erfahrung, wenn er sich auch oft gesagt hatte, daß es ihm besser ging als den meisten anderen. Denn als er vor einem Jahr nach England zurückgekommen war, herrschte Friede im Land; Städte und Dörfer waren bereits voller Seeleute und Soldaten, die niemand mehr brauchte. Er dagegen hatte seinen Besitz bei Falmouth, ein solides, ertragreiches Landgut; außerdem hatte er eine Menge schwerverdientes Prisengeld mitgebracht – er mußte wirklich dem Schicksal dankbar sein.

Er trat vom Kamin weg ans Fenster und starrte auf die breite Straße. Es hatte fast den ganzen Vormittag geregnet, aber jetzt war der Himmel klar, und die zahlreichen Pfützen glitzerten in der grellen Sonne wie Fetzen blaßblauer Seide. Nur die dampfenden Nüstern der vielen Pferde, welche die Straße in beiden Richtungen passierten, und die hastenden, vorgebeugt gegen den Wind ankämpfenden Fußgänger verrieten, wie trügerisch der augenblickliche Sonnenschein war.

Er seufzte. Es war im März 1784; erst vor einem guten Jahr war er aus Westindien heimgekehrt, aber ihm kam es wie ein Jahrhundert vor.

So oft er konnte, hatte er die lange Reise von Falmouth nach London unternommen, um direkt bei der Admiralität herauszufinden, warum seine Briefe ohne Antwort blieben, warum alle seine

Anträge auf Zuteilung eines Schiffes, ganz gleich was für eins, nicht beachtet wurden. Und jedesmal kamen ihm die Warteräume voller vor. Es waren immer die gleichen Männer; aber je öfter sie abgewiesen oder vertröstet wurden, um so unsicherer klangen ihre Stimmen bei den endlosen Gesprächen über Schiffe und Seeschlachten, um so mehr schwand ihr Selbstvertrauen. Dutzendweise wurden Schiffe außer Dienst gestellt, und jede Hafenstadt beherbergte ihr volles Maß an dem menschlichen Treibgut eines beendeten Krieges: Invaliden und Krüppel; Männer, die im Geschützfeuer taub und blind geworden waren; andere, die von ihren Erlebnissen halb verrückt geworden waren. Seit dem Friedensschluß im Vorjahr war der Anblick solcher Menschen etwas so Gewöhnliches, daß man gar nicht mehr darüber sprach, und die Betroffenen selbst waren zu verzweifelt, um überhaupt noch zu hoffen.

Eben bogen unten zwei Männer um die Ecke. Das Herz krampfte sich ihm zusammen bei dem Anblick. Auch ohne ihre zerfetzten roten Röcke hätte er gewußt, daß es ehemalige Soldaten waren. Am Rinnstein hielt eine Kutsche; die Pferde steckten die Köpfe zusammen und erkundeten, was sich in ihren Futtersäcken befand. Der Kutscher unterhielt sich mit einem elegant livrierten Lakaien aus dem Nebenhaus, und keiner der beiden warf auch nur einen Blick auf die zerlumpten Veteranen.

Der eine lehnte seinen Kameraden an eine Steinbalustrade und trat dann zur Kutsche. Bolitho erkannte, daß der Mann, der sich an dem steinernen Geländer festhielt, blind war; er wandte den Kopf zur Straße hin, als horche er, wo sein Freund geblieben war. Worte waren da überflüssig. Der Soldat blickte den Kutscher und den Lakaien nur an und hielt die Hand auf. Die Geste war weder aggressiv noch unterwürfig, aber seltsam eindringlich. Nach kurzem Zögern steckte der Kutscher die Hand in die Innentasche seines schweren Mantels.

In diesem Moment lief ein Herr eilig die Freitreppe der Admiralität hinab und riß die Kutschentür auf. Sein Mantel war so warm wie elegant, und die Schnallen auf seinen Schuhen blitzten in dem wässerigen Sonnenlicht. Er starrte den Soldaten an und sagte ärgerlich etwas zu dem Kutscher. Der Lakai eilte zu den Pferden und nahm ihnen die Futtersäcke ab, und in Sekundenschnelle war die Equipage im geschäftigen Strom der Kutschen und Lastwagen verschwunden. Der Soldat starrte ihr einen Augenblick nach, hob dann resigniert die Schultern und ging zu seinem Kameraden zurück. Die Arme untergehakt, schlurften sie langsam auf die nächste Straßenecke zu.

Bolitho bemühte sich, das Fenster aufzumachen, aber der Riegel klemmte. Scham und Ärger über das eben Gesehene stiegen in ihm hoch.

»Kann ich Ihnen behilflich sein, Sir?« fragte jemand hinter ihm: die Ordonnanz von vorhin.

»Ich wollte zwei Invaliden ein bißchen Geld hinunterwerfen«, antwortete Bolitho.

Der Mann schien erstaunt. »Mein Gott, Sir, daran gewöhnt man sich in London.«

»Ich nicht.«

»Ich wollte Ihnen melden, Sir, daß Sir John Sie jetzt empfangen möchte.«

Bolitho folgte ihm auf den Flur. Er verspürte eine plötzliche Trockenheit in der Kehle. Deutlich erinnerte er sich an seinen letzten Besuch hier im Hause; fast auf den Tag einen Monat war das her. Damals hatte er eine ausdrückliche schriftliche Vorladung bekommen und brauchte nicht voller Nervosität und heimlicher Wut in einem Wartezimmer herumzusitzen. Es war wie ein Traum, ein unglaublicher Glückstreffer. Und so empfand er es immer noch, trotz der tausend Schwierigkeiten, mit denen die Tage seit seiner letzten Vorsprache belastet gewesen waren.

Er hatte Order erhalten, unverzüglich das Kommando über Seiner Britannischen Majestät Schiff *Undine* (zweiunddreißig Geschütze) zu übernehmen, das zur Zeit im Dock von Portsmouth überholt und neu ausgerüstet wurde. In Kürze sollte es seeklar sein.

Als er damals beschwingten Schrittes das Admiralitätsgebäude verließ, stand ihm fast das Schuldgefühl im Gesicht geschrieben, denn er hatte wohl gemerkt, daß ihn die Offiziere im Vorzimmer neidisch und sogar übelwollend musterten.

Es hatte ihn eine ganze Menge Geld gekostet, die Überholungs- und Ausrüstungsarbeiten zu beschleunigen. Er hatte gedacht, daß er jetzt, da die Flotte auf ein Viertel ihrer Kriegsstärke geschrumpft war, Reservetauwerk und -spieren leichter bekommen würde als in Kriegszeiten; aber wie er zu seinem Erstaunen feststellen mußte, war das Gegenteil der Fall. Resigniert hatte ihm ein Schiffsbauer verraten, den Werftbeamten läge mehr daran, mit den

Reedern großer Handelsschiffe zusammenzuarbeiten; an denen konnten sie mehr verdienen als an einem kleinen Fregattenkapitän, den sie auf Staatsrechnung beliefern mußten.

Mit Bestechungen, Drohungen und unter ständigem Antreiben beinahe jedes einzelnen Werftarbeiters hatte er indessen mehr oder weniger erreicht, was er wollte. Anscheinend sah man im baldigen Auslaufen der Fregatte die einzige Möglichkeit, vor Bolitho wieder Ruhe zu haben und sich um eigene Geschäfte kümmern zu können.

Mit gemischten Gefühlen hatte er sein neues Schiff im Dock umschritten. Aber die freudige Erregung überwog, und dazu kam die Gewißheit, daß dieses Schiff alle seine Kräfte fordern würde. Verschwunden war das neidvolle Unbehagen, das ihn in Falmouth jedesmal befiel, wenn wieder ein Kriegsschiff die Landspitze unterhalb der Festung rundete. Aber noch etwas anderes hatte er gemerkt. Sein letztes Schiff war die *Phalarope* gewesen, eine der *Undine* sehr ähnliche Fregatte, vielleicht ein paar Fuß länger. Sie war sein ein und alles gewesen; vielleicht, weil er auf ihr so viel durchgestanden hatte. In den westindischen Gewässern, in der Seeschlacht bei den Saintes*, hatte er erlebt, wie sein geliebtes Schiff unter seinen Füßen zusammengeschossen wurde, bis es fast ein Wrack war. Niemals würde, niemals konnte es ein Schiff geben, das der *Phalarope* glich. Aber als er auf der Steinmauer des Docks auf und ab schritt, verspürte er ein neues, ein ähnliches Hochgefühl.

Mitten in der Hektik der Überholungsarbeiten bekam er unerwartet Besuch von Konteradmiral Sir John Winslade, demselben, der ihn im Admiralitätsgebäude empfangen hatte. Er war ziemlich wortkarg gewesen, hatte das Schiff und Bolithos Vorbereitungen flüchtig inspiziert und dann beiläufig bemerkt: »Inzwischen kann ich Ihnen wenigstens so viel sagen: Sie segeln nach Indien. Mehr darf ich Ihnen im Moment nicht verraten.« Sein Blick glitt über die Takler, die in den Wanten und auf den Rahen werkten, und er fügte trocken hinzu: »Ich kann nur in Ihrem Interesse hoffen, daß Sie rechtzeitig fertig werden.«

Winslades Andeutungen waren keineswegs leichtzunehmen. Offiziere auf Halbsold gab es, so viele man wollte. Aber ein Schiff des Königs zu bemannen, ohne daß der Druck eines Krieges

* Kleine Inselgruppe der Französischen Antillen (der Übersetzer).

dahinterstand und Preßkommandos eingesetzt werden konnten – das war etwas völlig anderes. Und wäre Bolitho nicht der Mann gewesen, der er nun einmal war, so hätte er in Versuchung geraten können, das Ziel der Reise so lange geheimzuhalten, bis genügend Matrosen die Musterrolle unterschrieben hatten und dann nicht mehr entwischen konnten.

Er hatte die üblichen, in blumenreicher Sprache abgefaßten Flugblätter in Portsmouth und Umgebung verteilen lassen. Er hatte Werbekommandos ins Binnenland bis nach Guildfort, das auf halbem Wege nach London lag, ausgeschickt, aber ohne viel Erfolg. Und jetzt, als er hinter der Admiralitätsordonnanz auf eine hohe, goldverzierte Tür zuging, fehlten der *Undine* immer noch fünfzig Mann an der Sollstärke.

In anderer Hinsicht hatte Bolitho mehr Glück gehabt. Der vorige Kapitän der *Undine* hatte sein Stammpersonal scharf im Auge behalten. Als Bolitho das Schiff übernahm, fand er einen harten Kern altgedienter Matrosen vor, sowie alle Deckoffiziere, einen erstklassigen Segelmacher und den geschicktesten Schiffszimmermann, dem er jemals bei der Arbeit zugesehen hatte. Bolithos Vorgänger hatte den Dienst bei der Marine endgültig quittiert, um sich einer parlamentarischen Karriere zu widmen. Oder wie er es ausgedrückt hatte: »Ich habe die Nase voll davon, mit Stahl und Eisen zu kämpfen. Von jetzt ab, junger Freund, kämpfe ich mit Verleumdungen.«

Konteradmiral Sir John Winslade stand mit dem Rücken zum Kaminfeuer und hielt sich die Rockschöße auseinander, um möglichst viel von der Wärme abzubekommen. Kaum jemand wußte Genaueres über ihn. Irgendwie hatte er sich durch eine Einzelaktion vor Brest ausgezeichnet, und daraufhin hatte er eine ansehnliche Position in der Admiralität bekommen. An seinem bleichen, vornehmen Gesicht war nichts Auffälliges. Tatsächlich sah er so unauffällig aus, als trüge nicht er seinen goldbetreßten Rock, sondern der Rock ihn.

Bolitho war erst siebenundzwanzig Jahre alt; aber er hatte schon zwei Kommandos innegehabt und wußte mit Stabsoffizieren gut genug Bescheid, um sie nicht nach dem Äußeren zu beurteilen.

Winslade ließ seine Rockschöße fallen und wartete, bis Bolitho zu ihm herangetreten war. Dann streckte er ihm die Hand hin und sagte: »Sie sind pünktlich, das ist gut. Wir haben viel zu besprechen.« Er trat an ein zierliches Lacktischchen. »Ein Glas Wein?« Jetzt erst lächelte er. Es war ein Lächeln wie der blasse Sonnenschein draußen: spärlich und schnell vorbei.

Er zog einen Stuhl für Bolitho heran. »Auf Ihre Gesundheit, Captain.« Und als sie getrunken hatten: »Ich nehme an, Sie wissen, warum ich Sie für dieses Kommando angefordert habe?«

Bolitho räusperte sich. »Ich war der Ansicht, Sir, weil Captain Steward in die Politik geht, benötigen Sie einen neuen . . .«

Wieder lächelte Winslade, etwas verkniffen diesmal. »Bitte, Bolitho! Bescheidenheit auf Kosten der Aufrichtigkeit macht die Sache nur topplastig. Darüber sind Sie sich doch klar?«

Er nippte an seinem Glas und fuhr im gleichen trockenen Ton fort: »Bei dieser Mission muß ich mich auf den Kapitän der *Undine* vollkommen verlassen können. Sie werden auf der anderen Seite der Welt stationiert sein. Ich muß wissen, was Sie denken, damit ich, wenn ich zu gegebener Zeit eine bestimmte Depesche erhalte, auch entsprechend handeln kann.«

Bolitho versuchte, sich zu entspannen. »Danke.« Er lächelte etwas unsicher. »Für Ihr Vertrauen, meine ich.«

»Gewiß.« Winslade griff nach der Karaffe. »Ich kenne Ihre Herkunft, Ihre dienstlichen Leistungen, speziell im letzten Krieg gegen Frankreich und seine Alliierten. Über Ihr Verhalten auf dem amerikanischen Kontinent liegt ein sehr günstiger Bericht vor. Ein ausgewachsener Krieg und eine blutige Rebellion in Amerika müssen eine gute Schulung für einen so jungen Kommandanten gewesen sein. Doch dieser Krieg ist aus und vorbei –«, wieder das flüchtige Lächeln, »– aber wir, oder wenigstens einige von uns, wollen jetzt nach Möglichkeit verhindern, daß wir je wieder in eine so hilflose Pattsituation geraten.«

»Aber wir haben doch den Krieg nicht verloren, Sir!« rief Bolitho.

»Wir haben ihn auch nicht gewonnen. Und das ist das Wesentliche.«

Bolitho mußte unwillkürlich an die letzte Seeschlacht denken: das Schreien und Brüllen auf beiden Seiten, das Krachen der Geschütze und der fallenden Spieren. So viele hatten an diesem Tag den Tod gefunden. So viele vertraute Gesichter wurden einfach ausgelöscht. Und manche, die übriggeblieben waren wie jene beiden zerlumpten Soldaten mußten jetzt sehen, wie sie ihr Leben fristen konnten.

»Wir taten unser Bestes, Sir«, sagte er gedämpft.

Der Admiral sah ihn nachdenklich an. »Das stimmt. Sie haben vielleicht den Krieg nicht gewonnen, aber Sie haben uns eine gewisse Frist verschafft. Zeit, um zu Atem zu kommen und den Tatsachen ins Gesicht zu sehen.«

»Sie denken, daß der Friede nicht lange dauern wird, Sir?«

»Ein Feind bleibt immer ein Feind, Bolitho. Nur die endgültig Besiegten sind friedlich. O ja, wir werden wieder kämpfen, seien Sie sicher.« Er setzte sein Glas nieder und fragte in scharfem Ton: »Und nun Ihr Schiff. Sind Sie soweit?«

Bolitho hielt seinem Blick stand. »Mir fehlen immer noch Seeleute, aber das Schiff selbst ist so klar, wie es nur sein kann. Vor zwei Tagen habe ich es aus der Werft schleppen lassen; jetzt liegt es in Spithead vor Anker, bis aller Proviant an Bord ist.«

»Wie viele Leute fehlen Ihnen?«

Fünf Worte nur, aber da gab es kein Drumherumreden.

»Fünfzig, Sir. Aber meine Offiziere bemühen sich weiter.«

Der Admiral verzog keine Miene. »Aha. Nun, das ist Ihre Sache. Ich werde Ihnen ein Patent zur Anwerbung von ›Freiwilligen‹ auf den Gefängnishulken* im Hafen von Portsmouth besorgen.«

»Traurig, daß wir auf Sträflinge angewiesen sind«, warf Bolitho ein.

»Es sind Männer – mehr brauchen Sie im Moment nicht. Wie die Dinge liegen, tun Sie vielleicht manchem dieser armen Teufel etwas Gutes damit. Die meisten sollten in die amerikanischen Strafkolonien verschifft werden. Jetzt, da wir Amerika los sind, müssen wir uns nach anderen Möglichkeiten umsehen. Man spricht von der Botany Bay in Neu-Holland; aber das kann natürlich bloß ein Gerücht sein.«

Er stand auf und trat ans Fenster. »Ich kannte Ihren Vater und war sehr betrübt, als ich von seinem Tod hörte. Er starb, als Sie in Westindien waren, glaube ich?« Er wartete die Antwort nicht ab. »Gerade dieser Auftrag wäre etwas für ihn gewesen. Da hätte er sich so richtig beweisen können: auf sich selbst angewiesen und auf Sofort-Entscheidungen, die ihren Urheber vernichten können, wenn sie falsch sind. Alles das, wovon ein junger Fregattenkapitän träumt – hab' ich recht?«

* Hulk = entmasteter Schiffsrumpf; im weiteren Sinne: altes, nicht mehr seetüchtiges Schiff (der Übersetzer).

»Jawohl, Sir.«

Bolitho erinnerte sich deutlich daran, wie sein Vater bei ihrem letzten Zusammensein ausgesehen hatte. Am selben Tage war er mit der *Phalarope* nach Westindien abgesegelt. Ein müder, gebrochener Mann, den der Verrat seines ältesten Sohnes verbittert hatte. Hugh war sein Augapfel gewesen. Er war fünf Jahre älter als Richard, ein geborener Spieler und Abenteurer, und schließlich hatte er einen Kameraden, einen Offizier, im Duell getötet. Schlimmer noch: er war nach Amerika geflohen, hatte sich dort den Revolutionären angeschlossen und ein Kaperschiff gegen die Engländer geführt. An dieser Nachricht war sein Vater gestorben, ganz gleich, was der Doktor als Todesursache genannt hatte.

Bolitho faßte sein Glas fester. Einen großen Teil seiner Prisengelder hatte es gekostet, das Land zurückzukaufen, das sein Vater hatte veräußern müssen, um Hughs Schulden zu bezahlen. Aber seine Ehre konnte er nicht zurückkaufen. Gut, daß Hugh tot war. Hätten sie sich je getroffen – Richard Bolitho hätte seinen Bruder umbringen können für das, was er getan hatte.

»Noch Wein?« Winslade schien selbst in Gedanken gewesen zu sein. »Sie segeln also zunächst nach Madras. Dort melden Sie sich bei . . . Nun, das lesen Sie noch in Ihrer Segelorder. Hat keinen Sinn, es jetzt schon bekanntzugeben. Könnte ja sein, Sie kriegen Ihr Schiff doch nicht voll bemannt, eh?«

»Ich schaffe es schon, Sir. Und wenn ich persönlich nach Cornwall fahren muß.«

»Das wird hoffentlich nicht nötig sein.«

Winslade wechselte das Thema. »Während des amerikanischen Krieges haben Sie wahrscheinlich gemerkt, daß die Zusammenarbeit zwischen den militärischen und den zivilen Dienststellen sehr zu wünschen übrig ließ. Die Truppen kämpften, schlugen ihre Schlachten und vertrauten auf keine der beiden Instanzen. Dazu darf es nicht wieder kommen. Ihr neuer Auftrag müßte eigentlich von einem ganzen Geschwader ausgeführt werden und unter der Flagge eines Admirals. Aber das würde Aufsehen erregen, und gerade das will das Parlament angesichts der Unsicherheit dieses Friedens vermeiden.« Winslade schwieg einen Moment; dann fragte er unvermittelt: »Wo wohnen Sie in London?«

»In Southwark, im *Hotel George.*«

»Ich gebe Ihnen eine Adresse: das Haus eines Freundes am St. James' Square.« Er lächelte über Bolithos bedenkliche Miene.

»Machen Sie doch nicht so ein finsteres Gesicht! Es wird Zeit, daß Sie unter Menschen kommen und sich an Land etwas Rückendekkung sichern. Dieser Auftrag kann Sie mit anderen Leuten in Berührung bringen als mit abgeklapperten Stabskapitänen. Sie müssen die richtigen Leute kennenlernen, das kann Ihnen nur nützen. Ich schicke einen Kurier mit Instruktionen für Ihren Ersten Leutnant.« Er warf Bolitho einen raschen Blick zu. »Herrick, nehme ich an, von Ihrem letzten Schiff.«

»Jawohl, Sir.« Er war sich nie im Zweifel darüber gewesen, wem er diesen Posten anbieten würde, wenn er je wieder ein Schiff bekäme.

»Na schön, Mr. Herrick also. Er kann die anfallenden Sachen erledigen. Ich brauche Sie für die nächsten vier Tage in London. Mindestens!« bekräftigte er, als er den Protest in Bolithos Miene sah. Nachdenklich blickte der Admiral ihn sekundenlang an. Gewiß, Bolitho wollte so schnell wie möglich wieder auf sein Schiff und fühlte sich in der fremden, verwirrenden Umgebung unsicher. Das und noch mehr stand ihm im Gesicht geschrieben. Als Bolitho vorhin ins Zimmer trat, war dem Admiral die Ähnlichkeit mit dem Vater aufgefallen: groß, schlank, das schwarze Haar am Nackenansatz zusammengebunden. Jedoch die schwarze Locke über dem rechten Auge erzählte eine andere Geschichte. Einmal, als Bolitho sein Glas hob, war sie verrutscht, so daß darunter eine weißliche Narbe sichtbar wurde, die sich bis in den Haaransatz hineinzog. Winslade war mit seiner Wahl sehr zufrieden. Bolithos ernste Züge verrieten Intelligenz und auch Mitgefühl, das sogar in sieben Kriegsjahren nicht geschwunden war. Winslade hätte sich seinen Mann aus hundert Kapitänen aussuchen können, aber er wollte einen haben, der ein Schiff und das Meer brauchte und nicht bloß die materielle Sicherheit, die eine solche Stellung mit sich brachte. Und er brauchte einen Mann, der nicht nur denken, sondern auch entsprechend handeln konnte, der sich nicht einfach auf die Feuerkraft seiner Breitseiten verließ. Bolithos Personalakte bewies deutlich, daß ihm eine schriftliche Order nicht die eigene Initiative ersetzte. Mehrere Admirale hatten gemurrt, als Winslade ihn für dieses Kommando vorschlug. Aber Winslade hatte seinen Kopf durchgesetzt, denn er hatte das Parlament hinter sich, und das war ebenfalls eine Seltenheit.

Mit einem Seufzer griff er nach der Tischglocke. »Gehen Sie jetzt, und leiten Sie Ihren Umzug in die Wege – ich gebe Ihnen gleich die Adresse. Im übrigen habe ich viel zu tun, also amüsieren Sie sich ruhig, so lange Sie können!«

Auf sein Läuten erschien ein Diener, brachte Bolithos Hut und Degen und legte ihm geschickt das Gehänge um. Winslade sah aufmerksam zu. »Immer noch dieselbe alte Klinge, wie?« Er faßte den Degen an – eine in langem Dienst glattgewetzte Waffe und viel leichter als die modernen Degen.

»Aye, Sir«, lächelte Bolitho. »Mein Vater gab ihn mir, als ...«

»Ich weiß. Denken Sie nicht mehr an die Geschichte mit Ihrem Bruder, Bolitho.« Er tippte nochmals an den Degengriff. »Ihre Familie hat in vielen Generationen so viel Ehre angesammelt, daß sie durch einen einzelnen nicht entehrt werden kann.« Er hielt ihm die Hand hin. »Seien Sie vorsichtig. Sicher zerreißen sich schon manche Leute den Mund über Ihren heutigen Besuch bei mir.«

Bolitho trat hinter dem Diener auf den Flur und dachte unruhig über die verschiedenen Gesichtspunkte der Unterredung nach. Madras ... Ein fremder Kontinent ... Eine lange, schwierige Reise, aber offenbar nur der Anfang seiner Mission.

Jede Meile, die er segelte, würde ihre Schwierigkeiten bringen, dachte er lächelnd. Und ihren Lohn. Er blieb einen Augenblick unter dem Torbogen stehen und starrte auf das Gewimmel der Menschen und Wagen. Bald würde er wieder auf dem offenen Meer sein, nicht mehr in diesem Schmutz und Lärm! Ein Schiff war ein lebendiges Wesen, etwas ganz anderes als diese langweiligen, pompösen Bauwerke.

Jemand berührte seinen Arm. Er fuhr herum und sah einen jungen Mann in schäbiger Uniform, der ihn mit banger Erwartung anblickte. »Ja, bitte? Sie wünschen?«

»Mein Name ist Chatterton, Captain«, sagte der Mann gepreßt. »Ich war Zweiter Leutnant auf der *Warrior*, vierundsiebzig Geschütze.« Er zögerte, als er Bolithos ernste Miene sah. »Ich höre, Sie rüsten aus, Sir, und da dachte ich ...«

»Tut mir leid, Mr. Chatterton. Meine Offiziersmesse ist voll.«

»Ja, Sir, das dachte ich mir.« Er schluckte. »Vielleicht könnte ich als Steuermannsmaat anmustern?«

Bolitho schüttelte den Kopf. »Leider brauche ich nur Matrosen.« Enttäuschung verdüsterte die Miene des jungen Mannes. Die alte *Warrior* hatte bei kaum einer Seeschlacht gefehlt; tapfere Männer hatten voller Stolz ihren Namen genannt. Und jetzt stand ihr Zweiter Leutnant wie ein Bettler da.

»Wenn ich Ihnen aushelfen kann«, sagte Bolitho leise, »eine kleine Überbrückung . . .« Er faßte in die Tasche.

»Danke, nein, Sir.« Der junge Mann zwang sich ein Lächeln ab. »Jedenfalls jetzt noch nicht.« Er stellte seinen Rockkragen hoch. Im Weggehen rief er noch: »Viel Glück, Captain!«

Bolitho sah ihm nach, bis er um die Ecke war. So hätte es auch Herrick gehen können, dachte er. Und jedem von uns.

Der immer steifer werdende Südost peitschte den Solent* zu einer einzigen Masse kabbeliger, schaumgekrönter Wellen auf, und die *Undine,* Fregatte Seiner Majestät, zerrte trotzig an ihrer Ankerkette.

Leutnant Thomas Herrick stellte den Kragen seines schweren Wachmantels hoch und nahm seinen Gang über das Achterdeck wieder auf. Er kniff die Augen zusammen, um sie vor dem Gemisch aus Regen und Sprühwasser zu schützen. Im feuchten Zwielicht sah die straffgespannte Takelage aus wie ein Gewirr schwarzer Glasröhren.

Trotz des schlechten Wetters herrschte lebhafter Betrieb an Deck, ebenso längsseits in den schwankenden Versorgungsbooten und Leichtern. Hier und da, auf den Decksgängen und im Bug des Schiffes, setzten die roten Uniformen der Wache stehenden Seesoldaten dem alles beherrschenden trüben Grau ein paar farbige Lichter auf. Die Marineinfanteristen sollten dafür sorgen, daß die von den Booten und Leichtern übernommenen Lebensmittel und Ausrüstungsgegenstände nur in *einer* Richtung gingen und nicht durch eine offene Luke im Tausch gegen billigen Schnaps und andere Genüsse wieder an Land gelangten.

Zufrieden grinste Herrick und stampfte mit seinen kalten Füßen auf den nassen Deckplanken. In dem Monat seit seiner Anmusterung hatte es eine Menge Arbeit gegeben. Andere mochten über das schlechte Wetter, die Unsicherheit der langen Reise, über die Strapazen in See und Wind fluchen – er nicht. Im vergangenen Jahr hatte er erheblich mehr Plage und Mühe gehabt; und er war froh, wieder an Bord eines Kriegsschiffes zu sein. Schon mit knapp zwölf Jahren war er in die Marine eingetreten; und in diesen letzten langen Monaten nach der Unterzeichnung des Friedens mit Frankreich und der Anerkennung der Unabhängigkeit Amerikas hatte er zum erstenmal erfahren, was es heißt, der einzigen

* Meerenge zwischen Portsmouth und der Isle of Wight (der Übersetzer).

Lebensform, die er verstand und mit der er vertraut war, nicht mehr anzugehören.

Anders als viele seiner Kameraden mußte Herrick von dem leben, was er verdiente. Er kam aus einer armen Familie; sein Vater war Schreiber in Rochester, seiner Heimatstadt. Als er von der *Phalarope* abmusterte, sich von Bolitho verabschiedete und wieder nach Rochester kam, war es noch schlimmer gewesen, als er erwartet hatte. Die Gesundheit seines Vaters war ruiniert, er schien sich zu Tode zu husten. Herricks einzige Schwester war gelähmt und konnte ihrer Mutter kaum im Haus helfen; und somit sah die Familie seine Rückkehr mit anderen Augen als er, der sich wie ein Ausgestoßener vorkam. Über den Prinzipal seines Vaters hatte er eine Heuer als Maat auf einer kleinen Brigg bekommen, die ihr Geld mit Stückgutfracht längs der Ostküste und gelegentlich auch einmal über den Kanal nach Holland verdiente. Der Schiffseigner war ein Geizhals, der mit einer so kleinen Mannschaft fuhr, daß das Schiff kaum bedient werden konnte, vom Be- und Entladen und von Reparaturen ganz zu schweigen. Als er Bolithos Brief bekam, dem der Befehl der Admiralität beilag, sich an Bord der *Undine* zu melden, war er so erschüttert gewesen, daß er sein Glück kaum fassen konnte. Seit dem letzten Besuch in Falmouth hatte er Bolitho nicht mehr gesehen; vielleicht hatte er sogar im tiefsten Innern gefürchtet, daß ihre Freundschaft, die in Kanonendonner und Sturm geboren und gewachsen war, die Friedenszeit nicht überleben würde. Schließlich lagen ihre beiden Welten zu weit auseinander. Das große steinerne Haus war ihm wie ein Palast vorgekommen. In Bolithos Familie waren fast alle Männer Seeoffiziere gewesen; und das stellte ihn auf eine ganze andere Ebene als Herrick, der in seiner Familie als erster zur See ging – aber es gab noch bedeutendere Unterschiede zwischen ihnen.

Bolitho hatte sich nicht verändert. Das hatte Herrick auf den ersten Blick gemerkt, als sie sich vor einem Monat auf eben diesem Achterdeck wiedergesehen hatten. Sie war noch da, die leise Melancholie, die jedoch blitzschnell in jugendliche Erregung umschlagen konnte. Und vor allem war Bolitho selbst froh, wieder an Bord zu sein; er freute sich darauf, sein neues Schiff und auch sich auf die Probe zu stellen, sobald sich Gelegenheit dazu bieten würde.

Ein Midshipman* kam über das Deck gerannt, faßte vor-

* Seekadett, bzw. Fähnrich zur See (der Übersetzer).

schriftsmäßig an seinen Hut und meldete: »Kutter kommt zurück, Sir.«

Er war ein kleiner Kerl und erst seit etwa drei Wochen an Bord; er bibberte vor Kälte.

»Danke, Mr. Penn. Hoffentlich mit ein paar neue Matrosen.« Er sah den Jungen mißbilligend an. »Bringen Sie Ihre Uniform in Ordnung. Der Captain kommt vielleicht heute zurück.« Dann ging er wieder auf und ab. Fünf Tage lang war Bolitho nun schon in London. Herrick freute sich auf die Neuigkeiten, die er mitbringen würde, besonders auf die Segelorder, damit sie endlich aus dem scheußlichen Solent herauskamen. Er beobachtete den Kutter, der sich schwer stampfend durch die weißen Wellenkämme arbeitete. Trotz der Bemühungen des Bootsführers handhabten die Bootsgasten die Riemen ziemlich ungeschickt. Er konnte den Dreispitz des Dritten Leutnants John Soames in der Achterplicht erkennen – ob der wohl Glück gehabt hatte und Rekruten mitbrachte?

Herrick hatte an Bord der *Phalarope* als Dritter angefangen und war zu Bolithos Stellvertreter aufgestiegen, nachdem der Erste und der Zweite Leutnant im Gefecht den Tod gefunden hatten. Die Frage ging ihm durch den Sinn, ob Soames sich schon über seine eigene Beförderung in den kommenden Monaten Gedanken machte. Soames war ein Riesenkerl und stand im dreißigsten Lebensjahr, war drei Jahre älter als Herrick. Er war erst sehr spät Leutnant geworden, und zwar auf allerlei Umwegen über den Dienst in der Handelsflotte und später als Steuermannsmaat in der Kriegsmarine. Was er wußte, hatte er sich selbst beigebracht: ein Mensch, der nicht kleinzukriegen war, aus dem man aber auch nicht klug wurde. Herrick traute ihm nicht recht.

Ganz anders war der Zweite, Villiers Davy. Wie schon der Name vermuten ließ, war er von Familie; Geld und stolze Haltung gaben seinem quecksilbrigen Witz den nötigen Rückhalt. Auch ihm traute Herrick nicht so ganz; aber er hielt sich immer wieder vor Augen, daß seine Abneigung auf Davys Ähnlichkeit mit einem arroganten Midshipman der *Phalarope* beruhen mochte.

Herrick drehte sich um, weil er Schritte hinter sich hörte: ein mächtiges Kassenbuch unter dem Mantel, kam Zahlmeister Triphook durch den strömenden Regen geschlurft.

»Ein schlimmer Tag, Mr. Herrick«, brummte er mißmutig. Er deutete auf die Boote und fuhr fort: »Hol der Teufel diese Gauner. Die würden noch einen Blinden bestehlen, das würden sie.«

Herrick grinste. »Ihr Zahlmeister tut so was nicht, wie?«

Triphook blickte ihn ernsthaft an. Er war sehr dünn, hielt sich krumm und hatte lange gelbe Pferdezähne.

»Ich hoffe, Sie haben das nicht ernst gemeint, Sir.«

Herrick beugte sich über die triefenden Finknetze*, um einen Blick in den Kutter zu werfen, der eben längsseits festmachte. Du lieber Gott, was für saumäßiges Rudern! Bolitho würde etwas Besseres sehen wollen, und das bald.

»Regen Sie sich nicht auf, Mr. Triphook«, erwiderte er kurz. »Ich wollte Ihnen bloß einen Tip geben. An Bord meines vorigen Schiffes hatten wir einen Zahlmeister – Evans hieß er –, der verschob den Proviant. Ließ verdorbenes Fleisch liefern und steckte die Preisdifferenz ein – es ging damals ziemlich drunter und drüber. Aber es kam rechtzeitig raus.«

Triphook sah ihn unsicher an. »Und?«

»Captain Bolitho ließ ihn auf eigene Kosten frisches Fleisch kaufen. Faß für Faß – ein frisches Faß für jedes schlechte.« Er grinste wieder. »Also lassen Sie sich warnen, mein Freund!«

»Bei mir wird der Captain nichts zu beanstanden haben, Mr. Herrick.« Im Weggehen sagte er noch: »Darauf können Sie sich verlassen!« Aber es klang nicht sehr überzeugend.

Leutnant Soames kam aufs Achterdeck, faßte an den Hut und meldete mit einem angewiderten Blick auf die nassen Planken: »Fünf Mann, Sir. Ich war den ganzen Tag unterwegs und bin total heiser vom Vorlesen dieser Flugblätter.«

Herrick nickte mitfühlend. Er hatte das oft genug selbst machen müssen. Fünf Mann. Sie brauchten immer noch dreißig. Und selbst dann hatten sie keine Reserve für Todesfälle und Verwundungen, mit denen man schließlich bei jeder langen Reise rechnen mußte.

Mürrisch fragte Soames: »Was Neues?«

»Nein. Nur, daß wir nach Madras segeln. Aber ich denke, es geht bald los.«

»Je eher wir von Land weg sind, um so besser. Die Straßen sind voller Besoffener, prima Seeleute, die wir gut gebrauchen könnten.« Zögernd fuhr er fort: »Wenn Sie nichts dagegen haben, könnte ich heute nacht mit einem Boot losfahren und ein paar davon schnappen, wenn sie aus ihren verdammten Bierkneipen getorkelt kommen.«

* Hängemattskästen im Schanzkleid des Oberdecks (der Übersetzer).

Sie fuhren herum. Kreischendes Gelächter erklang vom Geschützdeck, und eine Frau, die bloßen Brüste dem Regen preisgegeben, kam backbords unter dem Decksgang hervorgerannt. Zwei Matrosen waren hinter ihr her, beide offensichtlich angetrunken; man brauchte nicht lange darüber nachzudenken, was sie von ihr wollten.

Herrick brüllte: »Unter Deck mit dieser Schlampe! Oder ich lasse sie über Bord schmeißen!« Er sah, wie der Midshipman vor Staunen über dieses Schauspiel die Augen aufriß, und sagte grob: »Mr. Penn, verschwinden Sie gefälligst!«

Soames grinste, was selten vorkam. »Verletzt das Ihre Gefühle, Mr. Herrick?«

Der zuckte die Schultern. »Ich weiß, es ist Brauch, den Matrosen im Hafen Weiber und Schnaps zu gestatten.« Er mußte an seine Schwester denken, die an ihren verdammten Rollstuhl gefesselt war. Was hätte er darum gegeben, wenn sie so hätte laufen können wie diese Hafenhure von Portsmouth. »Aber es ekelt mich jedesmal an.«

Soames seufzte. »Sonst würde die Hälfte dieser Bande desertieren, ob sie unterschrieben haben oder nicht. Wenn der Rum knapp wird, ist es mit der Anziehungskraft von Madras schnell vorbei.«

»Um auf Ihre Frage von vorhin zurückzukommen«, sagte Herrick. »Matrosen, die auf solche Weise an Bord kommen, machen eine Menge böses Blut. Ein fauler Apfel kann das ganze Faß verderben.«

Soames sah ihn starr an. »Mir scheint, auf diesem Schiff sind die meisten Äpfel jetzt schon faul. Die Freiwilligen laufen wahrscheinlich nur ihren Gläubigern davon – oder vielleicht sogar dem Henker. Und welche sind dabei, die wollen bloß sehen, was sie stehlen können, wenn sie erst einmal ein paar Meilen von der Obrigkeit entfernt sind.«

»Captain Bolitho ist Obrigkeit genug, Mr. Soames«, entgegnete Herrick.

»Ach so, Sie sind ja schon mit ihm gefahren. Da gab's doch eine Meuterei?«

»Nicht seinetwegen«, erwiderte Herrick mit ärgerlichem Blick. »Seien Sie so gut und sorgen Sie dafür, daß die neuen Leute Essen und Arbeitskleidung fassen.« Er erkannte Widerstreben im Blick des Zweiten und fuhr fort: »Das ist auch ein Punkt, den der Captain so haben will. Ich kann Ihnen nur raten, sich auf seine Wünsche einzustellen. Dann werden Sie ein leichteres Leben haben.«

Soames ging, und Herrick entspannte sich etwas. In Zukunft durfte er sich nicht so leicht über Soames ärgern. Aber jede Kritik an Bolitho, offen oder versteckt, ging ihm unter die Haut. Bolitho war das Sinnbild für alles, was Herrick einmal sein wollte. Daß er den einen oder anderen von Bolithos verborgenen Fehlern kannte, vertiefte nur seine Loyalität. Nachdenklich schüttelte er den Kopf. Es war sogar mehr als Loyalität.

Er spähte über die Finknetze zum Land hinüber, auf die regennassen, bleiern glitzernden Mauern der Festung. Jenseits von Portsmouth Point war in dem Dreckwetter kaum noch etwas vom Land zu sehen. Gut, daß es endlich losging. Dann kam zu seinem regulären Sold noch die Seezulage, und die würde eine Hilfe für seine Angehörigen sein. In Westindien hatten sie unter Bolitho gutes Prisengeld verdient, und mit seinem Anteil hatte er ein paar Anschaffungen gemacht, die ihnen das Leben etwas erleichterten, bis er zurückkehrte. Aber wann würde das sein? In zwei Jahren? Besser, man dachte gar nicht darüber nach.

Gekrümmt kam ein Schiffsjunge durch den Regen zum unbemannten Steuerrad gerannt, drehte die Sanduhr um und wartete darauf, daß Herrick glaste. Es war Zeit, die diensttuende Wache unter Deck zu schicken. Herrick verzog das Gesicht. In der Offiziersmesse würde es auch nicht viel gemütlicher sein als im Mannschaftslogis. Soames würde stumm vor sich hin brüten. Davy würde ihn mit irgendwelchen scharfzüngigen Redensarten anzuzapfen versuchen. Giles Bellairs, der Hauptmann der Seesoldaten, würde inzwischen schon leicht angetrunken sein, denn er wußte, daß sein bulliger Sergeant mit der kleinen Abteilung ganz gut allein fertig wurde. Triphook würde vermutlich in Berechnungen über die Dienstkleidung der Neuen vertieft sein. Typisch für den Zahlmeister: Er konnte die bevorstehende Reise Meile für Meile in Salzfleisch, Speck, eisenhartem Schiffszwieback, Zitronensaft gegen Skorbut, Bier und Schnaps (zur Aufbesserung des Trinkwassers, das bald genug von allerlei Lebewesen wimmeln würde) und all den tausend Kleinigkeiten, für die er verantwortlich war, in aller Seelenruhe vorausplanen. Aber eine Garnitur Dienstkleidung für Männer, die noch eigene Fetzen auf dem Leib trugen, das war zu viel für seine Wertbegriffe. Doch er würde es schon noch lernen, wenn Bolitho das Schiff erst einmal zum Leben erweckt hatte.

Rufe kamen von Land her, und Midshipman Penn piepste

ängstlich: »Pardon, Sir, aber ich fürchte, der Schiffsarzt ist in Schwierigkeiten.«

Herrick runzelte die Stirn, Der Schiffsarzt hieß Charles Whitmarsh: ein Mann von Kultur, aber mit Problemen. Nach Herricks Erfahrungen waren die meisten Schiffsärzte bloße Schlächter. Wer sonst würde zur See gehen und sich nach einer Seeschlacht mit blutigen, zerfetzten, schreienden, sterbenden Männern befassen wollen? In Friedenszeiten mochte das anders sein. Aber Whitmarsh war leider ein Säufer. Dort unten in dem dümpelnden Dingi bemühten sich der Bootsmannsmaat und zwei Matrosen, dem Arzt einen doppelten Palstek umzulegen, damit er besser an Bord kam. Er war ein großer, kräftiger Mann, fast so groß wie Soames, und sein Gesicht glühte in dem grauen Licht so rot wie die Uniform eines Seesoldaten.

»Lassen Sie ein Frachtnetz abfieren, Mr. Penn«, befahl Herrick unwillig. »Nicht sehr gentlemanlike, aber das Gestrampel da unten ist auch nicht gerade vornehm.«

Schließlich war Whitmarsh auf dem Geschützdeck gelandet, mit wirren Haaren und dem strahlenden Grinsen des Betrunkenen. Einer seiner Sanitätsgasten und zwei Seesoldaten schälten ihn aus dem Netz und schafften ihn unter Deck. Jetzt würde er in seinem kleinen Lazarett ein paar Stunden schlafen und dann wieder von vorn mit Trinken anfangen.

»Ist er krank, Sir?« fragte Penn ängstlich.

Herrick sah den Knaben ernsthaft an. »Ein bißchen blau, mein Junge. Aber einen Arm oder ein Bein abschneiden, das könnte er wohl noch.« Er tippte Penn auf die Schulter. »Gehen Sie unter Deck. Ihre Ablösung muß gleich kommen.«

Er blickte hinter dem Davoneilenden her und mußte wieder grinsen. Nur schwer konnte er sich vorstellen, daß er selbst einmal wie Penn gewesen war: unsicher, ängstlich und voll knabenhafter Illusionen, die eine nach der anderen durch das, was er sah und hörte, verloren gingen.

Da rief ein Seesoldat: »Wachtboot legt im Bootshafen ab, Sir!«

»Schön«, nickte Herrick. Das hieß: Order für die *Undine*. Seine Blicke schweiften über das Schiff, zwischen die hohen, in der Dünung dippenden Masten, über das straffe Gewirr der Takelage und die sauber gerefften Segel bis zum Bugspriet, unter dem die Gallionsfigur, eine vollbusige Seejungfrau, blicklos in die Ferne starrte. Es hieß auch, daß Bolitho zurückkommen würde. Und zwar heute.

Mehr brauchte Thomas Herrick nicht zu wissen.

II Anker auf!

Richard Bolitho stand im Windschutz der Steinmauer des Bootshafens und spähte durch den eiskalten Regen. Es war Nachmittag, aber der Himmel hing so voll niedriger Wolken, daß man glauben konnte, es sei schon Abend.

Er war müde und steif von der langen Fahrt in der Postkutsche, bei der er sich zu allem anderen noch über seine beiden Reisegefährten geärgert hatte: Kaufleute aus der Londoner City. Bei jedem Pferdewechsel oder auch sonst in einem der zahlreichen Wirtshäuser an der Chaussee nach Portsmouth hatten sie sich eine Erfrischung genehmigt und waren dabei immer lauter und vergnügter geworden. Sie wollten mit einem Postschiff nach Frankreich, um dort neue Geschäftsverbindungen anzuknüpfen und, wenn sie Glück hatten, ihre Handelsbeziehungen ein gutes Stück zu erweitern. Für Bolitho war das immer noch schwer zu verstehen. Noch vor einem Jahr war der Ärmelkanal die einzige Barriere zwischen seinem Land und dem Feind gewesen: der letzte Festungsgraben, wie eine Zeitung es ausgedrückt hatte. Männer vom Schlage seiner beiden Mitpassagiere schienen das inzwischen vergessen zu haben. Für sie war der Kanal nur noch ein ärgerliches Hindernis, das ihre Geschäftsreisen unbequemer und zeitraubender machte.

Er kroch tiefer in seinen Bootsmantel. Plötzlich konnte er es kaum noch erwarten, an Bord zu kommen. Der Mantel war neu und stammte von einem guten Londoner Schneider. Der Freund von Konteradmiral Winslade war mit ihm in der Werkstatt gewesen und hatte dabei so viel Takt entwickelt, daß sich Bolitho wenigstens nicht ganz ahnungslos vorkam. Er war so unsicher in diesen Dingen. Und doch mußte er lächeln, als er an die Zeit in London dachte. Er würde sich nie an London gewöhnen können. Es war zu groß, zu hektisch. Niemand hatte Zeit und Luft zum Atmen. Kein Wunder, daß die Leute in den großen Häusern um den St. James' Square alle paar Stunden ihre Dienstboten hinausschicken mußten, um frisches Stroh auf die Straße zu breiten. Das Knarren und Rumpeln der Wagen konnte wahrhaftig Tote erwecken. Das Haus seiner Gastgeber war wunderschön gewesen, und sie selbst waren reizende Leute, auch wenn sie sich manchmal über seine Fragen milde amüsiert hatten. Noch jetzt wurde er aus ihren seltsamen Lebensformen nicht ganz klug. Es genügte anscheinend nicht, in einem so vornehmen, modernen Haus mit prächtigen Treppen und riesigen Kronleuchtern zu wohnen. Um zu den wirklich feinen Leuten zu zählen, mußte man an der richtigen Seite des Platzes wohnen, der Ostseite, wie Winslades Freunde.

Bolitho hatte allerlei einflußreiche Leute kennengelernt; seine Gastgeber hatten bei ihren Diners dafür gesorgt. Er hatte in dieser Hinsicht genügend Erfahrungen gesammelt, um genau zu wissen, daß er ohne ihre Hilfe nie mit solchen Menschen zusammengekommen wäre. An Bord seines Schiffes kam ein Kapitän gleich nach dem lieben Gott, aber in der Londoner Gesellschaft war er ein ganz kleines Licht.

Doch das alles lag jetzt hinter ihm. Er war wieder zu Hause. Seine Segelorder wartete schon auf ihn, nur der genaue Zeitpunkt des Ankerlichtens war noch unbestimmt.

Er spähte nochmals um die Mauer. Der Wind schlug ihm ins Gesicht wie eine Peitsche. Der Signalturm hatte die *Undine* über seine Ankunft informiert; und schon bald würde ein Boot für ihn am hölzernen Pier unterhalb der Mauer festmachen. Wie mochte wohl sein persönlicher Bootsführer Allday an Bord zurechtkommen? Es war seine erste Reise als Kapitänsbootsmann, aber Bolitho kannte ihn genau genug, um zu wissen, daß er sich keine Sorgen zu machen brauchte. Es war schön, ihn wiederzusehen: ein vertrautes Gesicht, ein Mann, auf den er sich verlassen konnte.

Er blickte zum *George Inn* hinüber, dem Wirtshaus an der Endstation der Postkutsche, wo ein paar Bediente sein Gepäck bewachten, und dachte an die Garderobe, die er sich angeschafft hatte. Vielleicht war er doch nicht ganz unbeeinflußt von London geblieben.

Als Bolitho während des amerikanischen Unabhängigkeitskrieges sein erstes Kommando als Kapitän der Schaluppe *Sparrow* innehatte, war wenig Zeit gewesen, sich mit den Luxusgütern dieser Erde vertraut zu machen. Aber in London, mit dem Rest seiner Prisengelder in der Tasche, hatte er das nachgeholt: neue Hemden, bequemes Schuhwerk. Dazu der weite, lange Bootsmantel, der auch dem heftigsten Regen widerstehen würde. Das war bestimmt zum Teil Winslades Verdienst. Sein Gastgeber hatte gelegentlich erwähnt, daß Bolithos Mission mit der *Undine* nicht nur einen tüchtigen Kapitän erforderte, sondern auch einen Mann, der etwas darstellte, wenn er mit den Repräsentanten fremder Regierungen verhandelte. Da wäre zum Beispiel, meinte er beiläufig, die Frage des Weines.

Miteinander waren sie in einen niedrigen, holzgetäfelten Laden in der St. James' Street getreten, der völlig anders aussah, als Bolitho sich das gedacht hatte. Die Ladentür trug als Symbol eine Kaffeemühle, und darüber stand in Goldschrift der Firmenname: Pickering & Clarke. Der Laden wirkte gemütlich, sogar intim, und hätte sich ebensogut in Falmouth befinden können.

Hoffentlich war der Wein bereits an Bord. Wenn nicht, würde er wahrscheinlich ohne ihn absegeln müssen, aber mit einem großen Loch in seiner Geldbörse. Es mußte ein fremdartiges und aufregendes Erlebnis sein, allein in der Kajüte zu sitzen und diesen wundervollen Madeira zu probieren. Das würde ihm London ins Gedächtnis zurückrufen, die feinen Häuser, die schlagfertigen, witzigen Gespräche und die Frauen, die einen so merkwürdig anschauten. Ein paarmal war ihm das letztere direkt unangenehm gewesen. Sie hatte ihn an die Zeit in New York während des Krieges erinnert, diese Dreistigkeit in den Gesichtern, die selbstbewußte Arroganz, die ihnen zur zweiten Natur geworden zu sein schien.

Ein Eckensteher rief ihn an: »Da kommt Ihr Boot, Käpt'n! Ich helfe mit Ihrem Gepäck!« Er faßte an den Hut und rannte zum Gasthaus, um die Hausdiener zu benachrichtigen, wobei er sich vermutlich überlegte, wieviel Trinkgeld von einem Fregattenkapitän zu erwarten war.

Bolitho drückte sich den Hut fest in die Stirn und trat in den Wind hinaus. Es war die Barkasse der *Undine,* ihr größtes Boot. Die Riemen hoben und senkten sich wie Möwenschwingen, als sie auf den Pier zusteuerte. Es mußte ein schweres Rudern sein, überlegte er; sonst wäre Allday mit der Gig, dem kleineren Boot, gekommen.

Freudige Erwartung erfüllte ihn, und beinahe hätte er über das ganze Gesicht gelacht. Das dunkelgrün gestrichene Boot, die Rudergasten in ihren karierten Hemden und weißen Hosen – alles war wieder da. Es war wie eine Heimkehr.

Die Riemen flogen hoch und standen senkrecht wie zwei Reihen weißer, schwingender Barten, während der Mann im Bug festmachte und einem eleganten Midshipman beim Aussteigen half. Der zog schwungvoll den Hut: »Zu Ihren Diensten, Sir.«

Das war Midshipman Valentin Keen, ein junger Mann, dessen Kommandierung auf die *Undine* wohl, wie Bolitho mutmaßte, in erster Linie erfolgt war, um ihn von England wegzubringen, und nicht so sehr, um seine maritime Karriere zu beschleunigen. Er war dienstältester Midshipman an Bord; und wenn er die Reise überlebte, würde er wahrscheinlich als Leutnant zurückkehren – auf alle Fälle würde er ein Mann geworden sein.

»Meine Kisten sind da drüben, Mr. Keen.«

Reglos stand Allday in der Achterplicht; sein blauer Rock und seine weiße Hose flatterten im Wind, und nur mit Mühe gelang es ihm, ein dienstlich starres Gesicht zu behalten.

Die Beziehung zwischen ihnen beiden war seltsam. Allday war als gepreßter Matrose an Bord der *Phalarope* gekommen. Als sie bei Kriegsende stillgelegt wurde, blieb Allday bei ihm in Falmouth: als Diener, Leibwächter und Freund, auf den er sich verlassen konnte. Jetzt, als Kapitänsbootsmann, würde er ständig um ihn und manchmal der einzige Kontakt zu jener anderen Welt jenseits des Kajütschotts sein. Allday war sein Leben lang Seemann gewesen; nur kurze Zeit lebte er als Schäfer in Cornwall, und ausgerechnet da hatte Bolithos Preßkommando ihn geschnappt: ein seltsamer Anfang. Bolitho mußte an Mark Stockdale, Alldays Vorgänger, denken: einen ehemaligen Faustkämpfer, der wegen seiner beschädigten Stimmbänder kaum richtig sprechen konnte. Er war in der Seeschlacht bei den Saintes gefallen, als er Bolitho den Rücken deckte. Armer Stockdale ... Bolitho hatte nicht einmal gesehen, wie er starb.

Allday kletterte an Land. »Alles klar, Captain. Ein feines Abendbrot wartet in der Kajüte.« Er schnauzte einen Matrosen an: »Schnapp dir die Kiste da, du Idiot, oder ich freß deine Leber!«

Grinsend nickte der Matrose. Bolitho war beruhigt. Alldays bemerkenswerte persönliche Ausstrahlung schien sich bereits durchgesetzt zu haben. Er konnte fluchen und prügeln wie ein Wilder, wenn es nötig war. Aber Bolitho hatte gelegentlich zugesehen, wie er Verwundete versorgte, und kannte auch seine andere Seite. Kein Wunder, daß die Mädchen auf den Farmen rund um Falmouth ihn vermißten. Aber nach Bolithos Meinung war es besser für Allday, zur See zu fahren. In letzter Zeit war zu viel über seine Amouren geredet worden.

Endlich war das Boot beladen, die Bedienten und der Eckensteher hatten ihr Geld bekommen. Zügig drückten die Riemen die lange Barkasse durch das kabbelige Wasser.

Schweigend und in seinen Mantel gehüllt saß Bolitho da und ließ die ferne Fregatte nicht aus den Augen. Sie war schön, in mancher Hinsicht schöner als die *Phalarope,* wenn das überhaupt möglich war. Sie war erst vier Jahre alt und kam von einer Werft in Frindsbury am Medway-Fluß. Herrick war in dieser Gegend zu Hause. Ihre Länge über Deck betrug 130 Fuß*; aus guter englischer Eiche gebaut, war sie ein Meisterstück. Kein Wunder, daß die Admiralität sie nicht wie so viele andere Schiffe ihrer Klasse bei Kriegsende einfach auflegen wollte. Sie hatte fast vierzehntausend Pfund gekostet, wie man Bolitho des öfteren versichert hatte. Nicht daß man es ihm noch extra klarzumachen brauchte – er wußte auch so, daß er von Glück sagen konnte, so ein Schiff zu bekommen.

Ein schmaler Riß klaffte in den dahinfliegenden Wolken und ließ einen Strahl wässerigen Lichts über die Stückpforten der *Undine* und den sauberen Kupferbeschlag des Unterwasserschiffs spielen, der beim unruhigen Rollen hin und wieder sichtbar wurde. Ein solides Schiff, mit dem man alles machen konnte. Aber dabei fiel Bolitho ein, was ihm Stewart, der vorige Kapitän, anvertraut hatte. In einem wütenden Scharmützel vor Ushant** war sie von den schweren Geschützen eines Vierundsiebzigers beschossen worden und hatte vier Treffer direkt unter der Wasserlinie abbekommen. Nur mit Glück hatte sie England noch erreicht. Fregatten waren schnelle Schiffe für überfallartige Aktionen und nicht dazu bestimmt, sich mit schweren Linienschiffen in Feuergefechte einzulassen. Bolitho wußte aus eigener bitterer Erfahrung, welchen Schaden ein Treffer an einem so grazilen Schiffskörper anrichten konnte. Stewart hatte noch gesagt, er sei trotz sorgfältiger Überprüfung nicht sicher, ob der Rumpf nach der Reparatur wieder völlig stabil sei. War nämlich der Kupferbelag erst wieder aufgenietet, so genügte eine Inspektion von der Innenseite nicht, um festzustellen, ob die Werft wirklich einwandfrei gearbeitet hatte. Kupfer schützte den Rumpf vor Algenbewuchs, der die Geschwin-

* 39,6 m (der Übersetzer).
** Insel vor Brest, französische Schreibweise Ouessant (der Übersetzer).

digkeit erheblich mindern konnte. Aber hinter dem Kupfer mochte der schlimmste Feind jedes Kapitäns lauern: die Fäule, die einen erstklassigen Schiffsrumpf in eine tödliche Falle für den Unvorsichtigen verwandeln konnte. Vor zwei Jahren war in Portsmouth das Flaggschiff des Admirals Kempenfelt, die *Royal George,* gekentert und gesunken, was mehrere hundert Menschen das Leben gekostet hatte. Es hieß, das Unterwasserschiff sei angefault gewesen und glatt herausgefallen. Wenn das einem stolzen Flaggschiff vor Anker passieren konnte, dann war bei einer Fregatte noch viel Schlimmeres zu befürchten.

Bolitho fuhr aus seinen Gedanken hoch: über dem Sausen des Windes vernahm er die schrillen Pfiffe des Bootsmanns und die stampfenden Schritte der Seesoldaten, die zur Ehrenbezeigung antraten. Er starrte zu den turmhohen Masten empor und sah die Matrosen in den Wanten. Seit einem Monat waren sie daran gewöhnt, ihn an Bord zu sehen, mit Ausnahme der Neuen, die auch er noch nicht kannte. Die würden sich jetzt Gedanken über ihn machen – wie er wohl wäre, zu hart oder zu nachlässig. Für die Mannschaft bedeutete der Kapitän, sobald erst einmal der Anker gelichtet war, einfach alles, ob er nun gut oder böse, ein schlechter oder ein tüchtiger Seemann war. Nur *sein* Ohr hörte auf ihre Klagen, nur *seine* Stimme sprach Belohnung oder Strafe aus.

»Riemen ein!« Allday erhob sich halb, die Ruderpinne in der Hand. »Auf Riemen!«

Das Boot lief aus, und der Bootsmann erwischte mit seinem Haken das Wasserstag beim ersten Versuch. Wahrscheinlich, mutmaßte Bolitho, hatte Allday während seiner Abwesenheit fleißig mit der Bootsmannschaft geübt. Er stand auf, um den richtigen Moment zu erwischen – er wußte genau, Allday paßte auf wie eine Katze vorm Mauseloch, damit er nicht zwischen Boot und Bordwand rutschte, oder, schlimmer noch, rückwärts stolperte und mit Armen und Beinen strampelnd zwischen die Männer fiel. Dergleichen kam vor; Bolitho hatte es selbst gesehen und erinnerte sich an seine grausame Schadenfreude beim Anblick des neuen Kapitäns, der triefend wie ein Scheuerlappen an Bord kam. Aber der Gischt hatte kaum Zeit, seine Hosenbeine anzufeuchten, da war er auch schon oben an Bord, und in seine Ohren gellte das Schrillen der Pfeifen und das Knallen der präsentierten Musketen der Marineinfanteristen. Er lüftete den Hut zum Achterdeck hin und nickte den Offizieren grüßend zu.

»Schön, wieder an Bord zu sein, Mr. Herrick.« Sein Ton war kurz und dienstlich.

»Willkommen an Bord, Sir.« Auch Herrick sprach in offiziellem Ton. Aber in den Augen beider Männer stand ein Glanz, der etwas mehr verriet als bloße Bordroutine. Etwas, das keiner der anderen sah oder gar teilte.

Bolitho zog seinen Mantel aus, reichte ihn Midshipman Penn und wandte sich um. Das schwindende Licht spielte über die weißen Aufschläge seines Galarocks. Nun wußten alle, daß er da war. Er sah die wenigen Matrosen, die oben in der Takelage noch etwas zu spleißen hatten, und andere, die sich auf den Decksgängen und zwischen den Doppelreihen der schweren Zwölfpfünder drängten. Er kam sich ein bißchen pompös vor, und dieses Gefühl nötigte ihm ein amüsiertes Lächeln ab.

»Ich gehe jetzt unter Deck.«

»Die Segelorder liegt in Ihrer Kajüte, Sir.« Herrick barst vor Neugier; das merkte man ihm trotz seines dienstlich formellen Tonfalls deutlich an, denn seine blauen Augen, die manchmal so verletzt dreinblicken konnten, straften seine dienstliche Haltung Lügen.

»Schön. Ich lasse Sie in Kürze rufen.«

Bolitho wollte nach achtern gehen; da bemerkte er eine Gruppe trüber Gestalten in Zivil, die sich an der Achterdeckreling zusammendrängten. Leutnant Davy war eben dabei, sie nach einer Liste namentlich aufzurufen.

»Neue Leute, Mr. Davy?« fragte er.

»Wir sind immer noch dreißig Mann unter Sollstärke, Sir«, warf Herrick leise ein.

»Aye, Sir.« Davy blickte mit zusammengekniffenen Augen von der Liste auf und durch den Sprühregen seinem Kapitän entgegen. Auf seinen hübschen Zügen lag ein zutrauliches Lächeln. »Ich bin gerade dabei, sie die Musterrolle unterzeichnen zu lassen.«

Bolitho ging zur Leiter und kletterte rasch zum Geschützdeck hinunter. Mein Gott, was für Elendsgestalten! Halbverhungert, zerlumpt, verprügelt. Das harte Leben an Bord konnte kaum schlimmer sein als das Leben, das sie bisher geführt hatten und das sie zu dem gemacht hatte, was sie jetzt waren.

Davy hatte die Musterrolle auf einen der Zwölfpfünder gelegt. Was der für elegante, gepflegte Hände hatte! »Kommt jetzt«, befahl er, »und macht eure Kreuze!«

Halb selbstbewußt, halb schüchtern schoben sie sich heran – bis vor ihren neuen Kapitän.

Bolithos Blick blieb an dem letzten in der Reihe haften: ein untersetzter, muskulöser Mann, unter dessen abgetragenem Hut ein geteerter Zopf hervorsah. Wenigstens *ein* erfahrener Seemann!

Der Mann merkte, daß Bolitho ihn ansah, und drängte sich vor.

»He, du da! Bleib gefälligst in der Reihe!« schimpfte Davy.

»Dein Name?« fragte Bolitho.

»Turpin, Sir«, erwiderte der Mann zögernd. Davy wurde wütend. »Steh gefälligst stramm und nimm den Hut vor dem Captain ab, sonst hol' der Teufel deine Augen! Zumindest solltest du wissen, wem du Respekt zu erweisen hast!«

Der Mann nahm Haltung an; sein Gesicht drückte Scham und Verzweiflung aus. Bolitho hob den alten Mantel an, den Turpin über dem rechten Unterarm trug.

»Wo hast du die rechte Hand verloren, Turpin?« fragte er freundlich.

Der Mann schlug die Augen nieder. »Auf der *Barfleur,* Sir. Das war anno '81 bei der Schlacht in der Chesapeak Bay.« Er blickte auf, und ein stolzer Glanz trat in seine Augen, aber nur einen Moment. »Geschützführer war ich, Sir.«

Davy mischte sich ein. »Tut mir außerordentlich leid, Sir, aber ich habe nicht gemerkt, daß der Kerl Invalide ist. Ich lasse ihn sofort an Land bringen.«

Bolitho sagte: »Du wolltest die Musterrolle mit der Linken unterzeichnen. Liegt dir so viel daran?«

Turpin nickte. »Ich bin Seemann, Sir.« Er wandte sich um, weil einer der Neuangeworbenen seinen Nebenmann grinsend in die Seite gestoßen hatte. »Keine verdammte Landratte!« Dann wandte er sich wieder Bolitho zu, und seine Stimme wurde leiser. »Ich kann jeden Dienst tun, Sir.«

Bolitho hatte kaum hingehört. Die Seeschlacht in der Chesapeake Bay fiel ihm wieder ein ... Der Pulverrauch, der Geschützdonner. Die Formationen der manövrierenden Schiffe, gepanzerten Rittern vergleichbar. Das wurde man nie mehr los. Und dieser Turpin war mittendrin gewesen, einer von Hunderten, die grölten, starben, fluchten, wie die Besessenen ihre Geschütze luden und abfeuerten. Er mußte an die beiden fetten Kaufleute in der Postkutsche denken. Damit solche Leute mehr Geld verdienten!

»Schreiben Sie ihn ein, Mr. Davy«, sagte er barsch. »Ein Mann von der *Barfleur* wird uns mehr nutzen als viele andere.«

Er schritt nach achtern zur Kampanje, wütend über sich selbst und über Davy, der keinen Instinkt hatte. Eine dumme, kurzsichtige Einstellung.

Allday schleppte eben eine seiner Kisten nach achtern zur Kajütentür, wo unter der kreisenden Deckenlampe ein Marineinfanterist Wache stand.

»Das war großartig, Captain, was Sie da eben gemacht haben«, sagte er munter.

»Reden Sie nicht wie ein Narr, Allday!« Bolitho ging an ihm vorbei und fluchte leise, denn er hatte mit dem Kopf einen Decksbalken gestreift. Er blickte sich nach Allday um, doch dessen vertraute Züge waren völlig ausdruckslos. »Wahrscheinlich könnte er *Ihre* Arbeit tun!«

Allday nickte ernsthaft. »Aye, Sir – das stimmt, ich habe zu viel zu tun.«

»Frecher Kerl, verdammter! Weiß der Teufel, warum ich mir so viel von Ihnen gefallen lasse!« Aber es hatte keinen Zweck, mit Allday zu schimpfen.

Allday nahm ihm den Degen ab und hängte ihn an den Haken am Schott. »Ich kannte mal einen Mann in Bodmin, Captain.« Er blieb stehen und musterte den Degen kritisch. »Der nahm zum Holzspalten immer eine stumpfe Axt. Ich fragte ihn mal, warum er nicht 'ne scharfe nehme, da sagte der Kerl, wenn das Holz sich so glatt spalten ließe, hätte er nichts mehr, woran er seine Wut auslassen könne.«

Bolitho setzte sich an den Tisch. »Danke. Ich will daran denken, daß ich mir eine bessere Axt besorgen muß.«

Allday grinste. »Bitte sehr, Captain. War mir 'n Vergnügen.« Dann schritt er hinaus, um die nächste Kiste zu holen.

Bolitho nahm den vielfach versiegelten Umschlag zur Hand. Hätte Allday eine richtige Erziehung genossen, dann hätte allerhand aus ihm werden können. Er mußte lächeln, als er das Kuvert aufschnitt. Auch ohne Bildung war Allday ein harter Brocken.

Herrick, den Hut vorschriftsmäßig unterm Arm, trat in die Kajüte. »Sie haben mich rufen lassen, Sir?«

Bolitho stand an einem der großen Heckfenster. Sein Körper glich automatisch die Schiffsbewegungen aus. Die Tide hatte gewechselt, die *Undine* schwojte so, daß Herrick jetzt durch die dicken Scheiben die fernen Lichter sehen konnte. Hinter dem Schleier aus Regen und Sprühwasser schienen sie zu schwanken und zu flackern.

Im Schein der pendelnden Lampen sah die Kajüte gemütlich und einladend aus. Die Sitzbank in der Rundung des Hecks hatte einen Bezug aus feinem grünem Leder; auf dem Fußbodenbelag aus schwarz-weiß gewürfeltem Segeltuch standen Tisch und Stühle aus kastanienbraunem Mahagoni.

»Setzen Sie sich, Thomas.«

Langsam wandte Bolitho sich um und sah Herrick an. Inzwischen hatte er die Segelorder mehrmals durchgelesen, um nur ja nichts zu übersehen.

»Wir lichten morgen nachmittag Anker«, sagte er. »Bei der Segelorder ist ein Berechtigungsschein zur Übernahme von ›Freiwilligen‹ aus den Gefängnishulken von Portsmouth. Ich wäre Ihnen verbunden, wenn Sie das so früh wie möglich und gleich nach Tagesanbruch erledigen würden.«

Herrick nickte. Er sah den Ernst in Bolithos Zügen, die ruhelosen Hände; nebenan in dem abgeteilten Speiseraum stand das sorgfältig bereitete Mahl noch unberührt – der Kapitän hatte Sorgen. Irgend etwas machte ihn nervös.

»Wir sollen zunächst nach Teneriffa segeln.« Herrick richtete sich voller Spannung auf, und Bolitho sprach in beruhigendem Ton weiter: »Ich weiß schon, Thomas. Sie denken wie ich. Es kommt einem merkwürdig vor, wenn man friedlich einen Hafen anlaufen soll, in dem man noch vor ein paar Monaten einer ganz anderen Begrüßung gewärtig sein mußte.«

»Mit glühenden Kugeln«, grinste Herrick.

»Dort werden wir zwei, vielleicht auch drei Passagiere an Bord nehmen. Wenn wir unseren Proviant ergänzt haben, geht es ohne Aufenthalt weiter zu unserem eigentlichen Bestimmungsort: Madras.« Nachdenklich fuhr er wie im Selbstgespräch fort: »Über zwölftausend Meilen. Da haben wir Zeit, einander kennenzulernen. Und unser Schiff. Laut Befehl sollen wir so schnell wie möglich segeln. Deswegen müssen wir dafür sorgen, daß unsere Leute rasch und gut ausgebildet werden. Ich will keine durch schlechte Seemannschaft verursachten Verzögerungen oder Schäden an Segeln oder Takelage.«

Herrick rieb sich das Kinn. »Eine lange Reise.«

»Aye, Thomas. Hundert Tage. In der Zeit will ich es schaffen.«

Er lächelte, und sofort war aller Ernst aus seinen Zügen gewischt. »Mit Ihrer Hilfe natürlich.«

Herrick nickte. »Darf ich fragen, welche Aufgaben uns in Madras erwarten?«

Bolitho blickte auf die zusammengefaltete Segelorder nieder. »Ich weiß noch sehr wenig. Aber ich habe eine ganze Menge zwischen den Zeilen gelesen.«

Er schritt hin und her; sein Schatten glitt schwankend über die Wände der Kajüte.

»Nach dem Krieg mußten allerlei Konzessionen gemacht werden, Thomas, um das Gleichgewicht der Kräfte wiederherzustellen. Wir hatten den Holländern Trincomali auf Ceylon weggenommen, den am vorteilhaftesten gelegenen, besten Seehafen im Indischen Ozean. Suffren, der französische Admiral, hat uns Trincomali wieder entrissen und bei Kriegsende den Holländern zurückgegeben. Und wir haben Frankreich viele Westindische Inseln zurückgegeben, ebenso die französischen Stützpunkte in Indien. Und Spanien hat Menorca zurückbekommen.« Er hob die Schultern. »Auf beiden Seiten sind viele Menschen anscheinend umsonst gestorben.«

»Aber wo bleibt England, Sir?« fragte Herrick verwirrt. »Haben wir denn gar nichts herausgeholt?«

Bolitho lächelte. »Darum geht es jetzt. Daher diese außerordentliche Geheimhaltung und unsere vage Beorderung nach Teneriffa.« Er hielt inne und blickte auf den untersetzten Leutnant herab. »Ohne Trincomali sind wir in derselben Lage wie vor dem Krieg: wir haben auf Ceylon keinen guten Hafen für unsere Schiffe, keine Basis, von der aus wir dieses weite Gebiet kontrollieren könnten, kein Sprungbrett für die Ausdehnung des Handels mit Indien.«

»Ich dachte, die East India Company* hat alles, was sie braucht«, brummte Herrick.

Bolitho mußte wieder an die beiden Kaufleute in der Postkutsche denken. Und an andere, die er in London kennengelernt hatte. »Verschiedene Leute, die bei uns etwas zu sagen haben, halten Macht für die Grundlage internationaler Überlegenheit. Und hohe Handelsprofite für ein Mittel, um solche Macht zu erlangen.« Er warf einen kurzen Blick auf den Zwölfpfünder an der Kajüten-

* Ostindische Handelsgesellschaft: außerordentlich mächtige, private Unternehmung mit Hauptsitz in London, von der der Anstoß zur Kolonisierung Indiens ausging (der Übersetzer).

wand, dessen kraftvolle Umrisse dezent von einer Chintzdecke verhüllt waren. »Und Krieg für den Weg zu diesen dreien.«

Herrick biß sich auf die Lippe. »Und wir sollen sozusagen sondieren?«

»Vielleicht sehe ich das auch ganz falsch, Thomas. Aber Sie müssen wissen, wie ich denke – nur für den Fall, daß etwas entscheidend schiefgeht.« Er dachte wieder an das, was Winslade in der Admiralität zu ihm gesagt hatte: »... Ihr Auftrag müßte eigentlich von einem ganzen Geschwader ausgeführt werden ...« Winslade brauchte jemanden, dem er vertrauen konnte. Oder brauchte er nur einen Sündenbock für den Fall, daß es schiefging? Es hatte Bolitho immer geärgert, wenn er zu fest an der Leine seiner Vorgesetzten hing. Aber seine jetzige Order war so unbestimmt, daß er sich beinahe noch gehemmter fühlte. Nur eins war klar: Er sollte in Teneriffa einen gewissen Mr. James Raymond an Bord nehmen und sich zu dessen Verfügung halten. Raymond war Geheimkurier der Regierung und sollte die neuesten Depeschen nach Madras bringen.

Herrick warf ein: »Es wird nicht ganz leicht sein, sich daran zu gewöhnen. Aber wenn man wieder auf See ist, noch dazu mit einem Schiff wie der *Undine,* dann ist alles andere mehr oder weniger gleichgültig.«

Bolitho nickte. »Wir müssen unbedingt dafür sorgen, daß unsere Mannschaft allen Eventualitäten gewachsen ist, ob in Frieden oder Krieg. Und zwar bald. Dort, wo wir hinfahren, sind die Menschen vielleicht nicht sonderlich geneigt, unsere Ansichten zu akzeptieren.« Er setzte sich auf die Bank und starrte durch das bespritzte Fenster. »Ich werde mit den anderen Offizieren morgen früh um acht Glasen* sprechen, während Sie auf den Gefängnishulken sind.« Herrick machte eine unwillige Kopfbewegung, aber Bolitho lächelte nur. »Ich schicke Sie, weil Sie Verständnis haben. Sie werden den armen Kerlen keine Todesängste einjagen.« Er stand auf. »Und jetzt, Thomas, trinken wir ein Glas Wein zusammen.«

Herrick beugte sich vor. »Sie haben sich gewiß eine feine Sorte aus London schicken lassen, Sir.«

Bolitho schüttelte den Kopf. »Die Marke werden wir uns für

* 1 Glas(en) = 1/2 Stunde. 8 Glasen = Ende einer vierstündigen Wache; hier also: zu Beginn der Morgenwache. Der Ausdruck stammt aus der Zeit der gläsernen Sanduhren. Diese Zeitrechnung ist heute noch in der Seefahrt üblich (der Übersetzer).

andere Gelegenheiten aufheben.« Er nahm eine Karaffe von ihrem Ständer. »Der hier paßt besser zu uns.«

In behaglichem Schweigen tranken sie ihren Rotwein. Bolitho überlegte sich, wie merkwürdig es war, daß man so ruhig zusammensaß, obwohl die Reise, die sie vor sich hatten, so große Anforderungen an alle stellte. Aber es war sinnlos, jetzt an Deck herumzulaufen oder im Proviant- und Rumvorrat herumzustöbern. Die *Undine* war seeklar, bereit bis auf den letzten Tampen. Er dachte an sein Offizierskorps, den verlängerten Arm seiner Autorität und seiner Ideen. Er wußte noch nicht viel von seinen Offizieren. Soames war ein tüchtiger Leutnant, neigte aber zur Grobheit, wenn etwas nicht gleich klappte. Der nächsthöhere, Davy, war schwerer zu beurteilen. Äußerlich kühl und beherrscht, besaß er wie viele seinesgleichen einen Hang zu rücksichtsloser Härte. Der Segelmeister und Steuermann hieß Ezekiel Mudge, ein klobiger Mann, der so alt aussah, daß er sein eigener Großvater hätte sein können. Tatsächlich war er sechzig, bestimmt der älteste Segelmeister, dem Bolitho je begegnet war. Der alte Mudge würde einer der wichtigsten Männer an Bord sein, wenn sie erst im Indischen Ozean waren. Er hatte früher bei der East India Company gedient und, wenn man seinen Berichten Glauben schenken konnte, mehr Stürme, Schiffbrüche, Piratenüberfälle und sonstige Abenteuer mitgemacht als irgendein anderer lebendender Mensch. Er hatte eine mächtige Adlernase, neben der seine Augen wie winzige blanke Steine funkelten. Eine wichtige Persönlichkeit, der bestimmt kein Fehler in der Seemannschaft seines Kapitäns entging.

Die drei Fähnriche schienen guter Durchschnitt zu sein. Penn, der jüngste, war drei Tage nach seinem zwölften Geburtstag an Bord gekommen. Keen und Armitage waren beide siebzehn; aber während der erste die gleiche elegante Sorglosigkeit wie Leutnant Davy an den Tag legte, schien sich Armitage ständig scheu umzublicken: ein Muttersöhnchen. Und vier Tage, nachdem er sich in brandneuer Uniform mit blankgeputztem Dolch zum Dienst gemeldet hatte, war doch tatsächlich seine Mutter nach Portsmouth gekommen, um ihn zu besuchen. Ihr Mann hatte beträchtlichen Einfluß; und sie fuhr in einer wunderschönen Kutsche auf der Werft vor, wie eine Herzogin auf Staatsvisite. Bolitho hatte sie kurz begrüßt und ihr gestattet, sich mit ihrem Sohn in der Abgeschlossenheit der Offiziersmesse zu unterhalten. Hätte sie das Logis gesehen, in dem ihr Kind während seiner Dienstzeit leben mußte, wäre sie wahrscheinlich in Ohnmacht gefallen. Schließlich hatte er Herrick schicken müssen, um den Umarmungen und Schluchzern der Mama unter dem Vorwand, Armitage würde dienstlich gebraucht, ein Ende zu bereiten. Dienstlich! Der Junge konnte kaum einen Schritt an Bord tun, ohne über einen Block oder Ringbolzen zu stolpern und lang hinzufallen.

Giles Bellairs, der stets wohlgelaunte Hauptmann der Seesoldaten, glich mehr einer Karikatur als einem Offizier aus Fleisch und Blut. Unglaublich stramm, mit immer steif nach hinten gedrückten Schultern, sah er aus, als sei ihm die Uniform wie buntes Wachs um die Glieder gegossen. Er sprach in kurzen, abgehackten Sätzen, und nur von der Jagd oder vom Exerzieren. Seine Seesoldaten waren sein Lebensinhalt, doch hörte man nur selten ein Kommando von ihm. Sein bulliger Sergeant namens Coaker hatte die Abteilung fest im Griff; und Bellairs begnügte sich mit einem gelegentlichen: »Weitermachen, Sa'rnt Coaker!« oder: »Sa'rnt Coaker, der Kerl steht ja die wie'n Sack Lumpen!« Er gehörte zu den wenigen Menschen in Bolithos Bekanntschaft, die total betrunken sein konnten, ohne daß sich in ihrem äußeren Erscheinungsbild auch nur das geringste änderte.

Triphook, der Zahlmeister, schien sehr tüchtig zu sein, wenn auch recht geizig mit den Rationen. Er hatte viel Mühe auf die Überprüfung verwandt, ob die unteren Lagen der vom Proviantamt gelieferten Fässer nicht etwa verfaultes Fleisch enthielten, was man sonst erst viel später auf hoher See entdeckt hätte. Solche Sorgfalt war bei einem Zahlmeister an sich schon selten.

Aber der Schiffsarzt! Der war jetzt zwei Wochen an Bord. Hätte Bolitho ihn austauschen können, so hätte er es bestimmt getan. Whitmarsh war ein Trinker der schlimmsten Sorte. Nüchtern war er ruhig und sogar liebenswürdig. Aber betrunken, und das kam oft vor, schien er in Fetzen zu gehen wie ein mürbes Segel in einer Fallbö. Whitmarsh mußte lernen, sich vernünftig zu benehmen, dachte Bolitho mit zusammengebissenen Zähnen.

Oben hörte man Fußgetrappel, und Herrick meinte: »Heute wird sich der eine oder andere im Mannschaftslogis überlegen, ob er recht daran getan hat, anzumustern.« Er lachte. »Na, jetzt ist es auf alle Fälle zu spät.«

Bolitho starrte achteraus auf das schwarze, wirbelnde Wasser und lauschte auf den Ebbstrom, der das Ruder knarren ließ. »Aye. Es ist ein weiter Schritt vom Land auf die See. Viel weiter, als es sich die meisten Leute vorstellen.« Er setzte sein Weinglas auf das Regal zurück. »Ich glaube, ich gehe jetzt schlafen. Morgen ist ein langer Tag.«

Herrick nickte. »Dann also gute Nacht, Sir.« Er wußte aber genau, daß Bolitho noch stundenlang aufbleiben würde, rastlos planend, nach den letzten Fehlern suchend, nach Irrtümern in Wach- und Dienstplänen. Und Bolitho ahnte, daß Herrick das wußte.

Die Tür fiel hinter dem Leutnant zu, Bolitho schritt zum Heckfenster und stützte die Hände auf das mittlere Fensterbrett. Er spürte unter seinen Handflächen das Erzittern des Holzes, das Arbeiten aller Verbindungen, das Klappern und Schlagen der Taljen und Blöcke.

Würde jemand dem Schiff nachschauen? Aber wen interessierte das schon? Die *Undine* war nur ein Schiff mehr, das in den Kanal einlief, wie Hunderte vor ihr.

Ein schüchternes Klopfen an der Tür, und Noddall, der Kajütsteward, trat unsicheren Schrittes ins Helle: ein kleiner Mann, spitzgesichtig wie ein ängstliches Nagetier. Er hielt sogar ständig die Hände in Brusthöhe und erinnerte so noch mehr an ein schüchternes Eichhörnchen. »Ihr Abendessen, Sir – Sie haben es gar nicht angerührt.« Er begann abzuräumen. »Das ist nicht gut, Sir. Gar nicht gut.«

Er schlurfte in seine Pantry, und Bolitho blickte ihm lächelnd nach. Wie versunken der Mann in seine eigene kleine Welt war – er schien kaum bemerkt zu haben, daß das Schiff einen neuen Kapitän besaß.

Bolitho warf sich den neuen Mantel um die Schultern und verließ die Kajüte. Auf dem stockdunklen Achterdeck tastete er sich zur Heckreling und starrte zum Land hinüber: zahllose Lichter in unsichtbaren Häusern. Er drehte sich um und blickte zum Vorschiff; der Wind wehte ihm die Haare ins Gesicht, es war so kalt, daß er den Atem anhielt. Blaßgoldene Lichtreflexe glitten über das straffgespannte Tauwerk: im Vorschiff blinkte die kleine Laterne der Ankerwache.

Es war ein entschieden angenehmes Gefühl: sie brauchten hier keine Wachtposten an jedem Fallreep gegen heimtückische Überraschungsangriffe oder den Versuch einer Massendesertion. Auch keine Netze, um feindliche Enterer abzuhalten. Er legte die Hand auf einen der Achterdeck-Sechspfünder: kalt wie nasses Eis. Aber wie lange noch? Der Steuermannsmaat der Wache strich vorbei und machte einen Bogen, als er seinen Kapitän an der Reling stehen sah.

»Alles wohlauf, Sir«, meldete er.

»Danke.«

Bolitho wußte nicht, wie der Mann hieß, noch nicht. In den nächsten hundert Tagen würde er von seinen Leuten mehr als nur die Namen erfahren. Und umgekehrt sie von ihm.

Mit einem Seufzer ging er wieder in seine Kajüte. Die Wangen prickelten ihm vor Kälte. Noddall war nicht zu sehen, aber die Koje war bereit, und daneben stand ein Becher mit einem heißen Trunk. Eine Minute, nachdem er den Kopf aufs Kissen gelegt hatte, war er eingeschlafen.

Der nächste Tag stieg so grau auf wie der vorige; doch der Regen hatte in der Nacht aufgehört, und der Wind kam stetig aus Südost.

Der ganze Vormittag verging mit pausenloser Arbeit. Die Deckoffiziere kontrollierten immer wieder die Namenslisten, machten sich mit den Gesichtern vertraut und sorgten dafür, daß erfahrene Seeleute zwischen die unausgebildeten plaziert wurden. Bolitho diktierte seinem Schreiber, einem vertrockneten Mann namens Pope, den Abschlußbericht und unterschrieb, damit er mit dem letzten Boot noch an Land gelangte. Er fand Zeit, mit seinen Offizieren zu sprechen, den Stückmeister Mr. Tapril in seiner Pulverkammer aufzusuchen und mit ihm die Verlagerung gewisser Geschützteile und sonstigen Zubehörs ins Vorschiff zu besprechen, um die Trimmung des Schiffes zu verbessern, bis der entsprechende Gewichtsanteil an Proviant aufgebraucht und damit ein Ausgleich geschaffen war.

Er war gerade dabei, seinen Galaanzug mit der Seeuniform, einem alten Rock mit ausgebleichten Tressen und glanzlosen Knöpfen, zu vertauschen; da kam Herrick in die Kajüte und meldete, er habe fünfzehn neue Leute von den Gefängnishulken mitgebracht.

»Wie war es?«

»Die Hölle, Sir«, seufzte Herrick. »Ich hätte dreimal soviel bringen können, eine komplette Besatzung, wenn ich auch ihre Frauen und Kinder hätte mitnehmen wollen.«

Bolitho antwortete nicht gleich, weil er gerade mit dem Anlegen seiner Halsbinde beschäftigt war. »Frauen?« fragte er dann. »In den Gefängnishulken?«

»Aye, Sir.« Ein Schauder überlief Herrick. »Ich hoffe zu Gott, daß ich so etwas nie wieder zu sehen kriege.«

»Na schön. Lassen Sie sie die Musterrolle unterzeichnen, aber geben Sie ihnen vorläufig noch keine Arbeit. Die sind wahrscheinlich zu schlapp, um auch nur einen Belegnagel zu halten, nachdem sie so lange unter Deck wie Vieh zusammengepfercht waren.«

Ein Midshipman erschien in der offenen Tür. »Mr. Davy meldet mit allem Respekt, Sir, daß der Anker kurzstag ist.« Neugierig und aufmerksam ließ er die Augen in der Kajüte schweifen.

»Danke«, lächelte Bolitho. »Nächstesmal bleiben Sie ein bißchen länger und sehen sich hier richtig um.«

Der Junge verschwand, und Bolitho blickte Herrick an. »Na, Thomas?«

Herrick nickte zufrieden. »Aye, Sir, ich bin soweit. Wir haben ja lange genug warten müssen.«

Sie stiegen miteinander zum Achterdeck hinauf. Während Herrick mit seinem Sprachrohr an die Reling des Vorschiffes trat, blieb Bolitho achtern in einiger Entfernung von den anderen, die sich eifrig an ihre Stationen begaben.

Klickend drehte sich das Gangspill – immer langsamer, bis die Rücken der Männer fast waagerecht gebeugt waren, um den schweren Anker klarzubekommen.

Bolitho warf einen Blick auf die ungefüge Gestalt des Steuermanns neben dem doppelten Steuerrad. Er hatte vier Rudergasten eingeteilt – anscheinend wollte er kein Risiko eingehen, weder mit dem Ruder noch mit der Seemannschaft seines neuen Kapitäns.

»Bringen Sie das Schiff in Fahrt.« Er sah, wie Herrick sein Megaphon hob. »Sobald wir aus dem küstengebundenen Schiffsverkehr draußen sind, gehen wir auf Backbordbug und nehmen Kurs Westsüdwest.«

Der alte Mudge nickte gewichtig, das linke Auge hinter der vorspringenden Nase verborgen.

»Aye, aye, Sir.«

Herrick brüllte: »Klar bei Ankerspill!« Er beschattete die Augen mit der Hand, um den Wimpel im Masttopp besser sehen zu können. »Vorsegel los!«

Beim Flappen und Rauschen der fallenden Leinwand blickten sich einige der Neuen verwirrt um. Ein Deckoffizier gab einem

Mann ein Ende in die Hand und schnauzte: »Hol dicht, du Esel! Steh nicht da und glotze wie ein Frauenzimmer!«

Ein Bootsmannsmaat saß rittlings auf dem Bugspriet und signalisierte durch Armzeichen, wie die Ankertrosse sich immer mehr spannte und ihr Winkel unter der vergoldeten Gallionsfigur immer stumpfer wurde.

»Aufentern! Marssegel los!«

Bolithos Spannung löste sich etwas, als die leichtfüßigen Toppsgasten zu beiden Seiten in den Wanten emporkletterten. Es hatte keinen Zweck, beim erstenmal auf besondere Eile zu drängen. Die kritischen Beobachter an Land mochten denken, was sie wollten. Er hatte keine Lust zu riskieren, daß ihm das Schiff abtrieb.

»An die Brassen!«

Herrick hing halb über der Reling und schwenkte das Sprachrohr im Halbkreis wie ein Kutscher seine Donnerbüchse bei einem Raubüberfall. »Fix da! Mr. Shellabeer, scheuchen Sie diese verdammten Faulpelze gefälligst!«

Shellabeer war der Bootsmann: wortkarg und tiefbrünett, sah er eher wie ein Spanier als wie ein Mann aus Devon aus.

Bolitho lehnte sich, die Hände in den Hüften, etwas zurück und beobachtete die Männer, die mit affenartiger Geschicklichkeit auf den schwankenden Rahen ausschwärmten. Die schwindelnde Höhe schien ihnen überhaupt nichts auszumachen, aber ihm wurde fast übel bei diesem Anblick.

Eines nach dem anderen lösten sich die mächtigen Segel und schlugen an die Masten, während die Matrosen sich auf den Rahen festhielten, untereinander und mit ihren Kameraden auf den anderen beiden Masten Zurufe tauschend.

»Anker ist klar, Sir!«

Noch unsicher wie ein von seinen Ketten befreiter Gefangener, taumelte die Fregatte durch die tiefen Wellentäler; die Männer an den Brassen kämpften verzweifelt, um die mächtigen Rahen herumzuholen und den Wind zu fangen. Manche fielen dabei hin und wurden über die glatten Planken geschleift.

»Hol dicht bei Leebrassen!« Herrick war schon fast heiser.

Bolitho biß die Zähne aufeinander und zwang sich, reglos zu bleiben, während die *Undine* mehr und mehr vor den Wind ging. Hier und da hieb ein Bootsmannsmaat mit einem Tampen dazwischen oder schubste einen Mann an Brassen oder Fallen.

Mit donnerndem Krachen sprang der Wind voll und stetig in die

Segel, das Deck neigte sich und blieb gekrängt, die Rudergasten warfen sich in die Speichen.

Bolitho zwang sich dazu, mit aller Gelassenheit von Midshipman Keen ein Fernrohr entgegenzunehmen, richtete es achteraus und beherrschte seine Mimik eisern, obwohl er vor Aufregung und Erleichterung beinahe zitterte. Das Segelsetzen klappte noch sehr schlecht; die Plazierung der wenigen erfahrenen Matrosen war noch sehr verbesserungswürdig; aber sie waren klar von der Küste!

Am Portsmouth Point standen tatsächlich ein paar Menschen und beobachteten, wie die *Undine* über Stag ging; und da war auch das Verdeck einer glänzenden Equipage zu sehen, gerade unterhalb der Mauer: vielleicht Mrs. Armitage, die dem Schiff nachsah, das ihren Sohn entführte.

Heiser meldete der Steuermann: »Westsüdwest liegt an, Sir!«

Bolitho wandte sich um und sah gerade noch, wie der Alte mit widerwilliger Anerkennung nickte.

»Danke, Mr. Mudge. Wir werden gleich noch Fock- und Großsegel setzen.«

Er ging zum Vorschiff, wo Herrick noch an der Reling stand, schräg vorgeneigt, um die Krängung auszugleichen. Das Durcheinander war erst zum Teil beseitigt; die Männer stolperten über das noch herumliegende Tauwerk wie Überlebende einer Schlacht.

Herrick blickte ihn melancholisch an. »Es war furchtbar, Sir!«

»Ganz meine Meinung, Mr. Herrick.« Er konnte sich ein Lächeln nicht verkneifen. »Aber es wird schon besser werden, wie?«

Am späten Nachmittag war die *Undine* klar von der Insel Wight und schon ein ganzes Stück im Ärmelkanal.

Abends konnte man von Land aus nur noch ihre gerefften Royalsegel sehen, und wenig später waren auch die verschwunden.

III Gemischte Gesellschaft

Am Morgen des vierzehnten Tages saß Bolitho in seiner Kajüte vor einem Becher Kaffee und grübelte zum soundsovielten Male darüber nach, was er bisher erreicht hatte.

Am Vorabend hatten sie den runden Buckel der Insel Teneriffa gesichtet, der sich wie eine Wolkenbank am Horizont abzeichnete. Er hatte sich entschlossen, beizudrehen. In der Nacht die Küste anzulaufen, war ein Risiko, das er lieber vermeiden wollte. Vierzehn Tage – sie kamen ihm wie eine Ewigkeit vor. Die meiste Zeit hatten sie sich mit schlechtem Wetter herumschlagen müssen. Er blätterte in seinem privaten Logbuch und überflog die vielen deprimierenden Eintragungen: Gegenwind; gelegentlich starker Sturm; ständig mußten Segel gekürzt oder gerefft werden, mußten sie Stürme abreiten. Nur die gefürchtete Biskaya hatte sich ihnen freundlich erwiesen, und das war wenigstens ein Trost. Andernfalls wäre fast die halbe Mannschaft zu seekrank gewesen, um aufzuentern; und von den Gesunden hätte die Hälfte zu viel Angst gehabt, um auf den wie betrunken schwankenden Rahen herumzuturnen, wenn die Deckoffiziere und Maaten nicht hart dazwischenschlugen – nein, bei schlechtem Wetter wäre die *Undine* nicht über die Biskaya hinausgekommen.

Bolitho hatte durchaus Verständnis dafür, wie dem Großteil der Mannschaft zumute war. Der heulende Wind, die Enge im knarrenden, rollenden Rumpf, wo sie ihr Essen (wenn sie überhaupt etwas herunterwürgen konnten) ein paar Minuten später in die Bilge erbrachen. Diese Verhältnisse bewirkten eine Art Erstarrung wie bei einem Mann, der unbemerkt über Bord gefallen ist. Eine Zeitlang schwimmt er tapfer, aber ohne zu wissen, wohin; dann ist er so erschöpft und verwirrt, daß ihm alles gleichgültig wird – das ist der Punkt, an dem sich sein Schicksal entscheidet.

Bolitho erkannte alle diese Zeichen wieder und wußte, daß sie für ihn eine ähnliche Herausforderung bedeuteten: gab er seinem Verständnis, seinem Mitgefühl nach, hörte er sich von seinen überlasteten Leutnants und Deckoffizieren zu viele Entschuldigungen an, würde er das Schiff nie in den Griff bekommen, nie seine Leute in Schwung bringen, wenn es wirklich hart auf hart ging. Er wußte, daß viele ihn heimlich verfluchten und beteten, der Schlag möge ihn treffen oder er möge nachts über Bord fallen. Er sah ihre finsteren Blicke, spürte ihren Widerstand, wenn er an ihnen vorbeiging, zu jeder Stunde des Tages. Segeldrill immer wieder und wieder, stets nach Herricks Uhr gestoppt; und mit voller Absicht ließ er alle Beteiligten merken, daß er genau beobachtete, ob sie sich auch wirklich Mühe gaben. Er ließ die Mannschaften der drei Masten beim Segelsetzen oder Reffen miteinander in Wettbewerb treten, bis sie schließlich mit äußerster Anstrengung arbeiteten – nicht in sportlichem Geist, sondern in keuchender Wut und unter lautlosen Flüchen.

Jetzt, über seinem Becher Kaffee, empfand er widerwillige Befriedigung über das, was sie gemeinsam geleistet hatten, sei es aus freiem Willen oder unter hartem Zwang. Wenn die *Undine* an diesem Tag in Santa Cruz vor Anker ging, würden die kritischen Spanier eine Demonstration disziplinierter Seemannschaft zu sehen bekommen – der gleichen, die sie in Kriegszeiten kennen und fürchten gelernt hatten.

So wie er seine Mannschaft bis an die Grenze ihrer Kräfte getrieben hatte, hatte er auch sich selbst nicht geschont. Und das spürte er trotz der einladenden Strahlen der Morgensonne, die über die Decksaufbauten spielte. Fast bei jeder Wache, ob Tag oder Nacht, war er eine Zeitlang an Deck gewesen und hatte sich um den Dienst gekümmert. Leutnant Davy besaß wenig Erfahrung in der Schiffsführung bei widrigem Wetter; aber mit der Zeit würde er es schon lernen. Soames verlor zu leicht die Geduld, wenn etwas nicht gleich klappte. Dann schubste er den unglücklichen Matrosen beiseite, brüllte: »Ihr habt ja keine Ahnung! Lieber mach' ich es selbst!« und riß ihm die Arbeit aus den Händen. Nur Herrick war imstande, den Sturm der endlosen Forderungen Bolithos abzuwettern; und diesem tat es leid, daß ausgerechnet sein Freund die Hauptlast zu tragen hatte. Es war leicht, einen Matrosen zu bestrafen, wenn in Wirklichkeit der Offizier den Kopf verloren oder in einer scharfen Brise nicht das richtige Wort gefunden hatte. Herrick stand wie ein Fels zwischen Offiziersmesse und Logis, zwischen Kapitän und Mannschaft.

Zweimal mußte sogar Prügelstrafe verhängt werden – Bolitho hatte gehofft, dergleichen vermeiden zu können. Beide Fälle hatten ihre Ursache im privaten Bereich des Mannschaftslogis'. Beim erstenmal hatte sich ein Dieb an den geringen Ersparnissen eines Matrosen vergriffen. Der zweite Fall war weit ernster: eine wilde Messerstecherei, bei der einem Mann das Gesicht vom Ohr bis zum Kinn aufgeschlitzt worden war. Bolitho wußte nicht einmal, ob es sich um eine wirkliche Feindschaft handelte oder ob bei der allgemeinen Gereiztheit nur ein rascher Funken Mißmut den Brand entzündet hatte. In einem Schiff mit gutem Ausbildungsstand hätte er in beiden Fällen kaum von der Sache gehört. Dann hätte nämlich die Justiz des Mannschaftslogis' wesentlich drastischer und rascher funktioniert, wenn ihre private Welt von einem Dieb oder Messerstecher bedroht wurde.

Bolitho verabscheute Kapitäne, die ihre Disziplinargewalt

gebrauchten, ohne zu bedenken, wie sie einen Menschen zerbrechen konnte; die brutale körperliche Strafen verhängten, ohne dem Übel an die Wurzel zu gehen und so Bestrafungen zu vermeiden. Herrick wußte, wie Bolitho darüber dachte. Als sie sich kennenlernten, war Herrick der jüngste Leutnant auf dem Schiff gewesen, dessen vorheriger Kapitän so streng, so gedankenlos brutal gestraft hatte, daß der Boden für eine Meuterei aufs Beste bereitet war. Herrick wußte in solchen Dingen besser Bescheid als die meisten Offiziere, und doch hatte er es auf sich genommen, persönlich bei Bolitho gegen den Vollzug der Prügelstrafe zu intervenieren. Das war ihre erste wirkliche Meinungsverschiedenheit; und Bolitho hatte mit großem Bedauern an Herricks Augen gesehen, wie sehr diesen die Ablehnung verletzte.

»Wir haben eine neue Mannschaft«, hatte Bolitho gesagt. »Es braucht seine Zeit, die Leute so zusammenzuschweißen, daß sich jeder einzelne unter allen Umständen auf seine Kameraden verlassen kann. Viele haben überhaupt keine Ahnung, was bei der Marine gefordert wird. Es empört sie, wenn sie sehen, daß andere straflos ausgehen für Verstöße, die sie selber sorgsam meiden. In diesem Stadium können wir nicht zulassen, daß sich die Männer in Fraktionen spalten: seebefahrene alte Leute gegen neue Rekruten; Gewohnheitsverbrecher gegen Schwache, die sich nur dadurch schützen können, daß sie sich einer anderen Clique anschließen.«

Aber Herrick wollte nicht nachgeben. »In Friedenszeiten, Sir, dauert es eben etwas länger.«

»Das abzuwarten, wäre ein Luxus, den wir uns nicht leisten können.« Absichtlich schlug Bolitho einen härteren Ton an. »Sie wissen genau, wie ich darüber denke. Auch mir fällt das nicht leicht!«

Der Dieb hatte keinen Laut von sich gegeben, als er seine Strafe erlitt, ein Dutzend Peitschenhiebe. Friedlich segelte die *Undine* unter blauem Himmel dahin, und die Schatten einiger Möwen kreisten unablässig über dem grimmigen Schauspiel, das an Deck ablief. Beim Verlesen der betreffenden Kriegsartikel hatte Bolitho seine Mannschaft beobachtet: die gaffenden Männer in der Takelage; die schnurgeraden roten Reihen der Marineinfanteristen unter Hauptmann Bellairs; auch Herrick und die anderen Offiziere.

Der zweite Delinquent, Sullivan hieß er, war ein Vieh von einem Kerl. Er hatte sich in Portsmouth freiwillig beim Rekrutierungskommando gemeldet und machte durchaus den Eindruck eines Gewohnheitsverbrechers. Aber er hatte schon einmal auf einem Kriegsschiff gedient und wurde daher als willkommener Zuwachs angesehen. Er bekam drei Dutzend Peitschenhiebe, nach dem Maßstab der Kriegsmarine wenig genug für jemanden, der einen Schiffskameraden halb umgebracht hatte. Wenn er sich an einem Offizier vergriffen hätte, wäre er wahrscheinlich nicht ausgepeitscht, sondern gehängt worden.

Auch das Auspeitschen war furchtbar. Beim ersten Hieb auf seinen nackten Rücken brach Sullivan völlig zusammen, und bei den weiteren Hieben, welche ihm zwei Maaten abwechselnd über Schultern und Rücken zogen, wand und krümmte er sich unter irrem Gebrüll. Er hatte Schaum vorm Mund; die Augen quollen ihm wie Glaskugeln aus dem verzerrten Gesicht.

Midshipman Armitage fiel beinahe in Ohnmacht; und manche, die eben mit ihrer Seekrankheit fertig geworden waren, fingen gleichzeitig an, sich zu übergeben. Das grobe Fluchen der Deckoffiziere und Maaten nützte gar nichts. Dann war es vorbei, und als »Wegtreten« befohlen wurde, ging es wie ein Seufzer der Erleichterung durch die Männer. Sullivan wurde losgebunden und zu Whitmarsh ins Lzarett geschafft, wo er ohne Zweifel zunächst eine doppelte Ration Rum bekam.

In den Tagen nach dem Strafvollzug fühlte Bolitho, wenn er auf dem Achterdeck patrouillierte oder Schiffsmanöver beobachtete, ständig die Blicke der Männer in seinem Rücken. Vielleicht sahen sie in ihm eher einen Feind als ihren Kapitän. Oft genug hatte er sich gesagt: wenn man die Ehre eines Kommandos will, muß man auch alles andere, was damit zusammenhängt, akzeptieren. Nicht nur die Autorität und das stolze Gefühl, über ein lebendiges Schiff zu herrschen, sondern auch die Stöße und Püffe.

Es klopfte, und Herrick trat in die Kajüte. »Noch eine Stunde, bis wir unter Land sind, Sir. Mit Ihrer Erlaubnis werde ich alles außer Marssegel und Klüver reffen lassen. Dann kommen wir leichter herein.«

»Trinken Sie einen Kaffee mit, Thomas!« Bolitho entspannte sich, als Herrick Platz nahm. »Ich frage mich, wie es mit uns weitergeht.«

Herrick nahm den Becher entgegen und probierte vorsichtig. »Ich auch.« Er lächelte über den Becherrand hinweg. »Ein- oder zweimal dachte ich, wir würden überhaupt nicht mehr Land zu sehen kriegen.«

»Ja. Ich kann verstehen, wie manchen Leuten an Bord zumute ist. Viele haben die See überhaupt noch nicht gesehen, und schon gar nicht sind sie je so weit von England weg gewesen. Und auf einmal haben sie Afrika gleich backbords vor dem Bug. Anschließend segeln wir auf die andere Seite der Erde. Aber manche fangen wahrhaftig schon an, sich als Seeleute zu fühlen, obwohl sie vor vierzehn Tagen noch zwei linke Hände mit lauter Daumen hatten.«

Herrick lächelte noch breiter. »Das ist Ihr Verdienst, Sir. Manchmal bin ich dem Schicksal sehr dankbar, daß ich nicht Kapitän bin und keine Aussicht habe, einer zu werden.«

Bolitho betrachtete ihn nachdenklich. Der Riß war also verheilt. »Ich fürchte, die Entscheidung darüber liegt nicht bei Ihnen, Thomas.« Er stand auf. »Jedenfalls werde ich dafür sorgen, daß Sie ein eigenes Schiff kriegen, sobald sich Gelegenheit ergibt, und sei es auch nur, damit etwas von Ihrem wilden Idealismus in die Bilge geht.«

Sie grinsten einander an wie Verschworene.

»Jetzt hauen Sie ab, damit ich mir einen besseren Rock anziehen kann.« Er verzog das Gesicht. »Wir müssen unseren spanischen Freunden doch Respekt erweisen, wie?«

Eine gute Stunde später näherte sich die *Undine,* höchst eindrucksvoll über ihrem Spiegelbild schwebend, majestätisch langsam der Reede von Santa Cruz. In der hellen Sonne schien die Insel Teneriffa von lauter Farbe überzufließen. Starr vor Staunen blickten die Männer hinüber, und Bolitho hörte manchen Matrosen tief und ehrfürchtig aufseufzen. Die Berge lagen nicht mehr im Schatten; es war, als ob sie, von tausend Nuancen und Schattierungen überspielt, in der gleißenden Luft tanzten. Alles schien heller und größer als zu Hause; wenigstens kam es den unbefahrenen Männern so vor. Schimmernd weiße Häuser, blitzend blaue See mit brandungsumsäumten Stränden – manchem Mann verschlug es bei diesem Anblick Atem und Sprache.

Allday stand achtern an der Kampanje und murmelte: »Der eine oder andere von den Dons würde uns liebend gern eine Salve verpassen, wie wir da so schön langsam reinkommen. Darauf möcht' ich wetten.«

Bolithos Blicke überflogen noch einmal sein Schiff; er versuchte, es so zu sehen, wie man es von Land aus mustern würde. Die *Undine* sah höchst elegant aus, nichts deutete auf die anstrengende

Arbeit hin, die nötig gewesen war, um sie so in Form zu bringen. Der schönste Wimpel flatterte von der Gaffel; sein Rot paßte genau zu den Scharlachröcken der Marineinfanteristen, die soeben auf dem Achterdeck antraten. Am Steuerborddecksgang hielt Tapril, der Stückmeister, eine letzte eilige Besprechung mit seinen Maaten ab, zur Vorbereitung des Saluts für die spanische Flagge, die stolz über der Batterie des Vorgebirges flatterte.

Der alte Mudge stand neben dem Ruder, die Hände tief in den Taschen seines Wachmantels, den er anscheinend bei jedem Wetter trug. In den weiträumigen Taschen hatte er stets eine Unmenge von Instrumenten und privaten Kleinigkeiten. Vielleicht, dachte Bolitho, hatte er früher einmal, als er eilig an Deck mußte, die Hälfte von all dem Zeug in seiner Kabine lassen müssen, und seitdem hatte er seine Taschen nicht mehr geleert. Er knurrte die Rudergasten an; sie drehten das Rad um ein paar Speichen, worauf sich das Großmarssegel füllte, aber gleich wieder schlaff wurde, weil das Schiff langsam in Lee des Landes geriet.

Herrick richtete das Teleskop auf die Küste und meldete dann: »Wir runden das Kap, Sir.«

»Ausgezeichnet.« Bolitho gab Tapril einen Wink. »Salut schießen!«

Und während die britische Fregatte langsam auf die Reede zuhielt, erzitterte die frische Morgenluft unter dem regelmäßigen Krachen der Kanonen. Geschütz um Geschütz antworteten die Spanier. Fast bewegungslos hing der Rauch über dem flacher werdenden Wasser.

Bolitho preßte hinter seinem Rücken die Hände zusammen und spürte, wie ihm der Schweiß ausbrach. Unter dem schweren Uniformrock klebte das frische Hemd wie ein nasser Lappen am Körper.

Ein seltsames Gefühl, so unbewegt dazustehen, während das Schiff langsam an der Sperrmauer entlangglitt – wie ein Traum oder ein Zaubertrick. Jeden Moment, glaubte er, müsse sein Achterkastell unter einer Kanonenkugel bersten oder ein Treffer in die angetretenen Seesoldaten schlagen und blutiges Hackfleisch aus ihnen machen.

Der letzte Schuß dröhnte in seinen Ohren, und als der dichte Pulverrauch sich vom Deck hob, sah er eine andere Fregatte am Kopf der Mole vor Anker liegen: ein spanisches Schiff und größer als die *Undine*; bunt standen seine Fahnen und Wimpel vor der grünen Küste. Der Kommandant dieser Fregatte erinnerte sich bestimmt ebenfalls an frühere Zeiten, dachte Bolitho und blickte zum Wimpel im Großtopp empor, der lustlos in der leichten Brise flappte. Jetzt war es bald soweit: neue Befehle würden ein weiteres Stück in dem großen Puzzlespiel ergänzen.

Mudge schnaubte sich kräftig die riesige Nase wie jedesmal, wenn er im Begriff war, ein Segelmanöver einzuleiten.

»Alles klar, Sir.«

»Gut. An die Brassen! Klar zum Halsen!«

Mr. Mudge gab den Befehl weiter; die nackten Füße der Matrosen platschten im Takt über die frischgescheuerten Decksplanken, und Bolitho atmete erleichtert aus, als jeder Mann ohne Zwischenfälle seine Station erreicht hatte.

»Fier auf Marssegelschoten!«

Die Flagge über der Küstenbatterie dippte kurz im blendenden Sonnenlicht und stieg dann wieder hoch. Ein paar kleine Boote legten von Land ab, die meisten mit Früchten und anderen Handelswaren beladen. Triphook, der Zahlmeister, würde viel zu tun bekommen, denn fast der gesamte Brotvorrat war im ersten Sturm verdorben, und was sie noch an frischem Obst hatten, war der reine Abfall gegen das, was die Boote da heranbrachten.

»Gei auf Marssegel!«

Ein Bootsmannsmaat schüttelte die Faust und brüllte zu einem der Männer auf der Vormarsrah hinauf: »Schafskopf, ungeschickter! Halt' dich gefälligst mit einer Hand fest, sonst siehst du deine Alte nie wieder!«

Bolitho verfolgte genau, wie der Streifen Wasser zwischen Schiff und Land immer schmaler wurde. Die Sonne blendete; er mußte die Augen zukneifen.

»Ruder in Lee!«

Gespannt wartete er, bis die *Undine* unter heftigem Killen der noch stehenden Segel würdevoll herumschwang.

»Fallen Anker!«

Ein Ruf vom Vorschiff, und mit mächtigem Platschen verschwand der Anker unter der goldenen Gallionsfigur. Herrick wartete, bis der letzte Streifen Leinwand wie weggezaubert an den Rahen verschwunden war, und sagte dann: »Gar nicht so schlecht, Sir, finde ich.«

Bolitho sah ihn todernst an – nur mit Mühe konnte er ein Lächeln unterdrücken. »Gar nicht so *verdammt* schlecht, Mr.

Herrick.«

Der grinste. »Sie werden die Gig nicht brauchen, Sir. Ein Boot hält schon auf uns zu – und was für eins!«

Allday trat heran und reichte Bolitho seinen Degen. Stirnrunzelnd murmelte er, anscheinend tief bekümmert: »Nicht die Gig, Captain?«

Bolitho hob die Arme, damit Allday ihm das Degengehänge umschnallen konnte. »Diesmal nicht, Allday.« Schlimm, wie sowohl Herrick als auch Allday jede seiner Bewegungen beobachteten.

Die Marineinfanteristen traten unter Scharren und Stampfen am Fallreep an. Sergeant Coakers breites Gesicht glänzte unter seinem schwarzen Tschako wie eine mächtige, taufeuchte Frucht.

Bolitho wandte sich der näher kommenden Barkasse zu, einem großartigen Fahrzeug mit vergoldeter und von einem Baldachin überdachter Achterplicht. Dagegen hätte sich Alldays Gig wie ein armseliges Falmouther Hafenboot ausgenommen. Ein reichbetreßter Offizier stand aufrecht im Boot, eine Schriftrolle unterm Arm, und musterte die ankernde Fregatte. Die üblichen Willkommensworte. Die Einleitung zu dem, was jetzt kam.

»Sie bleiben an Bord, Mr. Herrick«, sagte Bolitho bestimmt. »Mr. Davy wird mich an Land begleiten.« Er ignorierte Herricks offensichtliche Enttäuschung. »Passen Sie gut auf und sorgen Sie dafür, daß unsere Leute jederzeit zu allem bereit sind.«

Herrick faßte an den Hut. »Aye, aye, Sir«, sagte er und eilte davon, um Davy von seinem Glück Mitteilung zu machen.

Bolitho lächelte nachdenklich. Bei den vielen Küstenbooten und sonstigen Versuchungen würde Herrick sein ganzes Können aufbieten müssen, damit das Schiff nicht von Händlern und anderen, weniger respektablen Besuchern überschwemmt wurde.

Er hörte Herrick sagen: »Also *Sie* werden den Captain an Land begleiten, Mr. Davy.«

Davy zögerte, er wog wohl die Gunst des Augenblicks und Herricks Stimmung gegeneinander ab. Schließlich meinte er möglichst beiläufig: »Eine kluge Wahl, Mr. Herrick, wenn ich so sagen darf.«

»Na ja – an Bord würden Sie ja auch verdammt wenig nützen, nicht wahr?« blaffte Herrick, und Bolitho wandte sich ab, um sein Lächeln zu verbergen. Dann intonierten die vier Trommelbuben auf ihren Pfeifen das alte Flottenlied: »Herzen stark wie

Eiche...«, Bellairs schwitzende Seesoldaten präsentierten ihre Musketen, und Bolitho trat herzu, um seinen Besucher zu begrüßen.

Die Residenz des Gouverneurs lag sehr schön an einer sanft ansteigenden Straße oberhalb des Hafens. Auf der Fahrt im Boot und nachher in der Equipage war Bolitho erleichtert, daß seine Eskorte, ein Major der Artillerie, sehr schlecht englisch sprach, so daß er sich, wenn sie an etwas Auffälligem vorbeifuhren, mit kurzen, bewundernden Ausrufen begnügen konnte. Offensichtlich war alles sorgfältig geplant; gleich nachdem man am vorigen Abend die Royals der *Undine* gesichtet hatte, mußten die Dinge in Bewegung gekommen sein.

Die Unterredung mit dem Gouverneur selbst war so kurz, daß Bolitho sich später kaum noch an ihn erinnerte: ein bärtiger, höflicher Mann, der ihm die Hand schüttelte, die Grüße des Königs entgegennahm, sich dann zurückzog und es seinem Adjutanten überließ, die beiden britischen Offiziere in den Nebenraum zu geleiten. Davy, der in solchen Dingen wahrhaftig nicht leicht zu beeindrucken war, flüsterte: »Bei Gott, Sir, diese Dons wissen zu leben. Kein Wunder, daß die Goldtransporter aus Südamerika hier Station machen. Ein guter Markt für sie, möchte ich meinen.«

Der Raum, in den man sie geführt hatte, war in der Tat großartig: langgestreckt, kühl, mit gekacheltem Fußboden und einer Kollektion reichgeschnitzter Möbel und schöner Teppiche. In der Mitte stand ein mächtiger Tisch aus Marmor. Sieben Geschützbedienungen, dachte Bolitho, würden Mühe haben, ihn von der Stelle zu bringen.

Ungefähr ein Dutzend Personen umstanden diesen Tisch – in vorher festgelegter Ordnung, wie es ihm vorkam, so daß er ohne Zeitverlust unterscheiden konnte, wer hier etwas zu sagen hatte und wer nicht.

Der Mann, den er für James Raymond hielt, trat vor und erklärte: »Ich bin Raymond, Captain. Wir hatten Sie eigentlich etwas eher erwartet.« Er sprach schnell und abgehackt – der Zeitersparnis wegen oder aus innerer Unsicherheit? Schwer zu sagen. Raymond stand in der ersten Hälfte der Dreißig, war elegant gekleidet und wäre ein gutaussehender Mann gewesen, wenn ihn nicht sein ständiges gereiztes Stirnrunzeln entstellt hätte.

Er fuhr fort: »Und hier ist Don Luis Puigserver, persönlicher

Beauftragter Seiner Katholischen Majestät, des Königs von Spanien.«

Puigserver war kräftig gebaut, sein Teint wirkte wie brauner Zwieback, und die buschigen schwarzen Augenbrauen beherrschten das ganze Gesicht. Trotz seiner harten Augen besaß er einen gewissen männlichen Charme. Er trat vor und ergriff Bolithos Hand.

»Es ist mir ein Vergnügen, *Capitan*. Sie haben ein schönes Schiff.« Mit einer Geste zu einem großen schlanken Mann am Fenster fuhr er fort: »*Capitan* Alfonso Triarte, Kommandant der *Nervion*, war sehr erfreut zu sehen, wie gut es manövriert.«

Bolitho sah sich den Mann an. Schon bei Jahren – das mußte er auch sein, wenn er die große Fregatte kommandierte, die draußen an der Mole lag. Er erwiderte Bolithos abschätzende Blicke ohne sonderliche Freude. Sie sahen sich an wie zwei Hunde, die vielleicht einmal zu oft miteinander gerauft hatten.

Bolitho vergaß Triarte sofort, als Puigserver in beiläufigem Ton weitersprach: »Ich will mich kurz fassen. Sie werden bald auf Ihr Schiff zurückkehren wollen, um alle Vorbereitungen zur Abreise nach unserem Ziel zu treffen.«

Bolitho sah ihn überrascht an. Puigserver hatte entschieden etwas Gewinnendes: breit gebaut, die Beine in den feinen Seidenstrümpfen außerordentlich muskulös, fester, kraftvoller Händedruck – ein selbstsicherer und vertrauenerweckender Mann. Kein Wunder, daß der Gouverneur es vermieden hatte, ihn warten zu lassen. Zweifellos war Puigserver eine Respektsperson.

Jetzt schnippte er mit seinen spatelförmigen Fingern, und sofort stürzte ein nervöser Adjutant herzu, um Bolitho Hut und Degen abzunehmen. Ein zweiter winkte einige Bediente herbei, und zwei Minuten später saßen alle um den altarähnlichen Tisch; vor jedem stand ein prachtvoller Kelch.

Nur Puigserver war stehengeblieben. Mit völlig unbewegter Miene überwachte er die Diener, die funkelnden Wein einschenkten. Doch als Bolitho zufällig den Blick senkte, sah er, daß Puigserver ungeduldig mit der Fußspitze wippte.

Dann erhob er sein Glas: »Meine Herren – auf unsere Freundschaft.« Sie standen auf und tranken. Der Wein war ausgezeichnet; Bolitho mußte an sein unsicheres Herumsuchen in jenem Laden in der St. James' Street denken. Puigserver fuhr fort: »Der Krieg hat wenig erbracht außer der Erkenntnis, daß weiteres Blutvergießen vermieden werden muß. Ich will Ihre Zeit nicht mit leeren Versprechungen in Anspruch nehmen, die ich doch nicht einhalten kann; ich kann nur hoffen, daß wir in Zukunft unseren jeweiligen Interessen in Frieden nachgehen werden.«

Bolitho warf einen raschen Blick auf die anderen. Raymond lehnte sich in seinem Stuhl zurück und versuchte, gelassen auszusehen, aber in Wirklichkeit war er gespannt wie eine Stahlfeder. Der spanische Kapitän blickte über sein Glas hinweg in irgendwelche Fernen. Die Mehrzahl der anderen hatte den leeren Gesichtsausdruck von Menschen, die so tun, als ob sie alles verstehen, aber in Wirklichkeit keine Ahnung haben. Wahrscheinlich, dachte Bolitho, verstanden sie von zehn Worten nur eins.

Davy saß an der anderen Seite der Tafel. Seine klargeschnittenen Züge glänzten vor Schweiß, und er bemühte sich, ein streng dienstliches Gesicht zu machen.

Im Grunde zählten nur sie drei: Don Luis Puigserver, Raymond und Bolitho selbst. Der erstere sagte: »Spanien hat Menorca mit Dank wieder in Empfang genommen, ebenso gewisse andere Inseln – Konzessionen, welche sich aus diesem unglückseligen Kriege ergaben.« Eine Sekunde lang hafteten seine Augen an Bolitho; dunkle, fast schwarze Augen, wie spanische Oliven. »Als Gegenleistung hat sich Seine Katholische Majestät veranlaßt gesehen, dieser neuen gemeinsamen Unternehmung Ihren Allerhöchsten Segen zu erteilen. Die Unternehmung ist übrigens nicht ohne Risiko.« Er blickte zu Raymond hinüber. »Vielleicht sind Sie so freundlich, die Einzelheiten zu erläutern?«

Raymond machte Miene aufzustehen, blieb aber dann doch sitzen. »Wie Ihnen bekannt sein wird, Captain Bolitho«, begann er, »hat der französische Admiral Suffren mehrfach unsere Schiffe und Territorien in Ostindien sowie in Indien selbst angegriffen. Holland und Spanien –«, er zögerte, weil *Capitan* Triarte ein diskretes, aber vorwurfsvolles Hüsteln vernehmen ließ, »– waren Frankreichs Alliierte, hatten aber nicht die erforderlichen Geschwader und Truppen zur Verfügung, um ihre Besitzungen in diesem Gebiet zu schützen. Suffren tat es für sie. Er eroberte unseren Hafen Trincomali und gab ihn den Holländern nach dem Krieg zurück. Es gibt da noch mehrere ähnliche Fälle, doch werden Ihnen die meisten bereits bekannt sein. Nun hat Spanien im Austausch gegen gewisse andere Vergünstigungen, die für Sie im Moment ohne Interesse sind, prinzipiell eingewilligt, eines seiner Territorien auf Borneo an

England abzutreten.« Er warf Bolitho einen Blick zu, den dieser als impertinent empfand. »Und dahin segeln Sie natürlich.«

Natürlich. Es klang so einfach: Die Reise wurde eben zwei- oder dreitausend Meilen länger. Raymond sprach von Borneo, als handle es sich um Plymouth.

Gelassen warf Bolitho ein: »Mir ist der Sinn dieser – hm – Abmachungen nicht ganz klar.«

Puigserver mischte sich ein. »Das glaube ich Ihnen gern, *Capitan.*« Er warf Raymond einen kalten Blick zu. »Reden wir offen. Um bei diesem unsicheren Waffenstillstand weitere Spannungen zu vermeiden, denn genau das ist dieser Friedensschluß, müssen wir mit äußerster Vorsicht vorgehen. Die Franzosen haben trotz ihrer Anstrengungen in Indien so gut wie nichts gewonnen; und sie sind empfindlich gegen jede rasche Expansion eines anderen Staates in der Umgebung ihrer ohnehin schrumpfenden Einflußzonen. Ihr Ziel, *Capitan,* ist Teluk Pendang: ein ausgezeichneter Ankerplatz, eine beherrschende Position für jedes Land, das den Wunsch hat, noch weitere Stützpunkte in diesem Gebiet anzulegen. Kurz, die Brücke zu einem Weltreich.«

»Ich sehe schon, was Sie meinen, *Señor«,* nickte Bolitho. Aber er sah gar nichts, und er hatte auch noch nie von diesem Ort gehört.

Raymond riß das Gespräch wieder an sich. »Als im vorigen Jahr der Friede unterzeichnet war, sandte unsere Regierung die Fregatte *Fortunante* mit den Dokumenten dieses Abkommens nach Madras. Unterwegs stieß sie in Höhe des Kaps der Guten Hoffnung auf zwei heimkehrende Fregatten des Admirals Suffren. Diese wußten, was durchaus natürlich war, nichts von dem Friedensschluß und ließen dem Kapitän der *Fortunate* auch keine Zeit zu Erklärungen. Es kam zum Gefecht; die *Fortunate* schoß eines der französischen Schiffe so zusammen, daß es in Brand geriet und sank. Unglücklicherweise fing sie selbst ebenfalls Feuer und ging mit dem Großteil ihrer Mannschaft unter.«

Bolitho konnte sich die Szene ausmalen. Drei Schiffe auf offener See. Zwischen ihren Ländern herrschte zwar endlich Friede, aber die Kapitäne wußten nichts davon, sondern waren noch voller Kampfeseifer, wie man es ihnen beigebracht hatte.

»Wie dem auch sei«, fuhr Raymond fort, »der überlebende französische Kapitän war ein alter Haudegen namens Le Chaumareys, einer der besten Frankreichs.«

Bolitho lächelte. »Ich habe von ihm gehört.«

»Ja«, sagte Raymond nervös, »bestimmt haben Sie das. Gewisse Leute in der Regierung nehmen nun an, daß die Franzosen durch Le Chaumareys von diesem unserem Abkommen mit Spanien erfuhren. Wenn das der Fall ist, muß sich Frankreich aufs höchste beunruhigen über die Aussicht, daß *wir* ein weiteres jener Territorien, um die es für Spanien gekämpft hat, in Besitz nehmen wollen.«

Jetzt hatte Bolitho begriffen: darum all die vagen Andeutungen in der Admiralität, die ganze Geheimnistuerei. Kein Wunder. Wenn Frankreich Wind von Englands Absicht bekam, in Ostindien eine expansive Politik zu betreiben, dann mußte ein neuer Krieg ausbrechen. Es war, als stünde jemand mit einer brennenden Lunte in einem Pulvermagazin. »Was sollen wir also tun?« fragte Bolitho.

Raymond entgegnete: »Sie werden zusammen mit der *Nervion* segeln.« Er schluckte. »Sie wird das Führungsschiff sein, und Sie werden sich entsprechend verhalten. In Madras werden Sie den neuen britischen Gouverneur an Bord nehmen und ihn mit den gegebenenfalls zur Verfügung stehenden Truppen an seinen neuen Amtssitz bringen, nämlich nach Teluk Pendang. Ich begleite Sie, denn ich habe Depeschen für ihn und soll ihm, soweit es mir möglich ist, mit Rat und Tat zur Seite stehen.«

Puigserver sah ihn an wie ein guter Onkel seinen kleinen klugen Neffen. »Und ich werde an Ort und Stelle dafür sorgen, daß unsere Leute keinen Unsinn machen, wie?«

Mißmutig sprach Raymond weiter. »Die Franzosen haben eine Fregatte in diesen Gewässern, die *Argus,* mit 44 Geschützen. Es heißt, daß Le Chaumareys sie kommandiert. Er kennt die Sunda-Inseln und Borneo so gut, wie es einem Europäer möglich ist.«

Bolitho atmete langsam aus. Der Plan war soweit ganz gut. Die Entsendung eines britischen Geschwaders hätte früher oder später zur offenen Seeschlacht geführt; aber zwei Fregatten verschiedener Nationalität waren nicht so auffällig und würden doch der *Argus* mehr als gewachsen sein, sowohl prestigemäßig als auch hinsichtlich der Feuerkraft.

Langsam schritt Puigserver zu dem großen Fenster und starrte auf die vor Anker liegenden Schiffe hinunter. »Eine lange Reise, meine Herren, die aber, wie ich hoffe, uns allen zum Vorteil gereichen wird.« Er wandte sich Bolitho zu; sein Gesicht lag im Schatten. »Sind Sie seeklar?«

»Aye, *Señor.* Wir müssen nur noch Trinkwasser übernehmen und frisches Obst, wenn das möglich ist.«

»Wird bereits erledigt, *Capitan.*« Er lächelte breit. »Es tut mir leid, daß ich Ihnen nicht auf einige Zeit Gastfreundschaft erweisen kann, aber diese Insel ist sowieso ein trauriger Aufenthalt. Wenn Sie aber einmal nach Bilbao kommen sollten –«, er küßte die Fingerspitzen, »– dann kann ich Ihnen zeigen, wie man lebt.« Er lachte dem übellaunig dreinschauenden Raymond ins Gesicht. »Und ich denke, wir werden einander wesentlich besser kennen, wenn diese Reise zu Ende ist.«

Die spanischen Adjutanten verneigten sich ehrerbietig, als Puigserver zur Tür schritt. »Wir sehen uns noch, bevor wir segeln!« rief er und fügte, schon im Hinausgehen, hinzu: »Aber morgen lichten wir Anker, komme was wolle.«

Lebhafte, gedämpfte Unterhaltung setzte ein, und Raymond kam um den Tisch herum zu Bolitho. »Dieser verdammte Kerl!« flüsterte er wütend. »Noch ein Tag mit ihm, und ich hätte ihm meine Meinung gesagt!«

»Auf welchem Schiff wollen Sie segeln?« fragte Bolitho. »Meins ist ja ganz ordentlich, aber viel kleiner als der Spanier.«

Raymond drehte sich halb nach dem spanischen Kapitän um, der mit seinen Leuten außer Hörweite sprach.

»Mit dem Spanier segeln? Und wenn Ihr Schiff eine lausige Kohlenschute wäre – mir wäre es immer noch lieber als die *Nervion!*«

Davy flüsterte: »Ich glaube, sie erwarten, daß wir gehen.«

Raymonds Gesicht wurde noch finsterer. »Ich komme mit auf Ihr Schiff, da können wir alles besprechen. Hier kann man ja nicht einmal atmen, ohne daß einer lauscht.«

Bolitho sah seine Eskorte bereits vor der Tür warten und lächelte. Raymond mochte eine bedeutende Rolle bei dieser Mission spielen, aber Takt war jedenfalls nicht seine starke Seite.

Fast ohne ein Wort kehrten sie zur Pier zurück; aber Bolitho spürte deutlich die Spannung, unter der Raymond stand. Irgend etwas quälte ihn. Vielleicht fühlte er sich seinen dienstlichen Aufgaben nicht gewachsen?

Als die Gouverneursbarke zur *Undine* zurückstrebte, fühlte sich Bolitho erleichtert. Ein Schiff, das verstand er. Raymonds Welt jedoch war ihm so fremd wie der Mond.

Raymond kletterte an Bord und starrte leeren Blicks auf die

angetretene Ehrenformation und die geschäftigen Matrosen, die an den Taljen und Blöcken des Ladegeschirrs arbeiteten. Fässer und allerlei Netze mit Früchten und Strohhüten gegen die Sonne wurden an Deck gehievt.

Bolitho nickte Herrick zu. »Alles wohl an Bord?« Er berührte Raymonds Arm. »Dies ist Mr. Raymond, unser Passagier.« Er fuhr herum, denn eben ertönte schrilles Frauengelächter vom Niedergang her.

»Wer hat dieses Weib an Bord gelassen? Bei Gott, Mr. Herrick, wir sind hier nicht in Portsmouth Point oder Nore!«

Dann sah er das Mädchen – klein, dunkel, rot gekleidet. Sie sprach mit Allday, dem das offensichtlich Spaß machte.

Bedrückt sagte Raymond: »Ich hatte gehofft, Ihnen das eher erklären zu können. Sie ist ein Dienstmädchen, die Zofe meiner Frau.«

Herrick versuchte, Bolithos plötzlichen Zorn zu besänftigen. »Sie ist vor etwa einer Stunde mit ihrer Herrin an Bord gekommen, Sir. Anweisung vom Gouverneur. Ich konnte nichts machen«, sagte er verkniffen.

»Ach so. Dann allerdings«, murmelte Bolitho und schritt zum Achterdeck. Sie hatten tausend Meilen in einem kleinen, vollgestopften Kriegsschiff vor sich. Raymond allein war schon schlimm genug, aber seine Frau und ihre Zofe – das war zuviel! Er sah, wie ein paar Matrosen einander grinsend anstießen. Wahrscheinlich hatten sie nur darauf gewartet, wie er reagieren würde.

Sehr gemessen sagte er: »Vielleicht würden Sie mich vorstellen, Mr. Raymond?«

Sie gingen zusammen nach achtern, und Davy wisperte: »Himmelkreuz noch mal, Mr. Herrick, das wird ja eine sehr gemischte Reisegesellschaft!«

Herrick sah ihn böse an. »Und Sie haben sich vermutlich inzwischen gut amüsiert.«

»Ein wenig Wein, ein paar hübsche Frauen ...« Er kicherte. »Aber ich habe auch an Sie gedacht, Sir.«

Herrick mußte lachen. »Zur Hölle mit Ihnen! Jetzt ziehen Sie sich gefälligst Ihre Bordgarnitur an und beaufsichtigen Sie den Laden. Heute braucht man überall Augen.«

Inzwischen war Bolitho in seiner Kajüte angelangt und schaute sich verzweifelt um. Koffer überall, Kleider über Möbel und Kanonen geworfen, als wären Einbrecher an Bord gewesen. Mrs.

Raymond war groß und schlank; nicht das kleinste Lächeln erhellte ihr Gesicht. Offenbar war sie wütend.

»Du hättest mit dem Auspacken noch warten sollen, Violet!« rief ihr Gatte erschrocken. »Hier ist unser Kapitän.«

Bolitho verbeugte sich kurz. »Richard Bolitho, Ma'am. Ich hatte Ihrem Gatten gegenüber eben erwähnt, daß eine Fregatte nur wenig Bequemlichkeit zu bieten hat. Aber da Sie mit uns zu segeln wünschen, werde ich selbstverständlich alles tun, was . . .« Er kam nicht weiter.

»*Wünschen?*« Ihre Stimme klang heiser vor Wut. »Bitte geben Sie sich keiner Täuschung hin, Captain! Mein Mann will nicht, daß ich auf der *Nervion* reise.« Sie verzog den Mund vor lauter Verachtung. »Er fürchtet um meine Ehre, wenn ich bei einem spanischen Edelmann an Bord bin!«

Bolitho bemerkte, daß sich Noddall nervös in der Speisenische herumdrückte, und blaffte ihn ärgerlich an: »Helfen Sie Mrs. Raymonds Zofe, all dieses . . . –«, er blickte sich hilflos um, – »dieses Geschirr zu verstauen!« Raymond ließ sich mittlerweile schwer wie ein Sterbender auf die Sitzbank fallen. Kein Wunder, daß er so mitgenommen aussah. »Und lassen Sie dem Ersten Leutnant ausrichten, daß ich ihn sprechen will!« Er sah sich in der Kajüte um und sprach seine Gedanken laut aus. »Wir müssen die Zwölfpfünder vorübergehend herausnehmen und statt dessen Attrappen montieren.«

Raymond sah stumpfen Blickes hoch. »Attrappen?«

»Hölzerne Kanonenrohre. Damit es so aussieht, als ob wir voll armiert wären.«

Herrick erschien in der Tür. »Sir?«

»Wir müssen ein paar Behelfswände errichten, Mr. Herrick, damit unsere Passagiere ein Schlafabteil erhalten. An Backbord, denke ich.«

»Nur für mich und meine Zofe, bitte«, sagte Mrs. Raymond kalt und warf einen uninteressierten Blick auf ihren Gatten. »Er kann irgendwo anders auf diesem Schiff schlafen.«

Herrick betrachtete sie aufmerksam und sagte: »Also dann schläft Mr. Raymond an Steuerbord. Aber was wird mit Ihnen, Sir?«

Bolitho seufzte. »Ich nehme den Kartenraum.« Und mit einem Blick auf das Ehepaar: »Wir werden zusammen speisen, wenn Sie nichts dagegen haben.« Keiner von ihnen gab eine Antwort.

Midshipman Keen trat an der offenen Tür von einem Fuß auf den anderen und ließ kein Auge von den beiden Frauen. »Mr. Soames läßt respektvoll melden, Sir, daß der Kapitän der *Nervion* an Bord kommt«, sagte er.

Bolitho fuhr herum und fluchte leise, denn er hatte sich das Schienbein an einem der schweren Koffer gestoßen. Mit zusammengebissenen Zähnen sagte er: »Ich werde mich bemühen, ihm die geziemende Gastfreundschaft zu erweisen, Mr. Herrick.«

Herrick verzog keine Miene. »Gewiß, Sir.«

Der Morgen graute bereits, als Bolitho müde in seine Koje sank. Der Kopf rauchte ihm noch von der Bewirtung des *Capitan* Triarte und seiner Offiziere. Später hatten sie ihn überredet, mit auf die *Nervion* zu kommen; und Triarte hatte es sich nicht nehmen lassen, sein geräumiges Schiff mit der beengten *Undine* zu vergleichen. Aber es hatte bei den Raymonds nichts genützt. Nun war wieder Ruhe an Bord, und Bolitho versuchte, sich Mrs. Raymond vorzustellen, wie sie hinter der neugezogenen Wand schlummerte. Er hatte sie in der Kajüte beobachtet, als die spanischen Offiziere an Bord waren. Hoheitsvoll, aber charmant; und aus den Gefühlen, die sie für ihren Gatten hegte, machte sie durchaus kein Hehl. Eine gefährliche Frau, wenn man sie zur Feindin hatte, dachte er.

Wie still das Schiff war. Vielleicht waren alle, wie er selbst, zu müde, um sich auch nur zu rühren. Die Geschütze der Kapitänskajüte waren mit großen Schwierigkeiten unter Deck gefiert worden. Um die richtige Trimmung wieder herzustellen, mußte Proviant und schweres Geschirr nach achtern geschafft werden. Nun wirkte die Kajüte ohne die Geschütze viel größer, aber er würde nicht viel davon haben. Er grub seinen schmerzenden Kopf ins Kissen, und das war so anstrengend, daß ihm der Schweiß ausbrach. Eins war sicher: kaum jemals hatte er so viel Ursache gehabt, eine Reise zu beschleunigen.

Bei Tageslicht war er wach und aus der Koje; es drängte ihn, seine Arbeit zu erledigen, ehe die Hitze das Denken erschwerte. Am späten Nachmittag, unter den fernen Klängen einer Militärkapelle und dem Geschrei der Menge, die sich am Ufer zusammengefunden hatte, lichtete die *Undine* Anker. Hinter der *Nervion,* deren mächtiges Vormarssegel ein prachtvolles Kreuz in Scharlach und Gold aufwies, kam sie klar von der Reede und setzte dann mehr Segel, um vor den Wind zu gehen.

Ein paar kleine Schiffe gaben ihnen das Geleit, aber die schnellen Fregatten ließen sie bald hinter sich. Als es Nacht wurde, hatten sie das Meer für sich allein, und nur die Sterne leisteten ihnen Gesellschaft.

IV Tod eines Schiffes

Ezekiel Mudge, Segelmeister und Steuermann der *Undine,* saß gemütlich in einem von Bolithos Sesseln und studierte die auf dem Tisch ausgebreitete Karte. Ohne seinen Hut wirkte er sogar noch älter; aber seine Stimme klang frisch und selbstsicher. »Der Wind wird in ein, zwei Tagen auffrischen, Sir. Denken Sie an meine Worte.« Er tippte mit seinem eigenen Messingzirkel, den er gerade aus den Tiefen seiner Tasche gefischt hatte, auf die Karte. »Im Moment kommt uns der Nordostpassat gerade recht, und mit ein bißchen Glück sind wir in einer Woche vor den Kapverdischen Inseln.« Er lehnte sich zurück und wartete gespannt darauf, was Bolitho wohl dazu sagen würde.

»Das ist auch meine Meinung.« Bolitho trat ans Heckfenster und stützte die Hände auf das Sims. Das Holz war brandheiß, und hinter dem kurzen, schäumenden Kielwasser der Fregatte lag die See in blendendem Glanz. Sein Hemd stand bis zum Gürtel offen, juckend rann ihm der Schweiß zwischen den Schultern hinab, und seine Kehle war staubtrocken.

Es war fast Mittag; die Midshipmen mußten sich gleich auf dem Achterdeck bei Herrick melden, um den Sonnenstand für das Besteck zu nehmen. Nur ein paar Stunden fehlten, dann waren sie eine volle Woche unterwegs. Jeden Tag hatte die Sonne sie ausgedörrt, und die ständige leichte Brise hatte keine ausreichende Kühlung bringen können. Jetzt hatte der Wind leicht aufgefrischt, die *Undine* segelte über Backbordbug und glitt geistergleich dahin, alle Segel zogen ausreichend. Aber trotzdem empfand Bolitho nur geringe Befriedigung. Denn die *Undine* hatte ihren ersten Mann verloren, einen jungen Matrosen, der am Vortag kurz vor Einbruch der Dunkelheit über Bord gegangen war. Bolitho hatte dem spanischen Kapitän entsprechend signalisiert und die Suche nach dem Unglücklichen begonnen. Der Mann hatte hoch oben auf der Großmarsrah gearbeitet, Bolitho hatte ihn noch gesehen:

wie eine Bronzestatue hob er sich gegen die untergehende Sonne ab. Aber er war zu selbstsicher gewesen, auch wohl zu leichtsinnig in den letzten entscheidenden Sekunden, als er seine Stellung wechselte. Ein Schrei im Fallen, und dann war er mit dem Kopf voran aufs Wasser geprallt, fast auf der Höhe des Großmastes; wild mit den Armen rudernd, versuchte er, dem Schiff zu folgen. Davy hatte gesagt, der Matrose sei ein guter Schwimmer; so konnte man hoffen, ihn aufzufinden. Sie hatten zwei Boote ausgesetzt und den Großteil der Nacht nach ihm gesucht, jedoch vergeblich. Bei Morgendämmerung lagen sie wieder auf Kurs, aber Bolitho mußte zu seinem Ärger feststellen, daß die *Nervion* keineswegs Segel gekürzt hatte oder sonstwie in der Nähe geblieben war; erst vor einer halben Stunde hatte der Ausguck ihre Bramsegel wieder gesichtet.

Der Verlust des Matrosen bestärkte Bolitho in seinem Bemühen, die Mannschaft in Form zu bringen. Er hatte gesehen, wie die spanischen Offiziere seine ersten Versuche beim Geschützexerzieren durch ihre Ferngläser beobachteten und sich vor Schadenfreude auf die Schenkel schlugen, wenn etwas nicht klappte – und das war oft der Fall. Für sie schien diese Fahrt eine Art Vergnügungsreise zu sein. Sogar Raymond hatte eine dumme Bemerkung gemacht: »Was plagen Sie sich mit Geschützexerzieren ab, Captain? Ich verstehe ja nicht viel von solchen Dingen – aber Ihre Leute finden das doch sicher höchst lästig bei dieser verdammten Hitze?«

Er hatte entgegnet: »Das ist meine Pflicht, Mr. Raymond. Möglich, daß wir auf dieser Reise die Geschütze überhaupt nicht brauchen – aber man kann nie wissen.«

Mrs. Raymond hatte sich hochmütig von allen ferngehalten; tagsüber saß sie meistens unter einem kleinen Sonnensegel, das Herrick für sie und die Zofe an der achteren Reling hatte anschlagen lassen. Wenn sie zusammenkamen, was vorwiegend bei den Mahlzeiten der Fall war, sprach sie nur wenig, und dann über private Dinge, die Bolitho kaum begriff. Es machte ihr anscheinend Spaß, ihren Mann zu kritisieren, er sei zu saumselig, es fehle ihm im entscheidenden Augenblick an Entschlossenheit. Einmal hatte sie ihm wütend vorgeworfen: »Du läßt dich dauernd beiseite schieben, James! Ich kann mich ja in London überhaupt nicht mehr sehen lassen, wenn du ständig Demütigungen einsteckst! Margarets Mann wurde neulich geadelt, und er hat fünf Dienstjahre weniger als du!« So ging es weiter.

Als Bolitho sich jetzt nach Mudge umdrehte, überlegte er, was dieser und die anderen wohl von ihrem Kommandanten denken mochten. Daß er Offiziere und Mannschaft zu hart herannahm, ohne Sinn und Zweck? Daß er sie mit stupidem Geschützexerzieren schikanierte, während auf dem Spanier die Männer von der Freiwache herumlungerten, schliefen oder Wein tranken wie Passagiere? Aber unvermittelt sagte Mudge, als hätte er seine Gedanken gelesen: »Lassen Sie die Leute ruhig reden, Sir. Sie sind noch jung, aber Sie haben den richtigen Instinkt für das Notwendige – wenn Sie mir die Freiheit gestatten.« Er zupfte an seiner großen Nase. »Ich habe manchen Käpt'n mit langem Gesicht dastehen sehen, weil er nicht bereit war, wenn's darauf ankam.« Er lachte in sich hinein, daß die kleinen Augen in den Falten und Runzeln seines Gesichts fast verschwanden. »Und Sie wissen ja – wenn was schiefgeht, hat's keinen Zweck, die Fäuste zu schütteln und allen anderen die Schuld zu geben.« Damit zerrte er eine kohlrübengroße Uhr aus einer Innentasche. »Ich muß hinauf an Deck, wenn Sie mich nicht mehr brauchen. Mr. Herrick möchte, daß ich dabei bin, wenn die Bestecks verglichen werden.« Das schien ihn zu amüsieren. »Wie gesagt, Sir, Ihr Standpunkt ist ganz richtig. Es ist durchaus nicht nötig, daß die Mannschaft den Kapitän liebt, aber bei Gott, Sir, sie muß Vertrauen zu ihm haben.« Er stapfte aus der Kajüte, daß die Decksplanken unter seinem Schritt knarrten.

Bolitho setzte sich und strich sein offenes Hemd glatt. Mudge war wenigstens ein Lichtblick.

Allday steckte den Kopf durch die Tür. »Kann ich Ihnen jetzt den Steward schicken, Captain?« Er warf einen raschen Blick auf den Tisch. »Er wird Ihr Essen servieren wollen.«

»Na schön«, lächelte Bolitho. Es wäre dumm gewesen, sich über Kleinigkeiten den Kopf zu zerbrechen. Aber das mit Mudge war wichtig. Er hatte vermutlich unter mehr Kapitänen gedient, als Bolitho in seinem ganzen Leben kennengelernt hatte.

Sie blickten sich beide um, denn Midshipman Keen stand in der Tür. Er war schon stark gebräunt und sah so gesund und kräftig aus wie ein alter Fahrensmann.

»Kompliment von Mr. Herrick, Sir, und der Ausguck hat ein Schiff auf Gegenkurs zum Spanier gesichtet. Könnte eine Brigg sein. Ziemlich klein.«

»Ich komme sofort an Deck«, sagte Bolitho und fuhr dann lächelnd fort: »Die Reise scheint Ihnen zu bekommen, Mr. Keen.«

Der junge Mann grinste verschmitzt. »Aye, Sir. Allerdings hat mich mein Vater nicht wegen meiner Gesundheit, sondern aus ganz anderen Gründen zur See geschickt, fürchte ich.«

Er verschwand eiligst, und Allday murmelte hinter ihm her: »Dieser junge Teufel! Hat bestimmt ein armes Mädchen in Schwierigkeiten gebracht – da möcht' ich wetten!«

Bolitho verzog keine Miene. »Es kann ja nicht jeder so tugendhaft sein wie Sie, Allday.«

Er trat an dem Wachtposten vor der Tür vorbei hinaus und stieg hinauf zum Achterdeck. Obgleich er darauf gefaßt war, fuhr ihn die Hitze an wie aus einem Brennofen. Der Teer in den Ritzen der Decksplanken klebte an seinen Schuhsohlen, Gesicht und Nacken brannten ihm, als er zur Wetterseite hinüberging und sein Schiff prüfend musterte. Die *Undine* lief gut unter ihrer sonnengebleichten, leichten Besegelung. In der mäßigen Brise krängte sie nur schwach. Spritzwasser stäubte hoch und netzte den Klüver, und hoch oben wehte der Wimpel waagrecht wie eine Peitschenschnur.

Mudge und Herrick waren in ein leises Gespräch vertieft. Ihre Sextanten glänzten wie Gold. Armitage und Penn, die beiden Midshipmen, verglichen ihre Notizen, in den jungen Gesichtern stand sorgenvolle Konzentration.

Soames an der Achterdeckreling wandte sich um, als Bolitho ihn fragte: »Dieses fremde Schiff – was halten Sie davon?«

Soames schien sehr unter der Hitze zu leiden, das Haar klebte ihm in der Stirn, als käme er vom Schwimmen.

»Wird wohl irgendein Handelsschiff sein, Sir.« Es klang, als sei es ihm ziemlich gleichgültig. »Vielleicht wollen sie den Spanier nach der Position fragen.« Er verzog grimmig das Gesicht. »Was der schon davon weiß!«

Bolitho nahm ein Fernglas aus der Halterung und enterte ein Stück in die Großmastwanten auf. Nach einigem Suchen fand er die *Nervion* weit voraus an Steuerbord, ein Bild der Schönheit mit ihren mächtigen Segeln über dem metallisch glänzenden Rumpf. Er schwenkte das Glas etwas weiter nach Steuerbord auf das andere Schiff. Es war in der flirrenden Hitze kaum auszumachen, aber die bräunlichen Segel konnte er doch gut erkennen: Rahsegel am Vormast, Schratsegel am Großmast. Unbestimmter Ärger stieg in ihm auf.

»Eine Brigantine, Mr. Soames.«

»Aye, Sir.«

Bolitho sah ihn düster an und kletterte dann wieder an Deck. »In Zukunft wünsche ich eine vollständige Meldung über alles, was in Sicht kommt, wie unwichtig es Ihnen im Moment auch erscheinen mag.«

Soames biß die Zähne aufeinander. »Jawohl, Sir!«

Herrick rief dazwischen: »Es war meine Schuld, Sir. Ich hätte Mr. Keen sagen sollen, daß er Ihnen eine genaue Schiffsansprache zu geben hat.«

Bolitho ging nach achtern. »Mr. Soames hat doch die Wache?«

Herrick kam hinter ihm her. »Gewiß, Sir, allerdings.«

Die beiden Rudergänger nahmen Haltung an, als Bolitho zum Kompaß trat. Die Windrose lag ganz stetig: Südwest und Seeraum genug. Irgendwo an Backbord lag die afrikanische Küste, mehr als dreißig Meilen entfernt. Nichts weiter auf dem Ozean als diese drei Schiffe. Zufall oder Absicht? Vielleicht war eine Kontaktaufnahme notwendig? Soames' Gleichgültigkeit irritierte Bolitho wie Wespengebrumm, und er sagte ärgerlich: »Sorgen Sie in Zukunft dafür, daß die Wachhabenden wissen, wozu sie da sind, Mr. Herrick!« Er deutete auf Keen, der an den Netzen lehnte. »Schicken Sie den mit einem guten Glas nach oben. Er hat junge Augen, vielleicht sieht er mehr.«

Mudge kam steifbeinig herbei und knurrte: »Wir müssen ziemlich genau auf der Höhe von Kap Blanco sein.« Er rieb sich das Kinn. »Der westlichste Punkt dieses wilden Erdteils. Und wir sind reichlich dicht dran, wenn Sie mich fragen.« Ein pfeifendes Winseln entrang sich seiner Brust, die sich heftig hob und senkte: seine Art zu lachen.

Vom Mast her kam Keens Stimme: »An Deck! Die Brigantine hält immer noch Kurs auf die *Nervion.*«

Herrick legte die Hände um den Mund und rief hinauf: »Hat sie ihre Farben gesetzt?«

»Keine, Sir.«

Herrick enterte ein Stück mit seinem eigenen Glas auf. Nach einer Weile rief er hinunter: »Die Dons scheinen sich nicht viel daraus zu machen, Sir!«

Mudge knurrte: »Was sollen sie sich auch über diesen kleinen Pott aufregen?«

Bolitho sagte: »Gehen Sie einen Strich mehr an den Wind, Mr. Mudge. Besser, wenn wir der *Nervion* wieder etwas näher kommen.«

In seinem Rücken hörte er eine Stimme: »Machen Sie sich etwa Sorgen, Captain?« Er fuhr herum. Mrs. Raymond stand am Fuße des Großmastes, das Gesicht von dem riesigen Strohhut beschattet, den sie sich in Teneriffa gekauft hatte.

Er schüttelte den Kopf. »Nein, Ma'am, ich bin nur neugierig.« In Hemd und Hose, die noch dazu zerknittert waren, fühlte er sich auf einmal unbehaglich und unsicher. »Tut mir leid, daß ich Ihnen nichts Unterhaltenderes bieten kann.«

Sie lächelte. »Das kann sich ja immer noch zum Besseren ändern.«

»An Deck!« Beim Klang von Keens heller Stimme sahen sie alle nach oben. »Die Brigantine geht über Stag, Sir.«

»Stimmt«, bestätigte Herrick. »Sie segelt dem Spanier direkt vor den Bug!« Mit breitem Grinsen wandte er sich ihnen zu. »Da werden die wohl ein bißchen lebendig werden!«

Aber sein Grinsen war auf einmal wie weggewischt, denn ein dumpfes Krachen hallte übers Wasser, und Keen brüllte: »Sie hat auf die *Nervion* gefeuert, Sir!«

Ein zweites Krachen. Keen kreischte fast vor Aufregung: »Ein Schuß durch die Fock!«

Bolitho kletterte zu Herrick in die Wanten. »Lassen Sie mich sehen!«

Er ergriff das große Teleskop und richtete es auf die beiden Schiffe. Die Brigantine stand jetzt, optisch verkürzt, mit dem Heck zur *Undine* und segelte langsam am mächtigeren Umriß der *Nervion* vorbei. Sogar auf diese Entfernung sah er die Verwirrung an Bord des Spaniers, das Glitzern der Sonne auf den Waffen, als die Besatzung auf Stationen eilte.

Heiser sagte Herrick: »Der Kapitän der Brigantine muß verrückt sein; nur ein Irrer kann sich mit einer Fregatte einlassen!«

Bolitho antwortete nicht. Er strengte sein Auge an, um das Drama zu beobachten, das die Linse des Teleskops ihm zeigte. Die Brigantine hatte zwei Schuß abgefeuert und damit einen, wenn nicht sogar zwei Treffer erzielt. Jetzt entfernte sie sich in rascher Fahrt; und da die *Nervion* mehr Segel zu setzen begann, wollte Triarte vermutlich die Verfolgung aufnehmen.

»Innerhalb einer Stunde wird er sie eingeholt haben. Sie gehen beide über Stag.«

»Vielleicht hat dieser Narr gedacht, die *Nervion* sei ein fetter Kauffahrer?« Davy war an Deck gekommen. »Aber nein, das ist unmöglich.«

Herrick sprang nach Bolitho aus den Wanten und sah ihn zweifelnd an. »Sollen wir uns an der Jagd beteiligen, Sir?«

Aber Mudge stieß ihn fast beiseite und blaffte: »Von wegen Jagd!« Überrascht blickten sie ihn an. »Wir müssen den Spanier warnen, Sir!« Er deutete mit seiner riesigen Hand nach Lee. »Vor Kap Blanco, Sir, liegt ein mächtiges Riff, es zieht sich beinahe hundert Meilen in die See hinein. Die *Nervion* ist zwar jetzt schon in Gefahr, aber wenn der Steuermann nur noch einen Strich mehr an den Wind geht, dann ist sie über dem verdammten Riff, ehe sie sich's versieht!«

Bolitho starrte ihn entsetzt an. »Mr. Herrick, lassen Sie die Royals setzen! Schnell jetzt!« Rasch trat er zum Ruder. »Wir brauchen mehr Fahrt.«

Soames rief: »Sieht so aus, als ob der Don einen Strich mehr an den Wind geht, Sir!«

Mudge starrte mit zusammengekniffenen Augen auf den Kompaß. »Jesus, er steuert tatsächlich Südsüdost!« Beschwörend sah er Bolitho an. »Wir erreichen ihn nicht mehr rechtzeitig!«

Bolitho rannte zwischen Reling und Ruder auf und ab. Mattigkeit, glühende Hitze – alles war vergessen außer jener fernen Pyramide aus weißen Segeln, vor der die kleine Brigantine wie ein lockendes Irrlicht einherhüpfte. Ein Verrückter? Ein Pirat, der sich im Gegner geirrt hatte? Das war jetzt einerlei.

»Buggeschütz klar!« befahl Bolitho. »Mr. Herrick, wir werden versuchen, die *Nervion* abzulenken.«

Herrick beobachtete soeben, die Augen mit dem Sprachrohr beschattend, wie die Toppgasten die Royals setzten.

»Aye, aye, Sir!« Dann rief er: »Mr. Tapril zu mir!« Aber der Stückmeister war bereits im Vorschiff und wies die Bedienung des langen Neunpfünders ein.

Bolitho sagte scharf: »Die *Nervion* ist noch höher an den Wind gegangen, Mr. Mudge!« Vergeblich bemühte er sich um einen ruhigen Ton. Wie konnte so etwas geschehen? Das Meer war so weit, so leer. Und doch, von dem Riff hatte er schon früher von Seeleuten gehört, die diese Gewässer kannten. Manches gute Schiff war an seinem harten Rücken leckgeschlagen und gesunken.

»Steuerbordgeschütz klar, Sir!«

»Feuer!« Es krachte, brauner Rauch trieb nach Lee und zerflatterte, lange bevor die Gischt des Einschlags weit achteraus von der anderen Fregatte sichtbar wurde.

»Nochmals feuern!« Er sah Mudge an. »Einen Strich höher!«

Mudge protestierte. »Das kann ich nicht verantworten, Sir.«

»Nein. *Ich* verantworte es.«

Bolitho schritt wieder zur Reling; sein offenes Hemd flatterte im Wind, aber er verspürte keine Kühlung. Er blickte hoch und sah, daß die Segel prall gefüllt waren – wie die des Spaniers. Bei diesem Segeldruck mußte das Riff der *Nervion* den Kiel herausreißen, wenn Triarte nicht etwas unternahm, und zwar sofort.

Das Deck erzitterte beim zweiten Schuß, und die Kugel jaulte über die Wellenkämme.

»Ausguck!« schrie Bolitho. »Was geschieht?«

Der Ausguck antwortete mit rauher Stimme: »Die Dons holen auf, Sir! Eben rennen sie ihre Geschütze aus.« Bolitho zweifelte nicht daran, daß der Mann richtig gesehen hatte. Vielleicht hatten die Spanier ihr Buggeschütz gehört und sogar den Einschlag gesehen, dachten jedoch, Bolitho wäre wieder einmal beim Exerzieren. Oder vielleicht glaubten sie auch, er sei, weil die *Undine* die Jagd nicht mitmachen konnte, so verärgert, daß er auf diese unmögliche Entfernung feuerte, um seine Wut abzureagieren. »Wie weit noch, Mr. Mudge?« hörte er sich fragen.

Und Mudge antwortete: »Sie müßte eigentlich schon aufsitzen, Sir. Die verfluchte Brigantine muß ohne Schaden drübergekommen sein. Kein Wunder bei dem geringen Tiefgang.«

Bolitho blickte ihn an. »Aber wenn sie durch ist, dann kann vielleicht . . .«

Mudge schüttelte den Kopf. »Nicht die geringste Chance, Sir.«

Der Mann im Ausguck stieß einen Schrei aus. Als Bolitho sich umdrehte, sah er mit Entsetzen, wie die spanische Fregatte hochgehoben wurde, noch etwas weiterrutschte und dann auf dem überspülten Riff querschlug. Auf dem ganzen Schiff splitterten Masten und Rahen, stürzten Stagen, Wanten und Segel in einem fürchterlichen Chaos an Deck. So stark war der Aufprall gewesen, daß sie mit der Backbordseite auf dem Riff lag. Durch die offenen Stückpforten mußte die See in triumphierendem Schwall einströmen. Die Männer waren im Durcheinander der Takelage gefangen, wurden von zersplitterten Spieren durchbohrt oder plattgedrückt von den Kanonen, die sich aus den Halterungen gerissen hatten und über Deck rutschten.

Die Brigantine war auf den anderen Bug gegangen. Sie nahm

sich nicht einmal Zeit, das Ausmaß ihrer Übeltat anzusehen.

»Kürzen Sie die Segel, Mr. Herrick!« befahl Bolitho heiser. »Sobald wir dort sind, beidrehen und alle Boote zu Wasser! Wir müssen alles tun, um sie zu retten.«

Ein paar Matrosen am Buggeschütz redeten laut durcheinander und deuteten auf die *Nervion,* die sich noch stärker überlegte, wobei noch mehr zu Bruch gegangene Spieren und Planken in die Grundseen über dem Riff stürzten.

»Und nehmen Sie die Leute ran, Mr. Herrick!« Bolitho wandte sich ab. »Das ist kein Jahrmarktspektakel!«

Er ging noch einmal zur anderen Seite hinüber; und als er auf das Riff sah, erwartete er fast, die stolze Silhouette der *Nervion* vor dem Wind stehend zu erblicken. Es war ein böser Traum. Ein Alptraum.

Aber warum? Warum? Diese Frage setzte sich in seinem Hirn fest, als wolle sie ihn narren. Wie konnte das geschehen?

»Ich möchte mich nicht näher heranwagen, Sir«, sagte Mudge verbissen. »Wenn wir auch nur eine Mütze mehr Wind kriegen, können wir leicht selbst auflaufen.«

Bolitho nickte langsam. »Auch meine Meinung.« Er wandte den Kopf ab. »Und ich danke Ihnen.«

Ruhig entgegnete Mudge: »Es war nicht Ihre Schuld, Sir. Sie haben alles getan, was Sie konnten.«

»Beidrehen, Mr. Herrick!« Bolitho konnte kaum seine Stimme beherrschen. »Lassen Sie die Boote aussetzen!«

Soames warf ein: »Das wird ein langer Pull, Sir. Mindestens drei Meilen.« Aber Bolitho hörte gar nicht hin. Er sah nur die kleine Brigantine. Das war kein Zufall und auch kein spontaner Streich gewesen.

»Viele werden nicht überleben, Sir«, sagte Mudge, die Hände tief in den Manteltaschen. »In diesen Gewässern gibt's 'ne Menge Haifische.«

Unter dem protestierenden Knattern und Killen der noch stehenden Segel drehte die *Undine* bei, und die Boote wurden mit überraschender Schnelligkeit abgefiert. Es war, als hätte etwas Unheimliches über die drei Meilen friedlich daliegende See zu ihnen herübergegriffen und jeden einzelnen angerührt: ein Flehen um Hilfe, ein Warnschrei – es war schwer zu definieren. Aber als das erste Boot von der Bordwand klarkam und die Rudergasten den Schlag aufnahmen, sah Bolitho, daß die Männer grimmig und mit plötzlicher Entschlossenheit pullten. So hatte er sie noch nie gesehen.

Allday sagte: »Ich nehme die Gig, wenn Sie erlauben, Sir.«

»Ja.« Sie sahen sich an. »Tun Sie, was Sie können.«

Allday wandte sich ab und schrie nach seiner Besatzung.

»Sagen Sie dem Arzt, er soll sich bereithalten, Mr. Herrick.« Bolitho sah, wie Herrick mit den Umstehenden rasche Blicke wechselte, und fuhr kalt fort: »Und wenn er nachher zu betrunken ist, lasse ich ihn auspeitschen.«

Alle Boote waren jetzt zu Wasser, und über die kraftvoll streichenden Riemen hinweg konnte er die Trümmer der spanischen Fregatte über dem unsichtbaren Riff treiben sehen; das große Vormarssegel mit seinem Kreuz in Rot und Gold lag über dem Wrack wie ein Leichentuch.

Die Hände auf dem Rücken, das unregelmäßige Rollen des Schiffes automatisch ausbalancierend, schritt Bolitho ruhelos bei den Finknetzen auf und ab.

Er fing eine Bemerkung Raymonds auf: »Das war eine Dummheit von Triarte! Er hat die Situation total falsch beurteilt.«

Bolitho blieb stehen und sah ihn an. »Schließlich hat er teuer dafür bezahlt, Raymond!«

Raymond erkannte die Geringschätzung in Bolithos grauen Augen und ging weiter. »Ich wollte nur sagen . . .« Aber niemand beachtete ihn.

Herrick sah zu, wie Bolitho ununterbrochen auf und ab schritt und hätte ihm gern etwas gesagt, was seine Verzweiflung lindern konnte. Aber besser als andere wußte er, daß sich Bolitho in solchen Momenten nur selbst helfen konnte.

Stunden später, als die Boote müde zum Schiff zurückkehrten, stand Bolitho immer noch an Deck; sein Hemd war dunkel von Schweiß, der Kopf tat ihm weh vom Grübeln.

Herrick meldete: »Nur vierzig Überlebende, Sir. Und manchen geht es sehr schlecht, fürchte ich.« Er verstand die Frage in Bolithos Augen und nickte. »Der Schiffsarzt ist bereit, Sir. Ich habe dafür gesorgt.«

Bolitho trat langsam an die Netze, beugte sich weit über Bord und schaute in das erste Boot, die Gig, die eben festmachte. Ein Mann, der gekrümmt an Alldays Beinen lehnte und von zwei Matrosen festgehalten wurde, schrie wie eine gemarterte Frau. Ein Hai hatte ihm ein Loch in die Schulter gerissen, so groß wie eine

Kanonenkugel. Bolitho wurde es übel, er wandte sich ab.

»Um Gottes willen, Thomas, schicken Sie mehr Leute zum Helfen!«

»Schon geschehen, Sir.«

Bolitho blickte auf den flatternden Wimpel an der Gaffel. »Himmel, wenn so etwas mitten im Frieden passieren kann, dann wäre mir schon lieber, wir hätten Krieg!«

Er beobachtete einige Rudergasten, die an Bord kletterten, die Hände voller Blasen, Rücken und Gesichter knallrot vom Sonnenbrand. Fast wortlos gingen sie unter Deck.

Vielleicht hatte sie das, was sie da beim Riff gesehen hatten, mehr gelehrt als alles Exerzieren; die Erinnerung daran würde eine Warnung für sie alle sein.

Wieder schritt Bolitho auf und ab. Und für mich auch, dachte er.

Bolitho trat in seine Kajüte und blieb unter dem Skylight stehen. Die Sonne ging eben unter, und die offenen Heckfenster glühten im ersterbenden Glanz wie poliertes Kupfer. Im Rhythmus der stetigen Schiffsbewegungen und der schaukelnden Deckenlampe schwankten die Schatten in der Kajüte; er sah die kleine Gruppe an den Fenstern und konnte kaum glauben, was er sah.

Don Luis Puigserver saß unbeholfen auf der Polsterbank, einen Arm in der Schlinge, die Brust dick bandagiert. Als man ihn vor Stunden mit anderen Überlebenden an Bord gehievt hatte, war er zuerst nicht erkannt worden, bis ein Leutnant, der einzige Gerettete der spanischen Offiziere, Atem genug hatte, um ihn zu identifizieren. Und dann hatte Bolitho gedacht, es sei zu spät. Der untersetzte Spanier war bewußtlos und über und über mit Abschürfungen, Wunden und Beulen bedeckt. Er sah furchtbar aus; und wenn Bolitho an die letzten Minuten der *Nervion* dachte, schien es kaum glaublich, daß er noch am Leben war. Von den etwa vierzig Mann, die an Bord der *Undine* Zuflucht gefunden hatten, waren zehn bereits gestorben, und mehrere schwebten in Lebensgefahr. Die ursprünglich zweihundertsiebzig Mann starke Besatzung war auf die Katastrophe, die sie auf dem Riff erwartete, gänzlich unvorbereitet gewesen: sie wurde von fallenden Spieren zerschmettert, von der einströmenden See halb ertränkt; und dann, als das Schiff gekentert und völlig in Trümmer geschlagen war, tauchten im wirbelnden Wasser die dunklen Schatten der Haie auf und fielen über die Schiffbrüchigen her. Mit Entsetzen hatten die Männer zusehen müssen, wie ihre Gefährten in blutige Fetzen zerrissen wurden – noch vor ein paar Minuten hatten sie mehr Segel gesetzt und die Geschütze bemannt, um die freche Brigantine zu stellen.

Als die Boote der *Undine* kamen, war fast alles vorbei. Ein paar Männer schwammen verzweifelt zu ihrem gekenterten Schiff zurück, aber als die Fregatte vom Riff glitt und sank, gerieten sie in den Sog und wurden mit hinabgezogen. Andere hatten sich an treibende Spieren und gekenterte Boote geklammert, wurden aber einer nach dem anderen von den silbergrauen Haien angefallen und unter Entsetzensschreien in das brodelnde, blutigrote Wasser gezogen.

Und nun saß Puigserver in Bolithos Kapitänskajüte und nippte beinahe gelassen an einem Becher Wein. Er war nackt bis zum Gürtel, so daß Bolitho einige von den blutunterlaufenen Prellungen sah, lauter Zeugnisse seines unbeugsamen Willens zum Überleben.

»Ich bin dem Schicksal dankbar, daß Sie sich wieder erholt haben, *Señor*«, sagte Bolitho. Der Spanier setzte zu einem Lächeln an, aber das bereitete ihm offenbar Schmerzen. Er winkte den Arzt und einen Sanitätsgasten heran und fragte: »Wie viele von meinen Leuten leben noch?«

Bolitho starrte über seinen Kopf hinweg auf die Kimmung: ein kupferfarbener Streifen, der vor seinen Augen bereits verblaßte.

Der Arzt hob die Schultern. »Dreißig. Viele waren sehr schwer verletzt.«

Puigserver trank einen Schluck. »Es war furchtbar anzusehen.« Seine dunklen Augen wurden hart. »*Capitan* Triarte war so wütend über den Beschuß, daß er wie ein Besessener hinter der Brigantine hersegelte. Er war zu heißblütig. Anders als Sie.«

Bolitho lächelte nachdenklich. ›Anders als Sie.‹ Aber wenn er keinen Segelmeister wie Mudge gehabt hätte? Keinen befahrenen Mann, der dank seiner reichen Erfahrung die Drohung dieses Riffes in den Knochen spürte? Dann hätte die *Undine* vermutlich das Schicksal des Spaniers geteilt. Obwohl sich kein Luftzug in der Kajüte regte, lief es ihm kalt den Rücken hinunter.

Irgendwo hinter dem Schott schrie ein Mensch: ein dünner, langgezogener Laut, der plötzlich abriß, als sei eine Tür zugeschlagen worden. Whitmarsh wischte sich die Hände an der Schürze ab und richtete sich auf; er mußte den Kopf einziehen, um nicht an die Decksbalken zu stoßen. Dann sagte er: »Don Puigserver wird in nächster Zeit Ruhe haben; ich muß mich um meine anderen Patienten kümmern.« Er schwitzte furchtbar, und an seinem linken Mundwinkel zuckte ständig ein Muskel.

Bolitho nickte. »Ja, danke. Und lassen Sie es mich bitte wissen, wenn Sie irgend etwas brauchen.«

Vorsichtig betastete der Arzt die Verbände des Spaniers. »Gottes Hilfe vielleicht.« Er lächelte melancholisch. »Hier draußen haben wir wenig anderes.«

Als er und der Sanitätsgast gegangen waren, murmelte Puigserver: »Ein Mann mit eigenen Problemen, *Capitan*.« Schmerzlich verzog er das Gesicht dabei. »Aber immerhin ein sanfter Mann, trotz seines Berufs.«

Allday war dabei, ein Handtuch zusammenzufalten und ein paar unbenutzte Binden aufzurollen. »Mr. Raymond wollte Sie sprechen, Captain«, sagte er stirnrunzelnd. »Aber ich habe ihm erklärt, daß laut Ihrem Befehl die Kajüte gesperrt ist, bis der Arzt mit Don Puig –«, er hüstelte, »– mit dem spanischen Gentleman fertig ist.«

»Was wollte er?« Bolitho war so erschöpft, daß ihm ganz gleichgültig war, was Raymond wollte. Er hatte wenig von ihm gesehen, seit die Überlebenden aufgenommen worden waren, hatte nur gehört, daß er in die Offiziersmesse gegangen sei.

»Er wollte sich beschweren, Captain«, erwiderte Allday. »Seiner Frau hat es nicht gepaßt, daß Sie sie aufgefordert haben, bei den Verwundeten zu helfen.« Wieder runzelte er die Stirn. »Ich sagte ihm, Sie hätten Wichtigeres zu tun.« Damit nahm er seine Sachen und ging hinaus.

Puigserver lehnte sich zurück und schloß die Augen. Da sie jetzt allein waren, schien es ihm nichts mehr auszumachen, daß Bolitho sah, welche Schmerzen er wirklich litt.

»Ihr Allday ist ein bemerkenswerter Bursche«, meinte er. »Mit ein paar hundert Männern von seiner Sorte könnte ich mir vorstellen, in Südamerika wieder einen Krieg anzufangen.«

Bolitho seufzte. »Er macht sich zu viele Sorgen.«

Puigserver öffnete die Augen wieder und entgegnete lächelnd: »Anscheinend denkt er, Sie sind es wert, daß man sich um Sie Sorgen macht, *Capitan*.« Er lehnte sich vor und fuhr mit plötzlichem Nachdruck fort: »Aber ehe Raymond und die anderen hereinkommen, muß ich mit Ihnen sprechen. Ich will Ihre Meinung über den Schiffbruch hören.«

Bolitho ging zum Schott hinüber und berührte seinen Degen, der dort hing. »Ich habe die ganze Zeit darüber nachgedacht, *Señor*«, sagte er. »Zuerst glaubte ich, die Brigantine sei ein Piratenschiff, dessen Kapitän so unter Druck stehe, daß er ein Gefecht brauchte, um seine Mannschaft zusammenzuhalten. Aber das kann nicht stimmen. Irgend jemand weiß von unserem Vorhaben.«

Der Spanier wandte kein Auge von ihm. »Die Franzosen vielleicht?«

»Kann sein. Wenn die französische Regierung unsere Schiffsbewegungen so genau verfolgt, dann müssen ihr die Depeschen der *Fortunate* unbeschädigt in die Hände gefallen sein. Es muß schon um etwas äußerst Wichtiges gehen, wenn sie sich auf ein so gefährliches Spiel einlassen.«

Puigserver griff nach der Weinflasche. »Ein Spiel, das sie gewonnen haben.«

»Dann sind Sie also derselben Meinung, *Señor*?« Bolitho beobachtete den Mann genau; jetzt, nachdem es dunkler geworden war, kam er ihm bleicher vor.

Puigserver gab keine direkte Antwort. »Falls – und ich sage ausdrücklich *falls* – jemand dies geplant hatte, dann muß dieser Jemand auch gewußt haben, daß es sich um zwei Schiffe handelte.« Er hielt einen Moment inne und befahl dann scharf: »Sagen Sie etwas, *Capitan* – schnell!«

Bolitho erwiderte: »Das würde keinen Unterschied machen. Dem Betreffenden wäre klar, daß es sich um eine gemeinsame Mission handelt. Ein Schiff kann ohne das andere nichts ausrichten, und . . .«

Puigserver klopfte sich mit dem Becher auf die Hüfte; der Wein schwappte über und befleckte seine Hose wie Blut.

Erregt rief er aus: »Und? Weiter, *Capitan*! Was nun?«

Bolitho blickte zur Seite; er sagte nachdenklich: »Ich muß entweder nach Teneriffa oder nach England zurückkehren und weitere Befehle abwarten.« Er wandte sich wieder dem Spanier zu. Der saß zusammengesunken da; sein kantiges Gesicht war aufs Äußerste gespannt, die Brust hob und senkte sich wie nach schwerem Kampf. Mit dumpfer Stimme erwiderte er: »Schon in Santa Cruz wußte ich sofort, Sie sind ein Mann, der nicht nur redet, sondern auch denkt.« Er schüttelte abwehrend den Kopf. »Lassen Sie mich zu Ende sprechen. Dieser Kapitän der Brigantine und sein Hintermann – wer es auch immer sein mag, der meine Landsleute in einen so schrecklichen Tod gejagt hat –, die *wollen,* daß Sie umkehren!«

Fasziniert von der Kühnheit seines Denkens blickte Bolitho ihn an und wandte dann den Kopf ab. »Wenn Sie nicht hier säßen, *Señor,* dann hätte ich auch keine andere Wahl.«

»Sehr richtig, *Capitan.*« Puigserver sah Bolitho über den Becherrand hinweg prüfend an; im Licht der Deckenlampe glänzten seine Augen wie brauner Bernstein.

Bolitho fuhr fort: »Bis ich wieder in England bin, bis man dort neue Pläne macht und sich über sie geeinigt hat, könnten in Ostindien oder anderswo Dinge geschehen, die wir nicht mehr beeinflussen können.«

»Geben Sie mir die Hand, *Capitan*!« Puigserver beugte sich vor, sein Atem ging schärfer. »In ein paar Minuten werde ich schlafen. Es war ein scheußlicher Tag für uns, aber für viele andere noch weit schlimmer.«

Bolitho nahm die ausgestreckte Hand; Puigservers offenbare Aufrichtigkeit beeindruckte ihn mächtig.

»Wieviel Mann sind auf diesem Schiff?« fragte der Spanier.

Bolitho dachte an das Gesindel, das in Spithead an Bord gekommen war: zerlumptes Volk aus den Gefängnishulken, flüchtige Verbrecher aus London; der Geschützführer mit nur einer Hand. Alle diese Männer. »Es läßt sich etwas aus ihnen machen, *Señor*«, antwortete er. »Alles in allem zweihundert, einschließlich der Marineinfanterie.« Er lächelte, um die Spannung etwas aufzulockern. »Wenn Sie nichts dagegen haben, werde ich auch Ihre Überlebenden anmustern, ja?«

Puigserver schien das nicht zu hören. Aber sein Händedruck war wie Eisen. »Zweihundert, eh?« Er nickte grimmig. »Genügt.«

Bolitho sah ihn scharf an. »Wir machen also weiter, *Señor*?«

»Sie sind jetzt *mein Capitan.* Was sagen Sie dazu?«

Bolitho lächelte. »Das wissen Sie schon, *Señor.*«

Puigserver seufzte erleichtert auf. »Wenn Sie diesen Narren Raymond zu mir schicken und Ihren Schreiber, dann werde ich mein Siegel unter diese neue Aktion setzen.« Seine Stimme wurde härter. »Heute habe ich gesehen und gehört, wie viele Männer in Angst und Schrecken umkamen. Wer auch hinter dieser Gemeinheit steht, ich werde mit ihm abrechnen. Und dann, *Capitan,* wird es eine Rechnung sein, an die unsere Feinde lange denken werden.«

Es klopfte – Midshipman Armitage erschien im Türrahmen, von der Deckenlampe draußen auf dem Gang wie ein Schattenriß angeleuchtet.

»Empfehlung von Mr. Herrick, Sir. Auffrischender Wind aus Nordost.« Wie ein Schüler, der dem Lehrer seine Lektion aufgesagt hat, stand er da.

»Ich komme gleich an Deck.« Bolitho mußte plötzlich an Mudge denken, der besseren Wind prophezeit hatte. Er würde bei Herrick an Deck sein und auf Befehle für die Nacht warten. Das und noch mehr hörte er aus Armitages Meldung heraus. Was jetzt beschlossen wurde, entschied das Schicksal des Schiffes und jedes Mannes an Bord. Bolitho blickte Puigserver noch einmal an. »Es steht also fest, *Señor*?«

»Ja, *Capitan*.« Der Spanier wurde immer schläfriger. »Sie können mich jetzt ruhig allein lassen. Aber schicken Sie mir Raymond, ehe ich schnarche wie ein betrunkener Ziegenhirt.«

Bolitho trat hinter dem Midshipman aus der Kajüte und sah, wie ungeschickt der Wachtposten an der Tür seine Muskete hielt. Wahrscheinlich hatte er gelauscht; bis zur Nacht würde das ganze Schiff Bescheid wissen: das war eine Reise, die nicht nur die Macht der britischen Flotte demonstrieren sollte, sondern eine, bei der mit wirklicher Gefahr zu rechnen war. Er lächelte grimmig, als er die Treppe zum Achterdeck hinaufstieg. Vielleicht würden sie in nächster Zeit nicht mehr so über das häufige Exerzieren an den Geschützen schimpfen.

Herrick und Mudge standen beim Ruder; der Steuermann hielt eine Blendlaterne über seine Schiefertafel, auf welcher er Berechnungen in überraschend sauberer Schrift gemacht hatte.

Bolitho ging auf die Luvseite, blickte prüfend zu den vollen Segeln auf und horchte auf die Bugwelle, die weiß schäumend wie das Wasser in einem Mühlenschacht am Rumpf entlangströmte. Dann trat er zu den beiden wartenden Männern und sagte: »Sie können die Segel zur Nacht kürzen, Mr. Herrick. Morgen mustern Sie von der *Nervion*-Mannschaft alle an, die Ihnen tauglich scheinen.« Er hielt inne, denn aus dem Orlopdeck drang wieder ein wilder Schrei an sein Ohr. »Viele werden es nicht sein, fürchte ich.«

Herrick fragte gespannt: »Wir gehen also nicht auf Gegenkurs, Sir?« Mudge rief dazwischen: »Und das ist auch gut so, wenn ich das sagen darf, Sir!« Er rieb sich den vorspringenden Bauch. »Mein Rheumatismus wird sich verziehen, wenn wir in heißeres

Klima kommen.«

Bolitho sah Herrick bedeutsam an. »Wir segeln auf altem Kurs weiter, Thomas, und führen zu Ende, was da auf dem Riff angefangen hat.«

Herrick war hoch befriedigt. »Dafür bin ich auch!« Er wollte zur Reling, wo schon ein Bootsmannsmaat auf seine Befehle wartete, aber Bolitho hielt ihn zurück: »Von heute nacht an, Thomas, müssen wir scharf auf der Hut sein. Kein unnötiger Aufenthalt, um Trinkwasser aufzunehmen, wenn neugierige Augen in der Nähe sind. Wir werden notfalls jeden Tropfen rationieren, um mit unserem Bestand auszukommen. Aber wir müssen uns klar von Land halten, wo der Feind unsere Absichten und unseren Kurs ausspionieren könnte. Wenn, wie ich jetzt glaube, jemand im Geheimen gegen uns arbeitet, müssen wir ihn mit seinen eigenen Methoden schlagen. Wir müssen, um Zeit zu gewinnen, jede nur mögliche List gebrauchen.«

Herrick nickte. »Das scheint mir durchaus angebracht, Sir.«

»Unseren Leuten hoffentlich auch.« Er schritt nach Luv hinüber. »Weitermachen!«

Herrick wandte sich um. »Alle Mann der Wache – Segel kürzen!«

Während der Befehl weitergegeben wurde und die Matrosen die Decksgänge entlangliefen, sagte Herrick: »Beinahe hätte ich es vergessen – Mrs. Raymond macht sich Sorgen um ihr Quartier.«

»Das ist bereits erledigt.« Bolitho schwieg einen Moment und beobachtete die aufenternden Männer. »Don Puigserver schläft in der Hauptkajüte. Mrs. Raymond kann die Kajüte mit ihrer Zofe teilen.«

»Ob ihr das recht sein wird?« fragte Herrick zweifelnd.

Bolitho schritt weiter auf und ab. »Wenn nicht, soll sie es sagen, Mr. Herrick. Und dann werde ich ihr erzählen, was ich von einer Dame halte, die so zimperlich ist, daß sie keinen Finger rührt, um einem sterbenden Seemann zu helfen!«

Ein Steuermannsmaat trat auf den Decksgang. »Alles klar zum Manöver, Sir!« Herrick blickte Bolitho an, der immer noch auf und ab schritt. Das offene weiße Hemd hob sich deutlich gegen die Netze und die See dahinter ab. In den nächsten Tagen würde es auf der *Undine* noch viel enger werden, dachte er. »Schön, Mr. Fowlar. Reffen Sie die Bramsegel. Wenn der Wind weiter auffrischt, müssen wir vor Tagesanbruch auch noch die Marssegel reffen.«

Der alte Mudge rieb sich den schmerzenden Rücken. »Dieses Wetter ist unberechenbar.« Aber niemand antwortete ihm. Fast wortlos kamen die Toppsgasten wieder aus den Wanten herunter und sammelten sich vor den Deckoffizieren. Um den vibrierenden Bugspriet flog Gischt wie eine Salve weißer Pfeile; hoch oben über Deck arbeiteten die prallgefüllten Marssegel knatternd gegen Takelage und Blöcke.

»Wache abtreten.« Herricks Stimme war so ruhig wie sonst, er verließ sich blindlings auf Bolithos Worte.

Bolitho lächelte in der Dunkelheit. Vielleicht war es besser so.

In der Kajüte saß Don Puigserver am Tisch und sah zu, wie der Federkiel des Schreibers über das Papier kratzte. Raymond stand mit völlig ausdruckslosem Gesicht an einem Heckfenster und starrte in die Nacht. Schließlich sagte er über die Schulter: »Sie nehmen eine große Verantwortung auf sich, Don Puigserver. Ich bin nicht sicher, ob ich Ihnen dazu raten kann.«

Unter Schmerzen lehnte sich der Spanier im Stuhl zurück und horchte auf die regelmäßigen Schritte oben an Deck. »Es ist nicht allein meine Verantwortung, *Señor* Raymond. Ich befinde mich dabei in sehr guter Gesellschaft, glauben Sie mir.«

Über ihnen und um sie herum arbeitete das Schiff flüsternd im Gleichtakt mit See und Wind. Vorn, unter dem Bugspriet, blickte die goldene Nymphe starren Auges gegen den dunkel gewordenen Horizont. Entscheidung und Schicksal, Triumph oder Enttäuschung bedeuteten ihr gar nichts. Ihr gehörte die See und damit das Leben selbst.

V Teufelswerk

Lässig stand Bolitho an der Achterdeckreling, wo ihm der Großmast etwas Schatten spendete; kritisch beobachtete er die täglichen Routinearbeiten des Schiffsdienstes. Eben erklangen vom Vorschiff her acht Glasen*, und er hörte, wie Herrick und Mudge ihr Mittagsbesteck verglichen, während Soames, der Wachoffizier, ruhelos am Niedergang herumstrich und auf seine Ablösung wartete.

Zuzusehen, wie langsam und müde die Männer auf den Decksgängen und dem Geschützdeck umherschlichen, war anstrengend

* Das Ende der zweiten Vormittagswache (der Übersetzer).

genug. Vierunddreißig Tage waren vergangen, seit die *Nervion* auf dem Riff zerschellt war, und fast zwei Monate, seit sie in Spithead Anker gelichtet hatten. Die ganze Zeit hatten sie hart arbeiten müssen; seit dem Tage, an dem das spanische Schiff gesunken war, herrschte an Bord eine so gespannte und drückende Atmosphäre, daß es kaum zu ertragen war.

Am schlimmsten waren die letzten Tage gewesen. Vorher hatte die Mannschaft bei der Äquatortaufe und den damit verbundenen althergebrachten Bräuchen einigen Spaß gehabt. Bolitho hatte eine Extraration Rum ausgeben lassen, und eine Zeitlang hatte sich die Abwechslung ganz segensreich ausgewirkt. Die Neuen hatten die Äquatorüberquerung als eine Prüfung angesehen, die sie nun bestanden hatten. Die Befahrenen kamen sich noch befahrener vor und erzählten allerlei wahre oder erlogene Geschichten von früheren Reisen in diesen Gewässern. Ein Mann hatte sich als Fiedler entpuppt und nach kurzem, verlegenem Vorspiel mit seiner Musik ein bißchen Fröhlichkeit in das tägliche Einerlei gebracht.

Aber dann starben dicht nacheinander die letzten schwerverletzten Spanier, und das drückte stark auf die allgemeine Stimmung. Whitmarsh hatte getan, was er konnte, hatte mehrere Amputationen ausgeführt, und bei den Schmerzensschreien der Unglücklichen schwand Bolithos kurze Befriedigung darüber, daß es ihm gelungen war, seine Mannschaft zusammenzuschweißen. Der Todeskampf des letzten Spaniers hatte tagelang gedauert. Beinahe einen Monat hatte er sich quälen müssen, schluchzend und stöhnend, oder auch friedlich schlafend, während Whitmarsh stundenlang bei ihm wachte. Es war, als wolle der Arzt seine Kräfte erproben, als erwarte er, daß wieder etwas in ihm zerbräche. Die letzten Opfer unter seinen Patienten waren jene gewesen, die von den Haien besonders schlimm zerfleischt worden waren oder so schwere Brüche und Quetschungen erlitten hatten, daß auch eine Amputation sie nicht mehr retten konnte. Wundbrand hatte bei ihnen eingesetzt, und durch das ganze Schiff zog ein so furchtbarer Gestank, daß selbst die Mitleidigsten für einen baldigen Tod der Ärmsten beteten.

Unterhalb des Achterdecks wurde eben die Nachmittagswache gemustert, während Leutnant Davy achtern darauf wartete, daß Soames seinen Bericht im Logbuch unterzeichnete. Selbst Davy sah erschöpft und leicht schmuddelig aus, sein gutgeschnittenes Gesicht war in den langen Dienststunden so tief gebräunt, daß er einem

Spanier glich.

Alle mieden Bolithos Blick. Als ob sie Angst vor ihm hätten oder ihre ganze Energie brauchten, um auch nur einen weiteren Tag hinter sich zu bringen.

»Wache achtern angetreten«, meldete Davy.

Soames funkelte ihn böse an. »Bißchen spät, Mr. Davy.«

Aber Davy warf ihm nur einen angewiderten Blick zu und wandte sich an den Steuermannsmaaten. »Rudergasten ablösen!«

Wütend stapfte Soames zum Niedergang und verschwand unter Deck.

Bolitho preßte die Hände hinterm Rücken zusammen und machte ein paar Schritte vom Mast weg. Das einzig Gute war der Wind. Tags zuvor, als sie beim Kreuzen auf Ostkurs gegangen waren und der Ausguck weit querab Land in Sicht gemeldet hatte, machte sich der Westpassat bemerkbar. Bolitho beschattete die Augen mit der Hand, blickte nach oben und sah, wie der Wind ungeduldig und kraftvoll in jedes Segel drückte und die Großrah unter dem Druck vibrierte wie eine gigantische Armbrust. Dieser verschwommene Fleck Land war Cap Agulhas* gewesen, die südlichste Spitze des afrikanischen Kontinents. Nun dehnte sich vor dem Wirrwarr der Wanten und Schoten die blaue Leere des Indischen Ozeans; und ebenso wie viele seiner neuen Matrosen stolz darauf waren, daß sie den Äquator überquert hatten, konnte er sich mit einigem Stolz vor Augen halten, was sie alle zusammen geleistet hatten, um überhaupt so weit zu kommen. Seiner Vorausberechnung nach hatte das Kap der Guten Hoffnung etwa die Hälfte ihres Weges bezeichnen sollen, und bis jetzt schien seine Rechnung zu stimmen. Meile um Meile, einen sonnendurchglühten Tag nach dem anderen, auf wilder Fahrt in brausenden Stürmen oder mit reglosen Segeln in den Kalmen, hatte er auf jede Weise versucht, seine Leute bei Laune zu halten. Als das nicht mehr wirkte, hatte er den täglichen Dienst verschärft, Geschütz- und Segeldrill befohlen und für die wachfreie Mannschaft allerlei Wettbewerbe veranstaltet.

Der Zahlmeister und sein Gehilfe standen bei einem Faß Pökelfleisch, das soeben aus dem vorderen Laderaum hochgehievt worden war. Midshipman Keen stand daneben und versuchte so auszusehen, als verstünde er etwas davon, während Triphook das Faß

* Auch Nadelkap genannt (der Übersetzer).

öffnete und jedes einzelne Vierpfundstück Schweinefleisch prüfte, bevor er es für die Kombüse freigab. Keen, der voll jugendlicher Würde als Midshipman der Wache bei solchen Gelegenheiten den Kapitän vertrat, hielt das vermutlich für Zeitverschwendung. Aber Bolitho wußte aus Erfahrung, daß dem keineswegs so war. Manche Schiffsausrüster waren für ihre unredlichen Praktiken bekannt; sie wogen zu knapp oder packten unten in die Fässer verdorbenes Fleisch hinein, manchmal sogar Fetzen von altem Segeltuch. Denn sie wußten: wenn der Schiffszahlmeister den Betrug entdeckte, war er weit weg und konnte sich nicht beschweren. Auch die Zahlmeister selbst wirtschafteten manchmal in die eigene Tasche, indem sie mit ihren Partnern an Land allerlei krumme Geschäfte machten.

Bolitho sah, wie der hagere Zahlmeister kummervoll nickte, seine Liste abhakte – offenbar war alles in Ordnung –, und dann der kleinen Prozession zur Kombüse folgte; seine Schuhsohlen quietschten, weil sie an dem heißen Pech der Decksnähte hängenblieben. Die Hitze, die erbarmungslose Eintönigkeit waren schon schlimm genug; aber Bolitho wußte: eine Andeutung von Korruption, der kleinste Verdacht, daß die Mannschaft von ihren Offizieren betrogen wurde – und die ganze Crew explodierte. Er hatte sich immer wieder gefragt, ob er nicht zu oft an seine letzte Reise dachte. Schon das bloße Wort Meuterei füllte das Herz manchen Kapitäns mit Furcht, besonders wenn er nicht im Geschwaderverband, sondern ganz allein segelte. Bolitho tat ein paar Schritte an der Reling und verzog das Gesicht, als seine Hand gegen das Schanzkleid stieß. Das Holz war knochentrocken, die Farbe blätterte trotz regelmäßiger Pflege ab. Er blieb einen Moment stehen und beschattete seine Augen, um einen großen Fisch zu beobachten, der weit voraus hochsprang. *Wasser.* Darum machte er sich die meisten Sorgen. Bei den vielen neuen Leuten und dem unvorhergesehenen zusätzlichen Verbrauch für die Pflege der Kranken und Verwundeten würde das kostbare Trinkwasser selbst bei strenger Rationierung bald knapp werden.

Er sah zwei schwarze Matrosen sich auf dem Backbord-Decksgang ausstrecken; wirklich eine gemischte Mannschaft. Schon bei der Ausreise von Spithead war sie bunt gewesen, aber seit die überlebenden Spanier dazugekommen waren, hatte sich die Zahl der verschiedenen Hautfarben noch erhöht. Außer dem Leutnant Rojart, der stets melancholisch dreinblickte, bestand die überlebende Crew des Spaniers aus zehn Matrosen, zwei Schiffsjungen und fünf Soldaten. Diese letzteren, so froh sie zuerst gewesen waren, daß sie überhaupt noch lebten, waren jetzt mit ihrem neuen Status offensichtlich unzufrieden. Sie hatten an Bord der *Nervion* zu Puigservers Leibwache gehört; jetzt waren sie weder Fisch noch Fleisch, und während sie sich als Matrosen versuchten, schielten sie mit einer Mischung von Neid und Verachtung nach den schwitzenden Marineinfanteristen der *Undine*.

Herrick unterbrach seine trüben Gedanken mit der Meldung: »Mein Besteck und das des Steuermanns stimmen überein.« Er hielt Bolitho seine Schreibtafel hin. »Wenn Sie kontrollieren wollen, Sir?« Sein Ton war ungewöhnlich zurückhaltend.

Mudge schlurfte in den Schatten der Finknetze und sagte: »Wenn Sie über Stag gehen wollen, Sir, dann können wir das ebensogut jetzt tun.« Er zog sein Taschentuch hervor und schnaubte sich heftig die Nase.

Herrick warf eilig dazwischen: »Ich möchte einen Vorschlag machen, Sir.«

Mudge trat beiseite und nahm geduldig beim Rudergänger Aufstellung. Es war schwer zu sagen, ob Herricks Vorschlag auf einem spontanen Einfall beruhte, oder ob er ihn mit den anderen abgesprochen hatte. »Es hat einige überrascht, Sir«, begann er, »daß Sie Cape Town nicht angelaufen haben.« Seine Augen leuchteten blauer denn je in der hellen Sonne. »Wir hätten die Kranken an Land bringen und Trinkwasser übernehmen können. Ich bezweifle, daß der holländische Gouverneur sich groß darum gekümmert hätte, was wir vorhaben.«

»Tatsächlich, Mr. Herrick?«

Von der Kombüse stieg eine mattgraue Rauchwolke auf. Bald würde die Freiwache in der brütenden Hitze des Mannschaftslogis' ihr Mittagessen bekommen, Skillygolee, wie sie es nannten: eine Mischung aus Roggenschleim, zerklopftem Schiffszwieback und Fleischresten vom Vortag; dazu eine volle Ration Bier zum Hinunterspülen.

Bolitho drehte sich in plötzlichem Ärger zu Herrick um.

»Und wie kommen Sie zu dieser bemerkenswerten Ansicht?« Er sah recht wohl, wie Herricks Miene sich verdüsterte, aber trotzdem fuhr er fort: »Ich bin so etwas von Ihnen nicht gewöhnt.«

Herrick entgegnete: »Es ist nur, daß ich nicht zusehen mag, wie Sie sich kaputtmachen, Sir. Mir geht der Verlust der *Nervion* ebenso an die Nieren wie Ihnen, aber es ist nun einmal passiert. Sie haben für die Leute getan, was Sie konnten.«

»Danke für Ihr Mitgefühl«, sagte Bolitho, »aber ich strapaziere weder mich noch die Mannschaft ohne bestimmten Grund. Ich glaube, daß wir gebraucht werden, schon jetzt, in diesem Moment.«

»Vielleicht, Sir.«

Bolitho sah ihn forschend an. »Eben – vielleicht. Aber das habe ich zu verantworten und kein anderer. Wenn ich falsch gehandelt habe, dann werden Sie vielleicht eher befördert, als Sie denken.« Er wandte sich ab. »Wenn die Leute gegessen haben, wird Kurs gewechselt. Nordost zu Ost.« Er blickte zum Wimpel im Topp auf. »Sehen Sie nur, wie es weht! Wir werden die Royals setzen und mit diesem Wind unter unseren Rockschößen laufen, solange es geht.«

Herrick biß sich auf die Lippen. »Ich bin immer noch der Meinung, wir sollten Land anlaufen, Sir, wenigstens um Wasser zu fassen.«

»Ich auch, Mr. Herrick.« Bolitho sah ihm kalt ins Gesicht. »Und ich tue das, sobald es möglich ist, ohne daß uns jemand dabei sieht. Ich habe meine Befehle. Und die führe ich aus, so gut ich kann – verstanden, Mr. Herrick?«

Sie starrten einander an, zornig, beunruhigt, betroffen über die plötzliche scharfe Kontroverse.

»Gewiß, Sir.« Herrick trat zurück und spähte mit zusammengekniffenen Augen in die Sonne. »Sie können sich auf mich verlassen.«

»Schön. Ich dachte schon . . .« Er war mit ausgestreckter Hand einen Schritt vorgetreten; aber in diesem Moment wandte sich Herrick ab, das Gesicht ganz starr, so verletzt war er.

Bolitho hatte seine Worte keineswegs böse gemeint. Er mochte in seinem Leben an vielem gezweifelt haben, aber nicht an Herricks Loyalität. Er war beschämt und wütend über sich selbst. Vielleicht machten ihn der ewige Druck dieser leeren Einförmigkeit, das ständige Zutunhaben mit Leuten, die nichts weiter wollten, als sich vor der Arbeit und der Sonne drücken, dazu die ständigen Pläne und Zweifel, doch mehr kaputt, als er glaubte.

Er drehte sich auf dem Absatz um und sah Davy, der ihn neugierig anblickte. »Mr. Davy«, sagte er scharf, »Sie haben zwar eben erst die Wache übernommen, und es sollte mir leid tun, Sie in Ihren Gedanken zu stören. Aber sehen Sie sich bitte die Fock an!

Setzen Sie ein paar Leute an, damit das in Ordnung kommt!« Er sah das betroffene Gesicht des Leutnants und fügte noch hinzu: »Das Segel sieht genauso schlapp aus wie die ganze Wache!« Als er zum Kajütniedergang schritt, sah er, wie der Leutnant nach vorn eilte. Immerhin – das Focksegel zog zwar nicht ganz so, wie es sollte; aber das als Vorwand zu nehmen, um seine Wut an Davy auszulassen, war auch nicht richtig gewesen.

Am Wachtposten vorbei trat Bolitho in die Kajüte und knallte böse die Tür hinter sich zu. Aber auch hier fand er keine Ruhe. Noddall war dabei, den Tisch zu decken, und machte ein ärgerliches Gesicht, weil Mrs. Raymonds Zofe dauernd hinter ihm hertrippelte wie ein Kind, das sich amüsiert.

Raymond lag schlaff in einem Stuhl bei den Heckfenstern; seine Frau saß auf der Sitzbank, fächelte sich und sah Noddall mit einer Miene zu, die äußerste Langeweile verriet.

Bolitho wollte wieder gehen, aber sie rief: »Bleiben Sie doch, Captain! Wir sehen Sie ja überhaupt nicht mehr!« Sie tippte mit dem Fächer neben sich auf die Holzbank. »Setzen Sie sich doch einen Moment. Ihr geliebtes Schiff wird's schon überstehen.«

Bolitho nahm Platz und stützte den Ellbogen auf das Fenstersims. Es war gut, wieder Leben und Wind zu spüren, das Wirbeln und Schäumen des Kielwassers zu sehen, wie es glatt von der Gillung abfloß oder blubbernd unter dem Ruder hervorkam.

Dann wandte er sich Mrs. Raymond zu und sah sie an. Die ganze Zeit war sie schon an Bord, aber er wußte wenig von ihr. Sie beobachtete ihn amüsiert und forschend. Sie mochte zwei, drei Jahre älter sein als er selbst, war nicht ausgesprochen schön, hatte aber etwas Aristokratisches an sich, das sofort fesselte. Sie hatte schöne gleichmäßige Zähne, und ihr Haar, das ihr offen über die Schultern fiel, war braun wie Herbstlaub. Während er und seine Offiziere ständig schwitzten und Mühe hatten, nach der Tyrannei der Sonne oder nach einer wilden Bö ein sauberes Hemd zu finden, war sie stets untadelig gekleidet. Wie jetzt auch. Sie trug ihr Kleid nicht nur, sie hatte es *arrangiert*, so daß nicht sie hier beim Heckfenster fehl am Platze wirkte, sondern er. Ihre schweren Ohrringe mußten mindestens den Jahressold eines Seesoldaten gekostet haben.

Mrs. Raymond lächelte. »Gefällt Ihnen der Anblick, Captain?«

Bolitho fuhr zusammen. »Entschuldigung, Ma'am. Ich bin müde.«

»Wie galant!« rief sie aus. »Und wie bedauerlich, daß Sie mich nur aus Müdigkeit ansehen.« Sie klappte den Fächer auf und fuhr fort: »Das war ein Scherz, Captain. Machen Sie nicht ein so betroffenes Gesicht!«

Bolitho lächelte. »Vielen Dank.« Plötzlich mußte er an eine andere Frau denken, damals vor drei Jahren in New York. Und an ein anderes Schiff: sein erstes Kommando. Die Welt hatte offen vor ihm gelegen, da hatte ihm jene andere Frau klargemacht, daß das Leben nicht so freundlich war und nicht so einfach.

»Ich habe allerlei Sorgen«, räumte er ein. »Die meiste Zeit meines Lebens habe ich mit Kämpfen und raschen Entschlüssen zu tun gehabt. Aber das jetzt – Tag für Tag nur Segel trimmen und auf die leere See starren – ist mir ungewohnt. Manchmal kommt es mir vor, als hätte ich einen Kauffahrer und kein Kriegsschiff.«

Sie sah ihn nachdenklich an. »Das glaube ich Ihnen. Ich hätte das eher merken müssen.« Die Augen hinter den langen Wimpern verborgen, bot sie ihm ein zögerndes Lächeln. »Dann wäre ich vielleicht nicht so verletzend zu Ihnen gewesen.«

Bolitho schüttelte den Kopf. »Es ist größtenteils meine Schuld. Weil ich so lange auf Kriegsschiffen gefahren bin, setze ich automatisch bei jedem die gleiche Dienstauffassung voraus wie bei mir. Wenn es brennt, erwarte ich, daß alle herbeirennen und löschen. Wenn ein Mann sich gegen mich wendet, Meuterer oder Feind, lasse ich ihn niedermachen oder tue es selbst.« Er blickte ihr ernst ins Gesicht. »Deswegen hatte ich von Ihnen erwartet, daß Sie den verletzten Schiffbrüchigen helfen würden.« Er zuckte die Schultern. »Wie gesagt, ich hatte es erwartet und bat Sie nicht erst darum.«

Sie nickte. »Dieses Eingeständnis muß Sie ebenso überraschen wie mich, Captain.« Lächelnd zeigte sie ihre schönen Zähne. »Hat es die Luft ein bißchen gereinigt?«

»Ja.« Unwillkürlich wischte er die rebellische Locke beiseite, die ihm an der verschwitzten Stirn klebte. Er sah, wie sich beim Anblick der Narbe unter dem Haar ihre Augen weiteten, und sagte rasch: »Entschuldigen Sie mich, Ma'am. Ich muß mir vor dem Essen noch die Seekarte ansehen.«

Als er aufstand und gehen wollte, blickte sie ihn wohlgefällig an. »Sie verstehen Ihre Autorität zu tragen, Captain.« Und mit einem Seitenblick auf ihren schlafenden Mann: »Besser als gewisse andere Leute.«

Bolitho wußte nicht recht, was er dazu sagen sollte. »Das ist wohl kaum ein Gesprächsgegenstand für mich, Ma'am«, brachte er schließlich heraus. Von Deck her hörte man Fußgetrappel, und Schatten glitten rasch über das Oberlicht. Er blickte hoch.

»Was ist das?« fragte sie. Er merkte nicht, daß sie sich über die Unterbrechung ärgerte.

»Ich weiß nicht. Ein Schiff vielleicht. Ich habe befohlen, daß mir dann Meldung gemacht wird, denn ich will jede Begegnung vermeiden.«

Noddall hielt in seiner Arbeit inne, zwei Gabeln in der Hand. »Hab' keine Meldung vom Ausguck gehört, Sir.«

Es klopfte, und Herrick stand keuchend in der Tür.

»Entschuldigung, daß ich so hereinplatze.« Er blickte an Bolitho vorbei auf Mrs. Raymond. »Es wäre besser, wenn Sie mitkämen, Sir.« Bolitho trat hinaus und zog die Tür hinter sich zu. Im Gang zur Offiziersmesse stand eine kleine Gruppe Männer, die offensichtlich auf ihn warteten. Sie sahen verwirrt und betroffen aus, wie Fremde: Bellairs und sein riesiger Sergeant; Triphook, die Pferdezähne entblößt, als wolle er nach einem unsichtbaren Angreifer schnappen; und hinter ihm versteckt der Küfer, ein kleiner, unscheinbarer Deckoffizier namens Joseph Duff. Er war der zweitälteste Mann an Bord und trug bei der Arbeit eine stahlgeränderte Brille, die er jedoch meist vor seinen Messegenossen zu verbergen wußte.

Herrick sagte fast überstürzt: »Duff hat festgestellt, daß unser Trinkwasser zum größten Teil ungenießbar ist, Sir.« Er schluckte mühsam. »Entdeckte es soeben bei einer Routineinspektion und meldete es sofort dem Schiffskorporal.«

Kopfschüttelnd murmelte Triphook: »So etwas habe ich im ganzen Leben noch nicht gesehen.«

Bolitho winkte den Küfer heran. »Nun, Duff, was haben Sie also entdeckt?«

Duff blinzelte ihn durch seine ovalen Brillengläser an; er sah aus wie ein grauer Maulwurf. »Es war eine Routineinspektion, Sir.« Alle drängten sich um ihn, und er schien immer kleiner zu werden. Soames war aus seiner Kajüte hinzugekommen und ragte hinter Bellairs wie ein Baum auf. Zitternd sprach Duff weiter: »Alles gute Fässer, Sir, dafür habe ich gesorgt. Das ist immer das erste, worauf ich achte. Hab' mein Geschäft bei einem erstklassigen alten Küfer auf der *Gladiator* gelernt, und . . .«

»Himmeldonnerwetter, sagen Sie es dem Captain endlich!« rief

Herrick verzweifelt.

Duff ließ den Kopf noch tiefer hängen. »In den meisten Fässern ist das Wasser faul, Sir. Ist auch kein Wunder.«

Sergeant Coaker trat vor; seine Stiefel knarrten, als das Schiff plötzlich in ein Wellental tauchte. Er trug ein kleines Bündel in der Hand, hielt es aber von sich ab, als sei es lebendig.

»Aufmachen!«

Mit steinernem Gesicht faltete der Sergeant das Bündel auseinander. Bolitho hatte ein Gefühl, als stiege das Deck rasend schnell in die Höhe; Brechreiz würgte ihn, denn das Bündel enthielt eine menschliche Hand, verkrümmt wie im Zustand der Amputation.

Erstickt rief Soames: »Jesus Christus!«

Leise sagte Duff: »Und das in allen Fässern, Sir. Außer in den letzten beiden am Schott.«

»Stimmt, Sir«, bestätigte Triphook dumpf. »Überall Leichenteile drin.« Er zitterte heftig. Schweiß strömte über sein Gesicht. »Da war ein Teufel am Werk, Sir!«

Ein kurzer Schreckensschrei erscholl, und Bolitho trat rasch vor den Küfer; Mrs. Raymond, die unbemerkt herzugekommen war, keuchte: »Mir wird schlecht!« Sie lehnte sich an den Seesoldaten vor der Tür, das Gesicht kreideweiß, und starrte entsetzt die Gruppe an.

»Schaffen Sie das weg!« befahl Bolitho scharf. Und zu dem herumgeisternden Noddall: »Rufen Sie diese alberne Zofe und kümmern Sie sich um die Dame!« Sein Verstand wehrte sich noch gegen Duffs furchtbare Entdeckung, gegen ihre Bedeutung und die Maßnahmen, die er jetzt treffen mußte. »Der Schiffsarzt zu mir!«

Bellairs betupfte sich die Lippen mit seinem Taschentuch. »Übernehmen Sie, Sa'rnt Coaker! Lassen Sie den Doktor holen!« Er blickte die anderen bedeutungsvoll an. »Zweifle allerdings, ob er ... Na ja.«

»Vielleicht gehen wir lieber hier hinein, Sir?« fragte Herrick und machte einen Schritt zur Seite, so daß Bolitho in die Offiziersmesse treten konnte. Dort war es eng und stickig; der für das Dinner gedeckte Tisch wirkte ziemlich deplaziert neben den beiden Zwölfpfündern. Bolitho sank schwer auf eine Seekiste und starrte durch die nächste Stückpforte. Der frische Wind und die tanzenden Wellen freuten ihn jetzt nicht mehr. Gefahr lauerte an Bord seines Schiffes.

»Ein wenig Wein, Sir?« schlug Herrick vor.

Als Bolitho sich umdrehte, sah er, daß die anderen kein Auge von ihm wandten. Soames stand am Kopf der Tafel, Bellairs und Triphook an ihrem anderen Ende. In diesen flüchtigen Sekunden erinnerte er sich an seine Zeit als junger Leutnant: In der Offiziersmesse speiste man nicht nur miteinander, sondern man teilte auch seine Zweifel und Befürchtungen und rechnete auf die Hilfe der Kameraden. Achtern, hinter dem Besanmast, war der Kapitän eine ferne, gottähnliche Gestalt und unerreichbar. Niemals, so lange er zurückdenken konnte, hatte er geglaubt, daß ein Kapitän mehr brauche als Gehorsam.

Man *fühlte* sich sogar anders in der Messe; Pistolen hingen in einem Wandgestell und auf einer Leine ein paar Hemden, die der Messejunge eben gewaschen hatte; dazu Essensgeruch aus einem leise brodelnden Topf.

»Danke sehr«, entgegnete Bolitho. »Ein Glas Wein wüßte ich im Augenblick durchaus zu schätzen.«

Sie entspannten sich etwas, und Soames sagte: »Wir müssen also umkehren, Sir.« Er überlegte einen Moment. »Oder lieber die afrikanische Küste anlaufen.«

Stiefel knarrten draußen, und Mudge schob sich herein; sein graues Haar stand ihm starr vom Kopf ab, als er den Hut in die Ecke warf. »Verdammt sollen meine Augen sein, aber was höre ich da für eine blutige Schweinerei?« Er sah Bolitho und murmelte: »Pardon, Sir. Wußte nicht, daß Sie hier sind.«

Herrick hielt Bolitho ein Glas Weißwein hin. Er lächelte nicht, wirkte jedoch gelassen. »Der ist noch ziemlich frisch, Sir.«

Dankbar nippte Bolitho. »Sehr nett von Ihnen.« Er spürte die Säure des Weines in der Kehle. »Nach dem Anblick von vorhin ...« Er fuhr herum, als der Arzt schlurfend durch die Tür trat, mit offenem Hemd und verschwommenen Augen.

»Sie wissen Bescheid, Mr. Whitmarsh?« Des Doktors Kinn war voller Stoppeln, und es kostete ihn augenscheinlich Mühe, geradeaus zu blicken. In aller Stille hatte er sich offenbar für die Zeit, in der er wegen seiner angestrengten Tätigkeit nicht hatte trinken können, schadlos gehalten. »Nun?« fragte Bolitho.

Whitmarsh tastete sich zu einem der Geschütze hin, hielt sich mit beiden Händen daran fest und sog durch die offene Stückpforte wie ein Erstickender die frische Luft ein.

»Ich habe es gehört, Sir. Ich weiß Bescheid.«

Bolitho sah ihn unbewegt an. »Da die Wasserfässer in Ordnung waren, als wir sie in Spithead an Bord nahmen, liegt es nahe, daß diese Leichenteile aus Ihrem Operationsraum stammen.« Er hielt inne; der Arzt tat ihm leid, aber Eile war nötig. »Meinen Sie nicht auch?«

»Vermutlich.« Whitmarsh wankte zum Tisch und schenkte sich ein großes Glas Wein ein. Scharf sagte Bolitho: »Wenn Sie das jetzt trinken, Mr. Whitmarsh, dann sorge ich dafür, daß Sie keinen Tropfen mehr kriegen, so lange Sie unter meinem Kommando sind!« Er stand auf. »Jetzt denken Sie nach, Mann! Wer kann das getan haben?«

Whitmarsh stierte das Glas in seiner Hand an; er schwankte stark, obwohl das Schiff nur schwach rollte.

»Ich hatte ununterbrochen zu tun, Sir, die Verwundeten waren in einem furchtbaren Zustand. Dabei halfen mir die Sanitätsgasten und mein Maat.« Er verzerrte das Gesicht vor angestrengtem Nachdenken; Schweiß tropfte ihm vom Kinn. »Sullivan war es. Er hatte amputierte Gliedmaßen und andere Abfälle fortzuschaffen. Er war sogar recht willig dabei.« Der Arzt nickte unsicher. »Jetzt weiß ich es wieder: Sullivan.« Er sah Bolitho starr an. »Der Mann, den *Sie* auspeitschen ließen, Sir.«

»Seien Sie nicht so verdammt unverschämt zum Captain!« sagte Herrick grob.

Plötzlich war Bolitho völlig ruhig. »Ist das Wasser Ihrer Meinung nach für uns noch zu gebrauchen, Mr. Whitmarsh?«

»Auf keinen Fall.« Der Arzt starrte ihn immer noch an. »Es muß über Bord gegossen, die Fässer müssen sofort ausgescheuert werden. Ein Schluck Wasser, in dem verfaultes Fleisch war, und Sie haben eine Seuche an Bord! Ich hab' das schon erlebt. Da ist keine Heilung möglich!«

Ganz langsam stellte Bolitho sein Glas auf den Tisch, damit er Zeit hatte, sich zu beruhigen. »Anscheinend sind Sie nicht der einzige, der auf Heimatkurs zu gehen wünscht, Mr. Herrick. Und nun schnappen Sie sich Sullivan und stellen ihn unter Bewachung, damit er nicht noch mehr Unheil anrichtet!« Er wandte sich wieder an Whitmarsh. »Ich bin noch nicht fertig mit Ihnen.«

Schritte hasteten über das Achterdeck, dann trat Herrick wieder ein. »Sir, dieser verdammte Sullivan sitzt oben auf der Großbramrah und spielt verrückt! Keiner kann an ihn ran!«

Bolitho hörte Rufe an Deck und noch mehr Schritte. »Ich gehe hinauf!« sagte er.

Die Decksgänge waren voller Matrosen und Soldaten; Don Puigserver und sein spanischer Leutnant waren auch dabei und beobachteten zusammen mit Davy einen Bootsmannsmaat, der in den Großmast aufenterte, um Sullivan zu erreichen.

Der Matrose hockte auf der Rah; anscheinend machte ihm weder das mächtige geschwellte Segel noch die glühende Sonne auf seinem Rücken etwas aus. Er war bis auf einen Gürtel völlig nackt, in dem der breite Dolch steckte, für dessen Gebrauch er ausgepeitscht worden war.

Nervös sagte Davy: »Ich weiß nicht, was ich machen soll, Sir. Der Kerl hat offenbar einen Sonnenstich oder Schlimmeres.«

Der Bootsmannsmaat brüllte: »Jetzt scher dich an Deck, oder, beim lebendigen Jesus, ich schmeiß dich eigenhändig von der Rah!«

Aber Sullivan warf nur den Kopf zurück und lachte schrill, nervenzerreißend. »Aber, aber, Mr. Roskilly! Was wollen Sie denn machen? Mich mit Ihrem kleinen Tampen verhauen?« Er lachte wieder und riß den Dolch aus dem Gürtel. »Na, dann komm doch, Kleiner! Auf dich warte ich gerade, du verdammter Arschkriecher!«

»Kommen Sie herunter, Roskilly!« rief Bolitho. »Es hat keinen Sinn, sich umbringen zu lassen!«

Sullivan spähte unter der vibrierenden Rah hervor. »Hoppla, Leute – wen haben wir denn da? Keinen Geringeren als unseren schneidigen Käpt'n!« Er schüttelte sich vor Lachen. »Und er ist ganz durcheinander, weil ihm der arme alte Tom Sullivan sein schönes Wasser versaut hat!«

Ein paar Matrosen hatten über das seltsame Schauspiel gegrinst, aber als die Rede auf Wasser kam, wurden sie schnell wieder ernst. Bolitho musterte die erhobenen Gesichter und spürte die sich ausbreitende Betroffenheit wie den Anhauch einer Flamme. Laut dröhnten seine Schritte in der plötzlichen Stille, als er nach achtern ging. Unter der Rahe blieb er stehen und blickte hoch. »Komm herunter, Sullivan!« Er stand im prallen Sonnenlicht, denn das bauchige Segel bot ihm keinen Schatten; er spürte Schweiß auf Brust und Schenkeln und auch den Haß des Mannes dort oben. »Für heute hast du genug angestellt!«

Sullivan kicherte. »Habt ihr das gehört, Jungs? Genug angestellt!« Er beugte sich über die Rah, das Sonnenlicht spielte über die Narben auf seinem Rücken, die weißlich von der gebräunten

Haut abstachen. »*Sie* haben genug mit mir angestellt, Käpt'n Bluthund Bolitho!«

»Sergeant Coaker!« befahl Herrick. »Lassen Sie einen Scharfschützen nach achtern kommen! Der Kerl da oben ist gemeingefährlich.«

»Befehl belegt!« rief Bolitho scharf, die Augen immer noch auf die Großbramrah gerichtet. »Ich will nicht, daß er abgeschossen wird wie ein toller Hund.« Er merkte, daß Puigserver ihn und nicht den Mann auf der Rah beobachtete, und daß Allday, ein Entermesser in der Hand, dicht neben ihm stand. Aber sie hatten alle nichts damit zu tun, es war eine Sache zwischen Sullivan und ihm. Er rief nach oben: »Ich *bitte* dich, Sullivan!« Er dachte an das Gesicht der Frau in der Kajüte. *Ich bat Sie nicht erst darum,* hatte er zu ihr gesagt.

»Zur Hölle mit Ihnen, Käpt'n!« Sullivan kreischte jetzt schrill, sein nackter Körper wand sich auf der Rah wie in qualvollen Krämpfen. »Und dabei helfe ich jetzt nach!«

Bolitho sah kaum die Handbewegung, nur das kurze Aufblitzen des Sonnenlichts auf der Klinge; dann entfuhr ihm ein leiser Ausruf: das Messer ritzte seinen Ärmel und fuhr dicht neben seinem rechten Schuh mit solcher Kraft in die Planken, daß sich fast ein Zoll der Klinge ins Holz bohrte.

Sullivan war wie erstarrt; ein langer Faden Speichel wehte von seinem Kinn. Ungläubig starrte er zu Bolitho hinab, der regungslos am Fuß des Mastes stand, während ihm Blut über Ellenbogen und Unterarm lief und aufs Deck tropfte. Bolitho ließ Sullivan nicht aus den Augen, und die Konzentration half ihm, den brennenden Schmerz der Schnittwunde zu ignorieren.

Plötzlich erhob sich Sullivan und begann, auf der Rah außenbords zu kriechen. Wildes Geschrei erscholl an Deck; Herrick griff nach Bolithos Arm, um den jemand ein Tuch wickelte, so daß der Schmerz dumpfer wurde.

Whitmarsh war bei den Netzen aufgetaucht und schrie ebenfalls dem Mann etwas zu, dessen Gestalt sich nun scharf vom blauen Himmel abhob. Sullivan drehte sich um und rief zum erstenmal mit jetzt normaler Stimme: »Und Sie auch, Doktor! Gott verdamme Sie zur Hölle!« Dann sprang er in hohem Bogen ins Leere und schlug Sekunden später laut aufklatschend ins Wasser. Ein paar Augenblicke trieb er noch achteraus, doch als der große Schatten des Besansegels über ihn hinwegglitt, warf er die Hände hoch und ging unter.

»Den hätten wir nie auffischen können«, sagte Herrick. »Wenn wir bei diesem Wind beidrehen, kommt alles von oben.«

Bolitho wußte nicht, zu wem Herrick sprach, vielleicht zu sich selbst. Er schritt zum Niedergang, den blutigen Arm mit der anderen Hand umklammernd, und sah noch, wie Roskilly, der Bootsmannsmaat, den Dolch aus den Planken zog. Roskilly war ein kräftiger Mann, aber er mußte zweimal ansetzen, bis die Waffe freikam.

Puigserver war Bolitho gefolgt. »Das war tapfer von Ihnen, *Capitan.*« Er seufzte. »Aber er hätte Sie töten können.«

Bolitho nickte. Die Schmerzen wurden stärker. »Wir haben harte Zeiten vor uns, *Señor.* Wir müssen Wasser finden, und zwar bald. Aber umkehren werde ich nicht.« Er biß die Zähne zusammen.

Puigserver sah ihn melancholisch an. »Es war eine schöne Geste, aber sie hätte Sie das Leben kosten können. Und alles wegen eines Verrückten.«

Bolitho betrat seine Kajüte. »Vielleicht waren wir beide nicht ganz klar im Kopf.«

Herrick kam ihm eilig nach, und sie sahen, daß in der Kabine direkt unter dem Oberlicht ein Stuhl stand: Raymond mußte hinaufgestiegen sein, um das Drama oben zu beobachten.

Mrs. Raymond stand am Heckfenster. Sie war sehr blaß, kam ihm jedoch entgegen. »Ihr Arm, Captain!« Dann befahl sie ihrer Zofe: »Verbandszeug!«

Jetzt erst merkte Bolitho, daß Herrick in der Kajüte war. »Nun?«

Herrick blickte ihn besorgt an. »Was Sie da taten . . .«

»Hätte mich das Leben kosten können. Ich weiß.« Er zwang sich zu einem Lächeln. »Das habe ich bereits von anderer Seite gehört.«

Herrick atmete langsam aus. »Und ich glaubte, Sie zu kennen, Sir.«

»Aber jetzt, Thomas?«

Herrick grinste. »Ich weiß nur, daß Sie mich immer wieder überraschen. Mich und andere auch.« Er machte eine Handbewegung zum Deck hin. »Eben habe ich gehört, wie ein Matrose, der fast einen Monat lang nur geschimpft und über den Dienst geflucht hat, Sullivans schwarze Seele in die tiefste Hölle wünschte, weil er Sie umbringen wollte.« Sein Grinsen verschwand. »Aber mir wäre es lieber, Sie würden die Mannschaft auf andere Weise gewinnen, Sir.«

Die Zofe brachte eine Schüssel zum Tisch, und Bolitho hielt ihr den Arm hin.

»Wenn Sie etwas wissen, Thomas, womit man sie bei guter Stimmung halten kann, dann wäre ich Ihnen dankbar, wenn Sie's mir sagten. Inzwischen lassen Sie ›Alle Mann‹ pfeifen und setzen Sie die Royals. Ich brauche jeden Fetzen Leinwand, den das Schiff tragen kann.« Herrick wollte gehen, aber Bolitho hielt ihn zurück. »Und geben Sie bekannt: die Ration wird auf eine Pinte* Wasser pro Tag gekürzt.« Er blickte sich in der Kajüte um. »Auch für Offiziere und Passagiere.«

Herrick zögerte. »Und der Schiffsarzt, Sir?«

Bolitho schaute auf die Zofe hinab, die den tiefen Schnitt in seinem Arm säuberte. Sie erwiderte seinen Blick ohne Scheu.

»Ich bin einstweilen in guten Händen«, sagte er. »Über Mr. Whitmarsh werde ich nachdenken, wenn ich mehr Zeit habe.«

Bolitho stand wartend am offenen Heckfenster. Das Mondlicht zeichnete einen glitzernden Pfad auf das Wasser. Die See war ungewöhnlich bewegt, aber das rührte, wie er wußte, von einer Tiefenströmung her, die sich noch viele Meilen von der afrikanischen Küste entfernt bemerkbar machte. Eben kamen, hörte er, die anderen in die Kajüte und nahmen am Tisch Platz. Gläser klirrten, Wein wurde eingeschenkt; Noddall tat seine Arbeit. Trotz der Kühle nach des Tages Sonnenglut fühlte er sich ausgedörrt und steif. Um ihn herum knarrte und stöhnte das Schiff in seinen ausgetrockneten Planken; ein Wunder, daß es nicht leckte wie ein alter Bottich.

Eine Woche war jetzt vergangen, seit Sullivan in den Tod gesprungen war. Sieben lange Tage, in denen sein Schiff wieder und wieder die Küste angesteuert hatte; aber jedesmal war irgendwo ein Segel oder auch nur ein Eingeborenenfahrzeug gesichtet worden, und er hatte wieder abgedreht.

Jetzt durfte er es nicht länger aufschieben. Nachmittags war Whitmarsh bei ihm gwesen. Der Mann hatte so viele eigene Probleme, daß eine Unterredung mit ihm schwierig gewesen war.

* 0,57 Liter (der Übersetzer).

Immerhin hatte der Arzt klar und deutlich erklärt, daß er die Verantwortung für die Gesundheit der Mannschaft nicht mehr übernehmen konnte, wenn Bolitho weiter darauf bestand, sich vom Land fernzuhalten. Die beiden verbliebenen Fässer Trinkwasser waren fast leer, und der Rest konnte kaum noch Wasser genannt werden – es war eher Schlamm. Immer mehr Männer lagen krank im Orlopdeck; und die, welche noch dienstfähig waren, durfte man keine Minute lang unbewacht lassen. Ständig gab es Streit und Wutausbrüche; und die Deckoffiziere mußten auch im Hinterkopf Augen haben, damit sie nicht ein Messer in den Rücken bekamen.

Herrick meldete: »Alle anwesend, Sir.« Er war wie die anderen gespannt und argwöhnisch.

Bolitho wandte sich um und musterte seine Offiziere. Alle waren da außer Soames, der die Wache hatte, sogar die drei Midshipmen. Er sah sie nachdenklich an. Das Kommende mochte ihnen eine Lehre für später sein.

»Ich beabsichtige, morgen wieder Kurs aufs Land zu nehmen.«

Don Puigserver und sein Leutnant standen beim Schott; Raymond, etwas entfernt von ihnen, rieb sich das Kinn mit ruckartigen, nervösen Bewegungen.

Davy sagte: »Ausgezeichnet, Sir«, und trank einen Schluck Wein. »Wenn wir den Leuten noch mehr Rum und noch weniger Wasser geben«, fuhr er fort, »sind sie bald zu blau, um auch nur einen Finger zu rühren.« Er zwang sich ein Lächeln ab. »Eine schöne Bescherung wäre das.«

Bolitho wandte sich Mudge zu. Der saß im breitesten Sessel, trug wie immer seinen dicken Rock und starrte zum offenen Oberlicht hinauf, wo eine Motte im Licht der Deckenlampe tanzte. Dann blickte er in Bolithos Gesicht und seufzte.

»Ich war nur einmal an dieser Küste, Sir. Als Steuermannsmaat auf der *Windsor*, einem Indienfahrer. Wir steckten damals in derselben Klemme: kein Wasser, wochenlang Flaute, die halbe Mannschaft verrückt vor Durst.«

»Aber es gibt dort tatsächlich Wasser?« fragte Bolitho.

Der Alte rutschte in seinem Stuhl mit kurzen knarrenden Rucken zum Tisch hinüber und tippte auf die dort ausgebreitete Karte. »Wir sind jetzt in der Straße von Mozambique, das wissen wir alle.« Wütend glotzte er Midshipman Armitage an. »Abgesehen von ein paar, die zu blöd sind, um Navigation zu lernen.« In etwas milderem Ton fuhr er fort: »Die afrikanische Küste ist hier ziemlich wild und noch wenig erforscht. Schiffe laufen sie natürlich hin und wieder an, wegen Wasser. Oder vielleicht ’n bißchen Handel. Und manchmal auch, um schwarzes Elfenbein zu laden.«

Midshipman Keen, der einzige, dessen Gesicht nicht von Überanstrengung gezeichnet war, blickte Mudge erstaunt an. »Schwarzes Elfenbein, Sir?«

»Sklaven«, sagte Herrick scharf. Mudge lehnte sich behaglich zurück. »Folglich müssen wir vorsichtig sein. Mit ’ner ausreichenden Truppe an Land gehen, das Wasser einnehmen, wenn ich tatsächlich noch weiß, wo welches ist, und dann gleich wieder auf See.«

»Meine Soldaten machen das schon«, warf Hauptmann Bellairs ein.

Mudge warf ihm einen zornigen Blick zu. »Genau, Sir! In ihren hübschen roten Röcken, mit Trommeln und Pfeifen – ein schönes Bild, stelle ich mir vor.« Grob fügte er hinzu: »Die Wilden werden sie zum Frühstück fressen, ehe sie auch nur ihre verdammten Stiefel putzen können!«

»Hören Sie mal!« Bellairs war ehrlich schockiert.

Bolitho nickte. »Also gut. Der Wind steht richtig, wir müßten morgen gegen Mittag ankern können.«

»Aye«, stimmte Mudge zu. »Aber nicht zu dicht unter Land, Sir. Denn ein ganzes Stück vor der Landspitze liegt ein Riff. Das heißt: alle Boote zu Wasser und ein langer Pull für die Leute.«

»Ja.« Bolitho sah Davy an. »Sie besprechen mit dem Stückmeister die Bewaffnung der einzelnen Boote. Drehbassen für Pinaß und Kutter, Standmusketen für die anderen Boote.« Er blickte in die aufmerksamen Gesichter. »Und ein Offizier pro Boot. Auf manche von unseren Leuten müssen wir scharf aufpassen, und sei es auch nur zu ihrem eigenen Besten.« Er ließ die Worte wirken. »Denken Sie immer daran: die meisten sind in solchen Unternehmungen völlig unerfahren; nur weil wir jetzt zwei Monate zusammen sind, kommen sie Ihnen vielleicht wie befahrene Seeleute vor. Doch das sind sie nicht; also behandeln Sie sie entsprechend! Führen Sie sie und überlassen Sie das nicht anderen weniger Qualifizierten.«

Er bemerkte, daß die Midshipmen Blicke tauschten wie Schuljungen vor einem Streich. Keens Augen glitzerten vor Erregung. Der kleine Penn war offensichtlich stolz, für voll genommen zu werden. Dem unglückseligen Armitage hatte die Sonne die Stirn verbrannt, weil er ein paar Minuten lang ohne Hut an Deck gewesen war. Diese beiden Kerlchen waren leider noch unerfahrener als die meisten Matrosen.

Bolitho sah auf die Karte. Wenn Sullivan nicht gewesen wäre, hätten sie die ganze Reise bis Madras ohne Unterbrechung geschafft, trotz der Ausfälle durch Krankheit. Herrick hatte ihm helfen wollen, indem er sagte, es sei eben Pech; Puigserver hatte ihm versichert, er stehe bei jeder Entscheidung über das Wohl des Schiffes hinter ihm. Aber es waren eben *seine* Entscheidungen, daran konnte niemand etwas ändern.

Unter den Anwesenden waren mehrere, die mit dem Schiffsarzt überhaupt nicht mehr sprachen; und vielleicht nur aus diesem Grund hatte Bolitho nichts weiter dazu gesagt, daß Whitmarsh sich ausgerechnet Sullivan als Helfer ausgesucht und ihm, mochte er nun verrückt gewesen sein oder nicht, Gelegenheit gegeben hatte, das Wasser zu verderben. Er sah den Doktor nur beim Krankenstandsbericht und war jedesmal erschüttert über den Zustand des Mannes: verbittert, innerlich kochend und dabei unfähig, seine Probleme mit anderen zu besprechen. Er versuchte es nicht einmal.

Bolitho hörte eine Frauenstimme, und die anderen sahen zum Oberlicht hoch, wo an Deck Schritte zu vernehmen waren: Mrs. Raymond und ihre Zofe beim gewohnten Spaziergang unter dem Sternenhimmel. Hoffentlich paßte Soames auf, daß sie das Achterdeck nicht verließen. Er konnte für ihre Sicherheit nicht garantieren, wenn sie gewissen Matrosen vor die Hände liefen. Bolitho wußte genau, welche Gefühle die Mannschaft hegte.

Den Freiwilligen mußte es ziemlich anders vorkommen, als die Rekrutierungsplakate ihnen versprochen hatten; und die Männer von den Gefängnishulken meinten jetzt vielleicht, sie hätten einen schlechten Tausch gemacht. Selbst flüchtige Verbrecher mochten von Zweifel und Reue geplagt werden. Ihre Verbrechen kamen ihnen nun, da sie Festnahme und Prozeß nicht mehr zu fürchten hatten, wohl weniger bedrohlich vor als Hitze, Durst und die tägliche Qual von Dienst und Disziplin.

Er sah, wie Raymond sich auf die Lippen biß, während seine Augen dem Klang der sich entfernenden Schritte folgten, als könne er durch die Decksplanken sehen. Gerade in der Enge des Schiffes entfremdeten sich seine Frau und er immer mehr. Es war schon eine seltsame Ehe.

Bolitho erinnerte sich an ein Vorkommnis der letzten Tage. Im Kartenraum, der ihm als Behelfskajüte diente, hatte Allday ihm soeben den Arm neu verbunden. Mrs. Raymond war ohne vorher anzuklopfen eingetreten; weder er noch Allday hatten sie kommen gehört. Gelassen stand sie an der offenen Stückpforte und sah wortlos zu. Bolitho war bis zum Gürtel nackt, und als er nach seinem frischen Hemd griff, hatte sie leise bemerkt: »Wie ich sehe, haben Sie noch eine andere Narbe, Captain.«

Bolitho hatte sich an die Rippen gefaßt und war sich plötzlich des rissigen Wundmales bewußt geworden, das von einem Pistolenschuß zurückgeblieben war. Grob hatte Allday gesagt: »Der Captain ist beim Anziehen, Madam! An Land sind die Sitten anscheinend anders als an Bord!« Aber sie war ruhig stehengeblieben und hatte ihn mit halbgeöffneten Lippen angesehen. Doch wie konnte sie verstehen, woran er dachte? An den Gegner, der auf ihn geschossen hatte: ein Offizier seines eigenen Bruders, der ein Verräter war, ein steckbrieflich gesuchter Renegat. Jetzt war Hugh tot und von den meisten, die ihn gekannt hatten, vergessen. *Aber nicht von mir.*

Er schüttelte seine trüben Gedanken ab. Wichtig war nur das unmittelbare Vorhaben: Wasser. Nur das brauchte er, um nach Madras zu kommen. Was dann kam, war eine andere Sache, die warten konnte.

»Das ist alles, meine Herren!« Er merkte, daß er schärfer gesprochen hatte, als in seiner Absicht lag, und fügte hinzu: »Wir haben ein gutes Schiff, eines der modernsten und seetüchtigsten Fahrzeuge, das je gebaut wurde. Wir können es mit jedem Schiff aufnehmen, es sei denn mit einem Linienschiff.« Herrick sah ihn bei diesen Worten lächelnd an, und die gemeinsame Erinnerung schloß die Kluft zwischen ihnen. Er machte eine kleine Pause und sprach dann weiter: »Und auch dabei gibt es seltene, allerdings nicht empfehlenswerte Ausnahmen. Aber ohne Trinkwasser sind wir Krüppel ohne die Kraft und den Schwung, einem neuen Tag ins Auge zu sehen. Denken Sie an meine Worte: Seien Sie wachsam! Im Augenblick ist das alles, was ich von Ihnen will.«

Sie verließen die Kajüte, und er blieb mit Puigserver und Raymond allein. Raymond blickte hoffnungsvoll den Spanier an, doch als dieser keine Anstalten machte, seinen üblichen Abendspaziergang an Deck anzutreten, verließ er die Kajüte.

Bolitho setzte sich ans Fenster und betrachtete das Mondlicht, das auf dem schäumenden Kielwasser der *Undine* spielte.

»Was stimmt nicht mit ihm, *Señor*?« Merkwürdig, wie leicht

man mit Puigserver reden konnte. Noch vor einem knappen Jahr war er ein Feind gewesen, einer, den Bolitho im Gefecht getötet hätte, es sei denn, er hätte sich ergeben. Oder umgekehrt. Puigserver war ein kraftvoller Mann, soviel stand fest, und ließ sich nicht in die Karten sehen. Aber Bolitho vertraute ihm. Der größte Teil der Mannschaft hatte ihn ebenfalls akzeptiert – wie Allday, der es schon lange aufgegeben hatte, sich um die richtige Aussprache seines Namens zu bemühen; sie nannten ihn *Mr. Pigsliver**, aber es klang beinahe wohlwollend.

Puigserver musterte ihn amüsiert. »Mein lieber *Capitan*, Raymond ist wie ein Wachhund. Er hat Angst wegen seiner Frau – nicht so sehr, daß andere ihr etwas tun, sondern davor, was sie selbst tun wird.« Ein tiefes Lachen stieg aus seinem Bauch empor. »Sie selbst, glaube ich, bekommt allmählich Spaß an diesem Spiel und weiß ganz genau, daß jeder Mann an Bord sie mit heißen Augen ansieht. Sie steht stolz wie eine Tigerin da.«

»Sie scheinen ja eine ganze Menge über sie zu wissen, *Señor.*«

Das Lächeln wurde noch breiter. »Von Schiffen verstehen Sie sehr viel, *Capitan.* Aber über Frauen haben Sie zum Unterschied von mir noch eine Menge zu lernen, fürchte ich.«

Bolitho wollte protestieren, ließ es aber lieber. Die Erinnerung war noch zu frisch und schmerzhaft, als daß er Puigservers Behauptung hätte bestreiten können.

VI Unternehmen zu Lande

Gespannt blickten sie auf die Küste, die im Morgenlicht zunehmend Farbe und Kontur gewann. »Na, Thomas – was meinen Sie dazu, so aus der Nähe?« fragte Bolitho verhalten. Sie hatten sich dem Land seit Sonnenaufgang vorsichtig genähert. Jetzt lag es vor ihnen – ein endloses Panorama in vielerlei Grüntönen.

Mit zwei erfahrenen Matrosen auf dem Wasserstag, die unablässig loteten, und mit so wenig Leinwand wie möglich tastete sich die *Undine* auf diese unberührte Welt zu: so dicht wuchs der Dschungel, daß man meinte, weder Mensch noch Tier vermöchten von der Küste aus ins Innere vorzudringen.

»Der Steuermann scheint zufrieden, Sir«, entgegnete Herrick

* = Schweineleber (der Übersetzer).

gelassen und richtete sein Fernrohr auf die Küste. »Alles sieht so aus, wie er es beschrieben hat: im Norden ein rundes Kap und etwa eine Meile landeinwärts dieser seltsam aussehende Berg.«

Bolitho stieg auf einen Poller und spähte hinüber. Die *Undine* hatte schließlich etwa vier Kabellängen* vor dem Strand Anker geworfen, um auch bei Niedrigwasser genügend Seeraum und Tiefe zu haben. Immerhin sah es ziemlich flach aus; er konnte sogar den mächtigen Schatten erkennen, den der kupferbeschlagene Rumpf der *Undine* am Meeresgrund warf. Heller Sand auch hier wie in den zahlreichen, weitgeschwungenen Buchten, die sie bei ihrer vorsichtigen Annäherung gesehen hatten.

Lange Fahnen fremdartigen Seegrases wiegten sich in der Strömung wie in einem müden Tanz. Aber wenn das Schiff an seiner Ankerkette nach Backbord schwojte, sah Bolitho andere Gebilde – braun und grün, wie Flecken im Wasser: Riffe. Mudge hatte mit seiner Vorsicht durchaus recht gehabt. Und nach dem Schiffbruch der *Nervion* fand man sie an Bord auch ganz selbstverständlich.

Längsseits waren die ersten Boote bereits ausgebracht, und Shellabeer, der Bootsmann, schimpfte fäusteschüttelnd mit einigen spanischen Matrosen, die eines davon lenzten. Es würde für die ausgetrockneten Fahrzeuge gut sein, wieder ins Wasser zu kommen, dachte Bolitho.

Beiläufig sagte er: »Ich gehe mit an Land; passen Sie hier gut auf.« Er konnte Herricks unausgesprochenen Protest spüren und sprach deshalb rasch weiter: »Wenn an Land etwas schiefgeht, wird es ganz gut sein, wenn ich mit dabei bin.« Er wandte sich um und klopfte Herrick auf die Schulter. »Außerdem habe ich das Bedürfnis, mir die Beine zu vertreten. Das ist mein Privileg als Kapitän.«

Auf dem Geschützdeck schritt Davy bereits auf und ab, musterte die Bootsmannschaften, sah die Waffen nach und kontrollierte das Geschirr für das Verladen der Wasserfässer. Der Himmel über ihnen war bleich, wie von der Sonne zerkocht, und alle Farben beschränkten sich auf den glitzernden Küstenstreifen. Die Ruhe über diesem Landstrich beeindruckte Bolitho stark. Nur hier und da rollte eine Welle wie ein weißes Schaumkollier auf den Strand, bis an den Fuß der Dünen. Es war, als hielte das Land den Atem an; Bolitho konnte sich vorstellen, daß tausend Augen, zwi-

* 1 Kabellänge = 0,1 Seemeile = 185,3 m (der Übersetzer).

schen den Bäumen versteckt, die vor Anker liegende Fregatte belauerten. Mit dumpfem Ton setzten die Drehgeschütze, von Bord abgefiert, auf dem Bug von Barkasse und Kutter auf, während die Standmusketen mit ihren trichterförmigen Mündungen in Gig und Pinasse untergebracht wurden. Die Jolle war zu klein für die großen Wasserbehälter und sollte auch für den Notfall reserviert werden.

Bolitho rieb sich das Kinn und starrte auf die Küste. Notfall? Alles wirkte doch so ruhig. Während sie aufs Land zugeschlichen waren, an zahlreichen Buchten vorbei, die eine wie die andere aussahen (nur Mudge konnte sie allenfalls unterscheiden), hatte er unbewußt auf ein Anzeichen, eine Andeutung von Gefahr gewartet. Aber nirgends lag ein Boot auf dem Sand, nirgends stieg Rauch von einem Feuer empor, nicht einmal der Ruf eines Vogels hatte die Stille unterbrochen.

»Boote klar, Sir!« meldete Shellabeer und wandte dabei sein fleischiges Gesicht von der blendenden Sonne ab.

Bolitho trat zur Reling und schaute hinunter auf das Geschützdeck. Die Matrosen schienen sich verändert zu haben – vielleicht wegen der Entermesser an ihren Gürteln oder weil sie über dem Tatendurst vorübergehend den wirklichen Durst vergaßen. Die meisten hatten sich überhaupt sehr verändert, seit sie an Bord waren. Ihre nackten Rücken waren von der Sonne tief gebräunt; hier und da verriet eine Brandnarbe, daß der Mann unvorsichtig oder einfach dumm gewesen war.

»Da drüben liegt Afrika, Jungs!« rief Bolitho. Ein Raunen der Erregung ging durch die Reihen wie Wind durch ein Kornfeld. »Ihr werdet dergleichen noch oft sehen, ehe wir wieder auf Heimatkurs gehen. Tut, was euch befohlen wird, bleibt bei eurer Abteilung, dann kann euch nichts passieren.« Und in schärferem Ton: »Aber es ist ein gefährlicher Küstenstrich, und die Eingeborenen haben wenig Veranlassung, fremden Seeleuten zu trauen. Also paßt gut auf und beeilt euch mit dem Wasserfassen!« Er nickte ihnen zu. »Und jetzt in die Boote!«

Als die ersten Männer hinunterkletterten, trat Mudge zu Bolitho ans Fallreep. »Ich müßte eigentlich mit an Land, Sir. Aber ich habe Fowlar, meinem besten Maat, die Lage der Wasserstelle beschrieben, und er ist ein tüchtiger Mann, Sir, wirklich.«

Bolitho hob die Arme, damit Allday ihm das Degengehänge umschnallen konnte. »Na, was macht Ihnen dann Sorgen, Mr. Mudge?«

Der Alte zog die Brauen zusammen. »Es gab 'ne Zeit, da konnte ich 'ne halbe Meile schwimmen und danach eine Meile mit vollem Gepäck marschieren . . .«

Herrick grinste. »Und hatten dann noch genug Atem für 'ne Nummer mit einer hübschen Deern, wie?«

Mudge blitzte ihn wütend an. »Ihre Zeit kommt auch noch, Mr. Herrick. Altwerden ist kein Spaß!«

Bolitho lächelte. »Hier an Bord gelten Sie immer noch eine ganze Menge.« Und zu Herrick gewandt: »Riggen Sie Enternetze auf, solange wir weg sind. Mit nur einer Ankerwache und den paar Seesoldaten könnten Sie in Schwierigkeiten kommen, wenn jemand einen Überraschungsangriff versucht.« Er legte ihm die Hand auf den Arm. »Ich weiß, ich bin übervorsichtig. Ich sehe Ihnen am Gesicht an, was Sie denken. Aber besser zu vorsichtig als tot.« Er warf einen kurzen Blick auf die Küste. »Besonders hier.«

Auf dem Weg zur Schanzpforte fügte er noch hinzu: »Die Boote kommen jeweils zu zweien zurück. Wechseln Sie nach Möglichkeit die Leute aus. Sie werden schnell ermüden bei dieser Hitze.«

Er sah noch, wie Puigserver ihm vom Decksgang her zunickte und daß Raymond vom Achterschiff, neben dem kleinen Sonnendach seiner Frau, herüber spähte. Die Abteilung für die Ehrenbezeugung stand angetreten; er faßte grüßend an seinen Hut und kletterte rasch in die Gig, wo Allday schon an der Ruderpinne saß.

»Ablegen!«

Ein Boot nach dem anderen kam gemächlich aus dem Schatten der Fregatte heraus und nahm mit gleichmäßigem Riemenschlag Kurs auf das Land. Bolitho blieb in der Gig stehen, um die kleine Flottille zu mustern: voran Leutnant Soames in der Barkasse, dem größten Boot der *Undine*, und um ihn jeder Kubikzoll Raum vollgepackt mit Männern und Fässern, während im Bug ein Geschützführer an der geladenen Drehbasse hockte. Dann kam Davy im ebenfalls tiefbeladenen Kutter: schlank neben Mr . Pryke, dem rundlichen Schiffszimmermann der *Undine*; wie es sich gehörte, ging Pryke mit an Land, in der Hoffnung, passendes Holz für die ständigen Reparaturen am Schiff zu finden. Midshipman Keen, von dem kleinen Penn begleitet, hatte die Pinasse; die beiden zappelten buchstäblich vor Aufregung in dem ruhig durchs Wasser gleitenden Boot. Bolitho blickte über das Heck seiner Gig zum Schiff zurück. Die Gestalten an Deck wirkten bereits klein und unpersönlich. Jemand war in der Kajüte, Mrs. Raymond wahrscheinlich. Vielleicht sah sie den Booten nach, vielleicht wollte sie ihrem Mann aus dem Weg gehen, vielleicht hatte sie auch ganz andere Gründe. Dann blickte er auf die Männer in der Gig hinab, auf die Waffen zwischen ihren gespreizten Beinen, die verlegen abgewandten Gesichter. Vorn hockte ein Mann und schwenkte den Lauf der Standmuskete hin und her, um das Gestell von verkrustetem Salz zu befreien. Das war Turpin, der damals in Spithead so verzweifelt versucht hatte, Davy zu täuschen. Er spürte Bolithos Blick und hob den Arm; ein Haken aus glänzendem Stahl saß statt der Hand daran. »Der Stückmeister hat's mir machen lassen, Sir!« rief er grinsend. »Besser als die richtige Hand!«

Bolitho lächelte zurück. Der wenigstens war guter Laune. Er beobachtete die langsam dahinziehenden Boote: insgesamt achtzig Mann mit Offizieren, und noch mehr würden übersetzen, sobald er die Boote für ihren Transport entbehren konnte. Er setzte sich und zog den Hut tiefer über die Augen. Dabei rührte er an die Stirnnarbe und erinnerte sich an jenes andere Wasserbeschaffungsunternehmen, an dem er vor so langer Zeit beteiligt gewesen war ... Der plötzliche Angriff damals, Schreie von überallher, der riesige Wilde, der das Entermesser schwang, das er soeben einem sterbenden Matrosen entrissen hatte. Bolitho hatte es noch aufblitzen sehen, dann war er mit blutüberströmten Gesicht besinnungslos zu Boden gestürzt. Sein Bootsmann hatte sich dazwischengeworfen, sonst wäre es aus mit ihm gewesen.

Herrick paßte es vermutlich nicht, daß Bolitho die Landetruppe selbst befehligte. Das war normalerweise Sache des Ersten Leutnants. Aber die Erinnerung an den Kampf damals mahnte ihn daran, daß jederzeit unvermutet etwas schiefgehen konnte.

»Noch eine Kabellänge, Captain«, sagte Allday und ließ die Gig etwas abfallen. Bolitho fuhr auf; er mußte geträumt haben. Die *Undine* war jetzt weit weg und sah wie ein zierliches Spielzeug aus, während vor ihrem Bug das Land seine riesigen grünen Arme nach ihnen ausstreckte.

Wieder einmal erwies es sich, daß man auf Mudges Gedächtnis bauen konnte. Zwei Stunden, nachdem die Boote auf den Strand gezogen und die Arbeitskommandos eingeteilt waren, meldete Fowlar, der Steuermannsmaat, er habe einen Bach mit wunderbar frischem Wasser gefunden.

Sofort gingen sie an die Arbeit. Bewaffnete Wachen wurden an sorgfältig ausgewählten Punkten mit guter Sicht postiert und Späher auf die kleine Anhöhe geschickt, unter der Mudges Bach durch den dichten Dschungel rann. Nach den ersten unsicheren Schritten auf dem festen Land, das ihre Seebeine nicht mehr gewohnt waren, machten sich die Matrosen eifrig ans Werk. Pryke, der Schiffszimmermann, baute mit seinen Helfern rasch ein paar kräftige Schlitten, auf welchen die vollen Wasserfässer hinunter zu den Booten gezogen werden sollten; und während der Küfer wachsam am Bach wartete, hieben die anderen unter Fowlars Aufsicht mit Äxten einen Pfad durch den Wald.

Bolitho hielt Verbindung zwischen Bach und Strand. Mehrmals ging er hin und her, um sich zu vergewissern, daß alles gut lief, und Midshipman Penn trabte treulich mit ihm, um im Bedarfsfall als Befehlsüberbringer zu fungieren. Am Strand hatte Leutnant Soames das Kommando; er sollte auch den Nachschub einteilen, der später vom Schiff herüberkommen würde. Davy war für den Betrieb an der Wasserstelle zuständig, und Keen tauchte ab und zu an der Spitze einiger Bewaffneter auf, mit denen er die arbeitende Abteilung gegen unwillkommene Besucher sichern sollte. Fast sofort hatte Fowlar zwei Feuerstellen von Eingeborenen entdeckt; aber sie waren schon verrottet und auseinandergeweht und wohl seit Monaten nicht mehr benützt worden. Trotzdem spürte Bolitho eine Bedrohung im Nacken, wenn er stehenblieb, um zu kontrollieren, wie weit die einzelnen Abteilungen waren: eine schwer zu definierende Feindseligkeit.

Einmal mußte er auf dem Weg landeinwärts beiseitetreten, als ein plumper Schlitten, von zwei Dutzend lästerlich fluchenden Matrosen geschoben, an ihm vorbeidonnerte und dabei das Unterholz wegdrückte. Da flogen unter mißtönendem Gekreisch mehrere große Vögel auf. Bolitho sah ihnen nach und trat dann in die breite Schleifspur zurück. Wenigstens gab es hier doch etwas Lebendiges, dachte er. Unter den Bäumen, die den Himmel verdeckten, war die Luft schwer und stank nach faulenden Pflanzen. Hier und da raschelte und knackte etwas, oder ein Auge blitzte wie ein kleiner schwarzer Knopf kurz in der Sonne auf und verschwand ebenso schnell.

»Das könnten Schlangen sein«, keuchte Penn. Sein Atem ging schwer, das Hemd klebte ihm am Körper, denn er mußte sich mächtig anstrengen, um Bolithos Tempo durchzuhalten.

Davy stand unter einem Felsüberhang und machte einen Strich

in seiner Liste, denn eben hämmerte Duff wieder ein Wasserfaß sorgfältig zu, damit auf dem holprigen Weg kein Tropfen verlorenging. Er richtete sich auf, nahm Haltung an und meldete: »Alles klar, Sir.«

»Gut.« Bolitho bückte sich, schöpfte mit den hohlen Händen Wasser aus dem Fluß und trank. Es schmeckte erfrischend wie Wein, trotz der schwärzlich-fauligen Wurzeln, die von beiden Ufern ins Wasser wuchsen. »Kurz bevor es dunkel wird, machen wir Schluß«, sagte er und blickte hoch zu einem Fleck blauen Himmels, als die Bäume leise zu rauschen begannen. Am Boden, unter den verfilzten Zweigen, war die Luft unbeweglich, aber oben wehte ein stetiger Landwind.

»Ich steige auf den Hügel, Mr. Davy.« Es kam ihm vor, als höre er Penn hinter sich verzweifelt aufstöhnen. »Hoffentlich sind Ihre Ausguckposten wach.«

Es war ein langer, anstrengender Marsch, und als sie aus den Bäumen heraus waren und das letzte Stück Weg frei vor ihnen lag, fühlte Bolitho die Hitze auf seinen Schultern und ein Brennen unter seinen Schuhsohlen, als schritte er über einen glühenden Rost. Aber die beiden Posten oben schienen sich ganz wohl zu fühlen. In ihren fleckigen Hosen und Hemden, die tiefgebräunten Gesichter von mächtigen Strohhüten fast verborgen, glichen sie eher Schiffbrüchigen oder Ausgesetzten als ehrlichen britischen Seeleuten.

Aus einem Streifen Segeltuch hatten sie sich ein kleines Sonnendach aufgeriggt; dahinter lagen ihre Waffen, die Wasserflaschen und ein großes Fernrohr. Der eine tippte sich grüßend an die Stirn und meldete: »Alles klar, Käpt'n.«

Bolitho zog sich den Hut tiefer in die Stirn und blickte aufmerksam in die Ebene hinunter. Die Küste war zerrissener, als er vermutet hatte. Hier und da, in einer kleinen Bucht oder einem schmalen Meeresarm, den keine Karte verzeichnete, glitzerte Wasser durch Stämme und Laubwerk. Landeinwärts erstreckte sich überall, in der Ferne von einer hohen dunklen Felsbarriere begrenzt, dichter Baumbewuchs wie die Dünung einer grünen See. Und so verfilzt waren die Wipfel, daß es aussah, als könne man festen Schrittes darübermarschieren.

Bolitho nahm das Fernrohr und richtete es auf das Schiff. Die Umrisse der *Undine* änderten sich ständig in der hitzeflirrenden Luft, aber er sah die Boote langsam wie müde Wasserkäfer hin und her fahren. Staub und Sand an seinen Fingern verrieten ihm, daß das Teleskop mehr am Erdboden gelegen als zur Beobachtung gedient hatte. Er hörte Penn laut glucksend aus der Wasserflasche trinken und konnte sich vorstellen, daß die Posten ihn zu allen Teufeln wünschten, damit sie wieder ihre Ruhe hätten. Zwar machte ihr Dienst hier oben recht durstig, aber er war immerhin leichter, als die Schlitten mit den Wasserfässern durch den Urwald zu zerren. Bolitho senkte das Glas. So viele Männer, Schlitten, Fässer – doch von hier aus sah man überhaupt nichts. Sogar der Strand war verdeckt. Sobald die Boote sich der Küste näherten, schienen sie von den Bäumen verschluckt zu werden.

Bolitho wandte sich so plötzlich nach rechts, daß die Männer erschraken. Sorgfältig suchte er das Terrain ab. Bäume und Wasserstreifen tauchten in der Linse des Fernrohrs auf und verschwanden wieder. Irgend etwas war da gewesen, eine flüchtige Reizung am Rande seines Blickwinkels – aber was? Die Posten sahen ihn zweifelnd an, bewegungslos, erstarrt, wie hypnotisiert.

Ein Reflex in der Linse? Er blinzelte und rieb sich das Auge. Nichts. Noch einmal begann er zu suchen, ganz langsam. Dichter, geschlossener Urwald. Oder sah er nur, was er zu sehen erwartete? Und daher ... Er versteifte sich, hielt den Atem an. Als er das Glas sinken ließ, verschwamm das Bild in der Ferne. Er wartete, zählte die Sekunden, bis sein Atem wieder regelmäßig ging.

Die Posten flüsterten miteinander, und Penn trank schon wieder. Wahrscheinlich glaubten sie, ihr Kommandant sei zu lange in der Sonne gewesen. Sehr vorsichtig hob er das Glas erneut ans Auge. Dort, etwas nach rechts, wo er bereits Wasser blinken gesehen hatte, war etwas Dunkleres, das nicht zum Grün und Braun des Waldes paßte. Er starrte hin, bis ihm das Auge tränte und er nichts mehr sehen konnte.

Dann schob er das Fernrohr mit lautem Schnappen zusammen und sagte: »Dort drüben liegt ein Schiff.« Penn starrte ihn offenen Mundes an. »Im Süden von uns. Es muß ein kleiner Meeresarm sein, den wir bei der Anfahrt übersehen haben.« Er beschattete die Augen, versuchte, die Entfernung zwischen dem Liegeplatz des Fremdlings, der *Undine* und ihrer Landungsstelle am Strand zu schätzen.

»Muß blind gewesen sein, Sir«, rief einer der Wachtposten verängstigt – und mehr als das.

Doch Bolitho starrte an ihm vorbei und versuchte, nachzudenken. »Dann nehmt jetzt das Glas und sucht so lange, bis ihr es seht!«

Selbstverständlich hatte der Mann mehr Angst vor seinem Kommandanten oder einer Strafe wegen Nachlässigkeit als davor, was diese Entdeckung bedeuten konnte. Die Gedankengänge waren Bolitho durchaus klar. »Hast du es gefunden?«

»Aye, Sir«, nickte der Mann eifrig, aber unglücklich. »Is'n Mast, ganz klar.«

»Na also«, sagte Bolitho trocken. »Dann behalte ihn gefälligst im Auge, damit er nicht wieder verschwindet.«

Penn ließ die Feldflasche sinken und trabte hinter Bolitho her, der schon mit großen Schritten bergab ging. »Was kann das zu bedeuten haben, Sir?« stotterte er.

»Verschiedenes.« Bolitho spürte jetzt unter den ragenden Bäumen etwas Erleichterung nach der brennenden Sonnenglut. »Vielleicht haben sie uns gesichtet und halten sich versteckt, bis wir Anker lichten. Vielleicht führen sie auch irgend etwas gegen uns im Schilde – ich weiß es nicht.«

Ungeachtet der Ranken und Dornen, die an ihm rissen und zerrten, schritt er schneller aus. Wäre nicht diese kleine Irritation im Blickfeld der Linse gewesen, hätte er nichts gesehen, nichts gewußt von dem fremden Schiff. Vielleicht wäre das sogar besser gewesen; vielleicht machte er sich unnötig Sorgen.

Er fand Davy, wie er ihn verlassen hatte: gelangweilt überwachte er das Füllen der Wasserfässer.

»Wo ist Mr. Fowlar?«

Mit einem Ruck fuhr Davy aus seinem Dösen hoch. »Äh – am Strand, Sir.«

»Verdammt!« Also noch eine gute Meile, bis er sich Fowlars Karte und Mudges Notizen ansehen konnte. Er warf einen Blick zum Himmel: noch Stunden bis zum Sonnenuntergang, der dann aber sehr rasch kommen und das Licht wie ein Vorhang auslöschen würde. »Ich habe ein Schiff gesichtet, Mr. Davy. Gut versteckt, im Süden von uns.« Eben kam der Zimmermann aus dem Unterholz, die blinkende Säge in der Faust. »Übernehmen Sie hier die Aufsicht, Mr. Pryke.« Er winkte Davy. »Wir gehen zum Strand.«

Pryke nickte, sein feistes Gesicht glühte wie ein reifer Apfel.

»Aye, Sir.« Prüfend blickte er zu Duff hinüber. »Nur noch fünf Fässer, meiner Rechnung nach.«

»Schön. Treiben Sie die Leute zur Eile. Und lassen Sie sie am Strand antreten, sobald das letzte Faß voll ist.«

Eilig schritt Davy an Bolithos Seite dahin. Man sah seinem gutgeschnittenen Gesicht an, daß er tief betroffen war.

»Halten Sie es für ein feindliches Schiff, Sir?«

»Eben das müssen wir herausfinden.«

Stumm schritten sie weiter; Bolitho wußte recht gut, daß Davy genau wie oben der Posten der Ansicht war, er mache zuviel Aufhebens von der Sache.

Unten am Strand hörte Fowlar gelassen zu und studierte dann seine Karte. »Wenn es dort liegt, wo ich annehme, dann ist die Stelle hier nicht eingezeichnet. Irgendwo zwischen diesem Strand und der nächsten Bucht.« Er machte ein Kreuz. »Hier ungefähr, möchte ich sagen, Sir.«

»Können wir vor Dunkelheit dort sein – über Land?«

Fowlar machte große Augen. »Es sieht ziemlich nahe aus, Sir. Nicht mehr als drei Meilen entfernt. Aber im Dschungel bedeutet es das Vierfache.« Unter Bolithos festem Blick schlug er die Augen nieder. »Sie könnten es schaffen, Sir.«

»Und wenn wir bis morgen warten, Sir?« warf Davy ein. »Wir könnten dann mit der *Undine* näher an dieses Schiff heran.«

»Das würde zu lange dauern. Vielleicht lichten sie noch in der Nacht Anker und sind morgen früh weg. Und wenn sie über unsere Anwesenheit und unser Vorhaben informiert sind, wäre ein Bootsangriff bei Tage und in einem so schmalen Gewässer sinnlos. Das sollte Ihnen eigentlich klar sein, Mr. Davy.«

Davy blickte auf seine Schuhe nieder. »Jawohl, Sir.«

Eben schleiften die Männer keuchend ein weiteres Faß zum Boot hinunter. Soames, der durch den tiefen Sand herbeigestapft war, um zuzuhören, sagte unvermittelt: »Das kann ein Sklavenschiff sein. Und dann ist es bestimmt gut bewaffnet.« Er rieb sich das Kinn und nickte. »Ihr Plan ist gut, Sir. Wir könnten am Fuß des Berges vorrücken, wo er bis an die See heranreicht, und uns dann südwärts halten.« Mit einem verächtlichen Blick auf Davy setzte er hinzu: »Ich suche mir gute Männer dazu aus, die nicht gleich schlapp machen, wenn es mal ein bißchen rauh wird.«

Davy sagte nichts, aber offenbar wurmte es ihn, daß Soames gleich mit einem Plan bei der Hand war, nachdem er selbst ohne weitere Überlegungen zum Abwarten geraten hatte.

Bolitho blickte zur *Undine* hinüber. »Gut. Eine halbe Stunde

Rast, dann geht es los. Vierzig Mann sollten bei einiger Vorsicht genügen. Vielleicht ist es auch bloße Zeitverschwendung.« Er dachte an das stumme Lauern des Dschungels. »Aber ein Schiff, das so gefährlich weit landeinwärts ankert? Nein, das muß etwas zu bedeuten haben.« Er winkte Penn herbei. »Ich schreibe jetzt Befehle für den Ersten Leutnant nieder, die Sie ihm sofort überbringen werden. Die *Undine* soll morgen früh die Boote dorthin ausschicken und uns abholen. Bis dahin müßten wir Bescheid wissen.« Er warf Davy einen Blick zu. »So oder so.«

Keen trat, eine Pistole lässig im Gürtel, aus dem Wald. Nach einem Blick aufs Meer blieb er stehen und deutete mit erhobenem Arm hinaus. Die Jolle schoß mit Höchstgeschwindigkeit heran, in der Sonne glänzten ihre Riemen wie Silber.

Das Boot stieß ans Ufer; ohne das Festmachen abzuwarten, sprang Midshipman Armitage heraus und fiel natürlich der Länge nach in den Sand. Allday, der die Szene kritisch beobachtet hatte, rief aus: »Mein Gott, Captain! Dieser junge Herr stolpert noch mal über ein Samenkorn!«

Mit hochrotem Kopf hastete Armitage an den grinsenden Matrosen vorbei den Strand herauf. »Mr. Herrick läßt mit Respekt melden, Sir –«, er machte eine kleine Pause, um sich den Sand vom Kinn zu reiben, »– daß einige kleine Fahrzeuge nördlich von hier gesichtet worden sind.« Er deutete aufs Geratewohl irgendwo in den Dschungel. »Ein ganzes Geschwader. Mr. Herrick meint, sie halten auf uns zu; allerdings sind sie . . .« Er machte eine Pause und verzerrte das Gesicht wie immer, wenn er eine schwierige Meldung loswerden mußte, ». . . nicht mehr zu sehen.« Dann fiel ihm der Schluß ein, und er nickte erleichtert. »Mr. Herrick meint, sie haben irgendwas an Land vor, laufen aber eine andere Bucht an.«

Bolitho preßte die Hände auf dem Rücken zusammen. Das war genau das, was er befürchtet hatte. Und es hätte zu keinem schlimmeren Zeitpunkt eintreffen können. »Danke, Mr. Armitage.«

Leise sagte Davy: »Dann wird es nichts mit unserem Unternehmen, Sir. Wir können uns nicht aufsplittern, wenn feindliche Eingeborene in der Nähe sind.«

Verächtlich fuhr Soames dazwischen: »Die Pest darauf, Mr. Davy! Wir haben Munition genug, um tausend lausige Eingeborene zu verscheuchen!«

»Schluß jetzt!« Bolitho starrte die beiden zornig an, während seine Gedanken immer noch mit diesem Problem beschäftigt waren. »Mr. Herrick hat wahrscheinlich recht. Kann sein, sie gehen nur an Land, um zu jagen oder zu lagern. So oder so, unsere Aktion wird dadurch um so wichtiger.« Nachdenklich blickte er Soames an und las in dessen tiefliegenden Augen Ärger und Triumph zugleich. »Suchen Sie Ihre Leute sofort aus.«

Steif fragte Davy: »Und ich, Sir?«

Bolitho wandte sich ab. Im Kampf Mann gegen Mann würde Soames besser sein. Andererseits benötigte Herrick, wenn ihm selbst etwas zustieß, auf der *Undine* eher einen Mann mit Hirn als einen mit Muskeln, falls er in eigener Verantwortung weitersegeln mußte.

»Sie kehren mit dem letzten Arbeitskommando an Bord zurück.« Er kritzelte ein paar Zeilen auf Fowlars Block. »Und Sie werden, so gut Sie können –«, absichtlich übersah er die Enttäuschung auf Davys Gesicht, »– Mr. Herrick klarmachen, was ich vorhabe.«

Gepreßt erwiderte Davy: »Ich bin dienstälter als Soames, Sir. Es ist mein gutes Recht, an dieser Aktion teilzunehmen.«

Bolitho blickte ihn gelassen an. »Aber was Ihre Pflicht ist, entscheide ich. Ihre Loyalität setze ich dabei voraus.« Er warf einen Seitenblick auf Soames, der vor einer Doppelreihe Matrosen auf und ab schritt. »Sie kommen auch noch dran, dessen seien Sie sicher.«

Ein Schatten fiel über Fowlars Karte – es war Rojart, der spanische Leutnant mit den ewig traurigen Augen.

»Ja, *Teniente*?«

Er mußte in einem der anderen Boote an Land gekommen sein.

»Ich möchte mich Ihnen zur Verfügung stellen, *Capitan*.« Stolz blickte er zu Davy und Allday hinüber. »Don Luis hat mir befohlen, Sie nach besten Kräften zu unterstützen.«

Bolitho seufzte. Rojart hatte sich bereits des öfteren als Träumer erwiesen. Vielleicht kam das von seinen furchtbaren Erlebnissen beim Schiffbruch. Immerhin – ein weiterer Offizier, auch wenn er Spanier war, würde von Nutzen sein. Außerdem war damit noch ein Offizier weniger an Bord. »Sie sehen also, Mr. Davy, daß Mr. Herrick Ihre Hilfe mehr denn je benötigt.« Und zu Rojart: »Ich nehme Ihr Angebot mit Dank an, *Teniente*.«

Der Spanier lächelte mit blitzenden Zähnen und verneigte sich. »Zu Ihren Diensten, *Capitan*!«

Grinsend murmelte Allday: »Na, dann helfe uns Gott!«

Wieder wurde ein Wasserfaß aus dem Wald an den Strand geschleift; keuchend klappte Duff seine Brille zusammen und rief: »Das letzte, Sir!« Strahlend musterte er die Umstehenden. »Eine volle Ladung!«

Soames schnallte sich den Gürtel enger und meldete: »Abteilung klar zum Abmarsch, Sir.« Er deutete auf die angetretenen Matrosen. »Alle bewaffnet, aber ohne überflüssiges Gepäck.« Davy übersah er einfach.

Keen sammelte seine Patrouille soeben am anderen Ende des Strandes, und an einer flachen Stelle stand Pryke bei einem Haufen Bauholz, das die Helfer nach seinen Angaben zurechtgesägt hatten.

Davy legte formell die Hand an den Dreispitz. »Viel Glück, Sir!«

Lächelnd entgegnete Bolitho: »Danke, Mr. Davy. Werden wir hoffentlich nicht allzu nötig brauchen.« Und zu Fowlar: »Gehen Sie voran, und machen Sie sich dabei Notizen. Wer weiß – vielleicht kommen wir wieder.«

Damit wandte er sich um und schritt auf den Waldrand zu.

»Kurze Rast!« Bolitho zog die Uhr aus der Tasche seiner Kniehose und sah nach der Zeit. Die Stundenziffern waren jetzt schon schwerer zu erkennen als vorhin. Er blickte hoch. Der Himmel war bereits dunkler, und über den Bäumen lag es nicht mehr wie Gold, sondern wie Purpur. Erschöpft ließen sich die Matrosen nieder oder lehnten sich an Bäume, um sich von dem Gewaltmarsch zu erholen. Anfangs war es nicht allzu schwer gewesen. Mit Äxten hatten sie sich einen Pfad gehauen und waren ganz gut vorangekommen; aber als sie sich der Stelle näherten, wo nach Bolithos und Fowlars Schätzung die schmale Bucht liegen mußte, ließen sie die Äxte stecken und bahnten sich ihren Weg durch Busch und Schlingengewächse mit bloßen Händen.

Nachdenklich betrachtete Bolitho seine Leute. Ihre Hemden waren zerschlitzt, Gesichter und Arme blutig von den Rissen tückischer Zweige und Dornen. Hinter ihnen wurden die verschlungenen Äste dunkler und schienen im Dunst verrottender Vegetation zu zittern wie in einem Wind, den man nicht spürte.

Soames trocknete sich Gesicht und Nacken mit einem Tuch. »Ich habe Späher vorausgeschickt, Sir.« Er riß einem Mann die Feldflasche vom Mund. »Langsam, Idiot! Das muß vielleicht noch eine ganze Weile reichen!«

Bolitho sah Soames jetzt mit anderen Augen. Die Männer zum Beispiel, die er als Späher ausgesucht hatte, waren nicht die Stärksten oder die Befahrensten, wie man es bei einem Leutnant seiner Herkunft erwartet hätte. Beide Späher waren ganz frische Rekruten der *Undine* und ohne jede seemännische Erfahrung. Der eine hatte auf einer Farm gearbeitet, und der andere war Jagdgehilfe in Norfolk gewesen. Doch beide waren sehr gut ausgewählt. Fast lautlos waren sie zwischen den Bäumen verschwunden.

»Was halten Sie davon, Captain?« murmelte Allday.

Beim Anblick dieses kraftvollen, zuverlässigen Mannes ließ Bolithos Spannung etwas nach. »Wir sind jetzt schon ziemlich dicht dran.« Wie Herrick wohl zurechtkam? Und ob er noch mehr Eingeborenenboote gesichtet hatte? Wie die meisten seiner Männer fühlte er sich an Land unbehaglich – abgeschnitten vom Schiff.

Fowlar zischte: »Achtung, da kommt jemand.«

Musketenläufe richteten sich ziellos aufs Gebüsch, und ein paar Männer griffen nach ihren Entermessern.

»Nur einer von unseren Spähern!« rief Soames und trat auf die schattenhafte Gestalt zu. »Bei Gott, Hodges, du hast dich beeilt!«

Der Mann kam auf die kleine Lichtung und blickte Bolitho an. »Ich habe das Schiff gefunden, Sir. Es liegt 'ne knappe halbe Meile entfernt.« Er zeigte in die Richtung. »Wenn wir etwas abdrehen, sollten wir in 'ner knappen Stunde dort sein.«

»Was noch?«

Hodges hob die Schultern. Er war ein mageres Kerlchen, und Bolitho konnte sich gut vorstellen, wie er als Wildhüter in den Marschen von Norfolk herumgestreift war.

»Ich bin nicht zu nahe 'rangegangen, Sir«, sagte er. »Aber sie liegen ziemlich dicht unter Land. Einige Leute waren an Land, auf einer Lichtung. Ich habe . . .« Er zögerte. »Ich habe so eine Art Stöhnen gehört.« Er schüttelte sich. »Lief mir richtig kalt über den Rücken, kann ich Ihnen sagen, Sir.«

»Wie ich dachte«, sagte Soames wütend. »Sklavenjäger, verfluchte! Sie haben wahrscheinlich ihr Lager an Land, fangen die armen Teufel ein und teilen sie in Gruppen. Mädchen in der einen, Männer in der anderen. Dann werden die Kräftigsten ausgesucht.«

Fowlar spuckte ins Laub und nickte grimmig. »Den übrigen

schneiden sie die Hälse durch, um Pulver und Blei zu sparen, und lassen sie liegen.«

Bolitho blickte den Späher an; Fowlars brutalen Kommentar wollte er nicht hören. Daß diese Dinge geschahen, war allgemein bekannt, aber anscheinend wußte niemand, was dagegen zu tun war. Besonders da viele einflußreiche Persönlichkeiten Profite aus dem Sklavenhandel zogen. »Haben sie Wachen aufgestellt?« fragte er.

»Zwei hab' ich gesehen, Sir. Aber sie fühlen sich anscheinend ganz sicher. Das Schiff hat zwei Kanonen ausgefahren.«

»Natürlich«, knurrte Soames. »Wenn einer versucht, die armen Teufel zu befreien, kriegt er den Bauch voll Schrapnell.«

Der spanische Leutnant trat zu ihnen. Trotz des Gewaltmarsches brachte er es irgendwie fertig, in seinem gefältelten Hemd mit den weiten Ärmeln elegant auszusehen. »Vielleicht sollten wir umkehren, *Capitan.*« Vielsagend hob er die Schultern. »Hat keinen Sinn, dieses Schiff zu alarmieren, wenn es bloß ein Sklavenhändler ist, oder?«

Soames wandte sich wortlos ab. Sicher war er, ebenso wie der Großteil der Matrosen, empört darüber, daß Rojart die Sklaverei für eine ganz normale Einrichtung hielt.

»Wir gehen weiter vor, *Teniente.* Unsere Boote treffen sowieso nicht vor morgen früh ein. Mr. Soames, übernehmen Sie das Kommando hier. Ich will mir das selbst ansehen.« Bolitho winkte Midshipman Keen. »Sie kommen mit.« Und während er auf den Wald zuging, sagte er noch: »Die anderen machen sich bereit, mir zu folgen. Kein Wort; und haltet Tuchfühlung, damit ihr nicht getrennt werdet. Wer einen Schuß abfeuert, mit Absicht oder aus Versehen, kann sich auf was gefaßt machen!«

Hodges setzte sich an die Spitze. »Mein Kamerad, Billy Norris«, sagte er, »ist dort geblieben und beobachtet weiter, Sir. Bleiben Sie dicht hinter mir. Ich hab' den Weg markiert.« Und Bolitho glaubte ihm aufs Wort, obwohl er nirgends ein Zeichen sehen konnte.

Erstaunlich, wie nahe sie waren. Schon nach kurzer Zeit tippte Hodges ihn auf den Arm und bedeutete ihm, unter einem scharfblättrigen Busch Deckung zu suchen. Und da lag auch schon, wie auf offener Bühne, der Meeresarm vor ihnen. Hier war es viel lichter als im Wald; die letzten Sonnenstrahlen spielten noch im Laub und malten schillernde Reflexe auf die träge Dünung. Langsam schob sich Bolitho vorwärts und versuchte, die schmerzhaften

Stiche in Brust und Händen zu ignorieren. Dann erstarrte er und vergaß alle Unbequemlichkeiten, denn jetzt konnte er das Schiff deutlich sehen. Hinter sich hörte er, wie Allday seine eigenen Gedanken aussprach: »Bei Gott, Captain, es ist der Schuft, der die Dons auf das Riff gelockt hat!«

Bolitho nickte. In dem engen Meeresarm wirkte die Brigantine größer, aber sie war nicht zu verkennen. Er hätte sie, das wußte er genau, auf Jahre hinaus nicht vergessen. Dann hörte er auch das klägliche Stöhnen, von dem Hodges berichtet hatte; ein scharfer, metallischer Klang drang vom anderen Ufer der Bucht herüber.

»Sie legen den armen Teufeln Handschellen an«, flüsterte Allday. Bolitho zwängte sich noch etwas vor und erkannte die Ankerkette der Brigantine, ein längsseits liegendes Boot und ein glimmendes Licht an der Kampanje. Keine Flagge, ebenso wie damals. Aber zweifellos war die Mannschaft auf der Hut. Zwei Geschütze waren schußbereit ausgefahren, die Mündungen gesenkt, um etwaige Angreifer mit einer Salve zu empfangen.

Langsam glitt ein Boot vom Ufer zum Schiff hinüber, und Bolitho fuhr zusammen, als er den Aufschrei einer Frau hörte. Schrill, nervenzerreißend hallte der Ton von den Bäumen wider.

»Sie schaffen die Sklaven an Bord«, knirschte Allday. »Werden bald ablegen, schätze ich.«

Bolitho nickte und befahl Keen: »Holen Sie die anderen. Aber sie sollen leise sein.« Er sah sich nach dem zweiten Späher um, der dumpf im Busch hockte. »Du gehst mit!« Und zu Allday: »Wenn wir sie schnappen, werden wir endlich erfahren, wer hinter der Sache mit der *Nervion* steckt.«

Allday hatte beide Hände an seinem Entersäbel. »Bin sehr dafür, Captain!«

Dumpfe Laute drangen von der Brigantine herüber, dann folgte ein schriller Aufschrei, der in ein langgezogenes Kreischen überging, das aber plötzlich wie abgeschnitten verstummte. Wie weit mochte es wohl bis zur offenen See sein? Der Sklavenfänger mußte so unauffällig, wie er hereingekommen war, auch wieder hinaus und sich alle Mühe geben, jedes Aufsehen zu vermeiden, bis sein Schiff klar von der Küste war.

Bolitho konnte kaum glauben, daß er hier saß und ausgerechnet dieses Schiff beobachtete. Während die *Undine* lange nach den Überlebenden der *Nervion* gesucht und dann noch weite Umwege gemacht hatte, um das Land und andere Schiffe zu meiden, war dieser Sklavenfänger in aller Ruhe seinen Geschäften nachgegangen, als sei nichts geschehen. Er mußte eiserne Nerven besitzen.

Jetzt waren wieder Schreie zu hören, wie von Tieren im Schlachthaus. Slavenhändler hatten keine Empfindungen. Und schon gar kein Mitleid.

Bolitho hörte ein schwaches Geräusch hinter sich und dann Soames' leise, unbewegte Stimme: »Der junge Keen hat recht. Es ist tatsächlich dasselbe Schiff.« Prüfend blickte er über die Brigantine hinweg zu den Baumwipfeln empor. »Nicht mehr viel Zeit, Sir. In einer Stunde ist es stockfinster, vielleicht schon früher.«

»Glaube ich auch.« In der Lichtung wurden jetzt die Sklaven zusammengetrieben. Ein paar Rauchfetzen stiegen von einem Feuer auf; vielleicht hatte daran ein Schmied an den Handfesseln gearbeitet. Dort war der schwächste Punkt. »Nehmen Sie zwanzig Mann und umgehen Sie das Lager. Beim ersten Alarmzeichen feuern Sie mit allem, was Sie haben. Das sollte wenigstens eine Panik verursachen.«

»Aye. So wird's gehen.«

Bolithos Kopf war eiskalt vor Erregung. Bei solchen Gelegenheiten überkam ihn stets eine Art Besessenheit. »Ich brauche zehn Mann, die schwimmen können. Wenn wir es schaffen, an Bord zu kommen, solange sie noch verladen, müßten wir das Achterdeck halten können, bis Sie die Boote gestürmt haben und uns zu Hilfe kommen.«

Er hörte, wie Soames sich das stoppelige Kinn rieb. »Ein tollkühner Plan, Sir – aber jetzt oder nie!«

»Also dann ... Sagen Sie Rojart, er soll mit ein paar Mann als Flankenschutz den Platz hier halten. Denn wenn alles schiefgeht, müssen wir wieder hierher zurück.«

Soames kroch zurück und gab flüsternd die Befehle weiter. Weitere Gestalten krochen raschelnd heran, und Keen meldete: »Unsere Abteilung ist klar, Sir.«

»*Unsere* Abteilung?«

Keens weiße Zähne blitzten in dem schwindenden Licht. »Ich schwimme ausgezeichnet, Sir.«

Besorgt murmelte Allday: »Hoffentlich gibt es hier keine von diesen verdammten Wasserschlangen!«

Bolitho blickte in die Gesichter der Männer. Wie gut er inzwischen die meisten von ihnen kannte! Er sah alles in diesen letzten Augenblicken. In manchen Augen glitzerte Angst, Erregung, auch die gleiche Wildheit, die ihn selber überkommen hatte. Und manche Gesichter waren von schierer brutaler Kampfeslust verzerrt.

Kurz befahl er: »Wir gehen unter diesen überhängenden Büschen ins Wasser. Laßt Schuhe und Strümpfe und alles andere bis auf die Waffen hier. Allday, Sie sorgen dafür, daß die Pistolen gut eingewickelt werden, damit sie trocken bleiben!«

Er inspizierte den Himmel. Es wurde schnell dunkel, nur an den Baumwipfeln hielt sich noch der sanfte Widerschein der Abendsonne. In der Bucht und bei der Brigantine war das Wasser schwarz und glanzlos wie flüssiger Schlamm.

»Los!«

Er hielt den Atem an, als ihm das Wasser über den Gürtel und dann bis zum Hals stieg. Es war sehr warm. Noch ein paar Sekunden wartete er, etwa auf einen Alarmruf oder Musketenschuß. Aber die erstickten Schreie vom Lager her verrieten, daß er den Zeitpunkt gut gewählt hatte. Die Sklavenfänger waren jetzt zu beschäftigt, um überall zugleich aufzupassen.

Die anderen schwammen mit hochgehaltenen Waffen, nur Keen überholte ihn mit gleichmäßigem Kraulen. »Ich schwimme zur Ankerkette, Sir«, flüsterte er und grinste tatsächlich dabei.

Weiter, immer weiter . . . Dann hatten sie den halben Weg hinter sich, und Bolitho wußte: wenn sie jetzt entdeckt wurden, waren sie verloren. Hoch ragten die Masten und Rahen über ihnen auf, die gerefften Segel hoben sich scharf gegen den Himmel ab. In der Dämmerung leuchtete die Ankerlaterne besonders hell. Nackte Füße platschten über die Decksplanken, und ein Mann lachte wild auf: ein trunkenes Lachen. Vielleicht brauchte man eine Extraration Rum für solche Arbeit, dachte Bolitho.

Und dann klammerten sie sich am Schiff fest; die Strömung zerrte an ihren Beinen und drückte sie gegen die rauhen Planken, so daß sie unter dem Überhang des Schiffsrumpfes verborgen blieben.

»Hier kann man uns von den Booten aus nicht sehen, damit sind wir erst mal sicher«, keuchte Allday.

Da schallte ein furchtbarer Schrei über das Wasser; Bolitho dachte im ersten Moment, es sei ein Todesschrei. Aber der Matrose neben ihm deutete zum Ufer, das sie eben verlassen hatten, und wäre dabei fast abgetrieben.

Im letzten Abendschein war dort Rojarts gefälteltes Hemd deutlich zu erkennen. Er stand offen und ungedeckt da, die Arme weit ausgebreitet, als wolle er die ganze Bucht mit allem, was darin war, umarmen. Wieder und wieder schrie er, dann drohte er mit den Fäusten und stampfte mit den Füßen, als sei er verrückt geworden.

Bei Rojarts plötzlichem Erscheinen wurde es an Bord der Brigantine schlagartig still; dann hörte Bolitho Stimmengewirr und Schritte auf den Planken und wußte, daß es mit der Überraschung vorbei war. Keen hing am Wasserstag unter dem Bugspriet, ließ sich jetzt aber zu Bolitho hintreiben. Verzweifelt keuchte er: »Niemand hat Rojart darauf vorbereitet, daß es das Schiff ist, das die *Nervion* vernichtet hat. Er muß es eben erst entdeckt haben . . .«

Das Krachen des Schusses so dicht über ihren Köpfen war betäubend. Rauch stieg empor und wirbelte übers Wasser, so daß mancher Mann untertauchte, um nicht husten zu müssen.

Ehe der Qualm ihm die Sicht versperrte, sah Bolitho noch, wie Rojart von einer vollen Ladung gehackten Bleis weggeschleudert wurde: ein blutiger Fetzen, an den nichts mehr an einen Menschen erinnerte. Bolitho klammerte sich an das Tau, das Allday um das Wasserstag geschlungen hatte, und versuchte, einen klaren Gedanken zu fassen.

Achtern krachte ein zweiter Schuß, und er fuhr zusammen, denn der Schiffsrumpf erzitterte unter seinen Händen wie ein lebendes Wesen. Diesmal war es eine Kugel; er hörte sie durch die Bäume zischen und in der Ferne einschlagen.

Und in diesem Moment eröffneten Soames und seine Leute an der anderen Seite des Lagers das Feuer.

VII Herricks Entscheidung

Die vereinzelten Musketenschüsse wurden fast von dem wilden Geschrei der entsetzten Sklaven übertönt. Auf der anderen Seite der Brigantine sprangen Männer polternd in ein Boot und stießen wilde Rufe aus, offenbar um die Genossen am Lagerplatz anzufeuern. Bolitho gab Allday ein Handzeichen. »Jetzt! Über den Bug!« Mit bleiernen Gliedern zog er sich hoch und kletterte über das kurze Vordeck an Bord. Das Herz klopfte ihm an die Rippen, unter sich vernahm er das erregte Flüstern seiner Männer.

Im Vorschiff hockten eng zusammengedrängt die nackten, gefesselten Sklaven. Verständnislos beobachteten sie die Vorgänge an Land. Zwei bewaffnete Matrosen der Brigantine standen an einem Drehgeschütz, aber da das Boot inzwischen auf dem Weg zur Küste war, befand es sich in ihrem Schußfeld, und sie konnten nicht feuern.

»Drauf, Jungs!« brüllte Allday und warf sich mit einem mächtigen Satz an Deck. Sein schweres Entermesser fuhr in den Hals eines Mannes, der lautlos zu Boden stürzte. Der zweite Wachtposten ließ sich auf ein Knie nieder und zielte mit seiner Muskete auf Bolithos Männer, von denen inzwischen immer mehr an Bord geklettert waren. Der Blitz des Schusses erhellte die Gesichter. Bolitho hörte die Kugel vorbeisausen und mit scheußlichem Ton in Fleisch und Knochen einschlagen.

Immer mehr Leute der Brigantine stürzten sich von der Kampanje her ins Gefecht, wild um sich schießend, ohne sich um die Todesschreie der Sklaven zu kümmern, die ihnen in die Schußlinie gerieten. Eine nackte junge Frau – ihr Körper glänzte vor Schweiß, eine Kette klirrte zwischen ihren Handgelenken – versuchte, einen der verwundet am Boden liegenden Sklaven zu erreichen. War es ihr Mann oder ihr Bruder?

Aber einer von der Besatzung, der mit ein paar anderen das Achterdeck verteidigte, hatte sie bereits niedergehauen. Bolitho warf sich mit gezogenem Degen auf den Mörder und spürte, wie dieser den Hieb mit seinem Säbel parierte. Das harte Gesicht des Mannes war von Haß und irrer Wut verzerrt, als sie aufeinander einhieben und ihre Füße auf den blutbeschmierten Planken ausrutschten. Auf dem ganzen Deck wurde wild gefochten, und nur hier und da warf der Mündungsblitz eines Pistolenschusses kurz Licht auf Freund oder Feind. Bolitho trieb den Gegner rückwärts gegen den Großmast und drückte seinen Oberkörper nach hinten. Die Parierstangen der beiden Waffen lagen gekreuzt vor der Kehle des Priaten. Bei dem Mann war jetzt die Wut in Angst umgeschlagen; Bolitho merkte es, machte seinen Degen mit einem heftigen Ruck frei und hieb ihm die Parierstange in die Zähne. Der Kerl schrie auf, riß den Arm hoch, da fuhr Bolithos Degen ihm dicht unter der Schulter bis fast zum Griff in die Brust.

Allday sprang an Bolithos Seite und rief: »Gut gemacht, Captain!« Er rollte den Mann mit einem Fußtritt zur Seite und knurrte: »Noch einer, bei Gott!« Denn ein Matrose der Brigantine war aus den Wanten gesprungen. Ob er überraschend von oben angreifen oder selbst einem Angriff entgehen wollte – Bolitho wußte es nicht. Er hörte nur Alldays Keuchen, das Sausen seiner Klinge, als er den Mann erst niederschlug und ihn dann mit einem weiteren furchtbaren Hieb erledigte.

»Da kommen zwei Boote, Sir!«

Bolitho stürzte zum Schanzkleid und duckte sich sofort, denn eine Kugel schlug dicht neben seiner Hand in die Reling.

»Nehmt sie mit dem Drehgeschütz unter Feuer!« brüllte er.

Hinter ihm rannte ein Mann vorbei, der vor Alldays Degen floh und im Laufen eine Pistole abfeuerte. Bolitho fuhr mit einem Aufschrei herum; er spürte einen stechenden Schmerz im Oberschenkel. Aber als er sein Bein und den klaffenden Riß in der Kniehose betastete, fühlte er weder Blut noch den scharfen Schmerz von Knochensplittern. Der Kerl, der den ungezielten Schuß abgefeuert hatte, kam den schreienden Sklaven zu nahe. Ketten peitschten durch die Luft wie Schlangen, dann verschwand der Sklavenhändler unter einem stoßenden, tretenden Haufen kreischender, schweißglänzender Neger.

Allday tastete nach Bolitho. »Wo sind Sie verwundet, Captain?« Selbst in dem Kampfeslärm, in dem Gebrüll ringsum, war seine Besorgnis deutlich herauszuhören.

Bolitho schob ihn beiseite und stieß zwischen zusammengebissenen Zähnen hervor: »Der Kerl hat meine Uhr getroffen, Gott verdamme seine Augen!«

Grinsend bückte sich Allday. »Für ihn steht die Zeit jetzt auch still, schätze ich.« Bolitho warf einen Blick auf den leblosen Körper bei den keuchenden Sklaven. Sie hatten ihn buchstäblich in Stücke gerissen. Er zerrte Allday weg. »Nicht zu nahe heran, sonst geht's Ihnen ebenso.«

»Undankbare Hunde!« Aber Bolitho stand schon bei der verlassenen Drehbasse und richtete den Lauf auf das vorderste Langboot.

»Die denken vielleicht, wir sind auch Sklavenjäger, nur von der Konkurrenz.« Er riß die Abzugsleine und fühlte den heißen Pulverqualm im Gesicht; das Schrapnell explodierte, ein Hagel gehacktes Blei schlug in das überfüllte Boot. Schreie, Flüche, ins Wasser klatschende Körper und einzelne Schüsse vom Heck her. Er beugte sich vor, um zu sehen, wo Soames die Küste erreicht hatte. Aber das ließ sich unmöglich feststellen. Musketenkugeln jaulten über die Bucht; einmal glaubte er, den Klang von Stahl auf

Stahl zu hören.

Dann wandte er sich um und überblickte das Deck. Soeben rannte Keen vorbei, in der einen Hand eine leergeschossene Pistole wie eine Keule schwingend, in der anderen einen blitzenden Dolch. Bolitho packte ihn am Handgelenk. »Wie viele?«

Keen starrte ihn verwirrt an. »Wir haben fünf Mann verloren«, sagte er dann. »Aber die Sklavenhändler sind alle tot, Sir, oder über Bord gesprungen.« Bolitho horchte angestrengt auf Rudergeräusche. Hoffentlich kam Soames bald zur Hilfe.

Ein dumpfer Aufprall achtern: vermutlich wieder ein Boot, dessen Besatzung entern wollte. Er zählte seine kleine Truppe: fünf Tote, ein Mann offenbar verwundet. Es fehlte ihm an Leuten. Heiser rief Allday: »Wir können eins von den Geschützen an die Luke schaffen und ein Leck ins Schiff schießen. Wenn wir sie auf der Kampanje festhalten können, bis . . .«

Bolitho schüttelte den Kopf und wies auf die Sklaven. »Sie sind alle aneinandergekettet – sie würden mit ertrinken!«

Er merkte, wie der Kampfeswille seiner überlebenden Männer erlosch wie ein Feuer unter einem Regenguß. Stumm blickten sie nach achtern, keiner hatte Lust, dem erwarteten Angriff als erster entgegenzutreten. Aber sie brauchten nicht lange zu warten . Die Kampanjetüren flogen auf, ein Haufen Männer stürmte an Deck, schrie und brüllte in einem Dutzend Sprachen. Bolitho stand breitbeinig, den Degen quer vorm Leib .

»Kappt den Anker, damit sie ins flache Wasser treibt!« Eine Kugel zischte über seinen Kopf hinweg, einer seiner Leute stürzte aufs Gesicht, Blut schoß aus seiner Kehle.

»Haltet stand, ihr Hunde!« brüllte Allday. Aber es hatte keinen Zweck. Die übriggebliebenen Matrosen hasteten zum Vorschiff und warfen die Waffen weg, die ihnen dabei hinderlich waren. Nur Keen war noch zwischen ihm und dem Bug; die Arme hingen ihm schlaff herab, sein junger Körper wankte vor Erschöpfung.

»Kommen Sie, Captain!« sagte Allday. »Es hat keinen Zweck mehr!« Er feuerte noch einmal in den andrängenden Haufen und grunzte befriedigt: er hatte einen Todesschrei gehört.

In den nächsten Sekunden herrschte solches Durcheinander, daß keiner begriff, was eigentlich vorging. Im einen Augenblick saß Bolitho rittlings auf dem Bugspriet, im nächsten schwamm er auf die schwarze Masse der Bäume zu. Er wußte nicht mehr, wann er getaucht und wieder hochgekommen war, aber seine Kehle war rauh wie Sandpapier, nicht nur vom Brüllen, sondern vom schieren Überlebenskampf. Schaum spritzte auf, er hörte Getrampel an Bord der Brigantine, denn immer mehr ihrer Leute hatten jetzt schwimmend oder im Boot das Schiff erreicht und kletterten an Deck. Immer noch pfiffen Kugeln über seinen Kopf, und mit einem erstickten Schrei sank ein getroffener Matrose unter die Wasserfläche.

»Zusammenbleiben!« Mehr konnte er nicht rufen, denn immer wieder klatschten ihm übel schmeckende Wellen in den Mund. Vom Strand her rannte eine weiße Gestalt in das aufspritzende Wasser; Bolitho tastete nach seinem Degen und fiel dabei stolpernd vornüber, denn seine Füße stießen auf Sand und Kies. Es war Soames, der ihn keuchend vor Anstrengung und mit zerzaustem Haar aufs Trockene zog. Bolitho rang verzweifelt nach Luft. Es war mißlungen, und sie hatten manchen guten Mann verloren. Umsonst.

Allday kam aus dem Wasser; zwei weitere lagen wie tot auf dem Sand, doch verriet ihr schwerer Atem, daß sie noch lebten. Mehr waren nicht da.

Von der Brigantine her krachte ein Kanonenschuß, aber die Kugel ging weit daneben, fuhr splitternd durch die Bäume, Vögel und Sklaven kreischten im Chor dazu.

Heiser berichtete Soames: »Ich konnte nur ein Boot erobern, Sir. Es waren zu viele Sklavenfänger an Land.« Seine Stimme zitterte vor Wut und Verzweiflung. »Als sie auf diesen spanischen Leutnant schossen, griffen meine Jungs an. Zu früh. Tut mir furchtbar leid, Sir.«

»Sie können nichts dafür.« Schweren Schrittes ging Bolitho am Wasser entlang und spähte hinaus, ob noch ein Schwimmer käme. »Wie viele haben Sie verloren?«

»Sieben oder acht«, erwiderte Soames dumpf und mit einer Handbewegung zum Strand, wo mehrere dunkle Gestalten lagen. »Aber wir haben ein Dutzend umgelegt.« Und, fast schreiend vor plötzlicher Wut: »Wir hätten dieses verfluchte Schiff gekriegt! Bestimmt!«

»Ja.« Bolitho gab die Suche auf. »Lassen Sie unsere Leute antreten, dann gehen wir ins Boot. Wir müssen Mr. Fowlar und seine Truppe abholen, solange es noch finster ist. Bei Tageslicht kommt uns der Sklavenjäger dazwischen, denke ich.«

Es war nur ein kümmerliches Boot und leckte ziemlich stark; ein paar verirrte Musketenkugeln hatten es getroffen. Einer nach dem anderen kletterten die erschöpften Männer hinein. Sie waren zu müde, um einander auch nur anzusehen; es war ihnen sogar gleichgültig, wo sie sich befanden. Wenn sie jetzt hätten kämpfen müssen, wären sie kurz und klein geschlagen worden.

Bolitho betrachtete sie gespannt. Flüchtig dachte er an eine Äußerung, die Herrick vor vielen Wochen getan hatte: *Im Frieden sind sie eben anders.* Vielleicht.

Die Verwundeten stöhnten und schluchzten leise; er schob Keen zu ihnen hin. »Kümmern Sie sich um sie!« Er sah, wie der junge Mann zurückzuckte, und wußte, daß auch er nahe am Zusammenbrechen war. Da streckte er den Arm aus und drückte ihm die Schulter. »Reißen Sie sich zusammen, Mr. Keen!« Und zu Soames gewandt: »Mr. Fowlars Leute können nachher die Riemen übernehmen. Sie werden besser bei Kräften sein.«

Er fuhr herum. Zwischen den Bäumen dröhnte ein Geräusch auf wie von einem riesigen, stampfenden Tier, und dazu gellte wildes, vielstimmiges Geschrei übers Wasser.

»Um Gottes willen, was ist das?« murmelte Allday erschrocken.

»Die Sklaven im Lager.« Soames stand neben Bolitho, ihr Boot wollte soeben ablegen. »Sie wissen mehr als wir.«

Bolitho konnte sich nur mit Mühe im Gleichgewicht halten, denn das überladene Fahrzeug schwankte gefährlich in der Strömung. Die Sklaven mußten inzwischen begriffen haben, daß sie – obwohl die Brigantine mit ihren Kanonen noch immer draußen lag – jetzt nicht mehr gefesselt auf die andere Seite der Welt verschleppt würden. Dieses Mal jedenfalls nicht. Bolitho dachte an die Boote der Eingeborenen, die Herrick gesichtet hatte. Vielleicht waren sie schon angekommen?

»Streicht Riemen!« kommandierte er. »Da ist Mr. Fowlar!«

Enttäuscht starrte der Steuermannsmaat auf das Boot. »Da drin ist aber für meine Leute kein Platz, Sir!«

»Sie müssen aber rein, wenn sie am Leben bleiben wollen.« Allday übernahm die Ruderpinne und zählte die ins Boot kletternden Männer. Irgendwie fanden sie alle Platz, doch die Riemen ließen sich kaum bewegen, und das Boot lag so tief, daß es nur knappe sechs Zoll Freibord hatte.

»Ablegen!«

Bolitho zuckte zusammen: ein Kanonenschuß krachte, aus der Bordwand der Brigantine schoß eine lange, gelbrote Flamme wie eine giftige Zunge. Die Kugel zischte über das Heck des Bootes hinweg und grub sich in den Sand.

»Ruhe!« rief Bolitho. »Und Schlag halten!« Denn unsauberes Rudern hätte zuviel Gischt aufgeworfen, dann mußte das Boot ein besseres Ziel bieten.

»Einer ist eben gestorben«, flüsterte Keen heiser. »Hodges, Sir.«

»Werft ihn ins Wasser! Aber die Trimmung ausgleichen, das Boot muß ruhig liegen!« Armer Hodges, er würde nie mehr über die Marschen von Norfolk streifen, nie wieder den Anhauch der Nordsee auf seinem Gesicht spüren oder einem Flug Enten nachschauen. Ärgerlich schüttelte sich Bolitho – was war mit ihm los? Der Leichnam glitt über den Bootsrand, und der Ruderer, der dazu Platz gemacht hatte, rutschte wieder an die Ducht.

»Sie haben das Feuer eingestellt«, bemerkte Soames. »Lecken sich wahrscheinlich ihre Wunden, genau wie wir.«

Wieder fühlte Bolitho Bitterkeit in sich aufsteigen. Der Sklavenfänger hatte eine Anzahl Männer verloren, gewiß. Aber er hatte immer noch genügend Neger an Bord, so daß sich seine Reise auch ohne die an der Lagerstelle lohnte. Während er, Bolitho ... Er versuchte, nicht an ihren Mißerfolg zu denken. Seine Männer waren vermutlich deswegen zurückgewichen, weil sie das Vertrauen zu ihm verloren hatten. Und wer die *Nervion* angegriffen hatte, blieb immer noch ein Rätsel. Die Besatzung eines Sklavenschiffes bestand gewöhnlich aus dem Abschaum vieler Häfen und Länder. Vielleicht hatte Davy tatsächlich recht gehabt, und er hätte die Brigantine überhaupt in Ruhe lassen sollen. Der Kopf tat ihm genauso weh wie die Prellung an seinem Oberschenkel. Er konnte kaum noch einen klaren Gedanken fassen.

Fowlar sagte: »Mr. Mudge hat es mir erklärt, Sir. Morgen muß die *Undine* sich weit vom Land klarhalten, wegen der Sandbänke hier herum. Der Sklavenkapitän kennt wahrscheinlich eine bessere Durchfahrt, aber ...« Er sprach nicht zu Ende.

»Ja.« Bolitho sah ein paar überhängende Bäume sich wie eine halbzerstörte Brücke übers Wasser recken. »Wir machen hier fest. Lassen Sie die Männer rasten und verteilen Sie, was noch an Wasser und Verpflegung vorhanden ist.«

Niemand antwortete. Manche schienen im Sitzen zu schlafen und blieben unbeweglich hocken, wie Bündel alter Lumpen.

Bolitho versuchte, nicht an die Brigantine zu denken. Hätte er sie nicht angegriffen, so wüßte ihr Kapitän gar nicht, daß die

Undine in der Nähe lag. Offenbar hatte man die Fregatte nicht gesichtet und wußte auch nicht, wer der Angreifer gewesen war. Es war schließlich nichts Ungewöhnliches, daß ein Sklavenhändler dem anderen die Beute abzujagen versuchte. Aber wegen seiner, Bolithos, Dickköpfigkeit würde der Sklavenkapitän jetzt die *Undine* erkennen, sobald er die freie See gewann. Die *Undine* durfte sich nicht zu nahe heranwagen, und eine lange Verfolgungsjagd hatte auch keinen Zweck. Somit wußte der Kapitän, falls er an der Verzögerung von Puigservers Mission beteiligt war, jetzt zumindest, daß die *Undine* unterwegs war.

Bolitho preßte die Finger um den Degengriff, bis der Schmerz ihn zur Besinnung brachte. Wäre Rojart nicht gewesen, hätte es geklappt. Wie viele Schlachten waren schon verlorengegangen, bloß weil ein einzelner einen dummen Fehler beging? Armer Rojart ... Das Schiff, das seine *Nervion* zugrunde gerichtet hatte, war das letzte gewesen, was er auf Erden gesehen hatte. Dann hatten sie ihn genauso brutal umgebracht.

»Eine kleine Bucht an Backbord, Captain! Sieht ziemlich sicher aus.« Allday starrte auf Bolithos gebeugte Schultern. Er empfand die Verzweiflung seines Kapitäns wie seine eigene.

»Steuern Sie sie an, Allday!« befahl Bolitho. Er schob seine Gedanken mit fast physischer Anstrengung beiseite. »Drei Wachen zu je zwei Stunden.« Er setzte nochmals an. »Posten aufstellen und scharf aufpassen!«

Ein Mann sprang über das Dollbord und watete durch das flache Wasser, den Festmacher wie ein Zuggeschirr über der müden Schulter. Das Boot stieß auf harten Sand. Durch die Strömung und die plötzlich Gewichtsverlagerung beim Hinausklettern der Männer neigte es sich wie trunken zur Seite.

Bolitho hörte Soames die erste Wache einteilen. Ob der wohl Bedenken gehabt hätte, wenn er das Enterkommando befehligt hätte? Vermutlich nicht. Soames hätte getan, was er für richtig hielt, ungeachtet der hilflosen Sklaven, und hätte die Brigantine versenkt oder Feuer an das Pulvermagazin gelegt. Bei diesem Klima wäre die Brigantine innerhalb weniger Minuten ausgebrannt, die Sklavenfänger wären hilflos gewesen und hätten später leicht überwältigt werden können. Dagegen hatte er, Bolitho, überhaupt nichts erreicht und obendrein fast ein Drittel seiner Mannschaft verloren, weil er die Sklaven nicht hatte opfern wollen.

Allday kam mit einer Wasserflasche. »Hab das Boot gesichert,

Captain.« Er gähnte gewaltig. »Ich hoffe bloß, wir müssen nicht zu weit landeinwärts.« Und nach einer kleinen Pause: »Lassen Sie sich nicht unterkriegen, es ist eben nicht zu ändern. Wir haben doch schon viel Schlimmeres gesehen und erlebt. Ich weiß, manche unserer Leute sind weggelaufen, statt zu kämpfen, als sie am nötigsten gebraucht wurden. Aber es sind eben andere Zeiten – viele denken das jedenfalls.«

Bolitho sah ihn stumpf an, konnte aber seine Gesichtszüge nicht erkennen. »Wie meinen Sie das?«

Allday hob die Schultern. »Sie sehen nicht ein, daß sie sich wegen ein paar Sklaven totschlagen lassen sollen – oder wegen eines Schiffes, von dem sie nichts wissen. An Bord der alten *Phalarope* war das anders, verstehen Sie? Da hatten sie eine Flagge, der man folgen konnte, einen Feind, den man sah.«

Bolitho lehnte sich gegen einen Baum, schloß die Augen und lauschte, wie der Dschungel zur Nacht lebendig wurde, quiekend, brüllend, grunzend, raschelnd. »Sie meinen, es war ihnen egal?« fragte er.

Allday grinste. »Wenn wir einen richtigen Krieg hätten, so einen wie den letzten, dann würden wir verdammt schnell ganze Kerls aus ihnen machen.«

»Das heißt also, wenn sie nicht persönlich bedroht sind, fällt es ihnen gar nicht ein, für diese Unglücklichen zu kämpfen?« Bolitho öffnete die Augen wieder und studierte die Sterne. »Ich fürchte, bevor die Reise zu Ende ist, werden einige von ihnen anders darüber denken.«

Aber Allday war schon eingeschlafen. Das Entermesser lag über seiner Brust wie die Grabbeigabe eines Ritters.

Leise erhob sich Bolitho und ging zum Boot, um nachzusehen, wie der Verwundete versorgt war. Der Widerschein der Sterne glitzerte auf dem trägen Wasser. Zu seinem eigenen Erstaunen war er schon nicht mehr ganz so verzweifelt.

Er blickte zum Waldrand zurück, aber Allday war in der Dunkelheit nicht mehr zu erkennen. Es war ihm mit Allday schon oft so ergangen: Der Mann schien, absichtlich oder zufällig, in seiner offenen, einfachen Art jedesmal den springenden Punkt zu treffen. Nicht daß er irgendeine Patentlösung anbot, aber man gewann Abstand, und die Dinge rückten in ihre richtige Perspektive.

Der Verwundete lag in tiefem Schlaf. Kalkweiß hob sich sein Verband von den schwarzen Bootsplanken ab. Keen fuhr hoch, als

Bolitho hinzutrat. »Entschuldigung, Sir. Ich habe Sie nicht kommen sehen.«

»Bleiben Sie ruhig liegen, Mr. Keen«, erwiderte Bolitho. »Wir haben es ja jetzt gemütlich für die Nacht.«

Als Bolitho gegangen war, trat Fowlar, der sich in der See Gesicht und Hände gewaschen hatte, zum Boot und sagte bewundernd: »Das ist 'n Mann, was? Der jammert und jault nicht, wenn's mal schiefgeht.«

Keen nickte. »Ich weiß. Eines Tages werde ich hoffentlich so wie er.«

Fowlar lachte laut auf, und vom Wald her antworteten die Schreie aufgestörter Vögel. »Ach du lieber Gott, Mr. Keen, da würde er sich aber geschmeichelt fühlen, wenn er das wüßte!«

Keen wandte sich wieder dem Verwundeten zu. Leise, aber heftig murmelte er: »Trotzdem ist es so – basta!«

Im bleichen Glanz des Morgens flossen Himmel und Meer zu milchigem Dunst zusammen. Schwerfällig schob sich das überladene Langboot aus den Bäumen und kleinen Stränden heraus, die den Meeresarm zu beiden Seiten säumten. Bolitho hielt scharf Ausschau nach irgendwelchen Zeichen von Leben, die auf einen Hinterhalt deuteten. Hoch oben segelten ein paar Vögel, und weit draußen, vor den letzten, winzigen Landfetzen, sah er die offene See, seltsam farblos im Morgenlicht. Dann musterte er die Männer im Boot. Die kurze Ruhepause schien ihnen wenig genützt zu haben. Müde und verängstigt sahen sie aus, ihre Kleidung starrte vor Schmutz und getrocknetem Blut, die Gesichter waren hohl und stoppelig. Man konnte sich kaum vorstellen, daß sie zu einem Schiff des Königs gehörten.

Soames stand aufrecht neben Allday und spähte voraus, überwachte die Männer, die das eingesickerte Wasser ausschöpften, und sah zwischendurch nach dem verwundeten Matrosen – seine Augen waren überall. Ganz vorn auf dem Steven hockte Keen, die nackten Füße im Wasser, zusammengesunken wie unter einer schweren Last, und beobachtete das nächstliegende Ufer.

Die erste Dünung rollte in die Bucht; das Boot hob und senkte sich in den Wellen. Ein paar Leute stöhnten erschrocken auf, aber die meisten starrten stumpf vor sich hin; ihnen war längst alles gleich. »Wenn wir im offenen Wasser sind«, sagte Bolitho, »drehen wir nach Backbord ab. So treffen wir am schnellsten auf die Boote der *Undine*.«

Soames blickte kurz zu ihm herüber. »Kann Stunden dauern. Bis dahin wird es so heiß wie in einem verdammten Ofen.«

Bolitho tastete unwillkürlich nach seiner Uhr und stöhnte schmerzlich auf, als seine Finger die Prellung auf dem Oberschenkel berührten. Schließlich hatte er die Uhr herausgezogen: die abgeprallte Kugel hatte Deckel und Werk völlig zerschlagen, doch ohne die Uhr wäre er jetzt wahrscheinlich dem Tode nahe oder bestenfalls Gefangener an Bord der Brigantine.

»Die ist hin, Sir«, bemerkte Soames gelassen. Bolitho nickte und erinnerte sich daran, wie seine Mutter sie ihm geschenkt hatte. Er war gerade Leutnant geworden. Die Uhr hatte ihm sehr viel bedeutet, nicht zuletzt deswegen, weil sie ihn an seine Mutter erinnerte, an ihre Sanftheit und die Seelenstärke, mit der sie es getragen hatte, Mann und Söhne an die See zu verlieren.

Ein paar Stimmen protestierten laut, weil das Boot stark krängte, und Bolitho sah, daß Keen von seinem exponierten Platz ins Bootsinnere zurückkletterte. »Da, Sir! Steuerbord voraus!« schrie er, das Gesicht vor Schreck verzerrt.

Bolitho stand auf, stützte sich mit einer Hand auf Alldays Schulter und starrte auf die beiden langen, flachen Gebilde, die eben die äußerste Spitze des Landes rundeten: Boote. Unter perfektem Gleichschlag der langen Paddel glitten sie ziemlich schnell dahin, genau auf den Eingang der Bucht zu.

»Kriegskanus«, sagte Fowlar heiser. »Ich kenne sie von früher. Die kommen noch näher ran, wenn ich mich nicht irre.« Er zog seine Pistole aus dem Gürtel und suchte nach dem Pulverhorn.

Mit zusammengekniffenen Augen spähte Soames nach den beiden Kanus aus. Sein Gesicht war maskenstarr. »Gott verdamm' mich, in jedem sind mindestens dreißig Mann!«

»Die tun uns nichts, das wäre nicht fair! Wir sind doch keine Sklavenjäger!« schrie ein Matrose angstvoll auf.

»Still, der Mann da!« Fowlar spannte die Pistole und legte den Lauf auf den Unterarm. »Für die sind alle Weißen gleich, also halt die Schnauze!«

»Tempo zulegen!« befahl Bolitho. »Vielleicht kommen wir vorbei.«

»Wenn Sie meinen, Captain?« sagte Allday und gab den Ruderern einen schnelleren Rhythmus an.

»Achteraus, Sir!« rief ein anderer Matrose. »Ich sehe die Marssegel der Brigantine.« Vorsichtig, um die Ruderer nicht aus dem Takt zu bringen, drehte Bolitho sich um. Der Mann hatte sich nicht geirrt. Weit hinter ihnen glitt ein schlaffes Segel im Schnekkentempo über einer Reihe niedriger Baumwipfel dahin. Das Sklavenschiff mußte schon vor Sonnenaufgang Anker gelichtet haben. Das leblose Tuch verriet Bolitho, daß die Brigantine von Booten geschleppt wurde. Aber war sie erst einmal in offenem Wasser, würde sie auch bald entkommen sein. Und dort kamen die Kanus näher. Zum Unterschied von den Sklavenjägern saßen er und seine Männer hier fest und würden sterben – wenn sie Glück hatten.

»Was können wir schon tun, Sir?« fragte Soames. »Diese Kanus sind schneller als wir, und zum Nahkampf lassen sie uns gar nicht erst dicht genug heran.« Nervös spielte er mit seinem Säbelgriff; zum erstenmal verriet er Angst.

»Stellen Sie fest, was wir an Waffen, Pulver und Munition haben«, erwiderte Bolitho.

Viel konnte nicht mehr übrig sein nach der planlosen Schießerei an Land, zumal sein eigenes Enterkommando ja auch die Waffen an Bord der Brigantine gelassen hatte.

Fowlar meldete: »Reicht kaum für einen Schuß pro Mann, Sir.«

»Na schön. Die zwei besten Schützen nach achtern! Und geben Sie ihnen alles Pulver, das wir haben.« Etwas leiser sagte er zu Soames: »Vielleicht können wir sie in Schach halten, bis unsere Boote eintreffen.«

Die Kanus hatten gestoppt; unter dem Rückwärtsdruck der glitzernden Paddel lauerten sie wie zwei Hechte bewegungslos im Wasser. Bolitho hätte sein Fernrohr gebraucht – aber das lag irgendwo im Dschungel. Dennoch konnte er die Eingeborenen recht deutlich erkennen: die tiefschwarzen Leiber waren über die Paddel gebeugt, um auf Befehl sofort loszurudern. Im Heck saß jeweils ein großer Mann mit buntem Kopfschmuck, den Körper von einem ovalen Schild gedeckt. Bolitho dachte an die Sklaven in der Lichtung, an das Mädchen, das an Deck der Brigantine erschlagen worden war. Von diesen Negern, die stumm das Boot beobachteten, konnte kein Weißer Gnade erwarten. Nur Blut würde sie befriedigen.

Die Weißen ruderten immer näher, bis nur noch eine halbe Kabellänge sie von den Eingeborenen trennte. Bolitho blickte sich nach den beiden Scharfschützen in der Achterplicht um. Fowlar war der eine, der andere ein Matrose mit zernarbtem Gesicht. Das

Häufchen Pulver und Kugeln wirkte zwischen den beiden Männern noch winziger als vorher.

»Abfallen nach Steuerbord, Allday!« Bolitho war selbst überrascht, wie ruhig seine Stimme klang. »Sie müssen jetzt bald reagieren.«

Als sich das Langboot schwerfällig zur Mitte der Einmündung wandte, kam Leben in die beiden Kanus; schwungvoll fuhren die Paddel ins Wasser, plötzlich vibrierte die Luft von Trommelschlag, und im vordersten Kanu stieß der Anführer einen schrillen Kriegsruf aus.

Bolitho fühlte, wie auch ihr Boot unter ihm vorwärts schoß, sah den Schweiß auf den Gesichtern seiner Rudergasten und die Angst, mit der sie den herangleitenden Kanus entgegenblickten.

»Achtung!« brüllte er, »Schlag halten! Augen binnenbords!«

Etwas schlug spritzend längsseits auf – ein schwerer Stein zweifellos; und jetzt prasselte eine ganze Salve wie Hagel auf Schultern und Rücken der zusammenzuckenden Matrosen. Einige wurden am Kopf getroffen und sanken bewußtlos zusammen. Die Ruderer kamen aus dem Takt; ein Riemen fiel ins Wasser und trieb ab.

»Feuer!« befahl Bolitho.

Fowlar drückte ab und fluchte, weil er vorbeigeschossen hatte. Dann knallte die andere Muskete. Drüben schrie ein Neger auf und stürzte ins Wasser.

»Lenzen!« brüllte Soames. Er feuerte und grunzte befriedigt, als wieder ein Schwarzer ins Wasser stürzte.

Die Kanus trennten sich jetzt. Jedes schlug einen weiten Bogen, so daß sie etwas achterlicher zu beiden Seiten des Langbootes aufkamen, das damit völlig von den Ufern der Bucht abgeschnitten war. Vor ihnen lag die offene See, leer und lockend wie zum Hohn.

Wieder schoß Fowlar, und diesmal hatte er mehr Glück: er traf den Mann mit dem Kopfschmuck, der offensichtlich den Takt angab.

Die Matrosen pullten so angestrengt oder spähten angstvoll nach vorn, daß kaum einer die eigentliche Gefahr bemerkte, bis es fast zu spät war.

»Dort vorn, Mr. Fowlar!« brüllte Bolitho. »Feuern Sie so schnell wie möglich!« Denn mindestens ein Dutzend Kanus rundeten die grüne, hügelige Landzunge, fächerförmig ausschwärmend und voll johlender, brüllender Neger. Nach dem ersten Schuß zögerten sie, aber nur kurz. Dann schossen sie weiter durch die Dünung heran, durch die ihre Steven wie Messer schnitten.

Kopflos rissen die Matrosen an den Riemen, einige wimmernd vor Angst, andere wollten aufspringen; nur ein paar griffen nach den ins Boot gefallenen Steinen, um sich zu verteidigen.

»Das ist die letzte Kugel, Sir!« brüllte Fowlar. Ein schwerer Stein, offenbar von einer Schleuder aus einem der beiden Kanus achtern, prallte vom Dollbord ab und riß ihm den Handrücken auf. Er fluchte lästerlich.

Das vorderste Kanu der Flottille war inzwischen unter ohrenbetäubendem Getrommel und Kriegsgeschrei ganz nahe herangekommen.

Bolitho zog den Degen und blickte seine angstgelähmten Matrosen an. »Los, Jungs! Nahkampf!«

Aber daraus wurde nichts. Wieder ging ein Steinhagel auf das Boot nieder; ein Mann wurde so schwer getroffen, daß er über Bord stürzte. Der letzte Scharfschütze feuerte und traf zwei Wilde mit einer Kugel. Das Kanu fiel ab; der ins Wasser gestürzte Matrose trieb dicht daran vorbei und wurde an Bord gezerrt. Sie stellten ihn auf die Füße, mit dem Gesicht zum Langboot, hielten ihm die Arme fest. Er schrie mit weit offenem Mund, aber die Schreie gingen im wilden Gebrüll seiner Bezwinger unter. Plötzlich, Bolitho wurde es fast schlecht bei dem Anblick, hob der Anführer ein Messer hoch über seinen Kopf; die Augen des Gefangenen folgten der blitzenden Klinge wie hypnotisiert, der schreiend aufgerissene Mund war ein schwarzes Loch in dem kalkweißen Gesicht. Sehr langsam senkte sich das Messer, dann spritzte leuchtendrotes Blut. Schrecken und Abscheu drehten den zuschauenden Matrosen fast den Magen um.

»Jesus Christus!« sagte Allday gepreßt. »Sie ziehen ihm bei lebendigem Leibe die Haut ab!«

Bolitho packte den Scharfschützen bei der Schulter; der zuckte zusammen, als stürbe er mit dem Mann im Kanu.

»Tu dein Bestes!« Bolitho hatte Mühe, die Worte herauszubringen. Der Mann drüben lebte immer noch, wand sich wie eine arme Seele in Höllenqualen, während das Messer sein Werk verrichtete.

Ein Knall, und der Musketenkolben schlug im Rückstoß gegen die Schulter des Schützen. Bolitho wandte sich ab.

Gedämpft sagte Soames: »Das war die einzige Möglichkeit, Sir. Ich würde keinen Hund so leiden lassen.«

»Die Brigantine nimmt Fahrt auf, Sir!« rief Fowlar. Ohne daß jemand darauf geachtet hatte, war das Sklavenschiff ins freie Wasser gelangt. Sie hatten die schleppenden Boote eingeholt, die Vorsegel gesetzt, und segelten sich nun frei von Land.

Die Kanus bildeten zwei Stoßkeile; unter wildem Trommelwirbel setzten die Schwarzen zum letzten Angriff an. Bolitho hob seinen Degen zum dunstigen Himmel.

»Pullt, Leute! Wir kämpfen bis zum Letzten!« Leere Worte – aber es war immer noch besser zu kämpfen, als sich schweigend und ohne einen Finger zu rühren, überwältigen, martern und abschlachten zu lassen.

»Da sind sie«, flüsterte Allday. Er klemmte die Ruderpinne zwischen die Knie und zog das Entermesser. »Bleiben Sie dicht bei mir, Captain! Wir werden's den Hunden schon zeigen!«

Bolitho blickte ihn an. Die Schwarzen waren ihnen an Zahl zehnfach überlegen, und der Kampfeswille seiner übermüdeten Leute war schon jetzt gebrochen. »Das werden wir, Allday.« Er legte ihm die Hand auf den muskulösen Unterarm. »Und – danke!«

Ein ohrenbetäubender Aufschrei riß ihn herum, so daß das Boot gefährlich schwankte. Da erblickte er geschwellte Groß- und Vorsegel, eine Gallionsfigur, die wie pures Gold im milchigen Sonnenglast schimmerte – die *Undine* rundete die Landspitze. Ihre Steuerbordbatterie drohte wie mit einer Reihe scharfer schwarzer Zähne.

»Hinsetzen! Sonst kentern wir!« brüllte Soames. Und Fowlar rief: »Sie geht über Stag, Sir! Um Gottes willen, sie hält auf die Untiefe zu!«

Bolitho verschlug es den Atem, als die elegante Silhouette der *Undine* sich verkürzte, die Segel ganz kurz killten, bis die Rahen wieder richtig gebraßt waren. Wenn sie jetzt auflief, ging es ihr wie der *Nervion* und noch schlimmer, denn die Überlebenden würden den Wilden in die Hände fallen.

Aber die *Undine* zögerte nicht; schon erkannte er die blutroten Uniformen der Seesoldaten an den Achterdecknetzen und meinte, neben dem Rad Herrick und Mudge ausmachen zu können, als die Fregatte so stark krängte, daß die See fast in die Stückpforten wusch.

»Hurra, Jungs, hurra!« brüllte Keen unter Freudentränen. Er schwenkte sein Hemd überm Kopf, die immer noch drohende

Gefahr schon vergessend.

Auch die Brigantine hatte inzwischen gewendet und segelte sich frei von dem dunklen Schatten, der unter der glitzernden Wasserfläche lauerte, schüttelte die Reffs aus, um sich vom Wind nach Süden tragen zu lassen.

Ungläubig rief Fowlar: »Sie verfolgt das Sklavenschiff! Die müssen verrückt geworden sein!«

Bolitho sagte nichts. Er sah nur sein Schiff, und das reichte ihm. Er wußte genau, was Herrick dachte; sein Plan war ihm so klar, als hätten sie ihn abgesprochen: Herrick konnte nicht alle Kanus gleichzeitig angreifen, um Bolitho und seine kleine Schar zu retten. Also wollte er die Brigantine stellen und so die Kriegskanus auf die einzige ihm mögliche Weise ablenken.

Noch während sich Bolitho das klarmachte, eröffnete die *Undine* das Feuer. Es war eine langsame, sorgfältig gezielte Breitseite; in regelmäßigen Intervallen spuckten die Rohre Flammen und Rauch, während die Fregatte immer tiefer zwischen die Grundseen geriet.

Jemand stieß ein heiseres Hurra aus, als der Vormast der Brigantine erzitterte und mit dem ganzen Gewirr der Takelage über Bord kippte. Die Wirkung zeigte sich augenblicklich: in Sekundenschnelle kam sie aus dem Wind und bot in voller Breite ihren Rumpf einer zweiten Salve dar. Eine Zwölfpfünderkugel schlug neben dem Heck in die See und zerplatzte – so dicht lag das Riff unter der Wasseroberfläche.

»Sie ist aufgelaufen!«

Alles rief und schrie drüben wie verrückt durcheinander. Männer umarmten sich und schluchzten, weil sie ihr Glück nicht zu fassen vermochten. Bolitho konnte den Blick nur mit Mühe von der Brigantine lassen, die auf einem Riff oder einer Sandbank querschlug, während die chaotische Takelage sie noch weiter landeinwärts drückte.

Bolitho hielt den Atem an, als die *Undine* hastig Segel kürzte; ameisengleich krabbelten winzige Gestalten auf den Rahen, und als das Schiff über Stag ging, blitzte der Kupferbeschlag kurz auf. Eine halbe Kabellänge weiter, und die Fregatte hätte festgesessen.

Allday rief: »Sie hat beigedreht, Captain. Ein Boot wird ausgesetzt!«

Bolitho nickte nur, sprechen konnte er nicht.

Wild paddelten die Kanus zu der hilflosen Brigantine hinüber;

weitere Boote rundeten die Landspitze, hielten sich aber vorsichtig außer Reichweite der ausgefahrenen Kanonen der *Undine*. Die große Pinasse der Fregatte kam in voller Fahrt durch die kabbelige See heran. Als eins der Kanus sich ihr zuwandte, genügte ein Schuß aus der Drehbasse, um die kreischenden Eingeborenen in die Flucht zu jagen.

Davy stand sehr aufrecht, sehr elegant im Heck. Selbst seine Rudergasten sahen im Vergleich zu den zerlumpten, hurrabrüllenden Überlebenden von Bolithos Landungskommando wie Übermenschen aus.

Das erbeutete Langboot sank bereits. Wurfsteine hatten seine Außenhaut eingedrückt; Bolitho hätte sich keine halbe Stunde mehr halten können, ganz abgesehen von dem zweiten Kanugeschwader.

Als die Pinasse längsseits kam und hilfreiche Hände die keuchenden Männer an Bord zogen, drehte sich Bolitho noch einmal um und sah zu der schon mit starker Schlagseite liegenden Brigantine hinüber. Selbst auf diese Entfernung waren Musketenschüsse zu hören und das abgehackte Kriegsgeschrei aus den Kanus, die sich zum Angriff formierten: die Sklavenfänger würden ein furchtbares Ende nehmen.

Davy faßte ihn beim Handgelenk und zog ihn in die Pinasse.

»Schön, Sie wiederzusehen, Sir. Und Sie auch natürlich, Mr. Soames«, setzte er verlegen grinsend hinzu.

Bolitho ließ sich nieder, jetzt konnte er das Zittern seiner Beine nicht mehr beherrschen. Er vermochte die Augen nicht von seinem Schiff zu wenden, das, je näher sie kamen, immer höher aufwuchs und schließlich turmhoch über ihnen stand. Er war sich klar darüber, was er für die *Undine* empfand – und für diejenigen, die ihr Leben für ihn aufs Spiel gesetzt hatten.

Herrick stand an der Reling, um ihn zu begrüßen. Seine Erleichterung, als er Bolithos beide Hände ergriff, schien ebensogroß wie die Angst, die er offenbar ausgestanden hatte. »Gott sei Dank, Sir, daß Sie in Sicherheit sind!«

Bolitho suchte Zeit zu gewinnen. Er musterte die killenden Segel, die neugierigen Seesoldaten, die Geschützbedienungen, die ihre Reinigungsarbeiten kurz unterbrochen hatten, um grinsend zu ihm herüberzusehen. Herrick war ein furchtbares Risiko eingegangen. Der reine Irrsinn. Aber Mudge neben dem Kompaß nickte ihm so strahlend zu, daß er an diesem Plan mindestens den gleichen Anteil gehabt haben mußte wie Herrick.

Doch Bolitho spürte auch etwas Neues an ihnen und versuchte, es zu definieren.

Herrick berichtete: »Wir hörten die Schießerei, Sir, und schlossen daraus, daß Sie in Schwierigkeiten wären. Aber statt Boote zu schicken, kamen wir sozusagen in voller Stärke.« Er warf einen Blick auf die geschäftigen Männer an den Geschützen und Brassen. »Sie hielten sich gut. Und freuten sich, dabeizusein.«

Bolitho nickte begreifend. *Stolz.* Das war das Neue. Ihn zu erwerben, war sie teuer zu stehen gekommen, und es hätte noch schlimmer ausfallen können.

»Bitte nehmen Sie Fahrt auf«, sagte er. »Lassen Sie uns von dieser Unheilsküste schleunigst verschwinden .« Einen Moment lang suchte er nach den richtigen Worten . »Und, Thomas, wenn Sie jemals wieder daran zweifeln, daß Sie ein Schiff kommandieren können, dann werde ich Sie an den heutigen Tag erinnern. Sie haben die *Undine* erstklassig geführt .«

Herrick blickte zu Mudge hinüber und hätte ihm beinahe zugeblinzelt. »Wir haben den richtigen Kommandanten, Sir, und begreifen allmählich auch den Nutzen seiner harten Schule.«

Bolitho wandte sich, plötzlich zu Tode erschöpft, dem Achterdeck zu. »Ich werde es euch nicht vergessen.« Damit verschwand er, gefolgt von Allday, durch den Kajütniedergang.

Wiegenden Schrittes kam Mudge herbei und blieb neben Herrick stehen. »Das war knapp, Mr. Herrick. Wenn Sie's nicht befohlen hätten – ich weiß nicht, ob ich mich durch die Riffe getraut hätte.«

Herrick blickte ihn an und dachte an Bolithos Äußerung vorhin; schließlich brauchte er seine Gedanken jetzt nicht mehr zu verbergen.

»Gewiß, Mr. Mudge. Aber es war das Risiko wert.«

Er schaute auf die dunstige Küstenlinie, wo eine dünne Rauchwolke hochstieg. Die Brigantine mußte in Brand geraten sein. Noch lange würde ihm das Bild des vollgeschlagenen Bootes vor Augen stehen, mit Bolitho aufrecht im Heck, den alten, angelaufenen Degen in der Faust. Laut ausdrücklichem Befehl hatte die Sicherheit des Schiffes zwar absoluten Vorrang haben sollen. Und wenn er nicht gegen diesen Befehl gehandelt hätte, wäre er jetzt Kommandant gewesen. Aber Bolitho wäre auch irgendwo dort draußen und kämpfte mit dem Tode.

»Alle Mann an die Brassen!« Mit seinem Sprachrohr trat er an die Reling. »Und dankt Gott für unser Glück!«

In der Kajüte hörte Bolitho Herricks Lachen und dann das Klappern und Knarren der Blöcke, als die Matrosen auf Stationen eilten, um das Schiff wieder in Fahrt zu bringen.

»Einen Schluck Wein, Captain?« fragte Allday leise. »Oder vielleicht etwas Stärkeres?«

Bolitho lehnte sich an den Fuß des Besan. Das Holz vibrierte, als hoch oben der Wind in die Segel fuhr.

»Wissen Sie, Allday, nach allem, was es uns gekostet hat, möchte ich am liebsten ein Glas frisches Wasser.«

VIII Madras

Unbeweglich stand Bolitho an der Achterdeckreling und studierte die ausgedehnte Landfläche vor dem Bug der *Undine*. In der Morgensonne leuchteten die terrassenartig übereinandergebauten, weißen Häuser, deren Firstlinien in unregelmäßigen Abständen von hohen Minaretten und goldenen Kuppeln unterbrochen wurden. Es war atemberaubend schön; und aus der Art, wie sich die Matrosen lautlos, gleichsam ehrfürchtig, an Deck bewegten, schloß er, daß sie ebenso beeindruckt waren. Er blickte sich nach Herrick um. Tiefgebräunt und in seiner Galauniform wirkte er seltsam fremd.

»Wir haben es geschafft.«

Bolitho hob sein Teleskop ans Auge und beobachtete ein paar hochbordige Dhaus, die unter den Schwingen ihres riesigen Segels dahinglitten. Auch sie gehörten zu diesem fremdartigen Zauber.

»Einen Strich abfallen!« sagte Mudge, und dann schwieg auch er, während das Rad sich knarrend drehte.

Vielleicht war er mit sich zufrieden, dachte Bolitho, und dazu hatte er auch allen Grund. Madras – allein dieser Name bezeichnete wie ein großer Meilenstein alles, was sie gemeinsam erreicht hatten. Drei Monate und zwei Tage waren seit dem Ankerlichten in Spithead vergangen. Damals hatte er in Mudges Gesicht grimmige Zweifel lesen können, als er sagte, sie würden die Reise in hundert Tagen schaffen.

Leise meinte Herrick: »Ja, Sir, seit wir die Küste Afrikas im Rücken haben, ist uns das Glück treu geblieben.« Er grinste breit.

»Sie und Ihr Glück!« Aber Bolitho mußte ebenfalls lächeln. Was Herrick gesagt hatte, stimmte. Innerhalb weniger Tage, nachdem das Land mit seinen Toten und Sterbenden achteraus verschwunden war, hatte der Südwest stetig aufgefrischt – es waren die Ausläufer des Monsuns, der sich jetzt als ihr Freund erwies. Tag um Tag zog die *Undine* unter vollen Segeln frei und unbehindert dahin, nie ohne sprühenden Schaum am Bug; Delphine und andere seltsame Fische leisteten ihr treulich Gesellschaft. Es war, als sei das schreckliche Treffen mit den Kriegskanus die letzte Prüfung des Schicksals gewesen.

Bolitho warf einen Blick auf die leicht killenden Bramsegel oben und die einsame Fock vorn. Sie reichten knapp, um sie in das weite Hafenbecken zu bringen, wo eine imponierende Anzahl Schiffe vor Anker lag. Das war also Madras, der wichtigste britische Außenposten an der Südostküste des indischen Kontinents, die Schwelle zu erweitertem Handel und neuen Entdeckungen. Schon die Namen klangen wie eine Aufforderung zum Abenteuer: Siam und Malakka und weiter südöstlich Java und eine Unzahl unbekannter Inseln.

Schwerfällig kreuzte ein turmhohes Handelsschiff, das immer noch mehr Segel setzte, in eine bleiche Dunstbank über dem Meer hinein. Mit seinen schwarzweißen Stückpforten und dem tadellosen Segeldrill hätte man es für ein Kriegsschiff halten können. Aber es war ein Kauffahrer der East India Company, der Ostindischen Handelsgesellschaft, und noch vor drei Monaten hätte Bolitho seinen rechten Arm für ein paar ihrer Matrosen gegeben. Sie waren gut ausgebildet und diszipliniert, der durchschnittlichen Mannschaft eines Kriegsschiffes in vieler Hinsicht überlegen. Denn die britische Handelsgesellschaft konnte sich höhere Heuer, bessere Quartiere und Verpflegung für ihre Besatzungen leisten, während die Kriegsflotte nehmen mußte, was sie mit anderen Mitteln kriegen konnte. Und in Kriegszeiten lief das gewöhnlich auf Preßkommandos hinaus.

Bolitho hatte oft darüber nachgedacht, wie ungerecht das ganze System war. Eines Tages – hoffentlich würde er es noch erleben – mochte sich das ändern und die Marine die gleichen Gegenleistungen bieten können wie die Handelsschiffahrt.

Der große Indienfahrer dippte die Flagge, und Bolitho hörte, wie Keen seine Signalgasten anwies, den Gruß zu erwidern. Dann schaute er wieder auf seine eigene Mannschaft – zur Zeit hätte er kaum einen Mann auswechseln wollen, wenn nicht besondere Gründe vorlagen. Braungebrannt von der Sonne, gehärtet von schwerer Arbeit und regelmäßigem Geschütz- und Segeldrill, waren sie aus ganz anderem Holz als der buntgemischte Haufen damals in Spithead.

Er blickte kurz zum Indienfahrer hinüber und lächelte. Ein schönes Schiff, gewiß, und in jeder Hinsicht vollkommen – aber es mußte vor einem Schiff des Königs die Flagge dippen. Auch vor seiner *Undine*.

Mudge schnaubte sich die Nase und rief: »Noch fünf Minuten, Sir!«

Bolitho hob die Hand, und der Maat des Ankerkommandos bestätigte das Signal. Es war Fowlar, ein Mann, der seinen Wert und seine Treue bewiesen hatte. Der sich bereits eine Beförderung verdient hatte, sobald die Gelegenheit kam.

Hauptmann Bellairs von der Marineinfanterie musterte seine Trommler und glich in dem blendenden Sonnenlicht mehr denn je einem Zinnsoldaten. Davy und Soames waren an ihren Stationen auf dem Geschützdeck. Nie hatte das Schiff besser ausgesehen.

Er hörte Stimmen in seinem Rücken und wandte sich um. An der Heckreling standen Don Puigserver und Raymond im Gespräch. Vermutlich waren sie genauso gespannt darauf wie er, was sie in Madras erwartete. Puigserver trug den Galarock eines Leutnants, den Mrs. Raymonds Zofe auseinandergetrennt und geändert hatte, und zwar mit bereitwilliger Unterstützung durch den Segelmacher der *Undine*. Dieser John Tait hatte zwar nur ein Auge und die gemeinste Verbrechervisage an Bord; die Zofe jedoch fand ihn anscheinend faszinierend.

»Nun, Captain, Sie müssen heute sehr zufrieden mit sich sein.« Mrs. Raymond war aus dem Kajütniedergang gekommen und trat an seine Seite. Sie bewegte sich vollkommen sicher, durchaus vertraut mit jedem Seegang. Auch sie hatte sich verändert. Zwar wirkte sie immer noch etwas hochnäsig, aber sie hatte doch diese Uninteressiertheit am Schiffsleben abgelegt, die Bolitho in der ersten Zeit so irritiert hatte. Ihr umfangreicher Vorrat an eigenen Delikatessen, den sie in Santa Cruz mit an Bord gebracht hatte, war längst verbraucht, und sie hatte ohne Klagen mit der einfachen Kost der Kapitänskajüte vorliebgenommen.

»Das bin ich auch, Ma'am.« Er deutete zum Bug. »Nun werden Sie bald die Geräusche und Gerüche einer kleinen Fregatte hinter sich lassen können. Zweifellos wird eine englische Lady hier draußen wie eine Königin behandelt.«

»Vielleicht.« Sie wandte den Kopf, um nach ihrem Mann zu sehen. »Hoffentlich werden Sie mich besuchen, wenn Sie an Land kommen. Auch Sie sind schließlich ein König hier an Bord, nicht wahr?« Ein flüchtiges Lachen. »In mancher Hinsicht tut es mir leid, das Schiff zu verlassen.«

Bolitho betrachtete sie nachdenklich und dachte an seine Rückkehr an Bord nach der Affäre mit den Kanus: völlig ausgepumpt, fast im Stehen schlafend, der Kampfeswille war in totale Erschöpfung umgeschlagen und sein Hirn so abgestumpft, daß er sich nicht einmal über seine Errettung aus unmittelbarer Todesgefahr freuen konnte. Mrs. Raymond hatte ihn zu einem Sessel geführt, ihrer Zofe ein paar knappe Befehle zugerufen, auch dem darüber höchst schockierten Noddall und sogar Allday, als hätte sie das Kommando übernommen. Sie wollte den Schiffsarzt holen lassen, aber Bolitho hatte das kurz abgelehnt: »Ich bin nicht verwundet! Die Kugel hat bloß meine Uhr getroffen – Schweinerei, verdammte!« Da hatte sie mit lautem Lachen den Kopf zurückgeworfen. Diese unerwartete Reaktion hatte ihn geärgert; aber dann hatte sie, außerstande, ihr Lachen zu unterdrücken, seine Hand ergriffen, und da hatte er zu seiner eigenen Überraschung mitlachen müssen. Vielleicht hatte gerade das mehr als alles andere dazu beigetragen, daß er sich wieder fing und die nervöse Spannung verlor, die er bis zu diesem Moment gewaltsam verborgen hatte.

Etwas davon mußte jetzt noch auf seinem Gesicht zu lesen sein, denn sie fragte leise: »Darf ich's wissen?«

Er lächelte verlegen. »Woran ich denke? Ich dachte nur an meine Uhr.«

Er sah, daß ihre Lippen wieder zu zucken begannen. Warum hatte er eigentlich nie bemerkt, wie zart ihr Kinn und ihr Hals geformt waren? Erst jetzt fiel es ihm auf, da es zu spät war. Er fühlte, daß er rot wurde. Wieso eigentlich?

Sie nickte. »Es war grausam von mir, so zu lachen. Aber Sie machten ein so wütendes Gesicht, während jeder andere zunächst einmal dankbar gewesen wäre.«

Da rief Herrick: »Klar zum Ankern, Sir«, und sie wandte den Kopf ab.

»Machen Sie weiter, Mr. Herrick!« sagte Bolitho.

»Aye, Sir«, antwortete Herrick, aber seine Augen hafteten an der Frau. Dann begab er sich eilig zur Reling und kommandierte: »An die Leebrassen!«

Leicht und elegant drehte die *Undine* in den Wind, und schließlich fiel ihr Anker spritzend in das seidig blaue Wasser.

Puigserver deutete auf eine kleine Prozession von Booten, die sich bereits dem Schiff näherte. »Jetzt beginnt die Zeit der Zeremonien, *Captain.* Der arme Rojart hätte daran seine Freude gehabt.«

Er war jetzt ein ganz anderer Mann, mit stahlhartem Blick, tatendurstig seine Pläne schmiedend. Hinter ihm beobachtete Raymond die näher kommenden Boote mit eher nervöser Spannung.

Der Anker war gesteckt, alle Segel sauber gerefft; reges Leben herrschte auf den Decks der *Undine,* denn die Mannschaft traf Vorbereitungen, um Proviant, Besucher, oder was sonst befohlen wurde, an Bord zu nehmen. Und vor allen Dingen, um notfalls innerhalb weniger Stunden wieder seeklar zu sein.

Bolitho wußte, daß er von einem Dutzend verschiedener Seiten zugleich gebraucht wurde. Schon sah er den Zahlmeister herumschleichen, der sich bemühte, das Auge des Kapitäns auf sich zu lenken. Auch Mudge kam näher, offenbar mit einer Frage oder einem Vorschlag.

»Vielleicht sehen wir uns an Land, Mrs. Raymond«, sagte er ernst. Die anderen hörten zu; er spürte ihre verstohlenen Blicke, ihr Interesse. »Es war keine leichte Reise für Sie, und ich würde Ihnen gern danken für Ihre – äh –«, er zögerte, denn schon wieder begannen ihre Lippen vor unterdrücktem Lachen zu zittern –, »Ihre Nachsicht.«

Ebenso ernsthaft erwiderte sie: »Und ich darf Ihnen meinerseits danken für Ihre – Kameradschaft.«

Bolitho setzte zu einer Verneigung an, doch sie streckte ihm die Hand hin und sagte: »Bis zum nächsten Mal also, Captain.«

Er nahm ihre Hand und führte sie an die Lippen. Dabei spürte er einen ganz leichten Druck ihrer Finger, und als er ihr ins Gesicht sah, merkte er, daß es kein Zufall war.

Dann war alles vorbei. Die Herren vom Empfangskomitee des Gouverneurs umringten ihn, und er mußte seine Depeschen dem Kommandanten des Regierungsbootes übergeben. Dann löste sich eine Barkasse mit grellbuntem Sonnendach aus dem dunklen Schatten der *Undine;* er sah seine Passagiere im Heck sich noch einmal nach ihm umblicken. Mit jedem Schlag der Riemen wurde das Boot kleiner.

»Sie sind sicher froh, Sir, daß Sie die Kajüte jetzt wieder für sich haben«, bemerkte Herrick munter. »Lange genug hat es ja gedauert.«

»Ja, Thomas. Da bin ich wirklich froh.«

»Und jetzt, Sir, was zusätzliche Männer betrifft . . .«

Herrick hatte Bolithos Lüge durchschaut und hielt es für klug, unverzüglich das Thema zu wechseln.

Erst am späten Nachmittag erhielt Bolitho die Aufforderung, persönlich beim Gouverneur vorzusprechen. Er hatte schon gedacht, dieser Teil seiner Mission sei gestrichen worden oder sein Status in Madras so tief gesunken, daß man ihn sich auf Armeslänge vom Leibe hielt, bis er von der Obrigkeit mit den entsprechenden Befehlen versehen wurde.

Die Gig der *Undine* trug ihn, Herrick und Midshipman Keen an Land, obwohl ein hochnäsiger Abgesandter ihn überreden wollte, ein Hafenboot sei passender und bequemer.

Am Kai wartete eine offene Kutsche, um sie zum Gouverneurspalast zu bringen; während der ganzen langen Fahrt wechselten sie kaum ein Wort. Die grellen Farben, die wimmelnden, schwatzenden Menschen, überhaupt die Fremdartigkeit der Stadt nahmen ihre Aufmerksamkeit voll in Anspruch. Bolitho fand die Menschen außerordentlich interessant, schon wegen der unterschiedlichen Hautfarben: vom hellen Braun, nicht dunkler als die Sonnenbräune des jungen Keen, bis zum Tiefschwarz wie dem der Krieger, die er in Afrika gesehen hatte. Männer mit Turbanen und langen, fließenden Gewändern, Rinder und herrenlose Ziegen, alles drängte sich durch die gewundenen Straßen, zwischen den mit Tüchern verhangenen Läden und Bazaren – ein endloses Panorama von Bewegung und Lärm.

Die Residenz des Gouverneurs glich mehr einer Festung als einem Haus und hatte Schießscharten in den Mauern, die von indischen Soldaten wohlbewacht wurden. Diese Gardisten waren besonders eindrucksvoll. Zu Turban und Bart trugen sie die wohlbekannten roten Röcke der britischen Infanterie und weite blaue Pumphosen mit hohen weißen Gamaschen.

Herrick deutete auf die Fahne, die schlaff, fast reglos an ihrem hohen Mast hing, und murmelte: »Das wenigstens ist ein Stück Heimat.«

Trat man aber durch das Tor in den kühlen Schatten des Hauses, so war man wieder in einer anderen Welt. Die riesigen Torflügel schlossen den Lärm der Straße aus, und überall spürte man eine seltsame Atmosphäre, eine Mischung aus Wachsamkeit und Eleganz: prächtige Teppiche, schwere Messingornamente, bloßarmige Diener, so lautlos wie Geister, und gekachelte Gänge, die labyrinthartig in alle Richtungen führten.

Der Adjutant sagte geschmeidig: »Seine Exzellenz wird Sie sofort empfangen, Captain.« Und mit einem wenig begeisterten Blick auf die anderen: »Allein.«

»Mr. Keen bleibt hier für den Fall, daß ich eine Nachricht zum Schiff senden muß«, sagte Bolitho zu Herrick. »Und Sie können Ihre Zeit nutzen, wie es Ihnen beliebt.« Er trat etwas näher heran, damit der Adjutant das folgende nicht verstand. »Und sehen Sie sich ein bißchen nach zusätzlichen Leuten um – vergessen Sie das nicht!«

Herrick grinste erleichtert, möglicherweise weil er jetzt nicht mehr auf dumme Fragen zu antworten brauchte, mit denen ihn seit dem Festmachen alle möglichen Besucher überfallen und in Atem gehalten hatten. Ein britisches Kriegsschiff schien weit mehr Interesse zu erregen als die ständig ein- und auslaufenden Handelsschiffe. Es war ein Bindeglied zur Heimat, eine Andeutung von dem, was diese Menschen hinter sich gelassen hatten, als sie auszogen, um ein Weltreich aufzubauen.

»Viel Glück, Sir«, sagte Herrick. »Das hier ist ein gewaltiger Unterschied zu Rochester.« Damit ging er.

Der Adjutant sah ihm nach und warf dann einen uninteressierten Blick auf Keen. »Wenn Sie wünschen«, sagte er, »kann ich diesen jungen Herrn in die Offiziersmesse bringen lassen.«

Bolitho lächelte. »Hier wird er sich bestimmt viel wohler fühlen.«

Gelassen erwiderte Keen den starren Blick des Adjutanten und sagte: »Davon bin ich überzeugt, Sir.« Und er konnte sich nicht enthalten, hinzuzufügen: »Mein Vater wird sich freuen zu erfahren, wie gastfreundlich man hier ist, wenn ich ihm nächstens schreibe.«

Bolitho ergänzte, schon im Weggehen: »Seinem Vater gehört ein erklecklicher Teil dieser Handelsniederlassung.«

Der Adjutant sagte nichts weiter, sondern eilte schweigend durch den prächtigen Korridor voran. Er öffnete Doppeltüren und verkündete mit aller Würde, derer er noch fähig war: »Captain

Richard Bolitho von Seiner Majestät Schiff *Undine*.«

Bolitho kannte zwar den Namen des Gouverneurs, wußte aber sonst nicht viel von ihm. Sir Montagu Strang verschwand fast hinter einem mächtigen Schreibtisch aus Ebenholz mit silbernen Füßen in der Form von Tigerpfoten. Strang war klein, grauhaarig und schmächtig, und seine bleiche Gesichtsfarbe deutete auf ein kürzlich überstandenes Fieber. Sein schmaler Mund lächelte nicht, und unter den buschigen Brauen hervor betrachtete er den auf einer blauen Teppichgalerie näher tretenden Bolitho, wie ein Jäger seine Beute belauert.

»Willkommen, Bolitho.« Die Winkel des schmalen Mundes hoben sich nur so wenig, als schmerze ihn schon diese winzige Anstrengung.

Doch dann bemerkte Bolitho, daß Strangs Haltung keineswegs Geringschätzung ausdrückte, denn als er näher kam, sah er, daß der Gouverneur aufgestanden und nicht, wie er zunächst gedacht hatte, in seinem Sessel sitzen geblieben war.

»Besten Dank, Sir.«

Bolitho versuchte, seine Überraschung oder, was schlimmer war, sein Mitleid zu verbergen. Bis zum Gürtel war Sir Montagu ein normal gebauter, wenn auch schmächtiger Mann. Aber seine Beine waren zwergenhaft kurz, und seine schmalen Hände schienen bis zu den Knien zu hängen.

Im gleichen knappen Ton fuhr Strang fort: »Bitte nehmen Sie Platz. Ich habe Ihnen einiges zu sagen, bevor wir zu den anderen gehen.« Er musterte ihn von oben bis unten und sprach dann weiter: »Ich habe Ihren Bericht gelesen und auch die Berichte gewisser Augenzeugen. Die *Undine* ist schnell gesegelt, und Ihr Verhalten war ausgezeichnet. Die Rettung der Überlebenden der *Nervion* und Ihre wenn auch nur teilweise erfolgreiche Aktion gegen das Sklavenschiff waren so ziemlich das Erfreulichste, was ich heute zu hören bekam.«

Bolitho nahm auf einem mächtigen Sessel Platz und bemerkte erst jetzt, daß der riesige Fächer über seinem Kopf von einem winzigen Inder bewegt wurde, der scheinbar schlafend in einer entfernten Ecke saß, mit dem nackten Fuß regelmäßig an einem Seil zog und so den Fächer in Schwung hielt.

Strang trat wieder an seinen Schreibtisch und setzte sich. Wahrscheinlich, dachte Bolitho, benahm er sich immer so, wenn jemand kam, den er noch nicht kannte. Er wollte es hinter sich bringen und dem Besucher Verlegenheit ersparen. Bolitho hatte gehört, daß Strang schon seit vielen Jahren als Repräsentant der Regierung und Ratgeber in Handels- und Eingeborenenangelegenheiten in Indien stationiert war. Ein sehr bedeutender Mann. Kein Wunder, daß er lieber hier draußen auf hohem Posten saß, als daß er sich in London der ständigen Demütigung taktloser Blicke aussetzte.

»Also, Bolitho, zur Sache«, begann Sir Montagu gemessen. »Ich habe lange auf Depeschen warten müssen, ohne zu wissen, ob meine ursprünglichen Vorschläge angenommen wurden. Der Verlust der *Nervion* war ein schwerer Schlag, aber Ihr Entschluß, die Reise auf eigene Faust fortzusetzen, ohne erst Befehle abzuwarten, mildert ihn bis zu einem gewissen Grad. Don Puigserver ist voller Bewunderung für Sie, doch ob uns das nützt oder schadet, bleibt abzuwarten.« Die Augen unter den schweren Brauen blitzten ärgerlich. »Die Spanier haben in Teluk Pendang vieles verscherzt. Schwert und Kruzifix waren so ziemlich das einzige, was sie den Eingeborenen zu bieten hatten.«

Bolitho preßte die Hände zusammen und versuchte, sich von Strangs Betrachtungen nicht ablenken zu lassen. Also lief sein Auftrag weiter, die *Undine* würde nach Teluk Pendang segeln.

Strangs scharfe Stimme unterbrach seine Überlegungen. »Sie denken bereits voraus, wie ich sehe. Erlauben Sie mir, ein paar Kleinigkeiten hinzuzufügen.«

Weit draußen hörte Bolitho ein Hornsignal; es klang seltsam melancholisch. Strang bemerkte seinen Gesichtsausdruck und sagte: »Wir haben während des Krieges viel durchgemacht. Hyder Ali, der Herrscher von Mysore, der die Briten grimmig haßt, bekam reichlich Unterstützung durch die Franzosen. Ohne unsere Kriegsflotte würde heute das Lilienbanner und nicht der Union Jack hier wehen, fürchte ich.« Nüchterner fuhr er fort: »Aber das hat mit Ihrer Aufgabe nichts zu tun. Je eher wir in der Pendang Bay einen britischen Gouverneur einsetzen können, um so besser. Seit Kriegsende herrscht in der dortigen spanischen Garnison, die vorwiegend aus eingeborenen Soldaten besteht, ein einziges Chaos. Fieber und Aufsässigkeit machen einen geordneten Dienstbetrieb unmöglich. Es überrascht mich nicht, daß der König von Spanien diesen Stützpunkt loswerden will.« Seine Stimme wurde entschlossen. »Doch unter unserem Schutz wird er gedeihen. Der eingeborene Herrscher ist ziemlich harmlos, sonst hätte er die spanische

Besatzung gar nicht erst am Leben gelassen. Aber weiter westlich liegt ein großes Gebiet, kaum erforscht, von dem aus ein anderer, weniger freundlicher Fürst namens Muljadi ständig Raubzüge unternimmt. Er muß im Zaum gehalten werden, wenn wir unsere Einflußsphäre ausdehnen wollen, verstehen Sie?«

Nachdenklich nickte Bolitho. »Jawohl, Sir. Sie tragen große Verantwortung.«

»Gewiß. Der Wind zaust immer den Wipfel des Baumes am meisten, Bolitho.«

»Ich bin mir noch nicht klar, was ich dabei tun soll, Sir. Meiner Meinung nach könnte eine neue Garnison mit frischen Soldaten dort mehr ausrichten als ich.«

»Das kenne ich schon«, wehrte Strang bitter ab. »Sie bestünde größtenteils aus eingeborenen Truppen und ein paar britischen Offizieren, die abgestumpft sind von der Hitze und gewissen, äh, lokalen Reizen. Nein, ich brauche etwas Bewegliches – mit einem Wort, Ihr Schiff. Die Franzosen sind, wie Sie inzwischen selbst erfahren haben, sehr interessiert. Sie haben irgendwo in diesen Gewässern eine Fregatte stationiert; das wissen Sie ja auch. Und deswegen kann ich mir keinen offenen Konflikt leisten. Wenn wir Erfolg haben wollen, müssen wir das Recht auf unserer Seite haben.«

»Und wenn sich Muljadi gegen uns oder unsere Verbündeten stellt, Sir?«

Strang schritt zur Wand und strich leicht über einen Gobelin. »Dann werden Sie ihn zerschmettern.« Mit überraschender Gewandtheit drehte er sich um. »Im Namen des Königs.«

Damit griff er nach einer Tischglocke und läutete ungeduldig. »Ich organisiere den Transport der Truppen und aller notwendigen Vorräte. Die East India Company wird zu gegebener Zeit ein geeignetes Schiff zur Verfügung stellen. Das andere ist Ihre Sache, Sie stehen dann unter dem Oberbefehl des neuen Gouverneurs. Konteradmiral Beves Conway hat einiges bereits in die Wege geleitet.« Ein rascher Blick. »Sie kennen ihn doch?«

»Natürlich, Sir.« Ein Dutzend verschiedener Erinnerungen fuhren Bolitho durch den Kopf. »Er war Kommandant der *Gorgon*, vierundsiebzig Geschütze und mein zweites Schiff.« Trotz Strangs ernster Miene mußte er lächeln. »Damals war ich sechzehn.«

»Zweifellos ein interessantes Wiedersehen.« Strang blickte zur offenen Tür hinüber, wo ein Diener stand, der ihn ängstlich beobachtete. »Führe den Captain in den Saal. Und wenn ich das nächstemal läute, kommst du sofort!«

Als Bolitho sich zum Gehen wandte, fragte Strang noch: »Haben Sie gesehen, daß ein Schiff der Company den Hafen verließ, als Sie heute einliefen?«

»Jawohl, Sir.«

»Auf Heimatkurs und mit reicher Ladung für England.« Er lächelte. »Nein, ich hege keineswegs Sehnsucht nach der Heimat, die in meinem Fall Schottland heißt, sondern wollte Ihnen bloß andeuten, daß dessen Mannschaft die ganze Nacht gefeiert und dabei nach Seemannsart zuviel getrunken hat.« Er wandte sich ab. »Etwa zwanzig Matrosen waren zu betrunken, um an Bord zurückzufinden. Sie stehen jetzt unter Aufsicht meiner Offiziere, und die haben mehr zu tun, als sich um Schnapsdrosseln zu kümmern, die auf einem Kriegsschiff zweifellos wegen Desertion ausgepeitscht würden. Ich will von dieser Angelegenheit weiter nichts wissen; aber falls Ihre Leutnants die Verantwortung übernehmen, bekämen Sie vielleicht ein paar zusätzliche Männer.«

»Besten Dank, Sir«, lächelte Bolitho.

»Ich komme in Kürze nach. Gehen Sie jetzt, und trinken Sie ein Glas Wein mit den Herren meines Stabes.«

In der Vorhalle setzte Bolitho Keen unverzüglich ins Bild. Erfreut zog der Midshipman die Brauen hoch. »Ich sage es sofort Mr. Davy, Sir. Allerdings habe ich meine Zweifel, daß John Company* es uns danken wird, wenn wir Leute von seinem Indienfahrer schnappen.« Er lachte leise. »Und sie selbst werden auch nicht begeistert sein, Sir!«

Eilig schritt Bolitho den Gang hinunter, wo der Diener bereits auf ihn wartete. Seine Gedanken waren schon bei dem, was er von Strang gehört hatte. Beves Conway, damals Kapitän eines Zweideckers, war immer so etwas wie ein Held für ihn gewesen. Kalt und abweisend, gewiß – aber ein erstklassiger Seemann und niemals grundlos schroff, auch nicht gegenüber den Kadetten. Nachdem er das Kommando einige Jahre innegehabt hatte, war er noch vor Bolitho von Bord gegangen. Dann war er völlig von der Szene verschwunden – in der Flotte etwas Ungewöhnliches. Die Gesichter und Schiffe wechselten ständig wie der Wind, der ihr Leben beherrschte. Mit Conway an der Spitze bestand wohl kaum die

* In der Kriegsflotte und auch sonst übliche, leicht abfällige Bezeichnung für die East India Company (der Übersetzer).

Gefahr eines Mißerfolgs, dachte Bolitho.

Der Diener geleitete ihn zu einem Kuppelsaal, wo sich bereits eine Menge Menschen befanden, zu Bolithos Überraschung auch Frauen. Er sah Puigserver, immer noch in seinem provisorischen Galarock, und Raymond, der sich lebhaft mit einem vierschrötigen Major unterhielt. Sofort ließ Raymond seinen Partner stehen, kam mit einem knappen Nicken Bolitho entgegen, führte ihn im Saal herum, stellte ihn überall vor und konnte dabei kaum seine Ungeduld verbergen, wenn jemand Fragen über England stellte, etwas nach der letzten Mode daheim. Was »daheim« bedeutete, war etwas unklar; meistens war wohl London gemeint.

Als Bolitho ein Glas Wein von einem devoten Diener entgegennahm, blieb Raymond kurz stehen. »Wie ein Haufen Kuhbauern!« Er lächelte einer vorübergehenden Dame zu, fuhr aber wütend fort:

»Doch sie lassen es sich hier mächtig gutgehen!«

Bolitho beobachtete ihn neugierig. Der Mann bemühte sich, Verachtung zu zeigen, war aber in Wirklichkeit einfach neidisch.

Dann hörte er eine vertraute Stimme, und als er sich umwandte, sah er Mrs. Raymond, die sich mit einem Herrn unterhielt, mit dem er noch nicht bekannt gemacht war.

Auch sie sah ihn sofort und rief: »Kommen Sie doch zu uns!« Ihr Lächeln erlosch, als sie ihren Mann bemerkte. »Wir haben über die hiesigen Sitten und Gebräuche gesprochen.«

»Konteradmiral Conway, der neue Gouverneur von Teluk Pendang«, sagte Raymond kurz.

Conway stand mit dem Rücken zu Bolitho. Er trug einen flaschengrünen Zivilrock und hielt die Schultern so gebeugt, daß es aussah, als stünde er gebückt. Jetzt wandte er sich um und sah Bolitho an; seine raschen, aufmerksamen Blicke registrierten jede Einzelheit.

»Schön, Sie wiederzusehen, Sir«, sagte Bolitho. Weiter fiel ihm nichts ein. Hätte er Conway in Plymouth oder anderswo gesehen, er wäre an ihm vorbeigegangen. Konnte sich ein Mann in zwölf Jahren so verändern? Conway wirkte mager und angespannt, zwei tiefe Furchen liefen von der scharfen Adlernase zum Kinn, so daß es aussah, als sei der Mund an ihnen aufgehängt.

Conway streckte die Hand aus. »Richard Bolitho, wie?« Der Händedruck war so knapp wie sein Ton. »Und sogar Fregattenkapitän. So, so.«

Bolitho fing sich wieder. Conway war Konteradmiral, gewiß; aber abgesehen vom höheren Dienstalter stand er nur eine Rangstufe über ihm selbst. Und kein Adelstitel, weder Knight noch Lord, belegte seinen Aufstieg auf der Leiter des Erfolges.

Ruhig sagte er: »Ich habe viel Glück gehabt, Sir.«

Mrs. Raymond berührte Conways Ärmel mit ihrem Fächer. »Er ist viel zu bescheiden. Ich hatte die beste Gelegenheit, den Captain im Dienst zu beobachten und auch von seinen früheren Erfolgen zu hören.«

Conways Blicke flogen zwischen beiden hin und her. »Hat er sie unterhaltsam erzählt, Ma'am?«

»Ich hörte es von anderer Seite«, entgegnete sie kühl. »Captain Bolitho ein Selbstlob zu entreißen ist, als wolle man eine Auster mit einer Feder öffnen.«

Conway zupfte ein Fädchen von seiner Weste. »Freut mich zu hören.«

Raymond mischte sich ein. »Anscheinend soll ich mit Ihnen zu dem neuen Stützpunkt segeln, Sir.« Offensichtlich wollte er Conways Aufmerksamkeit von der plötzlichen Verstimmung seiner Frau ablenken.

»Das ist richtig«, erwiderte Conway. »Und Captain Bolitho hier wird Ihnen bestätigen, daß ich Unfähigkeit und Schluderei nicht vertragen kann. Ich wünsche, daß jeder, der mit der Übernahme des Stützpunktes zu tun hat, an Ort und Stelle ist.« Verächtlich blickte er zu der schwatzenden Gesellschaft hinüber. »Und nicht hier in dieser verweichlichten Traumwelt herumlungert.«

Mrs. Raymond, die hinter Conway stand, warf über dessen Schulter Bolitho einen Blick zu und verzog spöttisch den Mund.

»Ich muß mit den Offizieren sprechen«, sagte Conway und neigte flüchtig den Kopf. »Wenn Sie mich entschuldigen wollen, Ma'am?«

Raymond wartete nur ein paar Sekunden, dann brach er los. »Mußt du ausgerechnet jetzt eine Szene machen, Viola? Conway kann weiß Gott wichtig für mich sein. Für uns beide!«

Sie warf Bolitho einen Blick zu. »Er ist ein –«, sie suchte nach einem Ausdruck, »– ein aufgeblasenes Ekel!« Und zu ihrem Mann: »Es macht mich krank, wie du vor solchen Leuten katzbukkelst! Immer vor solchen Nieten!«

Raymond starrte sie entgeistert an. »Was meinst du damit? Er ist schließlich der neue Gouverneur.«

Viola warf jemandem am anderen Ende des Saales ein flüchtiges Lächeln zu. »Du hast ja keine Ahnung. Er ist ein Versager. Man braucht ihn nur anzusehen.«

Merkwürdigerweise schien Raymond erleichtert. »Ist das alles? Ich dachte schon, du hättest etwas Bestimmtes gehört.« Er blickte Conway nach. »Jetzt muß ich wohl wieder zu ihm. Sir Montagu Strang hat mich angewiesen, ihm meine ganze Erfahrung zur Verfügung zu stellen.«

Seine Frau bedeckte die Lippen mit dem Fächer und flüsterte: »Das dürfte nicht viel Zeit in Anspruch nehmen!« Dann hängte sie sich bei Bolitho ein. »Und jetzt, Captain, dürfen Sie mich begleiten, wenn Sie wollen.«

Bolitho dachte über die kleine Auseinandersetzung zwischen den Ehegatten nach; aber noch mehr darüber, wie sehr sich Conway verändert hatte. Sie kniff ihn in den Arm. »Ich warte!«

»Es ist mir eine Ehre«, sagte er, lächelnd über ihre Ungeduld. »Aber«, fuhr er kopfschüttelnd fort, »ich möchte bloß wissen, was mit Conway passiert ist.«

Wieder gruben sich ihre Finger in seinen Arm. »Eines Tages wird irgendein dummer Offizier dasselbe von Ihnen sagen.« Sie warf den Kopf zurück. »Auf jeden Fall ist er wirklich ein aufgeblasenes Ekel.«

Bolitho bemerkte, wie der vierschrötige Offizier zu ihnen herübersah und dann etwas zu einem Kameraden sagte.

»Es wird Gerede geben, Ma'am, wenn wir hier so miteinander paradieren.«

Gelassen blickte sie ihn an. »Na und? Macht Ihnen das was aus?«

»Mir? Nein.«

Sie nickte. »Dann ist es ja gut. Und mein Name ist Viola. Bitte benutzen Sie ihn in Zukunft.«

Seinen Worten getreu, verlor Sir Montagu Strang keine Zeit, um die lange vorbereiteten Pläne in die Tat umzusetzen. Zwei Tage nach dem Einlaufen der *Undine* in Madras warf die *Bedford,* ein schweres Transportschiff unter der Flagge der East India Company, Anker und begann, Proviant und Ausrüstung für den neuen Stützpunkt zu laden.

Nach seinem ersten Besuch im Gouverneurspalast hatte Bolitho keine Zeit mehr für Zerstreuungen. Über Teluk Pendang war nur wenig bekannt, allenfalls bei Kaufleuten, die Handelsbeziehungen nach dort gehabt hatten; so dauerte es eine ganze Weile, bis Bolitho mit seinen Kursberechnungen zufrieden war. Mudge, der diese Gewässer gut kannte, gab seine vorsichtige Zustimmung; und als er dem Kapitän der *Bedford* einen Besuch abstattete, beeilte er sich nicht nur, dessen Arbeit zu loben, sondern deutete auch an, daß er sachverständigen Rat sehr zu schätzen wissen würde.

Der Kapitän zeigte sich höflich amüsiert. »Das sieht aber einem Offizier des Königs gar nicht ähnlich!« sagte er. »Die meisten würden lieber auf Grund laufen, als unsereinen fragen.« Wie würde er sich wohl anstellen, fragte sich Bolitho, wenn er von den zwanzig Matrosen wüßte, die er, Bolitho, der allmächtigen I.E.C. weggeschnappt hatte?

Ehe er von Bord des Transporters ging, hatte er einen ersten Blick auf die Truppen geworfen, welche die spanische Besatzung ablösen sollten. Sie machten den Eindruck, als wollten sie sich in ihrer neuen Garnison für immer häuslich niederlassen, denn sie hatten Frauen und Kinder, allerlei Viehzeug und haufenweise Töpfe und Pfannen bei sich – wo ließ sich das alles verstauen? Aber den Kapitän der *Bedford* schien es nicht zu stören; anscheinend war das hier draußen so üblich.

Als Bolitho dann in seiner Kajüte saß und seine Abmeldung schrieb, trat Herrick ein und meldete, daß Konteradmiral Beves Conway gleich an Bord kommen würde.

Conways Boot legte bereits an, als Bolitho an Deck kam. Er hatte sich schon Gedanken darüber gemacht, warum Conway ihn seit dem Einlaufen der *Undine* nicht mehr hatte sprechen wollen – über diese Vernachlässigung war er sogar etwas betroffen gewesen. Zu seiner Überraschung sah er, daß Conway immer noch seinen grünen Zivilrock trug, ohne Orden und Degen. Er hatte nicht einmal einen Hut auf, als er an Bord kam. Bellairs' Empfangskommando und das Achterdeck grüßte er nur durch ein kurzes Nicken.

»Sauberes Schiff, Bolitho.« Hierhin und dorthin schweiften seine Augen, und Bolitho versuchte, sein Mißbehagen über Conways Haltung zurückzudrängen. Vielleicht war er immer so gewesen, auch damals an Bord der *Gorgon,* als Bolitho jedesmal vor Ehrfurcht fast erstarrte, wenn Conway auf dem Achterdeck erschien.

»Lassen Sie die Soldaten wegtreten«, sagte Conway, »ich bin nicht dienstlich hier.«

Er schritt zu einem der Sechspfünder und strich mit der Hand über den Verschluß. Dann blickte er nach oben, wo gerade einige Matrosen die Wanten und Stagen schwärzten, bis sie wie Ebenholz glänzten. »Sieht sehr ordentlich aus.«

Dann schaute er zur *Bedford* hinüber, die ihre Ladebäume über die längsseits liegenden Leichter ausschwenkte.

Bolitho konnte Conway jetzt etwas ungezwungener betrachten. Wie grau und dünn sein Haar geworden war!

Ohne sich umzuwenden, fragte Conway: »Wann können wir Ihrer Schätzung nach an unserem Bestimmungsort sein?«

»Bei gutem Wind und unter Berücksichtigung alles dessen, was ich inzwischen gehört habe, sollten wir in achtzehn Tagen Land sichten. Spätestens in drei Wochen. Ich habe bereits erfahren, daß ich vor dem Transporter absegeln soll.«

»Das war meine Idee.« Conway wandte sich jetzt um und blickte Bolitho forschend an. »Es hat keinen Sinn, daß wir neben diesem verdammten Kasten herschleichen.«

»Dann werden Sie die Überfahrt also auf der *Undine* machen, Sir?«

»Enttäuscht? Natürlich segle ich mit Ihnen. Ich habe bereits angeordnet, daß mein Gepäck heute nachmittag an Bord kommt.«

Also war Bolitho wieder einmal seine Kajüte los. Er hatte sich seit dem Einlaufen in Madras auf sie gefreut. Dort konnte er in Ruhe über seine Fehler und Erfolge nachdenken. Puigserver – der ging noch. Aber Conway war etwas ganz anderes. Es würde so sein, als wäre er wieder Conways Untergebener.

»Ich werde meinem Ersten Leutnant gleich Bescheid sagen, Sir.«

»Herrick?« fragte Conway gleichgültig. »Nicht nötig.«

Bolitho starrte ihn verdutzt an. Das sah Conway gar nicht ähnlich. Er versuchte es noch einmal. »Wenigstens werden wir die Admiralsflagge am Kreuzmast fahren, wenn wir in Teluk Pendang einlaufen, Sir.«

Die Wirkung war verblüffend. Conway fuhr herum, seine Gesichtszüge verzerrten sich in plötzlicher Wut. »War dieser Seitenhieb Absicht? Finden Sie ein perverses Vergnügen daran, mich zu verhöhnen? Wenn ja, dann mache ich Sie fertig für Ihre verdammte Frechheit, und zwar bald!«

Bolitho bemühte sich, ruhig zu antworten; er merkte, daß Herrick, der nicht weit weg von ihnen stand, mit offensichtlicher Betroffenheit zuhörte. »Ich bitte um Entschuldigung, Sir. Ich wollte

Sie keinesfalls verletzen.«

Conway holte tief Atem. »Keine Flagge, Bolitho. Ich bin der künftige Gouverneur von Pendang Bay, einem Ort, von dem weder Sie noch die meisten Bewohner dieser Erde bis zum heutigen Tage gehört haben.« Seine Stimme klang jetzt schneidend bitter. »Ich bin praktisch nicht mehr im Dienst. Nach dieser Tatsache wird sich der Respekt bemessen, den Sie mir erweisen.«

Bolitho starrte ihn an. Plötzlich wurde ihm das Ganze nur allzu klar. Conway hatte diese Begegnung hinausgeschoben, nicht aus Hochmut oder Neid auf Bolithos verhältnismäßig raschen Aufstieg seit der Zeit auf der *Gorgon,* sondern weil er ein ruinierter Mann war.

»Dann wird Ihnen der höchste Respekt erwiesen, Sir. Das kann ich Ihnen versprechen.« Bolitho blickte etwas verlegen zur Seite. »Ich habe mehrfach Erfolg gehabt bei der Flotte. Der Zufall hat mir geholfen oder mein Glück, wie mein Erster Leutnant sagen würde. Aber ich habe nie vergessen, wo ich meine ersten Erfahrungen gesammelt habe, und auch nicht die Geduld, die mein damaliger Kapitän mit mir hatte.«

Conway zupfte an seiner Weste; die Sonne brannte ihm auf Schultern und Nacken, aber er achtete nicht darauf. »Das war sehr freundlich von Ihnen.«

Er blickte auf seine Hände und legte sie dann auf den Rücken. »Können wir unter Deck gehen?«

In der Kajüte schritt er ruhelos auf und ab, faßte die Möbel an, spähte in die Ecken und sagte nichts. Schließlich erblickte er die hölzernen Kanonenattrappen und sagte bissig: »Das war für dieses Frauenzimmer, wie?«

»Jawohl, Sir. Ich werde dafür sorgen, daß sie stehenbleiben, bis Sie sich an Ihrem neuen Standort eingerichtet haben.« Er hatte »Residenz« sagen wollen, aber das andere Wort war ihm herausgerutscht.

Conways Miene blieb ausdruckslos. »Nein, im Gegenteil. Lassen Sie die Geschütze wieder montieren. Mit mir brauchen Sie keine Umstände zu machen. Das Schiff muß gefechtsbereit sein, und ein paar fehlende Geschütze könnten sehr viel bedeuten.« Er gab keine weiteren Erklärungen, sondern fragte im gleichen bissigen Ton weiter: »Dieses Frauenzimmer, Mrs. Raymond, wie hat sie denn die drei Monate in einem Schiff der fünften Klasse ausgehalten, eh?«

»Besser als ich dachte.«

»Hm.« Conway blickte Bolitho lange und grimmig an; sein eigenes Gesicht blieb im Schatten. »Seien Sie vorsichtig mit ihr. Sie ist nur drei Jahre älter als Sie, aber der Erfahrungsabstand ist unermeßlich größer.«

Hastig wechselte Bolitho das Thema. »Darf ich fragen, Sir, wann die Segelorder zu erwarten ist?«

»Morgen wahrscheinlich, aber ich kann es Ihnen schon jetzt sagen: Ankerlichten am Tag nach Befehlsempfang. Keine Verzögerung und möglichst schnelle Fahrt. Wir werden auf der Reise Begleitung haben.«

»Sir?« Bolitho war überzeugt, daß Conways Gedanken ganz woanders weilten, obwohl seiner Rede nichts dergleichen anzumerken war.

»Eine Brigg«, erwiderte Conway. »Don Puigserver hat sie zum eigenen Gebrauch gechartert. Unter anderem auf meine Veranlassung hin. Für mich ist der Krieg noch nicht lange genug vorbei, als daß ich einen Spanier als Freund betrachten könnte.«

»Verstehe, Sir.«

»Sie verstehen gar nichts. Aber das spielt auch keine Rolle.« Conway trat an die Heckfenster und starrte auf die Küstenlinie und auf die zahllosen winzigen Fahrzeuge hinaus, die wie geschäftige Wasserkäfer hin- und herschossen. »Ich möchte an Bord bleiben, Bolitho.«

»Bis zum Ankerlichten, Sir?« Bolitho sah sich in der Kajüte um. Wie eng es hier war, verglichen mit dem Palast an Land.

»Ja.« Conway wandte sich vom Fenster ab. »Haben Sie was dagegen?« Eine Sekunde klang seine Stimme wie früher.

»Nein, Sir«, lächelte Bolitho. »Ich habe die ganze Zeit auf die Gelegenheit gewartet, den Wein zu probieren, den ich in London gekauft habe, und . . .«

»London?« Conway seufzte bitter. »Verdammte Stadt! Seit fünf Jahren habe ich keinen Fuß mehr dorthin gesetzt. Die Pest über London und seine Gemeinheit!«

»Vielleicht hat es sich seitdem geändert . . .«

»Die Menschen ändern sich nicht, Bolitho.« Conway tippte auf seine Brust. »Nicht hier drin. Gerade Sie müßten das doch wissen. Als ich hörte, wer das Schiff kommandiert, mit dem ich die Überfahrt machten sollte, da wußte ich sofort, Sie würden noch so sein wie damals. Vielleicht sind Sie nicht mehr so vergnügt und vertrauensselig, aber geändert haben Sie sich im Grunde nicht.«

Schweigend beobachtete Bolitho, wie Conways Gesichtsausdruck mehrmals wechselte; vielleicht erinnerte er sich jedesmal an etwas Bestimmtes. »Die *Gorgon* – eine Ewigkeit ist das her. An Bord der *Gorgon* habe ich meine beste Zeit gehabt, wenn ich das damals auch nicht wußte.«

Vorsichtig wandte Bolitho ein: »Auf Ihrem neuen Posten werden Sie diese Ansicht vielleicht ändern, Sir.«

»Glauben Sie?« Conway lächelte, aber seine Augen lächelten nicht mit. »Ich habe ihn bekommen, weil ich Erfolg haben werde. Ich *muß*, es bleibt mir nichts anderes übrig. Wenn man etwas verpatzt hat, Bolitho, dann bekommt man manchmal eine Chance, es wieder auszubügeln.« Er schlug mit der Faust in die andere Handfläche. »Und ich *will* Erfolg haben!«

Es klopfte, und Allday trat in die Kajüte.

»Wer ist dieser Kerl?«

»Mein Bootsführer, Sir.« Bolitho mußte lächeln, weil Allday ein so schockiertes Gesicht machte.

»Ach so.«

»Mr. Herrick läßt respektvoll fragen, Sir«, meldete Allday, »ob Sie an Deck kommen können, um den Kapitän der *Bedford* zu empfangen.«

Bolitho entschuldigte sich bei Conway und ging mit Allday hinaus. »›Kerl‹ hat er gesagt, Captain?« murmelte Allday. »Bißchen grob, finde ich.«

Bolitho lachte. »Wenn er Sie erst besser kennt, nennt er Sie bestimmt beim Vornamen.«

Allday warf ihm einen mißtrauischen Blick zu und grinste dann. »Sicher, Captain.« Dann senkte er die Stimme: »Es wurde eine Nachricht für Sie abgegeben. Hier.« Er hielt Bolitho eine Visitenkarte hin. Sie sah in seiner breiten Hand ganz winzig aus.

»Um acht Uhr. Bitte?« hatte sie auf die Rückseite geschrieben.

Bolitho blickte von der Karte in Alldays maskengleiches Gesicht. »Wer hat Ihnen das gegeben?«

»Ein Diener, Captain.« Seine Lider zuckten nicht einmal. »Die Lady weiß, daß sie mir vertrauen kann.«

Bolitho wandte sich ab, um seinen Gesichtsausdruck zu verbergen. »Danke.«

Allday blickte ihm nach, wie er raschen Schritts zum Achterdeck hinaufging. »Wird ihm guttun.« Dann sah er, wie der wachhabende Marineinfanterist ihn verwundert anstarrte. »Was hast du denn zu glotzen?« blaffte er ihn an. Dann grinste er nochmals. »He, du Kerl?«

IX Geschenk von zarter Hand

Eine Stunde vor Ablösung der Morgenwache kam Bolitho an Deck, um diese friedlichste Zeit des Tages zu genießen. Das Hemd offen bis zum Gürtel, ging er zur Luvseite und studierte genau jedes Segel; dann erst trat er zum Kompaß und kontrollierte den Kurs. Madras lag seit zwölf Tagen hinter ihnen; aber der Wind, der sich so vielversprechend angelassen hatte, war zu einer sanften Brise abgeflaut, so daß es unwahrscheinlich wurde, daß sie mehr als vier Knoten machen konnten, selbst wenn sie jeden Fetzen Tuch setzten.

Fowlar kritzelte gerade etwas auf die Tafel neben dem Rad, richtete sich aber auf, als Bolitho kam, berührte grüßend die Stirn und meldete: »Kurs Südost, Sir. Voll und bei.«

Bolitho nickte, beschattete seine Augen und studierte aufs neue die Segel. Der Wind, soweit von Wind die Rede sein konnte, kam aus Südwesten, und die Rahen der *Undine* waren dicht gebraßt, während sie über Backbordbug segelte. Ungefähr eine Meile voraus lag die Brigg *Rosalind,* die keine Schwierigkeiten hatte, das Tempo ihres schwereren Begleitschiffes zu halten. Bolitho fühlte sich versucht, ein Fernrohr zu nehmen und sie etwas genauer zu studieren.

Anscheinend dachte Fowlar, er müsse außer der bloßen Kursmeldung etwas mehr sagen. »Wir könnten noch vor Sonnenuntergang bessere Fahrt machen, Sir. Mr. Mudge denkt, der Wind wird auffrischen, wenn wir erst in die Straße von Malakka kommen.«

»Äh – ja.« Bolitho versuchte, sich zu konzentrieren. Vom Deck der *Rosalind* aus mußte die *Undine* unter vollen Segeln einen großartigen Anblick bieten. Aber diesmal war ihm das ein karger Trost. Er wollte mehr Fahrt machen, um seine eigentliche Aufgabe in Angriff zu nehmen. Dieses Dahinschleichen mochte für einen Poeten oder Maler sehr idyllisch sein, aber es ließ ihm zuviel Zeit für andere Gedanken.

Davy kam eilig herbei. »Entschuldigen Sie, Sir, ich habe Sie nicht an Deck kommen sehen«, sagte er mit besorgt gerunzelter

Stirn und machte eine Handbewegung zum Großmast hin. »Ich mußte mich mit der Beschwerde eines Soldaten befassen. Nichts von Bedeutung«, setzte er beflissen hinzu.

»Sie sind Offizier der Wache, Mr. Davy. Allmählich könnten Sie wissen, daß ich mich nicht in Ihren Dienst mische, bloß um mich wichtig zu machen.« Er lächelte. »Schöner Tag heute, nicht wahr?«

»Jawohl, Sir.« Davy folgte mit den Augen Bolithos prüfendem Blick. Das Meer war sehr blau, und außer der niedrigen Brigg gab es kein Fleckchen, weder Land noch ein anderes Schiff, das die Leere, diese unendliche Weite unterbrach.

Beiläufig fragte Davy: »Stimmt es, Sir, daß solche Missionen manchmal zur ständigen Verwendung im Kolonialdienst führen, Sir?«

Bolitho nickte. »Bei Konteradmiral Conway ist das der Fall.« Er blickte nachdenklich in Davys gebräuntes Gesicht. Der Leutnant hatte irgendwelche Sorgen. So etwas sah man ihm immer gleich an, genau wie damals, als nicht er, sondern Soames das Kommando bei dem Überfall auf die Sklavenjäger bekam.

»Ich dachte . . .«, setzte Davy zögernd an. »Ich bin selbstverständlich mit dem Dienst bei der Königlichen Marine durchaus zufrieden. Er ist genau das, was ich will. Als erster meiner Familie bin ich zur See gegangen. Mein Vater war Kaufmann in der City und hielt nichts vom Dienst. Er wollte mich durchaus nicht zur See gehen lassen.«

Dieses Herumreden, dachte Bolitho, erwiderte aber ermunternd: »Bei Mr. Herrick war es auch so: der erste Seemann in der Familie.«

»Ja.« Jetzt kam Soames den Niedergang herauf, gähnte und sah nach der Uhr. Davy machte ein verzweifeltes Gesicht. »Also – das ist nicht ganz das, was ich meinte, Sir.«

Bolitho wandte sich um und sah ihn voll an. »Mr. Davy, ich wäre Ihnen verbunden, wenn Sie endlich zur Sache kämen. In einer Stunde ist es so heiß wie im Backofen, und ich würde meinen Spaziergang gern noch vor dem Frühstück machen, nicht erst nach dem Dinner.«

Davy biß sich auf die Lippen. »Entschuldigung, Sir! Ich will es erklären.« Dann schlug er die Augen nieder. »Darf ich von Ihrem Bruder sprechen, Sir?«

Bolitho erstarrte. »Von meinem *verstorbenen* Bruder?«

»Ich wollte nicht unverschämt sein, Sir.« Davy hob den Kopf

und sprach jetzt rasch weiter. »Ich habe irgendwo gehört, daß er den Dienst quittiert hatte.«

Bolitho wartete ab. Er wurde diese Sache mit Hugh eben nicht los. Jetzt riskierte schon sein Zweiter Leutnant einen Anpfiff, bloß um seine Neugier zu befriedigen. Aber er irrte sich in Davys Fall.

»Es war wegen Spielschulden, habe ich gehört?« fragte Davy leise und mit so kläglich flehendem Gesicht, daß Bolitho seine Verbitterung vergaß und fragte: »Ist *das* Ihr Problem? Spielschulden?«

»Jawohl, Sir. Wie ein rechter Narr versuchte ich in London, meine Verluste zurückzugewinnen. Jetzt, da mein Vater tot ist, bin ich verantwortlich für das Wohl meiner Mutter und für unseren Grundbesitz.« Verlegen blickte Davy zur Seite. »In Kriegszeiten hätte ich mit schnellerer Beförderung und entsprechenden Prisengeldern rechnen können, Sir.«

»Genauso schnell hätten Sie den Tod finden können.« Doch er fragte freundlich weiter: »Wollen Sie mir verraten, wieviel Schulden Sie haben?«

»Zwanzigtausend, Sir.«

Bolitho fuhr sich durchs Haar. »Das ist ungefähr so viel, wie die *Undine* und die Brigg zusammen kosten. Ich hätte Sie für vernünftiger gehalten.«

»Vielleicht hätte ich es Ihnen nicht sagen sollen, Sir.« Davy war rot geworden und sah ganz elend aus.

»Nein. Es ist besser, wenn ich es weiß. Hier draußen sind Sie wenigstens sicher vor Ihren Gläubigern.« Er blickte Davy einigermaßen erschüttert an. »Aber zwanzigtausend Pfund sind ein kleines Vermögen!«

Soames stapfte vorbei und winkte seinen Bootsmannsmaaten. »Lassen Sie die Wache an Deck pfeifen, Kellock!« Sorgfältig vermied er die Luvseite.

Davy beeilte sich; er wußte, daß Soames darauf wartete, ihn abzulösen. »Sehen Sie, Sir, ich dachte, daß ich auf so einer Reise wie dieser eine neue Stellung finden könnte.«

»Verstehe. Aber wir haben einen Schutzauftrag. Es geht nicht um Entdeckungen oder einen spanischen Goldschatz.« Er nickte Soames zu und sagte dann: »Aber ich werde Ihre Angelegenheit im Auge behalten.«

Während die beiden Leutnants sich über den Kompaß beugten, nahm Bolitho seinen Spaziergang an Deck wieder auf. Eben gingen Keen und Armitage den Backborddecksgang entlang; er schickte ein stilles Gebet zum Himmel, die beiden Midshipmen möchten vor Davys Schicksal bewahrt bleiben, oder auch vor dem seines Bruders Hugh.

Bei Keen lagen die Familienverhältnisse ähnlich wie bei Davy. Auch er hatte einen reichen Vater und reiche Verwandte, die nicht im Dienst des Königs zu Geld und Gut gekommen waren, sondern durch Handel und Gewerbe. Als Davys Vater starb, war sein Sohn völlig ungewappnet gegen die Versuchungen gewesen, die ihm sein Erbe ermöglichte. Keen andererseits war zur See geschickt worden, eben weil sein Vater reich war und großen Einfluß hatte. Herrick hatte Bolitho einmal erzählt, daß Keen selber ihm das während einer Nachtwache im Indischen Ozean anvertraut hatte. »Um einen Mann aus ihm zu machen.« Keen schien das ziemlich komisch zu finden, wie Herrick berichtete. Doch nach Bolithos Meinung mußte der alte Keen ein sehr bemerkenswerter Herr sein. Es gab nicht viele, die das Leben und die heilen Knochen ihres Sohnes aus einem solchen Grund aufs Spiel setzten.

Er sah Noddall mit einer Kanne heißen Wassers übers Geschützdeck hasten. Also war Conway aufgestanden und wartete aufs Rasieren. Es war überraschend, wie wenig im normalen Bordalltag von Conways Anwesenheit zu spüren war. Aber er hatte es selbst so gewollt. Was nicht hieß, daß er sich nicht für das Schiff interessierte, ganz im Gegenteil. Jedesmal, wenn ein anderes Schiff gesichtet oder wenn zum Reffen oder Segelsetzen gepfiffen wurde, war Conway da und paßte auf. Einmal, als sie einen halben Tag in einer Flaute lagen, hatten die Matrosen ein Netz ausgebracht, um vielleicht etwas frischen Fisch zu besorgen. Sie fingen nur ein paar Flundern und ein paar plattköpfige Fische, die Mudge sachverständig als »Seefüchse« bezeichnete; aber Conway hatte so viel Spaß daran gehabt, als hätten sie einen Wal gefangen.

Es war, als ob er jede Stunde bewußt auslebte wie ein Gefangener, der sein Urteil erwartete. Kein erfreulicher Anblick. Bolitho war knapp achtundzwanzig Jahre alt; aber als Fregattenkapitän mit zwei selbständigen Kommandos hinter sich hatte er gelernt, das Urteil der Marine zu akzeptieren, wenn er auch manchmal anderer Meinung war.

Eines Abends beim Dinner hatte er erfahren, was mit Conway geschehen war. Es war zwei Tage nach Madras gewesen, und Bolitho hatte Noddall befohlen, ein paar Flaschen vom besten Wein zu bringen, weil er Conway etwas Besonderes bieten wollte. Es war ein Madeira, der teuerste, den er jemals im Leben gekauft hatte. Conway schien das kaum zu merken. Er hatte ihn hinuntergegossen wie Apfelwein, ohne einen Ton dazu zu sagen. Aber er hatte sich schwer betrunken. Nicht langsam oder weil er nicht aufgepaßt hätte; auch nicht, weil er zeigen wollte, was er vertragen konnte. Sondern ganz bewußt wie jemand, der zu oft allein war und die Wirklichkeit möglichst schnell vergessen wollte.

Es war vor zwei Jahren in eben diesen Gewässern passiert, als Suffren, der französische Admiral, den Hafen Trincomali auf Ceylon eingenommen und dabei Englands Macht in Indien fast gebrochen hatte. Conway hatte seine Geschichte erzählt, als sei Bolitho gar nicht da. Als wolle er sich bloß vergewissern, daß er sich noch an alles erinnerte.

Conway war damals Kommandant eines Küstengeschwaders gewesen und hatte die Aufgabe, Versorgungsschiffe und militärische Geleitzüge zu schützen. Eine Schaluppe hatte die Nachricht gebracht, daß ein französisches Geschwader vor der ceylonesischen Küste eingetroffen war, und ohne Zögern war er ausgelaufen, um die feindlichen Schiffe anzugreifen und sie so lange unter Feuer zu nehmen, bis die Hauptmacht eintraf, um sie zu vernichten.

Aber Conway wußte nicht, daß ihn eine andere Schaluppe überall suchte, mit neuen Befehlen für die Verteidigung von Trincomali. Conway erreichte das Gebiet, wo die Franzosen gesichtet worden waren – aber sie waren schon weg. Er hörte von Fischern, daß sie eben dorthin gesegelt waren, wo er herkam; und mit einer Nervosität, die sich Bolitho nur zu gut vorstellen konnte, war er mit seinen Schiffen auf Gegenkurs gegangen. Er fand die Franzosen und konnte gerade noch ihre Nachhut in ein kurzes, unbefriedigendes Gefecht verwickeln, doch verloren seine Schiffe in dieser Nacht die Verbindung zueinander. Als sich sein kleines Geschwader beim Morgengrauen wieder sammelte, waren die Versorgungsschiffe, die er hätte schützen sollen, gekapert oder vernichtet; und als er Signalverbindung mit der Schaluppe des Admirals bekam, hatte sie abermals neue Befehle für ihn: Trincomali war erobert worden.

In der Stille der Kajüte sprach Conway immer lauter; schließlich schrie er wie im Fieber. »Noch einen Tag, und ich hätte sie fertiggemacht! Dann hätte uns weder Suffren noch sonst ein Admiral aus Ceylon vertrieben!«

Bolitho blickte hoch. Die ersten Trupps schwärmten auf die Rahen aus, um die regelmäßigen Reparaturen zu besorgen, um zu spleißen und zu flicken. Es war nur zu klar: Conway hätte auch als Held aus der Affäre hervorgehen können. Statt dessen machte man ihn zum Sündenbock. Doch mußte er, wie Bolitho annahm, immer noch über einigen Einfluß verfügen. Ein Gouverneursposten, ganz gleich wo, das sah immer noch mehr nach einer Belohnung aus als nach Schimpf und Schande.

Plötzlich wurde Bolitho hellwach und hielt auf seinem Spaziergang inne. Vielleicht gab es noch einen Anlaß dafür, einen viel heimtückischeren. Vielleicht sollte Conway wieder als Sündenbock dienen?

Aber er schüttelte den Kopf. Was hätte das für einen Sinn gehabt?

Allday kam über das Achterdeck. »Frühstück ist fertig, Captain.« Mit zusammengekniffenen Augen spähte er zur Brigg hinüber. »Sie ist also immer noch da?« Er lächelte, unbewegt von Bolithos starrem Blick. »Das ist gut.«

Bolitho sah ihn nachdenklich an. Es war derselbe Blick wie damals in Madras, als er die Gig für ihn klargemacht hatte. »Danke«, sagte er kalt. »Was finden Sie daran so besonders gut?«

Allday hob die Schultern. »Schwer zu sagen, Captain. Es ist so eine Art warmes Gefühl im Bauch – ich habe das manchmal. Ganz angenehm.«

Bolitho schritt an ihm vorbei zum Kajütniedergang. Der Morgen war ihm verdorben. Als er in die schattige Kühle zwischen den beiden Decks trat, stellte er sich vor, was Viola Raymond jetzt eine Meile voraus an Bord der Brigg wohl tat. Ihr Mann würde sie nicht aus den Augen lassen. Und »Mister Pigsliver« würde beide beobachten.

Es war immer noch schwer zu sagen, was sie wirklich von ihm hielt, ob sie seine Eroberung als ein Spiel betrachtete. Es gab allerlei distinguierte Gäste in der Residenz des Gouverneurs, Militärs, Beamte der Company und andere; aber sie war von Anfang an fest entschlossen gewesen, gerade ihn an sich zu fesseln. Zwar hatte sie es nie direkt ausgesprochen, es zeigte sich an ihrer Erregtheit, ihrer spitzbübischen Rücksichtslosigkeit: eine Herausforderung, die er einfach nicht übersehen konnte.

Bald hatte sie ihn nicht mehr auf Abstand gehalten; und ein paarmal hatte sie ihre Hand auf der seinen ruhen lassen, selbst wenn Raymond in der Nähe war.

Am letzten Abend, als er im Begriff war, wieder an Bord zu gehen, war sie ihm auf die dunkle Terrasse an der inneren Mauer nachgekommen und hatte ihm eine kleine Schachtel hingehalten. »Für Sie.« Ganz beiläufig hatte sie es gesagt; aber er sah, wie ihre Augen glänzten, und wie erregt sich ihre Brust unter dem eleganten Kleid hob, als er die Schachtel öffnete. Es war eine goldene Uhr.

Er wandte sie in den Händen hin und her; Viola ergriff seinen Arm und flüsterte: »Nie werde ich Ihr Gesicht damals vergessen ...« Diesmal hatte sie nicht gelacht. »Weisen Sie mein kleines Geschenk nicht zurück ... Bitte!«

Er nahm ihre Hand und küßte sie, versuchte zu begreifen, was er tat, sah alle Gefahren voraus – doch sie waren ihm völlig gleichgültig.

»Es ist ganz gut, daß wir nicht auf demselben Schiff reisen, Captain!« Lachend zog sie seine Hand an ihre Brust. »Fühlen Sie, wie mein Herz schon jetzt klopft? Eine Woche oder auch nur einen Tag – was da alles passieren könnte!«

Bolitho trat an dem Posten vorbei in die Kajüte. Diese Minuten gingen ihm nicht aus dem Sinn.

Conway bestrich sich eben einen Zwieback dick mit Sirup; sein schütteres Haar war von der leichten Brise zerzaust, die durch ein offenes Heckfenster hereindrang.

»Wie spät ist es, Bolitho?«

»Wie – spät, Sir?«

Conway warf ihm einen verschlagenen Blick zu, ehe er in seinen Zwieback biß. »Ich bemerkte, daß Sie Ihre, äh, neue Uhr in der Hand hatten und dachte, die Uhrzeit wäre irgendwie von Wichtigkeit.«

Bolitho starrte ihn verdutzt an. Wieder kam er sich vor wie ein Midshipman vor seinem Captain. Dann grinste er freimütig. »Es war nur eine Erinnerung, nichts weiter.«

Conway schnaubte verächtlich durch die Nase. »Kann ich mir lebhaft vorstellen.«

»Ein schöner Anblick, Thomas.« Bolitho ließ das Teleskop sinken und wischte sich die Stirn mit dem Handrücken. Gnadenlos brannte die Sonne herab, aber wie die meisten Männer an Deck oder oben in den Wanten spürte er sie im Augenblick nicht. Fünfzehn Tage seit Madras, und trotz des widrigen Windes hatte die *Undine* gute Fahrt gemacht. Schon oft in seiner Fahrenszeit hatte Bolitho Land gesichtet; aber jedesmal, wenn er nach den Zufällen, von denen die Seefahrt letztlich abhing, das Ziel der Reise vor sich sah, erregte ihn der Anblick der Küste aufs neue.

Und jetzt sah er, undeutlich wegen des Gleißens von Meer und Himmel, ein Fleckchen Grün an Backbord voraus, und wieder überkamen ihn Erregung und Befriedigung. Das war die schmalste Stelle der Straße von Malakka. Steuerbords, selbst für den Ausguck im Masttopp unsichtbar, lag die riesige, wie ein Krummschwert gebogene Insel Sumatra, als wolle sie die Meerenge abriegeln, so daß sie in alle Ewigkeit auf fremden Meeren segeln mußten.

»Kommt mir ungemütlich eng vor, Sir«, bemerkte Herrick.

Bolitho lächelte. »Breiter als der Ärmelkanal, Thomas. Der Steuermann schwört, es wäre der sicherste Kurs.«

»Vielleicht.« Herrick beschattete die Augen mit der Hand. »Das ist also Malakka? Kaum zu glauben, daß wir überhaupt so weit gekommen sind.«

»Und in etwa fünf Tagen werden wir mit Gottes Hilfe in der Pendang Bay Anker werfen.« Er sah Zweifel in Herricks blauen Augen. »Na los, Thomas, loben Sie unser Glück!«

»Ja, Sir. Ich weiß recht gut, daß es eine schnelle Reise war, und ich bin ebenso zufrieden wie Sie.« Er fingerte an seiner Gürtelschnalle herum. »Aber etwas anderes macht mir mehr Sorgen.«

»Aha.« Bolihto wußte, was kommen würde. Er hatte wohl gemerkt, daß Herrick in diesen zwei Wochen mit jedem Tag besorgter aussah. Da er sehr viel Zeit mit dem Admiral verbringen mußte, hatte er wenig Gelegenheit gehabt, mit Herrick zusammen zu sein: mal ein Gang über Deck vor Sonnenuntergang, eine Pfeife Tabak, ein Glas Wein miteinander.

Jetzt sprach Herrick es unverblümt aus. »Alle wissen Bescheid, Sir. Es steht mir nicht zu, über Ihr Verhalten zu urteilen, aber . . .«

»Aber das ist genau das, was Sie jetzt tun, nicht wahr?« Bolitho lächelte nachdenklich. »Ist schon gut, Thomas, ich reiße Ihnen nicht den Kopf ab.«

Doch Herrick blieb ernst. »Es ist kein Spaß, Sir. Die Lady ist schließlich mit einem hochgestellten Gouvernementsbeamten verheiratet. Wenn diese Affäre nach London durchsickert, dann sind Sie in Gefahr, und das ist eine Tatsache.«

»Vielen Dank für Ihre Besorgnis.« Bolitho spähte voraus. Weit vor dem träge tanzenden Bugspriet der *Undine* segelte die *Rosalind* an Untiefen und Sandbänken vorbei, wie zweifellos schon manches liebe Mal.

»Aber darüber möchte ich nicht reden. Auch nicht mit Ihnen; schließlich halten Sie alles, was ich dazu sage, für verkehrt.«

»Gewiß, Sir, ich bitte um Entschuldigung.« Aber dickköpfig redete er weiter. »Ich kann einfach nicht dabeistehen und zusehen, wie Sie durch anderer Leute Schuld kaputtgehen. Ich muß wenigstens versuchen, Ihnen zu helfen.«

Bolitho ergriff seinen Arm. »Trotzdem wollen wir über diese Angelegenheit nicht mehr reden, Thomas. Einverstanden?«

»Aye, Sir.« Aber Herrick sah dabei unglücklich aus. »Wenn Sie es so haben wollen ...«

Ein Matrose kam aus der Kombüse und verschwand in einem Niedergang; er trug Pütz und Schrubber.

»Der Schiffsarzt hat sich schon wieder übergeben«, sagte Herrick müde. »Der Mann da soll vermutlich seine Kajüte klarieren.«

»Betrunken, natürlich?«

»Sieht so aus. Aber er hat eben wenig zu tun, Sir; unsere Leute sind bemerkenswert gesund.«

»Ist auch besser so.« Unvernünftigerweise wurde Bolitho jetzt gereizt. »Was, in drei Teufels Namen, soll ich bloß mit Whitmarsh machen?«

»Es geht ihm eine Menge im Kopf herum, Sir.«

»Anderen Leuten auch.«

Herrick bemühte sich, gelassen zu sprechen. »Er hat zusehen müssen, wie sein jüngerer Bruder wegen eines Verbrechens gehängt wurde, das er, wie sich später herausstellte, nicht begangen hatte. Und selbst wenn er schuldig gewesen wäre, dann wäre es immer noch ein furchtbares Erlebnis gewesen.«

Bolitho stieß sich von der Reling ab und fuhr herum. »Wie haben Sie denn das erfahren?«

»In Madras. Er kam betrunken an Bord, und ich war ein bißchen grob mit ihm. Da brüllte er mir die Geschichte ins Gesicht. Es macht ihn kaputt.«

»Ich danke Ihnen, daß Sie es mir erzählt haben – wenn auch ein bißchen spät.«

Herrick wich nicht zurück. »Sie waren sehr beschäftigt, Sir. Ich wollte Sie nicht belästigen.«

Bolitho seufzte. »Verstehe schon. Aber in Zukunft möchte ich solche Dinge sofort hören. Die meisten Schiffsärzte sind bloße Schlächter. Whitmarsh ist etwas Besseres. Aber ein ständig betrunkener Arzt ist eine Gefahr für jeden an Bord. Die Sache mit seinem Bruder tut mir leid; ich kann seine Gefühle verstehen.« Er blickte Herrick ruhig ins Gesicht. »Wir müssen sehen, was wir tun können, damit er wieder einigermaßen in Ordnung kommt, ob es ihm nun paßt oder nicht.«

Herrick nickte ernsthaft. »Ganz meine Meinung, Sir. Der Patient kann seine Krankheit selbst am wenigsten beurteilen.« Er unterdrückte ein Grinsen. »Wenn Sie verstehen, was ich meine, Sir.«

Bolitho schlug ihm auf die Schulter. »Bei Gott, Thomas, Sie gehen wirklich zu weit. Es wundert mich gar nicht, daß Ihr Vater Sie zur See geschickt hat.« Damit ging er das schrägliegende Deck hinauf nach Luv und überließ es Herrick, die Wache zu kontrollieren.

Also wußten alle Bescheid. Bolitho strich über die Uhrtasche seiner Hose. Was hätte Herrick erst gesagt, wenn er die Gravur auf der Innenseite des Deckels hätte lesen können?

»Wir gehen gleich über Stag, Mr. Herrick.« Bolitho trat zum Kompaß und blickte über Mudges Schulter. »Kurs Nordnordost.«

Herrick faßte an den Hut. »Aye, aye, Sir«, sagte er, ebenso dienstlich wie sein Captain.

Fünf Tage waren vergangen, seit sie über Viola Raymond und über des Doktors private Probleme gesprochen hatten; und Bolithos Stimmung war besser denn je. Auf dem Schiff hatte sich eine regelmäßige, gelassene Routine eingespielt, sogar das Exerzieren ging ohne Klagen vor sich. Die Mannschaft der *Undine* hatte zwar in bezug auf Geschützdienst noch allerlei zu lernen, aber immerhin arbeitete jetzt an jeder Kanone eine eingespielte Bedienung und nicht ein kopflos durcheinanderstolpernder Haufen.

Bolitho hob das Fernrohr und studierte die neuen Formen und Muster des Horizonts. Mudge hatte ihm versichert, daß Pendang Bay nur noch etwa fünf Seemeilen voraus lag, aber trotzdem war es schwer zu glauben, daß sie das Ziel ihrer Reise so gut wie erreicht hatten. Nach fünftausend Meilen eine andere Welt. Ein ganz anderes Leben.

»Alle Mann an die Brassen!« Bolitho hörte Schritte hinter sich und wandte sich um, denn er wollte sehen, was Conway, der eben an Deck kam, für ein Gesicht machte. Es war früher Morgen, und ein paar Sekunden lang dachte Bolitho, er bilde sich bloß ein, was er sah. Aber Conway trug wirklich große Konteradmiralsuniform mit Degen und Dreispitz. Den ersten hielt er etwas ungeschickt wie einen Zeigestock, als wäre er nicht sicher, was die Leute dazu sagen würden.

»Guten Morgen, Sir!« grüßte Bolitho. Herrick starrte sie beide an, die Sprechtrompete in der halberhobenen Hand vergessend.

Conway trat zu Bolitho an die Reling und lüftete grüßend den Hut. Die mächtigen Rahen knarrten im Chor; keuchend vor Anstrengung, holten die Matrosen die Brassen dicht.

»Na, was meinen Sie dazu?« fragte Conway argwöhnisch.

»Ich finde, Ihre Uniform ist dem Anlaß durchaus angemessen, Sir.«

Conways Lippen wurden plötzlich schmal, und die Mundfalten vertieften sich noch mehr. Seine Dankbarkeit, denn das und nichts anderes war es, war rührend, ja herzbewegend anzusehen. »Sie ist natürlich noch nicht gebügelt. Ich habe sie nur anprobiert, um zu sehen, ob etwas geändert werden muß.« Und schärferen Tones: »Wenn ich schon Gouverneur bin, dann sollen sie gleich bei der Landung sehen, woher der Wind weht – hol sie alle der Teufel!«

Midshipman Armitage beobachtete die Brigg, die ihre Rahen braßte, um in Lee der *Undine* zu bleiben.

»Ein Gewitter, Sir«, sagte er nervös. Aber Bolitho hatte bereits ein Fernrohr ergriffen.

»Diesmal nicht, Mr. Armitage.« Er wandte sich Herrick zu. »Segel kürzen, Mr. Herrick, und dann alle Mann auf Stationen!«

Sie starrten ihn an wie einen völlig Fremden.

»Diese Sorte Gewitter kenne ich nämlich.«

X Unter der Piratenflagge

»Schiff klar zum Gefecht, Sir.« Gespannt wartete Herrick auf Bolithos Reaktion. Der ließ langsam sein Fernrohr vom Bug bis zum Heck gleiten. Er versuchte, das sich überschneidende Gewirr von Wanten und Schoten zu meiden und seinen Blick auf die Küste zu konzentrieren. Wegen des grellen Sonnenlichts, das bereits durch den Morgendunst sickerte, war es unmöglich, einen exakten Blickpunkt festzulegen und Entfernungen zu schätzen.

»Das dauert zu lange, Mr. Herrick«, erwiderte er. »Sie müssen auf zwölf Minuten kommen.« Aber er redete nur, damit er etwas mehr Zeit bekam, seine Gedanken zu sammeln.

Das ferne Geschützfeuer hatte aufgehört, aber es waren mindestens ein Dutzend Schüsse gefallen: scharf und laut, trotz der großen Entfernung. Kleine Kaliber, wahrscheinlich.

Bolitho ließ den Blick weiter nach Steuerbord schweifen. Als niedriger Keil schob sich das Land vor, parallel zum Kurs der *Undine,* die langsam heranglitt. Der östliche Arm der Pendang Bay, ganz ohne Zweifel.

Etwas Dunkles kam in die Linse; es war die Brigg, leicht krängend in der schwachen Brise; auf den Rahen wimmelten winzige Gestalten, das Reffen der Segel war fast beendet. Eine große spanische Flagge wehte an der Besangaffel, und er überlegte einen Augenblick, wie der Kapitän der *Rosalind* wohl auf Puigservers nationale Ambitionen reagieren mochte.

Fast gegen seinen Willen sprach er seine Gedanken laut aus: »Ich wünschte, Puigserver wäre bei uns. Gemeinsames Planen und Handeln wären meiner Meinung nach jetzt angebracht.«

Conway grunzte. »Überflüssig. Die *Undine* ist das Kriegsschiff, Bolitho, nicht die Brigg. Heute will ich mich mit keinem verdammten Spanier rumärgern müssen.«

»Was halten Sie davon, Sir?« fragte Herrick.

Bolitho wiegte nachdenklich den Kopf. »Vielleicht ein Überfall auf den Stützpunkt. Aber soweit ich weiß, ist er gut befestigt.«

Grob fuhr Conway dazwischen: »So viel Theater um ein paar lausige Wilde!«

Herrick, der dicht neben Mudge stand, flüsterte diesem zu: »Das hat wahrscheinlich auch der arme Captain Cook gesagt.«

Bolitho fuhr herum: »Wenn Sie weiter nichts zu tun haben, als dämliche Bemerkungen zu machen . . .« Er wandte sich wieder ab und befahl: »Sofort zwei gute Lotgasten aufs Wasserstag, und sie sollen regelmäßig aussingen! Mr. Mudge, lassen Sie einen Strich abfallen!«

Sein scharfer Ton wirkte. Männer, die eben noch ihre Mutmaßungen über die Vorgänge an Land ausgetauscht hatten, standen auf einmal stumm und eifrig bei den Geschützen, sammelten sich an den Fallen und Brassen und warteten auf das nächste Kommando. Das Ruder knarrte laut in der plötzlichen Stille, und der Rudergast sang aus: »Nordost zu Nord, Sir.«

»Recht so.« Fasziniert blickte Bolitho Conway an. Er sah ihn im

Profil, seine Augen glitzerten vor Spannung.

Vom Vorschiff her kam die Meldung des Lotgasten: »Kein Grund, Sir!«

Bolitho blickte zu Mudge hinüber, aber dessen massiges Gesicht war fast ausdruckslos. Wahrscheinlich hielt er das Loten für überflüssig. Nach der Karte und allen sonstigen Informationen war ausgewiesen, daß diese Gewässer bis auf etwa eine Kabellänge vor Land tief genug waren. Aber vielleicht dachte Mudge auch, der Captain sei nur deshalb so vorsichtig, weil er nichts dem Zufall überlassen wollte.

Noch ein Krachen, ein einzelnes nur, rollte von der dunstigen Küste herüber und verklang.

Bolitho zog seine neue Uhr hervor und starrte lange auf das Zifferblatt. Bei der geringen Fahrt, die sie jetzt machten, würden sie fast eine Stunde bis an Land brauchen. Aber das war nicht zu ändern.

»Kein Grund, Sir!«

»Weitergeben an Hauptmann Bellairs«, befahl Bolitho. »Ein komplettes Landungsdetachement! Und an Mr. Davy: Boote klar zum Aussetzen, sobald wir ankern. Er übernimmt das Kommando selbst!«

»Eine sichere Küste, nach allem, was ich gehört habe«, sagte Conway. »Die Ansiedlung und das Fort liegen am westlichen Abhang der Bucht.«

Herrick kam wieder nach achtern. Er faßte grüßend an den Hut und fragte mit einer gewissen Zurückhaltung: »Soll ich die Geschütze laden lassen, Sir?«

»Noch nicht, Mr. Herrick.«

Bolitho richtete sein Fernrohr über Backbord voraus. Die Ansiedlung, das Fort – er konnte sie nicht deutlich erkennen; vielleicht bildete er sich auch nur ein, etwas zu sehen. Eigentlich war alles nur ein verwischtes Grün, ohne Anzeichen von Besiedlung.

Er hörte das Befehlsgebrüll des Sergeanten der Marineinfanterie und das Getrampel der Seesoldaten, die für das Landungsdetachement in Gruppen eingeteilt wurden. Bellairs beaufsichtigte den Vorgang vom Steuerborddecksgang aus. Sein Gesicht war vollkommen ausdruckslos, aber seinen Augen entging nichts.

»Zwanzig Faden*!« sang der Mann unterm Bugspriet triumphie-

* Tiefenmaß: 1 Faden = 1,829 m (der Übersetzer).

rend aus.

Düster nickte Mudge. »Stimmt ungefähr. Hier sind es überall zwanzig Faden.«

Ein paar kleine Vögel flitzten kreuz und quer über die Wasserfläche und kreisten um die gebraßten Rahen. Bolitho sah ihnen zu und dachte an die Mauersegler, die um das graue Steinhaus in Falmouth flogen. Dort mußte es jetzt schön sein! Sonne, leuchtende Farben, Schafe und Rinder auf den Hügeln. Und in der Stadt selbst ein Gewimmel von Farmern und Seeleuten, die seit uralten Zeiten einer von des anderen Arbeit lebten.

Bolitho bemerkte Herrick in der Nähe und sagte leise: »Tut mir leid, daß ich vorhin grob geworden bin.«

Herrick lächelte. »Hat nichts zu sagen, Sir. Sie hatten ganz recht. Wir sind auf dieser Reise schon mal reingefallen, weil wir nicht aufgepaßt haben. Schwierigkeiten verschwinden nicht davon, daß man wegsieht.«

»Die *Rosalind* setzt wieder ihre Vorsegel, Sir!«

Sie wandten sich um und sahen, daß die Brigg sich vor den Wind legte und mehr Fahrt zu machen begann. »Bei Gott«, knurrte Conway, »der Kerl will vor uns einlaufen! Der Teufel soll ihn holen!«

»Das ist sein gutes Recht, Sir.« Bolitho richtete sein Teleskop auf die Brigg, sah die geschäftigen Gestalten an Deck und in der Takelage, sah, wie der Wimpel mit großartigem Schwung im Wind schlug und das Wappen darauf im Sonnenlicht glänzte. »Bis die Übergabe offiziell vollzogen ist, bleibt es Territorium der Spanischen Handelskompanie.«

»Eine bloße Formalität«, erwiderte Conway wütend und starrte Bolitho ins Gesicht. »Geben Sie einen Warnschuß ab, Captain!«

»Befehl weitergeben zum Vorschiff, Mr. Herrick! Eine Kugel! Aber aufpassen, daß sie die Brigg nicht trifft!«

Der Mann an der Lotleine sang aus: »Achtzehn Faden!«

Die Lafette quietschte und knarrte, als das Geschütz ausgefahren wurde. Der Stückführer visierte am Rohr entlang, und als ein Sonnenstrahl ihn traf, sah Bolitho, daß seine eine Hand ein eiserner Haken war: Turpin.

»Klar zum Schuß, Sir!« meldete Herrick.

»Dann Feuer frei.«

Die Kanone krachte, und Sekunden später spritzte ein dünner Wasserstrahl hoch, weitab vom Bug der Brigg.

»Nun wissen sie wenigstens, daß wir kommen, Sir«, sagte Bolitho.

»Diese Wilden!« schimpfte Conway. »Ich werde es ihnen schon zeigen!«

Mit einem Seufzer der Erleichterung sah Bolitho, daß die Brigg einen Strich abfiel. Der Klüver wurde, als Reaktion auf das grobe Signal, bereits aufgegeit. Der Gedanke, daß eine unzureichend bewaffnete Brigg zwischen einen eventuellen Feind und seine eigenen Kanonen geriet, war ihm unerträglich. Und noch dazu, da *sie* an Bord der *Rosalind* war.

Scharf wandte er sich ab; er ärgerte sich über sich selbst, weil er seine Gedanken wieder einmal ihre eigenen Wege gehen ließ. Gerade jetzt mußte er völlig klaren Kopf behalten.

»Mr. Mudge, was wissen Sie noch von dieser Gegend, außer dem, was Sie mir schon erzählt haben?«

Der Steuermann zuckte die Schultern. »Kaum jemand kennt das Hinterland, Sir: Kopfjäger und viele Stammesfehden, wie ich gehört habe. Die Eingeborenen sind zum Teil Seefahrer, Piraten aus Nordborneo. Seedajaks nennt man sie. Manches gute Schiff, das nichtsahnend hier vor Anker lag, ist von diesen Teufeln überfallen worden.« Er schüttelte so heftig den Kopf, daß seine Backen schwappten. »Dann hauen sie mit diesen langen Messern zu, und es ist aus und vorbei.«

In diesem Moment deutete ein Matrose, der neben einem Sechspfünder stand, nach oben, wo der Wimpel im Topp auf einmal energisch zu flattern begann. Wie ein langer, träger Vorhang hob sich der Dunst und zerstob. Endlose Strände, dichter Dschungel und schließlich weit hinten die sich überschneidenden Berge wurden sichtbar. Herrick ließ das Teleskop sinken.

»Und *das* soll der Stützpunkt sein, Sir?«

Bolitho behielt sein Glas vorm Auge; er wagte nicht, Conway ins Gesicht zu sehen. Was er zuerst für einen Haufen gefällter und aufeinandergeschichteter Baumstämme gehalten hatte, wurde nun zu langen, spitzen Palisaden, in unregelmäßigen Zwischenräumen von niedrigen Blockhäusern verstärkt. Als sich der Dunst vollends verflüchtigt hatte, konnte er die Gouverneursresidenz ausmachen. Das mußte sie sein, das größte Gebäude, das zu sehen war. Es war ebenfalls aus Baumstämmen erbaut, mit einem oberen und einem unteren Wehrgang und einem spinnenbeinigen Wachtturm in der Mitte, an dem die spanische Flagge sich manchmal in der schwachen Brise träge hob.

»Um Gottes willen«, sagte Conway gepreßt – kaum wollten ihm die Worte aus der Kehle.

Angestrengt spähte Bolitho hinüber, ob sich nicht außer der Flagge etwas regte – irgendein Zeichen menschlichen Lebens. Der Bau sah primitiv aus, war aber günstig gelegen und leicht zu verteidigen. Überall auf der Welt mußte es solche Stützpunkte geben. Aber wie hatte es hier vorher ausgesehen? Irgendwer mußte als erster aus einem Boot gestiegen und an Land gewatet sein, um eine Fahne zu hissen und damit das Gebiet für sein Vaterland in Besitz zu nehmen. Bolitho hatte von Inseln im Pazifik gehört, die abwechselnd von einem halben Dutzend Nationen als ihr Eigentum beansprucht wurden. Manchmal lag der echte Wunsch nach Kolonisierung vor; manchmal aber war nur ein Schiff eingelaufen, das nichts weiter wollte, als Wasser und Brennholz zu übernehmen.

»Zehn Faden!« sang der Mann am Lot aus.

»Wir ankern bei acht Faden«, sagte Bolitho zu Herrick. Allday machte sich bereits an der festgelaschten Gig zu schaffen. »Und dann die Boote zu Wasser, so schnell es geht!«

Er betrachtete aufmerksam die kabbligen kleinen Wellen, welche die auffrischende Brise vor sich hertrieb: eine große, gutgeschützte Bucht. Wie es heißt, hatte die Königlich Spanische Handelsgesellschaft sie vor einigen Jahren beinahe zufällig in Besitz genommen. Eigentlich hatte sie ihren Stützpunkt weiter nördlich errichten wollen, um Zugang zum Handel mit den Philippinen zu gewinnen. Aber da war Fieber ausgebrochen, es hatte Verluste an Schiffen und Vorräten gegeben, und so hatten sie sich schließlich hier festgesetzt. Es war leicht zu verstehen, warum die Spanier den Mut verloren hatten, und noch leichter war einzusehen, wieviel wichtiger das Gebiet für die Briten sein würde. Beide Indien waren von hier aus erreichbar und desgleichen die weiträumigen, bisher kaum erforschten Reserven des Chinesischen Meeres. So konnte der Stützpunkt Teluk Pendang ein lebenswichtiges Bindeglied sein, vorausgesetzt, er bekam Zeit, sich zu entwickeln, und wurde geschickt regiert. Jetzt, da die Spanier und Franzosen sich aus dieser Gegend zurückgezogen hatten, gab es nur noch die Konkurrenz des holländischen Ostindienhandels.

Bolitho warf einen raschen Blick auf Conways maskenstarres Gesicht. War er der Mann, so etwas in Angriff zu nehmen?

Berufssoldaten sahen selten etwas anderes als die Taktik der unmittelbaren Situation. Und wenn ein solcher Mann noch dazu durch eigene Fehler verbittert und verzweifelt war, so würde er um so weniger zu Kompromissen bereit sein.

»Da kommen Leute aus den Palisaden, Sir!«

Bolitho hob sein Teleskop aufs neue. Zu zweit und dritt kamen sie; einige trugen Musketen, andere hinkten waffenlos über den Sand auf die lange, noch unfertige Pier aus Baumstämmen und Steinen. Manche waren so dunkelhäutig, daß man sie für Eingeborene halten konnte; aber ihre Uniformen waren ohne Zweifel spanisch.

Keiner winkte. Sie standen oder saßen stumpf da und beobachteten das langsame Einlaufen der Fregatte.

»Mein Gott!« murmelte Herrick. »Die sehen ja aus wie Vogelscheuchen.«

»Was haben Sie denn erwartet, Mr. Herrick, *Sir*?« Ungesehen und ungehört war der Schiffsarzt aufs Achterdeck gekommen. Sein Gesicht und sein Hals sahen wie rohes Fleisch aus.

Mit unbewegter Miene musterte Bolitho ihn. »Sie haben sich inzwischen erholt, Mr. Whitmarsh?«

Der starre Blick des Arztes wanderte zum Kapitän hinüber. Seine Augen waren rotgerändert und schienen in ihren Höhlen zu brennen. Undeutlich murmelte er: »Wir sind am Ziel, wie ich sehe, Sir.« Er tastete nach einem Halt, fand keinen und fiel beinahe lang hin. »Immer geht's nach dem gleichen Muster«, murmelte er. »Erst kommen wir als Schutzmacht, wenn notwendig mit Kriegsschiffen und Soldaten, damit's auch ein richtiges Protektorat wird. Und wenn alles gesichert ist, dann kommen die Kaufleute, und von da an regiert die Flagge der Handelskompanie.«

»Und was weiter?« fragte Bolitho kalt.

Whitmarsh richtete seinen leeren Blick auf ihn. »Dann wird der Landstrich eine Kolonie. Und wenn wir ihn ausgesogen haben wie eine Auster, dann – hick – schmeißen wir die Schale weg.«

Erst jetzt schien Conway zu hören, was er sagte. »Scheren Sie sich unter Deck, Sie versoffener Kerl!« Verzweiflung arbeitete in seinem Gesicht; er mußte sich durch diesen Wutausbruch entlasten. »Oder es wird Ihnen leid tun, beim Himmel!«

Der Arzt brachte eine wacklige Verbeugung zustande. »Aber es tut mir schon jetzt leid, glauben Sie mir! *Sie* tun mir leid, daß Sie hier eine so elende Aufgabe übernehmen müssen.« Schwankend wendete er sich Bolitho zu. »Und der gute Captain hier tut mir leid, der schließlich zwischen Gerechtigkeit und Tyrannei seinen Kopf hinhalten muß. Und vielleicht am meisten tut mir ...« Er taumelte, brach zusammen und blieb unbeweglich liegen wie ein Bündel Lumpen.

»Acht Faden Tiefe!«

Die Meldung des Lotgasten brachte Bolitho in die Wirklichkeit zurück. »Schafft ihn in seine Koje!« befahl er kurz. Einige Matrosen schleppten den leblosen Arzt zum Niedergang, und Bolitho bekam den sauren Gestank von vergossenem Wein und Erbrochenem in die Nase. Da verfaulte ein guter Mann.

Conway starrte immer noch auf die Decksplanken. »Noch eine Sekunde, und ich hätte ihn in Eisen legen lassen.« Er warf Bolitho einen wütenden Blick zu. »Nun?«

»Es war schon etwas an dem, was er sagte, Sir. Was ein Nüchterner nur denkt, spricht ein Betrunkener oft genug aus.«

»Wir sind nahe genug, Sir, glaube ich«, rief Herrick dazwischen.

Bolitho eilte zum Achterdeck, froh, Conways düsterer Stimmung zu entrinnen. Jetzt konnte er die Küstenlinie studieren, die der kleinen Landzunge an Backbord und die der größeren östlichen an Steuerbord. Beide reichten weit ins Meer hinaus und hatten in der Frühsonne bereits einen zartgrünen Schimmer.

»Signalisieren Sie der *Rosalind*, was wir vorhaben, und dann ankern Sie bitte.« Er wartete, bis die Ankermannschaft über dem Kranbalken bereitstand, dann fügte er hinzu: »Sagen Sie Mr. Davy, er soll unsere Leute zusammenhalten, wenn wir an Land gehen. Ich will keine Seuche an Bord.«

»Glauben Sie, daß es hier Fieber gibt, Sir?« Sekundenlang glomm Angst in Herricks Augen auf. Wie die meisten Seeleute konnte er Blut und Breitseiten verkraften, auch die harte Disziplin, die seinen Alltag beherrschte. Aber das Unbekannte, die Schrecken der Seuchen, die ein ganzes Schiff dienstunfähig machen, es in ein schwimmendes Grab verwandeln konnten – das war etwas anderes.

»Wir werden es bald merken.«

»Die *Rosalind* hat unser Signal bestätigt, Sir.«

Keen schien so munter und sorglos wie immer zu sein. Sogar Armitage blickte beinahe erwartungsvoll zum Land hinüber.

»Ruder legen!«

»An die Leebrassen!«

Das Ruder schwang herum, und Bolitho schritt auf Conways Seite hinüber, um dem Gerenne der Matrosen auf dem Achterdeck aus dem Wege zu gehen; langsam drehte die Fregatte in den Wind.

»Wollen Sie auf Don Puigserver warten, Sir?«

Conway blickte ihn an; an seinem Hals zuckte ein Nerv, als der Anker mit einer mächtigen Schaumkaskade ins Wasser platschte.

»Muß ich ja wohl.« Er spähte zur Brigg hinüber, die schon an ihrer Ankertrosse schwojte. »Ich wünsche, daß Sie mich begleiten.«

»Es ist mir eine Ehre, Sir.«

»So, finden Sie?« Conway nahm den goldbetreßten Hut ab und fuhr sich mit der Handfläche über das graue Haar. »Wir werden ja sehen«, sagte er mit bitterem Lächeln.

Noddall kam mit Bolithos Degen an Deck, zog sich aber sehr schnell zurück, als Allday ihn wütend anknurrte: »He – gib *mir* das!« Er eilte zu Bolitho und schnallte ihm den Degen sorgfältig um. »Was der sich einbildet!« murmelte er dabei. Dann richtete er sich auf und starrte die Boote an, die hochgehievt und ausgeschwungen wurden.

»Da haben wir eine lange Reise hinter uns gebracht, Captain.« Er wandte sich halb um und beobachtete, wie auch die Boote der Brigg abgefiert wurden. »Das ist kein guter Ort, finde ich.«

Aber Bolitho hörte nicht hin. Er sah zu, wie die Seesoldaten in die dümpelnden Boote kletterten, mit ihren roten Röcken, den ständig ausrutschenden Stiefeln und, wie immer, mit mächtigem Waffengeklirr. Hauptmann Bellairs inspizierte jeden einzelnen und ganz besonders den jungen Corporal, der die verhüllte Flagge Englands trug, die bald über dem fremden Boden wehen sollte.

Wie viele Marineoffiziere hatte sich auch Bolitho oft die Inbesitznahme neuer Gebiete im Geist ausgemalt; aber dann war das Zeremoniell großartiger und glänzender gewesen: endlose Reihen von Soldaten, dazu Militärkapellen, eine hurraschreiende Volksmenge, und der ebenso prachtvolle wie mächtige Anblick der draußen vor Anker liegenden Kriegsschiffe. Jetzt sah er das ganz anders. Aber es war schließlich nur ein Anfang. Klein, doch darum nicht weniger beeindruckend.

»Na, dann wollen wir mal«, sagte Conway. »Wie ich sehe, ist der Don schon unterwegs.«

Tatsächlich ruderten die Boote der Brigg bereits auf die Küste zu; das eine trug die spanische Flagge, das andere die der East India Company. Erleichtert stellte Bolitho fest, daß Viola Raymond an Bord geblieben war.

Conway kletterte hinter Bolitho in die Gig; die anderen Boote, bis zum letzten Platz voll schwerbewaffneter Seesoldaten, folgten in Fächerformation; so bewegte sich die Flotille auf die nächste Bucht zu.

Lange bevor sie in Rufweite der am Ufer hinter der Brandungslinie stehenden Leute waren, konnte Bolitho den Urwald riechen, wie Weihrauch, verwirrend und überwältigend. Er faßte den Degengriff fester und versuchte, sich zusammenzunehmen. Das war ein Moment, den er nie vergessen durfte. Er warf einen raschen Blick auf Conway, aber der schien völlig unbeteiligt zu sein; ernst, fast melancholisch, irgendwie abwesend sah er aus.

Der neue Gouverneur von Teluk Pendang war eingetroffen.

Leutnant Thomas Herrick ging ein paar Schritte quer über das Achterdeck. Nervös beobachtete er Bellairs' Seesoldaten und einige Matrosen unter den nächstgelegenen Palisaden. Es war kurz nach zwölf Uhr mittags, und die Sonne brannte mit voller Wucht auf die vor Anker liegenden Schiffe herab. Wer von den Matrosen nichts zu tun hatte, suchte Schatten unter den Decksgängen. Aber Herrick traute sich nicht, das Deck zu verlassen, obwohl ihm der Kopf bereits schwamm und ihm das Hemd am Leibe klebte wie ein nasser Fetzen.

Die *Undine* zerrte an ihrer Ankerkette. Sie war geschwojt, jetzt zeigte ihr Heck auf den langen hellen Strand. Die Sicht war klarer geworden, man erkannte deutlicher, wie groß der Gebäudekomplex war, der jetzt Conway unterstand. Er war weitläufiger, als es auf den ersten Blick ausgesehen hatte, und offensichtlich von einem Festungsbaumeister entworfen. Selbst die noch unfertige hölzerne Pier machte einen soliden Eindruck, aber wie der ganze Komplex war auch sie sehr vernachlässigt.

Jedesmal wenn Herrick das Achterdeck überquerte oder über die Heckreling spähte, sah er Bolitho und ein paar Männer vom Landungskommando irgendwo auf den hölzernen Brustwehren; auch im Raum zwischen den Palisaden, welche den Zugang zum Fort und den anderen Gebäuden schützten, hatte er sie beobachtet. Wie tote Fische lagen die Boote auf dem Strand da, wo sie vor vier Stunden gelandet waren. Ein paar Seesoldaten hatten die

Drehgeschütze zum Fort geschafft; andere, von dem bulligen Sergeanten Coaker gescheucht, hatten die Brustwehren besetzt oder patrouillierten jetzt auf der Pier. Die wenigen spanischen Soldaten hatten sich ins Innere des Forts zurückgezogen; und der Feind – oder worauf sie vorhin gefeuert hatten – war nirgends zu sehen.

Schwere Schritte kamen über die Planken; Herrick wandte sich um und erblickte Soames, der mit der einen Hand seine Augen beschattete und in der anderen ein Stück Schiffszwieback hielt, an dem er kaute. »Schon ein Signal, Sir?« Soames betrachtete die ferne Ansiedlung ohne sonderliche Begeisterung. »An solch einem Ort sein Leben zu beenden – nein, danke!«

Herrick war besorgt. Inzwischen hätte eigentlich etwas geschehen sein müssen. Es sollten sich etwa dreihundert spanische Soldaten nebst Troß im Stützpunkt befinden, und Gott weiß wie viele Eingeborene außerdem. Aber gesehen hatte er bisher nur ganz wenige. Der alte unheimliche Gedanke fuhr ihm wieder durch den Sinn: die Pest vieleilcht? Oder etwas noch Schlimmeres?

»Anscheinend inspizieren sie die inneren Verteidigungsanlagen«, erwiderte er. »Kein Wunder, daß die Dons diesen Posten loswerden wollen.« Er schauderte. »Von hier aus hat man den Eindruck, daß der verdammte Dschungel die Menschen wieder ins Meer drängen will.«

Achselzuckend deutete Soames mit seinem angebissenen Zwieback zum Geschützdeck. »Soll ich die Geschützbedienungen wegtreten lassen? Sieht nicht so aus, als ob uns die da drüben noch Grund zum Eingreifen geben werden.«

»Nein. Es sind ja nur fünf Geschütze bemannt. Lassen Sie die Bedienungen ablösen, und schicken Sie sie unter Deck zum Ausruhen.« Herrick war froh, als Soames ging. Er wollte sich konzentrieren, wollte sich über Entscheidungen klarwerden, wenn er plötzlich handeln mußte, ohne daß Bolitho hinter ihm stand. Beim letzten Mal war es anders gewesen. Da war eine wilde Verwegenheit über ihn gekommen, noch verstärkt durch die Notwendigkeit, Bolitho auf dem schnellsten Wege zu Hilfe zu eilen.

Aber hier gab es keine schreienden Wilden, keine heranflitzenden Kanus, die er mit ein paar Ladungen Hackblei zerschmettern konnte. Nur Schweigen. Deprimierende, unbewegte Stille.

Da rief Midshipman Penn mit seiner schrillen Knabenstimme: »Eins der Boote wird zu Wasser gebracht, Sir!«

Herrick spürte sein Herz klopfen, als der Mann dort drüben am

Strand die grüngestrichene Gig der *Undine* ins flache Wasser stieß. Dann kam Bolitho – seine schlanke Gestalt war unverkennbar – zum Strand herunter, blieb einen Moment stehen, um Davy etwas zu sagen, und schwang dann die Beine über das Dollbord.

Endlich. Bald würde er wissen, was los war. Nur vier Stunden hatte es gedauert, aber sie waren ihm wie eine Ewigkeit vorgekommen.

»Klar zum Seitepfeifen!«

Als Bolitho durch die Pforte an Bord kam, fiel Herrick auf, wie besorgt und nachdenklich er dreinsah. Sein Rock war voller Sand und Staub, das Gesicht schweißnaß. Blicklos starrte er auf das strammstehende Empfangskommando.

»Schiffsarzt mit Sanitätsgasten an Land!« befahl Bolitho. »Soll sich bei Mr. Davy melden. Wenn die anderen Boote kommen, schicken Sie Pulver, Blei und frisches Obst hinüber!« Er spähte nach der vor Anker liegenden Brigg und dem Boot aus, das sich wieder in rascher Fahrt dem Land näherte. »Ich habe die *Rosalind* aufgefordert, nach besten Kräften zu helfen.« Er warf einen Blick auf Herricks rundes Gesicht und lächelte zum erstenmal. »Beruhigen Sie sich, Thomas – es ist noch nicht das Ende. Nur beinahe. Kommen Sie in meine Kajüte, wenn Sie die Befehle weitergegeben haben. Allday hat eine Liste von alldem, was gebraucht wird.«

Als Herrick schließlich zu Bolitho in die Kapitänskajüte kam, fand er ihn mit entblößtem Oberkörper vor einem großen Krug Zitronenlimonade.

»Setzen Sie sich, Thomas.« Herrick nahm Platz. Er sah, daß Bolitho sich wieder gefaßt hatte. Aber da war noch irgend etwas; seine Gedanken liefen in einer anderen Richtung.

»Bei Kriegsende lag hier eine Garnison von rund dreihundert Mann.« Es war, als zeichne Bolitho ein Bild nach, das jemand für ihn gemalt hatte. »Der Kommandant, bewährter Ratgeber des Königs von Spanien, war Oberst Don José Pastor, ein bekannt tüchtiger Soldat und bewandert in der Errichtung derartiger Stützpunkte. Er verschaffte sich einiges Vertrauen bei den Eingeborenen und konnte durch Tauschgeschäfte und andere Überredungsmittel, nach spanischem Brauch auch durch Gewaltanwendung, eine starke Verteidigungslinie aufbauen und außerdem ein ziemlich großes Stück Urwald in unmittelbarer Nähe roden. Es gibt sogar eine Art Straße, die jetzt allerdings überwuchert ist. Eine Wildnis.«

»Fieber?« riet Herrick.

»Das natürlich auch, aber nicht schlimmer, als in einer solchen Gegend zu erwarten.« Er sah Herrick ein paar Sekunden aufmerksam ins Gesicht; seine Augen waren sehr grau in dem reflektierten Licht. »Nein, der Stützpunkt wurde über ein Jahr lang fast ununterbrochen angegriffen. Zuerst dachten sie, es handle sich um irgendwelche räuberischen Stämme, Dajakpiraten vielleicht, denen der wachsende spanische Einfluß in ihrem Gebiet nicht paßte. Oberst Pastor hatte nicht weit vom eigentlichen Stützpunkt eine katholische Mission eingerichtet. Man fand die Mönche fürchterlich verstümmelt und ohne Köpfe.« Er beachtete Herricks entsetzte Miene nicht. »Dann gab es Todesfälle durch Vergiftung der Zisternen. Die Garnison mußte mit dem kleinen Bach auskommen, der innerhalb der Palisaden entspringt. Ohne ihn wäre schon längst alles aus gewesen. Stellen Sie sich vor, Herrick, Sie wären hier Offizier, müßten versuchen, die Moral aufrechtzuerhalten, ständig gegen einen unsichtbaren Feind kämpfen, und hätten Tag für Tag ein paar Männer weniger. Jeden Morgen bei Sonnenaufgang suchen Sie die Kimm ab, beten um ein Schiff, irgendein Schiff, das Hilfe bringen könnte. Nur eins kam in der ganzen Zeit, aber der Kapitän ließ niemanden an Land, aus Angst vor der Pest. Er warf nur Depeschen ab und segelte weiter. Ich kann das, weiß Gott, verstehen. Die da drüben sehen aus wie lebende Skelette.« Ein Boot legte vom Rumpf ab, und er wandte sich um. »Hoffen wir, daß unser Arzt jetzt weniger an sich selbst denkt und lieber anderen hilft.«

Leise fragte Herrick: »Was gedenkt Admiral Conway zu tun, Sir?«

Bolitho schloß die Augen und erinnerte sich an die kleine Konferenz im Turmzimmer des Palisadenforts, wo Puigserver mit bebender Stimme den Bericht des Hauptmanns Vega, des einzigen überlebenden spanischen Offiziers, übersetzt hatte.

Die Überfälle hatten nicht aufgehört. Einmal, als eine Patrouille in einen Hinterhalt geraten war, wurden die Verteidiger im Fort schier verrückt von den furchtbaren Schreien ihrer Kameraden, die in Sichtweite zu Tode gemartert wurden.

»Westlich von uns liegt eine kleine Inselgruppe, die Benuas«, sagte Bolitho. Obwohl Herrick den Zusammenhang nicht verstand, nickte er. »Ja, wir haben sie gestern passiert.«

»Sie beherrscht den Eingang zur Straße von Malakka, zwischen Borneo, Sumatra und Java.« Bolithos Stimme klang stahlhart.

»Dieser Fürst von eigenen Gnaden, Muljadi, hat dort seine Festung. Vor vielen Jahren haben die Holländer sie als Fort errichtet, gaben sie aber auf, nachdem fast die ganze Besatzung an einer Seuche starb.« Düster blickte er zum Heckfenster hinaus. »Nicht so ein Blockhaus wie Conways neue Residenz, Thomas. Eine richtige Festung aus Stein.«

Herrick versuchte, Bolitho aus seiner Depression zu reißen. »Aber mit ein paar Schiffen und genügend Soldaten müßte man doch diesem Muljadi eins verpassen können, Sir.«

»Einmal vielleicht.« Bolitho trank aus und starrte in das leere Glas. »Heute morgen wurde wieder ein Versuch gemacht, die Verteidiger hier zu überwältigen. Ich nehme an, die Angreifer sahen die *Undine* gestern die Meerenge passieren und wußten daher, daß sie sich beeilen mußten. Jetzt sind sie im Urwald verschwunden. Hauptmann Vega von der Garnison sagt, sie ziehen sich westwärts in die Marschen an der Küste zurück, dort werden sie abgeholt und über See in Muljadis Festung gebracht.« Er seufzte laut. »Im ganzen Stützpunkt leben gerade noch fünfzig Menschen. Giftpfeile, Musketenkugeln – denn die Wilden haben europäische Waffen – und auch das Fieber forderten einen furchtbaren Zoll. Es hat sogar eine Meuterei gegeben, und Vegas Leute mußten gegen ihre eigenen Eingeborenen kämpfen; dabei wußten sie vor Trunkenheit und Verzweiflung kaum noch, was sie eigentlich hier sollten.«

Entsetzt starrte Herrick ihn an. »Und was ist mit Oberst Pastor, Sir? Wurde auch er getötet?«

Bolitho rieb sich die weiße Narbe auf der Brust. »Darauf wollte ich gerade kommen. Vor ein paar Wochen traf tatsächlich ein Schiff ein – aber nicht um zu helfen, nicht um Menschen, die immerhin vom selben Erdteil stammen, Unterstützung zu gewähren. Es war die *Argus*, Thomas.« Er fuhr herum, und die Mattigkeit fiel von ihm ab wie ein Mantel. »Eine Fregatte von vierundvierzig Kanonen, unter dem Befehl von *Capitaine* Le Chaumareys. Er kam selbst an Land und verhandelte mit Oberst Don Pastor. Unter anderem brachte er eine Botschaft von Muljadi. *Persönlich.*« Bolitho hielt sich mit beiden Händen am Tischrand fest. »Und er forderte Pastor auf, die Flagge zu streichen und sich im Namen Spaniens aller Ansprüche auf diesen Stützpunkt zu begeben.«

»Mein Gott!«

»Das kann man wohl sagen. Anscheinend sprach der Oberst von

Hilfe, die bald eintreffen würde, aber Le Chaumareys lachte ihn aus. Keine Rede von Hilfe, sagte er; kein einziges Schiff würde durchkommen.«

»Dann haben also die Franzosen ihre Finger hier drin, Sir?«

»Ganz erheblich.« Bolithos Miene erhellte sich. »Merken Sie nichts, Thomas? Le Chaumareys hatte Instruktion, die Spanier zur Aufgabe ihrer hiesigen Besitzung zu zwingen. Er wußte besser als jeder andere, daß die *Nervion* oder die *Undine* – oder beide – mit allen zur Verfügung stehenden Mitteln aufgehalten werden würden. War der Stützpunkt einmal offiziell an Muljadi übergeben, und hatte der Franzose eine schriftliche Einverständniserklärung von Pastor in Händen, der schließlich hier der Repräsentant seines Königs ist, dann hätten wir oder sonst jemand nichts weiter tun können. Zweifellos hatte Le Chaumareys außerdem Befehl, im Namen Frankreichs die Souveränität Muljadis anzuerkennen und ihn um jeden Preis als Verbündeten Frankreichs zu gewinnen.« Er blickte zum Strand hinüber, wo die Matrosen zwei Boote löschten. »Aber wir sind durchgekommen, Thomas. Zu spät allerdings für Pastor, der auf der *Argus* zu Muljadi gefahren ist, um zu Gunsten seiner Leute mit ihm zu verhandeln. Er tut mir leid, wenn ich auch seinen Mut bewundere.«

Herrick nickte langsam, seine Augen umwölkten sich.

»Und als Pastor weg war«, fuhr Bolitho fort, »begann der letzte Angriff. Kein Befehlshaber, sehr wenige Verteidiger . . . Tote reden nicht viel.«

Herrick dachte daran, wie sie morgens ganz langsam in die Bucht eingelaufen waren, wie der Dunst bei dem Kanonenschuß vom Wasser hochgewirbelt war. Kein Wunder, daß die zerlumpten Verteidiger nicht mehr imstande gewesen waren, sie durch Winken oder Rufen zu begrüßen. Die *Undine* mußte ihnen wie eine Erscheinung vorgekommen sein.

Bolitho sprach weiter: »Don Puigserver ist unser einziger Trumpf. Er kann im Namen seines Königs handeln und Conway beweisen, daß Spanien ihm vertraut.«

»Wie hat *er* denn auf all das reagiert?«

Bolitho dachte an das Gesicht des Spaniers bei Vegas' Bericht: voll Schrecken, Scham und schließlich Wut. Was aber Conway von der Situation hielt, war nicht zu erkennen gewesen. Er hatte wenig gesagt, war nicht einmal auf Raymond eingegangen, als dieser anfing, sich darüber auszulassen, was das Parlament wohl sanktionieren würde und was nicht. Eines war sicher: die Angelegenheit mußte in engen Grenzen gehalten werden. Truppenverstärkungen konnten sie sich nicht erhoffen; es durfte überhaupt nicht offiziell zur Kenntnis genommen werden, daß hier oder anderswo ein Machtwechsel stattfand. Wie Raymond mehr als einmal versicherte, hatten die Holländer viel zuviel damit zu tun, ihre Kriegsverluste zu kompensieren, als daß sie sich in ihrem Einflußgebiet einen neuen Konflikt leisten konnten. Wenn Frankreich andererseits mehr Seekräfte in diese Gewässer warf, dann mochte Spanien seine Ansichten über die bisher noch unerprobte Allianz mit England ändern. Unter Umständen konnte es wieder Krieg geben.

Erst als sich Bolitho anschickte, wieder an Bord zu gehen, hatte der Konteradmiral ihn in eine Ecke gezogen.

Leise hatte er gesagt: »Politik, Handelsprivilegien, Expansion kolonialer Macht – das sind Punkte, über die man verschiedener Ansicht sein kann. Nur eines ist mir vollkommen klar und sollte auch Ihnen klar sein, Bolitho.« Er blickte ihn starr an, um eine Reaktion zu erkennen, bevor er weitersprach: »Jedes Rätsel hat eine Lösung. Dieses hier hat sogar zwei, nämlich die *Undine* und die *Argus*. Vielleicht versuchen die Regierungen später, hier mehr Kräfte einzusetzen; aber dann ist es zu spät für uns. Wenn die *Undine* verlorengeht, sind auch wir verloren. Seien Sie sicher, daß Le Chaumareys das ganz genau weiß!« Bolitho wollte etwas fragen, aber Conway redete schon weiter: »Er ist ein sehr fähiger Seeoffizier, geben Sie sich da keinen Täuschungen hin. Unsere Geschwader hatten im Krieg alle Ursache, ihn in die tiefste Hölle zu wünschen. Frankreich hat Muljadi seinen besten Mann geliehen; ich hoffe nur, England hat dasselbe für mich getan!«

Bolitho hatte wohl manches von dem, was ihm im Kopf herumging, laut ausgesprochen, denn Herrick rief erschrocken: »Aber wir haben doch keinen Krieg mehr, Sir! Kein Franzose wird den Degen ziehen, eben aus Angst, es könnte wieder Krieg geben!«

Bolitho blickte Herrick an, froh, daß er da war. »Le Chaumareys hat bestimmt einen Kaperbrief. Er ist alles andere als ein Narr. Wenn er seine vierundvierzig Kanonen ausrennt, dann wird Muljadis Flagge an seinem Großtopp wehen, nicht das Lilienbanner Frankreichs!« Er stand auf und ging ziellos in der Kajüte hin und her. »Aber jedes Geschütz wird eine erfahrene Mannschaft bedienen, die Besten der französischen Flotte. Wir dagegen ...« Er wandte sich ab; plötzlich war sein Gesicht wieder wie ausgelaugt. »Aber genug davon. Seeschlachten werden nicht durch Tagträume gewonnen.«

Herrick nickte. »Und was tun wir jetzt, Sir?«

Bolitho fuhr in sein Hemd, das gleiche fleckige wie vorher. »Wir werden Anker lichten, sobald es die Tide erlaubt. Wenn Muljadi Schiffe in diesen Gewässern hat, müssen wir Berührung mit ihnen suchen. Wir müssen ihm zeigen, daß wir zu Ende zu führen gedenken, was wir begonnen haben.«

Ein Hornsignal tönte melancholisch über das glitzernde Wasser, und Bolitho zog Herrick zum Heckfenster. Über dem Fort wehte Conways neue Flagge; die wenigen Marineinfanteristen am Flaggenmast sahen aus wie kleine rote Insekten. »Sehen Sie, Thomas, eine Rückzugsmöglichkeit gibt es nicht. Weder für Conway noch für uns.«

Voller Zweifel beobachtete Herrick das kleine militärische Schauspiel. »Es wäre sicherlich besser, die *Bedford* abzuwarten, Sir. Mit mehr Truppen und Geschützen hätten wir eine bessere Chance.«

»Genau das wird auch Le Chaumareys denken.« Er lächelte und sah dabei plötzlich ganz jung aus. »Ich hoffe es jedenfalls.«

Herrick tastete nach seinem Hut und war froh, daß er etwas zu tun hatte, das die Spannung überbrückte, die Bolithos Ausführungen bewirkt hatten. »Werden wir Bellairs und seine Seesoldaten an Land lassen?« fragte er.

»Zur Hälfte. Es gibt eine Menge zu tun. Überall liegen unbestattete Leichen; die ganze Gegend ist ein Seuchenherd. Die Verteidigungsanlagen sind stark, aber sie brauchen gute Wachen und Patrouillen. Auch die *Rosalind* wird hierbleiben, unter dem Schutz der Festungsartillerie – viel taugt sie allerdings nicht. Ich glaube, der Kapitän würde am liebsten so schnell wie möglich absegeln, aber mit Conway wird er so leicht nicht fertig.«

Herrick ging zur Tür. »Das habe ich mir aber ganz anders vorgestellt, Sir.«

»Ich auch. Doch ob es uns nun paßt oder nicht, wir müssen unsere Pflicht tun. Wenn wir mit Muljadi und seiner Drohung fertig werden wollen, dann muß er als gemeiner Seeräuber behandelt werden.« Er wischte mit der Hand über die Tischplatte. »Ganz egal, ob er die *Argus* als Verbündeten hat oder nicht!«

Herrick eilte hinaus, seine Gedanken überstürzten sich. In der Offiziersmesse stieß er auf Mudge, der düster auf einen Teller

Salzfleisch starrte. »Segeln wir wieder los, Mr. Herrick?«

Der mußte lächeln. In einem kleinen Schiff wurden aus Gerüchten sehr rasch Tatsachen. »Ja, Mr. Mudge. Die *Argus* treibt sich hier herum. Als Kaperschiff, nicht offen im Namen Frankreichs.«

Unbeeindruckt gähnte Mudge. »Nichts Neues. Wir haben früher dasselbe für die East India Company gemacht. Wenn so ein Rajah nicht recht weiß, wie er sich verhalten soll, dann sind ein paar schußbereite Rohre ein ganz gutes Argument, mit dem man ein bißchen nachhelfen kann.«

Seufzend blickte Herrick ihn an. »Also werden die Froschfresser einen bewaffneten Aufstand unterstützen, wir dagegen werden den Schutz der Handelswege übernehmen. Aber was ist mit den Menschen, die dazwischengeraten, Mr. Mudge?«

Mit Widerwillen stieß der Steuermann seinen Teller weg. »Die sind noch nie gefragt worden.« Weiter sagte er nichts.

XI Kriegsglück

Bolitho beobachtete aufmerksam den im Topp wehenden Wimpel und schritt dann nach achtern zum Kompaß. Nordwest zu West. Es war Nachmittag, und trotz des unbewölkten Himmels reichte die Brise aus, um die Hitze etwas erträglicher zu machen. Die *Undine* hatte tags zuvor noch bis fast zur Dämmerung in der Pendang Bay vor Anker gelegen, weil es bei den Küstenströmungen und dem stetigen Südost zu gefährlich gewesen wäre, nachts zu segeln. Aber im letzten Moment hatte der Wind stark gekrimpt, und die *Undine* hatte, den schlanken Rumpf unter dem Segeldruck neigend, die Bay und den Stützpunkt mit all seinen grimmen Erinnerungen in einem purpurnen Schatten hinter sich gelassen.

Aber wenn der Wind auch aufgefrischt hatte, so mußte die *Undine* doch fast gegen ihn ansegeln, alle Rahen vierkantgebraßt, damit jedes Segel richtig zog und das Schiff möglichst weit von Land freikam. Falls der Wind unvermittelt umsprang, solange sie noch so dicht unter dieser unsicheren Küste waren, konnten sie leicht auf Legerwall und damit in ernste Schwierigkeiten geraten.

»Wie lange behalten wir den Kurs bei, Sir?« fragte Herrick.

Bolitho antwortete nicht gleich. Er beobachtete aufmerksam die winzigen, dreieckigen Segel ihres eigenen Kutters, der vorsichtig zwischen ein paar felsigen Inselchen kreuzte. Dann wandte er den

Blick zum Großtopp, wo Midshipman Keen saß, das eine nackte Bein herabbaumeln ließ und das Teleskop auf das ferne Boot gerichtet hielt. Davy befehligte den Kutter und würde sofort signalisieren, wenn er etwas Verdächtiges sichtete. Es hatte keinen Sinn, mit dem Schiff zu nahe heranzugehen, wenn die Sicht gut blieb.

Schließlich sagte Bolitho: »Wir haben das südwestliche Kap gerundet, soweit ich das berechnen kann. Da ist alles Marsch und Sumpf, wie Mr. Mudge und Fowlar schon sagten. Wenn Hauptmann Vegas' Informationen stimmen, müssen Muljadis Schiffe in nächster Nähe sein.« Er drehte das Gesicht in den Wind, der ihm den Schweiß auf Stirn und Hals trocknete. »Die Benua-Inseln liegen etwa hundert Meilen westlich. Das ist ein schönes Stück offenes Wasser, wenn wir das Glück haben sollten, diese Piraten zu stellen.«

Herrick sah ihn skeptisch an; aber der offenbare Optimismus seines Kommandanten machte auch ihn zuversichtlich. »Was wissen wir eigentlich von Muljadi, Sir?« fragte er.

Bolitho schritt das krängende Deck hinan zur Luvreling und zog sich das an den Rippen klebende Hemd ein Stückchen aus dem Hosenbund. »Wenig oder nichts. Er stammt aus Nordafrika – aus Marokko oder von der Barbareskenküste, heißt es. Die Spanier schnappten ihn, und er kam als Sklave auf eine ihrer Galeeren. Er konnte fliehen, wurde aber wieder gefaßt.«

Herrick stieß einen leisen Pfiff aus. »Da wird er bei den Dons einiges mitgemacht haben.«

Bolitho mußte plötzlich an den ältlichen Oberst Pastor und seine unerfüllbare Mission denken. »Sie schnitten ihm eine Hand und ein Ohr ab und setzten ihn an irgendeiner wüsten Küste aus.«

Herrick schüttelte den Kopf. »Und doch gelangte er irgendwie bis nach Indien und kann jetzt seinen ehemaligen Herren Angst einjagen.«

»Und jedem anderen«, ergänzte Bolitho unbewegt, »der sich zwischen ihn und sein Ziel stellt – was das auch sein mag.«

Da fuhren sie beide herum und blickten nach oben, denn Keen schrie: »An Deck! Der Kutter hat signalisiert, Sir! Mr. Davy segelt nach Norden.«

Bolitho griff nach einem Fernglas. »Natürlich. Das hätte ich wissen müssen.« Er richtete das Glas erst auf den Kutter und dann jenseits von diesem auf das sanft abfallende Vorgebirge. Winzige

Inseln, zerbröckelnde Klippen und Felsen, und überall das ungebrochene Grün des Urwalds. Jedes kleine Fahrzeug konnte sich da hindurchwinden, genauso wie Davys Kutter es eben tat.

Herrick hieb eine Faust in die andere Handfläche. »Wir haben sie, bei Gott!«

Knapp befahl Bolitho: »Wir bleiben zunächst auf diesem Kurs. Heißen Sie das Rückkehrsignal für Mr. Davy, und lassen Sie auf Gefechtsstationen trommeln.« Er lächelte, vielleicht bloß, um die Spannung etwas zu lockern. »Vielleicht schaffen Sie es diesmal in zehn Minuten?«

Herrick wartete, bis Keen an einer Pardune heruntergerutscht kam und wieder bei seinen Signalgasten stand. Dann rief er: »Alle Mann an Deck! Klar Schiff zum Gefecht!«

Ein einsamer Trommeljunge tat sein Bestes und ließ die Schlegel im Doppeltakt zum Signal wirbeln, und schon kamen die Männer aus den Niedergängen an Deck gerannt und stürzten sich an die Gratings.

»Damit könnten wir sie verjagen, Sir«, warf Mudge ein, der beim Rudergänger stand. Seine Kiefer malmten auf einem Stück Fleisch oder auf einem Priem.

»Ich glaube kaum«, erwiderte Bolitho und beobachtete kritisch die Matrosen, die mit nacktem Oberkörper an die Geschütze rannten, die Persennings abwarfen und nach ihrem Gerät griffen. Die kleine Restabteilung Seesoldaten unter Führung eines Korporals marschierte über das Achterdeck; und ein paar andere enterten in den Vormast auf, wo ein Drehgeschütz montiert war.

Der Kutter hatte inzwischen gewendet. Die Segel waren niedergeholt, das Boot arbeitete sich nur mit der Kraft seiner Riemen durch die landeinwärts laufende Dünung.

»Die hatten es bestimmt nicht oft mit einer Fregatte zu tun«, fuhr Bolitho, zu Mudge gewandt, fort. »Ihr Anführer wird versuchen, das offene Meer zu erreichen und an uns vorbeizukommen, ehe er es riskiert, daß wir ihn blockieren oder eine Abteilung Seesoldaten in seinem Rücken landen.« Er faßte Mudge beim Arm. »Der Kerl wird schon nicht wissen, wie wenig wir von solchen Dingen verstehen – eh?«

Mudge verzog unwillig den Mund. »Ich kann nur hoffen, daß dieses Aas von Muljadi selbst der Anführer ist. Der braucht eine Lektion, und das bald!«

»An Deck!« Der Ausguck im Masttopp wartete, bis das Gerenne

auf dem Geschützdeck aufgehört hatte. »Segel in Lee voraus!«

»Beim Himmel, tatsächlich!« Midshipman Keen ergriff einen Matrosen beim Arm und fügte aufgeregt hinzu: »Ein Schoner, nach dem Umriß zu urteilen!« Der Matrose – zehn Dienstjahre auf dem Buckel und schon graue Haare im Zopf – sah ihn von der Seite an und grinste: »Mein Gott, Sir, was ihr jungen Herren so alles gelernt habt – beneidenswert!« Aber seine Ironie ging im Trubel des Augenblicks unter.

Herrick hob die Hand, als sich der letzte Geschützführer ihm zuwandte. Aus der Luke unter dem Achterdeck dröhnte die Stimme eines Bootsmannsmaaten: »Achtern alles klar, Sir!« Herrick fuhr herum und sah, wie Bolitho seine neue Uhr zu Rate zog. »Schiff klar zum Gefecht, Sir«, meldete er.

»In zwölf Minuten. Ausgezeichnet, Mr. Herrick! Sie können es der Mannschaft weitersagen.« Dann schritt er wieder über das krängende Deck und richtete sein Fernrohr durch die Netze: zwei schräge Masten mit großen dunklen Segeln wie Vogelschwingen. Sie schienen stillzustehen; der Schiffsrumpf war noch hinter einer vorspringenden Landspitze verborgen. Doch das war Täuschung. Das Fahrzeug umrundete eben die letzte gefährliche Klippe. Hatte es die hinter sich, mußte es außer Schußweite sein. Aber dazu würde es noch eine ganze Weile brauchen.

Bolitho drehte sich um. »Wo bleibt dieser verdammte Kutter?«

Mowll, Waffenmeister und mit Abstand der unbeliebteste Mann an Bord, rief aus: »Kommt rasch auf, Sir!«

»Na, dann signalisieren Sie Mr. Davy, er soll sich beeilen. Sonst muß ich ihn zurücklassen!«

»An Deck! Noch ein Segel in Lee voraus!«

Wortlos suchte Herrick die zweite Segelpyramide mit seinem Fernrohr. »Noch ein Schoner. Wahrscheinlich Schiffe der Company, die der Pirat gekapert hat.«

»Zweifellos.«

Jetzt war der Kutter längsseits, rundete den Bug der *Undine* unter dem Bugspriet und stieß mit einem lauten Knirschen gegen den Schiffsrumpf. Flüche und schlagende Riemen übertönten Davys Schimpfen; dann gab Bootsmann Shellabeer, der das ganze Manöver vom Decksgang her mit unverhohlenem Abscheu beobachtet hatte, gelassen den Befehl zum Fieren.

Allday stand hinter Bolitho und flüsterte: »Ein Glück, daß der junge Mr. Armitage nicht das Kommando hat. Der hätte den Kutter bestimmt glatt durch die Rumlast* gerannt.«

Bolitho lächelte und hob die Arme, damit Allday ihm den Degen umschnallen konnte. Er hatte seinen Bootsführer seit dem Frühstück, also kurz nach Sonnenaufgang, nicht gesehen. Aber im Augenblick der Gefahr, bei der leisesten Aussicht auf Feindberührung, war Allday zur Stelle, ruhig und gelassen wie immer; kaum daß er sich durch ein Wort bemerkbar machte.

»Kann sein.«

Midshipman Armitage und Soames standen am Vormast und strichen auf ihren Listen die Geschützbedienungen ab, die Soames während der Überfahrt nach Indien neu zusammengestellt hatte. Bolitho erübrigte eine Sekunde, um sich auszumalen, was Armitages Mutter wohl sagen würde, wenn sie ihr geliebtes Söhnchen jetzt hätte sehen können: abgemagert, tief gebräunt, das Haar zu lang und ein Hemd, das eine gründliche Wäsche verdammt nötig hatte. Wahrscheinlich würde sie wieder in Tränen ausbrechen. Aber in einer Hinsicht hatte sich der junge Mann nicht verändert: er war immer noch so ungeschickt und unsicher wie an seinem ersten Tag an Bord.

Der kleine Penn dagegen, der wichtig an den Zwölfpfündern der Steuerbordbatterie entlangstolzierte und auf Leutnant Davy wartete, als dessen Adjutant er fungierte, war von diesem Fehler frei. Dafür versuchte er sich allerdings gern an Aufgaben, die für die Erfahrung seiner zwölfeinhalb Jahre ein paar Nummern zu groß waren.

Davy duckte sich unter dem schwingenden Schatten des an Bord gehievten Kutters, der schnell in seinen Halterungen auf dem Geschützdeck festgezurrt wurde, und rannte nach achtern. Er war klitschnaß vom Sprühwasser, aber äußerst zufrieden mit sich.

»Das haben Sie gut gemacht«, lobte Bolitho. »Durch Ihr schnelles Signal werden wir diese beiden Fahrzeuge vielleicht nehmen können.«

Davy strahlte. »Bißchen Prisengeld, möglicherweise?«

»Bleibt abzuwarten«, erwiderte Bolitho und verbarg ein Lächeln.

Herrick wartete, bis Davy bei seiner Geschützmannschaft war, und sagte dann: »Nur die beiden Schoner, sonst nichts weiter in Sicht.« Er rieb sich geräuschvoll die Hände.

* Lagerraum für Spirituosen, ganz achtern im untersten Deck (der Übers.).

Bolitho ließ das Teleskop sinken und nickte. »Sehr schön, Mr. Herrick. Sie können jetzt laden und ausrennen lassen.« Zum hundertsten Male blickte er nach dem Verklicker im Topp. »Wir werden gleich mehr Segel setzen und diesen Piraten zeigen, mit wem sie es zu tun haben.«

»Beide Schoner halten sich dicht unter Land, Sir.« Herrick nahm das Rohr vom Auge und wandte sich fragend zu Bolitho um. »Mit dieser Takelung können sie eben hoch am Wind segeln.«

Bolitho trat zum Kompaß und behielt das Bild der beiden Fahrzeuge scharf im Gedächtnis. Seit mehr als einer halben Stunde arbeiteten sie sich langsam und methodisch durch die kleinen Inseln voran und folgten nun der Küstenlinie in Richtung auf eine abfallende, schmale Landzunge. Dahinter lag eine weitere Bucht mit noch mehr vorspringenden Landzungen; aber die Schoner würden sich bestimmt sehr sorgfältig den rechten Moment aussuchen: rasch wenden und dann auf das offene Meer hinaus, wahrscheinlich so weit wie möglich auseinander, so daß die *Undine* nur einen von ihnen angreifen konnte.

Beide Schiffe wurden sehr geschickt geführt. Durchs Fernrohr erkannte Bolitho eine gemischte Auswahl von kleinen Kanonen und Drehgeschützen; die Mannschaft schien ähnlich zusammengewürfelt.

Mudge sah ihn düster an. »Der Wind hat einen Strich gekrimpt, Sir. *Könnte* sich eine Weile so halten.«

Bolitho wandte sich um, ließ seine Blicke langsam über das Schiff gleiten und wog dabei Risiko und Vorteil gegeneinander ab. Die grüne Landzunge schien fast den Steuerbordbug der *Undine* zu berühren; in Wirklichkeit lag sie noch gut drei Meilen querab. Die beiden Schoner standen schwarz gegen die kabbelige, weißbemützte See und überlappten jetzt einander, so daß sie wie ein einziges Schiff von grotesker Bauart wirkten. Die großen Segel standen wie eingraviert vor dem niedrigen Land.

»Bramsegel setzen! Ruder zwei Strich Steuerbord!« befahl Bolitho.

Zweifelnd sah Herrick ihn an. »Das wird aber knapp, Sir. Wenn der Wind ausschießt, haben wir alle Hände voll zu tun, um von der Küste klarzukommen.«

Aber Bolitho antwortete nicht; und so hob der Erste mit resigniertem Seufzer seine Sprechtrompete.

»An die Brassen!«

Achtern ließen die Rudergänger das Rad spielen und schielten nach den killenden Segeln und dem kardanisch aufgehängten Kompaß, bis sogar Mudge zufrieden war.

»Nordwest zu Nord, Sir!«

»Recht so.«

Bolitho sah sich die Landzunge noch einmal genau an: eine Falle für die beiden Schoner oder die letzte Ruhestätte der *Undine,* wie Herrick zu glauben schien?

Herrick beobachtete die Männer auf den Rahen; er wartete darauf, daß die Bramsegel frei fielen und dann an den unteren Rahen festgezurrt wurden, bis sie sich wie stählerne Brustpanzer im Wind wölbten. Die *Undine* machte schnelle Fahrt, sie lag jetzt fast vor dem Wind, der schräg von Backbord über das Achterdeck fegte; mit vollen Groß- und Vorbramsegeln holte sie deutlich auf.

Besorgt erkundigte sich Mudge: »Glauben Sie, daß sie eine Wende versuchen werden, Sir?«

»Kann schon sein.« Eine Wand von Sprühwasser stieg hoch, brach sich am Luvschanzkleid und weichte Bolitho bis auf die Haut durch, so daß er erschauerte und seine Erregung noch stieg. »Sie werden so dicht unter Land bleiben, wie sie es riskieren können, und dann in der nächsten Bucht über Stag gehen. Aber wenn einer den Kopf verliert oder vielleicht sogar alle beide und sie schon diesseits der Landzunge auf den anderen Bug gehen – dann werden wir ihnen eins verpassen.«

Er blickte prüfend zum Geschützdeck hinüber, musterte die Männer an den Zwölfpfündern. Eine gute Breitseite sollte für so einen Schoner mehr als ausreichen. Dann bekam der andere vielleicht Angst und strich die Segel, damit es ihm nicht ebenso ging. Aber daran durfte er jetzt nicht denken. Der Kampf hatte noch nicht einmal begonnen.

Er stellte sich vor, wie Conway in seinem fernen Herrschaftsbereich lebte. Er wußte bestimmt besser als Puigserver oder Raymond, was auf dem Spiel stand. Hatte die *Undine* einigermaßen Glück, so bedeutete das für ihn eine gewisse Periode der Sicherheit, in der er seine Tüchtigkeit als Gouverneur beweisen konnte.

Ein schwacher Knall tönte über das Wasser, und eine weiße Gischtfeder stieg ein paar Sekunden hoch, aber ziemlich weit voraus an Steuerbord; gellendes Hohngeschrei von den ungeduldig wartenden Geschützbedienungen quittierte den Versuch.

»Flagge zeigen, Mr. Keen!«

Im Vormast richteten die Marineinfanteristen ihr Schwenkgeschütz aus. Eine andere Abteilung nahm mit Musketen an den Finknetzen Aufstellung, die Gesichter starr vor Konzentration.

»Der eine bricht aus, Sir!«

Bolitho hielt den Atem an. Der ihnen nächste Schoner begann stark zu krängen, sein mächtiges Großsegel fegte über Deck wie eine riesige Vogelschwinge, und er steuerte hart Backbord.

»Jesus! Der Kerl hat sich festgesegelt! Seht euch *das* an!« brüllte jemand.

Der Kapitän des Schoners hatte sich übel verschätzt. Denn während er sein Schiff durch den Wind bringen wollte, um auf neuem Bug mehr Raum zu gewinnen, war es aufgeschossen und lag nun mit chaotisch schlagenden Segeln unbeweglich da.

»Den nehmen wir zuerst!« rief Bolitho. »Backbordbatterie klar zum Feuern!«

Soames rannte an seinen Kanonen entlang, die Geschützführer hockten geduckt wie startende Läufer, visierten hinter den Verschlüssen durch die Stückpforten nach dem aufkommenden Ziel und hielten die Abzugsleinen straff.

Breitbeinig versuchte Bolitho, das nähere Schiff im Blickfeld zu behalten. Schon trieb es ungelenk quer zum Wind, deutlich war zu sehen, wie die Mannschaft auf dem schmalen Deck verzweifelt arbeitete, um es wieder unter Kontrolle zu bekommen. Die *Undine* kam so schnell auf, daß es jetzt nur noch zwei Kabellängen backbords vorauslag und zusehends größer wurde. Bolitho sah die fremdartige Flagge an der Gaffel: schwarz, mit einem roten Emblem in der Mitte – eine auf den Hinterbeinen stehende, die Tatzen hebende Raubkatze. Er schob das Glas mit einem so lauten Schnappen zusammen, daß Keen der Schreck in die Glieder fuhr.

Allday grinste. »Noch zwei Minuten, Captain – gerade richtig.« Er nickte zum Bug, wo der andere Schoner steten Kurs auf die Landzunge hielt. »Der läßt seinen Genossen anscheinend ruhig untergehen.«

Soames spähte angestrengt nach achtern. Sein gebogenes Entermesser blitzte in der hellen Sonne, als er es langsam über den Kopf hob. Er mußte genau in die Sonne blicken und verzog das Gesicht so stark, daß er wie irre zu grinsen schien.

Bolitho blickte zu Mudge hinüber. »Lassen Sie noch einen Strich abfallen!« Er rang sich ein Lächeln ab. »Keine Sekunde länger als unbedingt nötig, das verspreche ich Ihnen.«

Er zog seinen Degen und legte ihn lässig über die Schulter, fühlte den eiskalten Stahl durch das verrutschte Hemd.

Heiser meldete der Rudergänger: »Nordnordwest liegt an, Sir!«

Zum Fieren der Brassen blieb keine Zeit mehr, als die *Undine* noch näher auf die Küste zuhielt, so daß der schwer kämpfende Schoner endlich ins Schußfeld der gespannt lauernden Geschützführer kam.

»Feuer frei, Mr. Soames!« rief Bolitho.

»Achtung!« blaffte Soames. Mit großen Sprüngen rannte er nach achtern und blieb bei jedem Geschütz kurz stehen, um die Ausrichtung des Rohres zu kontrollieren. Offenbar zufrieden, sprang er zur Seite. »Feuer!«

Bolitho erstarrte, als der Schiffsrumpf die Breitseite unregelmäßig und erschauernd aushustete. Soames hatte gute Arbeit geleistet. Er hatte eine plötzliche Bö, welche die Fregatte ein Stück weiter nach Lee schob, sehr geschickt mit einkalkuliert und in dem Moment gefeuert, als die *Undine* sich wieder hob, so daß die Salve das gesamte Deck des Feindes bestrich.

Bolitho griff nach einem Stag; seine Augen waren voller Pulverqualm, den der Wind auch durch die Pforten ins Schiff drückte. Überall fluchten hustende Männer im dicken, braunen Dunst; aber Befehle und Drohungen brachten sie dazu, daß sie trotzdem unverzüglich die Rohre auswischten und neu luden, für den Fall, daß eine weitere Breitseite nötig wurde.

Endlich hatte sich der Qualm vom Achterdeck verzogen, und Bolitho konnte den Schoner sehen. Was für ein Anblick: kein Mast stand mehr, und das Deck war fast begraben unter einem Chaos von gefallenen Spieren und zerfetzter Leinwand. Der Schoner war ein Wrack.

»Gehen Sie wieder auf Nordwest zu Nord, Mr. Mudge!«

Bolitho konnte nicht sehen, was der Steuermann für ein Gesicht machte: erleichtert und bewundernd. In seinen Ohren dröhnte noch der Donner der Kanonen und der schärfere, stechende Knall der Sechspfünder auf dem Achterdeck. Hoffentlich hatten die weniger Erfahrenen unter den Geschützbedienungen daran gedacht, sich die Halstücher um die Ohren zu wickeln. Ein Mann, der in ungünstigem Winkel zum Geschütz stand, konnte von einem einzigen Schuß taub werden – oft für sein ganzes Leben.

»Ausrennen!« Soames blickte zu den Stückführern hinüber, die einer nach dem anderen die pulvergeschwärzte Faust hoben, um zu signalisieren, daß ihr Geschütz feuerbereit war.

»Jetzt auf den anderen!« brüllte Herrick. Er winkte Davy, der bei seiner Steuerbordbatterie stand; es war eine impulsive, ihm kaum zu Bewußtsein kommende Bewegung. Davy winkte zurück, verkrampft und marionettenhaft. Als sie hinter dem zweiten Schoner hersegelten, schob sich Midshipman Penn sachte ein Stückchen zur Seite, um gegebenenfalls hinter seinem Leutnant Deckung zu finden.

Herrick lachte laut auf. »Bei Gott, der junge Penn hat die richtige Idee, Sir.« Er blickte zu dem steif stehenden Wimpel empor. »Der Wind ist uns immer noch wohlgesonnen, das hebt die Stimmung der Leute.«

Bolitho sah ihn nachdenklich an. Später würden sie darüber reden. Aber wenn man mittendrin steckte, zwischen allen anderen, dann hatten Diskussionen wenig Sinn. Man wußte nie vorher, wie sich ein Mann verhalten würde, wenn es wirklich hart auf hart ging. Alles war drin: Stolz, Wut, Wahnsinn – und weiß Gott was noch. Selbst Herricks vertrautes Gesicht hatte sich verändert – und auch sein eigenes, zweifellos.

»Wir folgen ihm so dicht es geht unter Land«, sagte er. »Dann muß er sich entscheiden: streichen oder kämpfen.« Er nahm die Degenklinge von seiner Schulter. Jetzt war die Eiseskälte einer Hitze gewichen, als sei der Stahl ein heißgeschossener Flintenlauf.

»Der Steuermann ist ein Narr«, bemerkte Mudge. »Er hätte viel früher wenden sollen. Ich hätte es so gemacht. Vor unserem Bug vorbeikreuzen, ehe wir ihn hätten wegputzen können.« Er grunzte verächtlich. »Eine zweite Chance kriegt er nicht.«

Bolitho blickte zu ihm hinüber. Mudge hatte natürlich recht. Die *Undine* trieb ein gefährliches Spiel, indem sie so leichtsinnig eine Leeküste ansegelte; aber die beiden Schoner hatten noch viel mehr riskiert.

Eben sagte Herrick: »Prisenkommando auf den einen, und den anderen nehmen wir in Schlepp, wie? Wir sollten ganz schönes Geld für die beiden Schoner bekommen, Sir, auch wenn der eine kaum mehr als eine Hulk ist.«

Bolitho beobachtete den zerschossenen Schoner und erwiderte nichts. War Muljadi an Bord gewesen? Sterbend oder vielleicht schon tot unter seinen Männern? Das wäre immer noch besser für ihn, dachte er, als Puigserver in die Hände zu fallen.

»An Deck!« Der Ruf des Ausgucks ging fast unter im Brausen der Gischt und dem Rauschen des Windes. »Schiff achteraus an Backbord!«

Bolitho fuhr herum und dachte eine Sekunde lang, der Ausguck sei zu lange in der Sonne gewesen. Erst konnte er nichts sehen, aber dann erkannte er Fock und Vormarssegel eines anderen Schiffes, das gerade die letzte Landspitze rundete, von der sie sich vorhin so vorsichtig in Verfolgung des Schoners freigehalten hatten.

»Wer ist das?« fragte Herrick bestürzt und starrte Bolitho an. »Die *Argus*?«

Der nickte grimmig. »Ich befürchte es, Mr. Herrick.«

Er versuchte, gleichmütig zu sprechen, obwohl alles in ihm danach schrie, etwas zu unternehmen, das Unmögliche zu wagen. Wie leicht er es ihnen gemacht hatte! Er hatte sich von den beiden Schonern ablenken lassen wie ein Fuchs, der zwei Hasen auf einmal jagen will. Le Chaumareys mußte ihnen längs der Küste gefolgt sein – er hatte Bolithos Gedankengänge erraten, ohne ihn auch nur zu sehen.

»Dann, bei Gott«, rief Herrick aus, »werden wir diesen Franzosen zum Teufel jagen! Der hat hier gar nichts zu suchen!«

»Sie kommt schnell auf, Sir!« rief Keen.

Bolitho spähte hinüber. Die *Argus* war an Backbord schon fast in Höhe ihres Achterdecks, nahm ihnen den Wind weg, genau wie er selbst es mit den Schonern hatte machen wollen. Jetzt saß die *Undine* in der Falle. Sollte er auflaufen oder versuchen, sich nach Luv durchzukämpfen? Die Sonne blitzte auf der ihnen zugekehrten Rumpfseite der mächtigen Fregatte, und über ihrem milchigen Fahrwasser wurden kleine Schattenstriche sichtbar – sie rannte ihre Breitseite aus. Bolitho dachte an den Mann, der diese Kanonen befehligte. Wie mochte ihm in diesem Augenblick zumute sein?

Leise fragte Herrick: »Achtzehnpfünder, nicht wahr, Sir?« Gespannt blickte er Bolitho ins Gesicht, als hoffe er, sein Kapitän würde die Stärke des Gegners bestreiten.

»Ja«, sagte Bolitho und holte Atem, denn an der Gaffel des Franzosen stieg eine Flagge hoch: schwarz und rot wie die auf den beiden Schonern. Also fuhr er mit Kaperbrief. Als Mietling einer fremden Macht, und die Flagge sollte den Anschein der Legalität wahren.

Keen setzte sein Teleskop ab und sagte hastig: »Sie ist jetzt fast in Höhe des entmasteten Schoners, Sir.« Es gelang ihm, in ruhigem Ton zu sprechen, aber seine Hände zitterten heftig. »Es sind ein paar Männer im Wasser. Vermutlich über Bord gegangen, als die Masten runterkamen.«

Bolitho nahm das Glas. Ihm wurde kalt, als er sah, wie die Fregatte mitten durch die Schiffbrüchigen segelte und einige sogar überrannte. Wahrscheinlich sah der Kapitän nur die *Undine* und hatte die Unglücklichen überhaupt nicht bemerkt.

Er sprach lauter als sonst und hoffte nur, die anderen würden nicht gänzlich den Mut verlieren, weil seine Stimme so seltsam klang. »Wir ändern gleich den Kurs.« Den unausgesprochenen Protest in Mudges finsterem Gesicht ließ er unbeachtet. »Aber jetzt – Bramsegel weg, Mr. Herrick. Das erwartet der Franzose von uns, als Vorbereitung zum Kampf.« Und mit einem Blick auf Mudge: »Mit etwas weniger Tuch bleibt uns etwas mehr Platz, um ihm die Stirn zu bieten.«

»Das heißt also, wir segeln vor ihrem Bug vorbei, Sir«, erwiderte Mudge heiser. »Aber selbst wenn wir durch den Wind kommen, ohne daß es uns die Rahen abreißt – was dann? Dann überholt uns die *Argus* achtern und verpaßt uns dabei eine Breitseite ins Heck!«

Bolitho blickte ihm kühl ins Gesicht. »Ich rechne darauf, daß er unbedingt den Windvorteil behalten will, denn sonst werden die Rollen vertauscht.« Aber in Mudges winzigen Augen las er kein Begreifen. »Oder wollen Sie lieber, daß ich die Flagge streiche, he?«

Mudge wurde rot vor Wut. »Das war nicht fair, Sir!«

Bolitho nickte. »Ein Seegefecht ist es auch nicht.«

Mudge wandte den Blick ab. »Ich werde mein Bestes tun, Sir. Ich bringe sie so hart an den Wind wie noch nie.« Er tippte auf die Kompaßbussole. »Wenn der Wind hält, sollten wir fast genau West steuern können.« Er trat zum Ruder. »Mit Gottes Hilfe!«

Eben rutschten die Toppmatrosen wieder an Deck, und Bolitho spürte, wie die *Undine* unter Mars- und Vorsegeln ins Stampfen geriet. Mit einem raschen Blick stellte er fest, daß sein Gegner desgleichen tat. Der brauchte sich keine Sorgen zu machen; die *Undine* mußte sich zum Kampf stellen, sie hatte gar keinen Seeraum zur Flucht. Langsam schritt er auf und ab, trat, ohne hinzusehen, über die Zugleinen der Sechspfünder, streifte im Vorbeigehen den gebeugten Rücken eines Matrosen am Geschütz. Sicherlich beobachtete der Kapitän der *Argus* jede seiner Bewegungen. Seine Chance – wenn er überhaupt eine bekam – würde nur Sekunden, bestenfalls wenige Minuten dauern. Er blickte zur Landzunge hinüber. Sie wirkte jetzt sehr nahe, öffnete sich an Backbord wie ein riesiger Schlund, der das Schiff als Ganzes verschlingen wollte.

Dann trat er an die Achterdeckreling und rief: »Mr. Soames! Ich brauche eine Breitseite, sowie wir wenden! Die Chance, daß Sie ihn treffen, ist nur gering, aber die plötzliche Attacke wird ihn vielleicht verwirren.« Langsam glitten seine Blicke über die emporgewandten Gesichter auf dem Geschützdeck. »Das Nachladen und Ausrennen muß schneller gehen als je zuvor. Die *Argus* ist ein starkes Schiff und wird ihr schweres Kaliber voll einsetzen. Wir müssen nahe heran.« Sein Grinsen fühlte sich wie eingefroren an. »Zeigt ihnen, daß wir besser sind, ganz egal, unter welcher Flagge sie fahren!«

Ein paar Mann schrien hurra, aber es war kein beeindruckender Salut.

Gelassen sagte Herrick: »Klar zur Wende, Sir.«

Stille. Bolitho blickte noch einmal hinauf, der Wimpel stand wie vorhin. Wenn der Wind etwas rückdrehen wollte, wäre das eine kleine Hilfe. Aber ein Ausschießen wäre katastrophal. Eben stapfte Soames nach achtern und verschwand unter Deck. Er wollte die Heckzwölfpfünder inspizieren, die, sobald das Schiff auf dem neuen Bug lag, als erste den Gegner vor die Pforten bekommen würden. Davy stand am Fockmast und schickte einige Leute seiner Geschützbedienungen als Verstärkung der Backbordbatterie nach achtern. Wenn die Achtzehnpfünder der *Argus* erst Ernst machten, würden sie viele Ersatzleute brauchen, dachte Bolitho grimmig.

Er blickte Herrick an und lächelte. »Na, Thomas?«

Der zuckte die Schultern. »Ich sage Ihnen, was ich davon halte, wenn es vorbei ist, Sir.«

Bolitho nickte. Es war ein enervierendes Gefühl. Selbstverständlich war es das immer, doch leider jedesmal schlimmer als beim letztenmal. In einer Stunde, in Minuten, konnte er tot sein. Und dann würde sein Freund Thomas Herrick eine Schlacht ausfechten müssen, die er nicht gesucht hatte; oder vielleicht tödlich getroffen im Orlopdeck liegen und sich die Seele aus dem Leib brüllen.

Und Mudge – ein großartiger Seemann mit einem reichen Schatz an Erfahrungen. Er hätte bereits den Dienst quittiert; wenn ihm diese Einberufung nicht dazwischengekommen wäre, würde an Land bei seinen Kindern leben.

»Also dann«, befahl Bolitho kurz. »Ruder legen!«

»An die Brassen! Aber lebhaft!«

Die *Undine* erschauerte und stöhnte protestierend unter dem donnernden Druck des Windes und dem wilden Schlagen der Segel. Bei dem harten Kurswechsel krängte sie so stark, daß Gischt in die offenen Stückpforten sprühte. Aus den Augenwinkeln sah Bolitho, wie die Bramsegel der *Argus* über seinen Finknetzen emporwuchsen und ihr Umriß sich verkürzte, als die *Undine* um ihren Bug bog. Ein Geschütz krachte, aber die Kugel fuhr jaulend hoch über ihnen davon. Jemand mußte zu früh abgezogen haben, oder vielleicht hatte der französische Kapitän auch schon gemerkt, was sie vorhatten.

Soames war bereit und wartete auf freies Schußfeld. Und dann erzitterte das ganze Deck unter dem Krachen der ersten Geschütze. Qualm wirbelte auf und stieg als zerflatternde Wolke über die Finknetze. Geschütz nach Geschütz feuerte, den ganzen Rumpf entlang, vom Heck bis zum Bug. Auch die Sechspfünder mischten sich ein, als die *Argus* an jeder einzelnen der schwarzen Mündungen vorbeiglitt. Bolitho sah, wie ihre Fock unter den Einschlägen bebte. Soames' Geschützbedienungen feuerten, luden, feuerten nochmals, und wie durch Zauber erschienen Löcher in den Segeln der *Argus*. Nun sah Bolitho auch, daß die Landzunge bereits an Steuerbord achteraus lag. Der Schoner, der sich in die nächste Bucht schlich, war schon ganz winzig.

»West zu Nord, Sir – voll und bei!« brüllte Mudge. Er hielt sich an der Nagelbank des Besan fest und wischte sich die Augen mit seinem Taschentuch. »So hoch am Wind, wie es geht, Sir!« fügte er hinzu und deutete zum Topp, wo der Wimpel beinahe mittschiffs flatterte.

Bolitho fuhr zusammen, als die Sechspfünder wieder krachten. Dicht neben ihm stieß ein Rohr auf seiner Lafette zurück, bis es von der Halterung gebremst wurde. Schon war die Bedienung dabei, es auszuwischen, der Geschützführer holte vom Kugelrack ein neues Geschoß, weiß starrten die Augen und Zähne in den pulvergeschwärzten Gesichtern, die Stimmen gingen unter im Krachen und Brüllen der Geschütze, die schweren Rohre quietschten beim Ausfahren wie wilde Eber.

Endlich folgte die *Argus* Bolithos Manöver. Mit hartgebraßten

Rahen schwang sie herum, um den Wind einzufangen und die *Undine* in Lee zu halten. Und da sah er auch schon die langen, gelb-roten Feuerzungen aus ihren Stückpforten fahren; gelassen, ohne Eile, sorgfältig gezielt, kam Schuß auf Schuß durch den Wirbel aus Pulverdampf und Gesicht. Eine Kugel jaulte über das Achterdeck, durchschlug das Großmarssegel und klatschte querab ins Wasser. Andere aber trafen den Rumpf – ob über der Wasserlinie oder darunter, wußte Bolitho nicht. Er hörte Schreie hinter dem beißenden Qualmvorhang, sah Männer hierhin und dorthin rennen wie verlorene Seelen in der Hölle, sah sie neue Ladungen in die Rohre rammen und ihre schweißglänzenden, pulvergeschwärzten Körper in die Zugleinen werfen, wieder und immer wieder.

Über dem Krachen vernahm er Soames' tiefe, schimpfende und anfeuernde Stimme, die die Männer an ihren Geschützen hielt. Vom Vormast krachte das Drehgeschütz; vermutlich feuerten die Seesoldaten mehr, um ihre Angst abzureagieren, als in der Hoffnung, etwas zu treffen. Unter dem Achterdeck schien eine Stückpforte in einem mächtigen Flammenausbruch zu explodieren, und Bolitho sah, wie Männer und Körperteile in alle Richtungen geschleudert wurden; die Kugel hatte auch das Schanzkleid zerrissen, lauter spitzige Splitter schwirrten wie furchtbare Pfeile umher.

Heulend, die Hände vor dem, was von seinem Gesicht übriggeblieben war, stürzte ein Seesoldat von den Netzen weg. Andere standen oder knieten bei ihren gefallenen Kameraden, schossen, luden, schossen aufs neue, solange noch Leben in ihnen war.

Eine Fallbö wirbelte den Qualm hinweg, und Bolitho erblickte die Rahen und die durchlöcherten Segel der feindlichen Fregatte kaum fünfzig Meter entfernt. Gedämpftes Sonnenlicht spielte auf den Haken und Messern des Gegners, der sich zum Entern fertigmachte oder zur Abwehr ihres Angriffs. Noch eine Reihe feuriger Zungen stieß durch den Qualm, zusammenzuckend spürte er, wie sich die Planken unter seinen Füßen bogen. Mit dumpfem Krach stürzte ein Geschütz um oder zersprang in Stücke.

Das Großbramsegel oben war nur noch ein Fetzen, aber Spieren und Rahen schienen intakt. Ein verwundeter Matrose klammerte sich an die Großbramrah, Blut rann an seinem Bein entlang und tropfte hinunter aufs Deck. Ein anderer hatte ihn erreicht und zog ihn in Sicherheit; beide duckten sich unter die Rah; sie hingen in den zerrissenen Tauen wie zwei Vögel mit gebrochenen Schwingen.

»Er will uns manövrierunfähig schießen und dann als Prise aufbringen!« brüllte Herrick.

Bolitho hatte eben einen Verwundeten von einem Sechspfünder weggezogen. Er nickte, denn er konnte sich schon denken, was die *Argus* wollte: ein weiteres Schiff für Muljadis Flotte, vielleicht um die *Argus* abzulösen, damit sie nach Frankreich zurückkehren konnte. Der bloße Gedanke fuhr ihm wie ein Messer durchs Herz.

»Hart Ruder legen! Wir rammen!« Seine Stimme kam ihm selbst ganz fremd vor. »Davy soll die Enterhaken klarmachen!« Er faßte Herrick beim Arm. »Wir *müssen* entern! Er schießt uns sonst in Fetzen.« Eine Kugel flog dicht an seinem Kopf vorbei; er hörte sie in das gegenüberliegende Schanzkleid einschlagen, und eine Wolke von Splittern flog wie tausend Pfeile über das Deck. Herrick schrie Mudge etwas zu, dann den Männern an den Brassen; durch den Qualm sah Bolitho den schattenhaften Umriß der *Argus* turmhoch über ihrer Back stehen und die Männer auf dem Vorschiff durcheinanderrennen, als die beiden Schiffe aufeinander zuhielten. Das Prasseln des Musketenfeuers wurde vom Schlagen der Segel übertönt, die jetzt aus dem Wind gerieten. Lustlos fiel ihr Schiff ab.

Herrick war in einer Blutlache ausgerutscht; er keuchte: »Hat keinen Zweck! Zu weit für die Enterhaken!«

Bolitho starrte an ihm vorbei. Der Gegner schob sich bereits vor, er lag quer vorm Bug der *Undine*; ein paar Schüsse krachten, die *Argus* drehte vor den Wind, änderte leicht den Kurs und nahm Fahrt auf, während die *Undine*, hilflos und mit fast backstehenden Segeln weiter abtrieb.

Die *Argus* wollte anscheinend die *Undine* nochmals aus allen Rohren beharken, aber dann Bolitho Zeit geben, die Flagge zu streichen, ehe sie sein Heck kreuzte und ihm den Gnadenstoß gab.

Herrick zog ihn am Ärmel.

»Was ist?«

Herrick deutete nach oben, wo ein paar Sonnenstrahlen einen Weg durch den wirbelnden Rauch fanden. »Der Ausguck, Sir! Er hat Segel westlich voraus gemeldet!« Seine Augen glänzten hoffnungsvoll. »Der Franzose zieht ab!«

Wie betäubt blickte Bolitho ihn an. Es stimmte; er mußte die Meldung wohl überhört haben, halb taub wie er war vom Donnern der Geschütze oder von seiner Verzweiflung umnebelt. Jedenfalls hatte die *Argus* bereits ihr Großsegel gesetzt und hielt vor dem Wind rasch auf die offene See zu.

»Alle Mann an die Brassen, Mr. Herrick!« befahl Bolitho. »Gehen Sie wieder auf Backbordbug. Wenn wir mit dem Schiff dort Signalverbindung bekommen, können wir vielleicht die Verfolgung aufnehmen.«

Er hörte einen unterdrückten Schrei, wandte sich um und sah zwei Matrosen bei Keen knieen, der auf den Planken lag. Der Midshipman versuchte, sich an den Leib zu fassen, aber der eine Matrose hielt ihm die Handgelenke fest, während der andere ihm die blutige Hose mit seinem Dolch aufschlitzte und die Hälften zur Seite klappte. Ein paar Zoll über der Leistenbeuge ragte etwas wie ein gebrochener Knochen heraus; aber es war etwas weit Schlimmeres: ein Holzsplitter vom Deck, wahrscheinlich so zerfasert, daß er wie ein Widerhaken festsaß.

Bolitho kniete nieder und tastete vorsichtig danach; Blut pulsierte über den Schenkel des Jungen, der die Schmerzensschreie zurückhielt und nur leise stöhnte. Bolitho dachte an Whitmarsh; aber der war weit weg in Pendang Bay und behandelte die Kranken und Verwundeten der Garnison.

Der eine Matrose sage: »Ohne Hilfe schafft er's nicht, Sir. Ich hole einen Sanitätsgasten.«

Aber da kniete Allday neben ihm. »Ich mach' das schon«, sagte er grimmig entschlossen. »Ruhig, Mr. Keen. Gleich sind Sie wieder auf den Beinen.«

Bolitho stiegen vor Wut und Verzweiflung die Tränen in die Augen. Was hatte er ihnen allen angetan? Er berührte die nackte Schulter des Midshipman, sie war so glatt wie die einer Frau. Der Junge hatte noch nicht richtig zu leben begonnen.

»Schaffen Sie das, Allday?« fragte er kurz.

Gelassen blickte der Bootsmann auf. »So gut wie die anderen Schlächter auch.«

Davy kam eilig nach achtern und faßte an seinen Hut. »Ausguck meldet, das Schiff ist die *Bedford,* Sir. Der Franzose muß sie für ein Kriegsschiff gehalten haben.« Da sah er Keens Wunde. »Mein Gott!« murmelte er heiser.

Die Finger des Verletzten krümmten sich wie gefangene Tiere unter dem starken Griff des Matrosen. Schwerfällig stand Bolitho auf. »Also gut, Allday, schaffen Sie ihn in meine Kajüte. Ich komme selbst, sobald ich hier fertig bin.«

Allday sah zu ihm hoch. »Machen Sie sich keine Vorwürfe,

Captain. So was ist eben Glückssache. Wir kommen auch noch dran.« Er nickte den beiden Matrosen zu. »Nehmt ihn hoch!«

Keen stieß einen scharfen Schrei aus, als sie ihn zum Kajütniedergang trugen, und ehe er unter Deck verschwand, sah Bolitho noch, daß seine Augen in den Himmel über den zerfetzten Segeln starrten. Wollte er sich daran festhalten? Und durch dieses Bild am Leben selbst?

Bolitho bückte sich und nahm Keens Dolch von dem blutbesudelten Deck auf. Er gab ihn Davy und sagte: »Wir werden mit der *Bedford* Kontakt aufnehmen. Im Augenblick können wir nichts weiter tun, als zum Stützpunkt zurückzukehren.«

»Gerettet durch die alte *Bedford*!« sagte Herrick bitter. »Ein lausiges Transportschiff aus Madras, vollgestopft mit seekranken Soldaten und ihren Weibern!«

Sorgfältig brachte der Rudergänger die *Undine* auf Kurs zurück, wobei er geschickt den Kraftverlust ausglich, der durch die Löcher in den Segeln entstand.

»Wenn die *Argus* das gewußt hätte«, sagte Bolitho, »dann hätte sie uns alle beide fertiggemacht.« Er sah die Bestürzung in ihren Gesichtern und fügte kurz hinzu: »Aber dabei wäre sie selbst draufgegangen.« Er warf einen Blick nach oben, zum Wimpel am Masttopp, und dann auf seine Uhr. Das ganze Seegefecht hatte weniger als zwei Stunden gedauert, und schon war die *Argus* fast in dem Dunst verschwunden, der vor der Küste lag und das Nahen des Abends verkündete. Er beschattete die Augen und schaute nach der *Bedford* aus; wie kleine gelbe Muscheln standen ihre Bramsegel an der Kimm.

Dann blickte er sich um. Zersplitterte Planken; die Toten, die unter dem Luv-Decksgang aufgereiht worden waren. Es gab viel zu tun; er durfte die Zügel keine Minute lockerlassen, wenn die Männer ihren Kampfeswillen behalten sollten – sie würden ihn noch brauchen. Wieder brachten sie einen Toten von der Kampanje herbei. Er mußte sich mit den Schadensmeldungen befassen, die Ausfälle ersetzen, Reparaturen anordnen. Und die Bestattungen.

Aus dem Oberlicht der Kapitänskajüte drang ein scharfer Schrei – dort unten lag Keen, und Allday versuchte, den Splitter herauszuholen.

»Ich gehe nach unten, Mr. Herrick«, sagte er. »Befassen Sie sich mit den Schadens- und Verlustmeldungen!«

Bolitho eilte am Wachtposten vorbei und blieb dann stehen. Es war sehr still in der Kajüte. Keen lag still und nackt auf dem Fußboden. War es schon zu spät?

»Alles vorbei, Captain«, sagte Allday und hielt den blutigen Holzsplitter mit einer Pinzette hoch. »Für so einen jungen Bengel hat er sich tapfer gehalten.«

Bolitho blickte auf Keens aschgraues Gesicht hinunter. Seine Lippen waren blutig. Ein Matrose hatte ihm einen Lederriemen zwischen die Zähne gezwängt, damit er sich nicht die Zunge durchbiß. Noddall und der zweite Matrose legten ihm einen Verband an, und es roch stark nach Rum.

»Danke, Allday«, sagte Bolitho leise. »Ich wußte nicht, daß Sie auch davon etwas verstehen.«

Allday schüttelte den Kopf. »Hab's auch nur einmal gemacht, bei einem Schaf. Das arme Vieh war von einer Klippe auf einen jungen Baumstumpf gefallen. Kein großer Unterschied.«

Bolitho trat zum Heckfenster und füllte sich die Lungen mit frischer Luft. »Das müssen Sie Mr. Keen erzählen, wenn er wieder zu sich kommt.« Er wandte sich um und sah Allday ins Gesicht. »Wird er wieder ganz gesund?«

Allday nickte. »Ja. Einen Zoll weiter, dann wäre es aus gewesen.« Er sah, wie Bolitho zusammenzuckte, und rang sich ein Grinsen ab. »Jedenfalls was die Mädchen betrifft.«

Die Tür ging auf, und Herrick meldete: »Wir sind auf Signaldistanz mit der *Bedford,* Sir.«

»Ich komme an Deck.« Bolitho hielt inne und warf noch einen Blick auf Keen. Der Junge atmete schon leichter, das sah man deutlich. »Die Verluste?«

Herrick senkte den Kopf. »Zehn Tote, Sir, und zwanzig Verwundete. Ein Wunder, daß wir nicht mehr verloren haben. Der Zimmermann und seine Leute sind schon unten, aber die meisten Löcher scheinen über der Wasserlinie zu liegen. Die *Undine* hat Glück gehabt, Sir.«

Bolitho blickte von Herrick zu Allday. »*Ich* habe Glück gehabt.« Dann ging er aus der Kajüte.

Allday schüttelte den Kopf und seufzte, und es roch noch stärker nach Rum. »Wenn Sie mich fragen, lassen Sie ihn lieber in Ruhe, Mr. Herrick, Sir.«

Herrick nickte. »Ich weiß. Aber er nimmt sich diesen Rückschlag sehr zu Herzen, obwohl ich keinen Kapitän kenne, der sich besser aus der Affäre gezogen hätte.«

Allday senkte die Stimme. »Aber *ein* Kapitän war heute besser. Und unserer wird nicht ruhen, bis er ihn wieder vor den Rohren hat.«

Keen stieß einen leisen Seufzer aus, und Allday schnauzte die Matrosen an: »Los, ran, ihr Faulpelze! Eine Schüssel neben seinen Kopf! Ich habe ihm so viel Rum in die Eingeweide gepumpt, daß er die ganze Kajüte vollkotzen wird, wenn er wieder aufwacht!«

Herrick schritt lächelnd zur Tür. Die Matrosen zurrten die Geschütze wieder fest und grinsten ihn an, als er vorbeiging. Einer rief: »Den Scheißkerlen haben wir's aber gezeigt, Sir, wie?«

Herrick blieb stehen. »Jawohl, das haben wir, Jungs. Der Captain ist stolz auf euch.«

Die Matrosen grinsten noch breiter. »Aye, Sir. Ich hab ihn gesehen. Mitten im dicksten Beschuß ist er rumspaziert, als ob er in Plymouth wäre. Hoho! Da hab' ich gewußt, wir schaffen es.«

Herrick kletterte nach oben in die Sonne und starrte auf die zerfetzten Segel. Wenn ihr wüßtet, dachte er trübe.

Die anderen Leutnants und die Deckoffiziere waren bereits auf dem Achterdeck versammelt und gaben ihre Meldungen ab. Bolitho lehnte am Großmast. Als er Herrick sah, meinte er: »Uns bleibt noch eine ganze Weile Tageslicht. Wir werden die zerschossenen Segel und das laufende Gut auswechseln lassen, so lange es noch hell ist. Ich habe Befehl gegeben, daß in der Kombüse Feuer gemacht wird. Die Leute sollen anständig zu essen bekommen.« Er deutete auf das schwerfällige Transportschiff, das nun knapp eine Meile entfernt war. »Wir könnten uns sogar von denen ein paar Helfer ausleihen, was?«

Herrick sah, daß die anderen nur halb zuhörten; sie waren noch abgestumpft von der Anstrengung und dem Schock, den sie erst jetzt richtig spürten. Vermutlich war es dieser andere Bolitho – kühl, selbstsicher, den Kopf schon wieder voll neuer Ideen –, den jener Matrose von der Geschützbedienung während des Gefechtes zu sehen geglaubt hatte.

Aber daß er, Herrick, den richtigen Bolitho kannte, der sich hinter dieser Maske verbarg, das machte ihn plötzlich so stolz, daß alle Erschöpfung von ihm abfiel.

Wie ein Scherenschnitt stand die Gestalt des Konteradmirals vor dem farbenfrohen Viereck des Fensters; obwohl er Bolitho den Rücken zuwandte, konnte dieser erkennen, daß Conway vor Ungeduld fast zersprang. Draußen vor dem Fenster, still und friedlich im Spiel der in der Abendsonne ständig wechselnden Schatten, ankerten die Schiffe.

Die *Undine* lag etwas abseits von dem ungefügen Transporter und der kleinen Brigg; die Schäden, welche die Achtzehnpfünder der französischen Fregatte angerichtet hatten, waren nicht mehr zu erkennen. Gelegentlich, wenn das Stimmengewirr verstummte, hörte Bolitho das Klopfen und Hämmern, das Knirschen der Sägen – die *Undine* bot nur aus der Ferne einen so schmucken Anblick.

Nach der Hitze draußen in der Bucht kam es ihm in dem großen Raum mit den Balkenwänden kühl vor; obwohl die Männer, die darin saßen, so aussahen, als hätten sie sich seit ihrer letzten Begegnung kaum bewegt, hatte sich doch der Raum selber in der kurzen Zeit beträchtlich verändert. Es gab mehr Möbel, ein paar Teppiche, eine ganze Sammlung von blitzenden Karaffen und Gläsern – man hatte den Eindruck, in einer Wohnstätte zu sein, nicht mehr in einer belagerten Festung.

Don Luis Puigserver hockte auf einer messingbeschlagenen Truhe und nippte an seinem Wein. Ihm gegenüber saß James Raymond an dem mit Papieren bedeckten Schreibtisch und machte ein todernstes, verkniffenes Gesicht. Der Kapitän der Brigg, Hauptmann Vega von der ursprünglichen spanischen Garnison und zwei Offiziere der *Bedford* in roten Uniformen vervollständigten die kleine Versammlung. Einen der letzteren, einen breitgesichtigen Mann, der als Major Frederick Jardine vorgestellt worden war und die von Madras gekommenen Soldaten befehligte, erkannte Bolitho sofort wieder: er hatte ihn in Madras mit Viola Raymond zusammen gesehen. Jardine ließ die bösartigen kleinen Schweinsaugen kaum einen Moment von Bolitho. Der andere Offizier, ein Hauptmann Strype, war sein Stellvertreter und vollkommenes Gegenteil: lang und dünn wie ein Stock, lispelnd unter seinem schwarzen Schnurrbart, und wenn er lachte, klang das wie ein kurzes Bellen. Er kam Bolitho ziemlich dumm vor, hatte jedoch offenbar großen Respekt vor seinem Vorgesetzten.

Eben sagte Conway scharf: »Natürlich bin ich höchst betroffen zu hören, daß die *Argus* Sie angegriffen hat, Captain Bolitho.«

»Ein unrechtmäßiger Angriff obendrein«, warf Raymond dazwischen.

Conway wandte sich um. In der Abendsonne bekam sein graues Haar einen strohgelben Schimmer. »Aber nicht unerwartet, Raymond. Ich jedenfalls habe damit gerechnet. Es war von Anfang an klar, daß die Franzosen die Hände im Spiel haben. Wir hatten Glück, daß das Erscheinen der *Bedford* ihre Absicht, Captain Bolithos Schiff zu kapern, vereitelt hat. Das hätten sie doch geschafft, wie?« fragte er schneidend.

Bolitho spürte aller Augen auf sich. »Ich glaube ja, Sir.«

Conway nickte lebhaft. »Gut. Gut, Bolitho. Ich wollte die Wahrheit hören, und ich weiß, was es Sie kostet, sie auszusprechen.«

Raymond versuchte nochmals, seinen Standpunkt zu vertreten. »Ich glaube, Sir, wir sollten unverzüglich die Brigg mit Depeschen nach Madras schicken. Möglicherweise wird Sir Montagu Strang zu der Überzeugung kommen, daß weitere Operationen hier nicht ratsam sind.« Conway richtete sich starr auf, aber Raymond redete weiter: »Später können neue Pläne gemacht werden. Bis dahin müssen wir diesen Angriff als Warnung betrachten.«

»Warnung?« knurrte Conway. »Bilden Sie sich ein, daß ich mich von einem verdammten Piraten auch nur eine Minute ins Bockshorn jagen lasse und damit die ganze Aufgabe in Frage stelle, die ich eben erst übernommen habe?« Er trat dicht an Raymond heran. »Nun? Bilden Sie sich das tatsächlich ein?«

Raymond wurde blaß, aber er erwiderte stur: »Ich bin im Auftrag der Regierung hier, Sir. Als Ratgeber. Die Franzosen müssen doch begriffen haben, daß Sie ausmanövriert sind, ehe Sie überhaupt angefangen haben. Wenn dieser Muljadi in den hiesigen Gewässern ungehindert rauben und morden kann, dann ist es unmöglich, aus Pendang Bay eine neue, blühende Handelsniederlassung zu machen. Keine Gesellschaft würde sich darauf einlassen.« Er wandte sich an den Kapitän der Brigg. »Ist dem nicht so?«

Düster nickte der Mann. »Wir brauchen mehr Schutz, Sir.«

Triumphierend fuhr Raymond fort: »Genau! Und das wollen die Franzosen bezwecken. Wenn wir noch mehr Kriegsschiffe für den Patrouillendienst in diesen Gewässern anfordern, dann haben sie einen Grund, außer der *Argus* weitere Schiffe zu schicken, um das Kräftegleichgewicht zu halten.«

Conway starrte ihn wütend an. »Dann sollen sie doch!«

»Nein, Sir. Das würde Krieg bedeuten. Die *Argus* ist durch ihren Kaperbrief gedeckt. Muljadi hat eine eigene Flotte und wird außerdem von seinen französischen Freunden unterstützt. In Indien gibt es tausend Muljadis. Manche sind echte Herrscher, und manche haben weniger Untertanen, als Captain Bolitho zur Zeit Matrosen hat. Wir alle wollen Frieden und unseren Handel bis nach China ausdehnen, wenn es geht, und noch weiter. Dort gibt es Reichtümer, von denen wir nur träumen können, Länder, deren Bewohner noch nie von König George oder König Louis gehört haben.«

Gelassen warf Bolitho ein: »Wenn ich Sie richtig verstanden habe, Sir, sind Sie der Meinung, daß sich der Gouverneur zurückziehen sollte?«

Raymond lächelte kühl. »So wie Sie sich zurückgezogen haben, nicht wahr?«

Bolitho trat zum Fenster und blickte auf sein Schiff hinunter. Damit gewann er Zeit, die aufsteigende Wut, die ihm den Blick trübte, abklingen zu lassen. In der unteren Einfriedung saß Midshipman Keen mit einem Schiffsjungen von der *Nervion*, der ihm als Pfleger zugeteilt war und aufpassen sollte, daß Keen nicht zu viel herumlief. Es war noch nicht ganz sicher, ob er sich von seiner Verwundung erholen würde. War das tatsächlich erst vorgestern gewesen? Der Qualm, der Kanonendonner, die Erschöpfung nach den anstrengenden Reparaturarbeiten. Dann die Bestattungen auf See – jeder Leichnam mußte gut beschwert sein, ehe man ihn über Bord warf, damit die streunenden Haie keine Zeit hatten, zuzupacken.

»Soviel ich weiß, Mr. Raymond«, entgegnete Bolitho, »haben Sie niemals Ihrem Vaterland mit der Waffe gedient?« Er wartete die Antwort nicht ab. »Hätten Sie jemals des Königs Rock getragen, so wüßten Sie, daß ein geordneter Rückzug nicht das Ende eines Kampfes bedeutet.«

Er vernahm Hauptmann Strypes meckernde Stimme: »Ach Gott, das war aber ein bißchen dünn, wie?«

Bolitho fuhr herum und erwiderte grob: »Ich sprach zu Mr. Raymond, Sir, nicht zu einem verdammten Söldner, der sich einbildet, ein richtiger Soldat zu sein, bloß weil er Hauptmann wurde!«

Don Puigserver setzte sein Glas heftig auf den Tisch. »Meine Herren! Ich weiß, daß Vega und ich hier nichts mehr zu sagen haben. Ich weiß aber auch, daß *Señor* Raymond wie auch der Gouverneur –«, er verbeugte sich leicht vor Conway –, »beide recht haben. Solange Muljadi hier ungehindert Einfluß ausübt, können Sie keine Fortschritte machen. Bekommen Sie militärische Verstärkung, so führt das nur zu weiteren Feindseligkeiten und stärkerem Engagement der Franzosen.« Er machte eine Pause und zuckte beredt mit den Schultern. »Und ich bezweifle, daß mein Land das ignorieren könnte.«

Dankbar für sein Eingreifen, nickte Bolitho ihm zu. Er wußte genau, noch eine Sekunde, und er hätte zuviel gesagt; auch Conway hätte ihm dann nicht helfen können, selbst wenn er gewollt hätte.

Major Jardine räusperte sich. »Trotz der Äußerungen des tapferen Captain«, sagte er, ohne Bolitho dabei anzublicken, »glaube ich, daß meine Truppe stark genug ist. Ich habe zweihundert Sepoys und eine Geschützbatterie auf Maultieren. Erfahrene Soldaten.« Er sprach undeutlich und schwitzte furchtbar, obwohl der Raum vergleichsweise kühl war.

Puigserver nickte ernst. »Wenn die *Nervion* hier wäre, hätte das alles nicht passieren können. Ein weiteres Schiff, das der *Argus* unsere Flagge zeigt, und Muljadi hätte seine Pläne zurückgestellt, wenn nicht ganz aufgegeben.«

»Aber sie ist nicht da«, entgegnete Conway, »nur die *Undine*.«

»Und die scheint sich nicht allzugut aus der Affäre gezogen zu haben«, nörgelte Jardine. Er wandte sich Bolitho zu, seine kleinen Augen glitzerten wie Stahl. »Wenn ich auch nur Soldat bin oder ein *Söldner,* so sehe ich doch, daß dort unten keiner der beiden Schoner vor Anker liegt, und soviel wir wissen, weht auf der *Argus* immer noch die Flagge Muljadis. Was sagen Sie dazu, Captain?«

Bolitho blickte ihm voll ins Gesicht. »Der eine Schoner ist gekentert und gesunken. Der andere konnte fliehen, weil die *Argus* kam.« Er war jetzt ganz unbewegt. Wer den Schaden hatte, brauchte eben für den Spott nicht zu sorgen. Man mußte dergleichen hinter sich bringen, es reinigte die Luft.

»In der Tat.« Jardine lehnte sich im Sessel zurück, seine blankgeputzten Stiefel quietschten. »Und dann kam Ihnen die *Bedford* zu Hilfe. Das arme, vielgelästerte Schiff der Company mußte die

Argus vertreiben.«

»Wenn Sie an meiner Stelle gewesen wären, Major . . .«

Jardine spreizte die dicken Hände. »War ich aber nicht, Sir. Ich bin Soldat. Für solche Dinge ist schließlich die Flotte zuständig und nicht ich – oder wie meinen Sie?«

»Das reicht mir«, sagte Conway kalt. »Ich verbitte mir dieses Wortgeplänkel. Das gilt sowohl für Sie, Bolitho, als auch –«, er sah Jardine an, »– für jeden anderen!« Er legte die Hände auf den Rücken, so daß seine schon gebeugten Schultern noch tiefer sanken. »Wäre die *Undine* in offener Seeschlacht von einem gleich starken Schiff geschlagen worden, hätte ich Captain Bolitho als ihren Kommandanten ablösen lassen. Das weiß er ganz genau, und Sie, meine Herren, sollten das auch bedenken. Von der Kriegsmarine wird nur zu häufig erwartet, daß sie gegen eine Übermacht kämpft; und bisher hat sie dabei so oft Erfolge erzielt, daß hohlköpfige Politiker und gierige Kaufleute, die schnelle Profite für wichtiger halten als langfristige Sicherheit, den Sieg selbst gegen einen hoffnungslos überlegenen Feind für selbstverständlich halten. Doch wie die Dinge liegen, muß Captain Bolitho, sobald die nötigen Reparaturen ausgeführt sind, unverzüglich in Muljadis Gebiet segeln.« Er blickte Bolitho unbewegt an. »Sie werden mit der *Argus* Kontakt aufnehmen, und zwar unter Parlamentärsflagge, und eine Botschaft von mir überbringen.«

Hastig warf Raymond ein: »Ich beschwöre Sie, Sir, lassen Sie Don Puigserver mit Captain Bolitho segeln! Er hat das Recht, die Freiheit des letzten hiesigen Gouverneurs, des Obersten Pastor, zu fordern. Er könnte Muljadi gegenüber sein Mißfallen auf eine Weise zum Ausdruck bringen, die . . .«

Jetzt wurde Conway ernstlich wütend, und seine Stimme hallte dröhnend von den Wänden wider: »Ich bin hier Gouverneur«, brüllte er Raymond an, »ich brauche Ihre Gängelei nicht, und auch nicht die Hilfe des Königs von Spanien, verstanden?«

Raymonds Mut welkte unter Conways Zorn dahin. Er sagte nichts mehr. Puigserver stand auf und schritt langsam zur Tür. Erleichtert und dankbar folgte ihm Hauptmann Vega.

Puigserver blieb einen Moment stehen und blickte sie alle an. Seine Augen waren sehr dunkel. »Ich würde *Captain* Bolitho natürlich gern begleiten.« Er lächelte flüchtig. »Ich hege große Bewunderung für seinen Mut und seine –«, er suchte nach dem richtigen Wort, »– seine Integrität. Aber ich habe viel zu tun. Es ist meine Aufgabe, die spanischen Soldaten und ihre Angehörigen mit der *Bedford* nach Hause zu schicken.« Er warf einen kurzen Blick auf Conway, und sein Lächeln schwand. »Wie Sie heute früh sehr richtig bemerkten, hat Spanien hier keine Hoheitsrechte mehr.«

Bolitho sah ihm nach, als er hinausging. Sofort bei der Ankunft hatte er die Spannung gespürt. Es konnte für Conway nicht leicht gewesen sein. Er machte sich Sorgen, weil weder Nachrichten noch Verstärkungen noch Lebensmittel eintrafen. Aber es war falsch von ihm, sich Puigserver zum Gegner zu machen. Wenn es hier schiefging, würde Conway alle Fürsprache brauchen, die er bekommen konnte, sogar von spanischer Seite.

Jardine sagte möglichst beiläufig: »Ich gehe dann am besten auch. Ich muß die Sepoys einweisen und die Seesoldaten ablösen lassen.« Für das, was Hauptmann Bellairs und seine Leute in so kurzer Zeit geschafft hatten, äußerte er kein Wort des Dankes oder der Anerkennung.

Wieder blickte Bolitho durchs Fenster. Urwald und Schlinggewächse, die den Stützpunkt bedrängt hatten, waren gelichtet und alle Toten beerdigt. Das als Lazarett benutzte Gebäude war gereinigt und frisch gestrichen worden; Whitmarsh war sogar des Lobes voll über die Leistungen der Männer gewesen.

Conway nickte. »Nach Sonnenuntergang kommen Sie bitte wieder hierher, Major.«

Bolitho wartete, bis die beiden Offiziere draußen waren, und sagte dann: »Bitte um Entschuldigung für meinen Ausbruch, Sir. Aber ich habe die Nase voll von dieser Sorte.«

»Mag sein«, knurrte Conway. »Doch in Zukunft werden Sie den Mund halten. Auch wenn Jardine nur eine Handvoll invalider Bettler unter seinem Kommando hätte, würde ich Ihnen dasselbe sagen. Ich brauche jeden Mann, den ich kriegen kann.«

Raymond stand gähnend auf. »Verdammte Hitze! Ich glaube, ich lege mich vor dem Dinner ein bißchen hin.« Auch er ging langsam hinaus, ohne einen Blick für Bolitho.

Gedämpft sagte Conway: »Ihre Bemerkung über das Waffentragen gefiel ihm nicht.« Er lachte leise. »Während Sie weg waren, hat seine Frau Loblieder auf Marineoffiziere im allgemeinen und auf Sie im besonderen gesungen.« Er runzelte die Stirn. »Ich habe anscheinend zu meinem Unheil dauernd mit Menschen zu tun, die einander absichtlich ruinieren.«

»Wie geht es ihr, Sir?« Bolitho traute sich nicht, Conway ins Gesicht zu blicken. »Ich habe sie seit meiner Rückkehr noch nicht gesehen.«

»Sie hat diesem Säufer von Schiffsarzt bei der Kranken- und Verwundetenpflege geholfen.« Conway zog die Brauen hoch. »Überrascht Sie das? Bei Gott, Bolitho, über Frauen müssen Sie noch viel lernen. Aber alles zu seiner Zeit.«

Bolitho dachte daran, wie Viola sich geweigert hatte, die Verwundeten an Bord der *Undine* zu versorgen, nachdem Puigserver mehr tot als lebendig an Bord gekommen war. Warum bloß? Er seufzte. Vielleicht hatten Puigserver und Conway beide recht: er mußte noch viel lernen.

»Ich gehe wieder an Bord, Sir«, antwortete er. »Da ist eine Menge zu erledigen.«

Conway sah ihn nachdenklich an. »Ja. Und denken Sie daran: Wenn Sie mit dem Kapitän der *Argus* zusammentreffen, dann behalten Sie Ihre persönlichen Gefühle für sich. Er tut seine Arbeit, so gut er kann. Sie würden dasselbe tun, wenn es Ihnen befohlen würde. Wenn Le Chaumareys nicht im Feuer Ihrer Geschütze umgekommen ist, wird ihm ebensoviel daran liegen, persönlich mit Ihnen zu sprechen. Er ist älter als Sie, aber ich glaube, Sie haben etwas gemeinsam.« Seine Falten vertieften sich, als er trocken schloß: »Keinen Respekt vor Ihren Vorgesetzten!«

Bolitho nahm seinen Hut. Bei Conway wußte man nie, wo die menschliche Wärme endete und die stählerne Härte begann.

»Bitte kommen Sie abends an Land und speisen Sie mit uns –«, Conway machte eine Geste, die den ganzen Raum umfaßte, »– mit uns Abgeschriebenen.«

Bolitho verstand, daß er entlassen war, verbeugte sich und ging.

Jenseits der Palisaden war der Urwald so dicht und bedrückend wie eh und je; dennoch wirkte der Ort anheimelnder, wie etwas Dauerndes.

Allday trieb sich im Schatten unterhalb des Haupttores herum. Er sah ein paar eingeborenen Frauen zu, die in einem großen Holztrog Wäsche wuschen. Sie waren klein, bräunlich, etwas mollig, besaßen aber eine geschmeidige Grazie, die Allday anscheinend sehr gefiel. Er nahm Haltung an und fragte: »Alles erledigt, Captain?« Zu Bolithos anzüglichem Blick nickte er wohlgefällig. »Niedliche kleine Krabben. Wir werden auf unsere Matrosen aufpassen müssen, Captain.«

»Nur auf die Matrosen?«

»Na ja . . .«

Da kam der Schiffsarzt aus dem Behelfslazarett. Er rieb sich die Hände an einem Tuch ab und blinzelte in das schräg einfallende Sonnenlicht. Als er Bolitho sah, nickte er ihm zu. »Zwei von Ihren Verwundeten sind ab morgen wieder dienstfähig, Sir. Zwei sind gestorben, aber die anderen werden überleben.« Er wandte den Blick ab. »Bis zum nächsten Mal.«

Bolitho überlegte. Zwölf Tote hatte sie der Angriff der *Argus* gekostet. Das war zuviel, auch wenn man bei diesem wütenden Gefecht von Glück sagen konnte, daß es nicht mehr waren. Er seufzte. Vielleicht hatte Herrick ein paar »Freiwillige« von den anderen Schiffen erwischt?

»Ihr Bootsmann«, fuhr Whitmarsh fort, »hat, nebenbei bemerkt, gute Arbeit geleistet. Eigentlich müßte der Junge tot sein.« Er blickte Allday an. »Schade um Sie. Sie sollten was Vernünftiges aus Ihrem Leben machen.«

Gelassen erwiderte Bolitho: »Freut mich, daß Sie Allday für die Mühe gedankt haben, die er sich mit Mr. Keen gegeben hat. Aber er wird über seine Zukunft schon selbst entscheiden, da bin ich ganz sicher.«

Allday selbst stellte sich taub.

»Jedenfalls«, sagte Whitmarsh, »habe ich hier ein bißchen saubergemacht. Die meisten werden durchkommen, aber ein paar werden doch noch sterben, ehe sie Spanien erreichen. Geschlechtskrank, selbstverständlich.«

»Selbstverständlich?«

Whitmarsh sah ihm in die Augen. »Völlig verseucht. Und sie haben natürlich auch diese armen unwissenden Wilden angesteckt. Wenn einer Ihrer Matrosen mit diesen verdammten Pickeln zu mir kommt, dann verarzte ich ihn so, daß er wünscht, er hätte nie im Leben eine Frau berührt!«

»Es sind auch *Ihre* Matrosen, Mr. Whitmarsh!« erwiderte Bolitho mit einem prüfenden Blick. Obwohl sich die übliche feindselige Haltung des Arztes nicht geändert zu haben schien, sah er doch erheblich besser aus. Vielleicht lag es nur daran, daß es hier wenig zu trinken gab? Jedenfalls hatte er keine Ähnlichkeit mehr mit dem betrunkenen Wrack, das in Portsmouth im Frachtnetz an Bord gehievt werden mußte.

»Da sind Sie also, Captain.«

Er wandte sich um. Sie stand am Tor und sah ihn an. Ein weißer Überwurf reichte ihr fast bis zu den Füßen, und sie trug den Strohhut, den sie in Santa Cruz gekauft hatte. Ihre Augen lagen im Schatten, aber ihr Lächeln war strahlend und warm.

»Ich bin Ihnen sehr dankbar, Madam«, erwiderte er, »für alles, was Sie hier getan haben.«

Whitmarsh nickte. »Mrs. Raymond hat das ganze Lazarett von oben bis unten organisiert.« Seine Bewunderung war echt.

Viola lächelte Allday grüßend zu und hakte sich bei Bolitho ein. »Ich komme bis zum Strand mit, wenn ich darf. Es ist so erfrischend, Sie wieder hier zu haben.«

Bolitho merkte, daß Whitmarsh und Allday sie beobachteten. »Sie sehen – äh – wohl aus«, sagte er. »Sehr wohl sogar.«

Sie drückte seinen Arm ein ganz klein wenig. »Sagen Sie Viola zu mir!«

»Viola«, sagte er lächelnd.

»So ist's schon besser.« Aber als sie weitersprach, klang ihre Stimme ganz anders. »Ich sah Ihr Schiff vor Anker gehen und war richtig verrückt vor Angst. Ich bat James, mich mit dem Boot hinüberzufahren, aber er weigerte sich. Natürlich! Da nahm ich ein Fernrohr und konnte Sie sehen – als ob ich neben Ihnen stünde. Und heute war ich ein Weilchen mit Valentin zusammen.«

»Valentin?« Er sah sie von der Seite an. »Wer ist das?«

Sie lachte. »Natürlich – so eine Kleinigkeit wie einen Vornamen werden Sie sich nie merken. Ich meine Ihren Mr. Keen.« Dann wurde sie ernst. »Der arme Junge sieht noch so elend aus, aber er spricht immer nur von Ihnen.« Wieder ein fester Druck auf seinen Arm. »Ich bin beinahe eifersüchtig.«

Bolitho blickte über ihren Kopf hinweg auf die Gig. Sie lag auf dem Sand; kleine, schaumköpfige Wellen umspielten sie. Die Bootsbesatzung war in lärmender Unterhaltung mit einigen Matrosen der Brigg begriffen; offensichtlich schilderten sie ihren Sieg – denn so sahen sie die Sache an – über die *Argus* und die beiden Schoner. Trotz aller Bitterkeit und Enttäuschung über das Gefecht mußte er lächeln. Vielleicht hatten sie sogar recht. Daß man unter solchen Umständen überhaupt am Leben geblieben war, konnte man durchaus als einen Sieg ansehen.

Viola blickte ihn an, als suche sie etwas. »Sie lächeln, Captain? Über meine Dreistigkeit vielleicht?«

Er griff nach ihrer Hand. »Nein, das nicht. Niemals.«

Sie warf den Kopf in den Nacken. »So ist es schon besser, Captain.«

Er hörte Alldays Schritte im Sand, und bei der Gig wurde es auf einmal still. »Ich heiße Richard«, sagte er ernst.

Allday hörte Mrs. Raymond lachen und war plötzlich besorgt. Hier entstand eine Gefahr, die er recht gut sehen konnte; jedenfalls besser als sein Kommandant. Er zog den Hut, als Bolitho auf dem Weg zur Gig an ihm vorbeikam, und hörte ihn sagen: »Ich komme nachher wieder an Land, Ma'am.«

Sie beschattete die Augen mit der Hutkrempe. »Bis dann also, Captain.«

Aber Allday hatte ihr Gesicht gesehen, ehe der Schatten es verbarg. Er wußte, was es bedeutete, wenn eine Frau so aussah. Er warf einen raschen Blick auf den Turm des Forts und holte tief Atem, als prüfe er die Luft. Widrige Winde im Anzug, dachte er, und nicht mehr allzuweit weg.

Bolitho blickte ihn an. »Alles klar?«

»Scheint so, Captain«, antwortete Allday mit unbewegter Miene.

Drei Tage nach ihrer Rückkehr nach Teluk Pendang lichtete Seiner Majestät Fregatte *Undine* wieder Anker und ging in See. Am späten Nachmittag war sie bereits weit draußen in der glitzernden Einsamkeit der Javasee, und nicht einmal ein Kormoran leistete ihr Gesellschaft.

Als die *Undine* in See ging, hätte ein flüchtiger Betrachter kaum noch etwas von den Schäden gesehen, welche die Kanonen der *Argus* angerichtet hatten. Aber Bolitho sah sie recht gut, als er an Deck kam. Die von Splittern und Schrapnellen zerrissenen Wanten und Stagen waren ersetzt und frisch geteert worden, so daß sie in der hellen Sonne glänzten. Die eilig eingezogenen, neuen Decksplanken hoben sich dunkler von der wettergebleichten und bimssteingescheuerten Beplankung ab, die so alt war wie das Schiff selbst. Der Segelmacher und seine Leute hatten am meisten zu tun gehabt, und sogar jetzt noch sah Bolitho, als er an Luv entlangschlenderte, Jonas Tait dort hocken, und sein eines Auge kontrollierte wachsam die nadelbewehrten Fäuste, die immer noch fleißig Nähte setzten.

Fowlar, der wachhabende Steuermannsmaat, tippte grüßend an die Stirn und meldete: »Südwest zu Süd liegt an, Sir.« Er deutete voraus. »Ziemliche Dünung, Sir. Mr. Soames ist im Vorschiff und kontrolliert die Halterungen der Geschütze.«

Bolitho warf einen Blick auf den Kompaß und betrachtete dann nacheinander die Segel an jedem Mast. Er hatte das unangenehme Stampfen des Schiffes schon bemerkt, aber es war noch zu früh, um beurteilen zu können, was es damit auf sich hatte. Das Barometer stand auf unbeständig, doch das war man in diesen Breiten gewohnt. Mudge hatte sich sehr vorsichtig ausgedrückt, als Bolitho ihn nach seiner Meinung gefragt hatte. »Könnte Sturm geben, Sir – in diesen Gewässern weiß man das nie.«

Bolitho nickte Fowlar zu und ging zur Achterdecksreling. Die Sonne stach auf Kopf und Schultern. Ganz ordentlicher Wind, dachte er; aber die Luft ist drückend, sehr drückend sogar.

Herrick und Soames standen an den Zwölfpfündern im Gespräch. Der Bootsmann war auch dabei und wies auf die Stellen, wo noch etwas repariert werden mußte. Aus dem Niedergang beim Großmast erklang die muntere Melodie eines Jig, den der Schiffsfiedler spielte: normale, alltägliche Geräusche und Bilder. Beruhigt begann er, an der Luvseite auf und ab zu schlendern.

Aus dem Augenwinkel beobachtete er Soames, der vom Geschützdeck kam. Es sah so aus, als wolle er zu Bolitho herüberkommen; aber er blieb dann doch auf der Leeseite. Bolitho war erleichtert. Soames hatte sich im Gefecht bewährt, aber als Gesprächspartner war er schwerfällig und engstirnig.

Und Bolitho wollte allein bleiben, nachdenken, was er richtig und was er falsch gemacht hatte. Jetzt, da er wieder einmal das Land weit hinter sich hatte und auf sich selbst angewiesen war, konnte er alles viel klarer sehen. Jetzt, da er nur seinen eigenen, über die schwarzen Sechspfünder schwankend hinweggleitenden Schatten zur Gesellschaft hatte, fand er, daß er öfter richtig als falsch gehandelt hatte. War es unvermeidlich gewesen? Oder hätten sie es beide, er und sie, in Sekundenschnelle beenden können, durch ein bloßes Wort, eine Andeutung? Ihm fiel wieder ein, wie sie ihn über den Tisch hinweg angesehen hatte, während die anderen sich mit allerlei Unterhaltung und Geplauder die Zeit vertrieben. *Capitan* Vega hatte ihnen ein Lied vorgesungen, so traurig, daß ihm dabei die Tränen in die Augen traten. Puigserver hatte von den Abenteuern erzählt, die er vor dem Kriege in Westindien und Südamerika erlebt hatte. Raymond hatte sich nach einem ergebnislosen Streitgespräch mit Major Jardine über die Möglichkeit eines dauernden Friedens mit Frankreich langsam aber sicher betrunken. Conway war schrecklich nüchtern geblieben, oder, wenn das nicht der Fall war, mußte er ein besserer Schauspieler sein, als Bolitho sich vorstellen konnte.

Wann also war der eigentlich entscheidende Moment gewesen?

Sie waren zusammen auf der oberen Brustwehr gestanden und hatten, über das rauhe Balkenwerk gebeugt, auf die Bucht und die ankernden Schiffe geschaut. Ein schönes Bild. Winzige Lichter glitzerten auf dem unruhigen Wasser. Bleich schäumte es an den Riemen eines Wachtbootes, das seine gleichförmigen Kreise um die mächtigen Schiffsrümpfe zog.

Ohne ihn anzusehen, hatte sie gesagt: »Ich möchte, daß Sie heute nacht an Land bleiben. Ja?«

War das die Entscheidung? Mit plötzlichem, gefährlichem Entschluß hatte er alle Bedenken beiseite geschoben. »Ich lasse meinem Ersten Leutnant Bescheid sagen.«

Er wandte sich um und blickte über das Deck. Da stand Herrick immer noch im Gespräch mit Shellabeer. Ob er damals wohl erraten hatte, was vorging?

Bolitho wußte noch ganz genau, wie sein Zimmer im Fort ausgesehen hatte. Es war eher eine Zelle, karger als eine Leutnantskajüte auf einem Kriegsschiff. Er hatte auf dem Bett gelegen, die Hände hinterm Kopf gefaltet und auf die seltsamen Geräusche draußen, auf die Schläge seines eigenen Herzens gelauscht.

Tierschreie aus dem Dschungel, gelegentlich der Anruf einer Patrouille an den kontrollierenden Sergeanten. Der Wind, der um den viereckigen Turm strich, ohne das antwortende Summen der Takelung und das Klappern der Taljen, das Bolitho gewohnt war.

Dann hatte er ihre Schritte draußen auf dem Gang gehört, ein rasches Flüsterwort zu ihrer Zofe, bevor sie die Tür öffnete und schnell wieder hinter sich zuzog.

Wie es weitergegangen war, wußte er nicht mehr so genau. Da ging es ihm etwas durcheinander. Er erinnerte sich noch, daß er sie an sich gepreßt hielt, an ihren warmen Mund, an das plötzliche, überwältigende, verzweifelte Begehren, das die letzten Bedenken in alle Winde jagte.

Es war kein Licht in der winzigen Kammer, nur der Mondschein. Er hatte sie nur kurz gesehen, ihre nackte Schulter, die wie Silber glänzenden Schenkel, als sie ins Bett kam und ihn tiefer, immer tiefer zu sich herabzog, bis sie sich schließlich in der Erfüllung ihres Begehrens vereinten, keuchend und ermattet.

Hatte er überhaupt geschlafen? Oder sie nur in den Armen gehalten, sie begehrt mit der quälend klaren Gewißheit, daß es nicht dauern konnte? Einmal in dieser Nacht, als es schon fast dämmerte, hatte sie ihm ins Ohr geflüstert: »Mach dir keine Vorwürfe. Das hat nichts mit Ehre zu tun. Es gehört zum Leben.« Sie hatte die Lippen auf seine Schulter gepreßt und zärtlich weitergeflüstert: »Wie wunderbar du riechst. Nach Schiff. Nach Salz und Teer.« Und mit leisem Kichern: »Das muß ich auch haben.« Dann das ängstliche Klopfen an der Tür, mit dem die treue Zofe das Nahen des Tages ankündigte, und das hastige Rascheln, als sie ihr Gewand überstreifte.

Aber für Bolitho war es ein völlig anderer Tag als alle Tage bisher. Er fühlte sich ganz anders als sonst. Voller Leben und Unruhe. Befriedigt, aber hungrig nach mehr.

Er hörte Schritte an Deck. Herrick stand vor ihm und sah ihn an. »Ja, Mr. Herrick?«

»Der Wind frischt wieder auf. Soll ich die Marssegel reffen lassen, Sir?« Kritisch musterte er die Takelung. »Hört sich an, als ob das Rigg mächtig straff ist.«

»Wir wollen sie noch ein bißchen so laufen lassen. Wenn möglich, bis acht Glasen, wenn wir halsen und Westkurs haben. Hat ja keinen Sinn, die Leute zusätzlich anzustrengen, wenn wir mit nur einem Manöver auskommen können.« Er lehnte sich zurück, die Hände in die Hüften gestemmt, und starrte zum Topp des Großmastes, wo der lange Wimpel im Winde flatterte. »Sie hat immer noch eine Menge Kraft in sich.«

»Aye, Sir.« Herricks Stimme klang seltsam müde.

»Was nicht in Ordnung?«

Gelassen erwiderte Herrick: »Sie wissen ja schon, Sir. Ich habe gesagt, was ich zu sagen hatte. Was geschehen ist, ist geschehen.«

Bolitho blickte ihn ernst an. »Dann wollen wir es auf sich beruhen lassen.«

»Gewiß, Sir«, seufzte Herrick. Er sah zum Rudergänger hinüber. »Ich habe nur vier Mann kriegen können, bedauerlicherweise. Weder die *Bedford* noch die *Rosalind* wollten mehr abgeben. Und diese vier sind ausgesprochene Stänker-Typen.« Er lächelte ein bißchen. »Immerhin hat mir Mr. Shellabeer versichert, daß sie ihr Benehmen ändern werden, ehe die Sonne wieder aufgeht.«

Midshipman Armitage kam eilig den Niedergang herauf, faßte an den Hut und stotterte Herrick an: »Mr. Tapril läßt respektvoll anfragen, ob Sie zu ihm ins Magazin kommen können, Sir.«

»Ist das alles?« fragte Herrick.

Der Junge machte ein unglückliches Gesicht. »Sie hätten es versprochen, Sir.«

»Eben, Mr. Armitage.« Der Midshipman eilte wieder nach unten, und Herrick erklärte: »Ich wollte die Pulverfässer kontrollieren und neu markieren lassen. Hat keinen Sinn, gutes Pulver zu verschwenden.« Er senkte die Stimme. »Hören Sie, Sir, können Sie denn wirklich nicht sehen, wie verrückt das ist, was Sie da machen? Es ist überhaupt nicht abzusehen, wie das Ihrer Karriere schaden kann!«

Bolitho fuhr gereizt herum; aber dann sah er die echte Besorgnis in Herricks Miene. »Ich verlasse mich auf Ihre Lady Glück, Thomas.« Er schritt zum Kajütniedergang und sagte zu Soames: »Rufen Sie mich sofort, wenn sich etwas ändert.«

Als er verschwunden war, schritt Soames zum Kompaß. Fowlar beobachtete ihn verstohlen. Wenn sie wieder in England waren, würde auch er ein Leutnantspatent erhalten. Der Captain hatte so etwas angedeutet, und auf den konnte man sich verlassen. Aber wenn er diese allererste Stufe der Leiter erklomm, würde er hoffentlich mehr Freude daran haben, als das bei Soames der Fall zu sein schien.

Soames schnauzte ihn an: »Mr. Fowlar, Ihre Rudergänger sind einen Strich oder so vom Kurs abgekommen. Verdammt noch mal, bei Ihnen hätte ich das nicht erwartet!« Dann ging er wieder, und Fowlar grinste hinter ihm her. Das Ruder lag genau richtig, und Soames wußte das auch. Aber so war es nun mal in der Flotte – ein lausiges Spiel. »Halten Sie Kurs, Mallard!« sagte er zu dem Ersten Rudergänger. Mallard schob seinen Priem in die andere Backe und nickte. »Aye, aye, Mr. Fowlar, Sir.«

Die Wache ging weiter.

Gegen Ende der Hundewache frischte der Wind so auf, daß die Marssegel gerefft werden mußten. Bolitho faßte in die Finknetzen, visierte die ganze Länge des Schiffes entlang und beobachtete, wie die Deckoffiziere ihre Segelbedienungen kontrollierten, ehe diese in die Masten gingen, während Shellabeer und seine Maaten die Boote fester zurrten.

Herrick brüllte durch den Wind: »Innerhalb einer Stunde müssen wir noch ein Reff stecken, Sir, wenn ich mich nicht irre.«

Bolitho wandte sich nach achtern und fühlte das Sprühwasser im Gesicht, das freigiebig in Luv überkam. Der Wind hatte schnell rückgedreht und blies jetzt kräftig von Südost, so daß die *Undine* ebenso heftig wie ungemütlich stampfte. Er antwortete: »Wenn wir gerefft haben, gehen wir auf Westkurs. Auf Backbordkiel wird sie ruhiger laufen.« Er beobachtete die großen, steil anlaufenden Wellen; wie zackige Reihen bösartiger Glasberge sahen sie aus. Wenn der Wind noch mehr auffrischte, würden diese jetzt noch runden Wellen zu schweren Brechern werden.

Er hörte Mudge rufen: »Wir kriegen tatsächlich einen ordentlichen Sturm, Sir!« Er hielt seinen mißgeformten Hut fest; der Wind trieb ihm das Wasser in die Augen. »Das Barometer hopst herum wie 'ne Erbse auf der Trommel!«

»Musterung durch, Sir!« schrie Davy.

»Sehr schön. Alle Mann in die Masten!« Herrick hob die Hand. »Kein Wettrennen! Verbieten Sie den Bootsmannsmaaten, mit ihren Tauenden herumzuprügeln!« Er warf einen Blick auf Bolitho. »Ein Ausrutscher, und der Mann geht über Bord und ist verloren.«

Bolitho nickte zustimmend. Herrick vergaß solche Hinweise nie.

»Ich hoffe, der Sturm wird nicht allzulange dauern. Wenn wir beidrehen und ihn abreiten müssen, kommen Admiral Conways Pläne bestimmt durcheinander.«

Von oben tönten abgerissene Flüche und Schreie herab. Die Toppmatrosen kämpften hart mit den schwer zu bändigenden, heftig schlagenden Segeln. Sie stießen mit Fäusten und Füßen, warfen sich mit dem Oberkörper über die Rahen, tief unter ihnen das Deck. Bolitho wurde beim bloßen Anblick dieser Knochenarbeit schwindlig. Es dauerte fast eine Stunde, bis die Segel zu Herricks Zufriedenheit gemeistert waren; und dann war es auch schon Zeit, das nächste Reff zu stecken. Schaum und Sprühwasser peitschte an Luv übers Deck; jede Planke, jede Leine quietschte und knarrte in wütendem Protest.

»Noch einen Strich vor den Wind, Mr. Herrick!« rief Bolitho. »Kurs West zu Süd!« Herrick nickte. Auch sein Gesicht troff von Sprühwasser. »Achterwache an die Besanbrassen!« Wütend schüttelte er seine Sprechtrompete. »Zusammenbleiben, verdammt noch mal!«

Ein Marineinfanterist war ausgerutscht, lag als scharlachroter Haufen auf den Decksplanken und strampelte mit den Beinen, so daß noch ein paar seiner Kameraden durcheinander gerieten.

Bolitho deutete voraus; unter dem weiter auffrischenden Wind bekamen die Wellen jetzt glitzernde Schaumkronen.

»Sie läuft doch ruhiger, Mr. Herrick!« Er wurde gelassener, als jetzt die älteren Matrosen nach achtern eilten, um den Seesoldaten und den weniger erfahrenen Männern bei den Besanbrassen zu helfen. »Und bis jetzt ist kein Mann verletzt, soweit ich sehe!«

Die *Undine* hatte sich mühsam vor den Wind gedreht. Lackschwarz stachen Wanten und Schoten gegen die aufkommenden Wellen ab. Aber mit ihren leicht backgebraßten Rahen und der bis auf Mars- und Focksegel gerefften Leinwand wurde sie einigermaßen mit dem Wind fertig.

Keuchend, das Hemd klatschnaß, kam Davy aufs Achterdeck. »Alles klar, Sir!« Er schwankte, stolperte, fiel gegen die Netze und sagte wütend: »Bei Gott, ich hatte völlig vergessen, was ein richtiger Wind ist!«

Bolitho lächelte. »Lassen Sie die Freiwache unter Deck gehen, aber sagen Sie dem Bootsmann, er soll ständig Kontrollen machen. Wir können uns nicht leisten, kostbares Geschirr zu verlieren, bloß weil es nicht ordentlich verstaut wurde.« Er wandte sich Herrick zu: »Kommen Sie mit in meine Kajüte.«

Dort war es trotz der tosenden See und den unter dem Anprall stöhnenden Planken warm und gemütlich. Der Gischt malte ein Diagonalmuster an die Heckfenster, das Ruder knirschte und quietschte unter den Händen der Rudergasten, die das Schiff auf seinem neuen Kurs hielten. Noddall kam taperig herein, den schmächtigen Körper schräg gegen den überhängenden Fußboden geneigt, und setzte Weingläser auf. Herrick quetschte sich in die Ecke der Sitzbank und blickte Bolitho fragend an. »Und wenn wir vor dem Wind segeln müssen und dabei etwas vom Kurs abkommen – würde das so viel ausmachen, Sir?«

Bolitho dachte an seine schriftlichen Befehle, an Conways kurze, aber klare Instruktionen. »Unter Umständen ja.« Er wartete, bis der Wein eingeschenkt war, und sagte dann: »Auf das, was wir erreichen können, Thomas!«

Herrick lachte kurz auf. »*Darauf* trinke ich mit!« Bolitho setzte sich an seinen Schreibtisch. Das Schiff stieg und glitt dann steil in ein Wellental. Er war froh, daß Keen und ein paar andere Rekonvaleszenten auf seinen ausdrücklichen Wunsch in Pendang Bay geblieben waren. Wenn das Schiff noch lange so stampfte und rollte, mußten ja die besten Wundnähte reißen.

»Admiral Conway beabsichtigte, die *Bedford* in See gehen zu lassen, sobald wir auf dem Wege zu den Benua-Inseln sind. Ich denke, er will die spanischen Soldaten so schnell wie möglich loswerden.«

Herrick sah ihn gespannt an. »Ein bißchen riskant, Sir, nicht wahr? Wo sich doch diese verdammte *Argus* immer noch hier herumtreibt?«

Bolitho schüttelte den Kopf. »Glaube ich nicht. Bestimmt haben die Franzosen oder Muljadi ihre Spione, die Conways Stützpunkt beobachten. Die werden gesehen haben, daß wir in See gegangen sind. Die *Argus* weiß inzwischen ganz genau, daß wir kommen.«

»So gerissen sind die also?« Herrick sah ganz finster aus bei diesem Gedanken.

»Damit müssen wir rechnen. Ich glaube, Conway hat recht. Es ist besser, wenn die *Bedford* mit den Kranken und den Depeschen für Madras weg ist, bevor es in Pendang Bay noch schlimmer wird.«

»Wenn ein richtiger Sturm aufkommt«, antwortete Herrick etwas optimistischer, »dann passiert erst mal gar nichts. Die Froschfresser mögen schlechtes Wetter nicht.«

Bolitho mußte über Herricks Gottvertrauen lächeln. »Diesem hier könnte das egal sein. Er ist lange in diesen Gewässern gesegelt. Das ist keiner von diesen Ein-Schuß-und-weg-Spezialisten, die vor Brest oder Lorient mal kurz die Nase in den Kanal stecken und nach Hause flitzen, sobald sie das erste englische Schiff zu Gesicht kriegen.« Er rieb sich das Kinn. »Dieser Le Chaumareys interessiert mich. Ich würde gern wissen, wie er als Mensch ist, nicht nur als Seemann und Kämpfer.«

Herrick nickte. »Er seinerseits scheint eine ganze Menge über Sie zu wissen, Sir.«

»Zuviel.«

Eine mächtige Woge glitt unter das Achterdeck, hob das Schiff an, stellte es einen Moment lang steil, und ließ es dann in das nächste Wellental gleiten. Draußen vor der Tür stürzte der Posten stehende Marineinfanterist der Länge nach hin; sie hörten das Klappern und Klirren der fallenden Muskete und sein Fluchen, während er sich aufrappelte. Langsam sagte Bolitho:

»Wenn wir mit dem Kapitän der *Argus* zusammentreffen, müssen wir die Augen offenhalten. Wenn er gewillt ist, zu verhandeln, erfahren wir vielleicht etwas. Andernfalls müssen wir bereit sein zu kämpfen.«

Herrick runzelte die Stirn. »Kämpfen wäre mir lieber, Sir. Das ist die einzige Methode, die ich kenne, um mit einem Franzosen klarzukommen.«

Bolitho mußte plötzlich an jenes Zimmer in der Admiralität denken und an die verschlossene Miene des Admirals Winslade, der ihm in aller Kürze die Mission der *Undine* angedeutet hatte. Vier Monate war das her. Es war Frieden – und doch waren Schiffe untergegangen, Menschen getötet oder für den Rest ihres Lebens zu Krüppeln geworden. Aber selbst die Herrschermacht Ihrer Lordschaften von der Admiralität, alle Gerissenheit und Erfahrung der Diplomaten waren hier nutzlos. Eine einsame, winddurchbrauste Fregatte, ein Minimum an Reserven, und kein Befehl von oben, wenn man ihn am allernötigsten brauchte! Herrick faßte Bolithos Verstummen als Signal auf. Er stellte seinen Becher zwischen den erhöhten Leisten des Tisches ab und stand vorsichtig auf. »Zeit für meine Runde, Sir.« Er lauschte mit schiefem Kopf auf das Gurgeln des Wassers in den Speigatten des Achterdecks. »Ich habe die Mittelwache; vielleicht kann ich vorher noch ein paar Minuten schlafen.« Bolitho zog seine Uhr und merkte, daß Herrick sie mißbilligend ansah. »Ich gehe jetzt in die Koje. Wir werden in Kürze doch alle rausmüssen.«

Und in der Tat kam es ihm vor, als seien es nur Minuten gewesen, seit er den Kopf aufs Kissen gelegt hatte, als schon jemand an der Koje stand und ihm auf die Schulter klopfte. Es war Allday. Sein Schatten stieg und fiel im heftigen Schwanken der Deckenlaterne wie ein schwarzes Gespenst.

»Tut mir leid, Sie aufzuwecken, Captain; aber es wird oben immer schlimmer.« Er schwieg einen Moment, damit Bolitho sich sammeln konnte. »Mr. Herrick befahl mir, Ihnen Bescheid zu sagen.«

Bolitho taumelte aus der Koje. Unvermittelt spürte er, daß die Bewegungen des Schiffes noch unregelmäßiger geworden waren. Er zog Kniehosen und Stiefel an, streckte den Arm aus, um sich in das schwere Ölzeug helfen zu lassen, und fragte: »Wie spät?« Allday mußte schreien, denn die See donnerte gegen den Schiffsrumpf und klatschte wütend über das Achterdeck.

»Kurz vor der Morgenwache, Sir.«

»Sagen Sie Mr. Herrick Bescheid: die Wache soll sofort raus!« Er faßte Alldays Arm, und sie torkelten zusammen durch die Kajüte wie zwei betrunkene Matrosen.

»Alle Mann sofort an Deck! Ich bin in der Kartenkammer.«

Dort fand er bereits Mudge vor, der mit seinem massigen Oberkörper über dem Kartentisch lag und beim unsicheren Schein der wild schwingenden Deckenlampe leise fluchend die Karte studierte.

»Wie steht's?« fragte Bolitho knapp.

Mudge sah zu ihm auf. Rötlich glommen seine Augen in dem schwachen Lichtschein. »Schlecht, Sir. Die Segel gehen in Fetzen, wenn wir nicht 'ne Weile beidrehen.« Bolitho blickte auf die Karte. Seeraum war reichlich vorhanden. Wenigstens ein Trost. Er eilte zum Achterdeck-Niedergang und fiel beinahe hin, als das Schiff in Korkenzieherlinien gleichzeitig rollte und jumpte, doch er kämpfte sich zum Ruder durch. Vier Rudergasten standen am Rad. Sie waren festgelascht, damit sie nicht hinterrücks von einer Welle erwischt und über Bord gewaschen wurden. Sie kämpften mit den Spaken; ihre Augen glühten in der flackernden Kompaßbeleuchtung. Eben brüllte ihm Herrick zu: »Ich habe ›Alle Mann‹ pfeifen lassen, Sir, und außerdem die Pumpen besetzt.«

Die Kompaßrose sprang und zuckte. »Recht so. Wir werden unter gerefftem Großbramsegel beidrehen. Davy soll die besten Männer sofort in den Mast schicken!«

Er fuhr herum. Ein kanonenschußähnlicher Knall übertönte die brüllende See, und er sah, wie das Besanmarssegel mitten auseinanderriß; die Teile zerfledderten noch in einzelne Streifen, die sich bleich gegen die schwarzen, tief dahinjagenden Wolken abhoben. Er hörte das trübselige Janken der Pumpen, die heiseren Rufe der Männer, die sich zu ihren Stationen durchkämpften und sich vor den schäumenden Wassern unter die Decksgänge duckten.

Fowlar rief, trotz des furchtbaren Durcheinanders schadenfroh grinsend: »Das Segel hat der Segelmacher gerade geflickt, Sir! Der wird sich ganz schön ärgern.«

Bolitho beobachtete die schwarzen Silhouetten der Toppmatrosen, wie sie geschickt in die schwirrende Takelage aufenterten. Manchmal drückte der Wind sie so fest gegen die Wanten, daß sie einen Moment reglos hängenblieben, ehe sie weiter zu den Topprahen aufentern konnten.

»Die Barkaß ist über Bord gewaschen, Sir!« schrie Mudge. Aber niemand reagierte darauf, und Herrick spuckte erst einen Mundvoll Spritzwasser aus, ehe er sagte: »Das Vormarssegel wird eben eingeholt, Sir. Die Jungen arbeiten großartig.«

Da sauste etwas gegen die straffen Leinen und schlug mit dumpfem tödlichem Krach auf die Planken des Geschützdecks.

»Mann von oben!« brüllte Herrick. »Bringt ihn zum Arzt!«

Bolitho biß sich auf die Lippe. Sehr unwahrscheinlich, daß der Mann einen solchen Sturz überlebt hatte. Meter um Meter kämpfte sich die *Undine* in den Wind; vom Achterdeck bis zum Bug schlugen die Wogen über das Deck. Die Männer klammerten sich an die festgezurrten Geschütze oder an die Deckstützen, um nicht vom Sog der zurückflutenden Seen über Bord gewaschen zu werden.

»Jetzt können wir ihn abreiten!« rief Mudge heiser. Bolitho nickte. Der Kopf wirbelte ihm von der brutalen Heftigkeit des aufprallenden Sturmes. »Wir setzen das Besansegel, wenn das Großmarssegel wegfliegt! Der Bootsmann soll seine Leute bereit halten – wenn es soweit ist, muß es verdammt fix gehen!«

Eine Vorleine schlang sich um seine Taille, und er blickte in Alldays grinsendes Gesicht. »Sie kümmern sich um uns, Captain – ich kümmere mich um Sie!« Bolitho nickte; er hatte kaum noch Atem. Dann hielt er sich an den klitschnassen Finknetzen und spähte durch das nadelscharfe Sprühwasser über sein Schiff. Ein glückhaftes Schiff? Vielleicht hatte er das zu früh gesagt und damit das Schicksal herausgefordert.

»Kurz vor Sonnenaufgang könnte es vorbei sein«, keuchte Herrick.

Aber als die Morgendämmerung tatsächlich kam und Bolitho die zornigen, kupferroten Wolken über die endlosen, zerfetzten, schaumbedeckten Wogenkämme fliegen sah, da wußte er, daß der Sturm den Kampf nicht so leicht aufgeben würde. Hoch überm Deck flatterten zerrissene Leinen wie verdorrte Schlingpflanzen im Wind, und das einsame Marssegel stand so voll, daß es ebenfalls jeden Moment reißen konnte.

Er blickte auf Herrick, dessen Nacken und Hände wund waren von Salzwasser und Wind. Die anderen sahen nicht besser aus – zerknittert, kaputt, müde. Er mußte an die *Argus* denken; vielleicht lag sie sicher im geschützten Hafen. Die blanke Wut kam ihm hoch.

»Schicken Sie ein paar Mann nach oben, Mr. Herrick. Da ist

allerhand zu tun!« Aber Herrick zog sich eben Hand über Hand an den Netzen zur Reling. Bolitho wischte sich Mund und Gesicht mit dem Ärmel ab. Wenn die Mannschaft diesen Sturm abwettern konnte, dachte er, dann war sie allem gewachsen.

XIII Kein Pardon

»Noch etwas Kaffee, Sir?« Noddall hielt die Kanne über Bolithos Becher, ohne auf Antwort zu warten.

Bolitho trank langsam; die heiße Flüssigkeit durchrann ihn angenehm. Ein bißchen schmeckte sie auch nach Rum. Noddall tat wirklich sein Bestes.

Er ließ die Schultern sinken und zuckte zusammen. Jeder Knochen und Muskel tat ihm weh. Tatsächlich wie nach einem richtigen Gefecht. Oben an Deck stieg von den nassen Planken, aus den durchweichten Kleidungsstücken der müden Männer dichter Dampf auf. Seltsam geisterhaft sahen sie aus. Aber es war auch ein richtiges Gefecht gewesen, überlegte er, obwohl kein Kanonenschuß gefallen war. Drei Tage und drei Nächte lang hatten sie gekämpft. Ihre schon engbegrenzte Welt wurde noch bedrängter durch die weißbeschäumten, aus endloser Weite donnernd anrollenden Wogen; ihre Sinne wurden stumpf im ständigen Geheul des Windes. Wie Bolitho selbst kaum noch Atem hatte, schien auch dem Schiff der Atem ausgegangen zu sein. Jetzt stand es unter fast schlaffen Besansegeln beinahe ohne Fahrt über seinem Spiegelbild. Dampfend unter dem wieder wolkenlosen Himmel, lag das Deck voller Fetzen, Enden, Späne, Splitter. An vielen Stellen war die Farbe abgeblättert, und das Holz trat nackt zutage, als wären die Zimmerleute eben erst fertiggeworden. Überall arbeiteten Matrosen mit Marlspiekern und Segelnadeln, Hämmern und Taljen, bemüht, ihr Schiff wieder in Ordnung zu bringen, das sie so treulich durch dieses Chaos getragen hatte. Selbst Mudge hatte erklärt, das sei so ziemlich der schlimmste Sturm gewesen, den er erlebt habe.

Eben kam der Alte über das Deck; auch aus seinem Mantel stieg Dampf auf, Wangen und Kinn verschwanden fast unter einem Wald von weißen Stoppeln. »Nach meiner Schätzung sind wir ein ganzes Stück über die Benua-Gruppe hinaus. Wenn wir das Mittagsbesteck aufgenommen haben, wird mir wohler sein.« Er blinzelte zu dem schlaff hängenden Wimpel hinauf, der im Sturm fast die Hälfte seiner Länge eingebüßt hatte. »Aber der Wind ist ausgeschossen, ganz wie ich mir das gedacht habe. Ich schlage vor, wir halten Ihren neuen Kurs, Nordnordwest, bis wir unsere Position einigermaßen festgestellt haben.« Er schnaubte sich heftig die Nase. »Und ich erlaube mir zu sagen, Sir, daß Ihre Schiffsführung erstklassig war.« Er blies die Backen auf. »Ein paarmal dachte ich tatsächlich, wir wären verloren.

Bolitho blickte zur Seite. »Danke sehr.« Er dachte an die zwei Männer, die weniger Glück gehabt hatten. Der eine war in der zweiten Nacht über Bord gegangen. Weggewaschen, ohne daß jemand ihn gesehen oder gehört hatte. Der andere war vom Backbordbalken abgerutscht, als er eine durchgeriebene Zurring am Ankerstock auswechselte. Eine unvermutete einzelne Woge hatte ihn fast beiläufig von seinem Sitz gefegt, und Bolitho hatte noch eine Zeitlang gedacht, er würde gerettet werden. Eifrige Hände hatten nach ihm gegriffen, aber eine zweite Welle hatte ihn erfaßt und ihn nicht etwa weggeschwemmt, sondern hoch in die Luft geworfen wie einen Hampelmann, und ihn dann mit wilder Wut gegen den schweren eisernen Anker geschleudert. Bootsmannsmaat Roskilly schwor, er habe die Rippen des Mannes krachen und splittern gehört, ehe er schreiend in dem schäumend am Schiffsrumpf entlangwirbelnden Wasser verschwand. Und dann noch der Mann, der vom Mast gefallen war. Somit hatte der Sturm drei Tote gekostet, und dazu sieben Verletzte. Knochenbrüche, von der stoßenden, bockenden, klatschnassen Leinwand aufgerissene Finger, Hautentzündungen durch Salz und Wind; Wunden an den Handflächen von den Leinen, die durch die umklammernden Fäuste gerutscht waren – so lauteten die Eintragungen im Krankenjournal des Schiffsarztes.

Herrick kam nach achtern und sagte: »Ich lasse gerade einen neuen Klüver anschlagen, Sir. Der andere ist nur noch als Flickzeug zu gebrauchen.« Noddall reichte ihm einen dampfenden Becher, und er trank genüßlich. »Der Himmel helfe dem armen Seemann!«

Bolitho blickte ihn von der Seite an. »Sie wollen ja gar keinen anderen Beruf!«

Herrick schnitt eine Grimasse. »Hier und da hatte ich schon mal meine Zweifel darüber.«

Davy, der die Wache hatte, trat zu ihnen an die Reling. »Ob wir wohl bald Land in Sicht kriegen, Sir?« fragte er.

Davy sah älter aus, weniger selbstgefällig als beim Dienstantritt auf der *Undine*. Im Sturm hatte er sich gut bewährt; vielleicht dachte er immer noch, wirkliche Gefahr könne nur aus der Mündung einer Kanone kommen.

Bolitho überlegte. »Das hängt davon ab, wie genau wir unsere Position fixieren können. Wenn wir die Abdrift berücksichtigen und die veränderte Windrichtung, könnten wir, glaube ich, vor Einbruch der Dunkelheit die Inseln in Sicht haben.«

Er lächelte, und das tat ihm so weh, daß ihm erst richtig klar wurde, wie anstrengend die letzten Tage gewesen waren.

Mißmutig sagte Herrick: »Der verdammte Froschfresser wird uns schön auslachen. Sitzt gemütlich in seinem Hafen unter den Kanonen dieses verdammten Piraten!«

Bolitho blickte ihn nachdenklich an. Dieser Gedanke hatte ihn selbst während der ganzen Zeit kaum losgelassen, obwohl er weiß Gott anderes genug im Kopfe hatte. Mit dem französischen Kapitän zu parlamentieren, war eine Sache. Eine ganz andere war, daß dieser Muljadis Flagge fuhr. Das zu akzeptieren, bedeutete das offene Eingeständnis einer Niederlage: die Anerkennung der faktischen Souveränität Muljadis. Wenn Conway diese anerkannte, dann würde jedes andere europäische Land, das Handels- und Schutzrechte in Indien besaß, und ganz besonders die mächtige Niederländische Ostindien-Companie, das als den Versuch Englands betrachten, alle Vorteile für sich in Anspruch zu nehmen. Und das war genau, was Frankreich wollte.

Was aber sollte er tun, wenn der französische Kapitän auf Conways Botschaft nicht einging? Draußen vor den Inseln auf- und abpatrouillieren und die *Argus* in Kämpfe verwickeln? Das wäre eine sehr einseitige Angelegenheit. Le Chaumareys war ein alter Seefuchs und kannte in diesen Gewässern jedes Inselchen, jede Bucht, wo er sich in Kriegszeiten vor den britischen Fregatten verkrochen hatte. Und er brauchte weiter nichts zu tun, als irgendwo vor Anker liegen zu bleiben und sich von Land aus zu versorgen, bis die *Undine* wieder abzog.

Seine Müdigkeit verstärkte noch seinen Ärger. Wenn nur die Politiker mal hier wären und selbst sehen könnten, wie sich ihre Träume von Weltstrategie in Fleisch und Blut, in Holz und Segelleinwand ausnahmen!

»Land in Sicht! Steuerbord voraus!«

Davy rieb sich die Hände. »Da sind wir ja näher dran, als Sie dachten, Sir!«

»Auf gar keinen Fall!« warf Mudge dazwischen. Er zerrte seine Tafel aus der Tasche und machte ein paar blitzschnelle Berechnungen. »Da gibt es eine kleine Insel, etwa vierzig Meilen südlich der Benuas, Sir.« Er blickte sich suchend um, bis er Midshipman Penns winzige Gestalt an der Heckreling entdeckt hatte. »Rauf mit Ihnen, Mr. Penn, und nehmen Sie sich das große Glas zur Gesellschaft mit!« Er starrte ihn wild an. »Sehen Sie sich genau um, und machen Sie mir 'ne Zeichnung, wie ich's Ihnen beigebracht habe!« Er wartete, bis der Junge an die Hauptmastwanten gerannt war, und lachte dann leise.

»Capt'n Cook hatte die richtige Idee, Sir. Jedes verdammte Ding, das man sieht, abzeichnen und beschreiben. Die Zeit wird kommen, wo jedes verdammte Kriegsschiff 'n komplettes Bilderbuch zum Studieren hat.« Er sah hinter dem aufenternden Penn her. »Manche Leute werden sich natürlich doch nicht danach richten!«

»Besser als ich dachte«, sagte Bolitho lächelnd zu Herrick. »Wir setzen einen Mann auf Lotstation und lassen loten, sobald wir Mudges Insel passieren. Nach der Karte sind hier herum etwa neunzehn Faden, aber ich möchte lieber sichergehen.«

Nach zwanzig Minuten war Penn wieder an Deck, das braune Gesicht schweißbeperlt. Er reichte Mudge seinen fleckigen Notizblock und trat dann einen Schritt zurück, gespannt, was der Alte wohl dazu sagen würde. Davy blickte ihm über die Schulter. »Sieht ja wie ein Wal aus!« Mudge warf ihm einen kalten Blick zu. »Genau.« Und zu Penn gewandt: »Haben Sie gut gemacht. So hab ich's in Erinnerung.« Seine kleinen Augen gingen wieder zu Davy hinüber. »Genau wie ein großer steinerner *Wal.*« Und nach einer kaum merkbaren Pause: »Sir.«

»Irgendwas darauf?« Bolitho nahm ein Fernrohr und richtete es über das Geschützdeck auf die Insel. Zunächst sah er nur den gleichen schmerzhaft gleißenden Glanz wie überall. Einen Moment überlegte er, wo denn der Sturm eigentlich geblieben sei, wohin er nach diesem furchtbaren Toben verschwunden sein mochte.

»Lieber Gott, nein, Sir.« Mudge freute sich offensichtlich, daß er Davy eins ausgewischt hatte. »Bloß 'ne Handvoll Stein, wie die Spitze einer unterseeischen Klippe, was es zweifellos auch irgendwann mal war. Aber ich glaube schon, daß es bei starkem Wind einen ganz guten Schutz abgeben könnte.«

Eben zogen ein paar Matrosen ein langes neues Tau über die Decksplanken, von denen immer noch Dampf aufstieg. Sie mochten erschöpft und dreckig und stoppelig sein, aber da war noch etwas anderes an ihnen. Die Art, wie sie zusammenarbeiteten – sie vertrauten einander. »Wir wollen einen Strich abfallen, Mr. Davy«, sagte er, »damit Sie sich Ihren Walfisch genauer ansehen können.«

Davy stürzte an die Reling. »Mr. Penn! Pfeifen Sie ›Alle Mann an die Brassen!‹« Lächelnd sah Herrick ihm nach. »Haben Sie einen besonderen Grund dafür, Sir?«

Bolitho zuckte die Achesln. »Mehr so ein Gefühl.« Er beobachtete die über das Deck stampfenden Männer. Es dampfte immer noch. Im Vorschiff sah er richtigen Rauch, denn Boyle, der Koch, bereitete eben die erste warme Mahlzeit seit dem Sturm.

Die Rahen schwangen unter dem Zug der Brassen herum, und der Rudergänger sang aus: »Nordost zu Nord, Sir!« Davy eilte nach achtern, um den Kompaß und den Stand der Segel zu kontrollieren. »Die Luv-Großbrasse noch ein Stück dichtholen, Mr. Shellabeer!« Er tupfte sich das schweißüberströmte Gesicht ab. »Recht so – belegen!« Bolitho lächelte wieder. Wenn Davy sich geärgert hatte, versah er aus irgendeinem Grund seinen Dienst besser. »Schicken Sie noch einen guten Ausguck hoch, bitte!« befahl er. »Die Insel soll scharf beobachtet werden, bis wir auf ihrer Höhe sind.«

Sanft hob und senkte sich der Bugspriet über einem Teppichmuster aus glitzernden Sonnenreflexen. »Ich gehe unter Deck, Mr. Herrick. Ich will mich rasieren lassen und Noddall ein sauberes Hemd entreißen.«

Als er dann im Stuhl zurückgelehnt saß und Allday mit seinem Rasiermesser an der Arbeit war, fand er Zeit, sich darüber Gedanken zu machen, was er tun würde, falls er mit dem Kapitän der *Argus* zusammenträfe. Das eilig heißgemachte Wasser, das sanfte Gleiten der Klinge auf seiner Haut wirkten entspannend auf die Muskeln, und der leichte Luftzug von den offenen Heckfenstern fächelte um seine bloßen Schultern wie eine beschwichtigende Umarmung. Auf dem ganzen Erdball taten des Königs Kapitäne ihren Dienst, schlugen sich mit Skorbut und anderen Seuchen herum, beförderten Depeschen an einen Admiral oder an einen gottverlassenen Außenposten, der noch auf keiner Landkarte eines

Schuljungen zu finden war. Oder sie hockten hinter einem Kabinenschott und hatten Angst vor einer Meuterei, oder dachten sich irgendwelche Ablenkungsmanöver aus, um eine zu verhindern. Vielleicht kämpften sie gegen irgendeinen abtrünnigen Herrscher, welcher Untertanen des Königs angegriffen hatte. Er lächelte. Und der eine oder andere würde in ähnlicher Lage wie er selbst sein: ein winziges Teilchen eines halbausgeformten Planes.

Durch das offene Oberlicht hörte er den Ausguck: »Deck ahoi! Schiff vor Anker dicht unter der Küste!« Er sprang auf, griff das saubere Handtuch und wischte sich damit den Schaum vom Kinn.

Allday trat zur Seite und grinste bewundernd. »Bei Gott, Captain, Sie müss'n ja schlauer sein als ein Bauernkater! Woher haben Sie bloß gewußt, daß da ein Schiff ist?«

Bolitho stopfte sich das zerknitterte Hemd in den Hosenbund. »Pure Magie, Allday!« Er rannte zur Tür, zwang sich dann aber zu warten, bis Midshipman Penn im Türrahmen erschien.

»Ein Schiff, Sir!« Mr. Davy läßt respektvoll melden, er glaubt, es ist ein Schoner.«

»Danke, Mr. Penn«, antwortete er und zwang sich, seine Erregung zu verbergen. »Ich komme an Deck, sobald ich mich umgezogen habe. Mein Kompliment an den Ersten Leutnant, und ich lasse ihn bitten, aufs Achterdeck zu kommen, sobald ich dort bin.«

Er wandte sich um und sah, daß Allday ein Lächeln verbarg. »Finden Sie irgend etwas amüsant?« fragte er.

»Aber nein, Captain«, erwiderte Allday und blickte ihm ganz ernsthaft ins Gesicht. »Ich höre immer gern zu, wenn feine Leute miteinander sprechen.«

»Hoffentlich lernen Sie was davon«, brummte Bolitho und trat auf den Gang hinaus.

Oben empfing ihn Herrick ganz aufgeregt. »Ein Schoner, Sir! Der Mann im Vortopp ist mein bester Ausguck, und ich habe ihm noch ein besseres Glas hinaufbringen lassen.« Er starrte Bolitho mit unverhohlenem Staunen an. »Das ist ja direkt unheimlich!«

Bolitho lächelte flüchtig. »Es war nur so eine Idee, um die Wahrheit zu sagen. Aber der Sturm war ja ziemlich schlimm, und als der Steuermann davon sprach, daß die Insel guten Schutz bietet, habe ich mir eben gedacht, man müßte mal nachsehen.«

Er nahm Penns Fernrohr und spähte über den Bug. Dort lag das Eiland jetzt, ein unbestimmter graublauer Fleck. Der Ausguck im Masttopp würde viel mehr sehen können.

»Wie steht der Wind?«

»Aus Südwest, Sir«, sagte Davy. Dementsprechend traf Bolitho seine Entscheidung. »Kurs ändern. Auf Backbordbug gehen.« Er schritt zur Bussole. Neugierig blickte der Rudergänger ihn an.

»Ruder Nordnordwest!«

Ein Bootsmannsmaat beeilte sich, ›Alle Mann an die Brassen‹ zu pfeifen.

Bolitho erläuterte Herrick, was er vorhatte: »Auf diese Weise bleibt die Insel zwischen uns und dem Schoner, und wir haben Raum in Luv. Setzen Sie Großsegel, aber lassen Sie die Oberbramsegel vorläufig noch angeschlagen.«

Herrick war sofort im Bilde. »Aye, Sir. Je weniger Leinwand wir zeigen, um so unwahrscheinlicher ist es, daß sie uns sichten.«

Bolitho warf einen Blick auf Mudge, der jetzt bei Fowlar am Ruder stand. »Sie selbst haben mir diese Idee in den Kopf gesetzt. Ich habe mir dauernd überlegt, wieso Muljadi immer so gut über unsere Bewegungen informiert ist. Ich glaube, wir werden bald wissen, wie er das macht.« Er schaute in den verwaschenen blauen Himmel hoch über den Masten, die in der heißen Luft verschwammen. »Wir wären direkt von Osten gekommen, wenn der Sturm nicht gewesen wäre. So haben wir wenigstens einen Vorteil von diesem Dreckwetter gehabt.«

»Und was ist mit den Instruktionen des Admirals?« fragte Herrick leise. Aber dann grinste er. »Ich kann Ihnen am Gesicht ansehen, daß Sie sich den passenden Moment selbst aussuchen wollen.«

Bolitho lächelte. »Bettler können sich gar nichts aussuchen. Das habe ich längst gelernt.«

Die *Undine* schwang mit krachenden, schauernden Segeln nach Backbord auf den neuen Kurs. Das kleine bucklige Inselchen schwamm in Luv vom Bugspriet weg, als habe es Anker gelichtet.

»Nordwest liegt an, Sir! Voll und bei!«

»Jetzt ’ran mit dem Großsegel!« befahl Bolitho und gab Davy das Handzeichen. »Mr. Mudge, wie lange noch, Ihrer Meinung nach?«

Mudge schob nachdenklich die Lippen vor. »Zwei Stunden, Sir.«

»Gut. Dann können wir beide Wachen zum Essen schicken, sobald die Segel richtig ziehen.«

Eilig kletterten die Matrosen die Rahen entlang; andere standen unten an Deck bereit, um die mächtigen Großsegel von Haupt- und Fockmast dichtzuholen. Wohlgefällig nickte Herrick. »Die haben sich ein bißchen verändert seit damals, als sie an Bord kamen, Sir!«

»Das wird wohl für die meisten von uns zutreffen«, erwiderte Bolitho und merkte dabei plötzlich, daß er furchtbaren Hunger hatte. Er schritt zum Kajütniedergang. Bestimmt war das unbekannte Schiff harmlos, vielleicht ein schon längst aufgegebenes Wrack. Vielleicht wieder ein Trick, um ihn aufzuhalten und irrezuführen.

Noddall blickte ihm ängstlich entgegen. »Wieder Salzfleisch, Sir.«

»Ausgezeichnet.« Er übersah die Verwunderung in Noddalls Nagetiergesicht. »Aber etwas Wein zum Anfeuchten!« Er lehnte sich über das Bord des Heckfensters und starrte auf das schäumende Kielwasser unter dem Steven. Zufall oder Glück, wie man es nun nennen mochte – nur darauf konnte er rechnen. Und er würde es zu nutzen wissen!

»Siebzehn Faden!« sang der Mann am Lot aus. Seine Stimme übertönte das Flappen der Leinwand. Die Großsegel waren jetzt wieder aufgegeit, und die *Undine* glitt stetig auf die kleine Insel zu. Eben tippte Shellabeer dem Mann auf die Schulter und ließ sich das Lot geben. Er befühlte das talggefüllte Bodenstück und meldete dann: »Felsiger Grund, Sir.«

Bolitho nickte. Das Inselchen war so, wie Mudge es beschrieben hatte: eine isoliert stehende Felsenklippe, kein eigentlicher Teil des Meeresgrundes.

»Klarmachen zum Ankern, Mr. Herrick!« Er ließ sich von Penn ein Fernglas geben und suchte sorgfältig die Felszacken der Insel ab. Sie lagen jetzt etwa fünf Kabellängen entfernt, aber es war nahe genug um zu sehen, daß der erste Eindruck falsch gewesen war. Die Insel sah jetzt keineswegs mehr wie ein glatter Walfischrücken aus. Die Felsen waren bläulichgrau wie die Schiefergebirge in Cornwall. Wind und Wetter hatten tiefe Klüfte hineingegraben, so als hätte ein Riese versucht, die Insel in Stücke zu hacken. Abgesehen von ein paar Büschen Stechginster und sonstigen Steinpflanzen sah sie kahl und unwirtlich aus, aber in vielen kleinen Spalten hockten zahllose Seevögel, und andere kreisten hoch oben in der Luft, etwa dreihundert Fuß über dem Wasser, seiner Schätzung nach.

Herrick gab mit lauter Stimme seine Befehle; die Takelung

knarrte und krachte, als die *Undine* in einer plötzlich aufkommenden Dünung rollte. Das Wasser sah tief aus, aber das war Täuschung. Am Fuße der nächstgelegenen Klippe gab es ein paar schmale, steinige Strände; vermutlich war der sicherste Ankerplatz auf der anderen Seite, dort wo sich das unbekannte Schiff versteckt hatte. Hier auf dieser Seite lief auch eine Brandung; steil und bösartig schäumte sie um die einzig sichtbare Stelle, wo eine Landung möglich schien.

»Ruder nach Lee!« Das Schiff glitt leicht in den Wind; er fing die Bewegung mit dem Glase ab und suchte nach irgendeinem Zeichen von Leben, einer geringfügigen Bewegung, die anzeigte, daß man sie gesehen hatte.

»Fallen Anker!«

Das Aufplatschen des Ankers klang ungebührlich laut; diese gottverlassenen Klippen schienen den Schall ärgerlich zurückzuwerfen. »Lebhaft, Jungens!« rief Herrick. »Boote klar zum Aussetzen, Mr. Davy!«

»Mr. Herrick«, warf Bolitho dazwischen, »der Mann am Lot soll jetzt genau aufpassen, ob der Anker hält. Wenn er auf dem felsigen Grund rutscht, müssen wir mehr Kette stecken.«

»Aye, Sir.« Und Herrick eilte davon. Er hatte alle Hände voll zu tun.

Träg schwojte und zerrte das Schiff an der Kette; es wurde jetzt ruhiger, einige Seevögel verließen ihre luftigen Plätze und zogen über den Masttopps ihre Kreise. Schwer atmend kam Herrick wieder. »Es scheint, wir liegen ziemlich sicher, Sir. Aber ich habe die Ankerwache angewiesen, scharf aufzupassen.« Er spähte mit zusammengekniffenen Augen zur Küste hinüber. »Das sieht ja wie ein Kirchhof aus.«

»Zwei Boote brauchen wir«, sagte Bolitho nachdenklich. »Gig und Kutter sind genug. Die müssen flott durch die Brandung. Steiler Strand, anscheinend. Teilen Sie also einen guten Bootsmann für den Kutter ein.« Er sah, daß Allday bereits durch Handzeichen das Anhieven und Aussetzen der Gig dirigierte, und fügte lächelnd hinzu: »Ich denke, mein Boot ist in guten Händen.«

Herrick fragte betroffen: »Wollen Sie denn mit an Land, Sir?«

»Nicht weil es mich nach Ruhm gelüstet, Thomas.« Er senkte die Stimme. Die eingeteilten Besatzungen traten jetzt bei den Waffenkisten zur Musterung an. »Aber ich muß zum mindesten wissen, womit wir es zu tun haben.«

Herrick war anscheinend nicht überzeugt. »Aber wenn das andere Schiff zu den Piraten gehört – was dann, Sir? Dann werden Sie doch sicher wenden wollen und den Kerl unter Feuer nehmen, wenn er versucht freizuschlippen.«

»Nein.« Er schüttelte bestimmt den Kopf. »Der liegt da hinten sicher vor Anker. Und dort ist das Wasser zu flach, als daß ich nahe genug herankönnte, um ihn unter Feuer zu nehmen. Wenn er erst mal auf hoher See ist, dann kann er uns zum Besten haben, wie er will – ich fürchte, wir sind unter diesen Umständen einfach nicht beweglich genug. Und außerdem«, fügte er hart hinzu, »will ich ihn entern.«

»Boote liegen längsseits, Sir!« meldete Davy. Ein krummer Entersäbel baumelte an seiner Seite. Bolitho faßte seinen eigenen Degen. Indessen betrachtete Hauptmann Bellairs die Boote, die ohne ihn fahren sollten, mit wachsendem Ärger.

»Hauptmann Bellairs«, rief Bolitho, »ich wäre Ihnen verbunden, wenn ich für jedes Boot drei Ihrer allerbesten Scharfschützen haben könnte.« Bellairs wurde zusehends heiterer und blaffte Sergeant Coaker an: »Äh – Beeilung, Sa'rnt! Eigentlich müßten sie ja allesamt erstklassige Scharfschützen sein, wie?«

Herrick grinste. »Sie denken auch an alles, Sir.«

Bolitho ließ das Glas aufs neue über die Insel gleiten, dort wo eben ein paar Seevögel elegant auf einer Klippe landeten. Das würden sie nie tun, wenn Menschen in der Nähe wären. »Kann ja sein, daß Seeleute besser klettern können, aber eine gutgezielte Kugel im richtigen Moment ist nun mal nicht zu schlagen.«

Er nickte Davy zu. »Mannschaften in die Boote!« Und dann zu Herrick, ganz beiläufig: »Wenn etwas schiefgeht, finden Sie die Befehle des Admirals in meiner Kajüte.«

»Sie können sich auf mich verlassen, Sir«, antwortete Herrick und machte wieder sein besorgtes Gesicht. »Aber ich bin sicher, daß . . .«

Lächelnd tippte Bolitho ihm auf den Arm. »Ja. Aber denken Sie trotzdem an die Befehle. Wenn es nötig ist, führen Sie sie aus – nach *Ihrem* eigenen Ermessen!«

Langsam schritt er zum Fallreep an den angetretenen Matrosen und Seesoldaten vorbei. Jetzt kannte er sie; von jedem einzelnen wußte er, wie er hieß und was er taugte.

Midshipman Armitage schien verwirrt und außer Fassung zu sein. »Sir! Die Scharfschützen wollen ihre Uniformröcke nicht ausziehen.« Ein paar von den Matrosen stießen einander grinsend in die Rippen, und Armitage bekam einen roten Kopf.

Bellairs krähte: »Äh – meine Männer können schließlich nicht wie die verdammten Landstreicher rumlaufen, wie?« Und zu Bolitho mit einem raschen, entschuldigenden Blick: »Das geht doch nicht, Sir, nicht wahr?«

Bolitho schlüpfte aus seinem blauen Rock und warf ihn Noddall zu, der sich bei der Achterdecksleiter herumtrieb. »Ist schon in Ordnung.« Ernsthaft nickte er den Marineinfanteristen zu. »Wenn ich ein bißchen Autorität ablegen kann, dann können Ihre Leute das bestimmt auch.« Der Sergeant sammelte die roten Röcke und die Tschakos ein, und der Ehre war offenbar Genüge getan. Trotzdem fügte er noch hinzu: »Außerdem wird es eine schwierige Kletterei geben, und wer weiß, was danach kommt.«

Einen Moment noch überblickte er die schwankenden Boote und dachte nach, was er wohl vergessen haben könnte. Halblaut sagte Herrick: »Viel Glück, Sir.«

Bolitho warf noch einen Blick auf die Männer am Fallreep und in den Wanten. »Auch Ihnen, Thomas. Halten Sie die Leute in Alarmbereitschaft, Wache um Wache. Sie wissen, was Sie zu tun haben.« Er sah, wie Armitage zwischen den Rudergasten in der Gig herumstolperte. Es war beinahe grausam, ihn mitzunehmen. Und obendrein ein Risiko. Aber irgendwann mußte er ja mal anfangen. Wenn jemand so eine Mutter hat wie Armitage, dachte er, dann ist es überhaupt ein Wunder, wenn er zur See geht. Wäre Keen an Bord gewesen, hätte er den mitgenommen. An der Reling stand Penn und sah sehnsüchtig auf die Boote hinunter. Der wäre mit Freuden mitgefahren. ›Tiger‹ nennen ihn die Matrosen, dachte Bolitho amüsiert.

Dann kletterte er in die Gig. Diesmal wurde nicht Seite gepfiffen. Ein Gefühl der Spannung überkam ihn, als die Boote ablegten. »Nehmen Sie die Spitze, Allday!« befahl er. Bei jedem Schlag der Riemen stiegen die felsigen Klippen höher und höher aus dem Wasser, und Bolitho konnte die starke Unterströmung spüren. Die Dünung brach sich und sprang als schäumende Brandung auf den Strand. Achteraus stampfte der Kutter durch das glitzernde Sprühwasser; über den Schultern der Rudergasten schwankte Davys Kopf. Auch der Leutnant spähte aufmerksam zur Insel hinüber. Woran mochte er denken? Daß er auf diesem gottverlassenen Fleck seinen Tod finden könnte? Oder daß er dem so dringend benötigten Prisengeld einen Schritt näher sein mochte? Bolitho wischte sich die Spritzer vom Gesicht und konzentrierte sich auf die schnelle Anfahrt. Im Augenblick war die Gefahr des Ertrinkens größer als jede andere.

Allday stand halbgebückt, umfaßte eisern mit der einen Hand die Ruderpinne, visierte über Heck und Bug, berechnete den Rhythmus der wütenden Brandungswellen, die schräge Linie der Brecher, die brüllend zwischen die dunklen Klippen schlugen. Ihn brauchte man nicht zu warnen. Jedes Dreinreden würde ihn nur verwirren, und das könnte katastrophale Folgen haben.

»Mächtig steile Küste, Captain«, warf er hin. Sein kraftvoller Körper glich die Schwankungen des Bootes aus. »Am besten schnell rein, im letzten Moment 'rum mit dem Bug, und dann mit der Welle breitseits auf den Strand. Was halten Sie davon, Captain?«

»Sehr schön«, lächelte Bolitho. Dann würden sie überdies Zeit haben, um auszusteigen und dem nachkommenden Kutter zu helfen.

Ihm wurde plötzlich kühl. Sie waren bereits im Schatten der Klippen; der Wellenschlag, das Knirschen der Riemen in den Duchten hallte von den Steinen wider. Es hörte sich an, als sei ein drittes unsichtbares Boot in der Nähe.

Sie rutschten beinahe über die letzte Welle; verzweifelt versuchten die Rudergasten, Schlag zu halten. »Jetzt!« brüllte Allday und riß die Ruderpinne herum. »Stauwasser an Backbord«, meldete er.

Gefährlich dümpelnd und krängend setzte die Gig beinahe breitseits auf den Strand, der Kiel pflügte mit protestierendem Knirschen und Zittern durch Kiesel und Tang. Doch schon sprangen die Männer in den Schaum, packten das Dollbord und brachten die Gig mit purer Muskelkraft ins Sichere.

»Alles raus!« Allday stützte Bolitho am Arm, als sie alle miteinander durch die Wellen aufs feste Land wateten.

Bolitho eilte zum Fuße der Klippe und überließ Allday die Aufsicht über die Sicherung des Bootes. Er winkte den drei Marineinfanteristen. »Ausschwärmen! Seht zu, ob ihr einen Weg zum Gipfel findet!« Sie begriffen sofort und eilten, ohne sich nach dem näherkommenden Kutter umzublicken, den geröllbedeckten Abhang empor, die geladenen Musketen schußfertig im Arm.

Gespannt sah Bolitho zu dem gezackten Felsgrat empor. Blaßblau wölbte sich der Himmel darüber. Keine spähenden Köpfe tauchten auf, keine plötzliche Musketensalve prasselte herab. Sein Atem ging jetzt ruhiger. Er wandte sich um und beobachtete den ankommenden Kutter, der herumschwang und mit dumpfem Aufschlag zwischen den wartenden Matrosen auf den Strand setzte.

Nach Atem ringend stolperte Davy ihm entgegen; doch waren seine Finger, als er die Pistole lud, bemerkenswert ruhig.

»Mustern Sie die Männer«, sagte Bolitho, »und schicken Sie Ihre drei Seesoldaten hinter den anderen her!« Er sah sich nach Armitage um, aber der war irgends zu erblicken.

»Himmeldonnerwetter, wo ist . . .« Aber Davy grinste – eben kam Armitage, sich die Hose zuknöpfend, hinter einem Felsblock hervor. Unwillig sagte Bolitho: »Wenn Sie sich schon ausgerechnet jetzt erleichtern müssen, Mr. Armitage, wäre ich Ihnen dankbar, wenn Sie wenigstens in Sicht blieben!«

Der Midshipman ließ den Kopf hängen. »P . . pardon, Sir.« Bolitho lenkte ein. »Es ist sicherer für Sie; und ich werde mich bemühen, es Sie nicht merken zu lassen, wenn ich schockiert sein sollte.«

Allday kam mit knirschenden Schritten über die Kiesel und lachte in sich hinein, während er ein paar Pistolen mit frischem trockenem Pulver lud. »Wissen Sie, Mr. Armitage, ich kann verstehen, wie Ihnen zumute war.«

Der Junge starrte ihn unglücklich an. »Sie?«

»Na klar. Ich hab mich mal auf 'nem Heuboden versteckt.« Er blinzelte dem Bootsmann des Kutters zu. »Vor so 'nem lausigen Preßkommando; und, ob Sie's glauben oder nicht, ich konnte nichts anderes denken, als daß ich furchtbar pissen mußte!«

»Na, hoffentlich hilft ihm das ein bißchen«, sagte Bolitho zu Davy. Dann vergaß er Armitages Privatsorgen und befahl: »Vier Mann bleiben bei den Booten!«

Wie ein wunderhübsches Schiffsmodell schwojte die *Undine* vor Anker; die Heckfenster glänzten im Sonnenlicht. Wahrscheinlich sah Herrick zu, wie sie vorgingen. Wenn die auf Strand gesetzten Boote angegriffen wurden, konnte er Hilfe schicken. Er blickte wieder an den Klippen hoch. Feucht, dumpf, trügerisch kühl. Oben auf dem Grat, in der Sonne, würde es brühheiß sein. Er wartete, bis Davy wieder bei ihm war.

»Also dann los!«

Allday gab dem Landungskommando ein Handzeichen, in Richtung auf die Klippen vorzugehen. Bolitho musterte die Männer prüfend. Außer Davy und Armitage hatte er an Chargen noch einen Steuermannsmaat namens Carwithen mitgenommen, der es furchtbar übelgenommen hätte, wenn er an Bord hätte bleiben müssen, nachdem Fowlar sich so hatte auszeichnen können. Carwithen stammte wie Bolitho aus Cornwall und war ein dunkelhaariger, selten lächelnder Mann aus dem Fischerdorf Looe.

Bolitho wartete, bis sie ihre Waffen nachgesehen hatten: alles Männer, die seinem Befehl gehorchten – an Bord oder an Land, das galt ihnen gleich.

Carwithen sagte: »Hoffentlich gibt's was zu trinken auf der anderen Seite.« Es fiel Bolitho auf, daß kaum jemand bei dieser Bemerkung lächelte. Carwithen war als harter Mann bekannt, der leicht zuschlug, wenn er gereizt wurde. Er verstand seine Arbeit, aber zu mehr reichte es nach Meinung des Steuermanns nicht. Ganz anders als Fowlar, dachte Bolitho.

»Gehen Sie mit Ihrer Abteilung nach links, Mr. Davy, aber die Seesoldaten sollen das Tempo angeben. Sie, Mr. Armitage, bleiben bei mir.«

Einer der Marineinfanteristen gab soeben ein Zeichen – er hatte einen Kletterpfad entdeckt, der zu einer ersten Felskante führte.

Seltsam, wie unangenehm den Matrosen jedesmal der Moment war, wenn sie die See hinter sich ließen. Als ob eine Leine am Gürtel sie zurückzerrte. Bolitho schob seinen Degen etwas beiseite und packte den nächsten Felsvorsprung. Endloser Regen und Wind hatte die Steine glattgeschliffen, Millionen von Seevögel sie mit ihrem Kot bedeckt. Kein Wunder, daß die Schiffe diese Insel mieden.

Vorsichtig kletterte er über Felsbrocken und Geröll. Er spürte einen kleinen Druck an seinem Schenkel – die Uhr, die sie ihm in Madras geschenkt hatte. Plötzlich mußte er daran denken, daß sie ihm noch viel mehr gegeben hatte. Und er hatte es bedenkenlos genommen. Welch ein Gefühl, als sie in seinen Armen lag, sanft und doch voller Leben ...

Seine Finger faßten in frischen Vogelkot, und er verzog das Gesicht. Wie schnell sich die Verhältnisse ändern können, dachte er grimmig.

Das Vorgehen auf der kleinen Insel erwies sich als schwieriger und anstrengender, als sie erwartet hatten. Sobald sie die erste

Klippe überwunden hatten und die Sonne mit voller Glut auf sie niederbrannte, sahen sie, daß sie erst eine tückische Schlucht passieren mußten, ehe sie die nächste Höhe in Angriff nehmen konnten. Und so ging es weiter, bis sie endlich über eine fast kreisrunde Hochfläche stapften, die, wie Bolitho annahm, die Mitte der Insel bildete. Dort fing sich die Hitze; keine Seebrise drang bis hierher, und der Vormarsch wurde noch durch den klebrigen Teppich aus Vogelmist erschwert, der das Plateau von einem Ende zum anderen bedeckte.

Allday keuchte: »Machen wir Rast, wenn wir auf der anderen Seite sind, Captain?« Seine Arme und Beine waren, ebenso wie die der anderen, voller Vogelschmutz, und eine dünne Lage Staub bedeckte sein Gesicht wie eine Maske. »Ich bin trocken wie ein Henkerauge!«

Bolitho wollte nicht schon wieder auf die Uhr sehen. Wie er am Stand der Sonne erkannte, war es bereits tiefer Nachmittag. Das dauerte alles viel zu lange!

An der anderen Seite des umschlossenen Plateaus konnte er Davys Abteilung sehen, die mühsam im Gänsemarsch vorging. Die Scharfschützen der Marineinfanterie schritten mit geschulterten Musketen wie Jäger voran. »Ja«, antwortete er auf Alldays Frage, »aber wir müssen mit den Wasserrationen sparen.«

Ihm kam es so vor wie der Gipfel der Welt. Die gekrümmten Ränder des Plateaus verbargen alles außer der Sonne und dem leeren Himmel. Wie er an den langgestreckten, schwankenden Schatten sehen konnte, war hinter ihm einer der Männer in den mehrere Zoll hoch liegenden Vogelmist gefallen; Bolitho brauchte sich nicht umzudrehen; er wußte auch so, daß es Armitage war.

Heiser rief ein Matrose: »Hier, fassen Sie meine Hand! Mensch, Sie sehen vielleicht aus . . . Pardon, Sir!«

Der arme kleine Armitage! Bolitho starrte blicklos die gelblichweißen Kniehosen des Marineinfanteristen vor ihm an, der vor Staub und Hitze förmlich qualmte. Vor dem Seesoldaten lagen ein paar Felsen; wahrscheinlich war die Hochebene dort zu Ende. Da konnten sie Rast machen, eine kurze Ruhepause im Schatten; sich ein bißchen erholen.

Er wandte sich um und sagte zu dem Matrosen, der Armitage aufgeholfen hatte: »Hast du noch Atem genug, um der Vorhut einen Befehl zu überbringen, Lincoln?«

Eifrig nickte der Mann. Er war klein und drahtig; sein Gesicht entstellte eine schreckliche Narbe – sie konnte von einem Seegefecht stammen oder auch von einer Kneipenschlägerei. Auf alle Fälle mußte er an einen Pfuscher von Wundarzt geraten sein, denn der eine Mundwinkel war ständig in schiefem Grinsen hochgezogen.

»Aye, Sir«, sagte er und beschattete seine Augen.

»Dann sag ihnen, sie sollen am Felsen haltmachen.«

Schon eilte Lincoln vorwärts. Seine flatternden, zerfetzten Hosenbeine wirbelten Wolken von Staub hoch.

Sie brauchten dann noch eine Stunde bis zu dem felsigen Rand der Hochebene, und es kam Bolitho vor, als machten sie immer einen Schritt vor und zwei zurück.

Davys Abteilung erreichte den Plateaurand fast zur gleichen Zeit; und während die Männer sich keuchend und hustend in den wenigen Schattenstellen zu Boden warfen, winkte Bolitho den Leutnant beiseite und sagte: »Wir wollen uns umsehen.« Müde nickte Davy. Sein Haar war so gebleicht, daß es aussah wie Stroh in der Sonne.

Jenseits der Felsen hockte ein Seesoldat und musterte mit zusammengekniffenen Augen und sachverständigem Interesse den sanft abfallenden Abhang, der sich ungebrochen bis zum Meer erstreckte. Und dort, an der schmalsten Stelle der Insel, dem »Schwanz des Walfisches«, lag der Schoner versteckt.

Er lag so weit landeinwärts, daß Bolitho im ersten Moment dachte, er wäre im Sturm aufgelaufen. Dann aber sah er Rauch von einem Feuer am Strand und hörte gedämpfte Hammerschläge – anscheinend führte die Mannschaft Reparaturen aus. Vielleicht hatten sie den Schoner sogar trockenfallen lassen, um Schäden an Rumpf oder Kiel auszubessern. Doch jetzt schien das Schiff ganz in Ordnung zu sein, soweit auf den ersten Blick zu erkennen war.

Winzige Gestalten bewegten sich an Deck, andere waren am Strand und zwischen den Felsen verstreut. Anscheinend war die Hauptarbeit inzwischen getan.

Davy sagte: »Sie stochern in den Priels zwischen den Felsen herum, Sir. Suchen wohl Muscheln oder dergleichen.«

»Wieviele, meinen Sie, sind es?« fragte Bolitho.

Davy runzelte die Stirn. »Zwei Dutzend, schätzungsweise.«

Bolitho sagte nichts darauf. Es war eine lange Strecke den Abhang hinunter, und gänzlich ohne Deckung. Man mußte seine

Männer bemerken, lange bevor es zum Nahkampf kam. Nachdenklich biß er sich auf die Lippen. Ob der Schoner wohl einen Tag oder auch länger hier bleiben würde?

Carwithen war zu ihnen gekommen und sagte heiser: »Die sind noch nicht fertig, Sir.« Er flüsterte, als sei die Mannschaft des Schoners in Hörweite. »Ihre Boote haben sie mächtig weit auf den Strand gezogen.«

Davy hob die Schultern. »Müssen sich wohl sicher fühlen.«

Bolitho zog ein kleines Teleskop aus der Tasche und stützte es sorgfältig auf einen Fels. Eine falsche Bewegung, und ein Sonnenreflex würde aufblitzen, der gewiß meilenweit zu sehen war.

Ein Ausguckposten ... Mindestens einer mußte am Strand so plaziert sein, daß er die kleine Bucht gut überblicken konnte, aber nicht die andere Seite der Insel, wo jetzt die *Undine* lag. Bolitho lächelte grimmig. Bei diesem langen, beschwerlichen Anmarsch war es kein Wunder, daß sie hier oben keinen Posten aufgestellt hatten.

Bolitho fuhr zusammen und erstarrte. Jenseits der Bucht, fast in einer Linie mit dem reglos liegenden Schoner, bewegte sich etwas auf einer Felskante. Langsam stellte er sein Glas darauf ein: ein weißer, breitkrempiger Hut, darunter ein dunkles Gesicht.

»Auf dem Felsrand gegenüber sitzt ein Ausguck. Dort – fast genau über dem Priel.«

»Kein Problem«, sagte Carwithen. »Von See her geht's nicht, aber von hinten könnt' ich ihn leicht fertigmachen.« Kampfeslust klang aus seiner Stimme.

Unten krachte ein Schuß, und sie duckten sich; hinter sich hörte Bolitho Waffenklirren, als seine Leute in Deckung gingen.

Etwas Weißes, Flatterndes fiel vom Himmel und blieb reglos am Strand liegen. Die muschelsuchenden Matrosen des Schoners blickten kaum auf, als einer der Ihren hinging und es aufnahm.

»Er hat einen Tölpel geschossen«, sagte Carwithen. »Schmeckt ganz gut, wenn man nichts Besseres hat.«

Der Seesoldat meinte: »Muß 'n verdammt guter Schütze sein, Sir.«

Der Soldat hatte recht. Das Gleiche hatte auch Bolitho gedacht. Ein Frontalangriff war also zu riskant, dabei wären sie alle umgekommen.

Er sagte: »Ich schicke Nachricht zum Schiff, wir müssen warten, bis es dunkel ist. Hier«, sagte er zu dem Seesoldaten, »nimm das

Glas, aber deck' es gut ab.« Er brauchte nichts weiter zu erklären. Der Mann hatte soeben bewiesen, daß er nicht nur schießen, sondern auch denken konnte.

Die anderen lagerten weiter hinten noch zwischen den Felsen. Allday hielt ihm eine Feldflasche hin: »Trinken Sie, Captain. Schmeckt wie Bilgewasser.«

Bolitho kritzelte etwas auf seinen Block und gab das Blatt einem Matrosen. »Bring das zur Küste und übergib es dem Deckoffizier dort.« Er sah das verzweifelte Gesicht des Mannes und fügte beruhigend hinzu: »Du brauchst nicht zurückzukommen. Wenn du bei der *Undine* bist, hast du eine Ruhepause verdient.«

Da krachte noch ein Schuß, diesmal durch die Felsen gedämpft, und dann folgte ein anderer Ton: etwas Weiches fiel zu Boden. Carwithen sprang auf. »Noch 'n Vogel, Sir!«

Bolitho schlich mit ihm zu dem Ausschau haltenden Seesoldaten zurück. Der starrte verwirrt auf den großen Tölpel nieder, der ihm mit ausgebreiteten Schwingen und blutiger Brust fast direkt vor die Füße gefallen war.

Ärgerlich sagte Davy: »Also, wie in drei Teufels Namen hat er . . .«

Bolitho hob die Hand, und sie erstarrten in Schweigen. Schwach erst, dann deutlicher, hörte man Scharren und das Rollen loser Steinchen – jemand kam eilig herauf, um den toten Vogel zu holen.

Bolitho blickte sich blitzschnell um. Hinter diesen paar kleinen Felsen konnte er seine dreißig Mann nicht verstecken. Er sah, wie Allday ihnen Zeichen machte, ganz still zu sein, sah die Angst in Armitages Augen, der wie gebannt auf die letzte Felsbarriere starrte.

Die Geräusche wurden lauter; Bolitho konnte hören, wie sich der Mann keuchend das letzte Stück Abhang hinaufkämpfte.

Niemand bewegte sich. Der Seesoldat blickte starr seine Muskete an, die zwei Fuß von seiner Hand entfernt lag. Das geringste Geräusch, und sie waren alle verloren.

Da handelte Carwithen, der am dichtesten bei der Felsenbarriere war. Fast lautlos ergriff er den toten Vogel und zog ihn ein paar Zoll unter die Kante des nächsten Felsens. Mit der anderen Hand zerrte er etwas unter seinem kurzen blauen Überrock hervor, die Augen ohne zu blinzeln auf den Vogel gerichtet.

Es schien eine Ewigkeit zu dauern, bis etwas geschah. Aber

dann ging es so schnell, daß man kaum folgen konnte.

Das dunkle Gesicht des Fremden starrte offenen Mundes auf sie herab, sein Blick flog von dem Vogel zu Carwithen, als er sich mit dem Oberkörper über die Felskante zog, um nach seiner Beute zu greifen. Der Bootsmannsmaat ließ den Lockvogel fallen; die Bewegung war so schnell, daß sie den Fremden überraschte, er schwankte, tastete im Gürtel nach dem blanken Griff einer Pistole.

»So nicht, mein Hübscher«, murmelte Carwithen ruhig, beinahe freundlich. Dann schoß seine andere Hand unter dem Rock hervor, ein Enterbeil blitzte auf. Carwithen schlug kurz und brutal zu – der Pickel der Axt grub sich in den Nacken des Mannes. Mit einem mächtigen Ruck zog Carwithen den schon Bewußtlosen ganz über die Felskante, riß das Beil heraus, drehte es um und durchschlug mit der Schneide seine Kehle. Nochmals hob sich das Beil und schlug zu.

Blut spritzte über Armitages Seesoldaten. Wieder riß Carwithen das Beil hoch, aber Bolitho fiel ihm in den Arm. Er fühlte den irren, aufgestauten Haß in den Muskeln des anderen, der ihn abzuschütteln versuchte.

»Halt! Genug, verdammt noch mal!«

In schreckerfülltem Schweigen starrten die Männer einander und den Toten an, der über dem toten Seevogel lag. Heiser flüsterte Carwithen: »Dieser Mistkerl treibt keine Seeräuberei mehr!«

Bolitho zwang sich, den Leichnam näher anzusehen: ein Javaner vermutlich, bekleidet mit irgendwelchen Fetzen, aber eine Pistole mit dem Wappen der Ostindischen Handelskompanie. »Hat er wahrscheinlich einem armen, ehrlichen Seemann abgenommen, der Bastard!« murmelte Carwithen.

Niemand sah ihn an. Bolitho kniete mit seinem Teleskop hinter einem Felsblock und suchte sorgfältig die Bucht unten ab. Carwithen hatte schnell und nachdrücklich getan, was getan werden mußte. Aber es hatte ihm Spaß gemacht, das entwertete die Tat.

Bolitho beobachtete den fernen Ausguck in seinem felsigen Versteck und die winzigen Gestalten, die noch immer in den Prielen herumstocherten. »Sie haben nichts gesehen«, sagte er leise.

Mit einem Blick auf den immer noch schluchzenden Armitage fragte Davy: »Ändert das etwas für uns, Sir?«

Bolitho schüttelte den Kopf. »Höchstens wenn der Mann von seinen Leuten vermißt wird.« Er studierte die länger werdenden Schatten der Felsen. »Wir müssen abwarten und können nur hoffen, daß es bald dunkel wird.«

Carwithen wischte sein Enterbeil an einem Fetzen ab, den er von der Kleidung des Toten gerissen hatte. Sein Gesicht drückte nur Befriedigung aus – sonst nichts.

Davy gab seinen Männern ein Zeichen. »Schafft das da beiseite! Mit Steinen bedecken!« Er schluckte. »Diesen Tag werde ich so bald nicht vergessen.«

Bolitho faßte den Midshipman bei der Schulter und zog ihn vom Felsen weg. »Hören Sie zu, Mr. Armitage!« Er schüttelte ihn heftig, da die Augen des Jungen immer noch an der roten Spur hafteten, die der Leichnam hinterlassen hatte. »Reißen Sie sich zusammen! Ich weiß, das war ein schrecklicher Anblick, aber Sie sind nicht bloß zum Zusehen hier, verstanden?« Er schüttelte ihn nochmals; es tat ihm weh, den Schmerz und Abscheu in den Augen des Jungen zu sehen. »Schließlich sind Sie einer meiner Offiziere und sollen ein Vorbild für unsere Leute sein!«

Armitage nickte benommen. »Jawohl, Sir. Ich werde versuchen, mich . . .« Wieder überfiel ihn Brechreiz.

»Ich weiß, das werden Sie«, sagte Bolitho freundlich. Er merkte, daß ihn Allday über die zitternde Schulter des Jungen hinweg anblickte und leise den Kopf schüttelte. »Nun weg mit Ihnen, sehen Sie nach, ob der Kurier schon unterwegs ist!«

»Armer Kerl«, sagte Allday leise. »Der wird sich nie an diese Dinge gewöhnen.«

Bolitho blickte ihn ernst an. »Ich auch nicht. Sie etwa?«

Allday zuckte die Schultern. »Wir haben gelernt, uns nicht anmerken zu lassen, was wir denken. Mehr kann ein Mann nicht tun.«

»Mag sein.« Er sah, daß Davy mit dem Fuß Sand über das trocknende Blut scharrte. Dann blickte er Carwithen in das schwärzliche Gesicht, der eben die Pistole des Toten untersuchte. »Doch es gibt manche, die haben überhaupt keine Gefühle, und ich fand immer, daß sie keine richtigen Menschen sind.«

Er trat in den Schatten zurück, und Allday kam hinterher. Beim ersten Anzeichen, daß es losging, würde sich Bolithos Stimmung schon ändern, dachte er; im Moment war es besser, wenn man ihn in Ruhe ließ.

»Wird es nicht langsam Zeit, Sir?« fragte Davy. Bolitho spähte vorsichtig über die Felsen; bleich hob sich sein Hemd gegen den schon dunkler werdenden Himmel ab.

»Ja, das glaube ich auch. Carwithen soll antreten lassen.«

In der kühlen Abendbrise überlief ihn ein Frösteln. Sowie die Sonne hinter den Bergen versunken war, wurde es in Minutenschnelle kalt. Sie hatten zu lange in der Sonne gelegen, geplagt von Durst und Hitze, von Legionen von Fliegen. Bolitho musterte den Umriß des vor Anker liegenden Schoners und die an der Poop und im Bug glimmenden Lichter. Das Feuer am Strand war zu einem Häufchen glühender Asche erstorben. Niemand hielt sich mehr dort auf, soweit er sehen konnte; aber vermutlich hockte der Späher immer noch gegenüber auf seiner Felskante.

Allday meldete flüsternd: »Klar zum Abmarsch, Captain«, und paßte dabei auf, daß sein Entersäbel nicht an die Felsen schlug. »Mr. Davy kontrolliert noch mal, ob auch jeder weiß, was er zu tun hat.«

Wortlos nickte Bolitho und versuchte, die Entfernung zu schätzen, die sie überwinden mußten. Sonderbarerweise kam sie ihm im Dämmerlicht größer vor; aber nach den ruhigen Stimmen zu urteilen, die hier und da in Bruchstücken vom Schoner herüberklangen, schienen sie dort noch nicht bemerkt zu haben, daß einer von ihnen fehlte.

Davy glitt heran. »Ich habe Carwithens Abteilung losgeschickt, Sir.« Er warf einen Blick auf die wenigen hellen Wölkchen. »Der Wind ist ziemlich stetig.«

»Ja.« Bolitho kontrollierte seine Pistole und schnallte den Gürtel enger. »Folgt mir einzeln im Gänsemarsch.«

Geistergleich glitten sie über die letzte Felsbarriere. Wenn einer auf lose Kiesel trat, hörte sich das in der Abendstille überlaut an. Aber wie Davy schon bemerkt hatte, hielt sich der Wind, so daß die Brandung laut genug war, um die schwachen Geräusche zu übertönen, welche die Männer machten.

Einmal, als sie um den Fuß des Hügels bogen, traten sie fast auf zwei schlafende Seevögel, die mit schrillem Kreischen aufflatterten. Die ganze Abteilung erstarrte vor Schreck.

Bolitho wartete, horchte auf seinen eigenen Herzschlag und auf das erregte Atmen der Männer hinter ihm. Nichts. Er hob den

Arm, und sie schritten weiter.

Über die Schulter konnte er hinten noch die Felsbrocken sehen, in deren Schutz sie ungeduldig auf den Sonnenuntergang gewartet hatten; jetzt lagen sie schon weit oberhalb seiner langsam vorrükkenden Abteilung. Inzwischen hatten sie fast Meereshöhe erreicht; er hörte einen Mann leise fluchen, der aus Versehen in den ersten kleinen Priel trat. Davys Abteilung mußte zur Rechten flaches Wasser durchwaten; Bolitho hoffte nur, es würde keiner der Länge nach in einen der Priele fallen, die dort von der auflaufenden Flut schon überdeckt wurden.

Flüchtig dachte er an sein Schiff, das auf der anderen Seite der Insel vor Anker lag, an die altgewohnten Geräusche und Gerüche. An Herrick, der nervös auf die Nachricht von Sieg oder Katastrophe wartete. Im letzteren Fall konnte er ihnen nicht mehr helfen. Es würde dann seine Sache sein, mit dem Feind Kontakt aufzunehmen und daraus zu machen, was er konnte. Es war leichter, wenn man die anderen als Feinde betrachtete, nicht als Menschen von Fleisch und Blut wie man selbst.

Allday faßte ihn hastig am Arm. »Ein Boot hält auf uns zu, Captain!«

Bolitho hob den Arm, beide Abteilungen machten lautlos halt. Das Boot mußte von der ihnen abgewandten Seite des Schoners gekommen sein. Er sah den Schaum der eintauchenden Riemen und der Bugwelle – jetzt stieß es durch die Brandung.

Bolitho dachte an Carwithen und seine Handvoll Männer, die außen herum gingen, um dem einsamen Wächter in den Rücken zu fallen. Sie mußten jetzt ungefähr am Ziel sein. Carwithens brutale Wildheit fiel ihm wieder ein – ob er den unglücklichen Posten inzwischen niedergemacht hatte?

Unvermittelt erklang eine Stimme in der Dunkelheit, und Bolitho dachte schon, Carwithen sei aufgehalten worden. Aber die Stimme kam vom Boot her, und trotz der fremden Sprache hörte Bolitho, daß der Mann eine Frage stellte. Oder vielleicht einen Namen rief.

Allday flüsterte: »Sie suchen nach dem Vermißten, Captain.« Er ließ sich auf die Knie nieder, um das Boot gegen die hellere Brandung besser erkennen zu können. »Sechs sind es.«

Leise sagte Bolitho: »Aufpassen, Jungs! Laßt sie rankommen.« Er hörte, wie einer der Männer mit den Zähnen knirschte: gespannt, nervös, das waren sie alle, verängstigt vielleicht durch die ungewohnte Umgebung.

»Einer klettert drüben den Abhang zum Ausguck hinauf«, flüsterte Allday.

Vorsichtig zog Bolitho seinen Degen. Natürlich. Dort mußte jemand zuerst hingehen und den Posten fragen, ob er den Vermißten gesehen hatte. Die anderen fünf schlenderten den Strand entlang und unterhielten sich, sorglos ihre Waffen schwingend.

Bolitho warf einen Blick hinter sich. Seine Männer knieten fast unsichtbar, duckten sich hinter Felsen oder lagen im flachen Wasser. Er wandte sich wieder um und beobachtete die näherkommenden Schatten. Noch zwanzig Yards, noch fünfzehn. Jetzt mußten sie bald entdeckt werden.

Ein furchtbarer Schrei zerriß die Stille und hing noch in der Luft über der Felsenkante, als der Mann schon tot war.

Die fünf Schatten fuhren erschrocken herum – der Todesschrei mußte von ihrem Wachtposten oben gekommen sein.

»Drauf, Leute!« brüllte Bolitho.

Wortlos sprangen alle hoch und stürzten sich auf die fünf Gestalten, die auf die Brandung zurannten. Einer rutschte aus, fiel lang hin, versuchte aufzustehen, wurde aber vom Entersäbel eines Matrosen niedergeschlagen und blieb als winselnder Haufen liegen, während der Matrose weiterlief. Die anderen hatten das Boot erreicht, konnten es aber, da zwei Mann fehlten, nicht sofort ins tiefere Wasser schieben. Stahl blitzte in der Dunkelheit auf, die Matrosen waren über ihnen, es kam zu einem wilden und mörderischen Kampf. Ein Matrose blieb mit dem Fuß in einer Ducht hängen, fiel hin und wurde, ehe er wieder hochkommen konnte, von einem langen Säbel buchstäblich in den Sand genagelt. Aber sein Gegner fiel fast gleichzeitig über ihn. Die restlichen beiden warfen ihre Waffen weg, wurden aber von den wütenden Matrosen niedergemacht.

»Wir haben einen Mann verloren, Sir«, meldete Davy knapp, drehte den Leichnam auf den Rücken und nahm ihm den Entersäbel aus der Hand.

Bolitho stieß seinen Degen in die Scheide. Ihm zitterten die Beine vom schnellen Rennen, aber auch vor nervöser Spannung. Er blickte zu dem vor Anker liegenden Schoner hinüber: kein Ruf, kein Alarmzeichen. Einmal glaubte er, Gesang über die rauschende Brandung herüberwehen zu hören, eine fremde, unbestimmt traurige Melodie.

»Verdammt nachlässiger Ausguck, Sir«, sagte Davy heiser.

Die Männer sammelten sich jetzt bei den Booten. Das eine lag schon den ganzen Tag hier und am höchsten auf dem Strand. Um es zu Wasser zu bringen, würden mehr Männer nötig sein als bei dem zuletzt angekommenen. »Hätten Sie an ihrer Stelle mit einem Angriff gerechnet?« fragte Bolitho.

Davy zuckte die Schultern. »Wahrscheinlich nicht.«

Carwithen kam den Abhang herunter; er lief so schnell, daß seine Männer Mühe hatten, ihm zu folgen. Wütend sagte er: »Dieser elende Narr Lincoln war zu langsam mit seinem Dolch!« Böse funkelte er die Umstehenden an. »Mit dem rede ich noch!«

»Boote zu Wasser«, befahl Bolitho. Zu den sechs Marineinfanteristen sagte er: »Ihr nehmt das zweite. Was zu tun ist, wißt ihr.«

Einer von ihnen, der, welcher den Schoner zuerst gesehen hatte, brummte: »Alles klar, Sir. Wir gehen mit dem Boot so auf Position, daß wir die Poop sehen können, und putzen jeden weg, der da an den Laternen vorbeikommt.«

Bolitho lächelte zufrieden. »Hauptmann Bellairs hat Sie mit Recht ausgesucht.«

»Hier lang, Captain«, flüsterte Allday.

Die Brandung umspülte ihm Beine und Unterkörper; er fühlte das rauhe Dollbord des Bootes und Alldays Hand, die ihn hineinzog.

»Stoß ab!«

Bolitho zwang sich gewaltsam, nicht auf die wild arbeitenden Riemen zu blicken, auch nicht auf Allday, der sich mit allen Kräften bemühte, das Boot durch die Brandung zu steuern. Jetzt brauchte es nur eine Ladung gehacktes Blei vom Schoner, und sein ohnehin fadenscheiniger Plan mißlang schon im Ansatz. Das Boot stampfte schwer; die Riemen zogen besser, als es sich erst einmal aus der starken Grundströmung gelöst hatte. Die schlanken Masten des Schoners drohten herüber; das Gewirr der restlichen Takelage verschwamm gegen den dunklen Himmel.

Allday stand breitbeinig und wachsam über der Ruderpinne, die er leicht mit den Fingerspitzen hielt.

»Ruder an!« Er neigte sich vor, damit sie ihn besser hörten. »Achtung, im Bug!«

Achteraus hörte Bolitho das regelmäßige Eintauchen der Riemen des zweiten Bootes, das eilig zum Bug des Schoners pullte.

»Jetzt oder nie, Captain!« stieß Allday aus und entblößte die

Zähne, so daß die Männer im Boot sich fragten, was er denn zu grinsen hätte.

Bolitho erhob sich neben ihm und streckte den Arm aus, um das Boot von dem überhängenden Achterdeck frei zu halten, das wie eine gleitende Wand direkt über ihnen emporragte.

»Jetzt!«

Ein gellender Schrei und ein Rasseln – der Buggast schleuderte seinen Draggen über das Schanzkleid. Mit einem Knirschen stieß das Boot an die Bordwand; ein paar Männer fielen in dem Durcheinander hin, während die anderen voller Eifer über ihre Körper und die verschränkten Riemen, wie über eine lebende Brücke, an Deck des Schoners kletterten.

Schon hasteten ein paar Gestalten aus dem Vorderkastell, aber da knallte es dumpf; getroffen von der wohlgezielten Musketenkugel, wirbelte ein Mann herum – im hellen Licht der Pooplaterne sah es wie ein irrer Schattentanz aus.

Bolitho spürte mehr als er es sah, wie eine Gestalt aus den Speigatten auf ihn zusprang. Er duckte sich weg, und im selben Moment zischte etwas über seinen Kopf. Er führte einen Degenstoß nach dem Angreifer. Der Mann wich zurück, griff aber, eine mächtige Axt schwingend, gleich wieder an.

»Daß ihn die Pest ...!« schrie Carwithen und feuerte seine Pistole direkt in das Gesicht des Mannes ab. »Das reicht dem Bastard!« knurrte er befriedigt.

Einer von der Mannschaft des Schoners war in den Vormast geklettert. Ein Matrose enterte unter wütendem Gebrüll auf. Wieder knallte eine Muskete von dem zweiten, in der Dunkelheit lauernden Boot her, aufstöhnend stürzte der Pirat aufs Deck, wo schon ein Entermesser auf ihn wartete.

Allday rief: »Die meisten verstecken sich unter Deck, Captain!« Er rannte zum Niedergang und feuerte hinunter. »Die haben die Schnauze voll, glaube ich.«

Bolitho spähte nach achtern zu den Laternen. »Ruft das andere Boot zur Verstärkung heran!«

An Deck des Schoners war es auf einmal still, und als Bolitho langsam auf die kleine Kajütslaterne direkt vor dem Steuerrad zuging, konnte er seine Schritte hören. Aber der Kampf war noch lange nicht vorbei.

Vorsichtig ging er um den Leichnam herum, der dort auf dem Rücken lag. Es war der erste, der von der Kugel des Marineinfanteristen gefallen war. Das tote Gesicht glänzte im Licht der Laterne; der Unterkiefer war weggerissen.

»Weg da, Captain!« schrie Allday, denn eben kletterte ein Pirat durch die Luke. Doch das Gesicht des Mannes verzerrte sich im Todeskampf, denn direkt unter ihm hatte jemand eine Pistole abgefeuert. Ein Schatten glitt durch den Pulverqualm; es war Lincoln, der Matrose mit der Narbe im Gesicht. Seine Augen waren hart wie Stein, als er sich durch die Luke zwängte und an Deck fallen ließ, direkt auf den Toten. Dumpf schlugen seine Füße auf dem Leichnam auf, er machte eine rasche Wendung, bei der er zweimal mit seinem Dolch zustieß – beim zweiten Stoß ertönte ein Schrei aus der Dunkelheit.

Hinter ihm schwärmten noch mehr Matrosen an Bord, und Bolitho rief: »Licht her! Macht Platz!«

Dann hörte man das Platschen nackter Füße, und aus dem längsseits liegenden Boot ertönte Armitages angsterfüllte Stimme.

Carwithen war schon unten im Kabinendeck und schob einen Matrosen beiseite, um einem verwundeten Piraten mit seinem Dolch den Rest zu geben. Bolitho blieb kurz am Niedergang stehen und sah sich nach Davy um, doch dabei war sein Verstand noch damit beschäftigt, daß Allday ihm soeben das Leben gerettet hatte. Ohne seine Warnung wäre er jetzt eine Leiche gewesen, und nicht jener arme Matrose.

»Mr. Davy! Beide Boote an Bord, sobald die Gefangenen entwaffnet und gefesselt sind!«

»Aye, aye, Sir!« antwortete der Leutnant siegesfroh.

»Und teilen Sie eine Wache für die Gefangenen ein! Ich will nicht, daß irgendein Fanatiker unter ihnen die Bilge aufschlägt, ehe wir auch nur Segel setzen können!«

Er stieg hinter Allday den Niedergang hinunter. Der Lärm an Deck klang nur noch gedämpft hinab und verstummte dann ganz.

Ein Matrose stieß eine Kabinentür mit dem Fuß auf und sprang mit gezogener Pistole in den Raum. »Keiner hier, Sir!« Aber dann sah er, daß sich hinter einem umgestürzten Stuhl etwas bewegte. »Nein, Sir, da ist noch so ein Schurke. Ich hole ihn!«

Doch da schrak er zurück: »Jesus! Das ist ja einer von uns!«

Bolitho bückte sich unter die niedrigen Decksbalken und trat in die Kajüte. Er verstand den Schreck und die Überraschung des Matrosen. Da hockte ein Wrack von einem Mann; klein, verkrümmt lag er auf den Knien, die verschränkten Hände wie betend vorgestreckt, schwankend im Rhythmus der Schiffsbewegung.

Bolitho steckte den Degen in die Scheide und trat zwischen den zitternden Mann und den Matrosen, dessen Augen noch vor Kampfgier glühten. »Wer bist du?«

Er wollte nähertreten, aber der Mann warf sich ihm buchstäblich vor die Füße. »Gnade, Captain! Ich habe doch nichts getan! Bin bloß 'n ehrlicher Seemann!«

Er tastete nach Bolithos Schuhen, und als dieser sich bückte, um ihn aufzuheben, sah er mit Schrecken, daß man dem Mann sämtliche Fingernägel ausgerissen hatte.

»Steh auf!« sagte Allday grob. »Du sprichst mit einem Offizier des Königs!«

»Still!« Bolitho hob die Hand. »Sehen Sie ihn doch an! Der hat genug gelitten.«

Der Matrose ließ seinen Entersäbel fallen und half dem Mann in einen Stuhl. »Ich hole ihm was zu trinken, Käpt'n!« Er riß ein Schapp auf und fuhr erschrocken herum, als der Kleine angstvoll schrie: »Rühr das nicht an! Er zieht dir bei lebendigem Leibe die Haut ab, wenn du auch nur hineinzuschauen wagst!«

»Wer?« fragte Bolitho.

Da erst schien der Mann zu begreifen. Was jetzt geschah, gehörte nicht mehr zu der furchtbaren Folge von Alpträumen, die er erlebt hatte. Er starrte in Bolithos ernstes Gesicht; die Tränen rannen ihm hilflos über die hohlen Wangen.

»Muljadi!«

»Was – ist der hier?« keuchte Carwithen.

Der elende kleine Mann spähte an Bolitho vorbei; seine angsterfüllten Augen sahen die Matrosen im Gang, den Toten bei der Luke.

»Da! Sein Sohn!«

Bolitho fuhr herum und beugte sich über den Mann, den Lincoln niedergestochen hatte. Natürlich, das hätte er sehen müssen, statt sich selbst zu gratulieren, weil er einem gräßlichen Tod entgangen war.

Der Mann lebte noch, obwohl Lincolns Klinge ihm tief in Hals und Schulter gedrungen war und eine große klaffende Wunde gerissen hatte. Nur um Haaresbreite mußte sie die Arterie verfehlt haben. Der Mann war nackt bis zum Gürtel, aber seine weite Hose, jetzt von seinem eigenen Blut und dem des Matrosen befleckt, war aus feinster Seide. Die Augen waren fest geschlossen, die Brust hob und senkte sich unter raschen, unregelmäßigen Atemzügen.

»Lassen Sie mich den Bastard fertigmachen, Sir!« bettelte Carwithen.

Bolitho achtete nicht auf ihn. Der Verwundete war nicht viel älter als zwanzig; um den Hals trug er ein goldenes Medaillon in Form einer aufgerichteten Raubkatze – wie das Tier auf Muljadis Flagge. Da bot sich vielleicht eine Möglichkeit.

»Verbindet ihn!« befahl Bolitho kurz. »Ich will ihn lebend haben!« Er wandte sich dem zerlumpten kleinen Mann in der Kajüte zu. »Meine Leute werden sich um dich kümmern, aber erst will ich . . .«

Der Mann verdrückte sich zur Tür. »Ist es wirklich vorbei, Sir?« Er zitterte heftig und war nahe am Zusammenbrechen. »Ist das nicht bloß wieder so ein grausamer Trick?«

Allday erwiderte ruhig: »Das ist Captain Bolitho, Alter, von Seiner Majestät Schiff *Undine.*«

»Und jetzt sag uns, wer du bist!« befahl Bolitho.

Der Kleine sank wie ein verprügelter Hund wieder auf dem Fußboden zusammen.

»Ich war Segelmacher, Sir, auf der portugiesischen Bark *Alvarez.* Hab' in Lissabon angemustert, weil ich mein Schiff verloren hatte. Wir fuhren Stückgut von Java, da wurden wir von Piraten überfallen.«

»Wann war das?« fragte Bolitho. Er sprach ganz langsam, denn der Mann war offenbar völlig durcheinander.

»Vor einem Jahr, Sir, glaube ich.« In angestrengtem Nachdenken kniff er die Augen zu. »Sie brachten uns zu Muljadis Ankerplatz, wenigstens die Überlebenden. Die meisten hat Muljadi umgebracht. Mich hat er nur leben lassen, weil ich Segelmacher bin. Einmal hab' ich versucht zu fliehen. Nach 'ner Stunde hatten sie mich wieder und haben mich gefoltert.« Sein Zittern verstärkte sich. »Die ganze Bande sah zu, hatte ihren Spaß dran und lachte.« Er sprang auf, packte sein Entermesser, das an der Tür lag, und schrie: »Sie haben mir alle Fingernägel ausgerissen, und noch Schlimmeres getan, die verfluchten Hunde!«

Lincoln packte ihn beim Handgelenk und drehte es so, daß das Entermesser nicht mehr auf den Verwundeten gerichtet war. »Langsam, Alter! Sonst stellst du noch was an mit dem Ding.«

Irgendwie schien Lincolns gelassen-freundliche Stimme den Kleinen zu beruhigen. Er drehte sich um und blickte Bolitho ganz vernünftig an. »Mein Name ist Jonathan Potter, Sir, aus Bristol.«

Bolitho nickte. »Schön, Jonathan, du kannst mir nützlich sein. Deine Kameraden werden davon zwar nicht wieder lebendig, aber vielleicht können wir andere vor einem ähnlichen Schicksal bewahren. Allday, kümmern Sie sich um ihn!«

Er trat aus der Kajüte, dankbar für die frische Luft an Deck, für die Aktivität, mit der Davys Leute Vorbereitungen zum Segelsetzen trafen. Potter war sicherlich der einzige Engländer auf der portugiesischen Bark gewesen. Nur deswegen hatte Muljadi ihn am Leben gelassen. Und ihn wie einen Sklaven gehalten, ihn so geschunden, daß er kaum noch einem Menschen glich. Das paßte nur zu dem, was er bisher über Muljadi gehört hatte.

Davy kam zu ihm herüber. »Ich bin soweit, daß wir Anker lichten können, Sir.« Er schwieg einen Moment, denn er merkte, daß Bolitho an etwas anderes dachte. »Dieser arme Teufel muß ja Schreckliches durchgemacht haben, Sir. Narben und Striemen von Kopf bis Fuß und nur noch Haut und Knochen.«

»Irgend etwas muß ihn am Leben erhalten haben, Mr. Davy. Angst vor dem Tod, Durst nach Rache, ich weiß nicht, was«, erwiderte Bolitho nachdenklich. Das Schiff krängte plötzlich in der Dünung, und er griff nach einem Stag. »Aber was es auch ist, ich werde es für unsere Zwecke nutzen.«

»Und der Kapitän des Schoners, Sir?«

»Wenn er wirklich Muljadis Sohn ist, dann haben wir einen guten Fang gemacht. Aber auf jeden Fall wünsche ich, daß er am Leben bleibt, also sagen Sie allen Leuten Bescheid.« Er dachte an das mörderische Glitzern in Carwithens Augen. »Aber wirklich allen!«

Er spähte querab zu der kleinen Insel hinüber, auf der so viel passiert war. Die gezackten Felsen lagen schon in tiefem Schatten. »Wir gehen gleich auf Südwestkurs, um Seeraum zu gewinnen. Gegen Sonnenaufgang müßten wir so weit sein, daß wir wenden und die *Undine* sichten können.« Er warf einen zufriedenen Blick auf die Männer, die geschäftig über Deck eilten. »Da haben wir eine hübsche kleine Prise aufgebracht.«

Überrascht starrte Davy erst Bolitho, dann den Schoner an; offenbar wurde ihm die Bedeutung erst jetzt richtig klar. Er nickte vergnügt. »Natürlich, Sir. Bestimmt ein schönes Stück Geld wert.«

Bolitho ging auf die andere Deckseite. »Dachte mir, daß Sie das interessieren würde, Mr. Davy. Aber jetzt schicken Sie Leute an das Gangspill und lassen Sie Anker lichten, solange der Wind sich hält.« Er mußte auch an Herrick denken. »Jedenfalls sind wir keine Bettler mehr.«

Verständnislos schüttelte Davy den Kopf. Dann sah er den Rudergänger an und die Ankercrew und grinste über das ganze Gesicht. Endlich eine Prise, und vielleicht die erste von vielen.

Noddall wartete schon in der Kajüte beim Eßtisch. Er nickte zufrieden, als Bolitho seinen geleerten Teller zur Seite schob. »So ist es schon besser, Sir! Der Mensch kann nur arbeiten, wenn er sich anständig sattgegessen hat.«

Bolitho lehnte sich behaglich im Stuhl zurück und ließ den Blick langsam in der Kajüte schweifen. Es war schön, wieder auf der *Undine* zu sein, besonders wenn man einen Erfolg seiner Mühen vorweisen konnte.

Die Laterne über dem Tisch warf schon einen blasseren Schein, und er sah durchs Heckfenster, daß die Morgenröte bereits einem wolkenlosen Tageshimmel gewichen war. Wie ein goldener Faden spannte sich die Kimm hinter der dicken, salzfleckigen Fensterscheibe.

Gestern hatte er fast um dieselbe Stunde mit dem gekaperten Schoner wieder die *Undine* erreicht; die Spannung und Anstrengung des blutigen Gefechts waren vorübergehend im Hurrageschrei der an der Reling stehenden Matrosen und Seesoldaten untergegangen. Herrick war fast außer sich vor Freude gewesen und hatte darauf bestanden, daß Bolitho unverzüglich in seine Kajüte ging und sich erst einmal ausruhte.

Der Schoner war früher unter der Flagge der Holländischen Ostindischen Kompanie gefahren, doch ließ sich nicht sagen, wie lange er in den Händen der Piraten gewesen war. Nach dem Schmutz und der Unordnung zu urteilen, mußte es lange gewesen sein.

An Deck wurde Reinschiff gemacht: nackte Füße patschten, Wasser rauschte, die Pumpen quietschten. Bolitho ließ seinen Gedanken freien Lauf. Noddall hatte recht, das Frühstück hatte ihm gut geschmeckt: dünngeschnittener Schweinebauch, mit Zwiebackkrumen braungebraten, dazu starken Kaffee mit etwas Sirup darin.

Es klopfte, und Herrick trat ein. Er sah frisch und munter aus. »Der Wind weht stetig aus Südwest, Sir.«

»Gut, Thomas«, lächelte Bolitho. »Trinken Sie eine Tasse Kaffee mit mir.«

Es fiel Bolitho auf, daß sich Herrick jedesmal entspannte, wenn es galt, einen festen Plan auszuführen. Falls er wirklich ahnte, wie ungewiß dieser Plan noch im Kopf seines Kapitäns war, dann ließ er es sich jedenfalls nicht anmerken.

»Ich höre von Mr. Mudge, daß wir ungefähr zehn Knoten laufen, Sir.« Herrick nahm von Noddall einen Becher Kaffee entgegen. »Und er strahlt, als ob er ein Vermögen am Spieltisch gewonnen hätte«, fuhr er lächelnd fort.

Bolitho runzelte die Stirn. »Also sollten wir jederzeit Land sichten. Wenn der Wind gestern nicht so flau gewesen wäre, hätten wir jetzt schon da sein können.« Er reckte die Arme; welch angenehmes Gefühl an Brust und Rücken, wenn man ein frisches Hemd anhatte. »Aber es gab ja auch eine Menge zu tun.«

»Inzwischen hat Mr. Davy wohl schon den halben Weg zur Pendang Bay hinter sich.«

»Aye. Er wird sich wie ein Fregattenkapitän vorkommen, wenn ich mich nicht irre.«

Davy hatte von innen her gestrahlt, als Bolitho ihm das Kommando über den Schoner erteilt und ihn zu Conway geschickt hatte. Bolitho erinnerte sich an den Tag, als man ihm zum erstenmal das Kommando über eine Prise anvertraut hatte. Er war damals Leutnant gewesen und viel jünger als Davy. Wahrscheinlich hatte er ein ähnliches Gesicht gemacht. Es hieß immer, das erste selbständige Kommando wäre die wichtigste Phase der ganzen Karriere. Vielleicht würde es sich bei Davy ebenso wie bei ihm auswirken.

Er sah zum Skylight hoch, denn der Ausguck sang aus: »Deck ahoi! Land in Lee voraus!«

Bolitho lächelte, obwohl es ihm kalt den Rücken hinunterlief. »Wenn die *Argus* nicht hier ist, muß ich mir was Neues ausdenken.«

Die Tür öffnete sich, und Midshipman Armitage verkündete: »Mr. Soames läßt mit allem Respekt melden, Sir, daß der Ausguck Land in Lee voraus gesichtet hat.«

»Danke sehr, Mr. Armitage«, antwortete Bolitho.

Die umschatteten Augen des Jungen lagen tief in den Höhlen;

seine Finger zuckten nervös an der geflickten Kniehose. Zum Unterschied von den anderen, die mit dabei gewesen waren, konnte er seine Gefühle nicht verbergen. Er hatte Angst und wußte, daß er sie nicht bezwingen konnte.

»Mein Kompliment an Mr. Soames«, sagte Bolitho, »und bestellen Sie ihm: in einer halben Stunde Geschützexerzieren für beide Wachen.« Nach kurzem Zögern fuhr er fort. »Wenn Sie etwas auf dem Herzen haben, sollten Sie es vielleicht jetzt dem Ersten Leutnant anvertrauen – oder auch mir, wenn Sie meinen, wir könnten Ihnen helfen.«

Armitage schüttelte den Kopf. »Nein, Sir, es geht schon wieder.« Er verschwand eilends.

»Was machen wir bloß mit ihm?« fragte Bolitho leise und sah seinen Freund an.

Der Leutnant hob die Schultern. »Man kann nicht jeden bei der Hand nehmen, Sir. Er wird schon darüber hinwegkommen. Schließlich haben wir uns alle einmal durchbeißen müssen.«

»Aber Thomas, das sieht Ihnen gar nicht ähnlich«, erwiderte Bolitho lächelnd. »Geben Sie doch zu, daß Sie sich um den Bengel Sorgen machen.«

»Na ja«, räumte Herrick etwas verlegen ein, »ich habe schon überlegt, ob ich mal mit ihm reden soll.«

»Wußte ich doch, Thomas. Sie haben nicht das richtige Gesicht zum Schwindeln.«

Wieder klopfte es, diesmal war es der Schiffsarzt.

»Nun, Mr. Whitmarsh?« fragte Bolitho, »geht es unserem Gefangenen schlechter?«

Whitmarsh schob sich durch die Tür wie in eine Zelle. Er duckte sich unter jeden Decksbalken, als suche er einen Fluchtweg. »Es geht ihm soweit ganz gut, Sir. Aber ich bin immer noch der Meinung, daß es besser gewesen wäre, ihn mit dem Schoner zum Stützpunkt zurückzuschicken.«

Bolitho sah Herricks Wangenmuskeln arbeiten und wußte, gleich würde er sich die Unverschämtheit des Arztes verbitten. Wie den anderen Offizieren fiel es auch Herrick nicht leicht, seine Abneigung gegen Whitmarsh zu verbergen. Und der tat selbst wenig, um sich beliebter zu machen.

Ruhig erwiderte Bolitho: »Ich könnte schließlich nicht die Verantwortung für einen Gefangenen übernehmen, der nicht in meinem Gewahrsam ist, oder?«

Schweißtropfen bildeten sich auf der Stirn des Arztes. Hatte er so früh am Morgen schon getrunken? Ein Wunder, daß er sich noch nicht umgebracht hatte.

Oben hörte man taktmäßige Schritte und metallisches Klirren: die Marineinfanteristen traten zur Musterung an. Etwas gezwungen fügte Bolitho hinzu: »Sie müssen sich schon auf mein Urteil verlassen, Mr. Whitmarsh; ich rede Ihnen ja auch nicht drein.«

Der Arzt starrte ihn an. »Sie geben also zu: wenn Sie ihn nach Pendang Bay hätten schaffen lassen, wäre er gehängt worden?«

Ärgerlich warf Herrick ein: »Herrgott noch mal, Mann, schließlich ist der Kerl ein verdammter Pirat!«

Whitmarsh fixierte ihn böse. »*Ihrer* Meinung nach!«

Rasch erhob sich Bolitho und trat zum Fenster. »Nun bleiben Sie aber sachlich, Mr. Whitmarsh! Als gewöhnlicher Pirat würde er verurteilt und gehängt, wie Sie recht gut wissen. Aber falls er tatsächlich Muljadis Sohn ist, dann können wir ihn als Druckmittel benutzen. Hier steht mehr auf dem Spiel, sind mehr Menschenleben in Gefahr, als ich geglaubt habe. Da kann ich auf Ihre Privatgefühle keine Rücksicht nehmen.«

Whitmarsh hielt sich an der Tischkante fest und beugte sich vor. »Wenn Sie durchgemacht hätten, was ich . . .«

Bolitho wandte sich scharf zu ihm um. »Ich weiß Bescheid über die Sache mit Ihrem Bruder, und er tut mir aufrichtig leid. Aber wie viele Hochverräter und Mörder haben Sie schon hängen oder in Ketten verfaulen sehen, ohne auch nur einen Gedanken an sie zu wenden?« Er merkte, daß jemand oben an dem offenen Skylight stehen blieb, und senkte die Stimme. »Menschlichkeit bewundere ich. Aber Sentimentalität lehne ich ab.« Er beobachtete, wie die Wut in den Zügen des Arztes tiefem Schmerz wich. »Also geben Sie sich Mühe mit dem Gefangenen«, fuhr er fort. »Wenn es ihm bestimmt ist, gehängt zu werden, kann ich es nicht verhindern. Aber wenn ich sein Leben zu unserem Vorteil nutzen kann und es ihm damit rette, dann um so besser.«

Unsicher wankte Whitmarsh zur Tür und sagte dumpf: »Und diesen Potter vom Schoner lassen Sie schon wieder Dienst machen!«

Jetzt lächelte Bolitho. »Sie sind aber wirklich hartnäckig, Mr. Whitmarsh! Potter hilft dem Segelmacher. Er wird sich schon nicht totarbeiten, und ich glaube, wenn er was zu tun hat, wird er sich schneller erholen als beim Brüten über seine Leiden.«

Etwas Unverständliches murmelnd, stelzte Whitmarsh steif aus der Tür.

»So eine Frechheit!« rief Herrick. »Den hätte ich an Ihrer Stelle mit einem Belegnagel Mores gelehrt!«

»Das bezweifele ich.« Bolitho schwenkte seinen Kaffeebecher, aber der war leer. »Doch er wird mich nie verstehen und noch weniger mir vertrauen.«

Dann ließ er sich von Noddall seine Galauniform und seinen besten Dreispitz bringen und kam sich ziemlich lächerlich vor, als der Steward ihn abbürstete und ihm Manschetten und Aufschläge zurechtzupfte.

»Ein böses Risiko gehen Sie da ein, Sir«, sagte Herrick unvermittelt.

»Aber eines, das sich nicht vermeiden läßt, Thomas.« Eben zog Noddall ein langes Haar von einem seiner Rockknöpfe. Ihr Haar. Ob Herrick das gesehen hatte? »Wir müssen dem französischen Kapitän trauen. Alles weitere ist bloße Spekulation.«

Noddall hatte den alten Degen vom Gestell genommen, aber er hängte ihn sich nur über den Arm – wußte er doch, daß er sein Leben riskierte, wenn er sich Alldays geheiligtes Ritual anmaßte.

Bolitho seinerseits dachte an Whitmarshs Zorn, der zum Teil nicht unbegründet war. Hätte er den Gefangenen ins Fort zurückgeschickt, wäre er von Puigserver bestimmt in Eisen gelegt worden, bis er ihn der nächsten spanischen Behörde übergeben konnte. Dort wäre er dann – falls er Glück hatte – ohne weitere Umstände gehängt worden. Wenn er kein Glück hatte ... Nun, darüber dachte man am besten nicht nach. Der Sohn hätte für den Vater büßen müssen.

Wie es jetzt stand, mußten die Überlebenden der Schonerbesatzung, ein wüster Haufen, in Kürze ein rasches, unrühmliches Ende finden. Wieviele Menschen hatten sie auf dem Gewissen? Wieviele Schiffe hatten sie ausgeraubt, wieviele Besatzungen über die Klinge springen lassen oder zu menschlichen Wracks gemacht wie Potter, den Segelmacher aus Bristol? Da kamen sie vergleichsweise gut weg, wenn sie aufgeknüpft wurden.

Bolitho ging hinaus, noch immer tief in Gedanken über Recht und Unrecht bei Schnelljustiz.

An Deck war es frisch; die Tageshitze hatte noch nicht eingesetzt, und er machte, solange noch Zeit dazu war, einen kleinen Spaziergang an Luv. In dem schweren Galarock würde ihm bald der Schweiß ausbrechen, wenn er sich nicht im Schatten der vollen Segel hielt.

Fowlar tippte grüßend an die Stirn und fragte unsicher: »Darf ich Ihnen danken, Sir?«

»Sie haben es zweifellos verdient, Mr. Fowlar«, lächelte Bolitho. Er hatte den Steuermannsmaat zum Vizeleutnant befördert, um die Lücke zu füllen, die Davy an Bord hinterlassen hatte. Wäre der junge Keen mit ihnen gesegelt, hätte er das Glück gehabt. Nun würde Fowlars früheren Rang ein anderer bekommen. Für den würde wieder einer nachrücken, und so ging es immer weiter – wie auf allen Schiffen.

Herrick nahm Fowlar beiseite und wartete, bis Bolitho seinen Spaziergang wieder aufgenommen hatte. »Lassen Sie sich warnen: Sprechen Sie den Captain niemals an, wenn er seinen Spaziergang macht.« Er mußte über Fowlars Verwirrung lächeln. »Außer natürlich, wenn etwas wirklich Wichtiges vorliegt; aber Ihre Beförderung gehört nicht dazu.« Er klopfte ihm auf die Schulter. »Trotzdem – meine Gratulation!«

Bolitho hatte die beiden schon vergessen. Er hatte den dunklen Streifen Land gesehen, der gerade über der glitzernden Kimm auftauchte, und dachte darüber nach, was er dort wohl vorfinden würde. Aus der Entfernung sah es wie eine einzige weite Landmasse aus, aber er wußte, es war in Wirklichkeit eine Ansammlung kleiner Inseln, manche noch kleiner als die, vor der sie den Schoner aufgebracht hatten. Die Holländer hatten sie ursprünglich wegen ihrer günstigen Struktur und Lage okkupiert. Schiffe, die im Innern dieses Archipels ankerten, konnten bei jedem Wind nach jeder Richtung in See gehen und sich unter mehreren Passagen die kürzeste und beste aussuchen. Die Festung war zum Schutz vor Marodeuren gebaut worden, auch vor solchen wie dem, welcher jetzt selbst darin saß und jedem Staat, jeder Flagge Trotz bot. Die Holländer zählten die Benuas immer noch zu ihrem Besitz, aber wohl nur der Form halber; zweifellos waren sie froh, diesen Archipel mit seiner unheilvollen Geschichte los zu sein.

Unter der Back unterhielt sich der Segelmacher mit Potter. Ob der sich wohl jemals wieder richtig erholen würde? Es mochte ihm nicht leicht fallen, schon wieder so dicht bei Muljadis Festung zu sein. Aber außer dem Gefangenen war er der einzige, der gesehen hatte, was hinter den schützenden Riffen und Sandbänken lag.

Trotz seines schweren Rockes überlief Bolitho ein Schauer.

Wenn er nun seinen Gegner falsch eingeschätzt hatte? Dann konnte aus ihm ein zweiter Potter werden, ein elendes, gebrochenes Wrack, so gut wie tot für seine Schwestern und alle seine Bekannten in England. Und Viola Raymond? Wie lange würde sie brauchen, um ihn zu vergessen?

Er schüttelte diese Stimmung ab und sagte: »Mr. Soames! Sie können auf Gefechtsstationen trommeln lassen.« Er sah, wie eine Welle der Erregung die Männer an Deck durchlief. »Üben Sie zuerst mit der Backbordbatterie!«

Allday kam das schiefliegende Deck herauf und drehte den Degen in den Händen, bevor er ihn Bolitho umschnallte.

»Sie nehmen mich doch mit, Captain?« Er fragte ganz ruhig, aber Bolitho sah an seinen Augen, wie gespannt er war.« »Diesmal nicht, Allday.«

Befehle schrillten durch das Mannschaftsdeck, atemlos rannten die Trommeljungen der Marineinfanterie zur Achterdeckreling, zogen die Schlegel aus dem weißen Koppel und begannen ihren drängenden Wirbel.

Allday beharrte: »Aber Sie werden mich brauchen!«

»Ja.« Bolitho blickte ihn ernst an. »Das werde ich immer . . .« Aber im Wirbeln der Trommeln und im Getrampel der Männer, die wieder einmal auf Gefechtsstation eilten, gingen die letzten Worte unter.

XV Auge in Auge

Bolitho stützte sein Teleskop auf die Finknetze und studierte die einander überschneidenden, kleinen Inseln. Den ganzen Morgen und auch während der Vormittagswache war die *Undine* stetig nähergekreuzt. Er hatte sich jede auffällige Einzelheit notiert und die Notizen mit dem verglichen, was er bereits wußte. Die Hauptpassage durch die Inseln öffnete sich nach Süden zu, und fast in der Mitte der Zufahrt lag ein mächtiger Felsbuckel, auf dem sich die Festung erhob. Selbst jetzt, weniger als zwei Meilen von den ersten Inseln entfernt, war es unmöglich zu sehen, wo die Festung begann und wo der zerklüftete Felsgrat endete.

»Wir ändern noch einmal Kurs, Mr. Herrick.« Bolitho senkte das Glas und wischte sich mit dem Handrücken das Auge. »Steuern Sie Ostnordost.«

Die Männer an den Backbord-Zwölfpfündern visierten durch die offenen Stückpforten, in denen die Kanonen bereits in der Sonne glänzten, als ob sie eben abgefeuert wären.

»An die Brassen!« kommandierte Herrick. »Zwei Strich nach Backbord abfallen, Mr. Mudge!«

Bolitho hielt Ausschau nach Potters schmächtiger Gestalt. Der stand unter der Back bei den Matrosen, die bei dem Manöver nichts zu tun hatten; als er hochblickte, winkte Bolitho ihn zu sich.

Dann schlüpfte er aus seinem schweren Uniformrock, nahm den Hut ab, reichte beides Allday und sagte dabei so gelassen, wie es ihm möglich war: »Ich entere selbst auf.«

Allday schwieg dazu; er kannte Bolitho gut genug, um zu wissen, was ihn das kostete.

Potter kam eilig aufs Achterdeck und grüßte. »Sir?«

»Traust du es dir zu, mit mir in den Großmast aufzuentern?«

Potter blickte ihn verständnislos an. »Ja, Sir, wenn Sie meinen ...«

»Ostnordost liegt an, Sir«, meldete Herrick. Sein Blick wanderte von Bolitho zur Großrahe, die fast mitschiffs über dem Deck stand und unter dem Winddruck auf das mächtige Segel vibrierte.

Bolitho schnallte seinen Degen ab und reichte ihn Allday. »Vielleicht brauche ich heute deine Augen, Potter.«

Im Bewußtsein, daß jedermann an Deck ihm zusah, schwang er sich in die Luvwanten und begann mit so festen Griffen aufzuentern, daß der Schmerz in seinen Händen stärker war als sein Schwindelgefühl. Immer weiter hinauf, immer mit dem Blick auf die Püttingswanten, die den mächtigen Großmast stützten, von dem aus zwei Seesoldaten neugierig, aber mit unbewegten Gesichtern seinen Aufstieg beobachteten.

Er biß die Zähne zusammen und zwang sich, nicht nach unten zu sehen. Seine Höhenangst betrachtete er als eine besondere Gemeinheit des Schicksals. Mit zwölf Jahren war er zur See gegangen und hatte Jahr um Jahr etwas dazugelernt; aus seiner kindlichen Begeisterung für die Marine war echtes Verständnis geworden, das man schon Liebe nennen konnte. Er war mit der Seekrankheit fertiggeworden, hatte gelernt, Einsamkeit und Kummer vor seinen Kameraden zu verbergen – zum Beispiel damals, als seine Mutter starb, während er auf hoher See war. Auch sein Vater war begraben worden, als er im Karibischen Meer gegen Franzosen und Amerikaner kämpfte. In mancher Seeschlacht hatte er furchtbare Verwundungen und qualvolles Sterben gesehen; sein eigener Körper trug Narben genug zum Beweis dafür, daß Überleben und Tod nur um Haaresbreite auseinanderlagen. Warum in aller Welt war er mit dieser Höhenangst geschlagen? Die Webeleinen schnitten in seine Fußsohlen, als er sich um die Püttingswanten schwang und nur an Fingern und Zehen hing.

Bewundernd sagte der eine Marineinfanterist: »Bei Gott, Sir, Sie haben aber schnell aufgeentert!«

Mit schmerzhaft keuchender Brust stand Bolitho neben ihm. Mißtrauisch musterte er den Seesoldaten, ob sich wohl heimlicher Spott hinter seinem Lob verbarg; es war der Scharfschütze, der vor zwei Tagen den vor Anker liegenden Schoner entdeckt hatte.

So nickte er dem Mann zu und erlaubte sich nun doch einen Blick auf das Deck unter ihm. Zwergenhaft verkleinert bewegten sich Gestalten auf dem Achterdeck, und vorn sah er den Lotgasten im Wasserstag hängen und das schwere Blei geschickt weit über den Bug hinausschleudern.

Seine Spannung wich; er wartete, bis auch Potter oben war und neben ihm stand. Einen Augenblick spielte er mit dem Gedanken, sich noch weiter hinaufzuwagen, über die nächsten vibrierenden Wanten bis zum Eselshaupt. Aber er ließ es sein. Abgesehen davon, daß er sich selbst und denen, die ihm zusahen, seine Kletterkunst bewies, hätte es wenig Sinn gehabt. Wenn Herrick ihn plötzlich an Deck brauchte, würde er ziemlich dumm aussehen, wenn er übereilt abenterte. Außerdem war Potter jetzt schon ganz erschöpft.

Er nahm das Fernrohr zur Hand, das an seiner Schulter hing, und richtete es auf die Passage zwischen den Inseln. In der Zeit, die er gebraucht hatte, um aufzuentern und oben wieder zu Atem zu kommen, war die *Undine* mehr als eine Kabellänge näher herangekreuzt, und er konnte jetzt hinter dem steil abfallenden Felsbuckel in der Mitte, der die grimmige Festung trug, die nächste Insel sehen, die vorher verdeckt gewesen war.

»Auf der Ostseite bin ich nie gewesen, Sir«, sagte Potter. »Aber ich habe gehört, daß es dort eine gute Durchfahrt gibt.« Er schauerte. »In den Sandbänken dort haben sie bei Ebbe die Leichen vergraben. Was noch von ihnen übrig war.«

Bolitho wurde auf einmal starr vor Konzentration und vergaß für den Augenblick das tief unter ihm liegende Deck. Denn er sah den dunkleren Schattenriß der Masten und Rahen eines Großseglers, fast verborgen in der Biegung des inneren Fahrwassers: eine Fregatte!

Potter bemerkte, was Bolitho entdeckt hatte, und fuhr trübe fort: »Der beste Ankerplatz, Sir. Die Geschütze der Festung können zwei Passagen gleichzeitig bestreichen und jedes Fahrzeug schützen, das dort liegt.«

Etwas Helles flatterte vor dem vordersten Eiland und breitete sich dann aus: auf einem kleinen Boot wurden Segel gesetzt. Bolitho warf einen raschen Blick auf den Vormast, wo Herrick eine große weiße Flagge gehißt hatte. So oder so – bald würden sie Bescheid wissen.

Da krachte es hohl, und dann, nach einer halben Ewigkeit, schoß eine hohe Wasserfontäne etwa eine Kabellänge an Steuerbord voraus gen Himmel. Eilends schwenkte Bolitho das Glas zur Festung hinüber, aber der Pulverrauch war bereits verflogen, so daß er unmöglich den Schußwinkel schätzen konnte.

Er schwenkte das Glas wieder zurück: das Boot bog jetzt schon schneller um eine Anhäufung von Felsbrocken, das Segel dichtgeholt und an die Rückenflosse eines riesigen Haifisches erinnernd. Er atmete erleichtert auf, denn im Masttopp wehte auch dort eine weiße Flagge. Der einzelne Schuß der Festungsbatterie war ein Warnschuß gewesen.

Bolitho warf sich das Teleskop wieder über die Schulter. »Du bleibst noch hier, Potter. Halte die Augen offen und versuche, dich an jede Einzelheit zu erinnern. Vielleicht rettet das dem einen oder anderen das Leben.« Er nickte den beiden Marineinfanteristen zu: »Hoffentlich werdet ihr nicht gebraucht.« Dann schwang er ein Bein über das niedrige Süll und bemühte sich, dabei nicht nach unten zu sehen. »Die *Argus* will das Fürchten uns allein überlassen.«

Die beiden Männer stießen sich grinsend an, als hätte er ihnen soeben eine ungeheuer wichtige Information anvertraut. Bolitho schluckte krampfhaft und trat den Abstieg an. Als er den Punkt erreicht hatte, an dem er die Finknetze der gegenüberliegenden Seite auf gleicher Höhe sehen konnte, wagte er es, auf die Gruppe hinunterzublicken, die ihn am Schanzkleid erwartete. Herrick lächelte, doch es war schwer zu sagen, ob vor Erleichterung oder weil er sich im stillen amüsierte. Bolitho war mit einem Sprung an Deck und musterte bedauernd sein frisches Hemd. Es war klatschnaß von Schweiß und trug auf der einen Schulter einen schwarzen

Teerstrich.

»Egal«, sagte er, »unterm Rock sieht man das nicht.« Dienstlicher fügte er hinzu: »Ein Boot hält auf uns zu, Mr. Herrick. Drehen Sie bei und lassen Sie den Anker klarieren.«

Er warf nochmals einen Blick in die Takelage hinauf. Es war diesmal nicht so schlimm gewesen wie befürchtet. Aber er war schließlich unter idealen Bedingungen aufgeentert, nicht in einem brüllenden Sturm oder in pechschwarzer Nacht.

Als Herrick seine Befehle gegeben hatte, wandte sich Bolitho an Mudge: »Was halten Sie von diesem Schuß?«

Der Steuermann wiegte zweifelnd den Kopf.

»Ein altes Geschütz, Sir. Von da, wo ich stand, hörte es sich an wie ein Rohr aus Bronze.«

Bolitho nickte. »Ganz Ihrer Meinung. Es kann durchaus sein, daß sie noch die Originalbestückung benutzen, die von den Holländern.« Er rieb sich das Kinn und sprach seine Gedanken laut aus. »Dann werden sie sich aber hüten, mit glühenden Kugeln zu schießen.« Er grinste Mudge in das traurige Gesicht. »Nicht daß uns das viel nützt. Auch wenn sie mit Steinkugeln schießen würden, könnten sie kein Schiff verfehlen, das versucht, die Durchfahrt zu erzwingen.«

Da meldete Fowlar: »Das Boot hat einen Offizier an Bord, Sir. Einen Froschfresser – die kenne ich.«

Bolitho nahm ein Teleskop und beobachtete das näherkommende Boot. Es war ein Eingeborenenfahrzeug mit dem vertrauten hohen Bug und Lateinersegel und segelte schnell und leicht auf konvergierendem Kurs. Er sah den Offizier am Mast lehnen, den Dreispitz tief in die Stirn gezogen, um seine Augen vor der Sonne zu schützen. Fowlar hatte recht: unverkennbar ein Franzose.

Er trat ein paar Schritte von der Reling zurück, als sich die *Undine* mit aufgegeitem Großsegel und wild schlagenden Marssegeln in den Wind drehte, um ihren Besucher zu erwarten. Die Hände auf der Reling, wartete er ab, bis das Boot den Bug umrundet hatte, wo schon Mr. Shellabeer mit ein paar Matrosen wartete, um es festzumachen und Fender auszubringen.

»Jetzt, Mr. Herrick, werden wir es erfahren«, sagte Bolitho.

Er schritt den schwankenden Decksgang hinab bis zur Fallreepspforte und wartete, daß der Franzose an Bord kam. Die schlanke Gestalt des Offiziers hob sich klar vom kabbligen Wasser ab; aufmerksam musterte er das Geschützdeck der *Undine,* die Matrosen und Seesoldaten, die ihn von allen Seiten neugierig anstarrten. Als er Bolitho sah, zog er mit elegantem Schwung den Hut und verbeugte sich. »Lieutenant Maurin, *m'sieur*. Zu Ihren Diensten.«

Er trug keine Rangabzeichen, und sein blauer Uniformrock war mehrfach geflickt und gestopft. Die Sonne hatte ihn gegerbt wie altes Leder, und seine Augen waren die eines Mannes, der fast sein ganzes Leben auf See verbracht hat. Zähigkeit, Selbstsicherheit, Tüchtigkeit – all das stand deutlich auf seinem Gesicht.

Bolitho nickte. »Und ich bin Captain Bolitho von Seiner Majestät Schiff *Undine*.«

Der Lieutenant lächelte schief. »Mein *capitaine* hat Sie bereits erwartet.«

Bolitho warf einen Blick auf die Kokarde an Maurins Hut. Statt der französischen Farben zeigte sie die kleine rote Raubkatze. »Und welche Nationalität haben Sie, *lieutenant*?«

Der Mann hob die Schultern. »Ich stehe natürlich im Dienst des Fürsten Muljadi.«

Jetzt lächelte Bolitho. »Natürlich«, wiederholte er und fügte schärfer hinzu: »Ich wünsche unverzüglich Ihren Kapitän zu sprechen, um gewisse Dinge zu erörtern.«

»Aber selbstverständlich, *m'sieur*.« Wieder glitten seine Blicke über die Männer an Deck, von einem zum anderen. Berechnend. »*Capitaine* Le Chaumareys ist damit einverstanden«, fuhr er fort, »daß ich als Pfand für Ihre, äh, Sicherheit hier an Bord bleibe.«

Bolitho verbarg seine Erleichterung. Wäre Le Chaumareys im Gefecht getötet oder verwundet und durch einen anderen ersetzt worden, dann hätte er seine Taktik ändern müssen. So aber antwortete er gelassen: »Das wird nicht nötig sein. Ich vertraue dem Ehrgefühl Ihres Kommandanten.«

»Aber Sir«, rief Herrick dazwischen, »das kann doch nicht Ihr Ernst sein! Behalten Sie ihn hier! Ihr Leben ist zu wertvoll, um es auf das Wort eines Franzosen hin zu riskieren!«

Lächelnd legte Bolitho ihm die Hand auf den Arm. »Wenn Le Chaumareys der abgebrühte Schurke wäre, für den Sie ihn halten, dann würde es ihm auch nichts ausmachen, einen Leutnant zu verlieren, um einen britischen Kapitän in die Hand zu bekommen. In meiner Kajüte sind ein paar Notizen. Mit denen können Sie sich die Zeit vertreiben, bis ich wieder da bin.« Er wandte sich zum Achterdeck, berührte grüßend seinen Hut und sagte dann zu Maurin: »Ich bin bereit.«

Noch einen Augenblick blieb er an der Fallreepspforte stehen und blickte in das unten wartende Boot. Etwa ein halbes Dutzend halbnackter Männer saß darin, alle bis an die Zähne bewaffnet und von der Sorte, die töten, ohne lange zu fragen.

Leise sagte Maurin: »In meiner Gegenwart sind Sie sicher, *m'sieur.*« Er ließ sich geschickt auf den Schandeckel des Bootes hinab. »Im Moment jedenfalls.«

Bolitho nahm die letzten paar Fuß im Sprung und hielt sich an einem primitiven Backstag fest, angeekelt von dem Gestank nach Schweiß und Dreck. »Merkwürdige Verbündete haben Sie, *lieutenant.*«

Maurin gab das Zeichen zum Ablegen. Lässig hielt er eine Hand am Griff seiner Pistole. »Wer sich mit Hunden schlafen legt, steht mit Flöhen auf, *m'sieur.* Das ist so üblich.«

Bolitho warf einen raschen Blick auf sein Profil. Vielleicht ein zweiter Herrick?

Doch als sich das Segel krachend füllte und das schlanke Boot Fahrt zu machen begann, dachte er an sein Vorhaben und vergaß nicht nur Maurin, sondern auch die besorgten Gesichter auf dem Achterdeck der *Undine*.

Das Boot glitt gefährlich dicht an einer Reihe schwarzer Felszacken vorbei, und Bolitho griff wieder nach dem Backstag. Dann nahm es Kurs auf die Hauptdurchfahrt. Er bemerkte, daß die Strömung stark war und der einkommenden Tide entgegenlief. Das Boot stampfte auf dem letzten Teil der Fahrt. Achteraus war die *Undine* nicht mehr zu sehen, ein dunkler Landstreifen verbarg sie bereits.

Unvermittelt fragte Maurin: »Warum gehen Sie ein solches Risiko ein, *m'sieur*?«

Bolitho blickte ihn gelassen an. »Warum tun Sie's?«

Maurin hob die Schultern. »Befehl ist Befehl. Aber bald fahre ich wieder nach Hause. Nach Toulon. Ich habe meine Familie nicht gesehen seit . . .« Er lächelte trübe. »Zu lange nicht.«

Bolitho blickte über die Schulter des Leutnants und studierte die grimme Festung, die jetzt an Backbord vorbeiglitt. Es war immer noch schwierig, die Ausmaße des Bauwerks festzustellen: eine hohe Mauer auf dem welligen Felsengrat; die Fenster nur kleine schwarze Schlitze. Oben auf der verwitterten Brustwehr konnte er die Mündungen einiger großer Geschütze hinter ihren Schießscharten eben noch erkennen.

Maurin sagte: »Ein schauerlicher Ort, nicht wahr? Aber die sind eben anders als wir. Sie leben wie Krabben zwischen Felsen.« Es klang verächtlich.

Mehrere kleine Boote dümpelten vor Anker, und ein Schoner ähnlich dem, den sie aufgebracht hatten, hatte an einer steinernen Pier festgemacht. Maurin ließ ihn alles in Ruhe betrachten, auch die vielen Gestalten, die den Pier und den ansteigenden Weg zum Festungstor bevölkerten. Bolitho überlegte, daß man ihn bestimmt mit voller Absicht durch die Hauptzufahrt hereingebracht hatte. Und es war wirklich eindrucksvoll. Der Gedanke, daß sich ein Seeräuber, noch dazu ein in Indien Fremder, so eine Macht schaffen konnte, mußte jeden beeindrucken, selbst einen aufgeblasenen Narren wie Major Jardine.

Als die Bootsmannschaft begann, die Segel einzuholen, wandte er sich um und sah dicht vor dem Bug die Fregatte liegen. Aus der Nähe und auf so engem Raum wirkte sie noch viel größer. Viel größer als die *Undine*. Selbst für die *Phalarope,* die er zuletzt kommandiert hatte, wäre es ein kühnes Unterfangen gewesen, sich mit den tödlichen Breitseiten dieses Achtzehnpfünders einzulassen.

»Ein feines Schiff«, bemerkte er.

Maurin nickte. »Das beste. Wir sind so lange zusammen, daß wir sogar dasselbe denken.«

Bolitho sah die Geschäftigkeit an Bord, das Blinken der aufgepflanzten Bajonette der Wache an der Fallreepspforte. Sorgfältige Regie, dachte er. An den Decksgängen sah er zusammengerollte Enternetze, die in kürzester Zeit aufgeriggt werden konnten. Hatten sie Angst vor einem Überfall? Wahrscheinlicher war, daß Le Chaumareys seinem neuen Bundesgenossen nicht recht traute. Das war das einzig Positive, was Bolitho bisher gesehen hatte.

Ein kleines Fischerdory trieb vorüber; ein paar Eingeborene standen darin, die ihm mit den Fäusten drohten und wie wilde Tiere die Zähne bleckten. Maurin sagte: »Wahrscheinlich halten sie Sie für einen Gefangenen, *hein?*« Es schien ihn irgendwie zu deprimieren.

Bolitho hatte an anderes zu denken, denn nun umfuhr das Boot den Bug der Fregatte. Oben erwartete ihn *capitaine* Paul Le Chaumareys, über den viele Geschichten in Umlauf waren: über gewonnene Seeschlachten, Jagden auf Geleitzüge, zerstörte Stützpunkte. Sein Kriegsruhm war, wie Conway es zutreffend beschrieben hatte, beträchtlich. Aber als Individuum war er ein Geheimnis, hauptsächlich deswegen, weil er einen erheblichen Teil seines Lebens außerhalb Frankreichs zugebracht hatte.

Bolitho ließ seine Blicke über die ganze Länge des Schiffes schweifen: *Argus,* der hundertäugige Bote der Göttermutter Hera. Sehr passend für einen so schwer faßbaren Mann wie Le Chaumareys, dachte er. Die *Argus* war ein stark gebautes Schiff und wies die Narben und Male eines harten Dienstes auf – ein Schiff, das zu befehligen er stolz gewesen wäre. Ihr fehlte zwar die Eleganz der *Undine,* doch war sie zäher und kraftvoller.

Das Boot hatte unter dem Bugspriet festgemacht, und Bolitho kletterte zum Schanzkleid empor, wo die Mannschaft sich um den Mast gruppiert hatte. Keiner machte Miene, ihm zu helfen. Schließlich sprang doch ein junger Matrose herzu und hielt ihm die Hand hin. *»M'sieur«,* grinste er breit, *»à votre service!«* Bolitho ergriff die Hand und schwang sich an Deck. Dieser Franzose hätte auch ein Mann von der *Undine* sein können.

Er lüftete grüßend den Hut zu dem breiten Achterdeck hinüber und wartete ab, bis die Pfeifen schrillten und eine Abteilung Soldaten die Musketen präsentierte. Nicht so zackig wie Bellairs' Marineinfanteristen, aber mit routiniertem Schmiß, der von langer Übung zeugte. So wie diese Abteilung war auch das ganze Oberdeck; nicht direkt schmutzig, aber auch nicht glattgeleckt, und nicht eben in musterhafter Ordnung. Etwas abgewetzt, aber jederzeit für alles bereit.

»Ah, *capitaine!«* Le Chaumareys trat zur Begrüßung vor und blickte ihm fest in die Augen. Er sah ganz anders aus, als Bolitho ihn sich vorgestellt hatte: älter. Viel älter sogar. Vielleicht Mitte Vierzig. Einer der größten Männer, mit denen er jemals zu tun gehabt hatte. Über sechs Fuß hoch, und in den Schultern so breit, daß sein unbedeckter Kopf beinahe klein wirkte, besonders da er sein Haar so kurz trug wie ein Sträfling.

»Ich heiße Sie auf meinem Schiff willkommen!« Er machte eine Handbewegung über das Deck hin. »In meiner Welt, die es schon seit langem ist.« Eine Sekunde lang erhellte ein Lächeln sein Gesicht. »Kommen Sie also hinunter in meine Kajüte.« Er nickte Maurin zu: »Ich rufe Sie, wenn es soweit ist.«

Bolitho schritt hinter ihm her zum Kajütniedergang; er merkte, daß die Männer jeder seiner Bewegungen aufmerksam folgten, als wollten sie etwas entdecken.

»Ich hoffe«, sagte Le Chaumareys beiläufig, »Maurin hat Sie mit der gebotenen Aufmerksamkeit behandelt?«

»Gewiß, danke. Er spricht ausgezeichnet englisch.«

»Stimmt. Auch deswegen habe ich ihn für mein Schiff ausgesucht. Er ist mit einer Engländerin verheiratet.« Er lachte kurz auf. »Sie sind natürlich nicht verheiratet. Wie wäre es mit einer französischen Braut für Sie?«

Er stieß die Tür auf und wartete gespannt, was Bolitho wohl sagen würde. Die Kajüte war geräumig und gut möbliert und wie das ganze Schiff ein bißchen unordentlich. Eben bewohnt.

Aber Bolithos Aufmerksamkeit wurde sofort von einer üppig gedeckten Tafel in Anspruch genommen.

»Das meiste davon sind einheimische Produkte«, bemerkte Le Chaumareys und tippte mit der Fingerspitze auf eine große Fleischkeule. »Das hier zum Beispiel ist fast dasselbe wie geräucherter Schinken. Man muß sich sattessen, solange man noch kann, eh?« Wieder lachte er kurz auf, und jetzt sah Bolitho auch, daß dieses Lachen aus einem ziemlich großen Bauch kam.

Er begann: »Ich bin hier, um Ihnen . . .«

Der Franzose drohte ihm tadelnd mit einem Finger. »Sie sind an Bord eines französischen Schiffes, *m'sieur*. Erst trinken wir.«

Auf einen kurzen Kommandoruf eilte ein Diener aus der Nebenkajüte mit einem hohen Kristallkrug Wein herbei. Der Wein war ausgezeichnet und kühl wie Quellwasser. Bolitho blickte vom Krug zum Tisch. Echt? Oder noch ein Trick, um zu demonstrieren, wie überlegen sie waren, selbst was Verpflegung und Getränke betraf?

Man brachte einen Stuhl für ihn, und als sie Platz genommen hatten, schien Le Chaumareys etwas aufzutauen. »Ich habe von Ihnen gehört, Bolitho«, sagte er. »Für einen so jungen Offizier haben Sie schon allerhand geleistet.« Ohne jede Verlegenheit fügte er hinzu: »Es war immerhin schwierig für Sie, diese unglückselige Affäre mit Ihrem Bruder . . .«

Bolitho beobachtete ihn gelassen. Le Chaumareys war ein Mann, den er verstand wie einen Duellgegner: scheinbar lässig, entspannt – aber im nächsten Moment unvermutet zustoßend. »Vielen Dank für Ihr Mitgefühl«, erwiderte er.

Le Chaumareys' kleiner Kopf nickte heftig. »Sie hätten während des Krieges in diesen Gewässern sein sollen. Unabhängig und für keinen Admiral erreichbar – das wäre etwas für Sie gewesen.«

Bolitho merkte, daß ihm der Diener wieder einschenkte. »Ich bin gekommen, um mit Muljadi zu reden.«

Er faßte sein Glas fester. Das hatte er so einfach ausgesprochen, als hätten ihm diese Worte seit Monaten im Sinn gelegen und wären ihm nicht eben erst eingefallen.

Verdutzt starrte Le Chaumareys ihn an. »Sind Sie verrückt? Wissen Sie, was er mit Ihnen machen würde? In einer Minute würden Sie um den Tod betteln, und ich könnte Ihnen nicht helfen. Nein, *m'sieur,* es ist blanker Irrsinn, daran auch nur zu denken.«

Gelassen erwiderte Bolitho: »Dann gehe ich wieder an Bord meines Schiffes.«

»Aber was ist mit Admiral Conway und seinen Depeschen? Hat er Ihnen nichts für mich mitgegeben?«

»Das ist jetzt überholt.« Bolitho achtete genau auf Le Chaumareys' Miene. »Außerdem sind Sie nicht als französischer Kapitän hier, sondern als Muljadis Untergebener.«

Le Chaumareys nahm einen tiefen Zug aus seinem Glas und kniff die Augen vor dem einfallenden Sonnenlicht zusammen.

»Hören Sie mich an«, sagte er bestimmt. »Zügeln Sie Ihre Ungeduld. Ich mußte es auch, als ich so alt war wie Sie.« Er blickte sich in der Kajüte um. »Ich habe meine Befehle, denen ich gehorchen muß, so wie Sie den Ihren. Aber ich habe Frankreich gut gedient, und hier in Indien ist meine Zeit fast um. Vielleicht waren meine Dienste zu wertvoll, als daß man mich früher nach Hause gelassen hätte; aber das sei, wie es wolle. Ich kenne diese Gewässer wie meine Hosentasche. Den ganzen Krieg hindurch habe ich von diesen Inseln leben müssen – Verpflegung, Wasser, Unterschlupf bei Reparaturen und Informationen über Ihre Patrouillen und Geleitzüge. Als mir befohlen wurde, in eben diesen Gewässern weiterzumachen, hat mir das nicht gepaßt, aber wahrscheinlich fühlte ich mich trotzdem geschmeichelt. Man brauchte mich also noch – im Gegensatz zu manchen Leuten, die auch tapfer kämpften und jetzt nichts zu essen haben.« Er blickte Bolitho scharf an. »Wie das auch in Ihrem Lande zweifellos der Fall ist.«

»Ja«, gab Bolitho zu, »es ist ziemlich dasselbe.«

Le Chaumareys lächelte. »Aber dann, mein ungestümer Freund, dürfen wir beide nicht gegeneinander kämpfen! Wir sind einander zu ähnlich. In der einen Minute braucht man uns, in der nächsten wirft man uns weg.«

Kalt erwiderte Bolitho: »Ihre Aktionen haben viele Menschenleben gekostet. Wären wir nicht gekommen, so wäre die ganze Besatzung von Pendang Bay umgebracht worden; das wissen Sie ganz genau. Eine spanische Fregatte wurde vernichtet, um uns aufzuhalten, nur damit dieser sogenannte Fürst Muljadi seiner Seeräuberei einen Anstrich von Legalität geben und als offizieller Verbündeter Frankreichs ständig den Frieden bedrohen kann.«

Le Chaumareys zog die Brauen hoch. »Gut gesprochen. Aber an der Vernichtung der *Nervion* hatte ich keinen Anteil.« Er hob seine mächtige Faust. »Gehört habe ich natürlich davon. Ich höre vieles, was mir nicht gefällt. Deswegen habe ich den spanischen Kommandanten hergeholt, um mit ihm über die Sicherheit seiner Garnison zu verhandeln. Er war immer noch der Repräsentant seines Königs und hätte Vereinbarungen treffen können, die Muljadi gewisse Rechte in Pendang Bay gegeben hätten – wenn Sie nicht dazwischengekommen wären.« Jetzt wurde er sehr ernst. »Ich wußte nicht, daß im selben Moment, als ich mit ihm die Bay verlassen hatte, ein Angriff auf den Stützpunkt begann. Darauf gebe ich Ihnen mein Wort als französischer Offizier.«

»Und ich nehme es an.« Bolitho versuchte, ruhig zu bleiben, aber das Blut prickelte ihm in den Adern wie Eiswasser. Genau wie er es sich gedacht hatte: ein fertiger, ausgeklügelter Plan, der vielleicht schon in Europa begonnen hatte, in Paris und London, in Madrid sogar, und der beinahe geklappt hätte. Wenn er sich nicht entschieden hätte, die wenigen Überlebenden der *Nervion* und seine *Undine* nach Pendang Bay zu segeln, und wenn Puigserver nicht ebenfalls dorthin gelangt wäre, so wäre die Sache erledigt gewesen, und Le Chaumareys wäre bereits nach getaner Arbeit – und gut getaner Arbeit – auf dem Weg in seine Heimat.

»Ich bin gekommen, um den Kommandanten zu seinen Landsleuten zurückzubringen«, sagte er, und seine Stimme klang ihm selbst fremd. »Don Luis Puigserver, der Repräsentant des Königs von Spanien, erwartet seine Rückkehr.« Seine Stimme wurde schärfer. »Ist Colonel Pastor überhaupt noch am Leben? Oder gehört auch sein Tod zu den Tatsachen, die Sie wissen, aber nicht billigen?«

Le Chaumareys erhob sich und ging schweren Schrittes zum Heckfenster. »Er ist hier, als Gefangener Muljadis. In der Ruine dort drüben. Muljadi wird nie gestatten, daß Sie ihn mitnehmen, tot oder lebendig. Solange Pastor hier ist, haben Muljadis Forderungen den Anschein der Legalität. Mit Pastor hat er einen klaren Beweis dafür in der Hand, daß England sein Wort nicht halten und die Rechte der Spanier nicht schützen kann. Sie meinen, das sei unglaubwürdig? Zeit und Entfernung können aus jeder Wahrheit eine Farce machen.«

»Aber warum sollte Muljadi dann Angst haben, mit mir zu sprechen?« Der Franzose wandte sich bei diesen Worten vom Fenster ab; sein Gesicht war tief gefurcht und grimmig. »Ich sollte meinen«, fuhr Bolitho fort, »es würde ihm eher daran liegen, mir seine Macht zu demonstrieren.«

Le Chaumareys durchquerte die Kajüte; unter seinem Gewicht knarrten die Decksplanken. Er blieb bei Bolithos Sessel stehen und sah ihm starr in die Augen. »Muljadi und Angst? Nein, *ich* habe Angst, und zwar um Sie, Bolitho. Hier draußen, an Bord meiner *Argus,* bin ich Muljadis Arm, seine Waffe. Für ihn bin ich nicht bloß ein Seekapitän, sondern ein Symbol: der Mann, der seine Pläne in die Wirklichkeit umsetzen kann. Aber außerhalb dieser Planken kann ich für Ihre Sicherheit nicht garantieren, und das ist bitterer Ernst.« Er zögerte. »Aber ich verschwende meine Zeit, wie ich sehe. Sie sind also immer noch entschlossen?«

Bolitho lächelte grimmig. »Ja.«

»Ich habe viele Engländer getroffen, in Krieg und Frieden. Manche mochte ich, andere konnte ich nicht ausstehen. Sie bewundere ich.« Er lächelte trübe. »Sie sind ein Narr, aber tapfer. So einen Mann kann ich bewundern.«

Er läutete eine Glocke und deutete auf die Tafel. »Und Sie wollen wirklich nichts essen?«

Bolitho griff nach seinem Hut und erwiderte: »Wenn es so ist, wie Sie sagen, wäre es pure Verschwendung, oder?« Er mußte dabei lächeln, obwohl er kaum klar denken konnte. »Und wenn nicht – nun, dann muß ich mich eben in Zukunft weiter mit Salzspeck begnügen.«

Ein großer, schlanker, dünnhaariger Offizier trat in die Kajüte, und Le Chaumareys sagte etwas in geschwindem Französisch. Dann nahm er seinen Hut und erklärte: »Mein Erster Leutnant. Ich habe es mir anders überlegt, ich komme mit Ihnen.« Er hob die Schultern. »Ob aus purer Neugier oder um meine Voraussage bestätigt zu sehen – das weiß ich nicht. Aber ohne mich sind Sie ein toter Mann.«

Als sie aufs Achterdeck kamen, lag schon ein Boot längsseits, und auf den Decksgängen drängten sich stumme Zuschauer. Sollen sie es sich ruhig ansehen, dachte Bolitho grimmig: eine Fahrt ohne Rückkehr, wenn er sich verrechnet hatte.

Le Chaumareys faßte ihn beim Arm. »Hören Sie zu, denn ich bin älter und wohl etwas weiser als Sie. Ich kann Sie jetzt auf Ihr Schiff zurückbringen lassen. Es wäre keine Schande für Sie. In einem Jahr ist die ganze Geschichte vergessen. Überlassen Sie die Politik denen, die sich jeden Tag die Finger damit beschmutzen, ohne daß es ihnen etwas ausmacht.«

Bolitho schüttelte den Kopf. »Würden Sie das an meiner Stelle tun?« Er zwang sich ein Lächeln ab. »Ihr Gesicht sagt mir, was ich wissen wollte.«

Le Chaumareys nickte seinen Offizieren zu und schritt zum Fallreep. Auf dem Geschützdeck bemerkte Bolitho die frischen Reparaturstellen an Planken und Tauwerk: die Spuren jenes Gefechts mit der *Undine*, das er damals schon fast verlorengegeben hatte. Ein seltsames Gefühl, so neben dem Kapitän der *Argus* zu gehen. Sie waren mehr wie Landsleute als wie Gegner, die einander noch vor so kurzer Zeit hatten vernichten wollen. Aber wenn sie nach diesem Erlebnis noch einmal aneinandergerieten, dann gab es keinen Waffenstillstand mehr.

Stetig zog das Boot über das wirbelnde Wasser, mit Kurs auf die Pier unterhalb der Festung. Die ganze Zeit ließen die französischen Matrosen die Augen nicht von Bolitho. Aus Neugier – oder weil sie hier einem Feind ins Gesicht sehen konnten, ohne zu kämpfen?

Nur einmal während der kurzen Überfahrt sagte Le Chaumareys etwas: »Verlieren Sie Muljadi gegenüber nicht Ihre Selbstbeherrschung! Ein Wink von ihm, und Sie sind in Ketten. Mitleid kennt er nicht.«

»Und wie ist Ihre Situation?«

Der Franzose lächelte bitter. »Mich braucht er, *m'sieur*.«

Als sie an der Pier anlegten, sah er aufs neue den Haß, der ihm schon früher aufgefallen war. Inmitten einer Eskorte von Franzosen mußte er sich beeilen, die steile Schräge zur Festung hinaufzukommen, denn von allen Seite hörte er Flüche und wütendes Geschrei; kein Zweifel, ohne die massive Präsenz ihres Kapitäns wären sogar die französischen Matrosen tätlich angegriffen worden.

Zu ebener Erde war die Festung nicht viel mehr als eine leere Hülse. Im Hof lagen Binsen und Lumpen herum, die den immer zahlreicher werdenden Anhängern Muljadis als Schlaflager dienten. Oben auf der Brustwehr, unter dem blauen Himmel, sah man die Geschütze: alt, aber großkalibrig, und neben jedem ein Haufen Kugeln; lange Taue baumelten liederlich in den Hof hinunter, daneben standen primitive Körbe, vermutlich zum Hinaufziehen von Nachschub an Munition.

Roh behauene Stufen. Die Sonne brannte ihm auf die Schultern, doch als sie plötzlich in den Schatten traten, spürte er feuchte Kälte am ganzen Leib.

»Warten Sie hier drin«, knurrte Le Chaumareys. Er führte Bolitho in einen Raum mit steinernen Wänden, nicht größer als ein Kabelgatt, und schritt zu einer eisenbeschlagenen Tür am anderen Ende. Zwei schwerbewaffnete Eingeborene bewachten sie und glotzten die Franzosen an, als hofften sie auf einen Kampf. Aber Le Chaumareys drängte durch sie hindurch wie ein Dreidecker, der durch die Gefechtslinie bricht. Entweder fühlte er sich vollkommen sicher, oder es war lange geübter Bluff – Bolitho wußte es nicht.

Er brauchte nicht lange zu warten. Die Tür wurde aufgerissen, und er blickte in einen großen Raum, einen Saal, der anscheinend die ganze Breite des Obergeschosses einnahm. Am anderen Ende befand sich ein Podest, das sich farbig von den grauen Steinen der Mauern abhob.

Muljadi lehnte lässig in seidenen Kissen, die Augen starr auf die Tür gerichtet. Er war nackt bis zum Gürtel und trug nur eine weiße bauschige Hose zu Stiefeln aus rotem Leder. Sein Kopf war völlig haarlos und wirkte in dem Sonnenlicht, das durch die Fensterschlitze fiel, seltsam spitz; übergroß und grotesk stand das eine Ohr ab, das er noch hatte.

Neben dem Thron wartete Le Chaumareys, ernst und mit wachsamem Gesicht. An den Wänden standen mehrere Männer. Noch nie hatte Bolitho so dreckiges, brutales Gesindel gesehen; doch nach der Qualität ihrer Waffen zu urteilen, mußten sie Muljadis Unterführer sein.

Er ging auf den Thron zu, wobei er halb damit rechnete, daß einer der Zuschauenden vorspringen und ihn niederstechen würde; aber keiner bewegte sich oder sprach.

Als er sich dem Thron auf ein paar Fuß genähert hatte, sagte

Muljadi grob: »Nicht näher!« Er sprach gut englisch, doch mit einem fremdartigen, vermutlich spanischen Akzent.

»Bevor ich Sie töten lasse, Captain«, fuhr er fort, »was haben Sie noch zu sagen?«

Bolitho verspürte das Verlangen, sich die trockenen Lippen zu lecken. Hinter sich hörte er ein erwartungsvolles Scharren und Rascheln; Le Chaumareys starrte ihn an, Verzweiflung im gebräunten Gesicht.

Bolitho begann: »Im Namen Seiner Majestät, des Königs George, fordere ich die Freilassung von Colonel José Pastor, Untertan der Spanischen Krone, der unter dem Schutze meines Landes steht.«

Muljadi fuhr hoch; das Gelenk seiner abgehauenen Hand richtete sich wie ein Pistolenlauf auf Bolitho. »Fordern? Du unverschämter Hund!«

Hastig trat Le Chaumareys vor. »Lassen Sie mich erklären, *m'sieur.*«

»Sie haben mich mit *Hoheit* anzureden!« brüllte Muljadi. Voller Wut wandte er sich wieder an Bolitho. »Ruf deinen Gott um Beistand an! Du wirst noch um deinen Tod flehen!«

Bolithos Herz schlug gegen die Rippen; der Schweiß floß ihm über den Rücken und sammelte sich am Gürtel wie ein eisiger Reif. Mit gespielter Gelassenheit griff er in die Hosentasche und zog seine Uhr. Als er den Deckel aufklappen ließ, sprang Muljadi mit ungläubigem Keuchen hoch, stürzte sich auf Bolitho und packte mit eisernem Griff dessen Handgelenk.

»Wo hast du das her?« schrie er. Von der Uhr baumelte die kleine, goldene, tatzenschlagende Raubkatze.

Bolitho zwang sich, so gelassen wie möglich zu antworten und nicht den genau gleichen Anhänger auf Muljadis Brust anzustarren. »Von einem Gefangenen.« Und in schärferem Ton: »Einem Seeräuber!«

Langsam verdrehte Muljadi Bolithos Handgelenk. Seine Augen glühten. »Du lügst!« zischte er. »Und du wirst leiden dafür! Jetzt gleich!«

»Um Gottes willen!« rief Le Chaumareys dazwischen. »Reizen Sie ihn nicht, er bringt Sie wirklich um!«

Bolitho wandte den Blick nicht ab. Er spürte Muljadis Kraft, seinen Haß – aber noch etwas anderes. Angst?

Er sagte: »Mit einem Fernglas können Sie mein Schiff sehen.

Und an der Großrah eine Schlinge. Wenn ich nicht vor Sonnenuntergang wieder an Bord bin, hängt Ihr Sohn – ich gebe Ihnen mein Wort darauf. Das Medaillon habe ich von seinem Hals genommen, als ich etwa vierzig Meilen südlich von hier seinen Schoner aufbrachte.«

Die Augen Muljadis schienen aus ihren Höhlen zu treten. »Du lügst!«

Bolitho löste sein Handgelenk aus Muljadis Griff. Dessen Finger hinterließen Spuren wie Taue, die rasend schnell durch die Hand glitten und sie dabei versengten.

Gelassen erwiderte Bolitho: »Ich tausche ihn gegen Ihren Gefangenen aus.«

Er blickte zu dem verdutzten Le Chaumareys hinüber. »Der *capitaine* kann das sicherlich arrangieren.«

Muljadi stürzte zum Fenster und riß einem seiner Männer ein Fernglas aus dem Gürtel. Heiser sagte er über die Schulter hinweg zu Bolitho: »Sie bleiben als Geisel hier!«

»Nein«, erwiderte Bolitho, »keine Geiseln, sondern ein ehrlicher Austausch. Sie haben mein Wort als englischer Offizier.«

Muljadi warf das Teleskop wütend auf den Steinboden, daß die Splitter der Linsen in alle Richtungen flogen. Sein Atem ging heftig, und auf seinem kahlrasierten Kopf glänzten Schweißperlen. »Englischer Offizier? Bilden Sie sich ein, daß ich mir daraus etwas mache?« Er spuckte Bolitho vor die Füße. »Dafür werden Sie noch leiden, das verspreche ich Ihnen!«

»Gehen Sie darauf ein – Hoheit!« rief Le Chaumareys dazwischen.

Aber Muljadi tobte wie ein Verrückter. Plötzlich griff er nach Bolithos Arm, zerrte ihn an das andere Saalende und stieß ihn dort vor ein Fenster.

»Blicken Sie hinunter, Captain!« Die Worte fielen wie Pistolenschüsse. »Ich gebe Ihnen den Colonel – aber Ihr Stützpunkt ist trotzdem nicht mehr zu retten!«

Bolitho starrte auf den glitzernden Wasserstreifen hinunter, der sich zwischen der Festung und der nächsten Insel erstreckte. Dort, wo die Durchfahrt einen Bogen machte, lag eine Fregatte vor Anker; das Deck wimmelte von geschäftigen Männern.

Muljadis Haß verwandelte sich in wilden Triumph, und er schrie: »Mein! Alles mein! Nun, Sie Offizier, sind Sie immer noch zuversichtlich?«

»Warum mußten Sie das tun?« fragte Le Chaumareys finster.

Wilde Wut in den Augen, wirbelte Muljadi herum. »Denken Sie, man muß mir sagen, was ich tun oder lassen soll? Halten Sie mich für ein Kind? Ich habe lange genug gewartet. Das ist jetzt vorbei!«

Knirschend öffnete sich die Tür. Zwischen zwei bewaffneten Piraten kam der spanische Kommandant herein, blinzelnd, als wäre er fast blind.

Bolitho schritt an Muljadi und seinen Männern vorbei. »Ich bin gekommen, um Sie heimzubringen, *Señor.*« Er sah die schmutzige, zerfetzte Kleidung des Offiziers, die Spuren der Handschellen an seinen Gelenken. »Es war sehr tapfer von Ihnen.«

Leer und verschwommen, mit zitterndem Kopf, starrte der alte Mann ihn an. »Ich verstehe nicht«, stieß er hervor.

Le Chaumareys sagte: »Kommen Sie! Sofort!« Und leiser fügte er hinzu: »Sonst kann ich nicht für Ihre Sicherheit garantieren.«

Wie Traumwandler schritten sie den abschüssigen Weg zur Pier hinunter, gefolgt von der Stimme Muljadis, der etwas Unverständliches in fremder Sprache hinter ihnen her schrie. Unverkennbar waren es Beschimpfungen und Drohungen.

»Die Fregatte«, sagte Bolitho kalt, »war ein englisches Schiff.«

Müde nickte Le Chaumareys. »Ja. 1782 im Gefecht schwer havariert, wurde sie hier auf Grund gesetzt. Ihre Mannschaft kam auf ein anderes Schiff. Wir haben fast zwei Jahre an ihr gearbeitet. Jetzt ist sie wieder in Ordnung. Ich habe Befehl, sie in seeklarem Zustand an Muljadi zu übergeben, bevor ich heimsegeln darf.«

Bolitho sah ihn nicht an. Er stützte den spanischen Kommandanten, der vor Schwäche und Erschütterung zitterte.

»Dann kann ich nur hoffen, daß Sie stolz auf Ihr Werk sind, *m'sieur*. Und auf das, was Muljadi mit der Fregatte anrichten wird – nun, da sie seeklar ist.«

Bald lag das Boot unter den Rahen der französischen Fregatte, und Bolitho stieg hinter Le Chaumareys das Fallreep hinauf. Dieser sagte kurz: »Maurin wird Sie zu Ihrem Schiff bringen.« Dann blickte er Bolitho ein paar Sekunden lang forschend an. »Sie sind noch jung. Eines Tages hätten Sie mich vielleicht verstanden. Nun ist das vorbei.« Er streckte die Hand aus. »Wenn wir uns wieder treffen – und das wird, fürchte ich, unvermeidlich sein –, dann ist es zum letztenmal.«

Er drehte sich abrupt um und schritt zu seiner Kajüte. Bolitho holte seine Uhr hervor und betrachtete den goldenen Anhänger. Wenn er sich verrechnet oder wenn Potter ihm etwas Falsches erzählt hätte ... Darüber auch nur Vermutungen anzustellen, war unerträglich.

Dann dachte er an die englische Fregatte. Ohne Muljadis Wutausbruch hätte er überhaupt nichts von ihr erfahren. Dieses Wissen half zwar wenig; aber schließlich war es besser als nichts.

Maurin kam und sagte munter: »Ich lasse ein Boot klarmachen. Auf Ihrem Schiff wird man überrascht sein, daß Sie so unbehelligt wieder eintreffen. Ebenso überrascht wie ich.«

Bolitho lächelte. »Danke. Ich hatte guten Schutz.«

Sein Blick schweifte zum Kajütniedergang; aber es blieb ungewiß, wen genau er gemeint hatte.

XVI Weder besser noch schlechter als andere

Langsam schlenderte Bolitho an der Brustwehr auf der Landseite des Stützpunktes Pendang Bay entlang. Dunst stieg aus dem Dschungel empor; die Nachmittagssonne spielte auf den Blättern und Palmwedeln neben der Palisade. Kurz vor Mittag hatte die *Undine* bei blauem Himmel Anker geworfen, obwohl sie bei ihrer Annäherung den Stützpunkt noch unter einer dunklen Wetterwolke hatten liegen sehen und die Bewohner fast um den kurzen Regenguß beneideten. Jetzt atmete er widerwillig den dumpfigen Geruch der verrottenden Blätter und der tief im Schatten verborgenen Wurzeln ein, der Kopfschmerzen verursachte.

In den letzten zwei Tagen hatte sich die *Undine* mit widrigen Winden herumschlagen müssen; als sich der Wind schließlich drehte und günstiger zu ihrem Kurs stand, war er kaum mehr als ein Hauch und brachte nur wenig Leben in die Segel.

Er beobachtete ein paar rotröckige Sepoys, die außerhalb der Palisade arbeiteten, und zwei eingeborene Frauen, die sich mit Kopflasten dem Tor näherten. Auf den ersten Blick schien sich nichts verändert zu haben; dennoch fühlte er, in Erwartung einer weiteren Unterredung mit Conway – der zweiten innerhalb einer Stunde –, daß alles anders geworden war.

Er schritt weiter zur nächsten Ecke der primitiven, aus Pfählen errichteten Brustwehr. Unten lag die *Undine* an ihrer Ankertrosse, den erbeuteten Schoner dicht vor ihrem Bug. Als er zum flachen Wasser hinübersah, wo die *Rosalind* gelegen hatte, als er die Reise zu Muljadis Festung antrat, konnte er kaum das Fluchen unterdrücken. Sie war weg, ebenso das Transportschiff, die *Bedford,* zurückgesegelt nach Madras, mit Depeschen und Raymonds persönlichem Lagebericht für Sir Montagu Strang.

Als Bolitho sich eine halbe Stunde nach dem Ankerwerfen bei Conway gemeldet hatte, war er über dessen schlechtes Aussehen erschüttert. Conway wirkte gebeugter denn je, seine Augen glühten, und er schien vor Zorn und Verzweiflung fast außer sich zu sein.

»Sie wagen es«, hatte er Bolitho angebrüllt, »sich hinzustellen und mir zu erklären, daß Sie meine Befehle vorsätzlich mißachtet haben? Daß Sie, entgegen meinen ausdrücklichen Instruktionen, überhaupt nicht erst versucht haben, mit Le Chaumareys zu verhandeln?«

Bolitho stand bewegungslos, die Augen fest auf Conways verzerrtes Gesicht gerichtet. Eine leere Karaffe lag umgestürzt auf dem Tisch. Unverkennbar hatte Conway schon länger stark getrunken.

»Ich konnte nicht verhandeln, Sir. Das hätte die Anerkennung Muljadis bedeutet, und genau das wollen die Franzosen.«

»Sie glauben wohl, mir was Neues zu erzählen?« Conway packte heftig die Tischplatte. »Auf meinen ausdrücklichen Befehl hin sollten Sie von Le Chaumareys fordern, daß er Colonel Pastor unversehrt freiläßt! Die spanische Regierung hätte England schwere Vorwürfe machen können, weil wir ihn tatenlos und vor unseren Augen in Muljadis Gefangenschaft leiden ließen!«

Bolitho erinnerte sich gut, mit welcher Mühe er seine Stimme unter Kontrolle gehalten hatte. Trotz seiner Erregung hatte sie völlig ausdruckslos geklungen. Er wollte Conway nicht noch mehr in Wut bringen.

»Als ich wußte, daß ich Muljadis Sohn gefangengenommen hatte, konnte *ich* die Bedingungen stellen, Sir«, hatte er geantwortet. »Die Chancen standen gut für mich. Und wie sich herausstellte, kamen wir gerade noch zur rechten Zeit. Ich fürchte, ein paar Tage später wäre Pastor tot gewesen.«

»Zum Teufel mit Pastor!« hatte Conway gebrüllt. »Sie erwischen Muljadis Sohn – und wagen es, ihn freizulassen! Kniefällig und zu allem bereit hätte uns dieser blutige Seeräuber um das

Leben seines Sohnes gebeten!«

Unvermittelt hatte Bolitho gesagt: »In den letzten Monaten des Krieges ist in diesen Gewässern eine Fregatte verlorengegangen.«

Conway hatte sich überrumpeln lassen. »Stimmt. Die *Imogen* unter Captain Balfour.« Die Sonne blendete ihn, er kniff die Augen zusammen. »Achtundzwanzig Geschütze. War im Gefecht mit den Franzosen, ist dann in einen Sturm geraten und gestrandet. Ihre Mannschaft wurde von einer meiner Schaluppen übernommen. Was, zur Hölle, hat sie damit zu tun?«

»Alles, Sir. Hätte ich nicht mit Muljadi persönlich gesprochen, so wären wir völlig ahnungslos. Die *Imogen* liegt hier, Sir, im Benua-Archipel, und zwar – soweit ich gesehen habe – vollständig seeklar. Sie hätte uns mit ihrer Kampfkraft völlig überrascht.«

Conway war gegen den Tisch getaumelt, als hätte ihm Bolitho einen Schlag versetzt. »Wenn das ein Trick von Ihnen ist, irgendein Schwindel, um . . .«

»Nein. Sie ist da, Sir. Neu ausgerüstet und repariert, und die Mannschaft, darüber habe ich nicht die geringsten Zweifel, wurde von Le Chaumareys' Offizieren aufs beste ausgebildet.« Er konnte seine Verbitterung nicht verbergen. »Ich hatte gehofft, die Brigg *Rosalind* sei noch hier. Dann hätten Sie Nachricht schicken und Verstärkung anfordern können. Jetzt haben wir keine Wahl mehr.«

Der nächste Teil der Unterredung war am schlimmsten gewesen. Unsicher war Conway zum Büfett gegangen, hatte sich mit einer neuen Karaffe zu schaffen gemacht und dabei gemurmelt: »Man hat mich verraten, von Anfang an. Raymond bestand darauf, daß die Brigg nach Madras segelte. Sie war ein Schiff der Company, und ich konnte sie nicht länger hierbehalten. Er hatte alle Trümpfe auf seiner Seite. Und auch auf alle Einwände die Antworten parat.« Wie Blut war der Rotwein auf sein Hemd gespritzt. »Und ich?« brüllte er. »Ich bin weiter nichts als ein Strohmann! Ein Werkzeug, das Strang und seine Freunde benutzen, wie es ihnen paßt!«

Beim Eingießen hatte er den Becher an der Karaffe entzweigeschlagen und griff jetzt nach einem neuen. »Und nun kommen Sie, der einzige Mann, dem ich vertraue, und sagen mir, daß Muljadi meinen Stützpunkt jederzeit angreifen kann! Und Raymond . . . Ganz abgesehen davon, daß er mir dauernd Unfähigkeit nachweisen will, kann er jetzt seinen verfluchten Vorgesetzten auch noch berichten, daß ich nicht imstande bin, dieses Territorium der britischen Flagge zu erhalten.«

Lautlos hatte sich die Tür geöffnet, und Puigserver war eingetreten. Nach einem kurzen Blick auf Conway hatte er zu Bolitho gesagt: »Ich bin geblieben, um Ihre Rückkehr abzuwarten. Meine Leute sind mit der *Bedford* gesegelt, aber ich wollte nicht abreisen, ohne Ihnen dafür zu danken, daß Sie Pastor befreit haben. Sie haben es sich anscheinend angewöhnt, Ihr Leben für andere zu riskieren. Diesmal werden Sie, hoffe ich, nicht unbelohnt bleiben.« Wieder glitten seine schwarzen Augen zu Conway hinüber. »Nicht wahr, Admiral?«

Conway hatte ihn nur leeren Blicks angestarrt. »Ich muß nachdenken.«

»Das müssen wir alle.« Der Spanier hatte es sich in einem Sessel bequem gemacht und ließ den Blick nicht von Conway. »Ich hörte einiges durch die Tür. Wohlgemerkt, ich wollte nicht horchen, aber Ihre Stimme war ziemlich kräftig.«

Conway hatte nochmals versucht, sich zusammenzunehmen. »Dienstbesprechung, sofort!« Gläsern blickte er Bolitho an. »Sie warten draußen! Ich muß *nachdenken.*«

Jetzt, als Bolitho geistesabwesend auf die kleinen Gestalten unter der Palisade starrte, stieg wieder Ärger in ihm auf – und ein Gefühl der Dringlichkeit.

»Richard!«

Er fuhr herum und sah sie an der Ecke des Turmes im tiefen Schatten stehen; sie trug denselben breitrandigen Hut wie damals.

»Viola! Ich dachte schon . . .« Er war zu ihr geeilt und ergriff ihre Hände.

Sie schüttelte den Kopf. »Später. Hör zu.« Sanft berührte sie seine Wange, und ihre Augen waren plötzlich traurig. »Es hat so lange gedauert: elf Tage – aber für mich waren sie wie elf Jahre. Als der Sturm kam, war ich so in Sorge um dich.«

Er wollte etwas sagen, um den Schmerz in ihrer Stimme zu lindern, aber sie redete schnell weiter. »Ich glaube, James hat Verdacht geschöpft. Er war in letzter Zeit sehr merkwürdig. Vielleicht hat meine Zofe etwas verlauten lassen. Sie ist ein gutes Mädchen, aber wenn man ihr schmeichelt, kann sie den Mund nicht halten.« Viola blickte ihn forschend an. »Doch das spielt keine Rolle, er wird nichts unternehmen. Um *dich* mache ich mir Sorgen.« Sie senkte den Kopf. »Und es ist alles meine Schuld. Ich wollte, daß er in der Welt etwas darstellt – in erster Linie, fürchte ich, um meiner selbst willen. Ich habe ihn zu sehr angestachelt, ihn ständig vorwärtsgetrieben. Ich wollte ihn zu dem Mann machen, der er nie sein kann.« Sie preßte seine Hand. »Aber das alles weißt du ja.«

Unter der Brüstung erklangen Stimmen; Bolitho glaubte, auch Schritte zu hören. Gedämpft fuhr sie fort: »James hat Sir Montagu einen Geheimbericht gesendet. Er weiß jetzt, daß Conway nicht der richtige Mann für diesen Posten ist, und dieses Wissen wird er zu seinem eigenen Vorteil verwenden. Aber auch von dir, mein geliebter Richard, wird in diesem Bericht die Rede sein. Ich kenne ihn doch. Um dir eins auszuwischen, um seine kleinliche Rachgier zu befriedigen, wird er dir anlasten, daß du nicht imstande warst, Muljadi zu erledigen, diesen – seiner Meinung nach – primitiven Piraten, ob ihm nun Frankreich hilft oder nicht.«

Gedämpft erwiderte er: »Es ist sogar noch schlimmer. Muljadi hat starke Unterstützung. Wenn er erst einmal den Stützpunkt hier erobert hat, wird die Bevölkerung in diesem ganzen Gebiet revoltieren und sich ihm anschließen. Es geht gar nicht anders. Die Piraten sind für sie die Befreier, die europäischen Schutzmächte die Eindringlinge und Unterdrücker. Das ist nichts Neues.«

Sie wandte ihm rasch den Kopf zu, und er sah, wie der Puls an ihrem Hals klopfte.

»Hör mir zu, Richard! Laß dich nicht weiter auf die Sache ein. Du bist zu wertvoll für dein Land und für alle, die auf dich blikken. Ich flehe dich an, laß dir nicht länger von Leuten befehlen, die es nicht wert sind, dir die Stiefel zu putzen!« Sie nahm sein Gesicht in ihre Hände. »Rette dein Schiff und dich selbst, und zum Teufel mit diesem Pack!«

Sanft umfaßte er ihre Handgelenke. »So einfach ist es nicht mehr.« Er dachte an Le Chaumareys, den er beschworen hatte, mit Muljadi Schluß zu machen, wegzusegeln und so seine Ehre zu retten. »Und ich wünschte bei Gott, du wärest mit der Brigg abgereist. Muljadi ist jetzt stärker denn je, und wenn er kommt . . .«

Seine Augen schweiften zu seiner unten vor Anker liegenden Fregatte. Wie klein sie in diesem grellen Licht aussah.

»Zwischen ihm und dieser Palisade steht nur noch die *Undine*.«

Sie begriff plötzlich und starrte ihn mit schreckgeweiteten Augen an. »Du willst gegen sie alle kämpfen?«

Bolitho schob ihre Hände weg, denn ein Sepoy-Korporal kam

um die Ecke des Turmes und meldete: »Captain Bolitho, Sahib, der Gouverneur möchte Sie sprechen, bitte.«

»Nun werden wir ja sehen, Viola.« Er versuchte zu lächeln. »Die Schlacht ist noch nicht vorbei.«

Conway saß am Tisch; der schwere Uniformrock verbarg sein weinbeflecktes Hemd. Puigserver hatte sich anscheinend nicht vom Fleck gerührt. Raymond stand mit dem Rücken zum Fenster, das Gesicht tief im Schatten. Außer ihnen nahmen noch Major Jardine und sein Stellvertreter an der Besprechung teil.

Scharf sagte Conway: »Ich habe es ihnen erzählt, Bolitho. Wort für Wort, wie Sie es mir berichtet haben.«

»Danke, Sir«, erwiderte Bolitho und blickte Raymond an – von ihm würde es kommen.

»Sie haben da allerhand auf sich genommen, Captain. Mehr, fürchte ich, als in des Gouverneurs Absicht lag.«

»Jawohl. Aber ich habe gelernt, daß ich gelegentlich Eigeninitiative entwickeln muß, besonders dann, wenn ich nicht an den Bändseln der Flotte hänge.« Puigserver studierte mit plötzlichem Interesse seinen linken Schuh. »Tatsache ist«, fuhr Bolitho fort, »daß Muljadi beabsichtigt, diesen Stützpunkt anzugreifen. Er kann jetzt gar nicht anders, da er seinen Gefangenen verloren hat und weiß, daß wir über seine neue Fregatte informiert sind. Das hat die Situation total verändert.«

Jardine sagte kurz: »Falls er angreift, können meine Männer ihn so lange aufhalten, bis Hilfe kommt. Sobald die Brigg erst in Madras ist, werden sehr rasch Truppen kommen, um den Schurken zu vernichten – wozu die Marine offensichtlich nicht imstande ist.«

Bolitho beobachtete Raymonds Hände auf dem Fensterbrett und wartete ein paar Sekunden. Dann sagte er: »Nun, Mr. Raymond? Hat der tapfere Major recht?« Er merkte, daß Raymonds Hände sich fester um das Fensterbrett krampften. »Oder haben Sie in Ihrem Bericht an Sir Montagu angedeutet, daß Pendang Bay Ihrer Meinung nach abgeschrieben werden muß?«

Jardine bleckte wütend die Zähne. »Quatsch!« Aber nach einer kleinen Pause wurde er unsicher und fragte Raymond: »Nun, Sir?«

Dessen Antwort klang sehr ruhig. »Ich habe die Wahrheit berichtet. Man wird keine Schiffe schicken außer Transportern, um die Soldaten der Company und deren Angehörige abzuholen.«

Jardine explodierte. »Aber ich kann es schaffen, Sir! Sie hätten mir das früher sagen müssen!«

»Sie können es *nicht* schaffen, Major!« warf Bolitho dazwischen. »Wenn Muljadi kommt, dann mit mehr als tausend Mann. Seine Festung ist voller Krieger, das habe ich mit eigenen Augen gesehen. Vielleicht hätten Sie die Palisaden halten können, bis Hilfe aus Madras kommt. Doch ohne diese Hilfe haben Sie nur eine Chance, wenn Sie in einem Gewaltmarsch durch den Urwald nach Osten ausweichen, um vielleicht die Niederlassung der Holländischen Kompanie zu erreichen und dort Sicherheit zu finden.« Er machte eine kleine Pause. »Aber in dieser Jahreszeit ist der Dschungel noch dichter als sonst, und ich bezweifle, daß viele von Ihren Männern den Marsch überleben, ganz abgesehen davon, daß Sie mit Überfällen von Eingeborenen rechnen müssen, die Muljadi ihre Ergebenheit beweisen wollen.«

Er hatte nüchtern und hart gesprochen. Gepreßt erwiderte Raymond: »Mir kann niemand einen Vorwurf machen. Ich habe nur berichtet, was ich weiß. Von dieser zweiten Fregatte wußte ich nichts.« Er versuchte, seine Selbstsicherheit wiederzufinden. »Genausowenig wie Sie!«

Conway stand langsam auf; jede Bewegung kostete ihn Willensanstrengung. »Aber Sie hatten es ja so eilig, Mr. Raymond. Sie haben Ihre Befugnisse dazu mißbraucht, Ihre eigenen Interessen zu verfolgen, haben sogar die Brigg weggeschickt, obwohl ich ausdrücklich forderte, die Rückkehr der *Undine* abzuwarten!«

Er schritt zum gegenüberliegenden Fenster und starrte blicklos in den dichten Urwald. »Was können wir tun? Wie können wir uns am besten aufs Schlachtfest vorbereiten?« Blitzschnell fuhr er herum und schrie: »Na, Mr. Raymond? Möchten Sie uns das vielleicht erklären? *Ich* kann es nämlich nicht.«

Major Jardine stotterte: »Aber so hoffnungslos kann es doch nicht sein?«

Puigserver beobachtete Bolitho. »Nun, *Capitan*? Sie waren schließlich in der Höhle des Löwen, nicht wir.«

»Darf ich einen Vorschlag machen, Sir?« wandte sich Bolitho an Conway.

Der Admiral nickte, sein schütteres Haar war ganz zerrauft. »Wenn da noch etwas vorzuschlagen ist – bitte!«

Bolitho ging zum Tisch und schob die schweren silbernen Tintenfässer in eine bestimmte Stellung. »Die Benuas sind auf unseren

Karten ziemlich zutreffend dargestellt, Sir; aber ich nehme an, von den kleineren Durchfahrten sind manche verschlickt und zu flach. Die Festung steht erhöht auf einer zentral gelegenen Insel, auf einem Felskegel, könnte man sagen. Zur See hin fällt der Felsen senkrecht ab, und was ich erst für Riffe am Fuß dieses Felsens gehalten hatte, sind, wie ich jetzt glaube, große Felsen von oben, die im Lauf der Zeit verwittert und abgestürzt sind.«

Düster brummte Hauptmann Strype: »Dann kann man die Festung auch nicht erstürmen. Wirklich hoffnungslos.«

Conway blickte Bolitho unwillig an und knurrte: »Also weiter!«

»Wenn wir sofort angreifen, Sir«, antwortete dieser und ignorierte die allgemeine Verblüffung, »bevor Muljadi bereit ist, dann können wir seinen ganzen Plan im Entstehen durchkreuzen.«

»Angreifen?« rief Conway. »Eben haben Sie uns doch noch aller Hoffnung beraubt, überhaupt am Leben zu bleiben!«

»Die Hauptbatterie steht auf der seewärts gelegenen Brustwehr, Sir. Wenn wir sie vernichten, sind seine vor Anker liegenden Schiffe ohne unmittelbaren Schutz.«

Conway rieb sich nervös das Kinn. »Ja, gewiß. Aber wie sollen wir sie vernichten?«

»Vielleicht durch den Zorn Gottes?« höhnte Jardine.

»Mit dem Schoner, Sir.« Bolitho heftete den Blick auf Conways gefurchte Stirn, die sich vor Zweifel und Spannung umwölkte. »Wir könnten die vorherrschende Windrichtung ausnutzen und ihn, bis zu den Decksplanken voll Schießpulver und mit einer langen Zündschnur versehen, auf die abgestürzten Felstrümmer treiben lassen. Die Explosion würde meiner Ansicht nach einen Gutteil der Insel einstürzen lassen.« Er spürte die wachsende Spannung seiner Zuhörer. »Jedenfalls den Teil mit der Geschützbatterie.«

Hauptmann Strype starrte das entsprechende Tintenfaß an, als sollte es tatsächlich jeden Moment in die Luft gehen. »Das könnte klappen, Sir. Eine tolle Idee!«

»Halten Sie den Mund!« grollte Jardine. »Und überhaupt – wer das riskiert, müßte ja wahnsinnig sein!«

Aber er duckte sich, als Conway ihn anblaffte: »Seien Sie still!« Zu Bolitho gewandt, fuhr dieser fort: »Sie halten es für ein vertretbares Risiko?«

»Jawohl. Der Schoner brauchte nur ein paar Mann Besatzung, und die könnten sich per Boot absetzen, sobald der endgültige

Kurs anliegt. Bei einer langen Lunte hätten sie Zeit genug. Im Moment der Explosion werde ich mit der *Undine* in die Passage eindringen und die verankerten Fregatten nehmen, ehe sich die Besatzungen von dem Schrecken erholt haben. Nach einer solchen Explosion werden sie nicht gleich mit einem Angriff rechnen.«

Puigserver nickte grimmig. »Gerechte Vergeltung, obendrein.«

Conway funkelte ihn an. »Das ist der haarsträubendste Plan, den ich jemals gehört habe.«

Gelassen erwiderte Bolitho: »Darüber läßt sich streiten, Sir.«

»Was?« Wütend fuhr Conway herum. »Wollen Sie schon wieder meine Worte anzweifeln?«

»Ich erinnere mich an einen gewissen Kapitän, Sir, der vor langen Jahren, als ich noch ein dummer Midshipman war, sich nie scheute, etwas zu riskieren, wenn Not am Mann war.«

Conway packte Bolitho beim Handgelenk. »Danke für dieses Wort.« Er blickte weg und klopfte sich auf die Taschen, als suche er etwas. »Habe ich ganz vergessen . . .«

»Die Truppen bleiben natürlich hier«, sagte Bolitho. Es kam ihm vor, als sähe er Erleichterung in Jardines massivem Gesicht, und Bedauern auf Strypes Zügen. Seltsam, dachte er, der, den ich bisher für den Schwächeren gehalten habe, ist in Wirklichkeit der Stärkere.

»Wenn der Plan schiefgeht«, fuhr er fort, »und mit dieser Möglichkeit müssen wir rechnen, dann ist es Sache der Sepoys, den Stützpunkt so schnell zu evakuieren, wie sie können. Aber bitte seien Sie sich über eins klar: kein Verhandeln mit Muljadi, denn für ihn gibt es nur eines: Vernichtung derer, die er sein ganzes Leben lang als seine Todfeinde betrachtet hat.« Er deutete zum Fenster. »Wenn er erst innerhalb dieser Palisaden ist, kommt jede Reue zu spät.«

Conway kehrte zum Tisch zurück; seine Miene war jetzt vollkommen gefaßt. »Ich bin einverstanden. Major Jardine, lassen Sie durch Ihre Leute sofort Pulver auf den Schoner bringen. Auch das letzte Faß, wenn nötig. Und Sie, Bolitho . . . Wer soll den Schoner kommandieren?«

»Ich habe mich noch nicht entschieden, Sir.«

Raymond trat endlich ins Licht. »Ich habe gehandelt, wie ich es für richtig hielt«, sagte er lahm.

Aber Conway hatte nur ein verächtliches Nicken für ihn übrig. »Wenn Sie diese Affäre überleben«, sagte er, »werden Sie auf alle

Fälle davon profitieren, sofern es etwas zu profitieren gibt. Selbst wenn wir keinen Erfolg haben, werden Sie sicher den Adelstitel erhalten, nach dem Sie sich so sehnen.« Raymond ging eilends zur Tür. »Posthum, natürlich«, rief Conway ihm nach.

Als sich der Gouverneur wieder dem Tisch zuwandte, schien er um zehn Jahre verjüngt. »Nun, da ich mich entschlossen habe, Bolitho, kann ich auch nicht mehr warten.«

Bolitho nickte. Ihn schmerzten alle Glieder wie nach einer physischen Anstrengung; und er machte sich auch erst jetzt richtig klar, was er erreicht hatte und worauf er sich mit seinem Schiff einließ. »Ich gehe wieder an Bord, Sir«, sagte er. »Wir brauchen frisches Wasser und Obst, falls letzteres zu haben ist.«

Allerlei Gesichter erschienen vor seinem geistigen Auge: das von Carwithen, als das Enterbeil sich in den Hals des Piraten grub. Davys stolze Miene, als er das Kommando über den Schoner bekam. Fowlars echte Freude über seine provisorische Beförderung. Und vor allem Herrick. Was würde er zu diesem verzweifelten Plan sagen? Würde er sich eingestehen, daß sein Kapitän nun doch den einen letzten verhängnisvollen Fehler gemacht hatte – verhängnisvoll für sie alle?

Da sagte Conway in seine Gedanken hinein: »Sie sind gerissen, Bolitho, mehr als ich vermutete ...« Er wollte nach einer Karaffe greifen, überlegte es sich aber anders. »Nein. Wenn ich schon meinen Kopf verlieren soll, dann soll er wenigstens klar sein, eh?«

Puigserver tippte mit breitem Zeigefinger auf ein Tintenfaß. »Wann soll es losgehen, *Capitan*?«

»Früh.« Bolitho sah ihn nachdenklich an. Der Spanier war von Anfang an beteiligt gewesen. »Angriff im Morgengrauen.«

Conway nickte. »Und wenn Sie noch nie um günstigen Wind gebetet haben, dann tun Sie es jetzt.«

»Aye, Sir«, lächelte Bolitho. »Ich werde daran denken.«

Er wollte gehen, blieb jedoch stehen, als der Admiral abschließend grollte: »Und wenn es schiefgeht, haben wir's doch wenigstens versucht. Haben getan, was wir konnten.« Als er sich umdrehte, fiel das Sonnenlicht voll auf sein Gesicht, und Bolitho sah, daß seine Augen feucht waren. »Raymond hatte natürlich recht, ich bin nicht der richtige Mann für diesen Posten, und vermutlich war auch nie beabsichtigt, daß ich ihn behalten sollte, sobald der Stützpunkt erst einmal vollständig eingerichtet war. Aber wir werden es ihnen zeigen.«

Mit großen Schritten ging er zu der Tür, die zu seinen Privaträumen führte, und warf sie krachend hinter sich zu.

Puigserver stieß einen Pfiff aus. »Der alte Löwe erwacht, wie?«

Bolitho lächelte melancholisch. »Wenn Sie ihn so gekannt hätten wie ich, *Señor*... Wenn Sie gesehen hätten, wie seine Männer hurra schrien, bis sie heiser waren, während der Pulverdampf von der Schlacht noch dick zwischen den Decks hing – dann würden Sie verstehen.«

»Vielleicht.« Puigserver grinste breit. »Nun weg mit Ihnen! Ich glaube, Sie haben eine Menge gelernt, seit wir uns kennen, und das auf allerlei Gebieten – eh?«

Bolitho trat hinaus, vorbei an einem sich verneigenden Diener. Als jemand seinen Ärmel berührte, fuhr er zusammen. Es war Viola Raymonds Zofe; das Gesicht verzerrt vor Angst, flüsterte sie: »Hier entlang, Sir! Gleich hier hinunter!«

Bolitho folgte ihr rasch, und da sah er auch schon die weiße Gestalt am Ende des Ganges.

»Was ist?« fragte er. »Wir sollten uns so nicht treffen.«

Mit flammenden Augen sah sie ihn an. »Du wirst dabei umkommen! Er hat es mir eben erzählt.« Wütend schleuderte sie ihren großen Hut zu Boden und fuhr fort: »Und es ist mir egal! Es ist mir völlig egal, was dir passiert!« Dann warf sie sich in seine Arme und rief mit tränenerstickter Stimme: »Das war gelogen! Es ist mir gar nicht egal, Richard, Liebster! Ich sterbe, wenn dir was passiert!«

Er faßte sie unters Kinn. »Ruhig, Viola. Ich konnte nicht anders«, sagte er leise und strich ihr das Haar aus der heißen Stirn.

Von Schluchzen geschüttelt, faßte sie seine Arme noch fester; es war ihr gleichgültig, daß die Zofe danebenstand und daß jeden Moment jemand in den Gang einbiegen konnte. »Keine Chance! Du hast nicht die geringste Chance!«

Bolitho hielt sie etwas von sich ab und wartete, bis sie ruhiger wurde. »Ich muß jetzt gehen. Und ich werde mich bestimmt vorsehen.« Er spürte, wie die Angst sie wieder überfiel, und fügte rasch hinzu: »Ich muß doch aufpassen, daß meine neue Uhr nicht Schaden nimmt, nicht wahr?«

Die Tränen liefen ihr übers Gesicht, doch sie versuchte ein Lächeln. »Das würde ich dir auch nie verzeihen.«

Er wandte sich um und schritt zur Treppe, blieb aber noch einmal stehen, als sie seinen Namen rief. Doch sie kam ihm nicht nach, sondern winkte nur mit erhobener Hand, als sei er schon weit weg. Unerreichbar.

Unten wartete Allday bei der Gig. »Zurück an Bord!« befahl Bolitho kurz.

Allday blickte ihn neugierig an. »Die schaffen ja Pulverfässer auf den Schoner, Captain.«

»Soll das eine Frage sein?« Bolitho funkelte ihn wütend an, aber Alldays Gesicht blieb unbewegt.

»Ich dachte nur ... Mr. Davy wird darüber nicht sehr erfreut sein.«

Bolitho klopfte ihm auf den Arm. »Ich weiß. Und ich sollte meine schlechte Laune auch nicht an Ihnen auslassen.«

Allday warf einen raschen Blick auf die hölzernen Wände des Forts. In einem Fenster sah er eine weiße Gestalt. Leise sagte er: »Ich kenne das Gefühl, Captain.«

Unterwegs beobachtete Bolitho die neben dem Schoner liegenden Boote, auf denen fieberhaft gearbeitet wurde. Es hatte sich so einfach und glatt angehört: zwei auf beschränktem Raum vor Anker liegende Fregatten waren leichter zu entern als – Geschütz gegen Geschütz – auf offener See zu stellen. Aber nichtsdestoweniger würde noch mancher Mann der *Undine* sterbend seinen Kapitän verfluchen.

Die Gig gewann Fahrt, und er seufzte. Puigserver hatte schon recht gehabt: Seit ihrem ersten Zusammentreffen in Santa Cruz hatte er eine Menge dazugelernt. Besonders über sich selbst.

»Alle anwesend, Sir.« Herrick nahm neben der Kajütstür Platz und wartete, daß Bolitho die Besprechung eröffne.

Hinter den Heckfenstern war es schon sehr dunkel, aber man konnte noch die gelben Lichter erkennen, die zwischen Fort und Strand hin und her wanderten: Das Beladen des Schoners ging pausenlos weiter.

Bolitho blickte in die Gesichter seiner Männer. Alle waren hier, sogar Midshipman Keen, obwohl der Arzt noch keine Verantwortung für seine Gesundheit übernehmen wollte. Man sah Keen noch an, daß ihn jede Bewegung schmerzte, aber er hatte darauf bestanden, wieder Borddienst zu machen.

Dann Mudge und Soames. Und Fowlar, etwas verlegen, weil er zum erstenmal an einer Offiziersbesprechung teilnahm. Davy, in dessen hübschem Gesicht noch die Enttäuschung über das stand, was Bolitho anscheinend mit dem Schoner vorhatte. Hauptmann Bellairs mit seiner weltmännischen Bierruhe. Der Zahlmeister, trübselig wie immer. Armitage und Penn – wie ungleiche Brüder. Und schließlich, direkt unter dem Skylight, der Schiffsarzt Whitmarsh, dessen Gesicht wie eine mächtige rote Rübe glühte.

Bolitho faltete die Hände auf dem Rücken. Ein durchschnittliches Offizierskorps, dachte er, weder besser noch schlechter als andere; und doch mußte er jetzt mehr von ihnen fordern als von einer ganzen Kompanie altgedienter, kriegserfahrener Soldaten.

»Sie kennen mich lange genug«, begann er, »um zu wissen, daß ich Reden weder gern halte noch anhöre.« Herrick grinste, und Mudges Augen wurden zu beiden Seiten der mächtigen Nase noch kleiner. »Zu Beginn dieser Reise gab es viele an Bord, auch in der Offiziersmesse, denen meine Methoden zu hart, meine Anforderungen für einen friedensmäßigen Auftrag zu hoch vorkamen. Heute sehen wir die Dinge anders und wissen, daß unsere Erfahrung, unsere Ausbildung das einzige ist, was wir zu unserem Schutz einzusetzen haben und – noch wichtiger – zum Schutze derer, die von uns abhängen.« Er nickte Herrick zu. »Rollen Sie die Karte auf.«

Während Mudge sich vorbeugte, um die Räder der Karte mit Büchern und Messingzirkeln zu beschweren, musterte Bolitho noch einmal die Gesichter. Verrieten sie Angst oder Vertrauen? Das konnte man noch nicht wissen. Er fuhr fort: »Der Schoner wird in die Hauptdurchfahrt segeln und dabei bis zum letztmöglichen Moment die östliche Landspitze als Deckung benutzen. Sobald er direkten Kurs auf die Felsen am Fuß der Inselfestung hat –«, er unterbrach sich, um die Zirkelspitze auf das kleine Kreuz zu legen, »– wird das Ruder festgelascht, und die Mannschaft geht ins Boot. Wir werden sie später an Bord nehmen.« Er zwang sich zu einem Lächeln, obwohl ihm das Herz seltsam schwer war. »Aber erst müssen wir die beiden Fregatten entern, nämlich ehe ihre Besatzungen sich von dem Schreck über die Explosion erholt haben.«

»Denen werden wir's zeigen, Sir!« rief Penn, sank aber unter Mudges vernichtendem Blick wieder zusammen.

Bolitho lächelte dem Midshipman in das feuerrote Gesicht. »Und wir werden, von Mr. Penns Begeisterung beflügelt, in die Passage einlaufen, beiden Schiffen eine Breitseite verpassen, wenden und noch eine abfeuern.« Er blickte Davy bedeutsam an.

»Also sagen Sie den Geschützbedienungen, daß sie auf Draht sein müssen. Die ersten beiden Breitseiten entscheiden alles.«

Bellairs meinte gedehnt: »Ziemliches Risiko für den Schoner, würde ich sagen, Sir. Bei so viel Schießpulver an Bord reicht eine einzige glühende Kugel, und hoch geht er.« Unter Bolithos starrem Blick fing er an zu blinzeln und fuhr fort: »Nichts gegen die Wagehälse auf dem Schoner – aber was wird dann aus uns?«

Bolitho schüttelte den Kopf. »Die Batterie ist alt. Ich bin so gut wie sicher, daß sie keine Kugeln erhitzen werden, weil sie Angst haben, daß die Rohre platzen. Normalerweise brauchen sie auch gar keine heißen Kugeln. Bei diesem Schußfeld kann die Batterie jedes Schiff treffen, sobald es in einer der beiden Hauptpassagen ist.«

Er lächelte, um die plötzlichen Zweifel zu überspielen, die Bellairs Bemerkung in ihm erregt hatte. Angenommen, die Kugeln lagen bereits in den Essen und wurden erhitzt? Aber dann hätte er bestimmt etwas gesehen. Glühende Kugeln ließen sich nicht in Körben auf eine so hohe Brustwehr hieven. Er fuhr fort: »Und überhaupt wird bis dahin der größte Teil der Batterie auf dem Meeresgrund liegen, wo sie von Rechts wegen schon seit Jahren hingehört. Wir lichten morgen beim Hellwerden Anker. Der Wind scheint günstig zu stehen und wird uns bei einigem Glück gute Dienste leisten. Bleibt nur noch eine Frage zu klären ...« Er zögerte, denn Herrick sah gespannt zu ihm herüber.

Aber er durfte in Herrick jetzt nicht seinen Freund sehen, den besten und treuesten, den er je besessen hatte. Er war sein Erster Leutnant, der tüchtigste Offizier an Bord. Anderes zählte nicht, durfte nicht zählen.

»Mr. Herrick befehligt den Schoner.«

Mit ausdruckslosem Gesicht nickte Herrick. »Aye, Sir. Ich nehme sechs gute Männer mit. Das müßte reichen.«

Bolitho sah ihm in die Augen, die Gesichter der anderen traten zurück. »Das überlasse ich Ihnen. Und wenn Potter mitkommen will, mag er's tun.« Whitmarsh sprang auf und wollte anscheinend protestieren, aber Bolitho ließ ihn nicht zu Wort kommen. »Er kennt die Durchfahrt. Wir brauchen jede Hilfe, die wir kriegen können.«

Die Tür öffnete sich etwas, Carwithen steckte den Kopf herein. »Verzeihung, Sir, aber die Wasserfässer sind verstaut, und Meldung ist gekommen, daß der Schoner voll beladen ist.«

»Schön.« Bolitho wartete, bis sich die Tür wieder schloß. »Also machen Sie weiter, meine Herren. Sie haben alle viel zu tun.« Er zögerte – warum fielen einem niemals die richtigen Worte ein, wenn man sie am notwendigsten brauchte? »Uns bleibt wenig Zeit für Diskussionen, bis unser Auftrag erfüllt ist.« *Oder wir alle tot sind.* »Denken Sie immer daran: Unsere Leute sehen mehr denn je Vorbilder in Ihnen. Die meisten waren noch nie in einem richtigen Seegefecht; bei unserem Treffen mit der *Argus* glaubten viele, wir hätten eine Schlacht gewonnen, nicht einen geordneten Rückzug angetreten. Diesmal gibt es keinen Rückzug, weder für uns noch für den Feind. Le Chaumareys ist ein erstklassiger Kapitän, der beste vielleicht, den Frankreich je hervorgebracht hat. Aber er hat eine Schwäche.« Er hielt einen Moment inne, nachdenklich lächelnd. »Eine Schwäche, die wir uns noch nicht leisten konnten: er setzt blindes Vertrauen in sein Schiff und in sich selbst. Dieses unbedingte Selbstvertrauen unseres Gegners, im Verein mit Ihrem Können und Ihrer Entschlossenheit, wird uns zum Sieg verhelfen.«

Sie standen auf, so stumm und ernst, als seien sie sich eben erst ihrer Verantwortung bewußt geworden. Und der Unausweichlichkeit ihrer Situation.

Als sie zur Tür hinausgingen, sagte Bolitho: »Einen Moment noch, Mr. Herrick.«

Und als sie in der schwankenden Kajüte allein waren: »Ich hatte keine andere Wahl, Thomas.«

»Ich wäre auch sehr enttäuscht gewesen, wenn Sie einen Dienstjüngeren genommen hätten, Sir«, lächelte Herrick. »Also reden wir nicht mehr darüber.«

Bolitho streckte ihm die Hand hin. »Also, dann Gott mit Ihnen, Thomas. Wenn ich die Lage falsch beurteilt habe oder der Feind uns überlistet, rudern Sie sofort zurück. Wenn ich ›Belegen‹ signalisiere, geben Sie den Versuch sofort auf. Falls wir schon sterben müssen, will ich Sie bei mir haben.«

Herrick nahm mit festem Griff Bolithos Hand; seine blauen Augen blickten plötzlich betroffen. »Reden Sie doch nicht so, Sir! Das paßt nicht zu Ihnen. Wir werden gewinnen, hier meine Hand darauf!«

Bolitho ging mit ihm zur Tür.

»Ich suche mir jetzt meine Leute aus, Sir«, sagte Herrick.

Bolitho nickte, und das Herz tat ihm weh.

»Übernehmen Sie Ihr Kommando, Mr. Herrick. Der Zweite

vertritt Sie von jetzt ab hier an Bord.«

Gemeinsam gingen sie nach oben an Deck, wo Herrick im Dunkel verschwand; Davy kam herbei und grüßte.

»Tut mir leid um Ihren Schoner«, sagte Bolitho. »Aber in letzter Zeit kann ich mir anscheinend nur noch selten aussuchen, was ich tun will.«

Davy zuckte die Schultern. »Spielt auch keine Rolle mehr, Sir«, entgegnete er. »Ich jedenfalls kann nicht weiter sehen als die nächsten zwei, drei Tage; und mir ist auch egal, was dann kommt.«

Wütend faßte Bolitho ihn am Arm. »Es wird Ihnen noch leid tun, wenn Sie so daherreden! Es geht um das Schiff und um die Männer unter Ihrem Befehl, nicht um Ihre eigene Person. Wenn ein Mann erst glaubt, daß es kein Morgen für ihn gibt, dann ist er schon so gut wie in eine Hängematte eingenäht, mit einer Kanonenkugel zu Füßen. Glauben Sie an die Zukunft, denn die Männer, die von Ihnen abhängig sind, werden von Ihrem Gesicht ablesen, wie die Chancen stehen!« Er ließ ihn los und sagte in ruhigerem Ton: »Nun gehen Sie wieder an Ihren Dienst.«

Er begann, an Backbord auf und ab zu gehen; wie von selbst hoben sich seine Füße über Ringbolzen und Decksbeschläge, obwohl er überhaupt nicht hinsah. Seine Vorwürfe waren nicht an Davy, sondern an sich selbst gerichtet gewesen. Aber jetzt war nicht die Zeit für Zweifel und Selbstvorwürfe. Jetzt mußte er die Rolle leben, die er übernommen, die er sich in einem Dutzend Schlachten verdient hatte.

»Boot ahoi!« ertönte es vom Decksgang, wo das Licht der Schiffslaternen auf den gefällten Musketen mit den aufgepflanzten Bajonetten glitzerte.

»Don Luis Puigserver wünscht an Bord zu kommen«, lautete die Antwort.

Davy hastete nach achtern. »Geht das in Ordnung, Sir?«

Bolitho war wieder vollkommen ruhig. »Ich habe ihn halb erwartet«, lächelte er.

Puigservers kraftvolle Gestalt erschien in der Fallreepspforte. Zielstrebig ging er auf Bolitho zu, um ihn zu begrüßen. »Ich mußte kommen, *Capitan*. Seit dem Untergang der *Nervion* fühlte ich mich hier zugehörig. Und hier bleibe ich, bis diese Sache ausgestanden ist.« Er klopfte auf die silberbeschlagenen Pistolen unter seinem Rock. »Ich bin ein guter Schütze, *si*?«

»Ich könnte Ihnen befehlen, das Schiff zu verlassen, *Señor*.«

»Aber?« Puigserver legte den Kopf schräg. »Aber das werden Sie nicht tun. Ich habe eine schriftliche Erklärung über meine Beweggründe hinterlassen. Wenn wir die Schlacht überleben, zerreiße ich sie. Wenn nicht . . .« Den Rest ließ er ungesagt.

»Dann nehme ich Ihr Angebot mit Dank an, *Señor.*«

Puigserver ging zu den Netzen und blickte ins Dunkel, auf die schwankende Positionslaterne. »Wann wird der Schoner Segel setzen?«

»Vor Sonnenaufgang. Er muß möglichst viel Zeit haben, um sich in die vorteilhafteste Ausgangsposition zu manövrieren.«

Wieder tat ihm das Herz weh bei dem Gedanken, daß Herrick seine schwimmende Pulverkammer direkt vor die Mündungen von Muljadis Kanonen segeln würde.

»Ich verstehe.« Puigserver gähnte. »Dann gehe ich jetzt mit Ihren Offizieren von der Freiwache ein Glas Wein in der Messe trinken.«

Ein paar Stunden später fühlte Bolitho Alldays Hand auf seiner Schulter und erwachte. Er war in seiner Kajüte über der Seekarte eingeschlafen, den Kopf auf dem Arm.

Allday blickte ihn gespannt an. »Schoner hat Anker gelichtet, Captain.«

Bolitho rieb sich die Augen. Dämmerte schon der Morgen? Ein Schauer überlief ihn.

»Mr. Pigsliver ist mit an Bord«, sagte Allday leise.

Bolitho starrte ihn an. Hatte er damit gerechnet? Hatte er gespürt, daß Puigserver diesen Entschluß im selben Augenblick gefaßt hatte, als er seinen Plan entwickelte?

»Sind sie gut abgekommen?«

»Aye, Captain.« Allday reckte sich und gähnte. »Haben vor 'ner halben Stunde die Landspitze umrundet.« Bedächtig fügte er hinzu: »Gut für Mr. Herrick, daß der Don mit dabei ist. Bestimmt.«

Bolitho sah ihn mißtrauisch an. »Sie haben davon gewußt, nicht wahr?«

»Aye, Captain. Ich dachte, es wäre am besten so.«

Bolitho nickte. »Schon möglich.« Er trat zum Fenster, als wolle er nachsehen, ob das blinkende Positionslicht noch da war. »Es ist immer schlecht, wenn man allein ist.«

Allday blickte zu dem schwarz angelaufenen Degen hin, der am

Schott hing. Eine Sekunde lang dachte er an Bolithos früheren Bootsmann, der bei den Saintes gefallen war, als er ihm den Rücken vor französischen Scharfschützen deckte. Er, Allday, und der Captain hatten seit damals einen langen Weg miteinander hinter sich gebracht. Bald war vielleicht alles zu Ende. Er betrachtete Bolithos Schultern, der immer noch aus dem Heckfenster sah.

Aber Sie, Captain, werden nie allein sein, dachte er. Nicht, solange ich noch Atem habe.

XVII Bord an Bord

Die Hände auf der Achterdeckreling, musterte Bolitho prüfend sein Schiff. In der Dunkelheit hoben sich die hellen Decksplanken bleich gegen die See vor dem Bug ab, und nur an der ungleichmäßigen Linie des Kielwassers, der wirbelnden, vom Vordersteven ausgehenden Pfeilspitze, war zu erkennen, daß die *Undine* tatsächlich Fahrt machte.

Er versagte es sich, nach achtern zu gehen und bei dem abgeblendeten Kompaßlicht nach seiner Uhr zu sehen. Seit seinem letzten Kontrollgang hatte sich nichts geändert; er würde dadurch die Spannung nur vergrößern.

Drei Tage waren vergangen, seit sie Pendang Bay verlassen hatten, und meistens hatten sie dank des günstigen Windes gute Fahrt gemacht. Sie segelten in sicherer Entfernung von Land und hatten sogar die kleine, walfischförmige Insel gemieden, falls Muljadi dort wieder ein Fahrzeug als Wache stationiert hatte.

Kurz vor dem letzten Sonnenuntergang hatten sie Herricks Schoner gesichtet, einen winzigen dunklen Span an der kupferfarbenen Kimm. Es sah fast so aus, als liege er beigedreht und erwarte die *Undine* an einem bestimmten Treffpunkt. Ein kurzer Austausch von Lichtsignalen, dann hatten die Schiffe einander in der Dunkelheit wieder verloren.

Bolitho fühlte die kühle feuchte Luft auf Gesicht und Hals und schauderte. Die Mittelwache war eben vorbei, und allenfalls in einer Stunde oder so war die erste Helligkeit am Himmel zu erwarten. Über Nacht, während alle Mann das Schiff gefechtsklar machten, hatten sich dichte Wolken zusammengezogen und die Sterne gleichsam weggewischt, so daß die *Undine* in eine schwarze Leere hineinzusegeln schien.

Er hörte Mudge ruhelos bei den Finknetzen herumstapfen und sich die Hände warmreiben. Der Steuermann kam ihm ungewöhnlich nachdenklich vor. Vielleicht plagte ihn sein Rheumatismus; oder er dachte ebenso wie Bolitho an Herrick dort draußen, irgendwo an Backbord voraus.

Bolitho straffte den Rücken und schaute zu den dunkleren Linien der Takelage hoch. Die *Undine* fuhr unter Mars- und Vorstagsegeln; nur die mächtige Fock verdeckte die See vor dem Bugspriet. Es war seltsam, daß ihn so fröstelte, obwohl doch die Sonne in ein paar Stunden quälend brennen würde, ganz abgesehen von dem, was sie sonst noch erwartete.

»Hält der Wind, Mr. Mudge?«

Der Segelmeister war offensichtlich froh, das Schweigen brechen zu können. »Stetig Südwest, Sir. Voll und bei.« Er hustete laut. »Normalerweise wäre ich dankbar dafür.«

»Und warum sind Sie's nicht?«

»Weiß nicht recht, Sir.« Mudge verließ seinen Platz bei den Geschützbedienungen der Achterdeck-Sechspfünder. »Ist zu *unruhig* für meinen Geschmack.«

Bolitho wandte sich um und spähte zum Vorschiff. Die mächtige Fock schien Mudges Zweifel zu bestätigen. Die *Undine* steuerte fast genau Nord, und vor dem raumen Wind hätte sie glatt und gleichmäßig segeln müssen. Aber das tat sie nicht. Immer wieder füllte sich die Fock so hart, daß die Stagen und Wanten summend vibrierten, und hielt das Schiff mehrere Minuten lang fest auf Kurs. Aber dann wieder killte sie knatternd und fiel ein, hing schlaff fast bis zum Vormast durch – und das in ständigem Wechsel.

»In diesen Gewässern weiß man nie«, sagte Mudge skeptisch. »Jedenfalls nie genau.«

Nachdenklich studierte Bolitho Mudges zerraufte Silhouette. Wenn schon dieser erfahrene Mann sich Sorgen machte, was sollten da erst die anderen sagen?

»Mr. Davy«, rief er, »ich gehe aufs Vorschiff.« Der Leutnant löste sich von der Reling. »Sagen Sie Mr. Keen, er soll mir Gesellschaft leisten.«

Bolitho schlüpfte aus seinem Ölzeug und reichte es Allday. Er war so in seine Gedanken vertieft gewesen, daß er sich gar nicht klargemacht hatte, wie diese nur zäh dahinschleichenden Stunden auf seine Gefährten wirken mußten. Er hatte »Klarschiff zum

Gefecht« trommeln lassen, und in der fast vollständigen Dunkelheit hatte das Manöver kaum länger gedauert als am hellen Tag, so vertraut waren sie inzwischen mit dem Schiff. Es war ihr Zuhause. Daß so früh gefechtsklar gemacht wurde, war nur eine Vorsichtsmaßnahme. Der Schall pflanzte sich auf See leicht fort, und der Lärm beim Herausnehmen der Zwischenwände, das Scharren und Knarren beim Riggen der Schutznetze über dem Geschützdeck und das Sichern aller Rahen mit Ketten war stark genug, um Tote zu erwecken. Aber danach konnten sie nichts weiter tun als warten – und darüber nachgrübeln, was das Tageslicht ihnen bringen würde.

Keen tauchte aus der Dunkelheit auf, bleich schimmerte seine Hand auf einem der schwarzen Sechspfünder.

»Was macht Ihre Wunde?« fragte Bolitho.

»Danke, Sir, schon viel besser.«

Bolitho lächelte. Fast fühlte er selbst den Schmerz, der vermutlich auf Keens Gesicht stand.

»Dann begleiten Sie mich ein bißchen.«

Sie schritten zusammen den Leedecksgang entlang, duckten sich unter den straffgespannten Netzen, die Shellabeers Leute aufgeriggt hatten, um fallende Takelage oder Schlimmeres aufzufangen, sahen in die emporgewandten Gesichter der Geschützbedienungen, die ruhelosen Gestalten der Seesoldaten auf Posten an den Niedergängen, die Pulveräffchen – Schiffsjungen, die dicht beieinander hockten und darauf warteten, die jetzt noch stummen Kanonen zu füttern.

Auf der Back, wo die niedrigen Karronaden wie gefesselte Tiere nach vorn spähten, erschauerten die Geschützbedienungen jedesmal, wenn Sprühwasser überkam und sie durchnäßte.

Bolitho blieb stehen und griff mit einer Hand in die Netze, als die Fregatte stampfend in ein tiefes Wellental glitt. Die meisten Matrosen waren nackt bis zum Gürtel; ihre Oberkörper schimmerten schwach vor dem dunklen Wasser.

»Alles klar, Leute?«

Sie drängten sich um ihn, überrascht durch sein plötzliches Auftauchen. Gezwungenermaßen hatte man das Feuer in der Kombüse gelöscht, als gefechtsklar gemacht wurde. Ein heißer Trunk hätte jetzt mehr gezählt als ein Dutzend zusätzlicher Kanonen, dachte Bolitho bitter. Er sagte zu Keen: »Mein Kompliment an Mr. Davy, und er soll für alle Mann eine doppelte Ration Rum ausgeben lassen.« Die Männer um ihn reagierten sofort; freudiges Gemurmel lief das Geschützdeck entlang. »Und wenn sich der Zahlmeister ziert, bekommt er es mit mir zu tun!«

»Danke, Sir! Sie denken auch an alles, Sir!«

Er schritt zur Leiter und wandte dabei das Gesicht ab, damit sie seine Stimmung nicht spürten. Es war so leicht, sie aufzumuntern. Zu leicht, so daß er sich billig und heuchlerisch vorkam. Eine Doppelration Rum, die kostete nur wenige Pence. Wogegen sie in wenigen Stunden vielleicht ihr Leben oder ihre gesunden Glieder drangeben mußten.

Mit großen Schritten ging er zum Hauptniedergang. Dort stand der riesige Soames mit Tapril, dem Stückmeister. Er nickte Fowlar zu und den Bedienungen der Backbordbatterie. Alles seine Männer, für die er verantwortlich war.

Unvermittelt fiel ihm Konteradmiral Sir John Winslade ein, der ihn vor so vielen Monaten in der Admiralität eingewiesen hatte. Er hatte einen Fregattenkapitän gebraucht, dem er vertrauen, dessen Gedankengängen er folgen konnte, selbst auf der anderen Seite des Erdballs. Bolitho dachte auch an die beiden Veteranen unter den Fenstern der Admiralität; der eine war blind gewesen, der andere hatte für ihn und sich selbst gebettelt.

Alle diese kühnen Pläne und hochfliegenden Vorbereitungen für eine neue Welt! Doch am Kern der Dinge änderten sie gar nichts. Die *Undine* und die *Argus* waren zwar nur zwei Einzelschiffe, aber durch das, worum es bei ihrem Zweikampf ging, ebenso wichtig wie zwei feindliche Flotten.

Wenn die *Undine* es nun nicht schaffte – was würden sie dann sagen, die feinen Leute in den herrschaftlichen Häusern von Whitehall und am St. James' Square, in den geschäftigen Londoner Kaffeehäusern, wo aus bloßen Gerüchten in wenigen Minuten Tatsachen wurden? Würden sie auch nur einen Gedanken an die Männer verwenden, die für sie und für den König im Kampf ihr Leben gelassen hatten?

Irgendwo im Dunkel stieß jemand ein leises Hurra aus – vermutlich war der Rum eingetroffen.

Bolitho ging weiter nach achtern; er hatte es kaum gemerkt, daß er stehengeblieben war, weil sich seine Verbitterung in Zorn verwandelt hatte. Wie geräumig das Deck wirkte ohne die Boote, die sonst übereinander auf ihren Gestellen lagen! Jetzt hingen sie alle achteraus im Schlepp und warteten auf den Moment, da die Leinen gekappt werden würden.

Das war immer ein böser Moment, dachte er. Boote waren zwar zerbrechlich und bedeuteten in der Schlacht immer eine zusätzliche Gefahr, weil ihre Splitter wie Dolche umherflogen. Trotzdem waren die meisten Matrosen froh, daß die Boote an Deck waren: als letzte Hoffnung, wenn es ganz schlimm wurde.

Schnaufend kam Keen zurück. »Alles erledigt, Sir. Mr. Triphook hat sich allerdings ein bißchen aufgeregt über die Extraration.« Seine Zähne leuchteten weiß in der Dunkelheit. »Möchten Sie auch ein Glas, Sir?«

Rum war Bolitho zuwider. Aber er sah, daß die Matrosen und Seesoldaten ihn beobachteten. »Aber gewiß, Mr. Keen«, sagte er deshalb und hob das Glas zum Mund.

»Auf uns, Jungs!«

Er dachte an Herrick und Puigserver auf ihrer schwimmenden Bombe. *Und auf dich, Thomas*!

Er trank aus und blickte zum Himmel: noch kein Lichtschimmer. Und auch kein Stern zu sehen. »Ich gehe nach unten«, sagte er und tippte dem Midshipman auf den Arm. »Sie bleiben hier beim Niedergang. Lassen Sie mich rufen, wenn nötig.«

Bolitho stieg in die Finsternis hinab. Hier waren seine Bewegungen nicht so sicher. Jeder hätte ihn rufen können, wenn er gebraucht wurde, aber er wollte Keen einen unnötigen Besuch im Schiffslazarett ersparen. Das konnte noch früh genug kommen. Er dachte an Keens große, pulsierende Wunde, an Alldays sanfte Hände, mit denen er den blutigen Splitter herausgeholt hatte.

Noch eine Leiter. Er blieb stehen. Um ihn herum stöhnten und knarrten die Schiffsplanken. Auf diesem Deck roch es anders: nach Teer und Werg, nach dicht beieinander lebenden Menschen, obwohl das Logis jetzt verlassen war. Und vom Vorschiff her kam der Gestank des mächtigen Ankergeschirrs, von Bilgewasser und feuchter Kleidung. So roch es eben in einem lebenden, arbeitenden Schiff.

Schwacher Laternenschein wies ihm den Weg zu Whitmarshs primitivem Arbeitsraum: aneinandergelaschte Seekisten, auf denen die Verwundeten entweder gerettet wurden oder verzweifelt starben; Lederriemen zum Draufbeißen, Verbandszeug, um die Schmerzen zu lindern. Der riesige Schatten des Doktors schwankte auf dem schlingernden Deck. Bolitho beobachtete ihn aufmerksam. Ein starker Brandygeruch hing in der feuchtheißen Luft. Brandy zum Betäuben – oder um den Arzt auf seine Privathölle vorzubereiten?

»Alles klar, Mr. Whitmarsh?«

»Aye, Sir.«

Der Arzt schlurfte zu einer Seekiste und stemmte sich mit dem Knie dagegen. Er deutete mit einer Handbewegung auf seine Helfer, die stummen Sanitätsgasten, die das Opfer festhalten würden, bis die Arbeit getan war: brutal geworden durch ihre Tätigkeit, taub für die Schreie und jenseits allen Mitleids.

»Wir alle warten darauf, was Sie uns schicken werden, Sir.«

Bolitho blickte ihm kalt ins Gesicht. »Werden Sie es nie lernen?«

Finster entgegnete der Arzt: »O doch, Sir, ich habe meine Lektion gut gelernt. Wenn ich einem Mann das Bein abgesägt oder Werg in seine leere Augenhöhle gestopft habe, mit nichts als Schnaps gegen die Schmerzen, dann bin ich Gott näher als die meisten Menschen.«

»Wenn dem so ist, dann kommen Sie ihm bitte nicht noch näher!« Bolitho nickte den anderen zu und ging zur Leiter.

»Vielleicht werde ich auch Sie hier begrüßen können, Sir!« rief der Arzt hinter ihm her. Bolitho antwortete nicht. Anscheinend brach der Wahnsinn bei Whitmarsh jetzt endgültig durch. Der schändliche Tod seines Bruders, der Suff und die Art, wie er sich sein Brot verdienen mußte, wirkten sich aus. Aber der Mann hatte auch eine andere Seite: er hatte von Mitleid mit den Verwundeten gesprochen, vom Dienst an den Unglücklichen – auf diese Seite seines Charakters mußte sich Bolitho verlassen.

Wieder dachte er an Herrick und hoffte, daß er mit seinem Boot rechtzeitig wegkam, wenn der Schoner endgültig auf Selbstmordkurs war. Seltsame Gefährten hatte er: darunter Puigserver und den kleinen Segelmacher aus Bristol, der in all seiner Angst noch den Mut gefunden hatte, an den Ort zurückzukehren, wo man ihn an Geist und Körper gebrochen hatte.

»Captain, Sir!«

Das war Keens Stimme. Er beschleunigte seine Schritte. »Was ist?«

Aber als er die Leiter ergriff und das bleiche Rechteck des Himmels sah, wußte er die Antwort. Langsame, schwere Regentropfen prasselten auf das Luk wie kleine, von den Rahen fallende Kieselsteine, trommelten auf Planken und Decksgänge.

Er zog sich die letzten Sprossen hinauf und eilte zum Achterdeck. Er war noch ein paar Fuß entfernt, da öffneten sich die Wolkenschleusen, und der Regen rauschte in mächtigen, ohrenbetäubenden Schleiern herab.

Bolithos Stimme übertönte die Sintflut. »Was macht der Wind?«

Mudge stand gebückt bei der Kompaßbussole; unterm Anprall des Regens hatte sich sein Hut verschoben.

»Schießt aus, Sir, soweit ich sagen kann.«

Zischend und gurgelnd floß das Wasser übers Deck und durch die Speigatten. Die durchfrorenen Geschützbedienungen drückten sich unter die Decksgänge und kauerten hinter den geschlossenen Stückpforten, um den Sturzbächen zu entgehen.

Allday wollte Bolitho den geteerten Bootsmantel über die Schultern legen, aber der schob ihn zur Seite. Er war bereits naß bis auf die Haut, und die Haare klebten ihm in der Stirn. Das Rauschen von Regen und Spritzwasser betäubte ihn fast. Aber trotz allem behielt er den Kontakt mit seinem Schiff. Das Deck lag ziemlich stetig unter seinen Füßen, und über seinem Kopf killte, wie er eben noch erkennen konnte, das Großmarssegel und glänzte vor Nässe in dem immer mehr ausschießenden Wind.

»An die Brassen, Mr. Davy! Holen Sie die Schoten dicht!« Tappend und fluchend gehorchten die Männer; das gequollene Tauwerk quietschte protestierend in den Blöcken, als die Rahen herumgeholt wurden, um das Schiff auf Kurs zu halten. »Einen Strich höher«, befahl Bolitho.

Am großen Doppelruder rutschten Männer aus; er sah, wie Carwithen nach einem der Rudergänger boxte, der sich im Regenguß duckte.

»Nordwest, Sir! Voll und bei!«

»Kurs halten!«

Bolitho wischte sich das Gesicht mit dem Ärmel. Der prasselnde Regen half, ihm den Kopf freizumachen, so daß er sich mit dem Geschehen auseinandersetzen konnte. Wenn der Wind weiter ausschoß, auch wenn er nur so blieb wie jetzt, würde Herrick seinen Schoner nicht in die Position manövrieren können, von der aus er Muljadis Batterie zerstören konnte. Mußte der verdammte Wind ausgerechnet jetzt umspringen? Waren es Regentropfen oder Tränen der Verzweiflung, die ihm die Augen netzten?

Er schlitterte zu Mudge hinüber und schrie: »Wie weit haben wir noch, was denken Sie?«

»Vier oder fünf Meilen, Sir, mehr nicht.« Enttäuscht starrte Mudge in den Regen. »Dieser Guß wird schnell vorbeigehen. Aber dann . . .« Er hob die Schultern.

Bolitho wandte die Augen ab. Er wußte Bescheid. Stand die Sonne erst hoch, dann würde der Wind höchstwahrscheinlich auffrischen. Herrick nutzte er nichts, aber Le Chaumareys verlieh er Sicherheit an seinem Ankerplatz. Und die *Undine* würde hilflos sein. Sie würde vor der Küste warten müssen, bis der Feind seine beiden Schiffe gefechtsklar hatte und zu seinen Bedingungen kämpfen konnte. Oder sie konnten abdrehen und nach Pendang Bay zurückeilen, ohne etwas anderes mitzubringen als eine letzte Warnung.

»Eine Schweinerei, bei Gott!« rief Davy wütend.

Fast mitleidig sah Mudge zu ihm hinüber. »Das ganze Leben ist ein einziges Rückzugsgefecht, Mr. Davy, von dem Tag Ihrer Geburt an.«

Bolitho fuhr herum, um beiden Schweigen zu gebieten, aber da bemerkte er, daß er des Steuermanns Gesicht besser erkennen konnte als zuvor. Die Morgendämmerung brach an – dagegen war nichts zu machen.

Das Blut schoß ihm zu Kopf. »Wir greifen an wie geplant!« rief er. »Weitersagen an alle!«

Davy sah ihn offenen Mundes an. »Gegen die intakte Batterie, Sir?«

»Das hätte vielleicht sowieso nicht geklappt.« Er versuchte, ruhig zu sprechen. »Der Gegner wird dem Regen zuhören und Gott dafür danken, daß er sicher vor Anker liegt.« Scharf sprach er weiter: »Sind Sie taub, Mann? Sagen Sie Mr. Soames, er soll laden lassen, sowie der Regen vorbei ist!«

Davy nickte krampfhaft und rannte zur Reling.

Hauptmann Bellairs trat zu Bolitho. »Verdammt riskante Sache, wenn Sie mir die Bemerkung gestatten, Sir«, sagte er kühl.

Bolitho spürte, wie seine Schultern unter dem Regen tiefer sackten und der plötzliche Funke in ihm erlosch.

»Was würden Sie denn an meiner Stelle tun?«

Bellairs stellte seinen Kragen hoch und schob die Lippen vor. »Oh, ich würde auch kämpfen, Sir. Wir haben ja keine andere Wahl. Aber schade ist es trotzdem. Gottverdammt schade!«

Bolitho nickte. »Da sind wir uns einig.«

»Deck ahoi! Land voraus in Sicht!« schallte es vom Ausguck.

Steifbeinig schritt Bolitho nach Lee hinüber, seine Sohlen quietschten auf dem nassen Deck. Ein dunkler Streifen dehnte sich zu beiden Seiten des Bugs, schimmerte in dem schwachen Licht täuschend friedlich herüber.

Eine Stimme sagte leicht überrascht: »Der Regen läßt nach.«

Wie zur Bestätigung hob sich die triefend nasse Fock vor einer auffrischenden Bö. Bolitho schauerte und biß die Zähne zusammen. »Sagen Sie Mr. Soames Bescheid: laden und klar zum Ausrennen auf Befehl!« Er sah sich nach Keen um. »Die Flagge!«

Eine andere Stimme murmelte: »Keine Chance, Kumpels! Die machen uns fertig!«

Bolitho hörte den Fall quietschen, als das Tuch zum Masttopp emporstieg und sich im Wind entfaltete, auch wenn es vorläufig unsichtbar blieb.

»Sobald es hell genug ist, Mr. Keen, signalisieren Sie dem Schoner: ›Aktion einstellen‹. Mr. Herrick kann hier warten und unsere Boote aufnehmen.«

»Aye, aye, Sir«, sagte Keen, »ich werde gleich . . .«

Er fuhr ärgerlich herum, denn aus dem Dunkel hörte er jemanden sagen: »Und unsere blutigen Leichen auffischen, das ist wahrscheinlicher!«

»Ruhe da!« schrie Keen. »Waffenmeister, schreiben Sie den Mann auf!«

Leise sagte Bolitho: »Nicht doch! Wenn es ihnen hilft zu schimpfen, dann sollen sie das ruhig tun.«

Die Fäuste in die Hüften gestemmt, blickte Keen ihn an. »Aber es ist nicht fair! Schließlich war's nicht Ihre Schuld, Sir!«

Bolitho lächelte. »Danke, Mr. Keen.«

Auf einmal sah er den Leutnant seines ersten Kommandos, der Schaluppe *Sparrow,* vor sich, einen amerikanischen Kolonisten; er hatte den Krieg mitgemacht, wo er am schlimmsten war, hatte seinem König gedient und dabei gegen seine eigenen Leute gekämpft. Was hätte der Keen geantwortet? *Bin nicht ganz sicher,* hätte er gesagt. Bolitho konnte ihn beinahe hören, als sei er mit an Bord.

Rasch wandte er sich nach Steuerbord, wo eben ein glimmender Streifen Sonnenlicht über der leeren Kimm erschien. Jetzt war es bald soweit. Er merkte, daß er Angst hatte vor diesem Tageslicht, das ihn nackt und bloß den Kanonen preisgeben würde, sobald sie in die enge Passage einfuhren, wo er mit Le Chaumareys zusammengetroffen war.

Hinter sich hörte er Schritte und Alldays Stimme, fest, unbewegt. »Gehen Sie lieber runter und ziehen Sie dieses nasse Zeug aus, Captain.«

Gereizt fuhr er herum, seine Stimme brach fast vor Anspannung. »Mann, denken Sie, ich habe nichts anderes zu tun?«

Doch der Bootsmann blieb stur. »Im Augenblick nicht.« Und im gleichen knappen Stil fuhr er fort: »Erinnern Sie sich noch, wie es bei den Saintes war, Captain?« Er wartete die Antwort nicht ab. »Ziemlich schlimm. Alle diese Froschfresser und das Meer zum Bersten voll von ihren Schiffen. Ich stand im Vorschiff an einem Drehgeschütz. Und die Jungs zitterten alle vor Angst. Da drehte ich mich um und sah Sie. Sie gingen auf dem Achterdeck auf und ab, so gelassen, als ginge es in die Kirche und nicht in die Hölle.«

Bolitho starrte ihn an und war auf einmal wieder ruhig. »Ja, ich erinnere mich.«

Allday nickte bedeutsam. »Aye. Und Sie trugen dabei Ihre beste Uniform.«

Bolitho blickte über Alldays Schulter. Im Geist hörte er eine andere Stimme, die seines damaligen Bootsmanns, Alldays Vorgänger, der an diesem Tag gefallen war. *Die Leute wollen zu Ihnen aufblicken,* hatte er gesagt.

»Na schön. Aber wenn man mich braucht . . .«

Langsam zog ein Lächeln über Alldays Gesicht. »Dann sage ich Ihnen sofort Bescheid, Captain.«

Als er gegangen war, meinte Mudge leise zu Allday: »Das war vielleicht 'ne Schnapsidee, Mann! Mit seinen goldenen Tressen wird der Kommandant ein feines Ziel abgeben für die Scharfschützen!«

Allday maß ihn ärgerlich. »Das weiß ich. Und er auch. Er weiß aber auch, daß wir uns heute auf ihn verlassen – und dazu muß man ihn *sehen* können!«

Mudge schüttelte den Kopf. »Verrückt. Ihr seid alle verrückt.«

»Deck ahoi!« sang der Ausguck aus. »Schoner in Luv voraus!«

»Rückrufsignal hissen!« befahl Keen.

Allday stand mit untergeschlagenen Armen da und starrte in das zunehmende Frühlicht, das bereits bis zu den Inseln reichte. »Mr. Herrick wird's nicht sehen«, verkündete er.

Davy funkelte ihn an. »Es ist aber bald hell genug.«

»Weiß ich, Sir«, erwiderte Allday traurig. »Aber er wird's trotzdem nicht sehen. Nicht Mr. Herrick.«

Ohne Möbel und sonstige Einrichtung wirkte die Kajüte so seltsam feindselig wie ein leeres Haus, das seinen verstorbenen Herrn betrauert und widerwillig einen neuen erwartet.

Bolitho stand bei den abgeblendeten Heckfenstern und ließ die Arme hängen, während Noddall ihn wie eine Glucke umtanzte und ihm den schweren Rock glattstrich. Wie der Bootsmantel stammte er von einem erstklassigen Londoner Schneider und hatte einen guten Teil seiner Prisengelder gekostet.

Durch einen Spalt des Skylightdeckels, der jetzt mit Riegeln am Kampanjebalken befestigt war, konnte er das Geschützdeck überblicken. Dort war das Licht noch spärlich, die Kanonen und ihre geschäftigen Bedienungen standen noch im Schatten. Selbst hier in der Kajüte, wo er manchmal in der Einsamkeit Ruhe gefunden, mit Viola Raymond zusammengesessen oder mit Herrick eine Pfeife geraucht hatte, gab es kein Entrinnen. Von den Zwölfpfündern hatte man die Chintzbezüge abgenommen und sie mit den Möbeln irgendwo unterhalb der Wasserlinie, wo sie sicherer waren, verstaut. An den beiden Geschützen standen die Bedienungen, unbehaglich und beklommen in seiner Gegenwart; einerseits wollten sie ihm beim Umkleiden zuschauen, andererseits trauten sie sich nicht, woanders hinzuschauen als auf ihre Kanonen.

Mit schiefgeneigtem Kopf lauschte Bolitho dem Ruderblatt, das grollend auf das Drehen des Rades reagierte. Der Wind hatte aufgefrischt; er legte das ganze Schiff über und hielt es so. Einer der beiden Geschützführer kontrollierte eben seine Reißleine und stand dabei ganz schief zum Deck.

»So sehen Sie besser aus, Sir, viel besser«, murmelte Noddall. Er wiederholte es inbrünstig wie ein Gebet. »Besser, viel besser. Captain Stewart war immer besonders eigen vor einem Gefecht.«

Bolitho verdrängte alle Zweifel und bösen Ahnungen. Stewart – wer war das? Dann fiel es ihm wieder ein: der vorige Kapitän der *Undine*. Ob dem wohl manchmal so ähnlich zumute gewesen war?

Stampfende Schritte oben an Deck; jemand rief etwas.

»Schluß jetzt, das muß genügen!« Er griff nach Hut und Degen, blieb aber noch einen Moment stehen; Noddall hielt immer noch die Hände vor der Brust hoch wie Pfötchen; plötzlich tat er ihm leid.

»Sehen Sie sich vor, Noddall, und bleiben Sie unter Deck. Kämpfen ist nichts für Sie.«

Es erschütterte ihn, daß Noddall heftig nickte und ihm dabei Tränen über die Wangen liefen. »Danke, Käpt'n«, sagte er schwach und gebrochen, aber aufrichtig. »Noch ein Gefecht könnte ich nicht aushalten. Und ich möchte Sie nicht enttäuschen, Sir.«

Bolitho eilte an ihm vorbei zur Leiter. Noddall war immer etwas Selbstverständliches für ihn gewesen. Niemals war ihm der Gedanke gekommen, daß Noddall jedesmal, wenn gefechtsklar gemacht wurde, vor Angst beinahe verging.

Er rannte die letzten Stufen hoch und sah oben Davy und Keen, die ihre Fernrohre nach vorn gerichtet hatten.

»Was ist los?«

Davy drehte sich um, mit Mühe schluckend, und konnte seine Blicke nicht von Bolithos goldbetreßtem Rock lassen.

»Der Schoner hat das Signal nicht bestätigt, Sir.«

Bolitho sah von ihm zur Signalflagge hoch, die sich jetzt frei und hell gegen die grauen Bramsegel abhob.

»Sind Sie sicher?«

Mudge knurrte: »Anscheinend will er nicht, Sir. Wenigstens scheint Mr. Allday das zu denken.«

Statt zu antworten, suchte Bolitho den Landstreifen vor dem Bug sorgfältig ab. Dort lag alles noch im tiefen Schatten, nur hier und da verriet ein heller Strich den nahen Sonnenaufgang. Aber der Schoner war klar genug zu sehen, er stand genau in Linie zum stampfenden Bugspriet der *Undine*; seine Segel leuchteten fast weiß vor den Klippen und gezackten Felsen. Herrick mußte das Signal gesehen haben. Er hatte bestimmt darauf gewartet, seit der Wind ausgeschossen war. Bolitho blickte zum Masttopp empor. O Gott, der Wind hatte noch weiter gedreht und mußte jetzt aus Westsüdwest kommen.

»Aufentern lassen, Mr. Davy!« rief er. »Royalsegel setzen!«

Er wandte sich um, und in dieser kurzen Sekunde sah er sie alle ganz klar: Mudge, von Zweifeln geplagt; Carwithen, dessen Lippen zu einem dünnen Strich zusammengepreßt waren; die Rudergasten, die nackten Rücken der Geschützbedienungen und Keen mit seinen Signalgasten . . .

Die Bootsmannspfeifen schrillten. Schattenhaft glitten die Toppmatrosen an den Webleinen empor, um mehr Segel zu setzen.

Davy rief herüber: »Vielleicht will Mr. Herrick weitermachen wie geplant, Sir!«

Mit einem Blick auf Allday, der aufmerksam den Schoner beobachtete, erwiderte Bolitho gelassen: »Sieht beinahe so aus, Mr. Davy.«

Unter dem Zug der obersten Segel tauchte die *Undine* noch tiefer in das milchige Wasser. Schaumfetzen flogen über Back und Netze wie Gespenster. Der Schiffsrumpf erzitterte stöhnend unter dem Druck, und wenn Bolitho nach oben blickte, sah er, daß die Reuelrahen sich durchbogen. Der Wimpel am Masttopp war jetzt deutlich zu erkennen; die Uniformröcke der Seesoldaten, die in schwankenden Reihen bei den Finknetzen angetreten standen oder mit ihren Musketen und Drehgeschützen oben in den Toppen knieten, leuchteten rot wie Blut.

Als er befahl: »Signal wiederholen, Mr. Keen!« kam ihm seine eigene Stimme fremd vor.

Soames stand am Verschlußblock eines Zwölfpfünders und hielt sich mit beiden Händen am Decksgang fest. Er starrte auf das Land. Dann blickte er nach achtern zu Bolitho und zuckte kurz mit den Schultern. Im Geist hatte er Herrick wohl bereits abgeschrieben.

»Das wird nichts!« sagte Keen heiser. »Ohne Ruder treibt der Schoner bei diesem Wind an der Insel vorbei. Bestenfalls explodiert er mitten in der Durchfahrt!«

Da schrillte Penns Knabenstimme vom Geschützdeck: »Ich habe eine Trompete gehört!«

Bolitho rieb sich die Augen, in denen schmerzhaft das Salz biß. Also eine Trompete. Ein Posten in der Festung mußte den Schutz der Mauern verlassen und auf See hinausgeblickt haben. Den Schoner hatte er wohl sofort gesehen, und in ein paar Minuten mußte auch die *Undine* entdeckt werden.

Das Brausen der See, die Geräusche des Schiffs wirkten plötzlich lauter denn je; jedes Stück des Riggs und der Segel knallte und summte im Chor, als die *Undine* dem Land und dem hellen Dreieck aus Gischt, welches die Einfahrt in die Passage markierte, immer näher kam.

Ein dumpfer Krach tönte über das Wasser, und ein Mann rief: »Sie haben das Feuer eröffnet, Sir!«

Bolitho griff nach einem Teleskop. Mit grimmigen Gesichtern hockten die Geschützbedienungen vor ihren Kanonen oder warteten hinter den geschlossenen Stückpforten. Hofften. Fürchteten sich . . .

Es war schwierig, das Glas einzustellen. Mit gespreizten Beinen suchte er festen Stand auf dem schlüpfrigen, schwankenden Deck. Die Masten des Schoners kamen ins Blickfeld und verschwanden wieder, und der kleine blutrote Fleck der Kriegsflagge, der vorher noch nicht dagewesen war. Er spürte sich lächeln, obgleich ihm eigentlich mehr nach Weinen zumute war, obwohl er verzweifelt wünschte, seine flehenden Worte über diese zwei Meilen schreien zu können. Herrick zeigte ebenfalls die Farben. Für ihn war der Schoner nicht einfach eine schwimmende Bombe; er war ein Schiff – sein Schiff. Oder vielleicht wollte er mit dieser simplen Geste Bolitho etwas erklären. Ihm zeigen, daß er verstand.

Noch ein Krach; und dieses Mal sah er den Pulverrauch von der Batterie aufsteigen, ehe der Wind ihn auseinanderriß. Fedrig sprang eine Gischtfontäne hoch, aber weit vom Schoner entfernt. Bolitho hielt ihn im Glas. Er krängte so, daß das Unterwasserschiff über dem spritzenden Gischt sichtbar wurde. Bei diesem Wind konnte Herrick für den letzten und gefährlichsten Teil seiner Fahrt das Ruder nicht festlaschen, das wußte er.

»Der Schuß saß zu hoch, Sir!« schrie Davy.

Diese Worte rissen Bolitho in die Wirklichkeit zurück, und er senkte das Glas. Der Kanonier auf der Festung hatte also auf die *Undine* gezielt, nicht auf den kleinen Schoner. Ehe Muljadis Leute gemerkt hatten, was los war, mußte Herrick bereits so dicht unter der Küste gewesen sein, daß er im toten Winkel lag.

Bolitho blickte wieder hin, als eine Doppelexplosion übers Wasser rollte. Er sah die Mündungsfeuer nur kurz aufblitzen, dann stiegen die Zwillingsgeyser in Linie mit dem Schoner, aber weit hinter ihm auf.

Hauptmann Bellairs vergaß seinen blasierten Gleichmut, packte seinen Sergeanten beim Arm und brüllte: »Bei Gott, Sar'nt Coaker, *er will sie selbst auf Grund setzen!*«

Es dauerte noch ein paar Sekunden, bis sich diese Erkenntnis über das ganze Deck der Fregatte verbreitet hatte. Aber dann, als die Worte von einem Geschütz zum anderen bis zum Bug gedrungen waren, sprangen die Männer auf, brüllten wie die Irren, schwenkten ihre Halstücher oder hüpften wie Kinder auf dem sandbestreuten Deck. Von den Masten und auf der Back erscholl Geschrei, und selbst Midshipman Armitage, der sich eben noch an eine Belegklampe geklammert hatte, um nicht zusammenzubrechen, schwenkte seinen Hut und gellte: »Los! Ihr werdet es ihnen schon zeigen!«

Bolitho räusperte sich mühsam. »Frage an Masttopp: Fregatten gesichtet?«

Er versuchte krampfhaft, nicht an den mit Pulver vollgestopften Laderaum des Schoners zu denken. Und nicht an die Lunte, die in der Stille des Schiffsrumpfes bestimmt schon knisternd brannte.

»Aye, Sir! Er sieht die Rahen der ersten Fregatte hinter der Landspitze!« Selbst Davy hatte wilde Augen und schien, den bevorstehenden Kampf vergessend, von Herricks Selbstaufopferung überwältigt zu sein.

Erneutes Geschützfeuer, und nun spritzten die Fontänen rings um den Schoner hoch. Vielleicht kamen sie von der nächsten der ankernden Fregatten oder von kleineren Geschützen auf dem winzigen Strand, der die Einfahrt beherrschte. Bolitho spürte, daß er die Zähne schmerzhaft fest zusammengebissen hatte.

Zum mindesten wußten die Franzosen jetzt, daß irgend etwas geschah, aber sie würden das volle Ausmaß der Gefahr noch nicht gleich erkennen.

Ein fast gleichzeitiges Aufstöhnen der gespannt beobachtenden Matrosen ließ Bolitho das Glas heben; er sah die Bramstenge des Schoners umknicken und dann in einem flatternden Chaos von Leinwand und Rigg niedersinken.

»Zurück, Thomas! Um Gottes willen, wende!« flüsterte er.

»Schon wieder ein Treffer, Captain«, sagte Allday. »Und diesmal schlimmer.«

Bolitho riß sich los, er durfte nicht an Herrick denken. Das mußte warten. Denn in wenigen Minuten würde die *Undine* in Reichweite dieser Kanonen sein, wenn sie mit verzweifeltem Mut in die Passage einlief.

Er zog den Degen und hob ihn über den Kopf.

»Schaut auf ihn, Jungs!« Er konnte die Gesichter, die sich ihm zuwandten, nur undeutlich unterscheiden, sie schwammen wie im Nebel. »Mr. Herrick zeigt uns den Weg!«

»Er ist aufgelaufen!« Davy war beinahe außer sich. »In voller Fahrt aufgelaufen!«

Der Schoner hatte sich bei der harten Grundberührung ein Stück aus dem Wasser gehoben und knallte jetzt mit dem ganzen Vorschiff zwischen die Felsbrocken und Klippen. Genau wie er es ihnen mit Conways silbernen Tintenfässern vorgespielt hatte.

Selbst ohne Glas war zu sehen, daß ein paar kleine Boote sich von der Pier lösten und auf den schwer havarierten Schoner zuhielten, der jetzt entmastet dalag und wie eine uralte Hulk von Brechern überspült wurde. Gelegentlich zeigte ein Aufblitzen an, daß Scharfschützen in das Wrack feuerten, und Bolitho betete, daß die Lunte noch brennen und Herrick nicht lebend in Gefangenschaft geraten möge.

Die Explosion kam so plötzlich, so farbensprühend und überwältigend in ihrer Größe, daß man kaum hinsehen, geschweige denn ihre Ausmaße schätzen konnte. Eine breite Wand orangeroter Flammen wuchs vor den Felsen auf und breitete sich nach rechts und links mit mächtigen Feuerschwingen aus, verschlang alle Boote im Umkreis, versengte Menschen und Waffen und verbrannte sie zu Asche.

Und dann folgte das Getöse. Der Schall erreichte die Fregatte mit einem beständig ansteigenden Brüllen, bis die Männer sich die Hände auf die Ohren preßten und schreckensstumm die Flutwelle anstarrten, die unter den Rumpf der Fregatte rollte, sie mühelos hochhob und sich dann achteraus in den letzten Schatten der Nacht verlor.

Endlich verklang der Donner, das Feuer erstarb und hinterließ gelbrot glimmende Punkte – die Überreste von verbranntem Gebüsch in der Steilwand.

Das Geräusch von Meer und Wind kehrte zurück, von Rigg und Leinwand; hier und da sprach jemand fast im Flüsterton, als hätten sie soeben erlebt, daß Gott persönlich dazwischenfuhr.

Mit harter Stimme befahl Bolitho: »Fock aufgeien, Mr. Davy!« Er ging zur Reling; jeder Schritt verursachte ihm körperlichen Schmerz. »Mr. Shellabeer, alle Boote bis auf die Barkasse kappen!« Er mußte weiterreden, seine Leute wieder in Bewegung bringen, diesen furchtbaren Scheiterhaufen aus seinen Gedanken verbannen.

Er merkte, daß Soames ihn erwartungsvoll ansah, und rief: »Laden und ausrennen!«

Seine Worte gingen fast unter im Donnern der rebellierenden Leinwand, als das mächtige Focksegel an seine Rah gegeit wurde. Vorhang, dachte er stumpf, Vorhang auf zum letzten Akt. Damit auch alles gut zu sehen war.

Er hörte die Backbord-Stückpforten beim Aufgehen quietschen; dann warfen sich auf Soames' Kommandogebell die Geschützbedienungen in die Züge, die schwarzen Mündungen schoben sich immer schneller rumpelnd ans Tageslicht und standen drohend über dem milchigen Wasser.

Davy faßte an den Hut. »Alle Geschütze ausgerannt, Sir!«

Sein Gesicht war hager vor Anspannung.

»Danke.«

Bolitho behielt den dunklen Kegel quer vor der Durchfahrt im Auge. Kein weiteres Mündungsfeuer blitzte aus diesen mächtigen Rohren. Es hatte geklappt. Selbst wenn die Besatzung der Festung noch imstande war, einige Geschütze von der Landseite herüber zu schaffen, geschah das doch zu spät, um die *Undine* noch zu treffen, die jetzt in den treibenden Rauchvorhang stieß.

Er beschattete die Augen und starrte auf den Fetzen Land, auf jene dunklen Striche – die Masten und Rahen der ersten Fregatte. *Bald. Sehr bald.* Er faßte den Degen so fest, daß seine Knöchel weiß hervortraten. Tief innen fühlte er Schmerz und Zorn, eine wachsende, blinde Wut, die nur Rache für Herrick lindern konnte.

Und dann kehrte das Sonnenlicht zurück, wurde mit jeder Minute stärker. Bolitho enterte ein Stück in die Luvwanten auf, unbekümmert um Wind und Sprühwasser, das auf seinem Rock hängenblieb wie perlweiße Schmuckspangen. Vor der *Undine* lief ihr langer Schatten über das kabblige Wasser, sein eigener Schatten war dabei deutlich zu unterscheiden wie ein Detail in einem Webmuster.

Er blickte zu Mudge hinunter. »Klar zum Kurswechsel, sobald wir die Landspitze passiert haben!«

Er wartete, bis die Brassen bemannt waren, wo nun die Sonne die bloßen Rücken beschien, eine Tätowierung oder einen besonders langen Zopf hervorhebend. Dann sprang er an Deck und zerrte an seinem Halstuch, als würge es ihn.

»Marineinfanteristen, Achtung!« Bellairs hatte seinen eleganten Schleppsäbel gezogen und musterte seine Männer, die sich auf den dichtgepackten Hängematten eine Auflage für ihre langen Musketen suchten.

Neben jeder offenen Stückpforte kauerte ein Geschützführer und hatte seine Abzugsleine schon fast straffgespannt, während er darauf lauerte, daß er ein Ziel vors Rohr bekam.

Das Stückchen Land sprang ins Blickfeld, als ob es das Schiff berühren wollte. Die Bugwelle kräuselte das Wasser zwischen ein paar zerklüfteten Felsen, die Bolitho von seinem Besuch her noch in Erinnerung hatte.

»Klar bei Brassen!«

Mudge brüllte: »Ruder nach Backbord! Lebhaft!«

Wie ein Vollblutpferd warf sich die *Undine* unter dem Druck von Segel und Ruder herum; die Rahen kamen gleichzeitig über, als sie ins Sonnenlicht drehte.

»Ruder Nordost zu Ost!« Mudge warf sich mit der ganzen Kraft seines ungefügen Körpers mit in die Speichen. »Stützen, ihr Mistkerle!«

Ein paarmal krachte es dumpf, und eine Kugel flog mit einem Knall wie von einer Peitsche durch das Vormarssegel.

Bolitho nahm kaum Notiz davon. Er starrte die vor Anker liegende Fregatte an, das Gewimmel auf ihren Rahen und an Deck, die Vorbereitungen zum Ankerlichten.

Davy war ebenso enttäuscht wie er. »Das ist ja gar nicht die *Argus,* Sir!«

Bolitho nickte. Es war die andere Fregatte. Die, welche von ihrer Besatzung aufgegeben worden war. Er kniff die Augen zusammen und versuchte, jede einzelne Bewegung zu beobachten, um sich vorzustellen, was geschehen war.

Le Chaumareys war weg. Zufall? Oder hatte er wieder einmal seine Überlegenheit bewiesen, seine Gerissenheit, die noch nie übertrumpft worden war?

Wild schwang er die alte Klinge über seinem Haupt und brüllte: »Steuerbordbatterie! Auf das erkannte Ziel!« Blitzend fuhr der Degen nieder. *»Feuer!«*

Brüllend brach die Breitseite aus der *Undine,* Geschütz nach Geschütz erfaßte sein Ziel. Soames tobte an jedem rücklaufenden Verschlußblock vorbei, brüllte die Männer an und beobachtete durch die Stückpforten die Wirkung des Beschusses. Rauch drang aus den Pforten und rollte auf das gegnerische Schiff zu.

Hier und da blitzte drüben ein erwiderndes Geschütz auf; mindestens eine Kugel schmetterte in die Bordwand der *Undine,* Bolitho spürte die Decksplanken unter seinen Füßen erbeben.

Unter Flüchen und Gebrüll ihrer Bedienungen mischten sich jetzt auch die Achterdecksgeschütze ein. Die plumpen Sechspfünder stießen auf ihren Schienen innenbords, mit brennenden Augen wischten die Mannschaften die Rohre aus und rammten in Sekundenschnelle die neuen Ladungen hinein.

Hoch über ihren Köpfen, rechts und links geräuschvoll ins Wasser platschend, erreichte sie eine Salve kleinerer Kaliber, ob von der Festung oder der Fregatte, das wußte Bolitho nicht, und es war ihm auch gleich. Lebhaften Schrittes überquerte er das Deck und sah dabei nur die kahlgeschossenen Masten des gegnerischen Schiffes, den bunten Wimpel mit dem aufgebäumten Wappentier und die wachsende Qualmwolke der unaufhörlich einschlagenden Salven der *Undine*.

Einmal überlief ihn ein Schauder, als er ein verkohltes Treibgut achteraus vorbeischaukeln sah: einen kopflosen Leichnam, der sich im Kielwasser der *Undine* drehte, rote Blutfäden gleich obszönen Algen hinter sich herziehend.

Herrick hatte gewußt, daß die *Argus* verschwunden war, er hatte die Reede lange vor der *Undine* überblickt. Er hatte nicht gezögert. Wieder fühlte Bolitho ein stechendes Brennen in den Augen, Wut und Haß brodelten in ihm hoch. Wieder krachten die Achterdeckgeschütze, bei den scharfen Detonationen zog sich ihm der Magen zusammen. Die Bedienungen stürzten mit Handspeichen vor, um die Kanonen für die nächste Salve auszurichten.

Herrick hatte es akzeptiert – wie früher auch. Dafür hatte er gelebt.

Laut, ohne sich um Mudge und Davy zu scheren, stieß er hervor: »Diese idiotischen Intriganten! Hol sie der Teufel für ihre Dummheit!«

»Die Fregatte hat die Ankertrosse gekappt, Sir!« schrie Keen.

Bolitho rannte zu den Netzen, fühlte dabei dicht vor seinen Füßen eine Musketenkugel ins Deck schlagen. Es stimmte – Muljadis Schiff trieb unbeholfen in Wind und Strömung, sein Heck schwang wie ein Torflügel quer vor die *Undine*. Jemand mußte da die Nerven verloren haben, oder vielleicht war in dem Durcheinander ein Befehl mißverstanden worden.

Er brüllte: »Wir gehen längsseits! Klar bei Marsfallen! Ruder hart Lee!«

Wieder stürzten die Männer an die Brassen, donnernd schlugen die Marssegel in plötzlicher Freiheit, elegant schwang die *Undine* nach Backbord, bis ihr Klüverbaum auf die ferne Pier und die schwelenden Trümmer wies.

Soames kommandierte: »Richten! Fertig!« Seine rotgeränderten Augen wanderten an der Reihe keuchender Geschützbedienungen entlang, wie ein Marschallstab deutete sein Degen: »Schafft den Mann da weg!« Er rannte hin und half, einen Verwundeten von einem Zwölfpfünder wegzuziehen. »Jetzt!« Sein Degen fuhr nieder. »Breitseite!«

Diesmal feuerte die ganze Batterie in einer einzigen krachenden Flammenwand, aus der lange rote Zungen in den Qualm stießen, der sich wie in Todeszuckungen wand.

Heiseres Triumphgeschrei: »Da geht ihr Vormast!«

Bolitho rannte zum Decksgang, Seesoldaten und Matrosen polterten ihm nach. Hoch über dem Rauch schleuderten die behenden Toppsgasten bereits ihre stählernen Draggen, forderten einander lachend zum Wettkampf heraus; jede Mannschaft wollte schneller sein als die andere. Und noch ein Hurra, als die *Undine* knirschend gegen die steuerlos treibende Fregatte stieß, ihren Bugspriet hoch über die Kampanje des Gegners schob. Während ihre Restfahrt die Schiffe dichter gegeneinander trieb, bellten die Waffen lauter denn je, denn jetzt trugen sie ihre Zerstörungswut nur über knappe dreißig Fußbreit wirbelnden Wassers.

»Entern!«

Bolitho griff in die Großmastwanten und paßte den Moment ab, in dem Soames brüllte: »Feuer einstellen! Drauf, Jungs! Haut die Bastarde zusammen!« Dann war er drüben, krallte sich in die Enternetze des Gegners, die von den Breitseiten schon mächtige Risse aufwiesen. Muljadi schien seinen Angriffsplan schon fertig gehabt zu haben, denn aus den Decks quollen Hunderte von Männern, um die hurraschreienden, fluchenden Enterer zu empfangen.

Musketen- und Pistolenfeuer; irgendwo oben krachte ein Drehgeschütz, eine Ladung gehacktes Blei fegte über das gegnerische Deck und schleuderte Holztrümmer und menschliche Leiber in alle Richtungen.

Ein bärtiges Gesicht tauchte aus dem Qualm auf, und Bolitho hieb danach; mit der anderen Hand hielt er sich in den Netzen fest, um nicht über Bord zu fallen und zwischen den Schiffsrümpfen zerquetscht zu werden. Der Pirat schrie auf und stürzte, ein Seesoldat stieß Bolitho zur Seite und kreischte wie ein Irrer, als er einen Mann mit dem Bajonett durchbohrte; sofort riß er die Schneide wieder heraus und rammte den Kolben in einen verwundeten Feind, der wegzukriechen versuchte.

Allday duckte einen Säbelhieb ab und brachte den Angreifer damit aus dem Gleichgewicht. Mit der linken Faust schob er den Mann zurück, um mit der eigenen Klinge besser ausholen zu können. Sie traf wie eine Axt auf Holz.

Bellairs stand in einer Abteilung Marineinfanteristen und brüllte Kommandos, die kein Mensch hören konnte; sein eleganter Schleppsäbel zuckte vor und zurück wie eine silberne Schlange, während er sich mit seinem Pulk zum Achterdeck durchkämpfte.

Noch einmal brandete Hurrageschrei auf, und Bolitho sah Soames mit seiner Entermannschaft in den Großmastwanten des Gegners; Musketen feuerten auf kürzeste Entfernung in das Gewimmel unter ihm; Soames kreuzte die Klinge mit der eines großen schlanken Offiziers – Le Chaumareys' Erstem Leutnant, wie sich Bolitho erinnerte.

Soames rutschte aus und fiel auf eine umgestürzte Kanone, und der Franzose holte zum tödlichen Stich aus. Aber ein Seesoldat hatte es gesehen; seine Musketenkugel riß den Hinterkopf des Franzosen weg und warf ihn wie eine Stoffpuppe über die Reling.

Bolitho merkte, daß Allday ihn am Arm schüttelte, um ihm etwas begreiflich zu machen. »Der Laderaum, Captain!« brüllte er und stieß seinen Entersäbel in Richtung der Hauptluke. »Die Hunde haben Feuer gelegt!«

Bolitho starrte hin; der Kopf schwirrte ihm von Kampf- und Siegesgeschrei, dem wahnwitzigen Wüten des Nahkampfes. Schon verdichtete sich der Rauch. Vielleicht hatte Allday recht, vielleicht hatte aber auch nur ein brennender Stopfen aus einem Geschütz der *Undine* mit Soames' letzter Breitseite seinen Weg in den Rumpf der Fregatte gefunden. So oder so, wenn er nicht sofort handelte, würden beide Schiffe vernichtet werden.

Er schrie: »Hauptmann Bellairs! Zurück!«

Bellairs glotzte ihn verständnislos an; Blut tropfte ihm aus einer Stirnwunde. Dann aber schien er sich wieder unter Kontrolle zu bekommen und rief: »Zur Retraite!« Er sah sich nach seinem Sergeanten um, dessen Riesenkörper irgendwie von Stahl und Kugeln verschont geblieben war. »Coaker! Schreiben Sie den Kerl auf, wenn er nicht gehorcht!«

Coaker griff nach einem Trommelbub der Marineinfanterie, aber er war tot; blicklos starrten seine Augen den Sergeanten an, der ihm die Trompete aus den schlaffen Fingern wand und mit aller Kraft das Rückzugsignal blies.

Den Kampf abzubrechen, fiel ihnen beinahe schwerer als vorher das Entern. Schritt für Schritt wichen sie zurück; hier und dort starb noch ein Mann oder sprang in den Raum zwischen den beiden Schiffsrümpfen, um nicht niedergemacht zu werden. Die Piraten hatten mittlerweile gemerkt, in welcher Gefahr ihr eigenes Schiff war, und schienen nur darauf bedacht, so schnell wie möglich von Bord zu kommen.

Die ersten Flammenzungen leckten bereits durch eine Luke. Die liegengelassenen Verwundeten schrien im Chor auf, aber in Sekundenschnelle brannten die Gratings und das nächste Bootslager lichterloh.

Bolitho packte die Webeleinen und warf einen letzten Blick auf die Fregatte. Seine Männer sprangen bereits auf den Decksgang der *Undine* hinüber. Vorn waren Shellabeer und seine Gehilfen schon dabei, die Taue zu kappen, welche die beiden Schiffe aneinanderfesselten, die vollen Bramrahen schon rundgebraßt, das Ruder gelegt, begann die *Undine* sich zu lösen, glücklicherweise hielt der Wind Rauch und Funken von ihren Segeln und dem verwundbaren Rigg fern.

»Was jetzt, Sir?« keuchte Mudge.

Bolitho sah die gegnerische Fregatte nach achtern gleiten. Immer noch schossen ein paar Verrückte über den sich schnell vergrößernden Zwischenraum hinweg.

»Eine letzte Breitseite, Mr. Soames!« rief er.

Aber es war schon zu spät. Eine riesige Flammenwand barst durch das Geschützdeck der Fregatte, wuchs gen Himmel und entzündete den Vormaststumpf mit den restlichen Segeln; wie ein Waldbrand sprang sie auf die Rahen des Großmastes über.

Wie aus weiter Entfernung hörte Bolitho seine eigene Stimme: »Das Fockreff raus, und zwar schnell! Den Weg, den wir gekommen sind, können wir nicht zurück, ihr Bordmagazin muß jeden Moment hochgehen. Also probieren wie lieber die östliche Durchfahrt!«

»Ist vielleicht zu flach, Sir«, wandte Mudge ein.

»Wollen Sie lieber verbrennen, Mr. Mudge?«

Er ging zur Heckreling, um die Fregatte zu beobachten, deren Kampanje jetzt in hellen Flammen stand: immerhin ein englisches Schiff – aber so war es wohl besser.

Er drehte sich um und sagte schroff: »Mr. Davy, ich brauche einen genauen Schadensbericht.« Er sah an Davys Augen, daß die Trunkenheit des Kampfes bereits von ihm gewichen war. »Und die Verlustliste!«

Die Rahen schwangen herum, die Segel, durchlöchert und rauchgeschwärzt, füllten sich in der Brise. Die Durchfahrt war anscheinend breit genug: sie hatten eine Kabellänge Raum an Steuerbord, etwas mehr an Backbord. Er hatte schon Schwierigeres geschafft.

»Boot voraus, Sir!« Keen stand mit dem Fernrohr in den Wanten. »Mit bloß zwei Mann an Bord!«

Mudge rief: »Ich halte sie stetig, Sir. Wir steuern beinahe wieder Nordost, aber ich weiß nicht . . .«

Der Rest seiner Worte ging in Keens Kreischen unter: »Sir! Sir!« Ungläubig starrte er auf Bolitho herab.

»Nehmen Sie sich zusammen, Mr. Keen!« blaffte Davy.

Aber Keen schien ihn nicht zu hören. »Das ist Mr. Herrick!«

Bolitho sprang neben ihn in die Wanten. Das Boot war nur ein Wrack, und die hagere Gestalt, die jetzt einen Fetzen Tuch überm Kopf schwenkte, sah wie eine Vogelscheuche aus. Halb im Wasser, lag auf dem Boden des vollgeschlagenen Bootes tatsächlich Herrick.

Bolithos Hand mit dem Teleskop zitterte. Er sah jetzt Herricks Gesicht, aschgrau unter Verbänden. Dann öffneten sich seine Augen, denn der andere Mann schien ihm die Neuigkeit zuzurufen – es kam Bolitho vor, als verstünde er jedes Wort.

Er befahl: »Weitergeben an Bootsmann! Er soll das Boot mit dem Draggen längsseits holen.« Er faßte den Midshipman am Arm. »Und sagen Sie ihm, er soll sich Mühe geben, sonst . . . Eine zweite Chance bekommt er nicht!«

Allday war unter Deck gegangen, um irgend etwas zu holen. Jetzt war er wieder da und sah sich erstaunt um, bis Bolitho gelassen sagte: »Der Erste Leutnant kommt an Bord. Gehen Sie nach vorn, und heißen Sie ihn in meinem Namen willkommen, ja?«

Als die Fregatte einen flachen Landbuckel passierte, kam die Sonne hervor, um sie zu grüßen, ihnen die schmerzenden Glieder zu wärmen und den Schock der überstandenen Schlacht ein wenig zu lindern. Das Krachen einer dumpfen Explosion tönte von der Hauptdurchfahrt herüber, und noch mehr Rauch stieg über dem nächstliegenden Land empor: er verkündete ihnen den Wind, der sie auf dem offenen Meer erwartete, und die endgültige Vernichtung der feindlichen Fregatte. Aber ob Muljadi an Bord gewesen war, das wußte Bolitho nicht, und der entscheidende Kampf stand ihnen noch bevor.

Er hörte Rufe vom Vorschiff und dann ein Hurra, als einige Matrosen in das sinkende Boot kletterten, um Herrick und seinen Gefährten an Bord zu holen.

Nun, dachte Bolitho, was uns auch hinter jenen grünen Hügeln erwartet – Sieg oder Niederlage –, wir sind jedenfalls wieder zusammen.

»Zwei Strich Backbord!«

Bolitho versuchte, an Deck auf und ab zu gehen, aber er konnte seiner Nervosität nicht Herr werden. Noch waren die Spuren der Schlacht an Bord nicht beseitigt. Vor einigen Stunden waren sie in die östliche Durchfahrt eingebogen; unter einem Minimum an Leinwand tasteten sie sich zum offenen Meer; zwei Mann hingen im Wasserstag und loteten ständig.

Seit einer Stunde antwortete er auf Fragen, hörte sich Berichte und Meldungen an: zehn Tote, fünfzehn Verwundete, die Hälfte davon schwerverwundet. Eine ziemlich kleine Verlustliste in Anbetracht dessen, was sie geleistet hatten; aber das tröstete ihn wenig, wenn er die Reihe der an Deck liegenden vernähten Hängematten ansah – ein nicht ungewohnter Anblick –, oder wenn wilde Schmerzensschreie aus der Hauptluke gellten.

Wenn nur Allday endlich kommen und ihm berichten würde, was mit Herrick war! Er hatte den überlebenden Matrosen schon befragt, es war Lincoln mit der grotesken Narbe im Gesicht, durch die er aussah, als grinse er ständig.

Bolitho hatte bemerkt, daß Lincoln alles noch einmal durchlebte, als er stotternd berichtete; er schien sich gar nicht bewußt zu sein, daß sein Kapitän und die Offiziere um ihn herumstanden –ja, er schien noch gar nicht richtig begriffen zu haben, daß er tatsächlich lebte.

Es war fast so geschehen, wie Bolitho es sich gedacht hatte: Herrick war entschlossen, die Batterie zu zerstören und seinen Schoner dort auf Grund zu setzen – um jeden Preis, selbst den des eigenen Lebens. Im letzten Moment, als die Lunte bereits glimmte und das Fahrzeug vom Steilhang her beschossen wurde, hatte Herrick ein vom Großmast fallender Block bewußtlos geschlagen. »Und da«, flüsterte der kleine Matrose, »kommt Mr. Pigsliver kalt wie ’ne Hundeschnauze und sagt: ›Ab mit euch ins Boot, ich habe ’ne alte Rechnung zu begleichen‹ – aber was er damit meint, sagt er nicht. Da waren wir nur noch drei Mann. Also, ich und Jethro fieren Mr. Herrick ins Dingi, aber der andere, der kleine Segelmacher, sagt, er bleibt beim Don.« An dieser Stelle hatte Lincoln so gezittert, daß er zunächst schwieg. »Wir also nix wie ab«, fuhr er dann fort. »Und da geht der Schoner auch schon hoch, und den armen Jethro haut’s über Bord. Ich hab’ gepullt wie verrückt und dabei gebetet, daß Mr. Herrick wieder zu sich kommt und mir sagt, was ich tun soll.« Vor lautlosem Schluchzen konnte er eine Weile nicht weitersprechen. »Dann seh' ich hoch – und da is' sie in Lebensgröße, die alte *Undine*. Ich schüttel' Mr. Herrick und rufe: ›Hallo, wachen Sie auf, das Schiff kommt uns holen!‹ Und er – also, er guckt mich bloß an und meint: ›Na und? Was hast du denn gedacht?‹«

Leise hatte Bolitho gesagt: »Danke, Lincoln. Das sollst du nicht umsonst getan haben.«

»Und Sie werden auch nicht vergessen, in Ihren Bericht das über Mr. Pigsliver zu schreiben, Sir? Ich – ich meine, Sir, er mag ja 'n Don sein, aber . . .« Und dann war Lincoln völlig zusammengebrochen.

Jetzt, als Bolitho ruhelos an den Sechspfündern entlangging, wo die Geschützführer im Sonnenschein knieten, Zubehör durchsahen, Leinen und Blöcke prüften, die Oberkörper noch von Ruß und getrocknetem Blut befleckt, da versprach er sich: Nein, ich werde Puigserver nicht vergessen.

»Deck ahoi!«

Geblendet schaute er hoch.

»Offenes Wasser voraus, Sir!«

Hinter sich hörte er Schritte und fuhr herum. »Allday, wo, zum Teufel, waren Sie so lange?«

Aber es war nicht Allday.

Bolitho lief über das Deck und streckte beide Hände aus, ungeachtet der neugierigen Gesichter rechts und links. »Thomas!« Er ergriff Herricks Hände. »Ich weiß nicht, was ich sagen soll.«

Herrick lächelte schwach. »Ich bin immer noch derselbe, Sir.«

»Sie sollten unten bleiben, bis . . .«

»Deck ahoi! Segel im Osten!«

Herrick zog die Hände zurück und sagte gelassen: »Ich bin schließlich Erster Leutnant, Sir.« Langsam blickte er sich auf dem Achterdeck um, sah die Splitter, die von Musketenkugeln zerfetzten Hängematten. »Mein Platz ist hier.«

Davy trat herzu und tippte an den Hut. »Wieder klar Schiff zum Gefecht, Sir?«

»Ja.«

Lächelnd sagte Davy zu Herrick: »Anscheinend hatten Sie auch nicht mehr Glück mit dem Schoner als ich. Aber ich bin sehr froh, daß Sie wieder da sind, und das ist die pure Wahrheit.«

Herrick faßte an seinen frischen Kopfverband und zuckte zusammen. »Wenn man mir nicht versichert hätte, daß es anders war, dann würde ich sagen, Puigserver hat mir selber eins über den Schädel gegeben. So sehr war er darauf versessen, die Sache zu Ende zu bringen.«

Er schwieg, die Trommeln wirbelten, die müden Gestalten an Geschützen und Brassen sprangen auf. Der letzte Streifen Land glitt hinter ihnen zurück, und die blaue, von kräftiger Dünung belebte See erstreckte sich endlos bis zur glitzernden Kimm. Backbords voraus, Rumpf und Spieren schwarz gegen das Licht, stand die *Argus*. Sie schien nur sehr langsame Fahrt zu machen, die Rahen waren vierkantgebraßt, um sie auf konvergierendem Kurs zu halten.

»Vier Meilen, würde ich sagen«, murmelte Herrick.

»Ungefähr.«

Bolitho studierte das gegnerische Schiff genau, er konnte einfach nicht wegsehen. Sie erinnerte ihn an eine Wildkatze, wie sie dort durch die weißköpfigen Wellen schlich: zielstrebig, hinterhältig, tödlich.

Er bildete sich ein, das Quietschen der Lafetten zu hören, als der glatte Rumpf auf einmal von Kanonenrohren gespickt war. Le Chaumareys ließ sich Zeit, wartete Bolithos ersten Zug ab.

Die Spannung kehrte stärker zurück. Vielleicht hatte Le Chaumareys das alles so vorausgeplant, weil er seinem Verbündeten Muljadi nicht traute und damit rechnete, daß Bolitho ein Unentschieden, vielleicht sogar einen Sieg erkämpfen würde, wenn er sich seine Angriffsweise selbst aussuchen konnte.

Die Männer der *Undine* hatten einen harten Kampf hinter sich. Forschend musterte er die von Kugeln durchlöcherten Segel, hörte den Schiffszimmermann und seine Gang im unteren Raum hämmern. Er wußte, daß er viel von ihnen forderte, wenn sie jetzt schon wieder und gegen diesen mächtigen, schwarzbäuchigen Veteranen der französischen Flotte antreten sollten.

Dann blickte er die Männer in seiner unmittelbaren Nähe an. Er brauchte alle Seemannschaft, die sie besaßen, und nicht zuletzt ihren ganzen Mut.

»Na, Mr. Mudge, was macht der Wind?«

»Wird auffrischen, Sir.« Mudge zog sein Taschentuch und schnaubte sich heftig die große Nase. »Könnte ein bißchen krimpen.« Er deutete nach oben zum Wimpel, der steif stand wie ein

Speer. »Ich möchte vorschlagen, Sir, daß Sie nur unter Bramsegeln kämpfen.«

Bolitho wandte sich an Herrick. »Was meinen Sie?«

Mit zusammengekniffenen Augen beobachtete Herrick den Gegner. »Nahkampf, Sir. Sonst schießt sie uns mit ihren weitreichenden Kanonen in Stücke.« Das Deck hob sich unter der ersten anrollenden Welle, und Gischt flog bis in die Netze.

»Also los.« Bolitho leckte sich die trockenen Lippen. »Weg mit der Fock!« Er senkte die Stimme. »Und lassen Sie die Toten sofort bestatten. Es tut nicht gut, wenn man daran erinnert wird, wo manche von uns heute vormittag noch enden werden.«

Ruhig blickte Herrick ihm in die Augen. »Ich kann mir zwar bessere Gründe zum Sterben denken, Sir, aber –«, er blickte zu den reglosen Männern an den Geschützen hinüber –, »keinen besseren Ort.«

Bolitho schritt zur Reling und beobachtete die *Argus* einige Minuten lang. Le Chaumareys hielt eine gute Ausgangsposition, hatte sie wahrscheinlich sehr genau vorausberechnet. Dort drüben lag er jetzt und lauerte, wartete ab, was Bolitho unternehmen würde. Ob er versuchen würde, in Luv von ihm zu gelangen oder den Kurs zu ändern, um das Heck der *Argus* zu passieren und sie dabei mit einer gutgezielten Breitseite zum Krüppel zu schießen.

Die französische Fregatte rollte so stark in der Dünung, daß der Kupferbeschlag des Rumpfes kurz zu sehen war. Der Wind lag voll auf der ihnen zugekehrten Bordseite, aber Le Chaumareys hielt sich zurück, blieb backbords der *Undine* und machte kaum Fahrt.

Bolitho biß sich auf die Lippen und blinzelte in der gleißenden Sonne. Das mußte ein schwieriges Zielen werden, so gegen das blendende Licht.

Als er wieder zum Geschützdeck hinübersah, lagen die Toten nicht mehr da. Eben kam Herrick zu ihm nach achtern und meldete: »Alles vorbei.« Nach einem Blick auf Bolithos nachdenkliches Gesicht fragte er: »Ist etwas nicht in Ordnung, Sir?«

»Ich glaube, ich fange an, Le Chaumareys zu verstehen«, antwortete Bolitho. Wieder spürte er das Herzklopfen, den altbekannten Schauer über Nacken und Rückgrat. »Ich denke, er *will* uns den Windvorteil lassen.«

»Aber, Sir . . .« Herricks blaue Augen glitten zur *Argus* hinüber und wieder zurück. »Vielleicht legt er mehr Wert darauf, daß wir die Sonne gegen uns haben?« Langsam hellte sich sein großes rundes Gesicht auf, er schien zu begreifen. »Könnte schon sein. So kann er auf Distanz bleiben und seine weitreichenderen Geschütze wirkungsvoll einsetzen.«

Mit blitzenden Augen fuhr Bolitho herum. »Aber daraus wird nichts, Mr. Herrick! Sofort die Royals setzen! Tut mir leid, Mr. Mudge, aber wenn Ihr verdammter Wind uns auch die Rahen bricht, so ist das immer noch besser, als sie auf andere Weise zu verlieren.«

Herrick hatte schon das Sprachrohr zur Hand. »Toppgasten aufentern! Royals setzen!« Jetzt war ihm kaum noch anzusehen, was er vor kurzem durchgemacht hatte. »Bei Gott, Sir, auch wenn wir nicht so schwer sind, so sind wir doch wendiger, und das werden wir diesem Hund heute zeigen!«

Bolitho grinste ihn an, obwohl seine Lippen dabei schmerzten. »Ruder zwei Strich Steuerbord. Wir laufen ihm vor den Bug!«

Allday verschränkte die Arme und starrte Bolithos Rücken an, dann blickte er zur Flagge hoch, die im auffrischenden Wind knatterte. »Und dann ist Schluß mit dem Laufen, wetten?« murmelte er.

»Ostnordost liegt an, Sir!« Carwithens Hand ruhte auf den polierten Speichen, während der andere Rudergänger sich auf den Kompaß und den Stand der Segel konzentrierte.

Mudge wischte sich die Hände am Mantel ab. »Sie hält sich gut, Sir!«

Bolitho ließ das Fernrohr sinken und nickte nachdenklich. Die zusätzliche Kraft der Royals brachte die *Undine* quer vor den Kurs des Gegners. Er verzog das Gesicht, weil ihm die Sonne direkt ins Glas schien. Le Chaumareys war immer noch in der besseren Position. Er konnte nach Lee abfallen und ihnen seine Breitseite präsentieren, wenn die *Undine* vor ihm passieren wollte. Ebensogut konnte er sie seinen Kurs kreuzen lassen und sie, während sie beim Halsen Zeit verlor, in Luv abdecken und sie dann, Gegenlicht oder nicht, von der anderen Seite her beschießen.

Herrick sagte heiser: »Sie hält immer noch Kurs. Vielleicht ist sie einen Strich abgefallen, aber das bedeutet nichts.« Er atmete langsam aus. »Prächtig sieht sie aus – hol' sie der Teufel!«

Bolitho lächelte gezwungen. Die Umrisse der *Argus* hatten sich kaum verändert, aber nur, weil die *Undine* nach Steuerbord angeluvt hatte. Der Abstand war jetzt viel geringer, knappe zwei Meilen, so daß die rot-gelbe Gallionsfigur deutlich zu erkennen war und auch die auf dem Achterdeck arbeitende Mannschaft.

Ein Krachen, und Sekunden später stieg eine dünne Fontäne träge aus den Wellenkämmen empor, nicht ganz auf dem Kurs der *Undine* und eine halbe Kabellänge zu kurz. Zum Einschießen – oder auch nur, um die Geschützbedienungen der *Undine* nervös zu machen: einer von Le Chaumareys' kleinen Tricks.

Herrick murmelte verbissen: »Wie ich diesen Froschfresser kenne, wird er versuchen, uns mit Kettenkugeln und Schrapnells zu entmasten. Damit er *noch* eine Prise für seinen verfluchten Bundesgenossen hat!«

»*Diesen* Franzosen kennen Sie nicht, Mr. Herrick.« Bolitho erinnerte sich an Le Chaumareys' Gesicht, als er von ›zu Hause‹ sprach, von seinem Frankreich, das er so lange hatte entbehren müssen. »Ich schätze, er ist auf einen totalen Sieg aus.«

Bei diesem Wort war ihm gar nicht wohl. Er assoziierte es mit einer sterbenden *Undine,* die zwischen ihren eigenen Toten trieb und dann für alle Ewigkeit in die Tiefe ging. Wie die Fregatte, die er selbst versenkt hatte: Wie die *Nervion* und so viele andere Schiffe, die vor seinen Augen vernichtet worden waren.

Die Szenerie war perfekt: zwei Schiffe, die einander mit allen Mitteln zu überlisten versuchten – und nicht einmal eine Möwe, die ihren verzwickten Manövern zusah.

»Da, Sir! Sie setzt ebenfalls die Royals!« Carwithens Stimme riß ihn aus seinen Gedanken.

»Jetzt will er uns doch noch abfangen!« rief Herrick aus.

Bolitho beobachtete, wie sich die Segel an den Reuelrahen der *Argus* entfalteten und den Wind aufnahmen. Er konnte auch sofort die Wirkung erkennen: Der überhängende Steven bohrte sich tiefer in die Wogen, sie machte deutlich stärkere Fahrt. Von seinem Standort sah es tatsächlich so aus, als berühre der Bugspriet der *Argus* seinen eigenen, obwohl sie noch mehr als eine Meile entfernt war. Rauch kräuselte sich hoch, und er hielt den Atem an, als die hellen Feuerzungen aus den offenen Stückpforten stachen.

Die See kochte und schoß himmelhoch, als die schweren Kugeln in die Wellen schlugen oder als Aufpraller weiter entfernt davonschossen. Eine Kugel ging dicht am Rumpf nieder, und die Druckwelle ließ selbst die höchsten Spitzen der Masten erzittern.

»Die wollen uns den Schneid abkaufen!«

Herrick grinste zwar bei diesen Worten, aber Bolitho sah die Angst hinter seinen Augen lauern. Ihm war Le Chaumareys nicht wie ein Mann bombastischer Gesten vorgekommen. Er ließ seine Geschützführer sich einschießen, demonstrierte ihnen die Schußweite; vielleicht erläuterte er eben jetzt mit seiner dröhnenden Stimme, was er von ihnen erwartete.

»Bei Gott, dieser Teufel kürzt schon wieder Segel!« Bolitho sah die Royals der *Argus* längs der Rahen verschwinden und beugte sich vor.

»Backbordbatterie – klar zum Feuern!«

Vielleicht hatte er Le Chaumareys' einzige Schwäche herausgefunden: daß er nicht nur siegen, sondern dabei auch am Leben bleiben wollte. Denn diese beiden Dinge trafen nicht immer zusammen, das wußte Bolitho recht gut.

»Ruder drei Strich Backbord!«

Er hörte die scharrenden Füße, die überraschten Rufe, als sein Befehl an die Matrosen weitergegeben wurde.

»Also, Sir«, meinte Mudge zweifelnd, »ob sich das nicht rächt . . .«

Aber Bolitho schien ihn nicht zu hören. Er wartete die Vollzugsmeldung ab und blickte dann zum Bugspriet, der erst langsam, dann schneller nach Backbord auswanderte und die gegnerische Fregatte in einem Netzwerk aus Stagen und Wanten einfing.

»Recht so!«

Er wartete ungeduldig, während Herrick abgehackte Kommandos durch die Sprechtrompete schrie und die Männer an den Brassen fieberhaft arbeiteten, um die Rahen zu trimmen.

»Nordost zu Nord liegt an, Sir«, meldete der Rudergänger atemlos.

Mit einem kräftigen, achterlichen Wind fegte die *Undine* direkt auf das gegnerische Schiff zu, als wolle sie es mitten entzweischneiden. Wieder blitzte es bei dem Franzosen auf; Bolitho preßte die Fäuste zusammen, als das Eisen über sein Schiff heulte, das Rigg zerfetzte, Segel durchlöcherte und zu beiden Seiten Gischt hochjagte.

»Nun werden wir sehen.« Bolitho beugte sich vor, packte die Reling fester und spürte den schmerzhaften Sonnenglast in den Augen. Wieder lief ein Stakkato von Blitzen über die ganze Länge der *Argus*, das Krachen der Breitseite rollte über das Wasser wie der Wirbel einer gigantischen Trommel. Heftig schüttelte sich der

Rumpf der *Undine,* und unterhalb des Achterdecks wechselten die Matrosen verzweifelte Blicke.

Immer noch hielt die *Argus* Kurs und wurde mit jeder Minute größer. Noch mehr Detonationen, und ein wütender Ruck unter seinen Füßen verriet Bolitho, daß sein Schiff wieder einen Treffer abbekommen hatte. Aber jetzt wurden die Breitseiten der *Argus* lückenhafter, und immer weniger Kugeln kamen ihrem Ziel nahe.

»Er muß sich was einfallen lassen!« rief Herrick.

Bolitho erwiderte nichts, starrte aber wie gebannt zum Achterdeck der *Argus* hinüber, wo er schon unter einer Anzahl von Matrosen Le Chaumareys' mächtige Gestalt, seinen kleinen, kurzgeschorenen Kopf ausmachen konnte. Sein Erster Leutnant mußte ihm sehr fehlen, schoß es Bolitho durch den Kopf. Genauso wie Herrick ihm gefehlt hätte, wenn sie nicht auf diese unwahrscheinlich Art wieder zusammengekommen wären.

»Der Wind, Mr. Mudge?« rief er hinüber. Ansehen mochte er den Steuermann nicht.

»Hat einen Strich gekrimpt, Sir! Nach dem Wimpel kommt er jetzt beinahe aus Südwest.«

»Die *Argus* gibt Raum, Sir!« schrie Herrick.

Ein einzelnes Hurra ertönte von irgendwoher, aber Bolitho fauchte: »Halten Sie die Leute ruhig!« Schnell fügte er hinzu: »Ruder hart Backbord! Ich will sie so genau vorm Wind wie es irgend geht, Mr. Mudge!«

Starr vor Spannung beobachtete er, wie die Umrisse der *Argus* sich weiter verkürzten, als sie abdrehte und ihnen Raum gab, so daß die beiden Schiffe jetzt in spitzerem Winkel zueinander standen. Sie sandte noch eine langsame Breitseite herüber, und Bolitho hörte einen Schrei von oben: ein Marineinfanterist fiel mit dem Kopf voran ins Netz, Blut quoll aus seinem Mund und spritzte auf die Geschützbedienung unmittelbar unter ihm.

Anscheinend hatte Le Chaumareys Bolithos direkten Angriff für einen Akt eitler Tollkühnheit gehalten. Er hatte den richtigen Moment abwarten wollen, um im Abdrehen die volle Breitseite zu präsentieren und die *Undine* kampfunfähig zu schießen, wenn sie versuchte, vor seinem Bug zu passieren.

Bolitho hob die Hand; dabei flehte er insgeheim, daß diese blitzenden Kanonen ihm Zeit genug zum Handeln lassen würden.

»Backbordbatterie – Einzelfeuer!«

Der Schiffsrumpf erzitterte, und Bolitho atmete tief auf, als der

Rauch sich hob und zum Feind hinübertrieb.

»Klar zur Kursänderung!« Er hielt Herricks erschrecktem Blick stand. »Nein, jetzt wollen wir ihn noch nicht umarmen!« Sein Grinsen mußte irrwitzig aussehen, dachte er. »Wir kreuzen sein Heck – er hat es ungedeckt gelassen!«

Ein schweres Kaliber zerschmetterte das Backbordschanzkleid, warf einen Zwölfpfünder um und färbte Planken und Gratings mit hellroten, rasch größer werdenden Flecken.

Soames' Befehle übertönten die Schreie und Flüche der Männer: mit wilden Augen starrte er durch den Rauch. »He da, Manners! Die Handspeiche – schneller, zum Teufel!« Denn der Matrose Manners tastete verwirrt an seinem blutverschmierten Hosenbein herum – aber Blut und Fleischfetzen stammten von der Geschützbedienung nebenan.

Bolitho senkte die Faust. »Jetzt! Leeruder!«

Durch den auffrischenden Wind und den Kurswechsel bekam die *Undine* starke Schlagseite; die Geschützbedienungen feuerten noch eine unregelmäßige Save ab, bevor die *Argus* aus der Ziellinie glitt.

»Mr. Davy«, brüllte Bolitho, »die Steuerbordbatterie!«

Von der Backbordbatterie hasteten einige Männer hinüber, um ihren Kameraden zu helfen. Oben erzitterten Spieren und stöhnten Blöcke protestierend auf; mehr als ein Matrose fiel der Länge nach hin, als das Schiff mit laut schlagenden Segeln und fast mittschiffs gebraßten Rahen hart an den Wind ging.

Knallend riß das Vorroyal mittendurch, seine Fetzen flatterten wie Wimpel im Wind, aber Bolitho kümmerte es nicht. Er beobachtete, wie die dunkle Silhouette der *Argus* weiter nach Steuerbord glitt, während die *Undine* genau auf ihr Heck zuhielt. Geschosse fuhren krachend in Rumpf und Takelage, und Bolitho wurde es fast übel, als er sah, wie zwei Matrosen zu einer blutigen Masse zerquetscht wurden.

Davys Stimme überschlug sich beinahe: »Steuerbordbatterie – Einzelfeuer!« Der Feuerbefehl wurde fast vom Krachen des vordersten Geschützes übertönt, dem sofort die anderen auf ganzer Länge folgten, während die *Argus* wie eine schwarze Wand über ihnen aufragte.

»Putzen! Laden! Ausrennen!«

Das Ausrennen ging jetzt leicht, weil die *Undine* so stark krängte, daß jeder Lauf fast von selbst durch die Pforte stieß, quietschend wie ein wütender Keiler.

»Erst auf Befehl!« rief Bolitho durch die hohlen Hände den Kanonieren im Vorschiff zu. Mehrere Tote lagen dort; vermutlich hatten Le Chaumareys' Scharfschützen erraten, was er vorhatte.

Eine Musketenkugel schlug gellend gegen einen Sechspfünder, und einer der Rudergänger stürzte gurgelnd und um sich schlagend vornüber – der Querschläger hatte ihm den Unterkiefer weggerissen.

Bolitho überschrie den Gefechtslärm: »Einen Strich abfallen, Mr. Mudge! Sie wissen, was ich heute von Ihnen erwarte!« Schatten tanzten übers Deck, als Stücke der Takelage, eine Muskete und allerlei Splitter oben in den aufgespannten Netzen wippten.

Und da war auch die *Argus,* die schwer nach Steuerbord stampfte in dem Versuch, die Bewegung der *Undine* abzufangen – aber vergeblich: die britische Fregatte kreuzte unbehelligt ihr Heck.

»Feuer!«

Die erste Kanonade krachte, riß Stücke aus dem Heck der *Argus* und schlug die kleine Achterdecksgalerie in Trümmer. Einer nach dem anderen folgten die Zwölfpfünder dem Beispiel der kleineren Kaliber; die Kugeln krachten ins Achterschiff oder flogen durch die offenen Fenster und trugen Tod und Verderben ins Schiffsinnere.

Die Männer der *Undine* brüllten Hurra, obwohl die Deckoffiziere schimpfend dazwischenschlugen; über der mächtigen Rauchwand sah Bolitho die Masten der französischen Fregatte langsam achtern weggleiten. Jetzt durfte er nicht straucheln.

»Wir wenden und gehen auf Backbordbug!«

»Aye, Sir.« Herrick wischte sich das schweißüberströmte Gesicht. Über den Pulverflecken auf Wangen und Mund leuchtete der Verband im rauchigen Sonnenlicht wie ein weißer Turban. »Heiße Arbeit heute, Sir!«

»An die Brassen! Klar zur Wende!«

Ein schreiender, blutübertrömter Matrose wurde von seinem Geschütz weggeschleift. Als Whitmarshs Leute ihn hochhoben, wand er sich und wollte sie wegstoßen – er hatte wohl mehr Angst vor dem, was ihn unten erwartete, als vor dem Tod an Deck.

Mit knatternden Segeln, durch deren zahllose Schußlöcher der Wind pfiff, ging die *Undine* auf den anderen Bug, wandte sich von den Inseln ab und der Sonne zu.

Der Seegang schien jetzt viel stärker; Gischt zersprühte im Wind und flog fast pausenlos als Sprühwasser über das Deck. Bolitho rieb sich die Augen und versuchte, den Hustenreiz zu unterdrükken. Wie seine Augen waren auch seine Lungen wund vom Pulverrauch und Gestank der Schlacht. Unablässig beobachtete er das feindliche Schiff, das über dem Gischt zu schweben schien. Ob beabsichtigt oder nicht, Le Chaumareys hatte nun jedenfalls den Windvorteil, und sein Schiff stand jetzt ungefähr eine Kabellänge an Steuerbord voraus. Wenn die *Undine* ihr Überholmanöver fortsetzte, würden beide Schiffe parallel laufen, nur auf Musketenschußweite voneinander entfernt. Auf so mörderisch kurze Entfernung konnte die *Argus* Vergeltung üben.

Er warf einen raschen Blick auf Mudge. Auch der beobachtete See und Masttopp – aber aus dem gleichen Grund? Doch wenn er ihn jetzt fragte und damit verriet, daß er auf ein Wunder angewiesen war, dann würde das seinen Männern genauso den Kampfgeist nehmen, als wären sie entscheidend geschlagen worden. Sie kauerten bei ihren Geschützen, keuchend und nach Luft schnappend, Rammen, Handspeichen, Ausputzer, Taljen in den teerigen Fäusten. Ihre nackten Oberkörper waren vom fettigen Pulverstaub verschmiert, durch den der Schweiß in dünnen Streifen, Peitschenstriemen gleich, hinabfloß. In den geschwärzten Gesichtern glühten die Augen wie die gefangener Tiere.

Die Marineinfanteristen luden ihre Musketen nach, und Bellairs schritt mit seinem Sergeanten an der Heckreling entlang. Am Ruder hatte ein anderer den Platz des Toten eingenommen, und Carwithens brutaler Kiefer mit den kalten, ausdruckslosen Augen darüber bearbeitete einen Priem. Das Geschützdeck war jetzt dünn bemannt.

Das Schiff krängte stärker, er mußte sich festhalten. Über die zerfetzten Netze blickte er aufs Meer, dessen Wellen jetzt höher und steiler anrollten, als wollten sie die beiden Schiffe auseinandertreiben.

»Mr. Davy!« rief er. »Fertig?«

Davy nickte stumpf. »Alle Geschütze mit Kettenkugeln geladen, Sir!«

»Gut.« Bolitho blickte Herrick an. »Ich hoffe zu Gott, daß der Steuermann diesen Wind auch wirklich kennt!« Und dann, knapp und scharf: »Fock setzen!«

Unter dem kraftvollen Zug des mächtigen Focksegels bekam die *Undine* erheblich mehr Fahrt und begann, das feindliche Schiff zu überholen. Bolitho fuhr zusammen, als ein paar Kugeln aus dessen Heckgeschützen auf der *Undine* einschlugen – die Pinasse hatte einen Treffer abbekommen und zerplatzte in unzählige Splitter. Es ging den Franzosen jetzt ums Letzte: Geschütz gegen Geschütz und kein Pardon, bis die *Undine* zum Wrack geschossen war und sank.

Er befahl: »Klar zum Anluven! Befehl abwarten!« Jeder Muskel schmerzte ihn, bei jedem Schuß vom Heck des Franzosen fuhr er zusammen – aber er wartete ab. Der Klüverbaum der *Undine* schien wie eine Lanze ins Achterdeck des Gegners zu stechen. Vereinzeltes Mündungsfeuer blitzte über dem zerschmetterten Heck auf und zeigte, wo Scharfschützen neue Stellungen bezogen hatten; Bolitho sah zwei seiner Seesoldaten aus dem Vormast fallen und hörte ihre Schreie in der Morgenbrise verhallen.

Besorgt rief Mudge: »Die Spieren brechen uns weg, wenn wir wenden, Sir!«

Bolitho hörte nicht hin. »Fertig, Jungs!«

Er spürte, wie der Druck der Segel mit jeder Sekunde wuchs.

»Jetzt!«

Er packte die Reling, als das Ruderblatt überkam und der Bug auf den Gegner zu zeigen begann. Die *Argus* trimmte ihre Rahen und krängte stark, als sie *Undines* Wende folgte. Die Sonne glänzte auf ihrem Achterdeck – noch einmal blitzte eine Breitseite auf und zerriß die Luft mit Donnergetöse.

Bolitho stürzte beinahe, als die schweren Eisenkugeln in den Rumpf der *Undine* oder in die Takelage schmetterten. Der wirbelnde Rauch erstickte ihn fast; sein Bewußtsein streikte vor dem Chaos aus Schreien und Schüssen, das von allen Seiten losbrach.

Aber er stemmte sich hoch und spähte zur *Argus* hinüber. Von ihrer letzten Breitseite trieb der Rauch so schnell nach achtern, daß die *Undine* einen Satz nach vorn zu machen schien. Diese optische Täuschung bewies ihm, daß Mudge mit dem Wind recht gehabt hatte; als er sah, wie die feindlichen Segel sich ihm entgegenwölbten, bemerkte er auch, daß die Stückpforten der *Argus* Wasser übernahmen, als der Wind sie noch tiefer drückte. Gott sei gedankt für diese Bö! dachte er.

»Feuer!« Er mußte den Befehl wiederholen, um verstanden zu werden: *»Feuer!«*

Die See wusch auch über die abgekehrten Leestückpforten der *Undine,* und die Rohre ihrer ausgebrannten Luv-Batterie zielten beinahe in den Himmel, als die Geschützführer ihr Abzugsleinen durchrissen.

Das Jaulen der Kettenkugeln übertönte sogar das Krachen der Kanonen und das Heulen des Windes. Sie wirbelten durch die Luft und schmetterten in die obersten Segel und Rahen der *Argus,* die sich ungedeckt darboten. Unmittelbar darauf kam das Rigg herunter: Die reißenden Stagen und Wanten knallten lauter als die Kanonen, als Vor- und Großmast wie riesige Bäume schwankten und dann dumpf dröhnend in den Rauch stürzten.

Bolitho schwenkte seinen Degen. »Auf Kurs bleiben, Mr. Mudge! Gleich sind wir längseits!«

Er rannte zum Niedergang, erstarrte aber, als der Wind den Rauch davontrieb. Überall sah er Tote und Verwundete. Shellabeer lag zerquetscht unter einem Geschütz; Pryke, der Schiffszimmermann, war von einer zersplitterten Planke auf das Lukensüll gespießt; sein Blut mischte sich mit dem der anderen um ihn herum. Und Fowlar – war dieser Haufen da wirklich Fowlar?

Aber zum Bedauern blieb so wenig Zeit wie zum Überlegen. Da war schon die *Argus,* fast längsseits; schon rannte Soames seinen Männern degenschwingend voran und schrie: »Hinüber mit euch, Jungs!«

Die französischen Matrosen bemühten sich noch, aus dem Gewirr von Spieren und laufendem Gut an Deck freizukommen.

Da fuhr kalter Stahl zwischen sie. Bolitho kreuzte die Klinge mit einem Deckoffizier, rutschte dabei in einer Blutlache aus und rang um Atem, als der Franzose der Länge nach über ihn fiel. Der Mann wand sich und stieß mit Armen und Beinen, aber ein Enterbeil grub sich in seinen Halsansatz, in Todesqualen weiteten sich seine Augen, und Carwithen riß ihn hinweg. Überall kämpften fluchende, brüllende Männer; Piken und Bajonette blitzten und stachen, Entermesser hieben in verzweifelter Wut.

Davy suchte zum Achterdeck zu kommen und schrie nach den Männern in seinem Rücken, denn ein Flankenangriff französischer Matrosen hatte ihn isoliert. Bolitho sah sein verzerrtes Gesicht über den gebeugten Schultern, sah seinen Mund lautlose Schreie ausstoßen, als sie ihn niederhieben – auch als er nicht mehr zu sehen war, zuckten die Degen noch nieder.

Zitternd stand Midshipman Armitage auf dem Decksgang, kreideweiß im Gesicht, und schrie: »Mir nach!« Und dann war auch er tot, umgestoßen und niedergetrampelt im Aufeinanderprall der beiden Gruppen.

All das sah Bolitho, als er sich zum Achterdeck durchschlug. Sah es und begrub es in seinem Gedächtnis, ohne Reaktion, wie einen Alptraum – als sei er nur Zuschauer.

Er erreichte den Niedergang und sah sich dem französischen Leutnant gegenüber: Maurin, der mit einer Engländerin verheiratet war. Alle anderen schienen in einem wirbelnden Nebel unterzugehen, als sich ihre beiden Degen kreuzten und sie einander umkreisten.

»Streichen Sie die Flagge, Maurin!« sagte Bolitho heiser. »Es ist genug!«

Der Franzose schüttelte den Kopf. »Ausgeschlossen, *m'sieur.*« Dann fiel er aus, parierte Bolithos Degen oben am Griff und drehte ihn geschickt nach außen. Bolitho sprang auf die nächste Treppenstufe zurück; er sah die verzweifelte Entschlossenheit in Maurins Gesicht und wußte instinktiv, daß allein von diesem Mann Sieg oder sinnloses Abschlachten abhing.

»Le Chaumareys ist tot!« Vorsichtig setzte Bolitho den Fuß auf die nächste Stufe. »Ich weiß es!« Er mußte mit aller Kraft schreien, denn ein Dutzend Matrosen der *Undine* kam brüllend über das Geschützdeck gerannt und fiel den Franzosen in den Rücken. Halb unbewußt begriff Bolitho, daß sie über das zerstörte Heck eingedrungen sein mußten. Mit eiskalter Stimme fuhr er fort: »Also streichen Sie endlich die Flagge, zum Teufel!«

Maurin zögerte; deutlich war ihm die innere Unsicherheit anzusehen – aber dann hatte er sich entschieden: er fiel seitlich aus, hob seinen Degengriff bis fast in Augenhöhe und führte einen Stoß nach Bolithos Brust.

Bolitho empfand so etwas wie Verzweiflung. Maurin war zu lange auf diesem einen Schiff gewesen, er hatte vergessen, daß ab und zu ein Wechsel nötig war. Es war so leicht. So scheußlich leicht.

Bolitho legte das Gewicht auf sein Standbein, parierte die niederfahrende Klinge und stieß zu. Mit seiner ganzen Schwere stürzte der Leutnant in Bolithos Degen; diesem wurde beinahe der Griff aus der Hand gerissen, als Maurin rücklings zu Boden fiel. Ein bezopfter Matrose wollte ihm mit seiner Pike den Rest geben, aber Bolitho schrie ihn an: »Weg von ihm, oder ich bringe dich um!«

Da warfen die französischen Matrosen ihre Waffen auf das blutverschmierte Deck, und Herrick trat zwischen sie. Es war vorbei. Das Mißlingen von Maurins letztem verzweifeltem Versuch hatte ihren Kampfeswillen vernichtet.

Bolitho stieß den Degen in die Scheide und stieg schweren Schritts die Stufen hinauf. Er wußte, daß Allday dicht hinter ihm und Herrick an seiner Seite war, als sie zusammen vor dem toten Le Chaumareys standen, der neben dem Ruder lag. Er sah seltsam friedlich aus und hatte, in merkwürdigem Kontrast zu den Schrekkensbildern dieser blutigen Schlächterei ringsum, kaum eine sichtbare Wunde; nur einen dunklen Fleck unter der Schulter und einen Blutfaden im Mundwinkel. Wahrscheinlich das Werk von Bellairs' Scharfschützen, dachte Bolitho dumpf.

Leise sagte er: »Ja, *Capitaine* – wir trafen noch einmal aufeinander. Sie haben es gewußt.«

Leutnant Soames kniete nieder, um Le Chaumareys den Degen abzuschnallen. »Lassen Sie«, sagte Bolitho, »er hat ehrenvoll gekämpft, wenn auch für eine schlechte Sache.« Dann wandte er sich ab; auf einmal konnte er es nicht mehr ertragen, alle diese Toten in ihrer ergreifenden Unbeweglichkeit zu sehen. »Und deckt ihn mit seiner Flagge zu. Mit seiner richtigen. Er war kein Pirat.«

Davys Leiche wurde zum Decksgang getragen, sah Bolitho. Traurig sagte er: »Noch ein paar Minuten, und er hätte gesehen, wie die *Argus* genommen wurde. *Das* Prisengeld hätte vielleicht sogar für seine Schulden gereicht.«

Als sie über den schmalen Wasserstreifen, der die beiden Schiffe trennte, wieder zur *Undine* hinübersprangen, drehte sich Bolitho überrascht um: eine Gruppe Matrosen jubelte ihm zu. Er sah Herrick an, aber der zuckte nur die Schultern und sagte mit trübem Lächeln: »Ich weiß, wie Ihnen zumute ist, Sir, aber die Leute freuen sich, daß sie überlebt haben, und danken Ihnen dafür auf ihre Art.«

Bolitho legte ihm die Hand auf den Arm. »Überleben? Vielleicht ist allein das Grund genug für eine Schlacht.« Er zwang sich ebenfalls ein Lächeln ab. »Und fürs Gewinnen.«

Herrick hob Bolithos Hut vom Deck auf. »Ich werde die Leute an die Arbeit schicken, Sir. Die Pumpen hören sich viel zu beschäftigt an für meinen Geschmack.«

Bolitho nickte und schritt langsam zum Heck. Seine Schuhe verfingen sich in Splittern und zerrissenem Tauwerk. An der

Heckreling blieb er stehen und musterte sein Schiff, die geborstenen Planken, das blutverschmierte Deck, die Männer, die sich ihren Weg durch die Trümmer suchten; sie glichen wahrlich mehr Überlebenden als Siegern.

Dann lehnte er sich zurück, lockerte seine Halsbinde, knöpfte seinen Rock auf – seinen Galarock, der jetzt ein Dutzend Löcher und Risse hatte – und schüttelte ihn ab. Über seinem Kopf stand der Wimpel jetzt nicht mehr so steif; die plötzliche Bö war so schnell vorübergegangen, wie sie gekommen war, um ihn vor den mächtigen Kanonen der *Argus* zu schützen. Wenn sie nicht gewesen wäre . . .

In plötzlichem Erschrecken sah er sich suchend um; aber Mudge stand an seinem gewohnten Platz beim Ruder und schnitt sich eben ein Stück Käse mit einem kleinen Messer zurecht, das er aus einer seiner zahllosen Taschen gefischt hatte. In dem rauchdurchzogenen Sonnenlicht sah er sehr alt aus. Der kleine Penn hockte auf seiner Lafette, ließ sich sein Handgelenk verbinden und betupfte seine Nase mit einem Tuch, die zu bluten angefangen hatte, als neben ihm eine Ladung zu früh explodiert war.

Bolitho betrachtete die beiden fast mit Zuneigung. Mudge und Penn – Alter und Jugend . . .

Und da war auch Keen; er sprach mit Soames und sah sehr mitgenommen aus. Aber wie ein Mann.

Füße knirschten über die Trümmer, Noddall kam. Vorsichtig preßte er einen Krug an seine Brust. »Ich kann leider noch nicht an die Gläser heran, Sir«, sagte er. Sein Blick haftete an Bolithos Gesicht; wahrscheinlich hatte er die Augen fest zugekniffen, als er sich an den Schrecknissen unten vorbeigetastet hatte. Bolitho hob den Krug an die Lippen. »Aber das ist doch mein bester Wein!«

Noddall betupfte sich die Augen und nickte ängstlich. »Aye, Sir, der Rest davon. Die anderen Flaschen sind bei der Schlacht kaputtgegangen.«

Genußvoll nahm Bolitho einen kräftigen Schluck; er konnte ihn brauchen. Es war ein langer Weg gewesen von jenem Laden in der St. James' Street bis hierher.

Und in wenigen Wochen würden sie wieder gefechtsklar sein. An die fehlenden Gesichter würde man sich zwar noch erinnern, doch schon ohne den Schmerz, der jetzt noch wuchs. Die Schrekken des Kampfes würden dann zu Kriegsruhm geworden sein, der Mut der Verzweiflung zur Pflicht gegenüber König und Vaterland.

Mit einem bitteren Lächeln erinnerte er sich der Worte, die ihm seit so vielen Jahren geläufig waren: im Namen des Königs.

Da hörte er Penns helle Stimme: »Ich habe wirklich ewas Angst gehabt, Mr. Mudge.« Eine unsichere Pause. »Aber nur etwas.«

Der Alte sah über das Deck zu Bolitho hinüber und erwiderte dessen Blick. »Angst, Junge? Ach du lieber Gott, dann kann er nie Kapitän werden, nicht wahr, Sir?«

Bolitho lächelte. Dieses Wissen teilten nur er und Mudge miteinander, und der wußte es besser als die meisten anderen: die grimmige Wahrheit der Schlacht taugte nicht für Kinder.

Dann musterte er wieder sein Schiff und die glänzende Schulter der Gallionsfigur, die neben dem Bug hervorsah.

Die *Undine* ist die wahre Siegerin, dachte er, plötzlich sehr dankbar dafür, daß sie ihm erhalten geblieben war.

Epilog

Leutnant Thomas Herrick trat in die Kapitänskajüte, den Hut vorschriftsmäßig unter den linken Arm geklemmt. »Sie haben mich rufen lassen, Sir.«

Bolitho stand an einem offenen Fenster und blickte auf das Seegras hinunter, das sich im klaren Wasser hob und senkte, und auf die Fische, die darin spielten.

Es war Nachmittag, und längs der Küste von Pendang Bay wiegten sich die Palmen mit winkenden Wedeln und in einem Dutzend Grünschattierungen in der stetigen Brise. Gutes Segelwetter, dachte er geistesabwesend, aber nicht für die *Undine*. Noch nicht.

Er wandte sich um und deutete auf einen Stuhl. »Setzen Sie sich, Thomas.«

Neugierig sah Herrick nach den geöffneten Depeschen, die heute an Bord gekommen waren. Eine Brigg hatte Befehle und Nachrichten aus Madras gebracht.

»In Kürze läuft wieder ein Indienfahrer ein, Thomas. Diese Depesche hier ist vom Admiral des Küstengeschwaders. Er schickt neue Leute als Ersatz für unsere Verluste in der Schlacht.«

Wie leicht sich das aussprach: *Verluste*. Er war sich bewußt, daß Herrick ihn beobachtete und denselben Erinnerungen nachhing.

Von den Schäden, die Le Chaumareys' Kanonen am Schiff

angerichtet hatten, war nicht mehr viel zu sehen. Frische Farbe bedeckte die reparierten Holzteile, und der Geruch nach Teer und Hobelspänen durchzog das ganze Schiff. Einen Monat und zwei Tage war es her, daß sie Bord an Bord mit der *Argus* gekämpft hatten, aber trotz der schweren Arbeit und der Genugtuung, das Schiff wieder im alten Zustand zu sehen, hatte Bolitho die Bilder des Kampfes noch so deutlich vor Augen, als sei es gestern gewesen.

Und wie sie gearbeitet hatten! Vielleicht war das für die ganze Mannschaft ebenso nötig gewesen wie für ihn selbst, und sei es auch nur, um die Erinnerungen noch eine Weile zu verdrängen.

Einzelheiten kamen hoch, wenn man es am wenigsten erwartete: Midshipman Penn, wie er sich vor einem rücklaufenden Geschütz duckte, in Rauch gehüllt, während die Bedienung schon wieder mit Ausputzer und Rammstock vorstürzte. In einer Wolke fliegender Splitter war ein Mann an Deck geschleudert worden und lag jetzt da, blicklos in den Himmel starrend; Penn wollte ihm helfen, sprang aber erschrocken zur Seite, als der Mann ihn am Handgelenk packte. Er mußte im selben Moment gestorben sein. Und Armitage, der nach Davys Tod dessen Enterkommando unter die sausenden Klingen geführt hatte: trotz seiner Ungeschicklichkeit, obwohl er in diesem Moment fast starr und blind vor Entsetzen gewesen war, hatte er alle seine Kraft zusammengerafft, nur um zu erfahren, daß sie nicht ausreichte.

Und nach der Schlacht der Gestank und Lärm, und nicht zuletzt der bis zum Delirium betrunkene Schiffsarzt, den drei seiner Gehilfen mit Gewalt in den Verbandsraum zurückzerren mußten.

Nachdem das wilde Hurrageschrei dem Bewußtsein des schwer erkämpften Sieges gewichen war, hatten sie sich nur um das Nächstliegende gekümmert: Verwundete mußten versorgt, die Toten dem Meer übergeben, die Aufräumungsarbeiten unverzüglich begonnen werden.

Blickte man auf all das zurück, schien es wie ein Wunder, daß sie Pendang Bay überhaupt erreicht hatten. Die unteren Rahen des Groß- und Vormastes hatten üble Sprünge, der Großmast selbst war dermaßen zersplittert und durchlöchert, daß nur sofortige Notreparaturen an Stagen und Wanten ihn einigermaßen abgesichert hatten – die Arbeit wollte kein Ende nehmen. Unter der Wasserlinie waren mehr als ein Dutzend Lecks, und in jeder Wache mußte an den Lenzpumpen gearbeitet werden. Mit der übel zugerichteten *Argus* im Schlepptau, waren sie quälend langsam dem Land und der Sicherheit zugekrochen. Die eroberte Fregatte war inzwischen mit einem Notrigg nach Indien gesegelt, wo sie auf einer Werft schnellstens repariert, neu ausgerüstet und von der East India Company übernommen werden sollte.

»Sonst noch Instruktionen, Sir?« fragte Herrick.

Bolitho griff nach der Weinflasche. »Es steht fest, daß Pendang Bay gegen einen anderen Stützpunkt ausgetauscht wird, der zur Zeit noch im Besitz der Holländer ist.« Er blickte auf und sah das Erstaunen in Herricks Augen. »Jetzt, da wir das Fortbestehen der Siedlung gesichert haben, sind die Holländer anscheinend gern zu diesem Tausch bereit.«

Mit plötzlicher Deutlichkeit erinnerte er sich an das Gesicht Conways, als dieser die erste Depesche öffnete, die Raymond selbst aus Madras gebracht hatte. Heiser hatte er gesagt: »Also war alles umsonst?«

Raymond hatte den Blick abgewandt. »Nein, Sir. Der andere Stützpunkt im Norden ist für unsere Zwecke weit besser geeignet. Sir Montagu Strang hat es mir erklärt. Sie werden feststellen, daß Ihr Anteil an dem Geschehen höchste Anerkennung gefunden hat.«

Später, als Raymond das Zimmer verlassen hatte, murmelte Conway bitter: »Höchste Anerkennung, sagt er! Und dann ernennen sie einen anderen zum Gouverneur des neuen Stützpunkts.«

»Tut mir leid, Sir«, hatte Bolitho geantwortet. »Es ist ein bitterer Sieg.«

»Bitter?« Überraschenderweise hatte Conway sogar gelacht. »Dieser Dienst paßt besser zu einem Krämer als zu einem Seemann, Bolitho. Vergessen Sie das nie!«

Bolitho schob Herrick einen Becher Wein hin und merkte, daß dieser immer noch auf eine Antwort wartete.

»Bis unsere Ersatzleute angemustert haben, werden wir hier Patrouille fahren. Ich bin vorläufig der dienstälteste Seeoffizier in diesen Gewässern. Was nicht überrascht, da die *Undine* hier das einzige Kriegsschiff ist.«

»Ehrlich verdient, Sir«, grinste Herrick. »Als ich begriff, wie sehr Sie sich in den französischen Kapitän hineingedacht hatten, da . . .«

Bolitho wandte den Blick ab. »Wäre der Wind abgeflaut, würden Sie vielleicht anders denken.«

»Also wieder mal unser Glück, Sir?« Herrick grinste noch breiter.

Es klopfte, und Penn trat ein. »Mr. Davy läßt respektvoll melden, daß der Indienfahrer Anker lichtet, Sir. Er meint, Sie wollten Bescheid wissen.«

»Danke.«

Bolitho wartete, bis die Tür sich geschlossen hatte. Sein Herz war plötzlich zentnerschwer. Dieser Versprecher Penns hatte nichts Erheiterndes. Penns unmittelbarer Vorgesetzter war jetzt Keen, der Vizeleutnant geworden war; und Soames hatte Davys Stelle inne. Immer dasselbe: einer fiel, und die anderen profitierten davon.

Leise sagte Herrick: »Der Indienfahrer segelt nach Madras, Sir. Unsere Verwundeten haben dort bessere Pflege.«

Bolitho nahm seinen Hut. »Sehen wir uns an, wie er ausläuft.«

Die Sonne brannte heiß auf das Achterdeck, aber bei dem steten ablandigen Wind war es erträglich. Er stellte sich mit Herrick an die Netze und sah, wie das dickbäuchige Handelsschiff die Bramsegel setzte. Bunt hoben sich der bemalte Rumpf und die Flagge der East India Company vom Grün der Küste ab.

Bolitho studierte das Deck der *Undine*. Die Leute ließen ihre Arbeit ruhen, um das Schiff zu beobachten, dessen glänzender Rumpf sich unter dem Druck der Segel leicht neigte, als es aus der Reede kreuzte. Sie dachten vielleicht an die gemeinsame Heimat, wo der Indienfahrer eines Tages Anker werfen würde. Oder an die alten Freunde, die mit blutigen Verbänden im geräumigen Rumpf lagen, und an die anderen, die nicht mehr da waren und nichts mehr sehen konnten.

Bolitho winkte Penn. »Ihr Glas, bitte!«

Nur ein einziges Mal hatte er Viola Raymond nach seiner Rückkehr allein gesprochen. Vielleicht paßte Raymond zu sehr auf, aber vielleicht hatte sie auch besser als er begriffen, daß es keinen Sinn hatte, die Trennung noch schmerzlicher zu machen.

»Ein feines Schiff, Sir.« Auch Herrick blickte durch ein Fernrohr hinüber. »Wenn ich daran denke, daß mein alter Vater mich unbedingt auf einem Indienfahrer sehen wollte . . . Dann wäre heute alles anders.«

Bolitho zuckte zusammen; er hatte auf der prächtigen Kampanje des auslaufenden Handelsschiffes das blaßgrüne Kleid entdeckt und den breitkrempigen Hut, den sie in Santa Cruz gekauft hatte. Noch klangen ihm ihre Worte im Ohr, als würden sie jetzt, über den breiter werdenden Streifen bewegten Wassers hinweg, zu ihm gesprochen.

»Wenn du nach London kommst, besuch mich bitte. Mein Mann hat seine Beförderung bekommen, die er sich so wünschte; die ich mir auch zu wünschen glaubte – bisher.« Sie hatte seine Hand gedrückt. »Hoffentlich hast auch du von mir bekommen, was du dir wünschtest.«

Dumpf krachte ein Salutschuß vom Stützpunkt her; vom Vorschiff des Indienfahrers kam prompt die Antwort. Hier wie dort dippten Flaggen zum respektvollen Gruß.

Bolitho spürte den Schmerz zurückkehren. Sie hatte recht, diesen Kummer konnten sie beide jetzt nicht brauchen, nur Verständnis und Frieden nach diesem Sturm, der sie heftig, wenn auch nur kurz geschüttelt hatte.

Nun segelte Raymond einem höheren Posten entgegen, während Conway wieder in die Anonymität zurücksank. Das würde er nie begreifen.

Er selbst aber war sich ziemlich gleich geblieben, abgesehen von diesem Intermezzo. Oder doch nicht ganz? Viola hatte versucht, ihn nach ihren Vorstellungen zu formen, wie sie auch ihren Mann gern geformt hätte – vielleicht hatte ihn das doch etwas verändert?

»Signal, Sir!« rief Penn. »*Wessex* an *Undine*.« Angestrengt spähte er nach den Flaggen aus, die zu den Rahen des Indienfahrers emporstiegen, und buchstabierte die Botschaft: »*Viel Glück für Sie,* Sir.«

»Mit Dank bestätigen.«

Bolitho ließ die blaßgrüne Gestalt nicht aus den Augen. Sie schwenkte langsam ihren Hut, das herbstlaubfarbene Haar wehte frei im Wind.

Wie zu sich selbst murmelte Bolitho: »Und auch für dich, Geliebte.«

Einige seiner Leute winkten jubelnd, als das andere Schiff mehr Segel setzte und gravitätisch aus der Bucht kreuzte.

Bolitho reichte das Teleskop einem Schiffsjungen und fragte: »Na, Mr. Herrick?«

»Aye, Sir«, nickte dieser. »Ein Glas Wein. Ich denke, das haben wir uns verdient.«

Allday sah ihnen nach, als sie zum Niedergang schritten. Ihm entging nicht die kurze Bewegung, mit der Bolitho nach der Hosentasche tastete, in der er ihre Uhr trug. Es verriet Allday eine ganze Menge.

Er schritt zu den Netzen hinüber und starrte dem Indienfahrer nach.

»Großartiger Anblick, nicht wahr, Allday?« fragte Keen, der hinzugetreten war.

Allday sah ihn von der Seite an. »Aye, Sir. Ein bißchen *zu* großartig für unsereinen.«

Keen wandte sich ab und begann, auf dem Achterdeck zu promenieren, wie er es von Bolitho gesehen hatte. Er wußte, daß Allday heimlich über ihn grinste, aber es ließ ihn kalt. Er war geprüft worden und hatte bestanden, das reichte ihm.

Als er beim Skylight stehenblieb, hörte er unten Bolithos Lachen und Herricks gelassene Erwiderung.

Und er hatte alles mit ihnen geteilt.

Als er wieder nach dem Indienfahrer Ausschau hielt, war dieser bereits um die Landspitze verschwunden.

So schritt er also weiter auf und ab; Vizeleutnant Valentin Keen von seiner Majestät Fregatte *Undine* war zufrieden mit sich und der Welt.

Bitte beachten Sie
die folgende Seite: